Thomas Krings

Sahel

Senegal, Mauretanien, Mali, Niger

Islamische und traditionelle schwarzafrikanische Kultur zwischen Atlantik und Tschadsee

Mit Fotos von Beatrice Frehn

DuMont Buchverlag Köln

Umschlagvorderseite: Südtreppe der Moschee von Djenné in Mali

Umschlaginnenklappe: Junge Mutter und Kind vom Stamm der Massina-Fulbe (Mali)

Umschlagrückseite: Die verfallene Ruinenstadt Djado im Niger

Frontispiz: Eingang zum Kermel-Markt in Dakar (Senegal)

CIP-Kurztitelaufnahme der Deutschen Bibliothek

Krings, Thomas
Sahel: Senegal, Mauretanien, Mali, Niger; Islam. u. traditi.
schwarzafrikan. Kultur zwischen Atlantik und Tschadsee/Thomas Krings.
Mit Fotos von Beatrice Frehn. – Köln, DuMont, 1982
(DuMont-Dokumente: DuMont-Kunstreiseführer)
ISBN 3-7701-1202-4

Druck und buchbinderische Verarbeitung: Boss-Druck, Kleve

Printed in Germany ISBN 3-7701-1202-4

Kultur-Reiseführer in der Reihe DuMont Dokumente

Zur schnellen Orientierung – die wichtigsten Orte und Sehenswürdigkeiten von Senegal, Mauretanien, Mali und Niger auf einen Blick:

(Auszug aus dem ausführlichen Register S. 425 ff.)

Die wichtigsten Völker und Stämme in den westlichen Sahelstaaten:

Karte in der vorderen Umschlagklappe: Sahel – Vom Atlantik bis zum Niger

Karte in der hinteren Umschlagklappe: Sahel – Vom Atlantik zum Tschadsee

Inhalt

Senegal

Mauretanien

Mali

Niger

Terrakotta-Kopf aus Mali
(I.F.A.N.-Museum Dakar, Senegal)

»Yi n'di yihi, yihi yi n'di«
»Lieben, um zu sehen; sehen, um zu lieben«

Sprichwort der Fulbe im Massina (Mali)

Vorbemerkung

Seit Jahren steht die Sahelzone Afrikas wegen der katastrophalen Dürre von 1968–1973 im Blickpunkt der Medien. Die Schreckensmeldungen von dort erwecken bei uns den Eindruck, als ob der Sahel ausschließlich eine Zone der Armut und des menschlichen Elends sei, und tatsächlich hat die Bevölkerung der betroffenen Länder noch immer unter den Folgen der damaligen Dürreperiode zu leiden. Nahrungsmittelknappheit, Wassermangel, Seuchen, hohe Kindersterblichkeit und eine immer rascher fortschreitende Verwüstung der natürlichen Ressourcen durch nicht an die ökologischen Bedingungen angepaßten Ackerbau, durch Abholzung und Überweidung sind die typischen Merkmale dieser armen Länder südlich der Sahara. Andererseits aber stellt die Sahelzone eine alte Wiege afrikanischer Zivilisationen dar, wo schwarzafrikanische Bauernvölker und arabo-berberische Nomaden aus Nordafrika miteinander in Berührung kamen und sich gegenseitig kulturell befruchteten. In dieser Kontakt- und Überlagerungszone entstanden im Mittelalter nacheinander von Westen nach Osten mehrere blühende Großstaaten, deren kulturelle Leistungen in den Baustilen, im Kunsthandwerk, in der Dichtung und Poesie bis heute nachwirken. So steht der materiellen Armut und der ökologischen Krisenanfälligkeit des Sahel eine noch weitgehend ungebrochene, lebendige Tradition entgegen, die sich dank der geringen verkehrsmäßigen Erschließung und der nur langsam vordringenden, sicher überwiegend zweifelhaften ›Segnungen‹ der Industrieländer erhalten konnte. Möge das vorliegende Buch dazu beitragen, den unschätzbaren Wert dieser afrikanischen Kultur und ihrer Weisheit besser zu verstehen und zu achten.

Bezüglich der fotografischen Gestaltung dieses Bandes bin ich meiner treuen und unermüdlichen Reisegefährtin, der Fotografin Beatrice Frehn, zu großem Dank verpflichtet. Ohne sie hätte das Buch in dieser Form nicht realisiert werden können. Dank gilt auch meinem Lehrer der Völkerkunde, Professor Dr. Peter Fuchs (Göttingen), und dem Fotografen Michel Renaudeau (Dakar), die zusätzliches Fotomaterial beisteuerten, sowie dem Rautenstrauch-Joest Museum für Völkerkunde, Köln, und dem Deutschen Ledermuseum Offenbach für die Bereitstellung von wissenschaftlicher Literatur und von Exponaten. Besonders herzlich danken möchte ich schließlich Herrn Dr. Joseph Barwasser (†) und seiner Ehefrau Leonie (Aachen), die einen uneigennützigen Beitrag zur Finanzierung der Reisen leisteten.

In der Abschlußphase der Bearbeitung dieses Reiseführers haben sich im Westen des Sahel politische Veränderungen ergeben, die bei der Konzeption des Buches noch nicht vorhersehbar

Landschaft im Sahel zwischen Timbuktu und Gao (Lithographie nach einer Skizze von Heinrich Barth, 1854)

waren: Seit dem 1. Januar 1982 bilden der Senegal und die ehemalige britische Kolonie Gambia eine ›senegambische Konföderation‹. Da derzeit allerdings noch völlig ungewiß bleiben muß, ob sich dieser Zusammenschluß zu einem dauerhaften gemeinsamen Staat entwickeln kann, habe ich vorerst darauf verzichtet, beide Länder als Einheit vorzustellen. Auf die jüngste politische Entwicklung wird selbstverständlich an den entsprechenden Stellen eingegangen, und auch eine kurze Charakterisierung Gambias ist eingefügt.

Die Ortsnamen im vorliegenden Band sind – mit Ausnahme von eingebürgerten historischen Begriffen wie Timbuktu, Bornu oder Segu – in der ortsüblichen französischen Schreibweise wiedergegeben, während bei Personen-, Stammes- und Völkernamen je nach vorherrschendem Sprachgebrauch die deutsche, französische oder englische Schreibweise Verwendung findet. Die Transkription arabischer Begriffe folgt der heute in der wissenschaftlichen Afrika-Literatur allgemein üblichen. Spezielle Ausdrücke in afrikanischen Sprachen wurden nach dem Gehör aufgeschrieben. Insgesamt sind deshalb differierende Schreibweisen nicht zu vermeiden.

Hamburg, im März 1982 Thomas Krings

Der Sahel – Geographie, Bevölkerung und Geschichte

Sahel und Sudan – eine kurze Einführung

Sahel ist ein arabisches Wort und bedeutet ›Ufer‹ oder ›im Küstenbereich liegend‹. Damit bezeichnen die arabo-berberischen Nomaden der Sahara von alters her das Gebiet südlich der unermeßlich weiten, lebensfeindlichen Wüste, eine Landschaftszone, die sich in einem etwa 200–300 km breiten Gürtel vom Atlantischen Ozean bis zum Horn von Afrika quer durch den afrikanischen Kontinent erstreckt. Für die Wüstenbewohner stellte der Sahel in der Tat stets ein rettendes Ufer dar, denn hier trafen sie auf große Märkte und auf reiche Weidegründe für ihre Kamele, Rinder und Ziegen. Naturgeographisch ist der Sahel eine klimatisch-vegetationsmäßige Übergangszone von der vollariden Sahara zu den wechselfeuchten tropischen Savannen. Die Nord- und Südgrenzen der Sahelzone sind fließend. Nach Süden zu geht die Sahara fast unmerklich in den Sahel über, den ausgedehnte Grasfluren mit weitständigem Akazien- und Euphorbienbewuchs, durchsetzt mit vegetationslosen Abschnitten und Wanderdünen, kennzeichnen. Im südlichen Sahel sind die Dünen wegen des dichten Graswuchses fixiert, d. h. sie wandern nicht mehr. Wenn allerdings der Mensch durch seine Aktivitäten – etwa durch Feldbau und Weidewirtschaft – diese Dünenareale zu sehr beansprucht, können die Dünen nach kurzer Zeit wieder fortzuschreiten beginnen. Daneben findet man im Südsahel ausgedehnte, dichte Buschareale und parkartige Dornsavannen. Der Sahel stellt deshalb ein ideales Weideland für die Herdentiere der nomadischen Viehzüchter dar.

Ethnologisch und kulturhistorisch ist der Sahel seit jeher eine Kontaktzone von hellhäutigen, arabo-berberischen, nomadischen Viehzüchtern sowie negriden Bauern und Städtern. Hier am Südrand der Wüste, an den Endpunkten der transsaharischen Karawanenwege, haben sich schon früh große innerafrikanische Königreiche und eine blühende städtische Zivilisation gebildet. Macht und Reichtum der mittelalterlichen sahelo-sudanischen Großstaaten wie Ghana (300–1235), Mali (1100–1700) und Songhay (1340–1591) gründeten sich vor allem auf den intensiven Nord-Süd-Handel. Der Sahel war so über Jahrhunderte das wirtschaftliche und kulturelle Bindeglied zwischen den arabisch-islamischen Kulturzentren in Nordafrika (Marokko, Tunesien, Tripolitanien, Ägypten) und dem schwarzafrikanisch-animistischen Kulturbereich der Savannen und des Waldlandes. Die Wüste bildete nie eine unüberwindliche Barrriere für die Beziehungen zwischen diesen Völkern und Kulturbereichen; ein wohlorganisiertes Wegenetz mit bedeutenden Etappenstationen (Oasen) garantierte einen regen Handels- und Kulturaustausch über Tausende von Kilometer. Träger dieses wechselseitigen Transsaharaverkehrs waren die Nomaden mit ihren Kamelen, den ›Schiffen der Wüste‹.

Der Sahel ist der nördliche Teil einer weitaus größeren Landschaftszone, des Sudan (die heutige Republik Sudan übernahm diesen geographischen Begriff als Staatsbezeichnung). Diesen Großraum, der ca. 4,5 Millionen km^2 zwischen Wüste und tropischem Regenwald im Nordteil des afrikanischen Kontinentes bedeckt, nannten die mittelalterlichen arabischen Geographen *Bilad-es-Sudan,* das ›Land der Schwarzen‹, wodurch sie den rassischen Unterschied zwischen dem von Arabern und Berbern bewohnten Nordafrika und dem von schwarzafrikanischen Bauernvölkern besiedelten Bereich südlich der Sahara betonten. Lagen die Machtzentren und Handelsplätze der mittelalterlichen Großstaaten mehr im Norden, in der eigentlichen Sahelzone, so befanden sich die fruchtbarsten Ackerbaugebiete mehr im Süden, in den sudanischen Savannen, wo seit jeher der Hackbau seßhafter schwarzafrikanischer Völker über die nomadische Viehhaltung dominiert. Aus diesen Savannen kamen auch die wichtigsten Handelsgüter der sahelo-sudanischen Großstaaten: Gold, Sklaven und Elfenbein.

Die im vorliegenden Band behandelten Sahelstaaten Senegal, Mauretanien, Mali und Niger liegen nicht vollständig im Sahel. Mali und Niger haben den größten Anteil an der Sahelzone, die sich quer durch den Kernbereich beider Länder zieht; vom Senegal gehört nur die nördliche Hälfte, in Mauretanien nur der Süden des Landes zum eigentlichen Sahel. Die Schwerpunkte dieses Buches bilden natürlich die zur Sahelzone zählenden Regionen, die übrigen Gebiete der vier Staaten werden der Vollständigkeit halber aber ebenfalls beschrieben. Da die geogra-

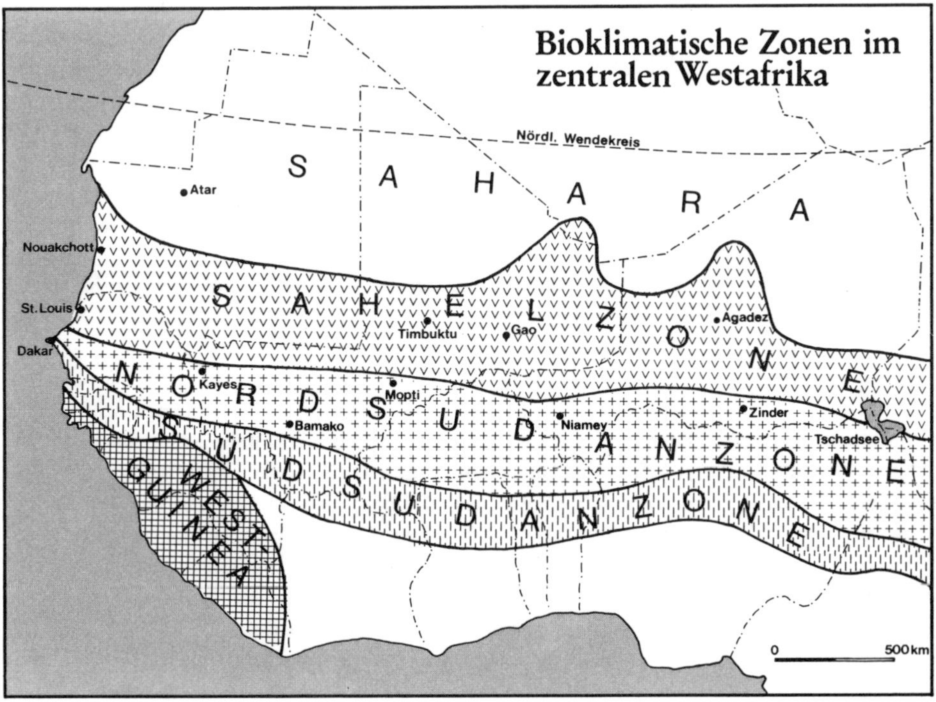

phischen, historischen und ethnischen Grenzen nicht mit den heutigen politischen identisch sind, finden sich im allgemeinen Teil auch notwendige Angaben über zum Sahel gehörende Gebiete, die auf dem Territorium von Nachbarländern liegen.

Geographische Grundlagen der westlichen Sahelländer

Geologie und Oberflächengestalt

Der westliche Teil der Sahel-Sudan-Zone gliedert sich in zwei große Becken, die durch Schwellen voneinander getrennt sind. Im Westen liegt das Niger-Becken, innerhalb dessen sich der Nigerstrom in mehrere Arme aufteilt und damit das sogenannte ›Binnendelta‹ des Niger bildet. Im zentralen Sahel-Sudan stellt das Tschadsee-Becken die zweite große morphologische Einheit dar, die im Osten durch die Darfur-Schwelle und das Djebel Marra-Massiv, im Westen dagegen durch die Munio-Schwelle zwischen dem Air-Gebirge und dem Bergland von Bauchi (Nigeria) begrenzt wird. Naturräumlich gehören die westlichen Sahelländer zu Niederafrika, das Teil des uralten afrikanischen Grundgebirgsblocks ist. Den Landschaftscharakter kennzeichnen weite, endlose Ebenen, die im Norden bis 500 m, im Süden bis 800 m ansteigen. Sie sind das Ergebnis von Verwitterungs- und Abtragungsprozessen, die im Laufe von Jahrmillionen die Gebirge des afrikanischen Kontinents allmählich ebneten. Nur an wenigen Stellen ragen aus den Ebenen einzelne, höhere Gebirgsmassive über 1000 m empor wie z. B. das Air-Gebirge im Norden des Niger, das in seinem Kernbereich vulkanischen Ursprungs ist. Auch in Mali finden sich hohe Berge ausgesprochen selten; nur südlich des Nigerstromes, in der Landschaft Gourma, bilden flachgelagerte, präkambrische Sandsteine vor der Guinea-Schwelle eine charakteristische Schichtstufe, die ›Falaise‹ (Steilabfall) von Bandiagara mit ihren bizarren, isoliert stehenden, bis 1000 m hohen Zeugenbergen im Umkreis der alten Songhay-Siedlung Hombori. Im südöstlichen Senegal und im westlichen Mali machen sich die nördlichen, hügeligen Ausläufer des Futa Djalon bemerkbar.

Der Untergrund des afrikanischen Grundgebirgssockels besteht aus Graniten, Gneisen, kristallinen Schiefern und Sandsteinen, die im Bereich der Schwellen an die Oberfläche treten. Dort blieben häufig einzeln stehende, kristalline Inselberge oder tafelbergförmige Reste älterer Landoberflächen mit Eisenkrustendecken (Laterite) erhalten wie z. B. im südwestlichen Mali. In den Becken sammelten sich Kalke, Sandsteine, Sand-, Ton- und Kiesablagerungen aus späteren geologischen Zeiträumen (Tertiär, Quartär) an. Die Beckenlandschaften wie das Binnendelta des Niger oder das Tschadsee-Becken sind – vom Air-Massiv abgesehen – topfeben und von nur gering eingetieften Flußbetten durchzogen. Ausgedehnte, geologisch junge Schwemmlandebenen finden sich im äußersten Westen im Senegal sowie in Mali im Innern des Niger-Beckens (Landschaft Massina), das in der Regenzeit überflutet wird.

Im Gegensatz zu der abwechslungsreichen Hochgebirgs- und Seenlandschaft Ostafrikas wirkt das Landschaftsbild der westafrikanischen Sahelländer eher eintönig. Das landschaftlich schönste der für Reisende ohne größeren Aufwand leicht erreichbaren Gebiete ist das Dogon-Land mit der Steilstufe von Bandiagara und den eigentümlichen, aus alten Sandsteinen bestehenden Bergmassiven und Zeugenbergen bei Hombori.

Weiter nördlich, in der Sahara, ändern sich die Oberflächenformen. An die Stelle der weiten Ebenen treten nun die teilweise hügeligen Sanddünenmeere, die große Teile von Mauretanien, Mali und Niger bedecken. Die Nordafrikaner bezeichnen die Sandwüste als *Erg*. Die berühmtesten Sandmeere sind die mauretanische Wüste (El Djouf), die sich bis weit nach Mali hinein erstreckt, der Erg der Tenere-Wüste sowie der Erg von Bilma im Niger. Daneben gibt es in der Sahara noch große Flächen mit feiner Kieselsteinbedeckung *(Serir)* und weite Gebiete mit groben Gesteinsdecken *(Hammada)*, die an den Rändern mit einem scharfen, schichtstufenartigen Knick zu den *Wadis* oder *Oueds* (nur episodisch wasserführende Flußbetten) abfallen. Schichtstufen und tafelbergartige Restberge sind vor allem in der mauretanischen Wüste verbreitet, sie finden sich aber auch in der gebirgigen Region des Adrar der Iforas (in der Sahara von Mali) sowie an den Rändern des Air-Massivs. Der große Reiz der Wüstenlandschaften besteht darin, daß die geologischen und gesteinsabhängigen Strukturen viel klarer sichtbar sind als in den tropischen Savannenzonen, wo dichte Vegetation den Untergrund bedeckt.

Klima

Das Klima im Sahel-Sudan wird durch den Wechsel zwischen einer längeren Trockenzeit und einer kürzeren Regenzeit bestimmt. Voraussetzungen dafür sind die trocken-heißen Luftmassen des kontinentalen Nordost-Passats aus der Sahara und die feuchten des Südwest-Monsuns aus dem Golf von Guinea. Im Sommer wandert die feuchte, tropische Monsunregenfront etwas verzögert mit dem Zenitstand der Sonne weit nach Norden in den Sahel. Etwa eineinhalb Monate, nachdem die Sonne den Zenit erreicht hat, fallen die Sommerniederschläge, die im Sudan an Intensität und Menge ergiebiger sind als im weiter nördlich gelegenen Sahel. Mit dem Südwärtswandern der tropischen Monsunregenfront in den Herbst- und Wintermonaten gewinnen dann wieder die trocken-kontinentalen Luftmassen aus der Sahara mit dem charakteristischen, staubreichen Harmattanwind an Einfluß auf das Wetter.

Von Süden nach Norden nimmt die Länge der Regenzeit und damit die Niederschlagsmenge kontinuierlich ab. Im Sahel, wo in den südlichen Bereichen im Jahresdurchschnitt 500 mm und in den nördlichsten nur noch 150 mm Regen fallen, ist die Dauer der Regenzeit auf zwölf bis vier Wochen beschränkt. Weiter südlich, in den sudanischen Savannen, dauert die feuchte Periode zwischen vier und sechs Monaten, wobei zwischen 500 und 1500 mm Niederschlag fallen. Weil der westliche Teil des afrikanischen Kontinents keine größeren Erhebungen nördlich des Äquators aufweist, verlaufen die Klimazonen weitgehend parallel zu den Breitenkreisen. Auf der nördlichen, der Wüste zugewandten Seite, im Sahel also, herrscht ein randtropisches Trockenklima, auf der südlichen, der immerfeuchten tropischen Regenwaldzone zugewandten Seite ein wechselfeuchtes Tropenklima (Sudanklima). Die Grenze zwischen beiden Zonen liegt bei der 500-mm-Niederschlagslinie. Nördlich davon nimmt in sahelischen Breiten die Variabilität der Jahresniederschläge deutlich zu und beträgt bis über 25%.

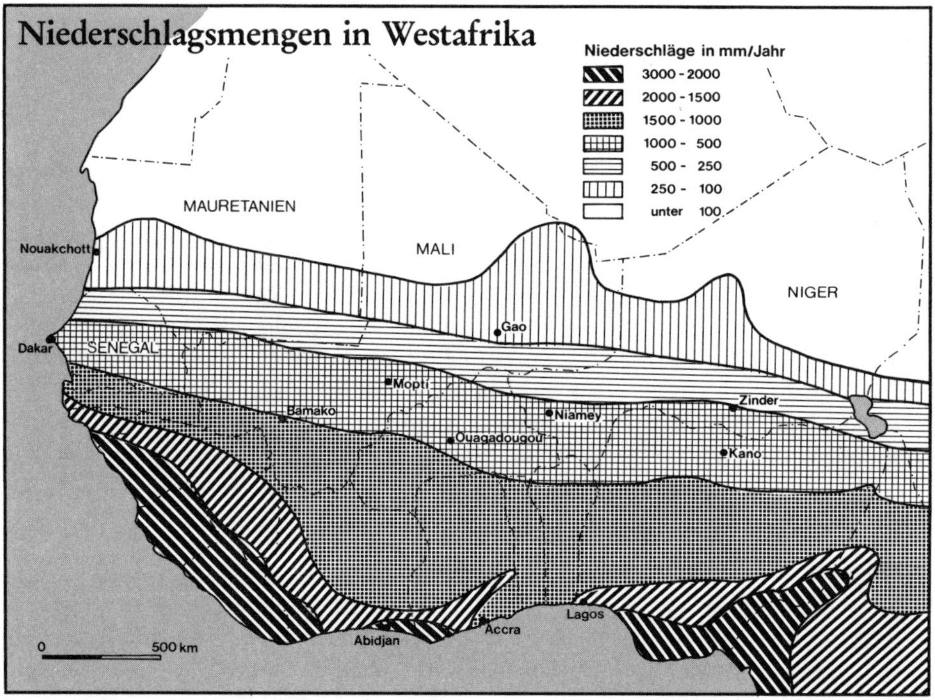

Charakteristisch ist auch die höchst ungleiche regionale Verteilung der Niederschläge während der Regenzeit, da die Regen nicht flächenhaft, sondern als lokal begrenzte, heftige Gewitterschauer niedergehen. Häufig beträgt in einem Gebiet der Abstand zwischen den einzelnen Regenfällen mehrere Wochen, so daß für die hier wachsenden Pflanzen stets die Gefahr des Verdorrens droht. Die großen klimatischen Risiken in der Sahelzone zeigten sich deutlich während der großen Dürrekatastrophe zwischen 1968 und 1973, als mehrere Jahre hintereinander ausbleibende bzw. ungünstig verteilte Niederschläge für Menschen und Tiere katastrophale Folgen brachten. Festzuhalten bleibt somit, daß die Menschen im Sahel nicht in jedem Jahr mit ausreichendem Regen rechnen können; Trockenperioden wechseln mit feuchteren Jahren ab.

Im Sahel-Sudan unterscheidet man fünf Jahreszeiten. Die Regenzeit dauert in der Sudanzone von Mai bis Oktober. Die Niederschläge fallen dann als heftige tropische Gewitter, die sich meist in der zweiten Tageshälfte bilden und bis in die Nacht hinein andauern. Die stärksten Niederschläge werden in den Monaten Juli bis September verzeichnet. Tagestemperaturen von über 30 °C und eine hohe relative Luftfeuchtigkeit empfinden Europäer in dieser Jahreszeit als besonders unangenehm. Im Sahel ist die Regenzeit deutlich kürzer und dauert nur von Juli bis Mitte September. Die während der Übergangsjahreszeit im September/Oktober bis auf über 35 °C ansteigende Temperatur und die hohe Luftfeuchtigkeit machen Reisen besonders im Norden dann sehr beschwerlich. Es folgt die kühle und trockene Jahreszeit von November bis

Februar, die als die angenehmste Reisezeit im Sahel-Sudan gilt. Tagsüber steigen die Temperaturen zwar bis über 30 °C an, die zunehmende Trockenheit macht die Hitze aber erträglich. Die Nächte sind in dieser Jahreszeit empfindlich kühl, um 15–18 °C im Sudan und gelegentlich unter 10 °C im Sahel. Daran schließt sich von März bis Mai die trockene und sehr heiße Jahreszeit an, in welcher der Harmattanwind aus Nordost stetig weht und große Mengen feinen Staubes aus der Wüste weit nach Süden trägt. An manchen Tagen verfinstert der Staubwind die Atmosphäre fast völlig. Die Tagestemperaturen steigen bis zum Beginn der Regenzeit im Sudan auf über 35 °C, im Sahel über 40 °C an; Reisen in dieser Zeit sind nicht empfehlenswert. Der Beginn der Regenzeit im Mai bzw. im Juni kündigt sich durch schwere Unwetter in Form von Wirbelstürmen an. Kurz vor dem Sturm, den man in Westafrika auch ›Tornado‹ nennt, herrscht drückende Schwüle, gegen Nachmittag schiebt sich aus südlicher oder westlicher Richtung rasch eine schwarze Wolkenwand heran, begleitet von Sturmböen, die mit über 100 km/h wehen und Bäume entwurzeln können. Mit pausenlosen Blitzen und Donnerschlägen setzt dann ein wolkenbruchartiger Regen ein, der gelegentlich Lehmhütten und Autopisten wegspült. Innerhalb von ein bis zwei Stunden fallen nicht selten über 50 mm oder mehr an Niederschlag, fast ein Zehntel des bundesdeutschen Jahresregens. Gegen Abend läßt die Gewittertätigkeit nach, und eine angenehme Kühle breitet sich aus.

Die großen Gewässersysteme

Die beiden großen Ströme der westafrikanischen Sahelländer sind der Senegal und der Niger, sogenannte ›Fremdlingsflüsse‹, die ihre Wasserzufuhr aus den feuchten Bergländern des Futa Djalon in Guinea erhalten. Als einzige große permanente Ströme nördlich des 13. Breitengrades fließen sie (wie der Nil im Osten) durch trockenes und wüstenhaftes Gebiet, wo ein großer Teil ihres Wassers verdunstet.

Der **Senegal** (der Name leitet sich vom Berberstamm der Sanhadja ab) entsteht aus dem Zusammenfluß von Bafing (›Schwarzwasser‹) und Bakoy (›Weißwasser‹). Beide Flüsse entspringen im Bergland von Guinea, das sie in östlicher Richtung umfließen. Kurz hinter dem Zusammenfluß von Bafing und Bakoy bei Bafoulabe durchbricht der Senegal im westlichen Mali mit den Wasserfällen bei Gouina die Guinea-Schwelle. Von Kayes in Mali (38 m über dem Meeresspiegel) bis zur Mündung in den Atlantik bei St. Louis durchquert der Strom breit und gemächlich das senegalesische Tiefland. In der Regenzeit zwischen August und Oktober ist er auf einer Strecke von 925 km, von seiner Mündung bis Kayes, schiffbar. Sein Unterlauf hat ein so geringes Gefälle, daß sich in der Trockenzeit der Einfluß der Gezeiten des Atlantik 500 km weit landeinwärts bemerkbar macht und das Meerwasser 220 km weit, bis Podor, eindringt. Dieser Umstand ermöglicht die ganzjährige Schiffahrt zwischen der Küste und Podor. In der Regenzeit schwillt der Senegal zu einem riesigen Strom an, der das umliegende Tiefland weithin überschwemmt und die zahlreichen Nebenarme und Seen (Lac de Guiers) mit Wasser füllt. Während der Trockenzeit nimmt die Wassermenge stark ab, und nur noch kleinere Boote können die Stadt Kayes erreichen. Die Unterschiede in der Wasserführung des Senegal werden beim Vergleich der Meßwerte bei Kayes deutlich. In der trockensten Jahreszeit (März/April) beträgt die

Wasserführung 5 m^3/sec, während der Hochflut (September/Oktober) hingegen 5000 m^3/sec! Entlang des Stromes liegen die fruchtbaren Landschaften der Tukulor- und Sarakolle-Bauern, die den wechselnden Wasserstand für ihre landwirtschaftlichen Kulturen (Reis, Hirse, Baumwolle) nutzen.

Der **Niger** ist mit einer Länge von rund 4200 km und einem Einzugsgebiet von über 2 Millionen km^2 der drittgrößte Strom Afrikas (nach Nil und Kongo). Sein Quellgebiet liegt nicht weit von dem des Senegal im tropisch-immerfeuchten Futa Djalon-Bergland Guineas nahe der Grenze zu Sierra Leone. In seinem Djoliba genannten Oberlauf erhält der Niger zahlreiche ganzjährig fließende, wasserreiche Zuflüsse. Ab der Stadt Kouroussa in Guinea bildet er einen großen Strom, der in der Regenzeit bis Bamako schiffbar ist. Hinter Koulikoro (50 km nordöstlich von Bamako) verläßt er das in den Sandsteinfels eingeschnittene Bett und tritt in das weite, von ihm mit Tonen und Sanden aufgeschüttete Niger-Becken ein, in das vom Süden der wasserreiche Bani strömt. Infolge des geringen Gefälles in diesem Becken bildet der Niger zusammen mit dem Bani ein riesiges, ca. 40 000 km^2 bedeckendes Binnendelta mit zahllosen Haupt- und Nebenarmen sowie Hinterwässern, die sich in der Regenzeit mit Wasser füllen. Nach dem Absinken der Flut pflanzen die Bauern in den fruchtbaren Schlamm Reis und später auch Hirse. Die Seen im Binnendelta (Debo, Tanda, Faguibine, Garou, Ninagay) sind natürliche Hochwasserregler, die bewirken, daß die Flut im Mittellauf bei Diré und Timbuktu ihr Maximum erst im November/Dezember erreicht. Da das Binnendelta sich sehr weit nach Norden, bis in die nördliche Sahelzone, erstreckt, sind die Wasserverluste des Niger durch Verdunstung besonders hoch. Daneben treten Sickerverluste durch unterirdischen Abfluß nach Norden, in süd-

Nigerlandschaft (Lithographie nach einer Skizze von Heinrich Barth, 1854)

saharische Bereiche, auf, was der wechselnde Grundwasserstand der Brunnen zwischen Timbuktu und Araouane beweist. Zwischen Timbuktu und Bamba fließt der Niger als ›Fremdlingsfluß‹ (s. o.) durch die südliche Sahara, um die Wüste dann nach der Überwindung der Quarzitschwelle von Tosaye-Bourem in südöstlicher Richtung zu verlassen. Bei Gao mündet von Norden, aus dem Adrar der Iforas kommend, das große Wadisystem des Tilemsi in den Niger ein. Dieses Wadi muß als Ur-Niger angesehen werden, denn bis in das Tertiär endete der Oberlauf des mächtigen Stromes in einem riesigen Binnensee westlich von Timbuktu. Der Faguibine-See nördlich von Goundam stellt einen Rest dieses abflußlosen Binnensees dar, der eine Fläche von 300000 km^2 aufwies und bis in das Gebiet von Araouane reichte. Erst durch rückschreitende Erosion eines Nebentales des Tilemsi-Systems wurde der Binnensee bei Tosaye-Bourem ›angezapft‹, so daß der Djoliba-Niger nach Südosten abfließen konnte. Zum Abflußsystem des Niger zählen mehrere andere große Wadis, die in manchen Jahren während der Regenzeit zu reißenden Strömen werden können. In der Republik Niger nennt man solche Trockentäler *Dallol* oder *Goulbi.* Das große Dallol Bosso entspringt am Westrand des südsaharischen Air-Gebirges, und die Tuareg gaben ihm den Namen Azaouak. Die Goulbis Nkaba und Tarka bilden sich in den weiten Ebenen des nigrischen Sahel und fließen nach Südosten durch Sokoto zum Niger. In der Trockenzeit sind diese Dallols und Goulbis völlig ausgetrocknet und ihre breiten Flußbetten mit Sand gefüllt, was die Durchquerung mit dem Auto erschwert.

Ab Gao beginnt der eigentliche Niger. Es wechseln nun breite Flußabschnitte mit Engen und Schnellen wie bei Fafa, Labbezanga, Say oder beim Durchbruch durch das Atakora-Gebirge im Süden der Republik Niger. Auf nigerianischem Gebiet ist der Strom bei Kainji aufgestaut. Der Staudamm dient zur Wasserregulierung und Stromerzeugung und stellt eines der größten nigerianischen Entwicklungsprojekte dar. Unterhalb von Kainji fließt der Strom mit einer Breite von 1,5 km und einer Tiefe von 30 m ruhig dahin, was ihn für die Flußschiffahrt geeignet macht. Im südlichen Nigeria mündet bei Logoja der wasserreiche Benue ein. Nach der Durchquerung der Yoruba-Schwelle beginnt das riesige, 25000 km^2 große Mündungsdelta, das immer weiter ins Meer hinaus wächst. Das Gebiet der 20 Mündungsarme wird auch das ›Land der Ölflüsse‹ (Oil Rivers) genannt, weil dichte Ölpalmenplantagen das Land überziehen.

Der Niger durchfließt in einem weiten Bogen nach Norden fast alle Klimazonen Westafrikas, vom tropischen Regenwald über die Savannenzonen bis zur Wüste. Aus diesem Grunde schwanken die Wasserstände in den einzelnen Flußabschnitten beträchtlich, was Auswirkungen auf die Flußschiffahrt hat. Im Oberlauf bei Koulikoro liegt das Hochwassermaximum im August/September (10000 m^3/sec), um danach kontinuierlich bis Mai abzusinken. Das Sommerhochwasser erreicht Timbuktu wegen der Stauwirkung im Binnendelta verspätet im November/Dezember. Im Unterlauf gibt es einen doppelten Hochwasserstand, einmal das durch die örtlichen Sommerniederschläge hervorgerufene Hochwasser, zum anderen das des Vorjahres aus dem Oberlauf, das den Unterlauf zwischen März und April erreicht. Entsprechend den wechselnden Wasserständen ist der Oberlauf zwischen Bamako und Mopti zwischen August und November, der Mittellauf zwischen Mopti und Timbuktu bis Januar/Februar schiffbar (vgl. S. 415).

Am Südrand des zentralsudanischen Beckens liegt der **Tschadsee,** der keinerlei Verbindung zum Meer hat. Er ist ein sogenanntes ›endorhëisches Endbecken‹, in das große Flüsse wie der

Komadougou (von Südwesten) und der Schari-Logone (von Süden) einmünden. Der Tschadsee stellt den Rest eines viel größeren Binnenmeeres aus dem Pleistozän dar, von dem sich noch mächtige Ablagerungen im Tschad-Becken finden. Nach der Austrocknung und dem Abfließen des Ur-Tschadsees durch das Wadi des Bahr el Ghazal nach Norden, in die tiefer gelegene Landschaft Djourab oder Bodele (150 m), kam es im Süden seines Beckens infolge eines immer trockener werdenden Klimas zur Aufwehung von hohen Dünen, die wie eine Barriere für den Abfluß des Wassers aus den südlichen Zuflüssen wirkten. Unter diesen Bedingungen entwickelte der Tschadsee seine heutige Gestalt. In den letzten Jahren schwankte die Seefläche zwischen 11000 und 22000 km², ganz in Abhängigkeit von der Zuflußmenge und der Ergiebigkeit der Niederschläge in den südlich angrenzenden Savannenzonen. Eigentlich bildet der Tschadsee einen riesigen flachen Teich, denn in der Trockenzeit ist er nicht tiefer als 1–3 m, und im Dezember werden gerade Höchsttiefen bis 7 m gemessen. Das Ostufer des Sees und das Mündungsgebiet des Schari bedecken ausgedehnte Sümpfe, in denen Papyrusstauden und Ambadschsträucher wachsen. Nach Norden dringt der See in die bewegte Dünenlandschaft des tschadischen Sahel ein. Zahlreiche, aus Sanddünen bestehende Inseln erschweren den Bootsverkehr. Auf den Inseln leben die viehhaltenden und feldbautreibenden Buduma, die ihre Kuri-Rinder mit den eigenartig dicken Hörnern auf den mit Gras und Schilf bewachsenen Sandinseln weiden lassen. Lediglich im nordwestlichen Teil finden sich weite, offene Wasserflächen. Dichter Pflanzenwuchs – Papyrus, Schilf und Ambadschdickicht – erschwert jedoch an vielen Stellen den Zugang zum See.

Böden im Sahel-Sudan

Die Böden der sahelo-sudanischen Zone werden durch den wechselnden Gesteinsuntergrund (Granit, Gneis, Sandstein, Kalk) sowie durch die Klimabedingungen bestimmt, die von der Feuchtsavanne bis zur Wüste erheblich variieren. In Gebieten mit viel Niederschlag und hohen Temperaturen entstehen andere Böden als im trocken-heißen Sahelklima. Im Bereich der Wüste finden sich die sogenannten ›Rohböden‹, bestehend aus Gesteinen wie Kies und Geröll oder aus groben Sanden. Typisch für die Sahelzone sind alte, verfestigte rötliche Dünenböden, die dichte Grasdecken tragen. Sie werden im östlichen Sahel (Republik Sudan) auch ›Goz-Böden‹ genannt und eignen sich bei genügend Niederschlag hervorragend zum Anbau von Kolbenhirse. Daneben gibt es in weiten Gebieten auch braune Böden mit hohem Tonanteil, der sich für die Bodenfruchtbarkeit nicht sonderlich günstig auswirkt. Die in den Trocken- und Feuchtsavannen vorherrschenden tropischen Rotlehmböden weisen dagegen recht gute Anbaubedingungen für Sorghumhirse auf. Im Bereich der Trockensavannen besteht allerdings in weiten Gebieten die Gefahr der Laterisierung. Dabei handelt es sich um einen Bodenbildungsprozeß, bei dem durch das infolge der hohen Verdunstungsraten in der langen heißen und trockenen Jahreszeit aufsteigende Bodenwasser Eisenoxyd an der Oberfläche angereichert wird. Auf weiten Ebenen in den wechselfeuchten tropischen Gegenden haben sich betonharte ›Eisenkrusten-Plateaus‹ gebildet, die den Ackerbau unmöglich machen. Die Vernichtung der Vegetation durch den Menschen mittels Savannenfeuer sowie Abholzen der Bäume und Sträucher begünstigt ihre Entstehung.

Zwischen dem Futa Djalon in Guinea und Nordnigeria werden 1,5 Millionen km^2 von solchen Eisenkrusten bedeckt. Für die Landnutzung geeignete Böden mit hohem Anteil an Humus und Tonmineralien finden sich in den Überschwemmungsgebieten entlang der größeren Flüsse und in den weiten Niederungsgebieten wie im Binnendelta des Niger.

Die größte Gefahr für die Qualität der Böden bildet die Erosion, die durch Menschenhand begünstigt wird. Flächenhafte Beseitigung der Pflanzendecke in den randtropischen, trockenen Gebieten wie der Sahelzone führt zu erhöhter Bodenauswaschung in der Regenzeit und zu verstärkter Windabtragung der fruchtbaren, feinen, organischen Bodenbestandteile in der Trockenzeit. In einer 250 km breiten Zone quer durch Westafrika, die im wesentlichen der Sahelzone entspricht, ist die durch den Menschen verursachte Verwüstung der natürlichen Ressourcen (›Desertification‹) besonders groß.

Landschafts- und Vegetationszonen mit den wichtigsten Nutzpflanzen

Die Abfolge der typischen Landschafts- und Vegetationszonen gestaltet sich in den Sahelländern entsprechend den von Süden nach Norden abnehmenden Regenmengen. Vorherrschende Vegetationsform im Sahel-Sudan ist die Baumsavanne, die südlich des 10. Breitengrades in die Feuchtsavanne übergeht. Von den im vorliegenden Buch behandelten Sahelländern haben lediglich Mali und der Senegal in ihren südwestlichen Regionen Anteil an der Feuchtsavannenzone. Unter den dortigen Pflanzen dominieren hohe Gräser mit mächtigen, einzeln stehenden Kapokbäumen, die in der Trockenzeit meist ihre Blätter verlieren. Entlang der Flüsse gedeihen dichte Galeriewälder, in denen sich auch immergrüne Baumarten aus dem Regenwaldbereich finden. Die wichtigsten Nutzpflanzen sind Sorghumhirse, Mais, Bananen, Ölpalme, Knollenfrüchte wie Maniok und Yams sowie die Süßkartoffel. Den Mais brachten die Portugiesen im 15. Jh. an die Küsten Afrikas, erst später breitete er sich in den feuchteren südlichen Savannenzonen aus. Größere Bedeutung für die Ernährung der Bewohner hat jedoch der Yams (Discorea). Seine schwarz-braunen, bis mehrere Kilo schweren Wurzelknollen werden auf allen Märkten in der Feuchtsavanne angeboten. In Palm- oder Kokosnußöl gebraten schmeckt der Yams ähnlich wie unsere Pommes frites. Auch beim Maniok (Manihot utilissima) handelt es sich um eine eingeführte Frucht. Sie stammt aus Westindien und wurde von zurückkehrenden Sklaven mitgebracht. Die süßlich schmeckenden, länglichen Wurzeln sind in der ganzen Sudanzone sehr beliebt und haben vielerorts den Yams verdrängt. Den Maniokstrauch mit seinen großen, gefiederten Blättern trifft man vor allem in der Feuchtsavanne an, wo er bis zu 6 m hoch werden kann, daneben aber auch in bewässerten Gärten im Sahel. Dort erreicht er allerdings nur eine Höhe von etwa 1,50 m.

In den feuchten Niederungen und Überschwemmungsgebieten, wie z. B. im Binnendelta des Niger sowie entlang des Senegal und der Casamance, baut man Reis (Oryza sativa) an. Er zählt neben der Hirse und den Knollenfrüchten zu den wichtigsten Grundnahrungsmitteln, weshalb die Anbauflächen für Reis ständig erweitert werden. Reis ist im Sudan bereits seit 2000 Jahren bekannt, und die Mande-Völker kultivierten ihn schon früh im Binnendelta des Niger, von wo

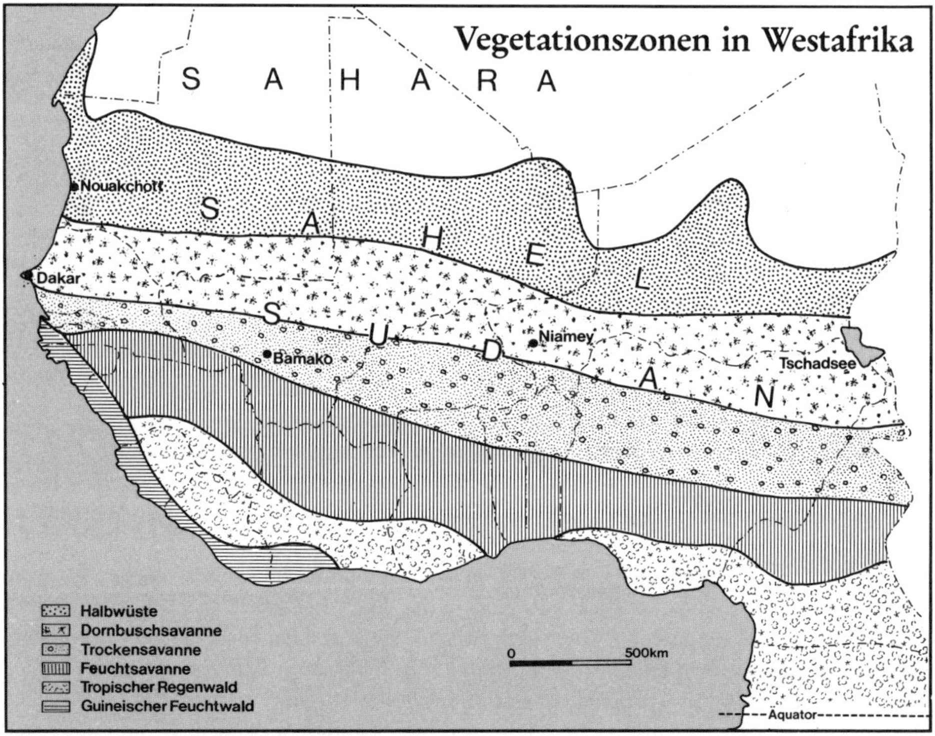

er sich später über ganz Westafrika ausgebreitet haben soll. Eine für den Export der Sahelländer überaus wichtige Anbaufrucht ist die Erdnuß (Arachis hypogaea), die man besonders in den trockenen Savannengebieten des Senegal und im südlichen Teil der Republik Niger findet. Auch die Erdnuß stammt aus Amerika, wurde von portugiesischen und spanischen Seefahrern nach Westafrika gebracht und hat sich seit dem 16. Jh. über die gesamte Sudanzone verbreitet. Für die Bauern stellt die Erdnuß einen wichtigen Fettlieferanten dar, der größte Teil der Produktion bleibt allerdings dem Export vorbehalten. Die Erdnußpflanze gedeiht besonders gut auf leicht sandigen Böden und wird häufig zusammen mit Hirse und Baumwolle angebaut. Neben der Erdnuß dient auch die Sesampflanze als wichtiger Fettlieferant für die Bevölkerung in den südlichen Savannenzonen. Die zweite wichtige Handelspflanze im Sudan ist die Baumwolle (Gossypium herbaceum). Seit langer Zeit im Sudan heimisch, bildet diese Faserpflanze die Grundlage für die Herstellung von gewebten Stoffen.

In der Feuchtsavanne und in den feuchten Niederungen der Trockensavanne wachsen verschiedene Fruchtbäume, die einen nicht unerheblichen Beitrag zur menschlichen Ernährung liefern. Zu erwähnen ist vor allem die Bananenstaude (Musa sapientum), die eigentlich aus dem Regenwald stammt, aber bis in die Feuchtsavanne hinein in den Gärten der Bauern gedeiht. In der Savanne sind ihre Früchte nur klein, aber von süßem und angenehmem Aroma. Weite Verbreitung hat auch der Mangobaum (Mangifera indica), den man in regelrechten Pflanzungen anbaut. Die kleinen, kugelförmigen Bäume mit ihren tiefdunkelgrünen, lanzettartigen Blättern prägen das Landschaftsbild entscheidend. Die großen, gelb-roten Mangofrüchte hängen wie an Schnüren von den Bäumen. Sie werden im April/Mai geerntet und stellen eine ausgesprochene tropische Delikatesse dar. Auch den bis zu 12 m hohen Papayabaum (Cavica papayo) findet man in fast allen Gärten der Feuchtsavanne. Seine riesigen, grün-gelblichen Früchte hängen am Stamm unter der Blätterkrone; sie haben ein angenehmes, leicht süßliches Aroma und werden als Zukost genossen. Im südlichen Mali sieht man häufig die riesigen Guavenbäume, deren kleine, tiefgelbe, fleischige Früchte mit ihren schwarzen, harten Kernen ein besonders intensives ›exotisches Aroma‹ aufweisen und auch als Heilmittel Verwendung finden. Zu den Genußmittelpflanzen zählt der Tabak, der fast überall im Sudan angebaut und als Pfeifen- oder Kautabak auf allen sudanischen Märkten verkauft wird. Das wichtigste Genußmittel in Westafrika stellt aber die Kolanuß (Cola acuminata) dar. Der Kolanußbaum gedeiht in den Randzonen des Regenwaldes in Guinea und der Elfenbeinküste. Die Früchte werden in frische grüne Urwaldblätter verpackt und nach Norden zu den großen Märkten transportiert, wo sie hohe Erlöse erzielen. Die Kolanuß hat eine blaßlila Farbe und ähnelt im Aussehen unserer Kastanie. Ihr hoher Koffeingehalt mildert Hunger- und Durstgefühl. Das bittere Fleisch wird deshalb von jung und alt gekaut und danach ausgespuckt.

Nach Norden zu geht die Feuchtsavanne allmählich in die Trockensavanne über. Die längere Trockenzeit (6–8½ trockene, 3½–6 feuchte Monate) bewirkt eine deutliche Wachstumsruhe der Vegetation. Die Bäume verlieren in der trockenen und heißen Jahreszeit ihre Blätter, und die Savannenlandschaft bietet dann mit ihren kahlen Bäumen und vertrockneten Gräsern ein ödes Bild. Nach den ersten Regenfällen wandelt sich der Anblick schlagartig. Bäume, Sträucher und Grasfluren zeigen nun Grün und vermitteln den Eindruck einer üppigen, fruchtbaren Parklandschaft. Die Artenzusammensetzung der Vegetation entspricht weitgehend der in der Feuchtsavanne. Lediglich das stärkere Auftreten dorniger Akazienbäume weist auf das insgesamt trockenere Klima hin. Ein typischer Savannenbaum ist der Baobab oder Affenbrotbaum (Adansonia digitata). Der massige, bis zu 30 m im Umfang messende Baumstamm mit seiner silbrig-grauen, dicken Rinde und den knorrigen, verwinkelten Ästen verleiht dem Baobab ein urweltlich-exotisches Aussehen. Er speichert Wasser für die lange Trockenzeit. Untersuchungen haben ergeben, daß manche Exemplare 1000 Jahre alt sind. Die Blätter, die denen der europäischen Roßkastanie ähneln, werden von den Bauern als Gemüse oder Sauce zum Hirsebrei verzehrt. Aus den länglichen, grünen Früchten läßt sich ein weißes, säuerlich schmeckendes, stärkehaltiges Fruchtfleisch herausschälen, das entweder roh gegessen oder zu einem erfrischenden Getränk verarbeitet werden kann. Aus religiösen und ethischen Gründen fällen die Bewohner der Savanne den Baobab nicht, denn unter den schattigen Kronen dieser Baumriesen befinden sich häufig Versammlungsorte der Dorfältesten und Gräber der Ahnen. Von den Bauern wird erzählt, daß Menschen beim Versuch, das faserige, schwammige Holz des Baobab zu verbrennen, erblindet seien.

Die mächtigen Baobabs sind häufig die einzigen großen Savannenbäume, die das alljährliche Buschfeuer überstehen. Diese Grasbrände werden von den Bauern gelegt, um den Graswuchs zu Beginn der Regenzeit zu fördern oder um Neuland für die Anlage von Feldern zu erschließen. Das Feuer vertreibt auch Insekten, Skorpione, Schlangen und wilde Tiere, die eine ständige Bedrohung für die Bewohner der Savanne darstellen. Unübersehbar zeigen sich aber die negativen Konsequenzen der Buschbrände: Die fruchtbare Asche wird durch den Wind weggeblasen und nach dem ersten Regen fortgespült, eine Verringerung der Bodenfruchtbarkeit tritt somit ein. Außerdem wachsen keine jungen Bäume mehr nach, der Artenreichtum der Vegetation nimmt ab; es überleben häufig nur die Pflanzen, die keinen besonderen weidewirtschaftlichen oder sonstigen ökonomischen Wert besitzen. Nur in den Naturreservaten blieben größere natürliche Trockenwaldgebiete erhalten, wo sich die reiche einheimische Tier- und Pflanzenwelt noch ungestört entfalten kann. Die ständig wachsende Bevölkerung engt diese Gebiete jedoch immer mehr ein. Neben dem Affenbrotbaum verdienen noch einige andere Baumarten der Savanne Erwähnung, vor allem der große Karité- oder Schibutterbaum (Butyrospermum parkii). Aus den Kernen seiner süßlichen, grünen Früchte wird ein für die Ernährung der Savannenbewohner äußerst wichtiges pflanzliches Fett gewonnen. Auch die Früchte des Netebaumes (Parkia biglobosa) mit den großen, gefiederten Blättern schätzt man als Nahrungsmittel. In der Nähe menschlicher Siedlungen und als Schattenspender in den Städten wächst der riesige Kailcedratbaum (Khaya senegalensis). Zahlreiche andere sudanische Baumarten wie der Tamarindenbaum, der Kapokbaum (Wollbaum) und Combretaceen gedeihen entlang der periodisch wasserführenden Flußläufe.

In der Trockensavanne stellt die Hirse mit ihren zahlreichen Abarten die wichtigste Nutzpflanze dar. Sie dient zusammen mit Reis als Grundnahrungsmittel der sahelo-sudanischen Bevölkerung und ist auch für die Nomaden lebensnotwendig. Soweit sie nicht selbst Hirse anbauen, tauschen die Viehzüchter Nutztiere, Butter und Milch bei den Bauern gegen die begehrte Pflanze ein. Frauen und Mädchen zerstampfen die Hirsekörner in hölzernen Mörsern und kochen das Mehl zu einem zähen Brei, der mit einer Sauce – bestehend aus Gemüse, Butter, Milch, seltener auch Fleisch oder Fisch – gegessen wird. Außerdem stellen die Frauen der nichtislamischen Volksgruppen aus bestimmten Hirsesorten ein Bier *(Dolo)* her, das man bei allen möglichen festlichen und geselligen Anlässen trinkt.

In der Feuchtsavanne ist die Sorghumhirse (Sorghum vulgare), auch Negerkorn oder Guineakorn genannt, die wichtigste Hirseart. Man erkennt sie an den schweren, trugdoldenähnlichen Fruchtständen, die ein wenig an die männlichen Maisblüten erinnern. Es gibt den roten Sorghum, der schnell reift und in unmittelbarer Nähe der Dörfer wächst, und den gelben oder weißen, der besser auf lehmigen Böden gedeiht. Sorghum wird häufig zusammen mit der Kolbenhirse (Pennisetum) angebaut, deren Fruchtstände an Rohrkolben erinnern und deren kleine, weiße, runde Körner als besonders schmackhaft gelten. Außerhalb der Dörfer baut man die Hirse auf großen gemeinschaftlichen Feldern an. Aussaat, Verziehen der Halme und Ernte (die zwischen Oktober und Dezember stattfindet) sind Gemeinschaftsarbeiten, an denen sich jung und alt beteiligen. In der Trockensavanne wächst auch – sogar auf steinigen Böden – das relativ anspruchslose Fonio (Digitaria exilis). Zusammen mit Hirse werden überall Erderbsen und verschiedene Bohnenarten angepflanzt. Die Okra-Schoten oder Gombo (Hibiscus sebdariffa) haben als Gemüsegrundlage für Saucen ebensogroße Bedeutung wie die kleinen, roten, sehr scharfen Pfefferschoten, im Sudan auch ›pili-pili‹ genannt. Unentbehrlich für die westafrikanische Küche sind des weiteren Zwiebeln und Knoblauch. Als berühmte Zwiebelbauern im Sahel-Sudan gelten die Dogon im Gebiet von Bandiagara (Mali).

Im Norden geht die Trockensavanne mit weiter abnehmendem Niederschlag bei etwa 600 mm Jahresniederschlag allmählich in die Dornsavanne über. Diese Pflanzenformation ist die für die Sahelzone eigentlich typische. Die hier extrem lange Trockenzeit von achteinhalb bis zehn Monaten verlangt von den Pflanzen besondere Anpassungsfähigkeit, die sahelischen Dornbäume weisen deshalb eine stark reduzierte Blattoberfläche, Dornen und dicke Rinden gegen Wasserverlust auf. Als charakteristische Bäume dieser Zone können die verschiedenen Akazienarten gelten, die entweder einzeln oder in Gruppen stehen. Besonders zu erwähnen ist dabei die Acacia albida, die man im Niger auch *Gao* nennt. Sie entwickelt als einziger Baum im Sahel die Blätter in der Trockenzeit und fungiert deshalb als wichtiger Schattenspender. Ihre Fruchtschoten enthalten viele Nährstoffe und stellen ein begehrtes Futter für Ziegen, Schafe und Rinder dar. Im Gebiet der Wolof-Serer-Bauern des Senegal und im Dogon-Land in Mali gibt es regelrechte Kulturlandschaften mit alten Gao-Bäumen, unter denen sich fruchtbare Hirsefelder ausbreiten. Die Acacia senegal liefert ein begehrtes Baumharz, das Gummi arabicum, welches als Nahrungs- und Heilmittel Verwendung findet.

Im Sahel wachsen auf den Dünen zahlreiche Gräser wie z. B. das Cram-Cram-Gras (Cenchrus biflorus) oder die zahlreichen Panicum-Gräser, die in feuchten Niederungen in wahren Massen gedeihen. Die Frauen der Iklan (Sklaven der Tuareg-Nomaden) sammeln mit einem aus Zweigen geflochtenen Schwingbesen die Samen dieser Gräser von den Fruchtständen ab, zerstampfen sie und bereiten unter Zufügung von Butter einen schmackhaften Brei daraus. Es würde zu weit führen, alle die verschiedenen Gräserarten aufzuzählen, die neben der Kolbenhirse wesentliche Nahrungsbestandteile der nomadischen Volksgruppen im Sahel bilden. Es bleibt aber festzuhalten, daß in dieser harten Umwelt die Menschen darauf angewiesen sind, die vorhandenen Pflanzen optimal für die Nahrungsmittelbeschaffung zu nutzen.

Ein weiterer typischer Baum des Sahel ist die Dumpalme (Hyphaene thebaica), die man an ihrem verzweigten Stamm leicht erkennt. Kleine, süße Früchte trägt der Balanites aegyptiaca, ein Baum mit bis zu 5 cm langen Dornen, die sich tief in die Autoreifen bohren können und deshalb manche Reifenpanne verursachen. Den Sodomsapfel (Calotropis procera) mit seinen dunklen, ledrigen Blättern meiden alle Weidetiere, da er ein Gift enthält, das früher sogar zur Herstellung von Pfeilgift verwendet wurde. Auf den unfruchtbaren, mit Lateritkrusten bedeckten Landschaften im südlichen Sahel von Mali und Niger gedeihen auf Hunderten von Hektar besondere Strauchformationen, welche die Franzosen ›brousse tigrée‹ nannten, da sie vom Flugzeug aus tatsächlich wie ein Tigerfell aussehen. Der Grund für diese eigenartige, bänderförmige Wuchsform liegt darin, daß die Büsche auf kleinen, sandigen Abflußrinnen besser gedeihen als auf den harten ›Eisenkrusten‹. Typische Sträucher der ›brousse tigrée‹ sind Pterocarpus lucens, Guiera senegalensis, Boscia senegalensis und verschiedene Ziziphus-Arten (Christusdorn), deren Blätter den Weidetieren als Nahrung dienen.

Die wichtigste Kulturpflanze des eigentlichen Sahel ist die Kolben- oder Pennisetumhirse, die man auf den sandigen Böden in Monokulturen anbaut. Wegen der unregelmäßig fallenden Niederschläge muß die Aussaat im Juni/Juli häufig drei- bis viermal erfolgen, bis der Samen keimt. Von der Aussaat bis zur Reifung vergehen nach einer Faustregel der sahelischen Bauern rund

100 Tage. Nach der Ernte im Oktober folgt im Sahel in guten, d. h. niederschlagsreichen Jahren eine Periode des Überflusses, während der zahlreiche Feste gefeiert werden.

Nach Norden zu geht der Sahel etwa ab 150 mm Jahresniederschlag in die Halbwüste bzw. in die Wüstensteppe über, die riesige Gebiete im mittleren Mauretanien sowie im nördlichen Mali und Niger einnimmt. In dieser Zone gibt es keine geschlossene Vegetationsdecke mehr; nur noch in feuchten Senken und entlang der Wadis gedeihen kleinere Büsche und Dornbäume der erwähnten sahelischen Arten. Trockengräser, Dornsträucher und Blattsukkulenten wie Sansevieria, Aloe, Gasteria und salzliebende Pflanzen bilden die typische Vegetation der Wüstensteppe. Im saharischen Bereich, in der Vollwüste mit ihren zwölf Trockenmonaten, haben sich dort, wo das Grundwasser erreicht werden kann, Oasen entwickelt. Die wichtigste Nutzpflanze ist dort die Dattelpalme.

Wirtschafts- und Lebensformen im Sahel-Sudan

Entsprechend den naturgeographischen Bedingungen und der kulturhistorischen Entwicklung existieren im Sahel-Sudan der Hirtennomadismus und das Savannenbauerntum als die beiden großen Wirtschafts- und Lebensformen nebeneinander.

Sahel

Wegen der nach Norden hin abnehmenden Niederschläge ist im Sahel kein sinnvoller Ackerbau mehr möglich; etwa nördlich des 15. Breitengrades dominiert deshalb die nomadische Viehzucht. Als Hirtennomaden werden diejenigen Ethnien (Volksgruppen) bezeichnet, die auf der Grundlage von Viehzucht leben und deshalb ihren Wohnsitz ständig verlegen müssen. Der gesamte Lebensrhythmus dieser Völker hat sich notwendigerweise an die Bedürfnisse der Herdentiere angepaßt. Die nomadische Wirtschafts- und Lebensform ist in Westafrika an die Trockengebiete des Sahel und der Sahara gebunden, wo im Jahresdurchschnitt weniger als 400 mm Niederschlag fallen. Im Sahel nutzt man die weiten Grasfluren als Viehweiden, wo der Ackerbau wegen des zu großen Niederschlagsrisikos nicht mehr möglich ist oder für die Ernährung einer seßhaften Bevölkerung nicht ausreicht. Dies trifft in noch stärkerem Maße für die Wüstengebiete der Sahara zu. In der Wüste können Menschen nur dann existieren, wenn sie alle verfügbaren natürlichen Ressourcen (Weiden, Brunnenwasser) intensiv ausschöpfen.

Typische Nomaden der Sahelzone Westafrikas sind die Fulbe, die Tuareg und die Mauren. In der Regenzeit im Juli/August wandern die Nomadenfamilien mit ihren Herden nach Norden, wo nach heftigen Gewitterschauern ein grüner Kräuter- und Gräserteppich die sonst trostlosen, trockenen Wüstensteppen überzieht. Mit dem Beginn der Trockenzeit erfolgt ab Oktober eine allmähliche Rückwanderung in die feuchteren Zonen des südlichen Sahel. Dort findet sich bis Dezember/Januar genügend Futter für die Weidetiere. Bei der saharischen bzw. sahelischen Form des nomadischen Wanderns handelt es sich um einen jahreszeitlichen Flächennomadismus, der sich über mehrere Hundert Kilometer in Nord-Süd-Richtung erstrecken kann. Dies gilt besonders für die mauretanischen Nomaden sowie die in Mali und im Niger lebenden Tuareg, die zwischen der Sahara und dem Sahel hin- und herziehen. Dagegen beschränken sich die Wanderwege der meisten Fulbe-Rinderhirten auf den Südsahel und die Sudanzone, da ihre Rinder weitaus mehr Wasser benötigen als die besser an die Trockenheit angepaßten Ziegen und Kamele der Mauren und Tuareg.

Typische Nomaden im Sahel des Niger sind die Fulbe-Bororo, die sich mit ihren Rindern ständig auf der Suche nach den besten Weideflächen befinden. Die Familien benutzen auf ihren Wanderzügen nicht einmal ein Zelt, sondern lediglich einen Windschirm, der vor plötzlichen Sandstürmen schützen soll. Bei ihren jahreszeitlichen Wanderungen durchstreifen manche nur ein begrenztes Gebiet in der Umgebung von Wasserstellen und Tiefbrunnen, wobei man von regelrechten zyklischen Weidewanderungen sprechen kann. Andere Gruppen ziehen in der Regenzeit weit nach Norden bis in südsaharische Gebiete westlich des Air.

Außer der vollnomadischen Lebensweise, der ein ganzjähriges Wandern der Familien mit Vieh und Zelten zugrunde liegt, gibt es im Sahel zahlreiche Formen des sogenannten Teil- oder Halbnomadismus. Dabei lebt ein Teil der Familien, meist die älteren Leute, völlig oder vorübergehend seßhaft und widmet sich in der Regenzeit dem Hirseanbau, während die jüngeren, unverheirateten Männer oder die jüngeren, kinderlosen Ehepaare mit dem Vieh umherziehen. Der Halbnomadismus ist im gesamten Sahel weitaus stärker verbreitet als die vollnomadische Lebensweise, und sein Anteil nimmt immer mehr zu. Der Halbnomadismus birgt geringere Risiken, weil dabei den Familien neben Milch, Butter und Käse auch noch die Hirse als Grundnahrungsmittel zur Verfügung steht. Nach der großen Dürre im Sahel zu Beginn der siebziger Jahre gingen viele Nomadenfamilien der Fulbe, die ihr Vieh verloren hatten, zum Ackerbau über, um überleben zu können.

Mauretanische Vollnomaden mit ihrer Kamelherde

Allerdings leben auch die Vollnomaden der Sahara nicht völlig autark, denn sie sind auf den Austausch mit den Bauern angewiesen. In den Oasen produzieren abhängige negride Pächter oder Abhängige das lebenswichtige Getreide für sie, im Sahel bauen die Iklan-Sklaven für ihre ehemaligen Herren (die Tuareg) Hirse an. Immer noch scheint es den meisten adligen Tuareg undenkbar, die Hacke selbst in die Hand zu nehmen.

Die Nomaden züchten Kamele, Rinder, Schafe und Ziegen, die einen wesentlichen Beitrag zum Sozialprodukt der Sahelländer leisten. Bei den Tuareg der Sahara steht die Kamelzucht im Mittelpunkt des wirtschaftlichen und sozialen Interesses. Kamele dienen bis zum heutigen Tage in den abgelegenen Gebieten als wichtigstes Transportmittel, Kamelmilch stellt für viele Nomadenfamilien ein Grundnahrungsmittel dar, und auch in sozialer Hinsicht kommt den Kamelen eine große Bedeutung zu. Der Besitz möglichst vieler ›adliger Tiere‹ ist das Ziel jedes Familienoberhauptes, denn dies erhöht sein Ansehen. Größere Bedeutung für das reine Überleben der Nomaden haben allerdings die Ziegen- und Schafherden. Sie dienen als Milch- und Fleischlieferanten sowie dem Eintausch von Getreideprodukten. Für die Fulbe stellt die Rinderhaltung den wichtigsten Lebensinhalt dar. Der Pflege der Rinder ordnen sie alle anderen Tätigkeiten unter.

Sudan

Im Gegensatz zur Sahara und zur Sahelzone sind die sudanischen Savannen uraltes Bauernland. Die höheren Niederschläge ermöglichen sowohl Regenfeldbau (Hirse, Erdnuß, Gemüse) als auch Überschwemmungsfeldbau (Reis). Im Sudan entwickelte sich vor etwa 5000 Jahren das Savannenbauerntum aus dem Sammler- und Jägertum. Sein Ursprungszentrum war das Obernigergebiet, der alte Siedlungsraum des Mande-Volkes. Heute repräsentieren die altnigritischen (Senufo, Dogon) und die neusudanischen Völker (Wolof, Bambara, Songhay) am besten das traditionelle westafrikanische Bauerntum. Ihr ganzes Leben und auch ihre geistig-religiöse Vorstellungswelt werden durch den Feldbau geprägt. Die Lebensgrundlage der Savannenbauern bildet der Körnerfruchtanbau, das wichtigste Arbeitsmittel stellt die Hand- oder Kniehacke dar, mit welcher der Boden für die Aussaat vorbereitet wird. Entsprechend dieser Arbeitsweise bezeichnet man die seßhaften Bewohner der Savanne auch als ›Hackbauern‹. Alljährlich müssen große Flächen in der Savanne urbar gemacht werden, was einen großen Arbeitsaufwand für die gesamte männliche Bevölkerung bedeutet. Die Männer arbeiten in Gemeinschaften von Altersklassen, die den Boden bei der Vorbereitung der Felder für die Aussaat in einer Reihe mit der Hacke aufreißen. Das Pflanzen und die eigentliche Saat gelten als Frauenarbeiten. Man lockert dabei den Boden mit der Hacke, legt in jedes Saatloch mehrere Körner und deckt anschließend das Loch mit der Zehe zu. Jede Familie besitzt ein angestammtes Nutzungsrecht auf ein Stück Land, das von den Ahnen auf die Nachkommen übergeht.

Zur Regeneration des Bodens sind im Sudan lange Brachezeiten von fünf bis zehn Jahren erforderlich. Verringert man die Bracheperiode (z. B. wegen des Bevölkerungswachstums), tritt eine rasche Bodenverschlechterung ein, ein Prozeß, der in weiten Teilen des Sudan bereits weit fortgeschritten ist. Die Savannenbauern kennen organische Düngung mit Pflanzenresten, tierischem Dung und menschlichen Exkrementen. Große Schäden an der natürlichen Buschvegetation richten die Buschfeuer an, die man vor Beginn der neuen Pflanzperiode entzündet, um das Land urbar zu machen. Produziert werden verschiedene Hirsearten, Bohnen und Gemüse.

Schafe und Ziegen dienen als Opfertiere im Ahnenkult, der am weitesten verbreiteten Kultform in den nicht-islamischen Bereichen. Da die Ahnen nach dem Tode in die fruchtbringende Erde eingegangen sind, können sie Einfluß auf die Fruchtbarkeit des Bodens, auf das Pflanzenwachstum und sogar auf die lebenswichtigen Regenfälle ausüben. Bei den altnigritischen Savannenbauern findet sich häufig die soziale Institution des ›Erdherrn‹, des Mittlers zwischen den Lebenden und den Ahnen, der nicht selten mit der Person des Clanoberhaupts oder des Häuptlings identisch ist. In engem Zusammenhang mit dem Erd- und Ahnenkult steht auch die sogenannte ›Lehmkultur‹ der Altnigriter (vgl. S. 308 ff.).

Ethnologie der Völker zwischen Atlantik und Tschadsee

Die saharischen Völker

Die saharischen Wüstengebiete und die sahelische Steppenzone in den Ländern Mauretanien, Mali und Niger werden von hellhäutigen, nomadischen Hirtenvölkern berberisch-arabischen Ursprungs und von schwarzen Saharanegern bewohnt. Die weiten, offenen Grassteppenlandschaften am Südrand der Wüste begünstigten schon früh die Ausbreitung der viehzüchtenden Nomadenstämme. Mit dem immer trockener werdenden Klima drangen die ›weißafrikanischen‹ Mauren und Tuareg dann immer weiter nach Süden in den Siedlungsraum der alten negro-afrikanischen Bauernvölker ein, bis sie sich um die Zeitenwende in ihrem heutigen Gebiet etabliert hatten (vgl. S. 70 f.).

Die Mauren

Die etwa 500 000 Mauren sind arabisierte Berber und leben in der westlichen Sahara, vor allem in dem nach ihnen benannten Staat Mauretanien. Selbst bezeichnen sie sich als *Beidan,* was ›Weiße‹ bedeutet. Im Norden reicht ihr Siedlungsgebiet bis an das Wadi Dra in Südmarokko, im Süden bis an den Senegalfluß. Die berberischen Mauren, von römischen Schriftstellern als ›Getuler‹ erwähnt, wurden seit dem 11. Jh. arabisiert und sprechen heute zum größten Teil arabisch; nur eine kleine Gruppe von Angehörigen sozial niedriger Kasten in der Landschaft Trarza bedient sich noch des berberischen Zenaga-Dialektes. Im Mittelalter wurden die Mauren von den aus dem Norden kommenden Arabern des Beni-Hassan-Stammes unterworfen und tributpflichtig gemacht. Um der arabischen Knechtschaft wenigstens teilweise zu entkommen, übernahmen sie innerhalb kurzer Zeit die islamische Religion, studierten eifrig den Koran und brachten bald selbst zahlreiche bedeutende Religionslehrer hervor. Dabei bildeten sich religiöse Orden von hohem geistigen Niveau. Die eingewanderten Araber hingegen vermischten sich mit der einheimischen Bevölkerung und verloren rasch ihren prägenden Einfluß. Die aus den intellektuell führenden berberischen Schichten stammenden Gelehrten und Proselyten verkörperten die arabisch-islamische Kultur bald mehr als ihre einstigen Eroberer, und allmählich wuchs unter ihnen die almoravidische Reformbewegung, die ihren Anfang und Ausgangspunkt

›Mauren und Neger im Gespräch‹, stark idealisierte Darstellung vom Beginn des 19. Jhs.

in der Westsahara nahm und von dort aus ganz Marokko und schließlich auch das islamische Andalusien erfaßte. Die maurischen Berber verbreiteten den Islam auch nach Süden, wo die schwarzen Tukulor des Tekrur-Landes leben. Schließlich eroberten sie auch das alte Großreich Ghana (vgl. S. 71ff.).

Die maurische Gesellschaft weist eine strikt hierarchisch gegliederte Kastenstruktur auf. An der Spitze steht der aus Kriegern und religiösen Führern *(Marabouts)* zusammengesetzte Adel, dessen Angehörige Abkömmlinge der Hassani-Araber und alter saharischer Berberstämme sind. Der Adel und die religiösen Orden herrschen über die sogenannten ›Freien‹ *(Zenaga)*, die seßhaften negriden Oasenbauern *(Harratin)* und die schwarzen Haussklaven *(Abid)*. Bei den Harratin und Abid handelt es sich um Nachkommen von auf früheren Kriegszügen im Süden erbeuteten Gefangenen. Bis heute blieb diese starre Gesellschaftsstruktur trotz formeller Abschaffung der Sklaverei erhalten, und Heiraten zwischen den Angehörigen verschiedener Kasten sind noch immer nahezu ausgeschlossen.

Die Mauren leben zum größten Teil als nomadische Viehhalter. Die Stämme in den mauretanischen Sahel-Landschaften Trarza, Brakna und Hodh züchten Rinder, Schafe und Ziegen, die in die Nachbarstaaten Senegal und Gambia exportiert werden. Den Norden und die Zentralregionen Mauretaniens durchwandern Kamelnomaden, deren Kamelzucht früher dem innersaharischen Karawanenverkehr diente. Durch die zunehmende Motorisierung und die Entwicklung des Bergbaus ging die Zahl der Kamele stark zurück, dennoch ist der Karawanenverkehr innerhalb des Landes noch immer ökonomisch wichtig. Bedeutenden Landbesitz haben die Mauren in den saharischen Oasen (z.B. Atar), wo Harratin den Boden kunstvoll bewirtschaften und den größten Teil der Dattel- und Getreideerträge an die Besitzer abliefern müssen.

Die Tuareg

Die Tuareg dürften wohl das bekannteste unter den saharischen Völkern sein. Die geheimnisvoll wirkende Gesichtsverschleierung der Männer, die schon den frühesten europäischen Reisenden auffiel, die Bewaffnung mit den langen Schwertern und Schilden und ihre weißen Reitkamele haben wesentlich zu ihrem Ruf als ›Ritter der Wüste‹ beigetragen, ein Ruhm, den nicht zuletzt auch die ersten, meist kriegerischen Begegnungen mit den europäischen Kolonialtruppen gegen Ende des vorigen Jahrhunderts begründeten. Die Tuareg sind autochthone Bewohner der Sahara und stammen direkt von den alten berberischen Libyern ab, die ursprünglich zwischen der Großen Syrte, dem Fezzan und dem Ostufer des Nils lebten. Ihre Sprache ist das *Tamaschek,* eine Berbersprache mit einer eigenen Schrift, dem *Tiffinagh.* Die Römer nannten die Vorfahren der Tuareg ›Garamanten‹ (nach ihrer alten Hauptstadt Garama im Gebiet des Fezzan). Ihr heutiger Name Tuareg, den ihnen die Araber gaben, leitet sich von dem Wort *Targa* her, der alten Bezeichnung für die libysche Oasenregion des Fezzan.

Die frühen Tuareg-Stämme breiteten sich im Laufe des ersten vorchristlichen Jahrtausends in der Sahara aus, später drangen sie immer weiter nach Süden in die Sahelzone vor und eroberten im 19. Jh. auch die Gebiete südlich des Niger, wo sie wegen ihrer Beutegier bei den Sudannegern bis heute einen schlechten Ruf genießen. Die wichtigsten Ursprungsgebiete und Ausstrahlungszentren der Tuareg sind die Bergländer des Hoggar und des Tassili. Im Adrar der Iforas gründeten sie im Mittelalter die Stadt Tadmekka, und auch die Ursprünge der Stadt Timbuktu am Rande der Sahara gehen auf eine Siedlung der Tuareg zurück. Heute leben 90% der rund 300 000 Tuareg in der nördlichen Sahelzone von Mali und Niger zwischen Timbuktu und Agadez. Bedeutende Gruppen sind die Asben (Kel Air) im gleichnamigen Gebirge, die Ullimiden im nigrischen Sahel, die Ifora im Bergland des Adrar der Iforas, die Kel Antessar in der Umgebung von Timbuktu sowie die Kel-es-Souk und Udalen südlich des Niger.

Anthropologisch repräsentieren die Tuareg ziemlich rein den saharisch-berberischen Typus. Sie sind groß (über 1,70 m), schlank und muskelarm, haben ein feingeschnittenes Gesicht mit stark ausgeprägtem Kinn und eine rötlich-gelbe Gesichtsfarbe. Das dichte schwarze Haar ist leicht gewellt. Nicht nur anthropologisch, sondern auch linguistisch zeigt sich deutlich die Abstammung der Adelskasten von den alten Sahara-Berbern. In dem Wort *Amazigh,* d. h.

Adlige Targia (Tuareg-Frau) mit Festschmuck; Aufnahme um 1930

›Adliger‹, ist die gleiche Wortwurzel MZG enthalten wie in alten römischen Bezeichnungen (Maxitani, Maxyer, Makäer).

Die Tuareg besitzen wie die Mauren eine hierarchisch-feudale Gesellschaftsstruktur, die sich auf die absolute Macht des berberisch-hellhäutigen Adels über die Abhängigen und die schwarzen Sklaven gründet. Die parasitäre Adelsschicht *(Imazighen)*, die sich früher mit dem Kriegshandwerk befaßte, und die Korangelehrten *(Ineslemen)* bilden mit den zugeordneten Vasallen *(Imrad)*, den Viehzüchtern und Kriegsgehilfen, die eigentlichen Tuareg. Darunter stehen die abhängigen Bauern *(Iklan)*, die in den Oasen und im südlichen Sahel Ackerbau für den Lebensunterhalt der Herrenkasten betreiben. Die Iklan stammen anthropologisch z. T. von den altsaharischen Negriden, z. T. von unterworfenen Sudannegern ab. Sie werden von den Tuareg verachtet, sind aber als fleißige Arbeitskräfte in den adligen Familien unabkömmlich. Die ebenfalls dunkelhäutigen Angehörigen der Schmiedekaste, die *Enaden*, nehmen wegen ihrer Bedeutung als Waffenschmiede eine besondere Stellung in der Tuareg-Gesellschaft ein.

Die Tuareg sind das klassische nomadische Viehzüchtervolk der Sahara und der südlich angrenzenden Steppen. Die meisten Nomadenfamilien wandern mit ihren Viehherden nur in einem kleinen Radius um die Lagerplätze, einige wenige ziehen aber noch wie vor Jahrhunderten mit den Kamelkarawanen, den berühmten *Azelai*, von den saharischen Salzlagerstätten wie Amadror, Bilma (Niger) und Taoudeni (Mali) 800 km weit zu den Märkten im Sahel-Sudan, um dort Steinsalz gegen Hirse zu tauschen. Die als ›adlige Beschäftigung‹ angesehene Kamelzucht bildet die Grundlage der Viehhaltung bei den saharischen Stämmen, die im südlichen Sahel lebenden Gruppen halten dagegen in großer Zahl Ziegen, Schafe und Rinder. Die Nahrung der Nomaden besteht aus Milch, Milchprodukten (Butter, Dickmilch) und Getreide, das die abhängigen Bauern liefern müssen. Die Sammelwirtschaft (Gräsersamen) stellt für viele Familien besonders in Dürrezeiten eine wichtige Ergänzung oder sogar die Grundlage der Ernährung dar. Früher, als die Steppen noch wildreicher waren, jagte man auch Antilopen, Gazellen und Straußenvögel. Zu besonderen Anlässen schlachten die Nomaden auch Rinder und Schafe.

Die Teda (Tubu)

Die Bevölkerung der Kaouar-Oasen im saharischen Nordosten der Republik Niger setzt sich aus den seßhaften, negriden Kanuri und den teilweise noch nomadischen Teda zusammen. Die Teda gehören zum großen Stamm der Tibu oder Tubu, die im Gebiet des tschadischen Tibesti-Gebirges leben. Sie weisen starke Vermischungen mit hamitischen Hirten aus dem ostafrikanischen Hochland auf, sind im wesentlichen aber ein Rest der alten negriden Saharabevölkerung, die im Zuge der Austrocknung der Wüste und des Vordringens der Berber und Araber nach Süden vertrieben wurde. Anthropologisch repräsentieren die Saharanegriden den äthiopiden Typ, der sich deutlich von den Sudannegern unterscheidet. Sie sind mittelgroß, von zierlicher Gestalt, haben ein ovales Gesicht mit einer relativ hohen Nase, dicke Lippen, leicht gekraustes Haar und eine etwas hellere Hautfarbe als die Sudanneger (es gibt allerdings auch Individuen mit einem sehr dunklen Teint). Im Mittelalter vermischten sie sich stark mit den von den Bornu-Herrschern im Fezzan angesiedelten Kanuri-Sklaven. Nomadische Gruppen der Tubu, die auch Kescherda genannt werden, leben heute in den Staaten Libyen, Tschad, Niger und gelten als hervorragende Hirten, Jäger und Karawanenführer. In den Oasen trifft man auch seßhafte Tubu, die Wandalla, an. Nomadische und seßhafte Tubu verbindet außer den einheitlichen physischen Merkmalen auch die gemeinsame Sprache und Kultur. Sprichwörtlich sind ihre enorme Anpassungsfähigkeit an die extremen wüstenhaften Bedingungen sowie ihre große physische Ausdauer, die einzelne Tubu befähigt, zu Fuß Strecken von über 500 km im Tenere mit nur kleinen Rationen an Wasser und Datteln zu überwinden. Die Hirten genießen einen hervorragenden Ruf als geschickte Kletterkünstler in dem felsigen Terrain des Tibesti-Gebirges.

Der Islam bestimmt zwar Sitte und Recht der Tubu, die Monogamie und die geachtete Stellung der Frau weisen aber noch deutlich auf präislamische Züge hin. Die Männer tragen Speere, Dolche und Wurflanzen, selbst Frauen sind mit einem kleinen Messer bewaffnet, das bei Streitigkeiten zwischen den Geschlechtsgenossinen zum Einsatz kommt. Die Tubu gelten als ein sehr kriegerisches und zu Händeln aufgelegtes Volk. Der Ruhm eines Mannes mehrt sich, wenn er im Laufe seines Lebens zwei oder drei Gegner getötet hat. Blutrache zwischen verfeindeten Sippen und regelrechte Serienmorde sind unter Männern verbreitet und können nur durch ausgleichende Kompromisse gestoppt werden. Durch die Entführung der französischen Archäologin Francoise Claustre und die Rebellion gegen die tschadische Zentralregierung machten die Tubu im Verlauf der letzten Jahre in der Weltpresse Schlagzeilen. Der Sohn ihres religiösen Führers, Gukkuni Weddei, ist seit 1981 Staatschef des Tschad.

Die negriden Völker im Sahel-Sudan (Neusudanier und Altnigritier)

Physische Anthropologie

Die negriden Völker des Sahel-Sudan gehören anthropologisch überwiegend dem sogenannten ›neusudanischen Typus‹ an, der jedoch nicht einheitlich ausgeprägt ist. Als allgemeine Kennzeichen der Sudanneger können dichtes Kraushaar, breite Nase und geringe Körperbehaarung gelten, es gibt jedoch zahlreiche Abweichungen. Neben der allgemeinen Tendenz, daß die Völker im Norden (im eigentlichen Sahel also) größer und schlanker sind als die mehr gedrungenen Bewohner des Südens, zeigen etwa die Fulbe wenig gekraustes Haar und – wie auch die Mande-Völker (z.B. Bambara) – einen rötlichen Teint, während die Wolof und Serer trotz ihrer Vermischung mit Berbern von sehr dunkler Hautfarbe sind. Manche Savannenvölker (z. B. die Kanuri) fallen durch ihre feingeschnittenen Gesichter auf, und die Völker entlang des Senegal- und des Nigerstromes lassen wegen der jahrhundertelangen Kontakte mit dem nordafrikanischen Raum deutliche arabisch-berberische Einflüsse spüren. Eine Sonderstellung nehmen im Süden die kleinen, isoliert lebenden Gruppen der Altnigritier (Senufo, Dogon u.a.), der autochthonen Bevölkerung des Sudan, ein, die sich aufgrund einer jahrhundertelang geübten Endogamie (Binnenheirat) physisch von den Neusudaniern abheben (allgemein durch geringere Körpergröße, daneben vor allem durch stammesspezifische Merkmale) und auch eine deutliche kulturelle Eigenständigkeit bewahrt haben (vgl. S. 38ff.).

Sprachen

Die Sudanvölker zeigen eine auffallende Vielfalt der Sprachen. Der amerikanische Ethnolinguist Joseph H. Greenberg subsumiert die Sprachen im westlichen Afrika zwar unter dem vereinheitlichenden Begriff der ›Niger-Kongo-Sprachgruppe‹, die den gesamten tropischen Bereich Westafrikas vom Atlantik bis in die Zentralafrikanische Republik umfaßt, unterteilt sie jedoch in mehrere markante Untergruppen, wie in die westatlantische Gruppe (Fulbe, Tukulor), die Mande-Gruppe, die Senufo-Gruppe und mehrere andere Sprachgruppen, die im Gebiet der Altnigritier von Obervolta und in Togo verbreitet sind. Eine genauere Spracheinteilung stammt von Diedrich Westermann und Margaret Arminel Bryan, die relativ großen, einheitlichen linguistischen Bereichen kleine, schwierig zu klassifizierende Sprachgruppen gegenüberstellen. Zu den wichtigsten großen sprachlichen Einheiten zählen danach im westlichen Sudan:

1. Die westatlantische Sprachfamilie, zu der das Ful der Fulbe, das Wolof, Serer und die Küstensprachen am Atlantik gehören.
2. Die Mande-Sprachfamilie, die sich in zwei Untergruppen aufteilt. Das Mande-Tan wird u. a. von den Soninke, Bambara, Malinke, Diula, Bozo und Somono gesprochen, das Mande-Fu bei den Völkern der westafrikanischen Waldzone (Guinea, Elfenbeinküste, Sierra Leone).
3. Die Gur-Sprachfamilie, die in erster Linie an die altnigritischen Völker im Gebiet von Obervolta und von Mali (Senufo, Dogon) gebunden ist.

Kanembu-Häuptling (links; Skizze von Heinrich Barth aus dem Jahr 1851) und junger Malinke (französische Darstellung um 1880)

4. Das Haussa, das im Süden des Niger, im nördlichen Nigeria und als Handelssprache auf vielen westafrikanischen Märkten gesprochen wird; Haussa gehört zur sogenannten tschado-hamitischen Sprachfamilie.
5. Die Songhay-Sprache, die im Nigertal eine eigene, zur altsaharischen Sprachfamilie zählende Sprachgruppe bildet.

Die wichtigsten Völker – eine kurze Übersicht
Zwischen dem Senegal und dem Tschadsee lebt – wie erwähnt – eine Vielzahl von anthropologisch, linguistisch und kulturell unterschiedlichen Volksgruppen. Kleinere Stämme mit nur wenigen tausend Menschen finden sich hier in der Nachbarschaft großer Völker, deren genaues Verbreitungsgebiet nur schwer abzugrenzen ist. Im Sahel-Sudan existieren aufgrund der kulturellen und geschichtlichen Entwicklungen zwei Kulturtypen nebeneinander, die durch den Islam und die Großstaatenbildung im Mittelalter beeinflußte neusudanische Kultur, die durch so große Völker wie die Songhay, Bambara oder Fulbe repräsentiert wird, und die altnigritische Kultur etwa der Dogon oder Senufo, die im wesentlichen ihre traditionelle, durch den Animismus geprägte Stammesverfassung bewahrt haben.

Unter den vielen Völkern in dieser Zone verdienen die **Fulbe** eine besondere und ausführlichere Erwähnung, da sie eines der größten Völker im Sahel-Sudan bilden und vom Senegal im Westen über Mali bis in den Niger und nach Nordkamerun hinein verstreut oder in isolierten Gebieten leben. Diesem Volk kommt als kulturell prägender Kraft und als historischem Staatengründer im Sudan eine wesentliche Bedeutung zu. Die etwa sechs Millionen Fulbe (französisch: Peuls) verbinden eine gemeinsame Sprache, das *Fulfulde,* und ein ausgeprägtes Rassenbewußtsein, das sich aus dem nicht-negriden Ursprung her erklärt und sie von allen anderen Völkern dieser Zone deutlich unterscheidet. Die eigentlichen Hirtennomaden wie die Fulbe Bororo im Niger (vgl. S. 370 ff.) verkörpern am besten das physische Ideal dieses Volkes. Sie zeigen auffallend europid anmutende Züge wie die helle, bronzefarbene Haut, nur leicht gekräuseltes Haar, dünne Lippen, schmale, gerade Nase und einen feingliedrig-grazilen Körperbau. Die Fulbe-Frauen gelten im Sudan als die schönsten Vertreterinnen ihres Geschlechtes. Allerdings überwiegt bei dem Teil der Fulbe, der zu einer seßhaften Lebensweise übergegangen ist, das negride Element. Durch Heiraten mit Angehörigen der ansässigen schwarzen Stämme entstand insbesondere bei den städtischen Fulbe im Massina von Mali und in den alten Haussa-Emiraten im Niger eine Mischbevölkerung.

Über die Herkunft der Fulbe gibt es zahlreiche Hypothesen, Vermutungen und Legenden. Ihre Ethnogenese vollzog sich im äußersten Westen des Kontinents am Unterlauf des Senegal (im Futa Toro) und im Bergland von Guinea (Futa Djalon), wo sie seit dem 10. Jh. nachweislich leben. Manche Forscher wie der französische Archäologe Henri Lhote vermuten, daß die Fulbe in prähistorischer Zeit aus Nordostafrika durch die damals noch feuchtere Sahara nach Westen wanderten. Die zahllosen saharischen Felsbilder mit Darstellungen von Rindern, Hirten und Frauen mit den typischen ›Hahnenkammfrisuren‹ könnten Lhotes Hypothese stützen. Der amerikanische Afrikanist George Peter Murdock glaubt dagegen an einen berberischen Ursprung der Fulbe. Danach sollen sie ursprünglich aus Nordafrika gekommen sein, sich im Senegalgebiet mit der ansässigen schwarzen Bevölkerung vermischt und deren westatlantische Sprache übernommen haben. Im Laufe ihrer Geschichte wanderten sie vom Futa Toro immer weiter nach Westen, wo sie in der vorkolonialen Epoche des 18. und 19. Jhs. große theokratische Staatsgebilde schufen. In ihren alten Herrschaftsgebieten Sokoto, Adamaua und Bauchi im zentralen Sudan, in Kita, Massina und Liptako bilden sie auch heute noch die Mehrzahl der Bevölkerung.

Heute lebt ein Teil der Fulbe als typische sahelische Rindernomaden in der Nachbarschaft der seßhaften Bauern. Man nennt sie die *Fulbe Nai* (›Fulbe der Rinder‹). Viele andere sind, da durch Dürren ihres Viehreichtums beraubt, inzwischen seßhaft geworden. In festen Siedlungen leben auch die Torobe, die als traditionelle Träger der politischen Macht im Haussa-Land bis heute großes Ansehen genießen. In den Städten am Oberniger (Mopti, Djenné) und im Haussa-Land trifft man auf die sogenannten Stadt-Fulbe, die sich auf Handel und Handwerk konzentrieren. Als strenggläubige Moslems nehmen sie führende Positionen in der islamischen Geistlichkeit ein. Dagegen gelten die Hirten-Fulbe als religiös ›indifferent‹. Die Gesellschaftsordnung der Fulbe kennzeichnet ein strenges Kastensystem. Handwerker und Bauern leben in eigenen Berufsverbänden, über denen die alten, noblen Familien stehen.

Im äußersten Westen des Sudan leben in den senegalesischen Küstenlandstrichen die **Wolof** (ca. 1,2 Millionen), die seit langer Zeit islamisiert und stark durch maurische und Fulbe-Einflüsse geprägt sind. Wie die benachbarten **Serer** (ca. 560 000), die noch überwiegend animistische Züge zeigen, betreiben sie vor allem Hirse- und Erdnußanbau. Die Wolof- und Serer-Dörfer mit den riesigen Feldern liegen im mittleren und südlichen Senegal. Auf dem Kap Verde und im Umland der Hauptstadt Dakar wohnen die **Lebu,** ein kleines, auf die Seefischerei spezialisiertes Volk. Im südlichen Senegal, entlang des Casamance-Flusses, leben Gruppen der **Malinke** und die **Diola** (ca. 326 000), die zu den hervorragendsten Reisbauern im Land zählen. Das Hauptsiedlungsgebiet der **Tukulor** (ca. 300 000) ist das Senegal-Tal oberhalb der Stadt Podor im Norden des Landes. Sie gehören trotz ihrer starken Vermischungen mit Berbern und Fulbe anthropologisch zu den Sudannegern.

Die **Mande** (ca. 1,5 Mill.) bilden das größte Volk im östlichen Senegal und im westlichen Mali. Zu ihnen zählen die Dialonke, Soninke (ca. 450 000), Marka, Diula (ca. 136 000) und das malische Staatsvolk der Bambara (ca. 900 000). Die Mande des Obernigergebietes sind islamisierte Hirsebauern und rührige Händler. Die Diula-Sprache dient neben dem Haussa als wichtigste Handelssprache im Westsudan. Die erwähnten Volksgruppen wohnen auf dem Lande in Familienweilern oder in Großdörfern, die mehrere Sippen zusammenfassen, und ernähren sich überwiegend von Hirse und Reis.

In Mali repräsentieren die **Dogon** (ca. 190 000) im Gebiet der Falaise von Bandiagara wohl am besten das altnigritische Element. Ihre reiche geistige und handwerkliche Kultur wird im Regionalteil dieses Bandes Gegenstand genauerer Betrachtungen sein (vgl. S. 303ff.).

Die Flußgebiete von Bani und Niger werden von den Fischervölkern der **Bozo, Somono** und **Sorko** (ca. 650 000) bewohnt. Im Nigertal zwischen Niafounke und Gao siedeln die Bauern und Händler der **Songhay** (ca. 650 000), deren Vorfahren das berühmte Songhay-Reich begründeten. Der äußerste Südwesten von Mali, der Umkreis der Stadt Sikasso, gehört wie der Norden der Elfenbeinküste zum Lebensraum der noch weitgehend animistischen **Senufo,** die wie die

Dogon zu den Altnigritiern zählen. Diese typischen Savannenbauern verfügen über eine reiche Mythologie, was seinen Ausdruck in der Maskenschnitzkunst findet, die den Arbeiten der Bambara und Dogon ähnelt.

Das Staatsvolk der Republik Niger bilden die mit den Songhay verwandten **Djerma** (ca. 700 000), die im Nigertal zwischen Ansongo und Dosso als Bauern und Fischer siedeln. Ebenso bedeutend ist im Niger die Zahl der **Haussa,** die enge Verbindungen zu ihren Verwandten im Norden des nigerianischen Nachbarlandes (dort ca. 8 Millionen) unterhalten. Im Gebiet des Tschadsees und der Kaouar-Oasen im Nordosten des Landes leben einige Tausend Angehörige der seßhaften **Kanuri,** und die amphibische Landschaft des Tschadsees schließlich ist die Heimat der **Buduma**-Bauern, die das eigenartige, großhörnige Kuri-Rind züchten.

Soziale Organisation der altnigritischen Völker

Die altnigritischen Gesellschaften im Sahel-Sudan basieren im wesentlichen auf verwandtschaftlichen Bindungen. Die Zugehörigkeit zu den verschiedenen **Verwandtschaftsgruppen** bestimmt sich entweder nach der mütterlichen oder nach der väterlichen Abstammungslinie, entsprechend unterscheidet man ›patrilineale‹ von ›matrilinealen‹ Gesellschaften. Ein Mensch in einer matrilinealen Gesellschaft kann nur der Lineage bzw. dem Clan der Mutter, in einer patrilinealen nur der Lineage bzw. dem Clan des Vaters angehören. Der Begriff ›Lineage‹ bezeichnet in der ethnologischen Terminologie eine Gruppe von Personen, die ihre Abstammung von einem nachweisbaren Ahnen ableitet und alle vorangegangenen Ahnen bis zu ihrem Gründer zurückverfolgen kann. (›Lineage‹ entspricht also in etwa dem – allerdings weniger klar definierten – Begriff ›Sippe‹). Unter ›Clan‹ versteht man eine größere verwandtschaftliche Einheit, die aus mehreren Lineages besteht. Alle Angehörigen eines Clans gelten als Nachfahren eines gemeinsamen mythischen, aber genealogisch nicht nachweisbaren Urahnen, der in Form eines vergöttlichten Schutzgeistes ständig präsent ist. Der Clan wird charakterisiert durch einen eigenen Namen und durch von dem Schutzgeist auferlegte Vorschriften (z. B. Speiseregeln); ferner gelten meist strikte Exogamieregeln, nach denen nur Frauen aus anderen Blutsverwandtschaftsgruppen geheiratet werden dürfen (solche Exogamieregeln können sich aber auch auf kleinere Einheiten beziehen wie Clanuntergruppen).

Bei den Altnigritiern stellt der Clan die wichtigste soziale und politische Einheit mit einem bestimmten Territorium, militärischen Organisationen und einer ausgeprägten Führungsrolle dar; häufig existiert ein Clanchef, der als direkter Nachkomme des mythischen Ahnen gilt und der dessen Kult zelebriert (bei vielen anderen Völkern bildet der Clan keine so feste Einheit; oft spielen kleinere Gruppen wie Lineages oder Lineage-Bünde die dominierende Rolle). In dem größeren Stamm sind alle Mitglieder durch eine angenommene gemeinsame, mythische Abstammung von einem Urvater oder einer Urmutter miteinander verbunden. Sie sprechen einen Dialekt, haben die gleichen Sitten, Gesichtsnarben und Körpertätowierungen, tragen die gleiche Haar- und Kleidertracht und verwenden die gleichen Techniken in Ackerbau und Handwerk, müssen aber keine politische Einheit bilden.

Die kleinste soziale Einheit bildet in Afrika die Großfamilie, meist in Form der patrilinealen Großfamilie, zu der Frau, Söhne und Töchter des Familienoberhauptes, aber auch seine jüngeren, unverheirateten Brüder und Schwestern sowie Vettern und Cousinen ersten Grades gehören. Die Vettern und Cousinen werden nach der klassifikatorischen Verwandtschaftsterminologie ebenfalls als ›Brüder‹ und ›Schwestern‹ bezeichnet. Alle Mitglieder der Großfamilie leben in engem Sozialverband und unter der Autorität des Patriarchen, sie können, müssen aber nicht unter einem Dach zusammen wohnen. Die häufigste Siedlungsform stellt das afrikanische Gehöft dar, bestehend aus fünf bis zehn ringförmig angeordneten Kegeldachhütten oder aus einem zusammenhängenden Lehmgebäude; in anderen Fällen können die einzelnen Wohnhäuser der verheirateten Familienmitglieder auch isoliert stehen. Verwandte leben jedoch meist zusammen in einem Dorf- oder Stadtviertel.

Die Bedeutung der Blutsverwandtschaft liegt vor allem in der Solidarität, die tagtäglich für den einzelnen erfahrbar wird. Das Leben eines Afrikaners ist traditionell von der Geburt bis zu seinem Tode in den Sozialverband seiner Lineage eingebunden. Bei patrilinealen Gesellschaften wächst ein männliches Kind in der Gemeinschaft der väterlichen Verwandten auf, die für ihn als ›Onkel‹ oder ›große Brüder‹ gelten. Vor seiner Verheiratung helfen ihm seine Blutsverwandten, den ›Brautpreis‹ aufzubringen, den er dem Vater seiner Braut überreichen muß. Seine Verwandtschaftsgruppe stellt ihm ein Feld zur Verfügung, damit er seine Familie ernähren kann, bei der Urbarmachung von Neuland, bei der Bestellung der Felder, bei der Ernte und beim Neubau eines Hauses gewähren ihm die Brüder seiner Lineage die nötige Hilfe, und wenn er in Schwierigkeiten gerät, sucht er bei seinen Brüdern Zuflucht. Im Falle seines frühzeitigen Todes hinterläßt er keine Witwen und Waisen; die Hinterbliebenen verbleiben in der Obhut seiner Verwandten.

Die Stammesgesellschaften Afrikas sind gerontokratisch organisiert, d. h. die Entscheidungsgewalt liegt bei dem Familienoberhaupt sowie den Ältesten seiner und der nachfolgenden Generation. Der Rat der verheirateten Männer erörtert die Fragen, die die Gesamtheit der Lineage betreffen, wobei sich die Stellung des einzelnen Ratsmitglieds nach seinem Alter richtet. Das gewichtigste Wort führt bei den Beratungen der Lineageälteste, der als das direkte Bindeglied zwischen dem verstorbenen Gründerahnen und den lebenden Lineageangehörigen gilt. Dennoch erfolgt die Beschlußfassung nicht autoritär, über gegensätzliche Standpunkte wird solange diskutiert, bis man eine einhellige Meinung erreicht hat. Entsprechend ihres Alters sowie ihrer Weisheit, Kompetenz und Lebenserfahrung tragen die Familienoberhäupter dabei allerdings in unterschiedlichem Maße zur Entscheidungsfindung bei, was in der Praxis dazu führen kann, daß einige wenige entscheiden und die Beschlüsse häufig nur dem Willen bestimmter herausragender Persönlichkeiten entsprechen.

Die hierarchische, ›vertikale‹ Gesellschaftsordnung der patriarchalen Großfamilie wird bei den Altnigritiern durch die ›horizontale‹ Ordnung der **Alters- und Initiationsgruppen** sowie durch **Maskenbünde** ergänzt. Da sich der einzelne gegenüber seinen älteren Verwandten nur schwerlich als gleichgestellt erleben kann, braucht er Genossen, um seine Individualität durchzusetzen und zu bewahren. Die Organisation der Gesellschaft in Altersklassen ist Ausdruck dieses Bedürfnisses. Diese Altersklassenbünde verbinden häufig diejenigen ein Leben lang, die gemeinsam die verschiedenen Stufen der Initiation (›Jünglingsweihe‹, s. u.) durchlaufen haben. Sie bilden in Westafrika meist Gemeinschaften, denen weniger eine politische Bedeutung als vielmehr die soziale Funktion der Solidarisierung Gleichaltriger zukommt. Bei den Dogon in Mali machen sich gelegentlich die Zusammenschlüsse von Männern einer Generation von der übrigen Gemeinschaft unabhängig, sei es, weil sie mit dem Regime der Ältesten nicht einverstanden sind, oder weil Raum und Boden nicht für alle ausreichen. Drei bis vier Haushalte bauen ein ›neues Viertel‹ und helfen sich brüderlich bei allen Arbeiten. Bindungen aus gemeinsamen Interessen und gemeinsamer Arbeit scheinen vorübergehend stärker zu werden als die Ordnung der Blutsgemeinschaft. Nach dem Prozeß der Absplitterung von der übrigen Gesellschaft gibt sich die Gruppe wieder eine hierarchische Ordnung und bestimmt einen Ältesten. Die Altersklassenverbände dienen auch dem Zweck, dem Mann nach und nach, von der Kindheit über die Jugend bis zum Erwachsenenalter, die Gesamtheit des Wissens über die Welt und die Mythen der Gesellschaft zu vermitteln. Bei den Bambara im Obernigergebiet etwa muß jeder Mann im Laufe seines Lebens nacheinander Mitglied von sechs Gesellschaften werden. Die Aufnahme in jede dieser Gruppen findet in Form eines bestimmten Initiationsrituals statt. Die wichtigsten Altersstufen sind Kind, Jüngling, junger Mann, reifer Mann, alter Mann, großer Mann.

Die Initiation stellt überall in Afrika für den jungen Mann wie auch für das junge Mädchen den wichtigsten Einschnitt im Leben dar, sie trennt deutlich die Kindheit vom Jugendalter, durch sie wird der Knabe zum Mann und das Mädchen zur Frau. Außer ihrem besonderen erzieherischen Wert weist sie auch einen rituellen Aspekt auf. Der eigentlichen Zeremonie geht eine Vorbereitungszeit voraus, in der die Initianden von einem Lehrmeister bzw. einer Leiterin über die für notwendig erachteten Verhaltensweisen der Erwachsenen unterrichtet werden. Um in die Altersgruppe der jugendlichen Erwachsenen aufgenommen zu werden, muß der Kandidat Prüfungen ablegen, in Afrika üblicherweise Mutproben wie die Erlegung eines Tieres oder ein wochenlanges Leben im Busch, fern von der übrigen Gesellschaft. In dieser Zeit weihen die Lehrer die Kandidaten ein in die Mythologie und das Maskenwesen des Stammes; sie zeigen ihnen erstmals die sakralen Gegenstände und Masken, die im kultischen Leben der Gemeinschaft eine hervorragende Bedeutung einnehmen. Bei vielen Stämmen Westafrikas bildet die Beschneidung – bei den Knaben meist zwischen dem 6. und 12. Lebensjahr – den Höhepunkt des Initiationsrituals.

Bei den Dogon in Mali bestimmen die Ältesten des Dorfes, in welchem Jahr die Beschneidung der Knaben stattfinden soll, wobei sie darauf achten müssen, daß Knaben und Mädchen nicht im gleichen Jahr beschnitten werden. Der Vater befragt einen Wahrsager, ob sich sein Sohn in diesem Jahr der Beschneidung unterziehen soll, und er ist es auch, der den Knaben in die Höhle führt, wo alle Initianden auf das Ritual warten. Ein alter Mann aus dem Nachbardorf nimmt dort die Operation vor. Der älteste Knabe muß sich auf einen Stein setzen, dann wird seine Vorhaut mit einer Schnur abgebunden, über einen Holzblock gezogen und mit einem raschen Messerschnitt abgetrennt. Das gleiche widerfährt der Reihe nach den übrigen Jugendlichen. Nach vollzogenem Ritual bleiben die frisch Beschnittenen vier Wochen oder länger in der Felshöhle, bewacht von den Mitgliedern der nächsthöheren Altersgruppe. Sie müssen nachts ruhig liegen, dürfen die Wunde nicht berühren und auch nicht weinen; wenn sie den Anweisungen der Älteren nicht Folge leisten, schlägt man sie mit Ruten. Nach Ablauf dieser Zeit ziehen sie unter der Aufsicht der Wärter in einem langen Zug am Dorf vorbei. Sie singen die ›Lieder der Beschnittenen‹ und rasseln mit Klappern aus Stücken getrockneter Kürbisschalen, um Frauen und Unbeschnittene zu verscheuchen. Würde eine Mutter nämlich die Wunde ihres Sohnes sehen, könnte diese nie mehr heilen. Die Mädchen werden bei den Dogon zwischen dem 13. und dem

15. Lebensjahr beschnitten. Eine alte Frau entfernt ihnen im Beschneidungshaus die Klitoris, wobei die Mutter ihrer Tochter Beistand leistet. Auch die beschnittenen Mädchen bleiben vier Wochen außerhalb des Dorfes; nach ihrer Rückkehr bilden sie eine eng verbundene Gemeinschaft, die lange Zeit bestehenbleibt.

Mit dem Eintritt in das Jünglingsalter erfolgt bei manchen Stämmen Westafrikas ein weiterer Initiationsritus – die Aufnahme der jungen Männer in den Maskenbund. Bei den Dogon tritt der Knabe in den Awa-Bund ein, sobald er körperlich völlig herangereift ist. In der Abgeschiedenheit des Dorfes weihen die Älteren die jungen Männer in die Geheimnisse des Maskenkultes und der Maskenschnitzkunst ein. Der Kult steht in enger Beziehung zu den Toten und Ahnen, der Tod und die Masken gehören für die Dogon zusammen (vgl. S. 307f.).

Allgemeines Kennzeichen der **politischen Organisation** (d. h. derjenigen, die über eine rein verwandtschaftlich orientierte hinausgeht) bei den altnigritischen Gesellschaften ist das Fehlen einer ausgeprägten großstaatlichen Struktur. Man bezeichnete ihre politischen Systeme oft als auf der Herrschaft der Ältesten basierende ›Urdemokratien‹ oder ›Anarchien‹. In der Tat fehlt bei diesen Stammesgesellschaften der komplizierte hierarchische Staatsaufbau mit der autoritären Führerpersönlichkeit eines Königs, wie er die neusudanischen Gesellschaften kennzeichnet. Das Gesellschaftssystem der Altnigritier beruht auf der Verwandtschaft, auf den Banden der Abstammung und der Allianz zwischen den Blutsverwandten in Form von Lineages und Clans. Die politische Herrschaft üben Familienoberhäupter aus, die weitgehend autonom nebeneinander in der Art einer ›regulierten Anarchie‹ regieren.

Die übergeordneten territorialen Gruppen (Stämme) bestehen aus Lineages und Clans, Quartieren, Weilern und Kantonen, deren oberste Autorität Ältestenräte bilden. Die Vorsitzenden dieser Räte fungieren als ›primi inter pares‹ und genießen nicht die besonderen Privilegien eines Königs oder Feudalfürsten. Außer der politischen Funktion erfüllen sie religiöse und juristische Aufgaben. Dabei fehlen in den altnigritischen Gesellschaften keineswegs Persönlichkeiten von herausragendem politischen Einfluß, jedoch beschränkt sich dieser auf spezielle Aufgaben wie die Magie, den Erd- und Ahnenkult, den Bereich der Initiation usw. Eine straffe, zentralisierte Gewalt, die größere Territorien autoritär beherrscht, gibt es dagegen nicht; die egalitäre Ordnung schließt Kastenbildungen und die Etablierung einer Aristokratie aus.

Das Fehlen eines übergeordneten zentralistischen Systems äußert sich in der ländlichen Siedlungsweise. In den leicht zu verteidigenden Berglandgebieten leben die Mitglieder eines Clans verstreut in verschiedenen Quartieren oder isolierten Weilern, die zusammen ein Dorf bilden (welches in den Augen der modernen Administratoren allerdings häufig kein Ganzes bildet). In den weiten, offenen Landschaften, die schwierig zu verteidigen sind, herrscht eine kompaktere Siedlungsweise vor. Dort bildete sich aufgrund der äußeren Zwänge oft die Institution eines Kriegsherren aus, und auch in den dortigen Ältestenräten wird ein stärker ausgeprägtes politisches Führungsprinzip erkennbar.

Soziale Organisation der neusudanischen Völker

Die Gesellschaftsstrukturen der großen neusudanischen Völker, wie etwa der Wolof im Senegal, der Bambara und Fulbe in Mali oder der Haussa im Niger, ähneln in bezug auf die **Ver-**

wandtschaftsgruppen denen der altnigritischen Stämme; nach Alter gestaffelte Clans und Lineages sowie patriarchale Großfamilien mit stark ausgeprägter Hierarchie bilden auch bei diesen Völkern das politisch-soziale Grundprinzip. Im Gegensatz zu den Altnigritiern umfassen die Clans der neusudanischen Völker jedoch Zehntausende von Menschen, die aufgrund der historischen Großstaatenbildung über weite Territorien verstreut leben und sich vielfach mit anderen Clans und sogar fremden Völkern vermischt haben.

Bei diesen Dimensionen der Clans noch von Verwandtschaft zu sprechen, scheint illusorisch; fiktive, auf der angenommenen Abstammung von einem gemeinsamen mythologischen Ahnen basierende Blutsbande sind aber immer noch spürbar. Die großen Clans der neusudanischen Völker tragen kollektive Ehrennamen, die *Diamu,* die die Erinnerung an eine gemeinsame Herkunft der Clanmitglieder wachhalten sollen. Im sudanischen Westafrika gibt es nur wenige berühmte Clannamen. In Mali genießen die Keita, Traore, Watara, Kulibaly oder Dambete besonderen Ruhm, im Senegal die Diop, Ndiaye und Sow. Ihre Mitglieder halten sich an bestimmte Speisetabus, die *Nte,* wohl Reste einer Art von Totemismus. Wie bei den Altnigritiern sind aus den Initiationsgruppen hervorgegangene **Altersklassen** weit verbreitet. Männer und Frauen bleiben ein Leben lang Mitglieder ihrer Altersgruppe, der *Flanton,* wie die Bambara sie nennen. Sie feiern zusammen ihre jahreszeitlichen Feste, bilden gegenseitige Hilfsgemeinschaften beim Hausbau und bei der Feldarbeit. Bei den Bambara gibt es außer den Altersklassen regelrechte Arbeitsgemeinschaften *(Ton)* und militärische Bündnisse, die öffentliche Arbeiten durchführen.

Das herausragendste Merkmal der neusudanischen Gesellschaften stellt die **feudale soziale Hierarchie** dar. Man unterscheidet vier Kasten: Adlige, Freie, Angehörige der Berufskasten und Sklaven. Die Aristokratie rekrutiert sich aus einigen berühmten Clans, die seit Jahrhunderten bei den Wolof, Malinke oder bei den Songhay die politischen Führer stellen (wie etwa die Familie der Ndiaye bei den Wolof), zu den Freien zählt die Masse der Bauern, Hirten und Fischer, und die Angehörigen der Berufskasten sind die verschiedenen Handwerker (Schmiede, Goldschmiede, Lederbearbeiter, Griots). Bei den Kasten handelt es sich um endogame Gruppen, d. h. ihre Mitglieder können nur Frauen aus dem eigenen Berufsstand heiraten. Die Schmiedekaste nimmt bei den meisten afrikanischen Völkern eine Sonderstellung ein, da sie einerseits verachtet, andererseits aber geschätzt, ja fast gefürchtet ist. Der Umgang mit Feuer und Eisen macht den Schmied in den Augen der übrigen Gesellschaft zum Träger magischer Fähigkeiten, gleichzeitig gilt er als unrein, da man ihn über die Tabus der anderen Menschen erhaben glaubt.

Wenngleich die Sklaverei bei den schwarzafrikanischen Völkern seit längerem nicht mehr existiert, ist die Abstammung eines Menschen aus dem Sklavenstand bis heute Grund für eine geringe soziale Wertschätzung. Die Abhängigen waren in früheren Zeiten Kriegsgefangene oder Nachkommen von Sklavenfamilien. Es gab Haussklaven, die in den Haushalten der Adligen und Freien lebten und dort recht große Privilegien genossen, aber auch sogenannte Staatssklaven, meist Nachkommen von Kriegsgefangenen, die für die Gemeinschaft der Freien oder für die politischen Führer arbeiten mußten. Bei den ›weißafrikanischen‹ Nomadenvölkern, aber auch bei den Fulbe finden sich noch heute Sklaven, wie die Bella der Tuareg, die Harratin der Mauren oder die Rimaybe der Fulbe-Hirten. Alle diese Gruppen verrichten im Haus oder auf dem Feld meist unentgeltliche Arbeitsleistungen für ihre Herren.

Die schwarzafrikanischen Gesellschaften im sudanischen Afrika zeichnen sich durch einen ausgeprägten Gemeinschaftssinn aus. Leben für die Familie, für die Gemeinschaft, um die Erinnerung an ruhmreiche Vorfahren zu bewahren, gilt als Ehre und Verpflichtung eines jeden Familienvorstands. Der einzelne Mensch ist eng mit dem Schicksal seiner Familie verbunden; er hat seinen festen Platz in der Gemeinschaft, die ihn trägt und der gegenüber er Verpflichtungen übernimmt. Das Zusammengehörigkeitsgefühl der Familie überträgt sich auf die größeren Sozialverbände der Lineage, der Clans und des Stammes.

Als die ersten europäischen Forschungsreisenden im vorigen Jahrhundert westafrikanischen Boden betraten, stießen sie auf eine Vielzahl von **kleinen Territorialstaaten,** die jeweils aus einem abgegrenzten Gebiet mit einigen Dörfern bestanden und von einem König und seinem Ältestenrat regiert wurden. In der Mande-Sprache bezeichnet man einen solchen kleinen Kanton als *Kafo* und sein Oberhaupt als *Fama.* Jeder Kafo besaß seine eigenen Märkte, eine eigene Polizei und jährliche Versammlungen der ältesten Familienchefs. Die Exekutive lag beim Fama, der aus einer führenden Familie stammen mußte und mit seiner politischen Gewalt die Macht der Ahnen repräsentierte. Er entschied über den Anbau von Feldfrüchten, über den Handel, die Rechtsprechung und das Steuerwesen, mußte jedoch stets vor einer wichtigen Entscheidung die Meinung des Ältestenrates hören.

Feudale Verhältnisse, wie sie diese Darstellung von einem Empfang beim Sultan von Bornu aus dem Jahr 1826 zeigt, herrschten bei den neusudanischen Völkern noch bis weit ins letzte Jahrhundert

Aus den Gesellschaften der neusudanischen Völker entwickelten sich aber nicht nur kleine Kantonalstaaten, sondern in vielen Fällen auch **Königtümer** von gewaltigen Dimensionen, die über ihre angestammten Stammesgrenzen hinauswuchsen und zahlreiche kleinere Stammesgesellschaften unterwarfen. Einige dieser Königtümer wie das alte Ghana-Reich oder die Bambara-Reiche beruhten auf animistischen Prinzipien, während sich andere wie das Mali-, Songhay- oder die Fulbe-Reiche Futa Djalon und Massina erst unter dem Einfluß des Islam entfalteten. Die Entwicklung zu Großstaaten verlief allerdings in beiden Fällen gleich. Ein mächtiger Clan gewann die militärische Kontrolle über seine Nachbarn, was zur Folge hatte, daß ihm zahlreiche freiwillige Söldner zuströmten, die den führenden Familien treu ergeben waren. Der oberste Clanführer bildete nun seine eigene Armee, gewann weitere Anhänger, vergrößerte die Zahl seiner Kriegsgefangenen und begann, politischen Einfluß auf benachbarte Vasallenkönigtümer auszuüben. Die Vergrößerung des Machtbereiches erfolgte durch Überfälle oder durch die Errichtung eines Tributsystems über die unterworfenen Volksgruppen. Mit zunehmender Größe des Machtbereiches kam es zur Ausbildung eines Verwaltungs- und Justizapparates, zur Etablierung des Clanführers als unumstrittener Souverän seines Territoriums. Es folgten schließlich die Konstituierung eines Königshofes und eines Ministerrates sowie die Einrichtung einer regulären Armee, eines Steuerbeamtentums und der Polizei. Die neusudanischen Großstaaten zeigten deutlichen Feudalcharakter. Von dem Souverän und seinem Kernland waren Vasallen-

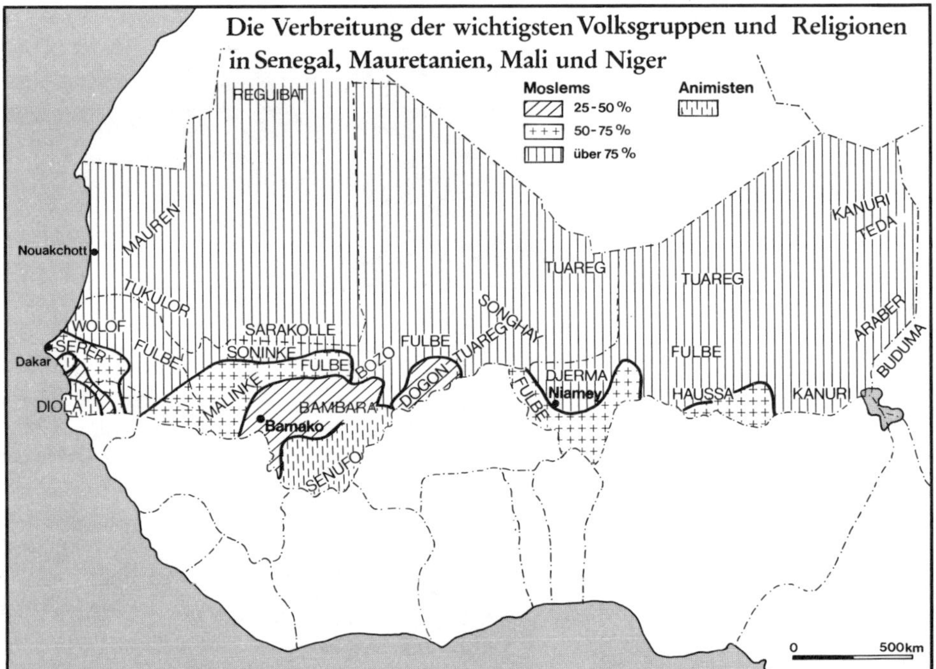

Die Verbreitung der wichtigsten Volksgruppen und Religionen in Senegal, Mauretanien, Mali und Niger

länder abhängig, in denen die besiegten Könige – wenn auch mit beschränkter Macht – weiter regierten. Andere unterworfene Gebiete unterstanden Gouverneuren, die aus der königlichen Familie stammten, sich häufiger jedoch – um innerfamiliäre Intrigen zu vermeiden – aus dem Kreis treu ergebener unterworfener Führer oder sogar aus befreiten Sklaven rekrutierten.

Heute sind die meisten traditionellen politischen Systeme durch die europäischen Einflüsse verändert, eingeschränkt oder zerstört. Die noch bestehenden feudalen Strukturen bei den Tuareg oder den Fulbe im Niger und in Mali befinden sich in ständigem Konflikt mit den nationalen Regierungen, die die alten Stammesführer und ihre feudalen Institutionen als Konkurrenz empfinden, wachsende soziale Emanzipation und wirtschaftlicher Fortschritt lösen die traditionellen Bindungen nach und nach auf. Dennoch sind in den politischen Systemen der jungen Republiken unübersehbare Relikte der alten politischen Vergangenheit enthalten. Der autoritäre Regierungsstil der Ein-Parteien-Regierungen und das allmächtige Präsidententum weisen deutliche Übereinstimmungen mit den Resten des alten administrativen Systems auf. Bis heute konnten die alten Clans, wie z. B. die der Ndiaye, Coulibaly oder Traore, in den sahelischen Ländern ihre führende politische Bedeutung beibehalten.

Religionen in den Sahelländern

Der Islam

Der Islam ist in den Sahelländern die wichtigste Religion, zu der sich rund 10–15 Millionen Menschen bekennen. Seit dem 18. Jh. stellt er die prägende kulturelle und geistige Kraft in allen hier behandelten Ländern dar, durch die auch Handwerk und Baukunst ihre unverwechselbaren Merkmale erhielten, wie vor allem die großartige sudanische Lehmarchitektur dokumentiert. Der Islam wird im Sahel-Sudan seit dem 11. Jh. praktiziert, als nomadische Berber aus der Sahara und Marokkaner aus dem nordafrikanischen Raum den neuen Glauben nach Süden trugen.

Es waren die Tukulor im Gebiet des Senegal-Flusses und die Soninke im Süden des heutigen Mauretanien, die Träger des alten Ghana-Reiches, die als erste schwarzafrikanische Völker durch Kontakt mit den nomadischen Berbern den Islam übernahmen. In dieser Zeit bildete sich die sudanische Form des Islam heraus, wie sie in den nachfolgenden Jahrhunderten auch für die anderen Großstaaten dieser Zone typisch war: eine ausgesprochene Klassenreligion, zu der sich vor allem die führenden aristokratischen Schichten des Königshofes, die Prinzen, Hofbeamten, Gelehrten und reichen Kaufleute bekannten und deren Kult in den Händen einer Priesterschicht lag, wohingegen die Masse der schwarzafrikanischen Bauernbevölkerung während des gesamten Mittelalters weitgehend den animistischen Kultformen treu blieb.

Von den Soninke und Tukulor des alten Ghana-Reiches breitete sich der Islam im 11. und 12. Jh. durch die Sarakolle- und Diula-Händler von West nach Ost insbesondere in den großen städtischen Handelszentren des mittleren Nigergebietes (Djenné, Timbuktu, Gao) aus. Der blühende Transsaharahandel zur Zeit der Mali- und Songhay-Reiche verstärkte die kulturellen und religiösen Beziehungen zwischen dem Sudan und den Zentren der islamischen Welt in Nordafrika und im Vorderen Orient. Der afrikanische Historiker Joseph Ki-Zerbo bemerkt dazu: »Sie (die Kaufleute) hatten schon sehr lange Berührung mit dem Islam. Ihre Gleichgültigkeit gegenüber einer festen Heimat und ihren Göttern, ihre Ruhelosigkeit, ihre Offenheit, kurz, ihr Gewerbe selbst machte sie zu Missionaren, geboren aus dem neuen Glauben. Auf den Pisten von Gambia am Rand der Urwälder sowie im Haussaland . . ., überall verbreiteten diese Wangara-Händler den Islam und gleichzeitig die Waren des Nordens.«

Die islamischen Herrscher des Mali- und des Songhay-Reiches versuchten vergeblich, den Islam unter den Bambara, Mossi und den wandernden Fulbe-Nomaden zu verbreiten. Mit der Zeit bildete sich ein mehr oder weniger friedliches Nebeneinander beider Religionen heraus, das erst im 18. und 19. Jh. durch die fanatische islamische Reformbewegung der Tukulor- und der Fulbe-Herrscher im Futa Djalon und Futa Toro ein Ende fand. Der Klerus dieser seit langer Zeit islamisierten Völker wandte sich gegen die im Sudan bis dahin weitgehend tolerante Einstellung der politischen Herrscher, gegen die friedliche Koexistenz der alten animistischen und der islamischen Religion und zeigte einen legalistischen, militanten und offensiven Geist. Das eine Zentrum dieser vom Klerus getragenen Bewegung war die gebirgige Gegend des Futa Djalon im heutigen Guinea, wo fanatische Fulbe unter Ibrahima Sori 1751 zum ›Heiligen Krieg‹ *(Jihad)* gegen die Susu und Djalonke aufriefen. Die politischen Führer der Fulbe übernahmen den Titel *Almami,* des Anführers der Gebetsgemeinschaft, verbanden ihre politischen Ziele mit religiösen Motiven und schufen so die Grundlagen für ihre theokratischen Staatswesen. Das zweite Zentrum lag im Futa Toro im heutigen Nord-Senegal, wo die Tukulor gegen die animistischen Denyanke-Herrscher siegreich vorgingen.

Zu Beginn des 19. Jhs. schuf Osman dan Fodio dann in einem ›Heiligen Krieg‹ sein islamisches Riesenreich zwischen dem Nigerfluß und den Haussa-Ländern, und zur gleichen Zeit bildete sich unter der Führung von Seku Ahmadou im Binnendelta des Niger ein weiterer theokratischer Fulbe-Staat, das Reich Massina, heraus, das aber durch die militanten Aktionen des Tukulor-Fürsten El Hadji Omar zerstört wurde.

Der knappe historische Überblick über die Entwicklung des Islam im Sahel-Sudan zeigt, daß sich der Islam erst durch die von den Fulbe und Tukulor geschaffenen theokratischen Staatsgebilde des 18. und 19. Jhs. unter der Masse der Bevölkerung dieser Zone ausbreitete. Zu den vom Islam geprägten Völkern zählen aufgrund der historischen Entwicklung im 19. Jh. außer den bereits seit Jahrhunderten islamischen Tukulor, Sarakolle (Soninke) und arabo-berberischen Mauren vor allem die Fulbe, Bozo, Tuareg, Songhay und Haussa, während bei den Bambara, Senufo, Bobo und Dogon der Animismus erhalten blieb.

Der Islam nordafrikanischer Prägung ist nicht nur eine religiöse Glaubensrichtung, er formt auch die gesamte Lebensart. In Schwarzafrika dagegen breitete er sich vor allem als reiner Kult aus und beeinflußte die Sozialstruktur weit weniger stark. Die schwarzen Völker übernahmen das Dogma vom einen Gott Allah und praktizieren das islamische Ritual mit den fünf Hauptvorschriften (Bekenntnis des Glaubens, die täglichen Gebete und Waschungen, das Fasten im Ramadan, das Almosengeben und die Mekka-Pilgerfahrt) zwar in außerordentlicher Glaubenstreue und mit einer fast mystischen Gesinnung, jedoch blieben die soziale Struktur, die alten Sitten und Gebräuche nahezu unbeeinflußt, so daß etwa Heirats-, Brautpreis- oder Nachfolgeregeln weiterhin den traditionellen schwarzafrikanischen Bräuchen folgten. Während sich im politischen Bereich das monarchische und theokratische Prinzip auf der Grundlage des Koran durchsetzte, blieb das System der Verwandtschaft mit der Institution der erweiterten Familie (Großfamilie), basierend auf dem Lineage- und Clandenken, unangetastet. Auch das islamische Recht, die *Scharia,* hat meist nur theoretische Bedeutung und wird im Alltag praktisch nie angewendet. Da die Masse der schriftunkundigen Bevölkerung das islamische Recht nicht versteht, ziehen es die *Kadis* (Richter) vor, auf der Grundlage der alten lokalen, vom Islam weitgehend unveränderten Prinzipien zu entscheiden.

Der Islam prägte so die Gesellschaften im Sahel-Sudan nur oberflächlich; er veränderte Glauben und Kult, nicht aber Ethik und Philosophie der schwarzafrikanischen Völker. Im Laufe seiner Geschichte hat er sich aufgrund seiner weitgehenden Toleranz mühelos mit dem Animismus verbunden und synkretistische Glaubensformen hervorgebracht.

Traditionelle Stammesreligionen

Das Leben der Afrikaner wird tagtäglich durch die Religion und religiöse Riten geprägt. Ein Bauer wird nie sein Feld bestellen, ohne vorher einem Gott oder Geist geopfert und ihn um Fruchtbarkeit gebeten zu haben, niemand würde den Weg zum Markt antreten oder den Bau eines Hauses beginnen, ohne des Schutzes übernatürlicher Mächte gewiß zu sein. Alle Vorstellungen und Riten stehen immer in Zusammenhang mit den ökonomischen Anforderungen des Alltagslebens, wobei Fruchtbarkeitskult in Verbindung mit Ahnenverehrung als das Grundprinzip aller sahelo-sudanischen Stammesreligionen gelten kann.

Häufig werden die westafrikanischen Religionen (wie auch Stammesreligionen aus anderen Teilen der Welt) unter dem Oberbegriff ›Animismus‹ (lateinisch: Seelenlehre) zusammengefaßt, einer Kategorie aus der Ethnologie des 19. Jhs. Man versteht darunter allgemein alle Vorstellungen, nach denen eine Seele nicht nur dem Menschen eigen ist, sondern auch Tieren, Pflanzen, selbst unbelebten Dingen (z. B. Felsen, Höhlen) und Naturerscheinungen (z. B. Donner, Blitz). Durch Opfer und Zauberpraktiken versucht man, diese Seelen oder Geister zu besänftigen und eine gewisse Macht über sie zu bekommen. (Der Begriff ›Animismus‹ wird, da allgemein eingebürgert, im vorliegenden Buch zwar verwendet, dies aber nur mit Vorbehalt: Animismus im eigentlichen Sinne umfaßt nicht die in Westafrika äußerst wichtige Verehrung von Ahnen; der Terminus legt auch den falschen Eindruck nahe, man könne die de facto sehr unterschiedlichen Vorstellungen in ein fest umrissenes Schema pressen. Als überholt gilt in der Ethnologie mittlerweile die evolutionistische Auffassung, beim Animismus handele es sich um eine bestimmte Stufe der Religionsentwicklung. Festzuhalten bleibt also, daß Animismus lediglich als Sammelbegriff für eine Vielzahl von Stammesreligionen zu verstehen ist.)

Die **Religionen der altnigritischen Stammesgesellschaften** Westafrikas kennen aber nicht nur eine Natur voller Geister und übernatürlicher Kräfte, sie glauben auch an die Existenz eines himmlischen Gottes, des Herrn des Regens, des Blitzes und des Donners, des Schöpfers aller

Dinge, der seinen Kindern im Schoße der Mutter Erde Lebenskraft spendet. Mit ihm wird häufig ein kulturschaffender Heroe assoziiert, der als der erste Mensch, als Meister und Verbreiter allen technischen Wissens gilt. Dieses vergöttlichte Wesen sieht man als von Gott geschaffen oder als Sohn Gottes an; es kann sogar, wie z. B. als Sonnengott, den Platz des Schöpfers einnehmen, der in vielen Fällen dann nur noch in entpersonalisierter Form als Name oder Urgrund bestehen bleibt. Erst unter dem Einfluß des Islam und des Christentums in der Neuzeit rückt heute der persönliche Gott immer mehr in das Bewußtsein auch der Animisten.

Bei vielen altnigritischen Völkern verehrt man auch die nährende Mutter Erde als göttlich. Sie wird als Mutter der Menschen personalisiert und trägt die Verantwortung für die Fruchtbarkeit des Bodens und auch der Menschen. Ihr Kult folgt dem Zyklus der Jahreszeiten. Zu Beginn der Regenzeit erwacht sie zu neuem Leben, befruchtet vom Wasser des Himmelsgottes, ihres Sohnes oder Gatten. In der Trockenzeit, mit dem Absterben der Pflanzenwelt, stirbt auch die Mutter Erde oder verfällt in eine totenähnliche Starre bis zum Beginn der neuen Regenzeit.

Außer diesen großen Himmels- und Erdgottheiten kennen die westafrikanischen Stämme eine Vielzahl von Geistern und anderen niederen Gottheiten, Dienern des großen Gottes, die als übernatürliche Mächte im Wasser, in den Felsen, Bäumen und im Busch regieren. Die Geister leben inmitten der Menschen und greifen in deren Leben ein; sie können von Menschen, insbesondere von Sehern, Besitz ergreifen, sie spenden Frauen Fruchtbarkeit, den Männern Manneskraft und erfahren in speziellen Ritualen Verehrung. Daneben glaubt man an die Existenz kleiner, unsichtbarer, koboldartiger Geister, neckischer Wesen und Übeltäter, die Reisende überfallen, Menschen besessen machen oder riesige Kinder zeugen. Opferrituale, Kulthandlungen, Tänze und Gesänge werden allen diesen Göttern, Geistern und Wesen zu verschiedenen Gelegenheiten geweiht und meist von den Clanoberhäuptern zelebriert.

Alle religiösen Handlungen stehen bei den Altnigritiern in enger Verbindung mit dem Ahnenkult, der eine weitaus größere soziale Bedeutung besitzt als andere Bereiche der Religion. Die verstorbenen und nun vergöttlichten Vorfahren greifen in das Leben ihrer lebenden Nachkommen ein, können Tiergestalt annehmen und zu Geistervorfahren werden, die ihre Familie beschützen. Die animistischen Religionen sind diesseitsbezogen; sie konzentrieren sich mehr auf das irdische Leben und auf das materielle Glück als auf das Schicksal des Menschen nach dem Tode. Die Vorstellung der Bestrafung bzw. Belohnung für ein gutes oder schlechtes Leben im Jenseits kennt man nicht. Die verstorbenen Vorfahren leben im Unsichtbaren, und ihr Leben unterscheidet sich nicht von ihrem irdischen Dasein. Animistische Religionen sind ›nationale‹ Religionen: Jeder Stamm besitzt seine eigenen Götter; ein Fremder kann diesen nicht opfern und sie nicht verehren, da der Gott nur ›sein‹ Volk schützt.

Auch die **Religionen der neusudanischen Völker** basieren auf den Prinzipien des Geisterglaubens und des Ahnenkultes; allerdings sind ihre Riten in größeren Einheiten verankert. In der Kosmogonie der Bambara gilt ›das Wort‹ als Auslöser des Schöpfungsaktes; auf das Wort folgte der Geist Yo, der Faro erschuf, den Schöpfer der Welt, Vater der Luft- und Wassergottheiten und auch Vater von Pemba, dem Gott des Busches. Faro rief die erste Frau, Musso Koroni, ins Leben, die Mutter Erde, die zugleich Mutter der Menschheit ist. Die Bambara verehren ein Pantheon von Gottheiten und Geistern, die alle in einer hierarchischen Rangfolge miteinander verbunden sind. Es gibt familiäre und dörfliche Kulte, deren Besonderheit in der Vielgestaltigkeit und der Organisation der religiösen Gesellschaften liegt. Die bekannteste Kultgemeinschaft ist der *Komo,* ein Männerbund mit verschiedenen Initiationsstufen, die der Kulterfahrung und dem Wissensgrad über magisch-religiöse Zusammenhänge entsprechen. Ein Komo vereint alle Männer eines Clans unter der Leitung eines Oberhauptes. Die Adepten des Bundes müssen sich einer besonders strengen Disziplin und vielerlei Geboten unterwerfen und an periodischen Zeremonien teilnehmen, die vom *Kontigi* zu Ehren der beschützenden Gottheiten abgehalten werden. Jeder Komo steht in Verbindung mit den Bünden anderer Clans. In der Kultgemeinde des *Kwore* führt man Fruchtbarkeitsriten für den Erntegott durch. Desgleichen gibt es bei den Bambara auch Kultbünde für Frauen.

Bei den nur oberflächlich islamisierten Songhay und Haussa im nördlichen Nigeria und Niger sind Besessenheitskulte weit verbreitet. Unsichtbare Geister können von einem frisch Initiierten Besitz ergreifen und aus ihm sprechen. Einen sehr alten Besessenheitskult der Songhay stellt der *Zin*-Kult dar, bei dem die Geister des Wassers und des Busches angesprochen werden, mit denen die Vorfahren einst Bündnisse eingingen. Für diese Riten gibt es eigene Priester, die Opfer darbringen, Gebete und Litaneien singen und über eine unbestrittene persönliche Macht verfügen, die dem Kult einen deutlich magischen Charakter verleihen. Mehr in der Öffentlichkeit spielt sich der jüngere *Holey*-Kult ab. Die Holey-Geister wurden von den Menschen erschaffen; früher besiegten sie die Zin und schlossen mit den Menschen ein Bündnis. Die Holey, die auch unter dem Einfluß des Islam ihre Bedeutung beibehalten haben, gelten als Geister des Wassers, der Luft, der Winde, des Regens, der Dörfer und des Buschs. Ihre Priester organisieren Tanzfeiern, bei denen die Tänzer von den Geistern besessen werden und selbst Geisternatur annehmen. Mit hoher Stimme verkünden sie dann den Willen des Geistes. Solche Tänze hält man bei allen möglichen Gelegenheiten ab, bei der Ernte, bei Regenfällen, bei einem Krankheitsfall, kurzum, jedesmal, wenn es notwendig erscheint, mit dem Übernatürlichen Kontakt aufzunehmen.

Magie, Wahrsagerei und Hexerei

In allen afrikanischen Gesellschaften nimmt – zusammen mit der Religion – die Magie eine herausragende Stellung ein. Magische Handlungen sind nicht nur bei den animistischen Völkern, sondern auch bei den oberflächlich islamisierten neusudanischen Völkern Westafrikas weit verbreitet.

Ein Magier glaubt, die Natur, die Menschen und sogar die Gottheiten beherrschen zu können, indem er übernatürliche Kräfte einfängt, aufnimmt und wieder freisetzt. Es gibt Gesetze der Magie, wie z. B. das der Kontinuität (z. B. Bindungen, die bestehen zwischen abgeschnittenen Haaren und dem einstigen Besitzer dieser Haare), das der Ähnlichkeit (Ähnliches produziert Ähnliches – z. B. Rauch zieht Regen an), das Gesetz des Kontrastes (Entgegengesetztes wirkt auf Entgegengesetztes ein – das Eisen heilt die Wunde), das Gesetz der Zugehörigkeit, der Sympathie etc. Die Kraft der Magie wird weder in den animistischen Religionen noch im Islam oder Christentum Afrikas in Zweifel gezogen, und so blieb ihre Bedeutung bei vielen westafrikanischen Völkern bis heute erhalten. Es geht eine starke Faszination von ihr aus, auch wenn sie nur bei denjenigen wirkt, die an sie glauben. Die Magie tritt in Afrika vor allem bei der Heilung von Krankheiten und Schmerzen oder zum Schutz vor diesen Übeln auf. Die Magier stellen die sogenannten *Gris-gris* her, Amulette, wie sie im gesamten weiß- und schwarzafrikanischen Bereich Verwendung finden. Es handelt sich dabei um kleine Ledertäschchen mit eingenähten Koransprüchen, die ein berühmter Marabout aufgeschrieben hat. Männer, Frauen und Kinder tragen nicht selten bis zu zehn oder gar 20 verschiedene Amulette um den Hals, um Handgelenke, Oberarme oder den Leib. Die Gris-gris sollen gegen Hexenzauber, Krankheit, Sterilität, Impotenz u. ä. schützen.

Die westafrikanischen Magier sind auch wegen der Herstellung von Fetischen berühmt. Bei einem Fetisch handelt es sich um ein Objekt, etwa eine Tasche, eine Kalebasse oder einen Tonkrug, das einen magischen, kraftbringenden Stoff (Puder, Knochen, Pflanze) enthält. Diesen Objekten, an deren kraftspendendem Charakter niemand zweifelt, bringt man Opfer dar, indem man sie mit Tierblut, Öl oder Hirsebrei übergießt. Ein Fetisch gehört demjenigen, der ihn hergestellt oder erworben hat. Er kann auch für viel Geld an eine Familie oder Gemeinschaft verkauft werden, die sich von diesem Objekt Schutz und Hilfe verspricht. Besonders berühmt für ihre magischen Objekte sind wiederum die neusudanischen Völker wie die Songhay und Haussa.

In den Gesellschaften mit animistischem Glauben existieren neben den Magiern auch Wahrsager und Hellseher, die nicht nur die Zukunft vorhersagen, sondern auch übernatürliche Dinge wie etwa die Ursache für Übel sehen und erklären können. Ihre Klienten ›überweisen‹ sie dann an Heiler, Priester, Magier. Bei den Dogon ist die Wahrsagerei durch den Mythos des ›bleichen Fuchses‹ begründet und eine wichtige Institution für Entscheidungsfindungen. Der Seher zeichnet am späten Nachmittag mit den Händen bestimmte geometrische Figuren in den Sand und markiert sie mit Holzstäbchen. Kleine Fleischköder sollen nachts Schakale anlocken, die mit ihren Pfoten Spuren in den Sandfiguren hinterlassen und bestimmte Stäbchen umwerfen. Am folgenden Tag deutet der Seher die vom Schakal verursachten Spuren und liest daraus Antworten auf die ihm von einem Klienten gestellten Fragen.

Daneben kennen die Afrikaner auch die Hexerei. Dem Hexer werden anormale, meist verbrecherische Fähigkeiten und Kräfte zugeschrieben, die gewöhnliche Menschen nicht besitzen. Hexer gelten als ›Seelenfresser‹, die die Seele von schlafenden Menschen stehlen, töten und aufessen. Der Hexer ist sich selbst seiner bösen Taten häufig nicht bewußt und erkennt seine schreckliche Macht erst dann, wenn ihn ein Seher oder Wahrsager entlarvt. Von anderen Hexern nimmt man dagegen an, daß sie sehr wohl um ihre Macht wissen; solche Menschen treffen sich angeblich zu Hexensabbaten, wo sie das Fleisch ihrer Opfer verzehren. Bestimmten Hexern sagt man auch magische Fähigkeiten nach; so sollen sie sich in ein Tier verwandeln oder durch die Luft fliegen können. Während der Magier eine bekannte und geachtete Persönlichkeit darstellt, gilt der Hexer als Krimineller, der nach seiner Entlarvung getötet oder aus der Gemeinschaft vertrieben wird.

In geheimen Gesellschaften organisieren sich auch die Tier-Menschen, denen ebenfalls böse Taten nachgesagt werden. Sie verheimlichen ihre Untaten dadurch, daß sie diese wilden Tieren, deren Masken sie tragen, zuschreiben.

Kunst im Sahel

Die traditionelle Architektur der Städter und Bauern

Sudanische Stadtarchitektur
Das Obernigergebiet zwischen Segu und Timbuktu in Mali bildet das Zentrum einer außergewöhnlichen städtischen Architektur, die sich von der Bauweise auf dem Lande durch die Dimensionen ihrer Bauwerke und stilistische Eigenheiten besonders abhebt. Die lange und berühmte Vergangenheit der Städte Djenné, San, Segu, Mopti und Timbuktu als Handelszentren und Karawanenendpunkte am Rande der Wüste, am schiffbaren Niger, hat eine eigenständige städtisch-bürgerliche Bautradition entstehen lassen. Die Anlage dieser Sudanstädte wird durch den Markt, die großen Moscheen und Bürgerhäuser bestimmt, beherrschendes Baumaterial ist der Lehm.

Die Bürgerhäuser (Farbabb. 24, Abb. 32, 36) sind in massig-stabiler Lehmbauweise errichtet und weisen meist einen rechteckigen Grundriß, einen oder zwei Innenhöfe sowie – im Sahel sonst unüblich – mehrere Geschosse auf. Die einzelnen Etagen der zwei- oder dreistöckigen Stadthäuser verbinden steile Treppen, die von den Innenhöfen auf ein Terrassendach oder in Zwischenetagen führen. Auffallend wirkt die Gliederung der Außenfassaden. Die tragenden vertikalen und horizontalen Holzbalken sind dick mit Lehmmörtel verkleidet, so daß sie architektonisch als ornamentale, flächengliedernde Elemente hervortreten. Den Eindruck der massigen Solidität der Bürgerhäuser, besonders aber auch der Moscheen, verstärkt die Tatsache, daß die mit Lehm verkleideten Pfeiler sich nach oben verjüngen und über dem Flachdach als abgerundete Zinnen enden, die mit Tongefäßen oder Straußeneiern verziert sein können. Die Moscheen von Djenné und Mopti zeigen dies besonders deutlich (Farbabb. 24, 28, 30). Die Strebepfeiler stützen das Mauerwerk und betonen so die vertikalen Linien des Bauwerks, die, in regelmäßigen Abständen parallel angeordnet, zum typischen Dekorationselement werden und die eigenartige optische Wirkung erzielen, daß die Gebäude höher erscheinen, als sie in Wirklichkeit sind. Eine ähnliche Betonung der Vertikalen mit dem gleichen optischen Effekt kennen wir aus der Gotik. Manchmal sind die Strebepfeiler besonders massig und ragen, nach oben verjüngt, wie Zuckerhüte über die Mauerkrone. Die konisch-pyramidenartigen Minarettürme gehören zu den typischen Elementen des sudanischen Moschee-Baustiles. Zur Verstärkung des Mauerwerks und als tragendes Gerüst der Etagen benutzt man lange Hölzer, entweder hori-

Fassade eines typischen Bürgerhauses mit massiven Lehmpfeilern in Timbuktu

Minarette und Lehmzinnen der Moschee von Djenné (Mali)

zontal zwischen die Strebepfeiler eingespannt oder, wie bei den Moscheen, einzeln oder bündelweise aus den Mauern herausragend (Farbabb. 22, 23). Neben den vertikalen Stützpfeilern tragen die herausstehenden Holzbalken wesentlich zur formalen Gestaltung der Bauten bei. Sie ermöglichen es den Maurern, bei den alljährlich nach der Regenzeit notwendigen Ausbesserungsarbeiten die Mauern und Minarette mühelos zu erklimmen. Die Außenwände der Lehmziegelgebäude sind mit speziellem, sorgfältig vorbereitetem Lehmmörtel, den pflanzlich-organische Bindemittel (Stroh, Dung, Termitenerde) besonders formbar machen, verputzt (Abb. 32). Dieser Lehmmörtel verleiht allen Gebäuden eine glatte, feine Außenhaut, die je nach Sonnenstand von hellgrau bis dunkel rot-orange leuchtet.

Lokale Besonderheiten der sudanischen Lehmarchitektur tragen zu dem völlig eigenen Baucharakter der Städte Mopti, Djenné, Timbuktu, Segu und Gao bei. Der bürgerliche Reichtum dokumentiert sich besonders in der Wohnhausarchitektur der Stadt Djenné, die ihr traditionelles Stadtbild über die Jahrhunderte am besten bewahrt hat (Farbabb. 24, 27–30, Abb. 36–38). In dem wichtigen mittelalterlichen Umschlagplatz für Salz aus dem Norden sowie Gold und Getreide aus dem Süden entstand schon frühzeitig eine urbane Wohnhauskultur mit prachtvoll geschmückten Palästen der reichen Handelsherren (vgl. S. 283 ff.).

In Segu gibt es an vielen alten Häusern mächtige Mauerstreben, zwischen denen sich Sitznischen mit Lehmbänken befinden. In Bandiagara und Timbuktu gliedern rasterförmig vorstehende, mit Lehmverkleidung massig verdickte horizontale und vertikale Holzbalken die Frontfassaden der Bürgerhäuser. Die engen Beziehungen zur arabisch-marokkanischen Architektur verraten die in die Nischen der Fassadenfelder eingelassenen Aijimez-Fenster (Farbabb. 25). Sie sind aus Holz gesägt, reich beschnitzt und mit geometrischen Metallnagelverzierungen versehen. Kunstvolle Metallbeschläge und massive eiserne Türklopfer finden sich an den Hausportalen der Bürgerhäuser von Timbuktu, Gao und Oualata (vgl. Farbabb. 26). Dekorative Elemente stellen auch die in die Außenwände zur Straße hin eingelassenen Entwässerungsröhren aus gebranntem Ton mit rötlicher Glasur dar, die zur Ableitung des Regenwassers von den Flachdächern dienen.

Der sudanische Stadtbaustil strahlte im 19. und 20. Jh. auch auf das bäuerliche Umland aus, was sich in den kleineren Marktstädten im Obernigergebiet wie Sofara, Konna oder Tenenkou deutlich zeigt. Auf dem Lande existiert daneben seit dem 18./19. Jh. ein fürstlicher Baustil, der ähnliche Formelemente wie die Stadthausarchitektur aufweist. Ein hervorragendes Beispiel dafür bietet das Haus der Tall oder der Tukulor (benannt nach den Tukulor-Eroberern unter El Hadji Omar) im Städtchen Bandiagara (Abb. 41). Es hat seine Vorbilder in den zweigeschossigen Bürgerbauten von Djenné und Timbuktu, weist mit seiner rasterförmigen Fassadengliederung durch lehmverkleidete Holzbalken aber auch auf die im benachbarten Dogon-Land verbreiteten Ginna-Sippenhäuser (Abb. 46) hin.

In den Wohnburgen der Sudanstädte leben gewöhnlich die Mitglieder einer erweiterten Familie, d. h. außer dem Familienoberhaupt und Hausbesitzer auch die Familien seiner verheirateten Söhne. Manche Häuser beherbergen mehr als 20 Personen, die in einem Labyrinth von

Sudanische Stadtarchitektur auf dem Lande: Querschnitt (links) und Ansicht (unten) einer Haussa-Schmiedewerkstatt in Tahoua (Niger)

kleinen, fensterlosen, zu einem atriumartigen Innenhof hin offenen Räumen wohnen. Nach außen schirmen hohe, fensterlose Mauern die Wohnräume vor neugierigen Blicken ab (Abb. 9, 10, 67–70). Damit bleibt die Privatsphäre des einzelnen gewahrt, was ganz der vom Islam geforderten Abgeschlossenheit des Familienlebens entspricht.

Der sudanische Baustil des Obernigergebietes erfuhr frühzeitig entscheidende Prägungen und Einflüsse aus dem mediterranen Raum, insbesondere aus Marokko (der rechteckige Grundriß mit den Innenhöfen, die Mehrgeschossigkeit und das Flachdach finden sich im gesamten nordafrikanischen und vorderasiatischen Raum wieder). Die jungen islamischen Kultureinflüsse aus dem Maghreb wandelten den altmediterranen Grundtyp des rechteckigen Lehmhauses mit Flachdach seit dem Mittelalter stark ab. Marokkanische, andalusische und arabische Architekten kamen an die Höfe der sudanischen Herrscher am Niger, wie etwa im 13. Jh. der Andalusier Es Saheli, dem der Mali-Herrscher Mansa Moussa den Auftrag zum Bau von Moscheen in Timbuktu und Gao erteilte. Zu dieser Zeit scheint sich die mehrstöckige sudanische Lehmhausarchitektur als eigener Stil entwickelt zu haben. Die afrikanischen Baumeister bewahrten diese Bauweise und entwickelten sie kunstvoll weiter, indem sie eigene Stilelemente hinzufügten wie etwa die großartigen Fassadenverzierungen aus Lehm mit Schlingbandornamenten im Gebiet der Haussa-Architektur im Niger und in Nigeria (Farbabb. 49). Der sudanische Baustil verbreitete sich vom Niger aus weit nach Norden in den zentralsaharischen Bereich, wie die sudanische Wohnhausgestaltung und die Moscheen der algerischen Oasenstädte Timimoun, Adrar und In Salah beweisen. Handel und Pilgerzüge begünstigten diese Verbreitung von Stilrichtungen und Techniken von Süd nach Nord und ebenso in umgekehrter Richtung. Auffallend ist die Ähnlichkeit zwischen den konischen Minarettformen der Moscheen von Timbuktu (Farbabb. 23) und Agadez (Farbabb. 50) sowie der Turmhausarchitektur der Kasbah-Berberburgen in Südmarokko. Der Sudanstil wurde auch zum Vorbild im nicht-islamischen Bereich des tropischen Waldlandes wie etwa für die Wohnhaustürme der Yoruba- und Benin-Städte, die Parallelen mit den Minarettformen im islamischen Sudan aufweisen. Bislang nahm man an, daß die ornamentalen Fresken auf den Lehmwänden der Bürgerhäuser in der mauretanischen Stadt Oualata (vgl. Farbabb. 11) auf marokkanische Stileinflüsse zurückzuführen seien. Untersuchungen von Jean Gabus haben jedoch ergeben, daß die Technik der Wandfreskengestaltung von Frauen beherrscht wird, deren negride Vorfahren als Sklaven aus dem Süden in den Sahel kamen (vgl. S. 245 ff.).

Ausgrabungen in den alten mauretanischen Handelsmetropolen Aoudaghost und Koumbi Saleh (Abb. 27) zeigten, daß im Sahel-Sudan rechteckige Flachdachhäuser mit Innenhöfen bereits in der präislamischen Epoche des alten Ghana-Reiches bestanden. Die Kulturhistoriker und Ethnologen Leo Frobenius und Hermann Baumann verweisen auf Einflüsse der altmediterranen Kulturen, die sich lange vor der Zeitenwende im Sudan bemerkbar machten. So sollen sich Elemente der alten vorderasiatischen Stadtkultur zusammen mit vorderasiatischer Mysthik und Religion (Erdgottheit, Schlangenkult, Magna Mater-Idee) über den Landweg im Sudan verbreitet haben. Auch die Verwendung von Lehm in Hausbau, Mobiliar und Gerät halten die beiden Forscher für charakteristische altmediterrane Kulturelemente. Baumann verweist auf die im Zentralsudan verbreiteten Lehmkastenhäuser, tönerne Herde und irdene Kastenbetten. Die Wände sind in diesem Bereich mit geometrischen Mustern verziert. Tontopftrommeln, Tonschalengebläse, Bienenwohnungen und riesige Getreidespeicher aus Lehm sowie Lehmspeichertürme, wie sie sowohl in den Berbergebieten Nordafrikas als auch bei den Dogon in Mali (Abb. 50) verbreitet sind, lassen Baumann von einem regelrechten ›Lehmkomplex‹ altmediterranen Ursprungs sprechen.

Neben dieser kulturhistorischen Erklärung der Verbreitung des sudanischen Lehmbaustils durch altmediterrane Einflüsse gibt es andere Hypothesen, die eine autochthone Entstehung dieser besonderen Stadtbaukultur im Obernigergebiet annehmen. Die Bauweise ist an die Gegebenheiten eines extrem heißen und trockenen Klimas angepaßt, denn die dicken Lehmmauern und Zwischendecken, die als gute Isolierkörper wirken, lassen die Wohnräume in der heißen Jahreszeit relativ kühl bleiben und schützen gegen eine zu starke Auskühlung in den Nächten der kühlen Jahreszeit. Auch der Gesichtspunkt des Feuerschutzes spielt eine Rolle. Aus alten Stadtverordnungen in Djenné und Timbuktu wird ersichtlich, daß die Verwendung von Strohdächern innerhalb der Städte, die im Mittelalter bis zu 40 000 Menschen beherbergten, strikt verboten war. Da bis in die Gegenwart die Mahlzeiten im Innenhof auf offenem Feuer zubereitet werden, hätte bei einer allein auf Stroh und Holz basierenden Bauweise eine zu große Brandgefahr bestanden. So nimmt man heute an, daß der Sudanstil eher eine eigene schwarzafrikanische urbane Sonderentwicklung darstellt, die sich durch den islamischen und orientalischen Einfluß noch verstärkte. Tatsächlich übernahm man nämlich bei weitem nicht in allen islamischen Bereichen des Sudan diese städtische Bauweise. Bei den Soninke, Tukulor und Hirten-Fulbe, überhaupt in den mehr ländlichen Bereichen, dominiert weiterhin die schwarzafrikanische, zylindrische Kegeldachhütte mit Strohdach.

Daß der Sudanstil sich im Laufe der Zeit entwickelte und veränderte, beweisen Berichte von El Omari. Im 14. Jh., zur Blütezeit des Mali-Reiches, trugen die Stadthäuser von Djenné und Timbuktu meist noch Kuppeldächer, wie man sie bis heute im mittleren Niger (Region Tahoua, vgl. Farbabb. 48) antrifft. Die Übernahme der Flachdachbauweise im Obernigergebiet ist möglicherweise Ausdruck eines veränderten Geschmacks oder auch einer Anpassung an das trockenere Klima.

Ländliche Bauweise im Sahel-Sudan

Der im Sahel-Sudan am stärksten verbreitete ländliche Haustyp ist die zylindrische Kegeldachhütte, die typische Savannenbehausung der Bauernbevölkerung. Meist bilden mehrere, kreisförmig durch niedrige Lehmmauern oder durch Holz- und Mattenzäune verbundene Kegeldachhäuser ein Gehöft, den Lebens- und Wohnbereich einer erweiterten Familie. Mehrere solche Gehöfte bilden wiederum ein Dorf oder einen Großfamilienweiler. Ein Bauerngehöft besteht in der Regel aus dem Wohnhaus des Familienoberhauptes, den Häusern seiner Söhne bzw. Brüder, den Küchen und den Schlafhütten der Frauen, den gemeinsamen oder privaten Hirsespeichern, die in ähnlicher zylindrischer Bauweise mit kegelförmigem Strohdach ausgeführt sein können (Farbabb. 3), sowie den Magazinen und Viehställen für Schafe, Ziegen und die kostbaren Pferde. Die von Dornenhecken umgebenen Viehkrale für Rinder und Kleinviehherden befinden sich in unmittelbarer Nähe der Wohnhütten.

Die Kegeldachhütte ist aus luftgetrockneten Lehmziegeln erbaut und mit einem speziellen Mörtel aus Termitenerde und dem Fett der Früchte des Karité-Baumes verputzt. Die Außen-

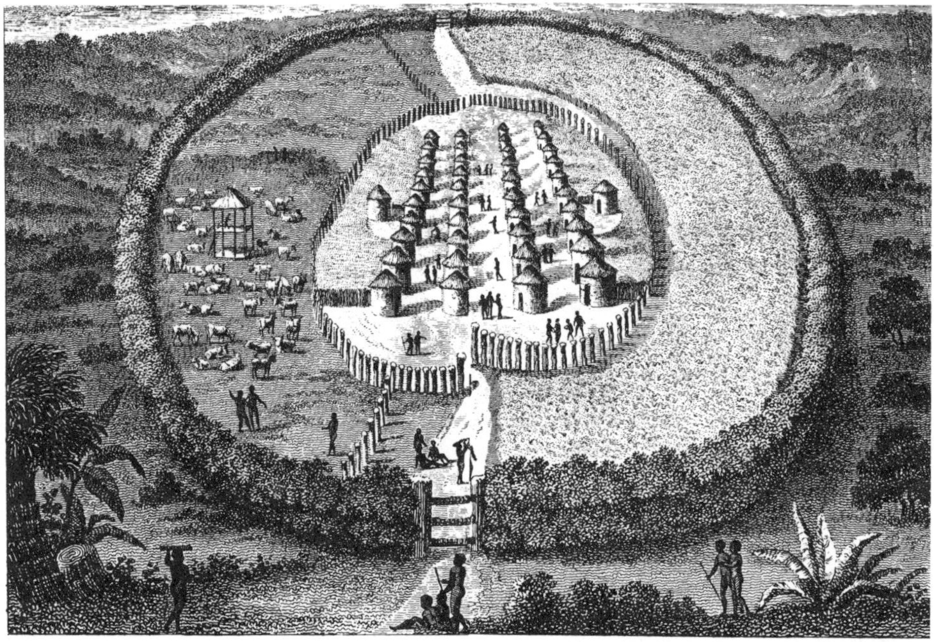

Fulbe-Dorf mit den typischen sudanischen Kegeldachhütten (Darstellung vom Anfang des 19. Jhs.)

wände schmücken – besonders im Malinke-Gebiet West-Malis – gelegentlich große, rautenförmige Kratzmuster oder Malereien. Auf der zylindrischen Mauer ruht das kegelförmige, mit Stroh gedeckte Dachgerüst. Die Kegeldachhütte ist die vorherrschende Hausform bei den seßhaften Bauern der Feucht- und Trockensavanne; die Tukulor, Malinke, Bambara, Bozo, Soninke, Diula und Senufo in Mali benutzen sie ebenso wie die seßhaften Fulbe.

Im Sahel, wo sich auch auf dem Lande die nordafrikanischen Stileinflüsse stärker bemerkbar machen, findet sich das Lehmkastenhaus mit rechteckigem Grundriß und Flachdach (Abb. 26) ebenso häufig wie die Kegeldachhütte. Im Unterschied zum städtischen Terrassenhaus besitzt es meist nur ein Geschoß. Auf dem Dach breitet man häufig die Hirsebündel vor ihrer Lagerung in den Hirsespeichern zum Trocknen aus. Die Mauern bestehen aus halbgebrannten oder in der Sonne getrockneten Lehmziegeln und ruhen wie im Dogon-Land auf soliden Steinfundamenten (Abb. 51) oder auf nacktem Felsuntergrund. Häuser dieses Typs finden sich außer bei den Dogon auch bei den seßhaften Fulbe, den Mauren sowie bei den Bambara, Soninke und Diula. Im Dogon-Land hat man die Lehmhäuser häufig in die Felswände hineingebaut, so daß sie von weitem wie Schwalbennester aussehen (vgl. Farbabb. 41, Abb. 49, 50). In manchen Dörfern überragen die hohen Speichertürme für Hirse die Wohnhäuser, und man hat den Eindruck, daß die Dogon-Dörfer wie etwa Ireli und Banani in der Falaise von Bandiagara nur aus Hirsemagazinen bestehen (vgl. S. 313ff.).

Die nomadischen Viehzüchter (Tuareg, Mauren, Fulbe) haben transportable Behausungen (Zelte), die man leicht auf Tragtiere laden kann. Die Tuareg in Mali und im Niger verwenden ein Zelt aus gegerbtem Ziegenleder, das auf zwei bis vier Reihen von Holzpflöcken ruht, die Mauren bevorzugen weiße Baumwollplanen oder schwarze Ziegenhaargewebe für ihre riesigen Familienzelte, die sie mit bunten Baumwolltüchern auslegen. Im Sahel des östlichen Mali und

Hemisphärisches Mattenzelt, wie es die Songhay und Tuareg im Niger verwenden

des westlichen Niger ist das hemisphärische Mattenzelt weit verbreitet, etwa bei den Fulbe-Nomaden, aber auch bei den seßhaften Songhay im Nigertal zwischen Gao und Niamey (Abb. 63). Das Mattenzelt hat einen ovalen oder kreisförmigen Grundriß und ruht auf mehreren, bogenförmig über Kreuz gespannten Ästen, auf die Tierhäute oder geflochtene Matten gebunden werden. Die Fulbe- und Songhay-Frauen im Nigerknie (Gourma) flechten kunstvolle, mit dekorativen schwarzen Bändermustern verzierte Zeltmatten aus Andropogon-Gras. Mattenzelte und einfache Strohhütten dienen den Bozo- und Somono-Fischern, aber auch Jägern und Köhlern im Busch als provisorische Unterkünfte, die sie nur für einige Monate im Jahr benutzen.

Kunsthandwerk in den Sahelländern

Dem Westafrika-Reisenden werden der bunte Reichtum und die Verschiedenartigkeit des einheimischen Kunsthandwerks auffallen. Zwischen der Wüste und der Waldzone trifft er in fast allen menschlichen Siedlungen Handwerker und Künstler, die Ackergeräte, Schmuck, Tonwaren, Baumwollgewebe oder geflochtene Matten und Körbe herstellen.

Kunst und Handwerk sind in Afrika schwer zu trennen. Zwar stellen Handwerker Gebrauchsgegenstände für Haus und Landwirtschaft her, da es sich bei diesen Produkten aber meist um Einzelstücke, also Originale handelt, ist die künstlerische Eigenart jedes Stückes gewährleistet. »Kunst und Handwerk verbinden sich«, wie René Gardi treffend bemerkt, »in Afrika zum Kunsthandwerk, weil auch Gegenstände des Alltagsgebrauches möglichst schön gestaltet werden und auf irgendeine Weise geschmückt sind.« Kunst und Handwerk stehen in starkem Maße unter dem Einfluß von Kult und Religion. Masken, Ahnenfiguren und Fetische gelten als Objekte mit magischer Kraft, sie sollen den Träger schützen oder sind Bestandteile von Ahnenkult und Fruchtbarkeitsriten. In den islamisch beeinflußten Gebieten der Sahara und des Sahel fehlen figürliche und bildhafte Kunstobjekte wie Masken und Statuen, weil die Religion solche Darstellungen verbietet. Das islamische Kunsthandwerk der Sahara und der südlich angrenzenden Zonen hat so seinen besonderen Charakter. Die Gebrauchsgegenstände sind mit geometrischen Mustern und formenreichem Zierat versehen, die in vielen Fällen eine abstrakte, symbolische Bildersprache darstellen. Auch wenn diese vielen Kunsthandwerkern heute nicht mehr bewußt ist, werden die alten, überlieferten Formen, Figuren und Stilelemente der Ornamentik von der einen Handwerkergeneration zur nächsten weitergegeben.

Bei den nomadischen Völkern (Tuareg, Mauren, Fulbe) bilden die Handwerker endogame Kasten, d. h. ihre Angehörigen dürfen ausschließlich untereinander heiraten, während sie bei den seßhaften Völkern, wie z. B. den Haussa im Niger, nicht kastengebunden leben. Lediglich die Schmiede haben bei allen Völkern im Sahel-Sudan wegen ihrer angeblichen magischen Fähigkeiten eigene Verwandtschafts- und Sozialverbände. Bei den Fulbe herrscht sogar ein ständisches Berufskastendenken; die verschiedenen Handwerksstände sind untereinander hierarchisch organisiert. So steht bei diesem Volk ein Weber über dem Schmied.

Die afrikanischen Werkstätten sind Familienbetriebe. Der Arbeitsplatz befindet sich meist im Vestibül eines Hauses oder unter einem Baum. Vor allem die Weber arbeiten außerhalb des Hauses im Freien, da sie wegen der bis zu 50 m langen Kettfäden ihrer Trittwebstühle viel Raum benötigen. Da das afrikanische Handwerk kastengebunden ist, vererbt es sich vom Vater auf den Sohn. In den Familienbetrieben arbeitet ein Vater mit seinen Söhnen oder mit seinem Bruder zusammen. Kinder und Halbwüchsige werden als Hilfskräfte beschäftigt, die z. B. bei den Schmieden den Blasebalg bedienen müssen. Bestimmte Handwerke wie beispielsweise das Töpfern und Mattenflechten können nur Frauen ausüben, andere wie das Weben und die Eisenbearbeitung gelten als reine Männerarbeiten. Viele Handwerker produzieren auf Bestellung. Der Auftraggeber besorgt das Rohmaterial (z. B. Gold für den Goldschmied) und bringt es dem Meister. Während der Ausführung seines Auftrages wird der Handwerker mit Hirse, Tee, Zucker und Salz versorgt; außerdem erhält er einen Vorschuß in Bargeld. Nach der Fertigstellung ist nur noch ein geringer nomineller Preis zu zahlen. Andere Handwerker haben sich auf die Marktproduktion spezialisiert wie viele Töpferinnen und auch die Deckenweber im mittleren Mali. Die Produktion für den Markt gewinnt durch den wachsenden Tourismus immer mehr an Bedeutung.

Es ist an dieser Stelle nicht möglich, die außergewöhnliche Vielfalt des Kunsthandwerks im Sahel-Sudan detailliert darzustellen. Es können lediglich die wichtigsten Kunsthandwerke und Völker genannt werden, deren handwerkliche Produkte über die eigenen Stammesgrenzen hinaus bekannt sind.

Holzschnitzkunst

Bei den animistischen Völkern (Bambara, Senufo, Dogon) in Mali verdient die reich entwickelte Holz- und Maskenschnitzkunst besondere Erwähnung (Abb. 53–60). Masken stehen in Verbindung mit dem Ahnen- und Fruchtbarkeitskult, dienen als Kopfaufsätze und werden zu rituellen Tänzen getragen. Berühmt sind vor allem die Antilopenmasken der Bambara (vgl. S. 275ff.) und das Maskenwesen der Dogon, das wohl bekannteste in Westafrika, das der französische Ethnologe Marcel Griaule in den dreißiger Jahren genau untersuchte, wobei er etwa 100 verschiedene Typen klassifizierte (vgl. S. 277 u. 307f.). In den Grabhöhlen der Dogon fanden Forscher auch zahlreiche hölzerne Figuren aus schwerem, hartem Holz, Grabbeigaben, die den Geist des Familiengründers darstellen. Außer Masken und Figuren fertigen die Dogon-Schnitzer Türen und Türschlösser mit Reihen von sitzenden, stilisierten Ahnenfiguren. Heute stellt man diese Stücke in den Dörfern der Falaise (Banani, Ireli) für Touristen her, an den Hirsespeichern sind sie leider immer seltener zu sehen. Die niedrigen, aus Hartholz geschnitzten Rundhocker finden bei der Prüfung der Kandidaten für die Männer- und Initiationsbünde Verwendung. Auch sie weisen einen reichen figürlichen Zierat mit Symbolen der Dogon-Mythologie (Krokodil, Schlange) auf.

Berühmte Holzschnitzer sind auch die Senufo im Südwesten von Mali und im Norden der Elfenbeinküste (Abb. 59). Ihre bekannten großen Vogelfiguren und Masken werden in den Lo-Hainen versteckt. Die Senufo fertigen heute ihre kleinen Kpelie-Gesichtsmasken und Reiterfiguren hauptsächlich für den Tourismus, nur selten bekommt man noch alte Stücke zu Gesicht. Typische Senufo-Produkte sind außerdem figürlich verzierte Holzlöffel, Webrollenhalter und reich geschnitzte Türen für Hirsespeicher und Wohnhäuser (zur Holzschnitzkunst der Senufo vgl. auch S. 276f.).

Lederhandwerk

Zu den bekanntesten Lederhandwerkern in Westafrika zählen bei den Tuareg die Frauen der Schmiede. Die Schmiede leben in einer gesonderten sozialen Kaste *(Enaden)*, die für die Nomaden die notwendigen Gebrauchsgegenstände (Kameltaschen, Getreidebeutel, Zierkissen) her-

Reich verzierter Ledersack
der Tuareg Ullimiden

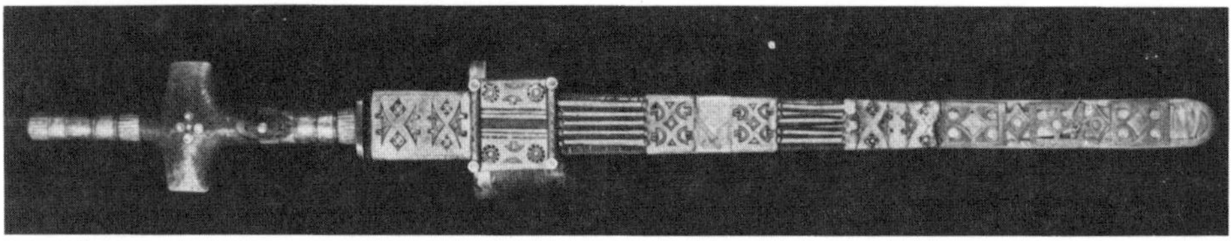

Tuareg-Armdolch mit verzierter Lederscheide

stellt. Der Farben- und Formenreichtum dieser Artikel bildet einen wahren Blickfang auf vielen sahelischen Märkten in Mali und im Niger. Die Marktzentren, wo man auf die Erzeugnisse der Tuareg stößt, sind in Mali u.a. die Städte Bamako (›Marché rose‹), Mopti, Goundam, Timbuktu, Gao und Ansongo, im Niger Ayorou, Tillaberry, Niamey, Tahoua, Tanout und Agadez. Die Säcke und Beutel, in denen sich der gesamte Hausrat der Nomaden befindet, hängen in den Zelten an den Stützbalken und an reich verzierten, von den Schmieden geschnitzten Holzpfosten. Das Leder wird meist von den Haussa gegerbt, die als Wanderarbeiter in der Trockenzeit die Nomadenlager aufsuchen. Die Tuareg-Frauen bevorzugen rot eingefärbte Lederware; daneben gehören blaue, gelbe und schwarze Ornamente, Fransen, Lederstickereien und Applikationen zu den Merkmalen der Tuareg-Lederkunst. Halsschmuck aus Leder mit Straußeneierverzierung sowie Dolch- und Schwertscheiden schmückt man häufig mit türkisgrünen Lederapplikationen. Das leuchtende Türkisgrün, dem eine magische Kraft zugeschrieben wird, kaufen die Handwerkerinnen auf dem Markt. Die Metallbeschläge aus Messing, Kupfer und Aluminium an den Waffen stellen die Schmiede her. Hochentwickelt ist auch die Technik des Lederstanzens, wobei man kreis- und rautenförmige Ornamente mit Metallstiften in das Leder drückt.

Auch in der arabo-berberischen Gesellschaft der Mauren fertigen die Frauen der Schmiede Gebrauchsgegenstände aus Leder, vor allem in Boutilimit und Mederdra im Südwesten von Mauretanien, den traditionellen Zentren der Lederverarbeitung (vgl. S. 225ff.). Im Gegensatz zu den mehr geometrischen Ornamentierungen der Tuareg schätzen die Mauren eher verschnörkelte, runde und schlangenförmige Verzierungen, die übrigens auch in den Wandbemalungen der Wohnhäuser von Oualata auftauchen. Bevorzugte Farben sind wie bei den Tuareg dunkelrot, leuchtend gelb und grün. Fransenapplikationen, gestickte und aufgesetzte Muster *(Redem)* zieren Tabaksbeutel, Kissen und Kameltaschen; ziselierte und in das Leder eingestanzte Muster heißen *Neksch.*

Schöne Lederarbeiten findet man auch im Haussa-Gebiet von Maradi, Tessaoua, Zinder und Tahoua im Niger. Berühmt sind hier die roten Sandalen mit mehrschichtiger Sohle und die Hirtensandalen aus ungegerbtem Rinderleder mit Zehenschutz. Für den städtischen Geschmack stellen die Haussa Brieftaschen und Handtaschen aus Kamel-, Ziegen- und Reptilleder her. Im ›Musée National du Niger‹ in Niamey kann man den Handwerkern bei der Arbeit zusehen und die Objekte zu staatlich festgesetzten Preisen kaufen.

Die Dogon nähen Satteltaschen und Umhängebeutel mit weißen Lederapplikationen und reichem Fransenschmuck. Die Behältnisse werden von der Landbevölkerung benutzt, da ihre bäuerliche Baumwolltracht keine Taschen besitzt. Die Haussa, die eine islamische Vollkleidung mit vielen eingenähten Innentaschen tragen, haben diesen Handwerkszweig nahezu aufgege-

Maurischer Tabaksbeutel aus Leder, der aus sechs Hüllen besteht

ben. Die Fulbe von Mali und Niger schließlich sind bekannt für ihre charakteristischen breitkrempigen Hirtenhüte mit rot-schwarzer Lederverzierung.

Kalebassen

Kalebassen sind Gefäße und Schöpflöffel, die aus verschiedenen Sorten des Kalebassenkürbis gefertigt werden. Viele Völker im Sahel-Sudan bauen die Kürbisse in den Hausgärten oder in den Gehöften selbst an, wo sie über die Strohdächer der Hütten ranken. Im gesamten westafrikanischen Bereich dienen Kalebassen im Haushalt als Eß- und Trinkgeschirr, als Vorratsbehälter sowie zum Transport und zur Aufbewahrung von Hirse, Mehl, Gewürzen oder Milch (vgl. Farbabb. 33).

Die Kunst der Kalebassenverzierung ist nicht bei allen Völkern verbreitet. In Mali haben die Dogon und im Niger die Haussa eine spezielle Meisterschaft in dieser Fertigkeit erreicht. Die nicht kastengebundene Kunst wird in den meisten Fällen von Frauen ausgeführt. Die gebräuchlichsten Techniken sind das Einkerben von Mustern mit Säge, Stichel und Hohlmeißel sowie daneben die Brandverzierung mit messerähnlichen Instrumenten. Bei den Dogon überwiegen figürliche Darstellungen von Totemtieren und Maskentänzern, während bei den islamischen Haussa geometrischer Dekor (Dreiecke, Vierecke, Schlingbandornamente) dominiert. Die

Gemusterte Kalebassen der Bambara (oben)
und der Haussa (unten)

Wahl des Ornamentes und der Motive hängt nicht nur von dem betreffenden Volksstamm ab, sondern variiert schon von Dorf zu Dorf und von Stadt zu Stadt. Kenner können eine Kalebasse aus Tahoua von einer aus Zinder genau unterscheiden. In manchen Gegenden des Niger und der angrenzenden Gebiete Nordnigerias ist es sogar üblich, die Flächen zwischen den Zeichnungen einzufärben. Man verwendet dabei Pflanzenfarben, die leicht in das Holz eindringen und sich mit dem Tannin der Kalebassenrinde zu einer nicht mehr abwaschbaren Schicht verbinden. Kalebassen stellen auch beliebte Hochzeitsgeschenke dar, die von den Frauen gesammelt werden und als Symbol des persönlichen Reichtums gelten.

Korb- und Mattenflechterei

Körbe und Matten gehören zu den wichtigsten Gebrauchsgegenständen im Alltagsleben der afrikanischen Landbevölkerung. In den selbstgefertigten Körben werden die Waren auf den Markt gebracht, Vorräte aufbewahrt und die Ernten vom Feld zu den Speichern gebracht. Das Flechten betreiben Männer wie Frauen. Die Korbflechterinnen arbeiten im allgemeinen in der Trockenzeit auf Vorrat für den Verkauf auf dem Markt. Im Senegal gelten die Diola, in Mali die Dogon als die besten Korbhersteller. Der afrikanische Korb wird aus Wildgräsern oder Palmblättern geflochten. Er hat einen eckigen Boden und einen runden Rand ohne Henkel, da man ihn auf dem Kopf trägt.

Das Andropogon-Gras ist der Grundstoff für viele Arten von Matten, die bei den Djerma und Haussa im Niger die Wände und Dächer der Hütten bilden. Ein anderes Wildgras, Panicum turgidum, verwenden die Fulbe und Tuareg zur Herstellung von Zelt- und Hüttenmatten. Bei diesen Völkern ist das Mattenflechten Frauenarbeit.

Im Nigertal zwischen Gao und Niamey leben die Tuareg und Songhay in länglichen Kuppelhütten, die sie mit wunderschön geflochtenen Matten, die schwarze Bändermuster zieren, decken. Die Songhay und Haussa sind berühmt für ihre ovalen und runden Sitzmatten aus Palmblattwedeln der Dumpalme (Hyphaena thebaica). Die Mande-Völker, Haussa und Fulbe arbeiten aus Palmblättern auch Worfel- und Milchsiebe, Tragschlaufen und Säcke für Salz, Fisch und Getreide.

Textilien

Zu den schönsten kunsthandwerklichen Produkten im westlichen Afrika zählen die Textilien. Baumwolltücher, bunt gemusterte Baumwolldecken, gebatikte und gefärbte Kleiderstoffe bilden trotz zunehmender Stoffimporte aus Asien und Europa feste Bestandteile der sahelo-sudanischen Märkte. Baumwolle, der Grundstoff für die afrikanischen Textilien, ist seit dem Mittelalter als Kulturpflanze im Sudan bekannt und stellte schon früh ein Exportprodukt der älteren afrikanischen Reiche dar. Im 19. Jh. war der deutsche Afrikaforscher Heinrich Barth bei einem Besuch der Haussa-Stadt Kano erstaunt über die Menge der dort zu Rollen aufgewickelten Baumwollstoffstreifen, die bis in die jüngste Zeit sogar als Zahlungsmittel galten. Während der Kolonialzeit wurde der Baumwollanbau im französischen Sudan und im Nigergebiet stark gefördert.

Weber, die am Rand der Dörfer die archaischen Trittwebstühle bedienen, gehören in Westafrika zum gewohnten Bild (Webkunst, Schneiderei und Stickerei gelten in Afrika als männliche Tätigkeiten). Auf diesen einfachen Webstühlen, die aus einem einfachen Gerüst aus Knüppelholz konstruiert sind und durch ihre langen Kettfäden auffallen, weben die Meister meterlange, handbreite Baumwollstreifen, die zerschnitten und aneinandergenäht große Baumwolltücher und Decken ergeben. Die Baumwollstreifen bestehen bei den Fulbe in Mali meist aus verschiedenfarbigen Abschnitten, die man zu bunt gewürfelten Decken mit Vierecken und Rautenmustern zusammennäht. Sie werden von Hirten über der Schulter getragen und von der städtischen Bevölkerung als Schmuck für die Wohnräume benutzt. Bei den Bambara und Dogon tragen die Frauen noch die mit Indigo gefärbten, tief dunkelblauen Wickelröcke (französisch ›pagne‹) mit kleinen Batikmustern. Die Männer kleiden sich mit ärmellosen Hemden und Hosen aus dickem, mit eisenhaltigem Schlamm braun, senfgelb oder rostrot eingefärbtem Baumwollstoff. Bei den Dogon, Bambara und Senufo werden die braunen Textilien mit Zeichnungen aus schwarzer Eisennitratfarbe versehen. Es handelt sich dabei nicht um Alltagskleidung, sondern um rituelle Kleider für besondere Anlässe (Totenfeiern, Initiationen). Die Knaben der Dogon bedecken ihre Häupter mit spitzen Baumwollkappen, an denen Schnüre mit Metallstücken hängen.

Bunte Baumwolldecke der Fulbe

In den islamischen Bereichen des Sahel-Sudan, besonders aber in Mauretanien, im Senegal und im Niger, tragen Städter ›Vollkleidung‹, den *Boubou.* Es handelt sich dabei um ein weites, faltenreiches Gewand mit weiter Hose. Der feine Baumwollstoff, Batist und Damast, wird aus Asien und Europa importiert und von einheimischen Schneidern zugeschnitten. Der Schnitt der Boubous richtet sich nicht nach den Körpermaßen des Trägers, sondern nach der Bahnbreite der Stoffe, die man seitlich zunäht. Die schönsten Stickmuster-Verzierungen findet man in Mauretanien und dem Niger.

Eine große Ausnahme in Westafrika bildet die Wollweberei. Sie wird nur im Bereich des Binnendeltas des Niger (mittleres Mali) von den Fulbe und einigen Songhay-Webern betrieben. Aus der Gegend von Mopti kommen die berühmten *Kassa*-Decken, weiße Wolldecken mit schwarzen und rostroten geometrischen Mustern, die in die Streifen eingewebt sind (vgl. Farbabb. 39). Im Kounari (Umkreis von Mopti) und im Massina, dem Stammland der Fulbe, kennt man die Zucht von Wollschafen seit langem. Die traditionelle Tracht der Fulbe-Hirten in diesen Bereichen bildet ein langer, ponchoartiger Wollumhang aus weißer oder schwarzer Wolle. An Rücken und Halsausschnitt sind gelbe, weiße und rote Muster eingestickt, die von Ort zu Ort variieren, da jeder Weber seine eigenen Signaturen besitzt.

Schmiedewaren

Die Schmiede nehmen in allen afrikanischen Gesellschaften eine besondere soziale Stellung ein, da sie so lebenswichtige Dinge wie Feldbaugeräte, Jagd- und Kriegswaffen herstellen. Sie bilden in fast allen afrikanischen Gesellschaften endogame Gruppen und stehen seit jeher in einer besonderen Beziehung zu den politischen Führern, die von den Schmieden technologisch abhängig waren. Der Umgang mit dem Feuer und Eisen brachte den Schmieden auch den Ruf ein, magische Fähigkeiten zu besitzen. Sie werden von den übrigen Mitgliedern der Gesellschaft des-

Guß in verlorener Form

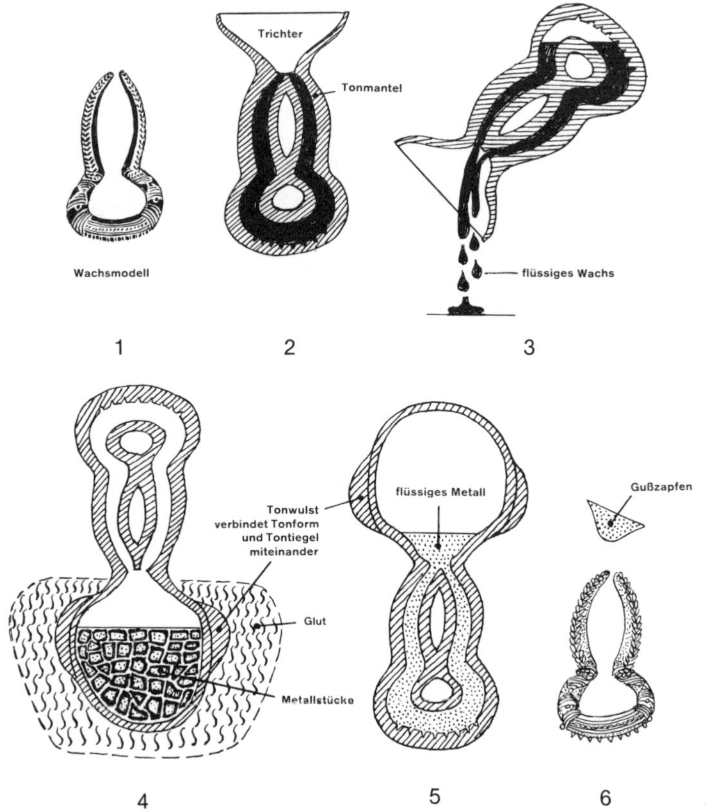

Der ›Guß in verlorener Form‹ ist im Sahel-Sudan allen Schmieden vertraut. Zuerst wird das Objekt aus Wachs modelliert (1), dann mit Ton verkleidet (2). Die getrocknete Form erhitzt man im Feuer, das geschmolzene Wachs wird ausgegossen (3). Nun wird die Gußform mit einem Tiegel verbunden, der das Gießmetall (meist Messing) enthält, dann mit dem Tiegel nach unten ins Feuer gestellt (4) und solange erhitzt, bis das Metall geschmolzen ist. Anschließend wird die Form aus dem Feuer genommen und gekippt, das Metall fließt in die Form (5). Die erkaltete Form wird zerschlagen, der Gußzapfen abgeschrotet (6)

Entnommen aus Peter Fuchs: Sudan, Wien 1977

halb gefürchtet, aber auch verachtet. Die Schmiede produzieren auch heute noch im ländlichen Afrika die wichtigsten Feldbaugeräte (Hacken, Beile, Sicheln, Messer). Den Rohstoff liefern heute Alteisenabfälle von Auto- und Maschinenschrott aus Europa. In früheren Zeiten wurden auf dem Seewege Eisenbarren aus Europa eingeführt und dann eingeschmolzen; seit jeher nutzte man aber auch im Lande vorkommende Eisenvorräte zur Eisengewinnung in archaischen, meterhohen Reduktionsöfen aus Lehm.

Neben der von den Großschmieden angewendeten Treibtechnik praktizieren in Westafrika die Feinschmiede das Gußverfahren, das die Ethnologen ›Guß in verlorener Form‹ oder auch ›Wachsschmelzverfahren‹ nennen. Die berühmten ›Kreuze von Agadez‹ der Tuareg und die kleinen Tier- und Menschenfiguren aus Messing, die man früher im Sudan als Goldgewichte benutzte, werden in diesem Verfahren bis heute hergestellt. Die nebenstehende Abbildung stellt das Verfahren in seinen wichtigsten Schritten dar.

Die Feinschmiede der Tuareg und Fulbe beherrschen außer der Guß- auch die Treibtechnik. So werden die berühmten riesigen goldenen Ohrgehänge der Fulbe-Frauen (Farbabb. 32) aus der Gegend von Mopti im Massina aus einem kleinen, quaderförmigen Goldbarren zu spiraligen Muscheln gehämmert und dann ziseliert.

Töpferei

Die Töpferei ist wie in vielen anderen Teilen der Welt auch im Sahel-Sudan meist ein weibliches Handwerk (Ausnahme: die Haussa bei Maradi im Niger), das in vielen Fällen die Frauen der

Tongefäße der Sarakolle (links) und der Bambara

Schmiede betreiben. Töpferinnen bilden keine eigenen Berufskasten, sondern bei den Mande- (Bambara, Bozo) und Gur-Völkern (Senufo, Mossi) eine Art Unterkaste der Schmiede. Frauen, deren Gatten nicht Schmiede sind, können ebenfalls Tonwaren herstellen. Die ausschließlich in der Trockenzeit und überall ohne Töpferscheibe produzierten Waren werden für den Verkauf auf dem Markt hergestellt.

Die Bambara in Mali formen die Tontöpfe in einer Mischtechnik aus Treiben und Wulsten. Das Unterteil des Topfes formen sie aus einem feuchten Tonfladen, der die Form eines alten Topfes übernimmt; anschließend ziehen sie das Oberteil mit Wülsten, die verstrichen werden, hoch. Bei den Haussa legt die Töpferin einen feuchten Tonklumpen in eine Mulde und treibt ihn mit einem Holz- oder Steinstößel von innen zu einer hohlen Tonkugel. Gebrannt wird in einer offenen Grube, wobei man die Töpfe mit dem Brennstoff (Holz, Dung) zusammen aufschichtet. Das gebräuchlichste Tongefäß ist der Wasserkrug mit oder ohne Henkel, der dem Wassertransport vom Brunnen zum Gehöft dient. Er kann unglasiert oder mit Pflanzensaft dunkelglänzend poliert sein. Die Bozo-Fischer in Mali verzieren ihn mit geometrischen, rot- und weißfigurigen Ornamenten. In den Wohnhäusern und Lehmhütten stehen daneben große tönerne Wasserbehälter, die bis zu 60 Liter fassen. Tontöpfe dienen bei den animistischen Völkern auch zum Bierbrauen. Kleinere Tongefäße werden als Trinkschalen und als Kochtöpfe für die Zubereitung der Hirseklöße und Saucen verwendet.

Geschichtlicher Überblick

Bevölkerungs- und Besiedlungsgeschichte im Sahel-Sudan von der Altsteinzeit bis zum Mittelalter

Für die Prähistoriker gilt der afrikanische Kontinent als die Wiege der Menschheit. Angefangen von den prähominiden Keniapithecus, Australopithecus und Pithecanthropus über den Neandertaler bis hin zum Homo sapiens können fast sämtliche altsteinzeitlichen Evolutionsstadien des Menschen in Afrika nachgewiesen werden. In der ausgehenden Altsteinzeit (vor etwa 50 000 Jahren) existierten in Afrika wahrscheinlich drei Rassen. Im Norden und Osten lebten die Cro-Magniden, vermutlich die Vorfahren der Berber, Äthiopier und Negro-Hamiten Nordostafrikas, deren Hautfarbe von braun bis schwarz variierte. Die berühmtesten Funde aus dieser frühen Epoche wurden in der Olduwai-Schlucht im heutigen Tansania gemacht. In den Savannenzonen streiften Jäger umher, die den heutigen Buschmännern ähnelten, während die Wälder der Lebensraum einer kleinwüchsigen, jagenden und sammelnden Pygmäenrasse waren. In der Folgezeit ergaben sich durch zahlreiche Wanderungen von Nord nach Süd und von Ost nach West in der damals feuchten und fruchtbaren Sahara Vermischungen zwischen diesen verschiedenen Gruppen, was im Verlauf der mittleren Steinzeit (Mesolithikum) zur Bildung der altnigritischen schwarzen Bevölkerung führte. Diese besiedelte den gesamten Bereich der Feuchtsahara mit ihren Savannen.

Die Waldzone im Süden blieb der Lebensraum der Pygmäen, während die Jäger des Buschmanntyps entweder absorbiert oder in den Süden des afrikanischen Kontinents abgedrängt wurden. Mit dem Beginn des Neolithikums, das in der Sahara wegen der damals für Jägerei und Sammelwirtschaft günstigen Lebensbedingungen schon Ende des 7. Jahrtausends v. u. Z. einsetzte, siedelten negride Menschen im gesamten Großraum Westafrika. Aus dem Neolithikum stammen auch die zahlreichen Funde von menschlichen Skeletten. Die erste Entdeckung menschlicher Überreste zusammen mit neolithischen Werkzeugen machte Gaden 1906 in der Nähe des Fitisees im Tschad. Den zweiten, wichtigeren Fund eines Homo sapiens mit negriden Merkmalen stellt im Sahel der Mensch von Asselar dar, den Théodore Monod zusammen mit Auguste Bernard 1927 im Wadi Tilemsi (300 km nördlich von Gao/Mali) entdeckte. Zunächst schrieb man den Menschen von Asselar einer früheren Epoche zu, die vor einiger Zeit durchgeführten C-14-Analysen ergaben jedoch ein wesentlich geringeres Alter (4400 v. u. Z.). Er ähnelt den Cro-Magnon-Menschen, die man in Nordafrika und in Europa fand. Die Sahelzone ist außerordentlich reich an neolithischen Fundstellen; auf vergleichbare Skelette mit negriden Kennzeichen stieß man bei Tamaya Mellet (Niger) und besonders bei Arlit, wo Henri Lhote bis zu 50 Skelette zählte, die in das 4. und 3. Jahrtausend v. u. Z. datiert werden. Von den Neolithikern der Sahara und der Sahelzone stammen auch außergewöhnlich schöne Felszeichnungen. Die Malereien aus der sogenannten ›Rundkopfperiode‹ sollen das Werk negrider Jäger des 7. Jahrtausends v. u. Z. sein, die bereits Reibsteine verwendeten, um wilde Getreidesamen zu mahlen. Ob in dieser frühen Phase der Jungsteinzeit schon Getreide angebaut wurde, ist fraglich, die Domestikation des Rindes setzte jedoch um diese Zeit ein, wie die zahlreichen späteren Rinderzeichnungen aus der sogenannten ›Rinderhirtenperiode‹ im Tassili-, Tibesti- und Hoggar-Gebirge beweisen.

Das mittlere saharische Neolithikum (5000–3000 v. u. Z.) muß bereits zu einer ersten hohen Blüte der negriden Jäger- und Sammlerzivilisation geführt haben, was die zahllosen Funde im heutigen Sahel belegen. Die heute nur noch episodisch durchfluteten Wüstenwadis führten damals ständig Wasser und mündeten in die großen Binnenmeere des alten Tschadsee-Tenere-Beckens oder des Tagant-Beckens (Mauretanien). Die höher gelegenen Zonen bildeten wegen der natürlichen, leicht zu verteidigenden Schutzlagen und wegen der permanent fließenden Flüsse den bevorzugten Lebensraum von Jägern und Fischern. In den heute so trostlosen, ausgedörrten Halbwüstenlandschaften – wie dem mauretanischen Adrar und Tagant oder in den Wüstengebirgen des Air im Niger und des Hoggar in Algerien – siedelten zahlreiche Menschen, die geschäftig der Jagd, Fischerei, der Aufzucht von Tieren und in bescheidenem Umfang auch bereits dem Ackerbau nachgingen. Die typischen Handwerkszeuge des Neolithikums waren fein behauene Pfeilspitzen, Beile und Querbeile aus geschliffenem Stein sowie Harpunen und Angelhaken aus Knochen. Die ersten Dörfer der Seßhaften entwickelten sich im Schutz von Steilhängen und in der Nähe von Wasserstellen wie etwa bei Tichit-Oualata im heute weitgehend menschenleeren Nord-Sahel von Mauretanien.

Manche Forscher glauben, daß die neolithischen Negriden in den saharischen Savannen und im Binnendelta des Niger die Landwirtschaft selbständig sowie gleichzeitig mit den Bewohnern des Niltales, Mesopotamiens und der Hochländer Mexikos und Perus im Laufe des 6. oder 5. Jahrtausends v. u. Z. entwickelten. Der negro-afrikanische Ackerbau am Oberlauf des Niger nutzte bereits Sorghum- und Kolbenhirse, Reis und Sesam. Später wurden weiter im Süden in den feuchteren Savannen- und Waldgebieten Knollenfrüchte wie Yams kultiviert; Okra, die Ölpalme und Baumwolle kamen später hinzu. Dadurch war die Erschließung und dichtere Besiedlung der feuchteren Savannen und des tropischen Regenwaldes möglich.

Die Sahara des Neolithikums stellte eine ausgedehnte, aber zusammenhängende Welt dar, in welcher der Kontakt zwischen den Menschen und der Austausch von Techniken sehr stark gewesen zu sein scheint. In der Töpferei und der Gestaltung der Mikrolithen ist eine beachtliche Verwandtschaft zwischen den Stilen und Techniken des Tenere (Niger) und den 2500 km weiter östlich bei Khartum (Republik Sudan) gefundenen festzustellen.

Gegen Ende des 3. Jahrtausends v. u. Z. setzte eine allmähliche Austrocknung der Sahara ein. Dies hatte eine Abwanderung der Bauern und Fischer sowie der hamitischen Rindernomaden, den wahrscheinlichen Vorfahren der Fulbe, in die feuchteren Savannen zur Folge. Die altnigritischen Völker wurden zur gleichen Zeit von den schwarzen Sahariern nach Süden verdrängt.

Die Besiedlungsgeschichte des nördlich-zentralen Teiles des afrikanischen Kontinents läßt sich gut an den neolithischen Felsbildern in der Sahara nachverfolgen. Der französische Archäologe Henri Lhote unterscheidet mindestens 16 Phasen und 30 verschiedene Malerei-Stile, die den unterschiedlichen Völkern und Zivilisationen entsprechen. Aus der frühesten Phase (etwa 6000–3500 v. u. Z.) stammen Malereien von negriden Jägern des Buschmanntyps (›Rundkopfdarstellungen‹), daneben existieren Bilder von Jägern und Bauern mit altnigritischen Techniken. In einer späteren Periode (3500–2000 v. u. Z.) dominieren Darstellungen von Hirten mit Rinderherden. Lhote wies nach, daß es sich bei den Vorfahren der heute im Sahel-Sudan als Rinderhalter verstreut lebenden Fulbe um die Nachkommen von Rinderhirten handelt, die in den Gebirgsgegenden der Sahara Felsmalereien hinterließen. Soweit die Fulbe noch präislamische

Felsmalerei aus der Rinderperiode (ca. 3500–2000 v. u. Z.), Acacus-Massiv, Fezzan (Libyen)

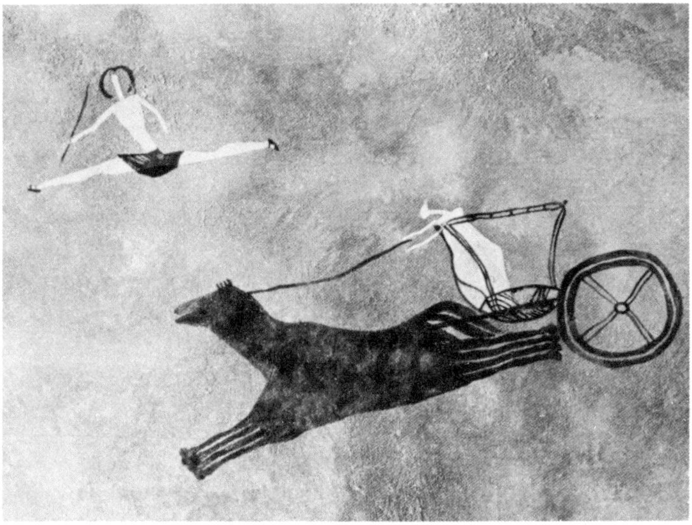

Felsmalerei eines Pferde-Streitwagens (ca. 2000–500 v. u. Z.), Acacus-Massiv, Fezzan (Libyen)

Züge aufweisen, wie teilweise die Fulbe-Bororo im Niger, ähneln ihre Initiationsriten denen, die im Tassili auf bestimmten, auf das 4.–3. Jahrtausend v. u. Z. datierten Malereien bis in das kleinste Detail dargestellt sind.

Diese Hirten des äthiopiden Typs begannen vom 5. Jahrtausend an eine gewaltige Wanderung durch die Sahara. Ausgangspunkt ihrer Wanderung war der Süden der libyschen Wüste, von wo sie in die zentralsaharischen Gebirgsmassive zogen, vermutlich wegen der dort besseren Weidebedingungen. Im Tassili hinterließen sie zwischen 3500 und 2000 v. Chr. eine große Zahl von Felsbildern. Die Vorfahren der Fulbe konnten ihre physischen Merkmale bewahren, da sie, wie noch heute die Bororo im Niger, an ihrer Lebensweise als Viehhirten festhielten und dadurch in ihrer Ernährung weitgehend autark blieben; zudem heirateten sie wohl nur innerhalb der eigenen Sippen (Endogamie). Zu den alten saharischen Viehzüchtern scheinen auch die Vorfahren der heutigen Tubu-Nomaden (Teda) im Tibesti gehört zu haben, die sich aus Vermischungen von protoberberischen Jägern und Saharanegriden zum Typ der ›schwarzen Äthiopier‹ entwickelten.

In der dritten Periode der Felsmalereien in der Sahara (2000–500 v. u. Z.) überwiegen Darstellungen von hellhäutigen Menschen mit Pferden und Streitwagen, die vermutlich von den sogenannten ›Seevölkern‹ und altlibyschen Berberstämmen in der Sahara eingeführt wurden. Es scheint ziemlich gesichert, daß die heute in der Sahara lebenden Berber wie die Tuareg und Mauren von diesen libysch-altmediterranen Völkern abstammen. Diesen kriegerischen, hellhäutigen Stämmen mit ihren Pferden und Wagen, die ›in fliegendem Galopp‹ auf den Felsbildern dargestellt sind, waren die schwarzen altsaharischen Stämme militärisch unterlegen. Sie mußten nach Süden in die sudanischen Savannen ausweichen, nur wenige verblieben als Abhängige in den Oasenstädten der nördlichen Sahara.

Mit dem Ende des ersten vorchristlichen Jahrtausends war im wesentlichen die heutige Aufteilung der riesigen saharischen Gebiete in einen von verschiedenen Berbergruppen besiedelten Raum abgeschlossen. Im Westen der Sahara etablierten sich die Sanhadja-Berber, die Vorfahren der heutigen Mauren, im Zentralteil die Garamanten, die Vorläufer der Tuareg, und im Tibesti die äthiopiden Troglodyten, aus denen die heutigen Tubu (Teda, Daza) hervorgingen. Mit der fortschreitenden Austrocknung der Wüste verdrängte um die Zeitenwende das genügsame und hervorragend an die Wüstenbedingungen angepaßte Kamel (Dromedar) das anspruchsvollere Pferd. Die jüngsten Felsbilder, die um die oder kurz nach der Zeitenwende entstanden, zeigen hellhäutige Kamelreiter. In der römischen Kaiserzeit wurde unter Kaiser Septimus Severus (193–211), einem in Leptis Magna (heutiges Libyen) geborenen Berber, die Kamelzucht in Tripolitanien gefördert. Von dort brachten die Garamanten, die Vorfahren der Tuareg, das ›Schiff der Wüste‹ in die zentralsaharischen Gebiete und ermöglichten damit seit dem 3. Jh. einen regelrechten transsaharischen Handel zwischen Nordafrika und den allmählich aufblühenden innerafrikanischen Königreichen. Beleg dieses entstehenden Handelsaustausches sind die römischen Funde im Grab der ›Tuareg-Königin‹ Tin Hinan am Westrand des Hoggar (Abalessa), wo man römische Lampen, Waffen, Geräte aus Eisen und Kupfer sowie Münzen mit dem Bild des Kaisers Konstantin aus dem 4. Jh. fand.

Felsmalerei eines Kamelreiters (um die Zeitenwende), Wadi Djanet, Tassili-Gebirge (Algerien)

Die zunehmende Austrocknung der Sahara seit 2500 v. u. Z. bewirkte die Abwanderung der neolithischen schwarzen Saharier in die sudanischen Savannen, wo sie sich mit einer zahlenmäßig kleinen paläolithischen Bevölkerungsschicht vermischten. Um 700 v. u. Z. entwickelten sich aus dieser schwarzafrikanischen Mischbevölkerung die berühmte Kultur von Nok im heutigen zentralen Nigeria und die Sao-Kultur am Südrand des Tschadsees. Altafrikanischen Legenden zufolge sollen die Einwanderer aus dem Norden Riesen gewesen sein, die mit einer Hand Wasserläufe absperren konnten. Ausgrabungen von Jean Paul und Annie Lebeuf im Hochland von Bauchi (Nigeria) brachten 1943 eine große Zahl von Statuetten und Masken aus Terrakotta von hohem künstlerischem Wert und sogar Bronzeschmuck zum Vorschein, der im Gelbgußverfahren hergestellt war. Die Menschen der ›Nok Figurine Culture‹ kannten auch die Kunst der Eisenverhüttung, ebenso wie die Sao, die am Schari und Logone, den großen Tschadsee-Zuflüssen, lebten und zahlreiche befestigte Ruinen hinterlassen haben. Diese Festungen weisen darauf hin, daß der Sudan um die Zeitenwende eine Zone war, in der zahlreiche Kriege zwischen verschiedenen Völkerschaften stattfanden, die sich die fruchtbaren Landstriche um den Tschadsee gegenseitig streitig machten.

Bronzezeitliche Funde sind auch aus Mauretanien belegt. Um 500 v. Chr. förderte und verarbeitete man in der Umgebung der heutigen Bergbaustadt Akjoujt bereits Kupfer. Die Verbreitung der Metallurgie, vor allem der Eisenverhüttung, die sich in dieser Zeit im gesamten Sahel-Sudan vollzog, begünstigte politisch-soziale Umwälzungen. Waffen aus Eisen bildeten die Grundlage zur Kontrolle des Salzhandels und die Voraussetzung zur Entstehung kleinerer Herrschaftsbereiche im Umkreis der Städte des unteren Senegalgebietes (Tekrur) sowie im Umland der Stadt Gao am Niger. In dieser Zeit entstanden in den afrikanischen Gesellschaften eigene Schmiede- und Handwerkerkasten, welche die Überschüsse von den Bauern aufkauften. Überschüsse konnte man in dieser Zeit durch die Anwendung der neuen Eisentechnologie (Hacke, Beile) produzieren. In zahlreichen schwarzafrikanischen Überlieferungen sind die Ahnen Schmiede-Könige, was beweist, daß die Stammesführer die wertvolle Technik zu monopolisieren suchten. Durch die Berber gelangte von Norden her die Pferdezucht in den Sahel-Sudan. Diese begünstigte die Konstituierung und den Zusammenhalt größerer Herrschaftsbereiche, denn das Pferd wurde zum Vermittler zwischen den sich am Südrand der Wüste entwickelnden Staatswesen.

In den ersten nachchristlichen Jahrhunderten engte die Einwanderung zahlreicher Völker und Stämme aus der immer trockener werdenden Sahara den Lebensraum der seit dem Neolithikum im Sahel-Sudan lebenden Altnigritier immer mehr ein. Seit dem 10. Jh. gerieten diese in eine bedrohliche Lage, da sich im nördlichen Sahel die großen neusudanischen Königreiche (Ghana, Mali) negro-islamischer Kultur und Staaten negro-afrikanischen Typs im Süden (Benin, Yoruba, Akan) entwickelten. Die zahlreichen kleinen altsudanischen Stämme wurden so im Laufe des Mittelalters immer stärker in abgelegene Regionen verdrängt. Zwischen dem 10. und dem 19. Jh. entstanden im Sahel-Sudan mindestens 20 hierarchisch strukturierte Königtümer, die auf hoch entwickelter staatlicher Organisation und mächtigen Kriegsheeren beruhten. An ihren Grenzen gerieten sie immer wieder in Konflikt mit den animistischen altnigritischen Stämmen, die sich einer Unterwerfung und Islamisierung durch Flucht entzogen, indem sie entweder kleine, begrenzte Territorien dichter besiedelten oder in unwegsame, meist gebirgige Regionen abwanderten.

Das Reich Ghana

Die Macht Ghanas, des ältesten westafrikanischen Großreiches, gründete sich auf seinen sagenhaften Goldreichtum. Gold stellte im Sahel-Sudan schon in sehr früher Zeit ein Tauschmittel für das lebensnotwendige Salz aus der Sahara dar. Das ›Goldland Ghana‹, wie es der arabische Geograph Al Fasani nannte, ist eine auf Mischlinge zwischen Berbern und Negern (Soninke) zurückgehende Staatsgründung im westlichen Sudan. Die Hauptstadt des Reiches besaß als überregionaler Handelsplatz große Bedeutung für den Transsaharaverkehr zwischen Marokko und Westafrika. Gegen Ende des 8. Jhs. wurde der letzte Berberkönig bei einem Einfall der Soninke gestürzt und dem bisherigen König des Landes Wagadu (›Land der Herden‹) die Leitung des Ghana-Reiches übertragen. Unter den schwarzen Soninke und ihren Nachfahren, den Marka und Dafing, erlebte das Reich Ghana dann in der Mitte des 9. Jhs. seine größte Ausdehnung und den Höhepunkt wirtschaftlicher Blüte. Während der Regierungszeit des Herrschers Kaya Maghan Cissé (›Herr des Goldes‹) und seiner Nachfolger erstreckte sich das Reich vom Senegal bis in die Gegend von Timbuktu. Im Norden standen die saharischen Berberstämme der Lemtuna und Goddala in einem losen Vasallenverhältnis zu den Ghana-Herrschern, im Süden bildeten wahrscheinlich der Senegal- und Baulefluß die Grenzen (vgl. Karte).

Die neueren archäologischen Forschungen lassen vermuten, daß es sich bei den ausgegrabenen Ruinen von Koumbi Saleh etwa 120 km südwestlich des heutigen kleinen mauretanischen Marktstädtchens Nema um die einstige Hauptstadt Ghanas aus dem 9. Jh. handelt. Die Lage inmitten der damals noch feuchteren und fruchtbareren Sahelzone machte die Stadt zu einem Mittler des innerafrikanischen Handels zwischen den arabisch-berberischen Handelszentren im Norden und dem Sudan. Handelsstraßen verbanden zahlreiche Städte in der Savanne zwischen dem Senegal und dem Obernigergebiet. Die wichtigsten Ausfuhrwaren des Reiches bestanden in Gold und Sklaven, die man nach Norden exportierte. Eingeführt wurden das lebensnotwendige Steinsalz aus der Wüste sowie Seide, Messing, Kupfer, Glasperlen, Korallen, Datteln und Pferde aus den berberischen Ländern Nordafrikas. Maghrebinische Kaufleute organisierten die Handelskarawanen, die auf verschiedenen Wegen die Sahara durchquerten (vgl. Karte). Zum Mittelmeer brachten sie außer Gold und Sklaven auch Elfenbein, Ebenholz, Straußenfedern, Halbedelsteine, Baumwollstoffe sowie Lederwaren. Die Herrscher des Goldlandes akkumulierten große Reichtümer und steuerten den Warenumsatz, was zusätzliche Einkünfte brachte. Der arabisch-andalusische Geograph El Bekri berichtet in einem Text von 1067 über Handelssteuern, die sie für Waren erhoben sowie über einzelne Tarife der Ausfuhrzölle für Gold und der Einfuhrzölle für Salz und Kupfer. Aus den Handelsüberschüssen konnte der Ghana-König eine umfangreiche Armee von 200 000 Mann unterhalten; angeworbene Handwerker besorgten die Herstellung der Waffen.

Im 10. Jh. wurde die von Berbern gegründete Handelsstadt Aoudaghost dem Ghana-Reich einverleibt, und der Herrscher setzte dort einen Statthalter zur Kontrolle der Berber und des Karawanenhandels ein. Aoudaghost fungierte zu dieser Zeit als Umschlagplatz für Salz aus der Wüstenstadt Teghaza und Waren aus dem nordafrikanischen Bereich. Aus dem marokkanischen Tafilalt kamen in großer Zahl Kaufleute der Zenata-Berber. Nach El Bekri setzte sich die Bevölkerung der Stadt überwiegend aus Berbern und den führenden, schwarzen Soninke zusammen, die in der Umgebung der Stadt große Dattelpalmenhaine besaßen. Künstliche Bewässerungsanlagen ermöglichten den Anbau von Weizen, den sich jedoch nur die reicheren Leute leisten konnten. Das Volk mußte sich mit Hirse begnügen. El Bekri rühmt den Reichtum an Vieh, Getreide und Henna-Sträuchern. Das Gold von Aoudaghost galt im 10. Jh. als das reinste der Welt; Goldstaub diente als übliche Handelswährung.

Das Ghana-Reich setzte sich aus Provinzen und Teilkönigtümern zusammen, die ihrerseits in Distrikte aufgeteilt waren. An der Spitze der Teilkönigtümer wie z.B. Diara oder Sosso standen Vasallen des Königs, die Tribute zahlen und dem Herrscher Soldatenkontingente stellen mußten, in den Provinzen regierten die Prinzen der königlichen Familie als Gouverneure. Die Königssöhne verbrachten ihre Jugend am königlichen Hof, wo sie an Audienzen, Empfängen und Beratungen des Herrschers teilnahmen. Sie dienten als Offiziere in der königlichen Armee und nahmen an Kriegszügen teil. Die Regierung bestand aus den Gouverneuren und Vasallen-

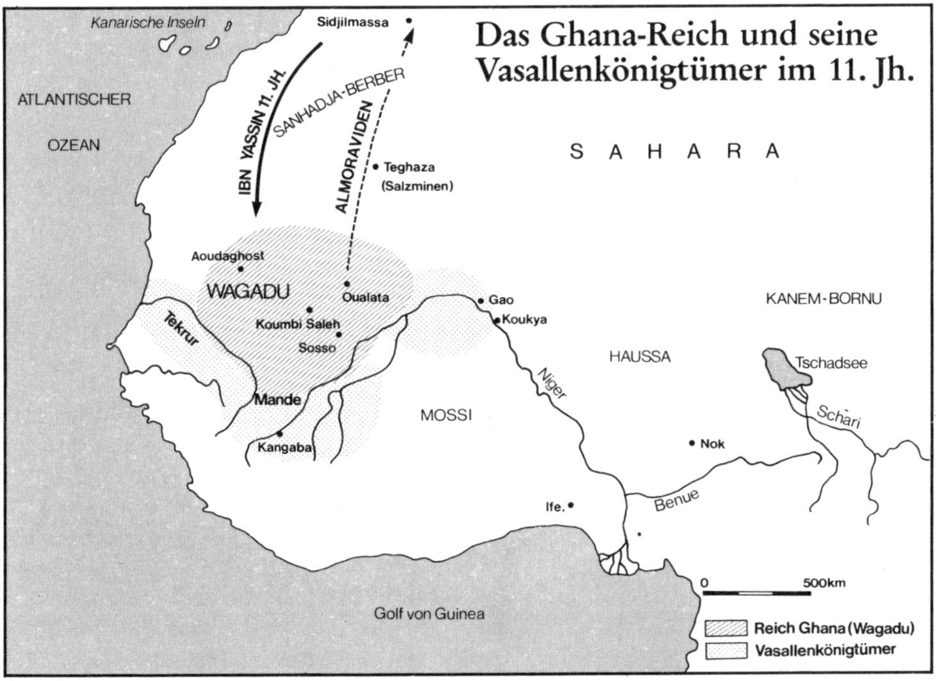

Das Ghana-Reich und seine Vasallenkönigtümer im 11. Jh.

fürsten, die dem Herrscher als Minister dienten. Der Ghana-König mußte selbst aus dem Soninke-Clan der Cissé stammen und trug den offiziellen Namen *Cissé Tunkana* oder *Kaya Maghan.* In der Thronfolge herrschte nach berberischer Sitte das Mutterrecht, d. h. die Nachfolge ging auf den Bruder oder den ältesten Schwestersohn über.

Das Hofleben und das Zeremoniell bei Audienzen waren äußerst prunkvoll. El Bekri gibt eine anschauliche Schilderung solcher offiziellen Anlässe: Der König saß bei Empfängen unter einem Zeltdach, um das sich zehn mit Goldschmuck behangene Pferde gruppierten. Hinter dem Thron waren zehn Pagen postiert, die goldbeschlagene Schilde und Schwerter trugen. Zur Rechten des Herrschers standen die als Geiseln am Hof lebenden Söhne der Vasallenfürsten in prächtigen Gewändern, zu seinen Füßen saß der Statthalter der Hauptstadt, und vor ihm hockten die Wesire. Den Zelteingang bewachten riesige Hunde, die dem König niemals von der Seite wichen und die Halsbänder und Schellen aus Gold und Silber trugen. Die königliche Audienz wurde mit dem Schlagen der Daba, der großen Holztrommel, eröffnet. Nach einem anderen arabischen Text galt alles in den Minen Ghanas geförderte Gold als persönliches Eigentum des Herrschers, nur der Goldstaub blieb den Goldwäschern überlassen. Zum Königsschatz soll ein 30 Pfund schwerer Goldklumpen gehört haben, an den der König sein Pferd anband.

Der allmähliche Niedergang und Zerfall Ghanas setzte Mitte des 11. Jhs. ein, als Ibn Yassin, ein Gelehrter aus der südmarokkanischen Handelsstadt Sidjilmassa, im westlichen Sudan auftrat, um im Auftrag des konvertierten Berberfürsten Yaya Ibn Ibrahim den Islam streng malekitischer Richtung unter den saharischen Berbern im Westen auszubreiten und zu festigen. Seine asketischen Forderungen waren jedoch so streng, daß die freiheitsliebenden Sanhadja-Berber seine Reformen bekämpften und er mit seinen Schülern auf eine Halbinsel an der Atlantikküste fliehen mußte. Nun aber strömten ihm zahlreiche Anhänger zu, die er *Al-murabetin,* d.h. ›die zum heiligen Krieg Entschlossenen‹, nannte. Diese Bewegung gipfelte in dem Siegeszug der Almoraviden (wie man sie später nannte), der sich über Marokko bis nach Spanien zum Ebro hinziehen sollte. 1042 verkündigte Ibn Yassin den ›Heiligen Krieg‹ und eroberte mit einer völlig neu organisierten Streitmacht von über 30000 Mann die berberischen Regionen des Adrar und Tagant im heutigen Mauretanien. Aoudaghost, damals von einem Statthalter Ghanas regiert, fiel im Jahr 1054, der marokkanische Handelsplatz Sidjilmassa nur wenig später. Bei seinem Tod hinterließ Ibn Yassin seinen Nachfolgern Yussuf Taschifin und Abu Bekr, den eigentlichen Begründern der Almoraviden-Dynastie, große Teile des Westsudan und Marokkos, wo die Almoraviden 1062 die Stadt Marrakech gründeten. Die Eroberung Koumbi Salehs wurde dadurch erleichtert, daß zahlreiche berberische Händler und einige zum Islam übergetretene Prinzen in der Stadt zu den Almoraviden hielten und zudem innere Streitigkeiten im Reich ausbrachen. Im Jahr 1076 fiel die Hauptstadt Ghanas. Alle, die den Islam nicht annehmen wollten, wurden umgebracht, der Königspalast und große Teile der Stadt völlig zerstört. Der König mußte nun den Almoraviden Tribute zahlen, und das alte Reich Ghana verlor mehrere Provin-

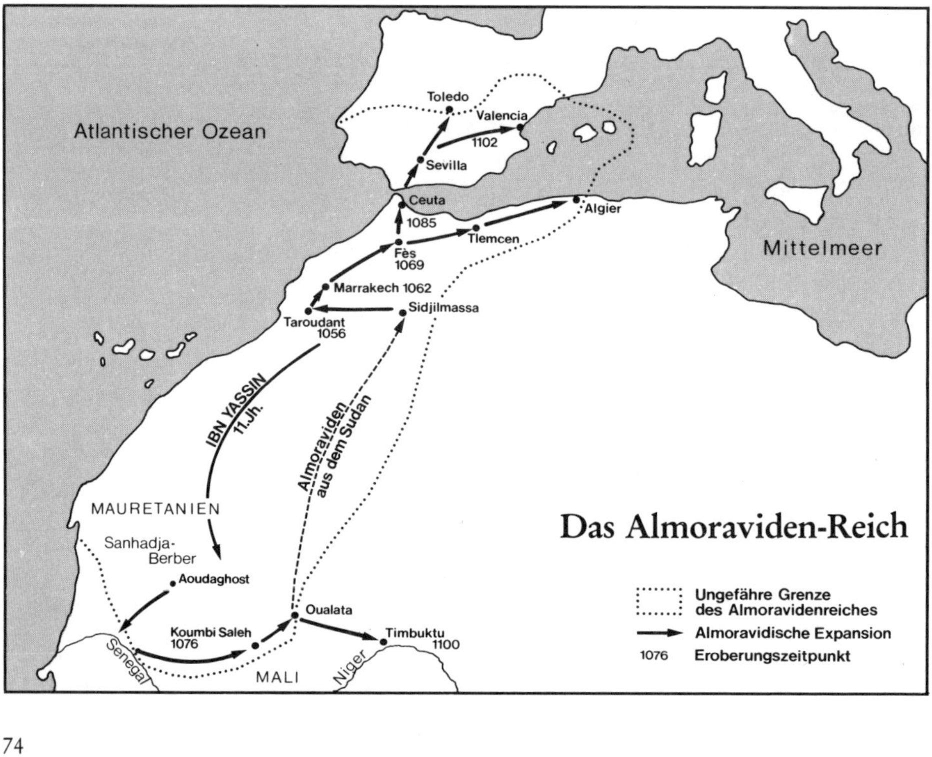

zen. Als Abu Bekr 1087 im Kampf gegen die Mande fiel, konnte sich Ghana noch einmal selbständig machen, aber die alte Macht war dahin, und die Teilkönigtümer Diara, Sosso, Mena und Mali, die alten Stadtstaaten im Senegal- und Nigerbecken, lösten sich vom Reich. Der Zerfall Ghanas beschleunigte die Islamisierung des Westsudan, und viele Stämme, die sich gegen die neue Religion auflehnten, wanderten aus dem Sahel nach Süden ab, darunter die Wolof, Sarakolle, Bambara, Songhay und Akan, während sich die Fulbe in die Bergländer von Guinea und in das Binnendelta des Niger zurückzogen. In diese Zeit fällt auch die Gründung der Wolof-Königreiche im nördlichen Senegal.

Die Nachfolge des Ghana-Reiches übernahm im beginnenden 13. Jh. der zum Islam übergetretene Tunkana von Sosso. Die Herrschaft der Sosso empfanden die berberischen Händler der Stadt Koumbi Saleh jedoch als so drückend, daß viele von ihnen 150 km weiter nördlich die Stadt Oualata als neue Handelsniederlassung gründeten. Damit war auch das wirtschaftliche Schicksal der Hauptstadt Ghanas besiegelt, und bald darauf zerstörte sie der Herrscher des aufstrebenden Mali-Reiches, Mari Djata, vollends.

Der Ruhm Ghanas blieb den Afrikanern unvergessen. Kwame Nkrumah verlieh 1957 der ehemaligen Kolonie Goldküste den Namen Ghana. Damit sollte keine historische Verbindung zwischen dem alten Ghana im Sahel und der Goldküste bezeichnet, sondern die Kontinuität der politischen Souveränität der Afrikaner hervorgehoben werden.

Das Reich Mali

Das auf Ghana folgende Großreich Mali der Malinke (Mande) wurde zum bekanntesten der mittelalterlichen afrikanischen Staatswesen südlich der Sahara. In seiner Blütezeit im 14. Jh. erstreckte sich Mali von der Sahara bis zum tropischen Regenwald in Guinea, sein Kernbereich umfaßte den größten Teil der heutigen Staaten Guinea, Mali und Senegal.

Ein kleines Fürstentum Mali (Mande) existierte unter der Souveränität Ghanas zwischen dem oberen Niger und dem Senegal bereits seit dem 11. Jh. Sein erster Herrscher war Baramendana, ein Nachfahre gefürchteter Jäger und großer Magier, der den Islam annahm. Im 12. Jh. regierten Hamama und sein Sohn Djigi Bilali. Dessen Sohn und Nachfolger Moussa Keita (1200–1218) gilt als der eigentliche Gründer des Mali-Reiches und der herrschenden Keita-Dynastie. Moussa Keita soll viermal nach Mekka gepilgert sein, wodurch er den Namen ›Mali‹ in der arabischen Welt immer mehr bekannt machte. Sein Nachfolger Nare Famagan (1218–1230) zeugte zwölf Söhne, die alle mit Ausnahme von Sundiata oder Mari Djata (dem ›Löwen von Mali‹) in Kämpfen mit dem König des Ghana-Nachfolgereiches Sosso, Sumanguru Konte, fielen.

Nach einer mythischen Überlieferung der traditionsbewußten Medizinmänner der Malinke war der sagenumwobene Sundjata bis zu seinem siebten Lebensjahr gelähmt. Eines Tages soll er um eine Eisenstange gebeten haben, um sich daran aufzurichten. Die Stange bog sich unter seinem Gewicht so, daß sie zerbrach. Eine zweite und dritte Stange zerbarst ebenso. Schließlich schrie jemand: »Gebt ihm das Szepter seines Vaters, damit er sich daran aufrichte«. Sundiata stützte sich auf die Königsinsignie und stand aufrecht da. Die Mutter Sundiatas und der Bänkelsänger (Griot) Diakuma Dia stimmten daraufhin das ›Lied des Bogens‹ an. Die Melodie und der

Text dieses Liedes wurden von Generation zu Generation weitergegeben und finden sich auch heute noch in der Nationalhymne von Mali.

In den Augen der Mande-Wahrsager war Sundiata von den Geistern dazu ausersehen, ein großes Reich zu schaffen. Die Lähmung im Kindesalter, von der er nach Jahren geheilt war, verschaffte ihm den Ruf eines großen Magiers *(Suba)*. 1230 übernahm er die Regierung, und fünf Jahre später gelang es ihm, den Sosso-Herrscher Sumanguru Konte etwa 150 km nordöstlich des heutigen Bamako bei Koulikoro zu besiegen, das Reich Ghana zu erobern und die alte Hauptstadt Koumbi Saleh völlig zu zerstören. Sundiata ließ am linken Ufer des Sankarani, eines Nebenflusses des Niger, an der Stelle des Dorfes Niani die neue Hauptstadt Malis erbauen. Sein Reich erstreckte sich nun vom Bergland Guineas bis weit in das Binnendelta des Niger; die wichtigen Goldschürfgebiete von Galam und Bambuk im Süden gehörten ebenso dazu wie die Handelsstadt Oualata im Sahel, das Tor zum Norden.

Mari Djata förderte in starkem Maße die wirtschaftliche Entwicklung seiner Provinzen, indem er den Anbau von Hirse und Baumwolle auf großen Flächen propagierte und den Goldbergbau bei Wangara im oberen Niger-Gebiet in staatlicher Regie durchführen ließ. Im Reich herrschte religiöse Freizügigkeit, der Islam und die animistischen Kulte existierten weitgehend friedlich nebeneinander. Zwar versuchte man, die in den Goldminen beschäftigten Bergarbeiter zum Islam zu bekehren, als dies jedoch zu Spannungen und Aufruhr führte, tolerierte man die traditionellen Ahnen- und Geisterkulte. Selbst der König soll in seinem Alter wieder zum traditionellen Glauben übergetreten sein. Sundiata starb 1255 bei einem Fest an einem versehentlich abgegebenen Pfeilschuß. Von seinem Sohn und Nachfolger Mansa Wule (1255–70), einem unkriegerischen Herrscher, ist außer seiner Pilgerfahrt nach Mekka nichts bekannt. Nach der Regierungszeit dreier weiterer unbedeutender Könige (Wali, Kalifa und Abu Bekr) übernahm der freigelassene Sklave Sakoura (1285–1300) die Herrschaft. Er führte erfolgreiche Eroberungszüge gegen das Tekrur-Fürstentum im Senegalgebiet und die allmählich aufstrebenden Songhay

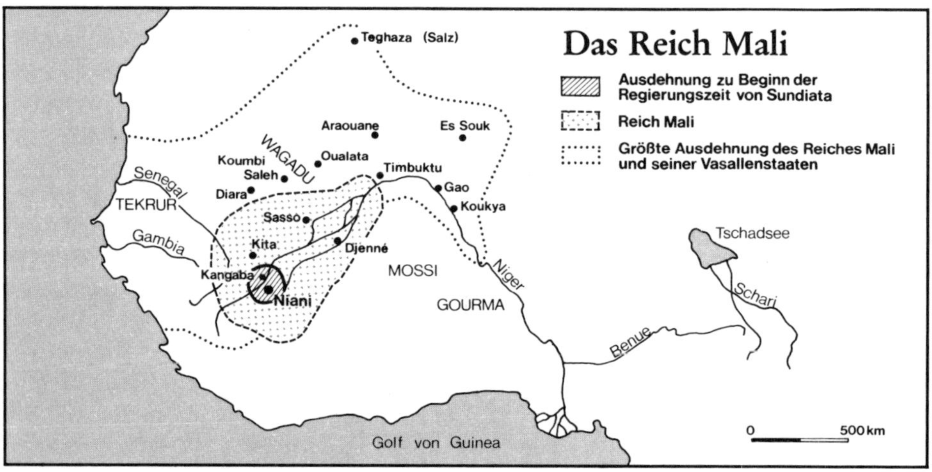

von Gao und konnte den wichtigen Handelsplatz Djenné in das Mali-Reich eingliedern. Sakoura wurde auf der Rückkehr von seiner Mekka-Pilgerreise am Roten Meer ermordet. Nach drei weiteren wenig bekannten Königen (Gau, Mamadou und Abu Bekr II.) übernahm Mansa Moussa oder Kankan Moussa I. (1312–1337) die Königswürde, neben Sundiata und Sakoura der wohl glanzvollste und mächtigste Herrscher des Mali-Reiches.

Über seine Regierungszeit existieren detaillierte Informationen des arabischen Historikers Ibn Khaldoun, die er von seinem Freund El Mamer, einem Begleiter des Herrschers auf dessen Heimreise von einer Mekka-Pilgerfahrt, erhielt. Im Jahr 1324 reiste der Herrscher mit einem riesigen Gefolge über Oualata, Touat und Kairo nach Mekka, wobei er gewaltige Schätze an Gold mitführte und diese in den Städten Ägyptens so großzügig ausgab, daß dort eine Goldinflation eintrat. Selbst zwölf Jahre nach seinem Besuch in Ägypten hatte das Gold seinen früheren Wert noch nicht wieder erreicht, wie wir von dem Reisenden El Omari erfahren. Der Ruf des Reiches Mali und seines unerhörten Reichtums verbreitete sich bald im gesamten nordafrikanisch-arabischen Raum und bewirkte einen Zustrom von Kaufleuten und islamischen Gelehrten.

Mit Kankan Moussa beginnt eine neue Epoche der kulturellen und kommerziellen Beziehungen zwischen dem Sudan und Ägypten. Nach seiner Pilgerreise verlagerte sich der transsaharische Handel von der Westroute über Oualata und Sidjilmassa (Marokko) auf die zentralsaharische Strecke Timbuktu – Gao – Touat-Oasen – Ouargla – Kairo, wodurch eine direktere Verbindung zwischen Mali und dem damals führenden Mameluckensultanat von Ägypten geschaffen wurde. Ägypten diente im Mittelalter als Durchgangsland für Mekkapilger und beanspruchte seit 1269 die Nachfolge des ehemaligen abbasidischen Kalifats, was diesem Land eine führende Stellung in der islamischen Welt verschaffte. Kankan Moussa I. dehnte konsequenterweise den politischen Einflußbereich Malis auf die Städte Gao und Timbuktu, die Endpunkte des transsaharischen Verkehrs und Handels im Süden, aus. Bei seiner Rückkehr von Mekka nahm er in Gao zwei Söhne des dort residierenden Songhay-Herrschers als Geiseln mit, und der andalusische Dichter und Architekt Es Saheli, den er in Mekka kennengelernt hatte, folgte der Einladung des Herrschers nach Mali und ließ in Gao, Timbuktu und auch in kleineren Städten Lehmmoscheen errichten. Wahrscheinlich hat sich unter Kankan Moussa der bis heute verbreitete ›sudanesische Lehmbaustil‹, wie er in Djenné am besten zu studieren ist, entwickelt. Timbuktu und Djenné erlebten in dieser Zeit nicht nur als Handelszentren am Wüstenrand und Drehscheiben für den saharischen Verkehr einen Höhepunkt, sondern auch als geistig-kulturelle Zentren der schwarzafrikanisch-islamischen Welt des Sudan. Schiffe verkehrten regelmäßig zwischen Timbuktu und der Stadt Djenné, dem Mittelpunkt der Goldvermarktung und -verarbeitung. Jedes Jahr erreichten 12 000 Kamele aus Nordafrika die Handelsstädte Timbuktu, Gao, Oualata und Djenné.

Politische und diplomatische Beziehungen bestanden mit Ägypten, Mekka und dem Sultan von Fès. Kankan Moussas Ruhm verbreitete sich sogar bis Europa. Auf einer Karte des katalanischen Atlas Karls V. von Frankreich (1375) findet sich die Darstellung eines auf einem Thron sitzenden Königs, der einem verschleierten Kamelreiter ein Szepter und eine Goldkugel entgegenhält. Daneben ist folgender Text zu lesen: »Dieser Negerfürst wird Moussa Mali genannt, Herr der Neger von Guinea«.

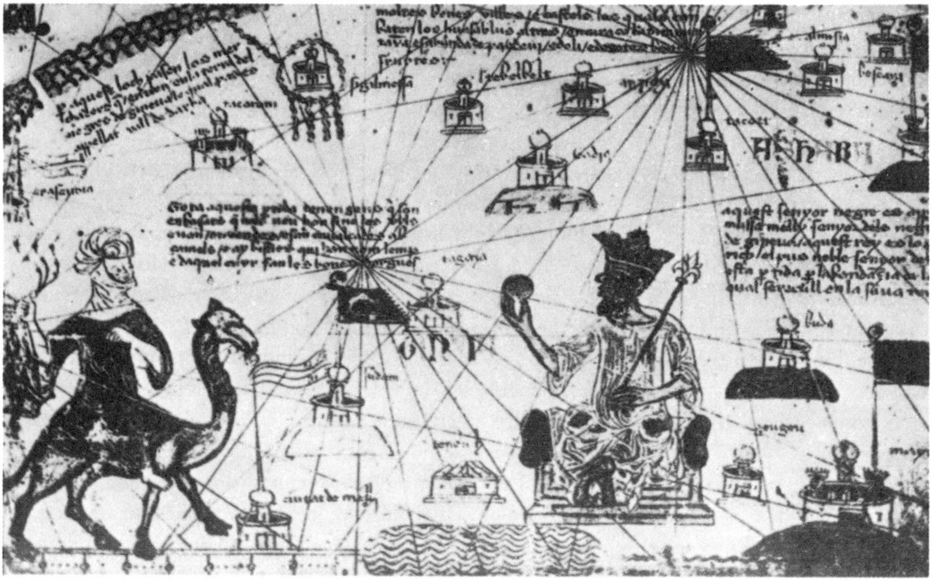

Darstellung von Kankan Moussa, ›Herr der Neger von Guinea‹, auf einer Karte des katalanischen Atlas von Karl V. aus dem Jahr 1375

Die engen kulturellen Verbindungen Malis mit Nordafrika führten auch zu einer verstärkten Islamisierung des Sudan. Arabische Kaufleute und Koranlehrer aus dem Maghreb ließen sich in so großer Zahl in den sudanischen Städten nieder, daß es zur Entstehung von regelrechten ›weißen‹ Stadtteilen kam. Dennoch blieb der Islam noch immer die Religion der Oberschicht und der Gebildeten, während die Masse des Volkes an den traditionellen animistischen Kulten festhielt. Beim Tode von Kankan Moussa hatte das Reich Mali eine gewaltige Ausdehnung erreicht: Es erstreckte sich von Tekrur im Westen bis in den Ostteil des Nigerbogens bei Gao; im Norden reichte seine Einflußsphäre bis in die zentrale Sahara, wodurch die Überfälle der Tuareg-Nomaden in Grenzen gehalten werden konnten; im Süden grenzte es an den Waldgürtel und an das Mossi-Reich.

In den folgenden Jahrhunderten verlor Mali allmählich seine absolute Vormachtstellung im Westsudan, konnte jedoch noch bis zum ausgehenden 14. Jh. eine Führerrolle in dieser Region behaupten. Zu Beginn des 15. Jhs. nahm Malis Machtzerfall stetig zu. Von Norden griffen die Tuareg immer häufiger an, während von Südosten die Mossi-Könige Kriegszüge gegen Timbuktu unternahmen. Verheerend für den Zusammenhalt des Reiches wirkten sich die Machtkämpfe unter den Nachkommen der Keita-Dynastie aus, so daß weder die Besetzung von Timbuktu, Oualata und Araouane im Jahr 1435 noch die Übergriffe der aufstrebenden Songhay-Herrscher gegen die Stadt Niani und die Kernlande des Mali-Reiches verhindert werden konnten. Der Verfall des Reiches setzte sich im 16. Jh. fort, als die Tekrur vom Senegal die Goldminen von Bambuk besetzten und weite Gebiete südlich des Senegalflusses verwüsteten.

Danach kämpften die Bambara von Segu, die seit 1600 nominell von Mali unabhängig waren, zusammen mit den Fulbe von Massina gegen Mali. Mama Magan, der letzte Herrscher der Keita-Dynastie, unternahm im Jahr 1645 einen letzten Versuch, sich gegen die Bambara zu verteidigen. Mit einem kleinen Rest seines Heeres zog er sich nach Kangaba, dem Herkunftsort des Keita-Clans, zurück. Von der Stadt Niani, die über Jahrhunderte das politische Zentrum des Sudan dargestellt hatte, waren im 18. Jh. nur noch einige Ruinen übrig.

Trotz des Verfalls von Mali blieb bei den Malinke die Erinnerung an die einstige Größe des Reiches stets lebendig. Die ehemalige französische Kolonie ›Soudan français‹ erhielt nach ihrer Unabhängigkeit von den nun wieder führenden Politikern des Keita-Clans den traditionsreichen Namen Mali, und in Gedichten und Liedern halten bis heute fahrende Bänkelsänger auf den Märkten des Sudan die Erinnerung an das alte Mali-Reich wach.

Das Reich Songhay

Über die Geschichte des letzten großen mittelalterlichen sudanischen Großreiches, das der Songhay, unterrichtet uns genau der *Tarikh es Sudan* (›Geschichte des Sudan‹) des Abd er Rahman al Sadi, der 1596 in Timbuktu geboren wurde. Die Songhay sind ihrer Herkunft nach ein schwarzafrikanisches Fischer- und Bauernvolk, das früher am Mittellauf des Niger in der Landschaft Dendi, in der Nähe der heutigen Stadt Say im Niger, lebte. Unter dem Druck fremder Völker zogen die Sorko-Fischer und Gabibi-Bauern vor mehr als 1000 Jahren nigeraufwärts,

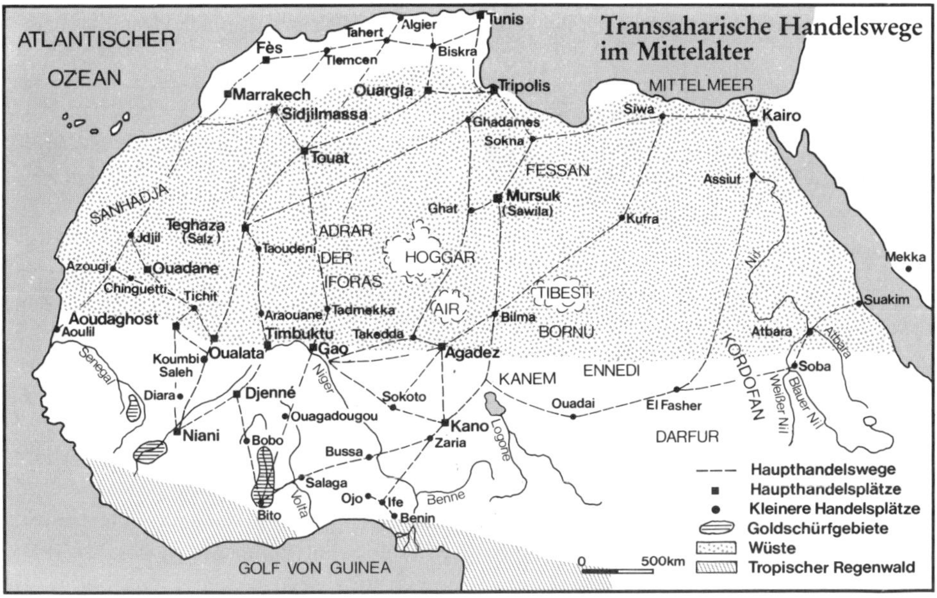

Transsaharische Handelswege im Mittelalter

wo sie unter die Herrschaft der Lemta-Berber gerieten. Die Lemta blieben die Herren der Gabibi-Bauern und errichteten ihre Residenz in der Stadt Koukia am rechten Nigerufer, nur wenige Kilometer südöstlich von Gao. Die Fischer des Sorko-Stammes entzogen sich im 9. Jh. der Berber-Herrschaft und siedelten unter ihrem Führer Faran Ber zuerst bei Gao, später weiter nigeraufwärts im Gebiet des Debo-Sees im Binnendelta des Niger.

Über die frühe Geschichte der Lemta-Dynastie ist wenig bekannt, außer daß die ersten 14 Fürsten dem animistischen Glauben anhingen und ihre Führer den Beinamen *Dia* (Dja) führten. Im 11. Jh. verlegten die Herrscher von Koukia ihre Residenz nach Gao, und der Fürst Dia Kosoi übernahm im Jahr 1010 den islamischen Glauben. Die aus andalusischem Marmor gefertigten Grabsteine der frühen Songhay-Fürsten, die man in den dreißiger Jahren bei Gao entdeckte, weisen arabische Inschriften auf und werden auf das 12. Jh. datiert. Gao entwickelte sich im 11. Jh. rasch zu einer blühenden Handelsstadt, die den südlichen Endpunkt des transsaharischen Handelsweges von Libyen und Ägypten darstellte. El Bekri berichtet, daß ›Kaoukaou‹ (Gao) aus zwei Städten bestand, aus der Königsstadt, in der viele ›Heiden‹ lebten, und dem moslemischen Stadtviertel. Die Islamisierung der Songhay war zu diesem Zeitpunkt noch nicht sehr weit fortgeschritten, was sich darin zeigt, daß der Herrscher noch im Stadtviertel der ›Heiden‹ residierte. Die Songhay-Frauen waren berühmt für ihre magischen Fähigkeiten und bildeten geheime Initiationsgesellschaften.

Im 14. Jh. geriet Gao unter die Herrschaft des mächtigen Mali-Reiches von Kankan Moussa. Der Fürst Dia Asibai empfing Kankan Moussa bei dessen Rückkehr von Mekka im Jahr 1325 mit großer Ehrerbietung, Moussa nahm aber dennoch zwei von Dias Söhnen, Ali Kolen und Suleiman Nar, als Geiseln in seine Hauptstadt Niani mit. Beiden gelang jedoch im Jahr 1337 wieder die Flucht nach Gao. Ali Kolen, der ältere Sohn von Dia Asibai, übernahm die Regierung in Gao und führte seitdem den Beinamen *Sonni*, den alle nachfolgenden Herrscher beibehielten.

Der berühmteste Repräsentant der Sonni-Dynastie der Songhay war Sonni Ali oder Ali Ber der Große, der von 1464–1492 regierte. Unter seiner Herrschaft erreichte das Songhay-Reich eine gewaltige Gebietserweiterung, da große Teile des alten Mali-Reiches erobert werden konnten. Zwischen 1465 und 1468 besetzte Ali Timbuktu, das seit 1325 dem Mali-Reich angehörte. Seit 1400 war die Stadt immer häufiger den Überfällen der Tuareg ausgesetzt gewesen, und Sonni Ali galt trotz seines islamischen Glaubens als erbitterter Gegner der eben erst islamisch gewordenen nomadischen Tuareg- und Fulbe-Nomaden, die sich immer weiter im Gebiet des mittleren Niger ausbreiteten und die seßhafte Bauernbevölkerung bedrängten. Zum erstenmal trat der Konflikt zwischen den nicht-negriden, hellhäutigen Nomadenvölkern und den seßhaften schwarzen Bauern im westlichen Sudan offen zutage. Nach der Einnahme von Timbuktu richtete Sonni Ali unter der wohlhabenden (moslemischen!) Bevölkerung ein grausames Massaker an, weil ein Teil der Bewohner, einige islamische Gelehrte und der Fürst der Stadt mit dem Tuareg-Führer Akil ag Melaoul paktiert hatten (der Fürst konnte zusammen mit zahlreichen Gelehrten nach Oualata fliehen). Von den islamischen Schriftstellern wurde Sonni Ali als Gewaltherrscher verurteilt, und Abd er Rahman al Sadi schreibt in seinem Geschichtswerk über ihn: »Dieser größte aller Tyrannen, dieser berühmte Schuft Sonni Ali, gottlos, lasterhaft, ungerecht, ein blutrünstiger Erpresser, Gott allein weiß, wie viele Menschen er umgebracht hat.

Er verfolgte die Gelehrten und die Frommen, trachtete nach ihrem Leben, ihrer Ehre und ihrem Ansehen.«

Lange widersetzte sich die Handelsstadt Djenné der Songhay-Vorherrschaft. Sonni Ali blockierte sie sieben Jahre lang zu Wasser und zu Lande, wobei er eine Pirogenflotte von über 400 Booten erbauen ließ, die ihm die Herrschaft über den Niger und den Bani-Fluß garantierte. Im Jahr 1477 ergab sich die Stadt schließlich; Sonni Ali ließ angesichts der Tapferkeit ihrer Bewohner Milde walten und heiratete sogar die Mutter des jungen Königs von Djenné. Es schlossen sich mehrere Feldzüge gegen die Fulbe des Massina sowie gegen die Bewohner in den Landschaften Dirma, Bara und Dirondi an, wo Ali die Provinz Tendirma schuf.

Hauptgegner der Songhay waren zwischen 1477 und 1483 die Mossi, das große, nichtislamische Bauernvolk im Volta-Gebiet, das wiederholt die Gegend des Massina (Binnendelta des Niger) und die Handelsstadt Oualata überfiel. Zum Schutze dieser wichtigen Stadt plante Sonni Ali den Bau eines Kanals vom Ras el Ma am Westende des Faguibine-Sees über 400 km nach Oualata, um auf dem Wasserwege die Mossi angreifen zu können; allerdings gelang ihm bereits im Jahr 1483 am Diangitoi-See ein entscheidender Sieg gegen die Mossi, und er verwarf die phantastischen Kanalbaupläne. Er verfolgte die Mossi bis in ihre Heimat Yatenga und kämpfte auf dem Rückweg mit den Dogon im unzugänglichen Berggebiet von Bandiagara und Hombori. Als Sonni Ali 1492 auf einem Feldzug im Gourma-Gebiet starb, stellte das Reich Songhay die führende Macht im Sudan dar. Es umfaßte drei riesige Provinzen, Dendi, Dirma und Hombori.

Während seiner Regierungszeit empfing Sonni Ali auch eine Gesandtschaft des portugiesischen Königs Johann II. und gestattete portugiesischen Kaufleuten die Einrichtung von Handelsstützpunkten am Atlantik. Zeit seines Lebens befand sich der Herrscher im Konflikt mit den islamischen Gelehrten und Theologen, denn als Sohn einer ›heidnischen‹ Mutter hatte er nur ein unverbindliches Verhältnis zum Islam, und den animistischen Glauben seiner Landsleute förderte er eher, als daß er ihn bekämpfte. Dies machte ihn in den Augen der islamischen Gelehrten zum Gottlosen, zumal zahlreiche gebildete Moslems unter seiner Herrschaft verfolgt und ermordet wurden, da er ihre politische Macht und ihre Bündnisse mit den Tuareg fürchtete.

Nachfolger Alis war Mohammed Ture (1493–1528), der wie alle seine Nachfolger den Beinamen *Askia* führte. ›Askia der Große‹, wie man ihn nannte, war ein islamischer Soninke und zuvor 40 Jahre lang Ratgeber von Sonni Ali gewesen. Unter seiner Regierung sollte das Songhay-Reich seine eigentliche Blütezeit erleben. Im Gegensatz zu seinem Vorgänger unterhielt Askia Mohammed gute Beziehungen zum islamischen Klerus. Die Gelehrten von Timbuktu, die mit ihren Schülern nach Oualata geflohen waren, kehrten in ihre Heimatstadt zurück, und so erlebte das geistige und religiöse Leben in Timbuktu, aber auch in Djenné, eine neue Glanzperiode. Als gläubiger Moslem führte Mohammed zwischen 1496 und 1497 eine Pilgerreise nach Mekka durch, auf der ihn zeitgenössischen Quellen zufolge 1500 Reiter und 800 Fußsoldaten begleiteten. In Arabien stiftete er den heiligen Stätten 100 000 Goldstücke und kaufte zwei Häuser für sudanische Pilger. Der Großscherif in Mekka ernannte Askia Mohammed zum Kalifen des Sudan und verlieh ihm als Insignien ein Schwert, ein grünes Käppchen und einen weißen Turban. Unter Askia Mohammed wurden auch die traditionellen Beziehungen zwi-

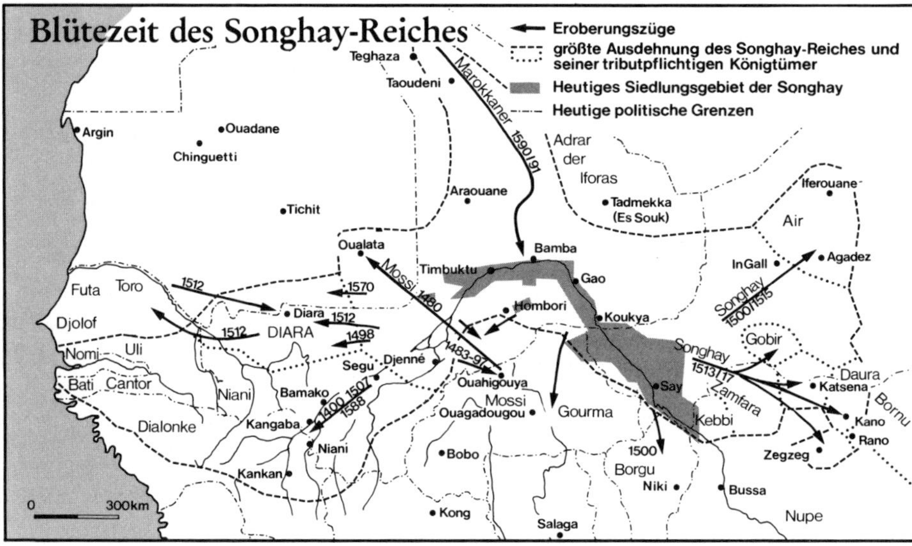

schen dem islamischen Nordafrika und Schwarzafrika erneuert. Er unterhielt Bekanntschaften mit berühmten Gelehrten aus Kairo und anderen Städten des Orients, und die geordnete Staatsverwaltung der einzelnen Provinzen genoß große Berühmtheit. Die Rechtsprechung erfolgte nach den Regeln des Koran und war weitgehend frei von Bestechung. In Timbuktu wurde eine islamische Universität (Sankore) gegründet, die Studenten aus dem gesamten Sudan und auch aus Nordafrika anzog.

Durch mehrere Feldzüge konnte das Songhay-Reich noch um einige Provinzen vergrößert werden. Askia Mohammed kämpfte gegen die Mossi und die Borgu, die im Gebiet des heutigen Nord-Benin lebten, und mit Hilfe seines Bruders und Feldherrn Omar Komdjago eroberte er Teile des alten Mali-Reiches wie die Provinzen Bagana, Diara und einen Teil von Tekrur am unteren Senegal. Im Osten annektierte er mit Hilfe des Königs Kanta von Kebbi die Haussa-Königtümer Gobir, Zamfara, Katsena und Zaria, und selbst die berühmte Handelsstadt Kano fiel nach langem Widerstand in die Hand der Songhay. Der Askia schonte den König von Kano und verheiratete ihn mit einer seiner Töchter, die Stadt mußte jedoch ein Drittel ihres Steueraufkommens an die Beamten des Askia abliefern. Als Maßnahme gegen die fortdauernden Überfälle der Tuareg auf die Haussa-Staaten eroberte der Herrscher 1515 die Stadt Agadez, vertrieb die Tuareg aus dem südlichen Air-Gebiet und siedelte dort Songhay-Familien an. Bis heute wird in Agadez deshalb neben Haussa und Tamaschek (der Sprache der Tuareg) auch Songhay gesprochen. Gegen Ende von Mohammeds Regierungszeit hatte das Songhay-Reich eine gewaltige Ausdehnung erreicht und umfaßte den größten Teil der heutigen Länder Mauretanien, Senegal, Mali und Niger. Von der Atlantikküste über die alten Kernlande von Mali und das Binnendelta des Niger erstreckte sich das Riesenreich den Nigerfluß entlang bis zu den Haussa-Staaten im Osten; im Norden reichte sein Einfluß bis Oualata und zu den Salzminen bei

Taoudeni und Teghaza; ebenso war das Air-Gebiet mit den Städten Agadez und Iferouane dem Askia tributpflichtig.

Nach dieser großen Zeit unter Askia Mohammed I. begann im weiteren Verlauf des 16. Jhs. für das Songhay-Reich ein durch innerfamiliäre Auseinandersetzungen unter den Askia ausgelöster allmählicher Niedergang. 1528 zwangen die Söhne des Herrschers, Moussa, Daoud und Ismail, ihren Vater zur Abdankung. Auf dem Thron folgten ihm nacheinander der älteste Sohn Moussa, der 1531 ermordet wurde, Mohammed Benkan Korei (Askia Mohammed II.), der den großen Askia I. auf eine einsame Flußinsel im Niger verbannen ließ, dann ab 1537 Ismail, der seinen Vater aus der Verbannung nach Gao zurückholte, und schließlich ab 1539 Isihak I., der die ersten militärischen Auseinandersetzungen mit Marokko zu bestehen hatte. Der Sultan von Fès beanspruchte nämlich die wirtschaftlich äußerst bedeutenden Salzlager von Teghaza, woraufhin Isihak das südliche Marokko durch verbündete Tuareg-Kamelreiter verwüsten ließ. Von 1549–1582 regierte dann Askia Daoud, ein weiterer Sohn Askia des Großen. Er verstrickte sich in zahlreiche Kleinkriege mit den Mossi, Fulbe und Kebbi, ohne die alte Macht des Reiches wiederherstellen zu können, führte jedoch Wissenschaft und Künste in Timbuktu zu einer zweiten Blüte. Daoud ließ die unter Kankan Moussa erbaute Djinger Ber-Moschee renovieren, in Timbuktu eine Staatsbibliothek gründen sowie in Gao und Umgebung große Lebensmitteldepots gegen Hungersnöte anlegen. Im Norden wuchs aber inzwischen die Bedrohung durch die Marokkaner, die schließlich Teghaza besetzten und auch die Kontrolle über die Goldminen im Sudan anstrebten.

Die Gesellschaft des Songhay-Reiches wies – wie fast der gesamte Sudan – eine strikt gegliederte Hierarchie auf. Die Aristokratie, die *San*, die sich aus den Prinzen sowie hohen weltlichen und geistlichen Würdenträgern zusammensetzte, war für Armee, Wissenschaft und Religionsfragen zuständig und herrschte über ein riesiges Heer von abhängigen Bauern und Sklaven. Die Sklaven untergliederten sich in ständische Berufskasten (Maurer, Schmiede, Bauern, Fischer); als Gegenleistung für ihre Arbeit zahlte der Askia ihnen Entschädigungen in Form von Naturalien und Geld. Das Binnendelta des Niger und das Überschwemmungsgebiet von Dendi bildeten die wichtigsten landwirtschaftlichen Produktionsgebiete, der Niger diente als wichtigste Verkehrsachse zwischen Djenné im Westen und dem Dendi-Gebiet im Osten. Es gab große, private Ländereien nach Art von Latifundien, die dem Klerus und der Aristokratie gehörten. Ein typischer Songhay-Aristokrat wie Diango Moussa Sangossaro, ein Gefolgsmann der Askia in Dendi, besaß mehr als 500 Sklaven, 7000 Rinder, 32 Schafherden, 15 Pferde und 1000 *Sunnu* (= 60 000 kg) Reserven an Reis. Die Lage der Bauern und Sklaven war dagegen miserabel. Viele lebten in armseligen Strohhütten und besaßen kaum Kleidung. Die immer wieder auftretenden Hungersnöte als Folge von Dürreperioden sowie Seuchen forderten zahlreiche Menschenleben. Die Hauptstadt Gao hatte unter den Askia eine Einwohnerzahl von 80 000 Menschen, und ähnlich hohe Einwohnerzahlen wiesen auch Timbuktu und Djenné auf.

Die marokkanische Invasion in den Sudan

Bereits 1585 hatte der Sultan von Fès, Ahmed Mansur, in einem Handstreich die wichtigen Salzlagerstätten von Teghaza in der zentralen Sahara in seine Hand bekommen, ohne daß ein entscheidender militärischer Widerstand von seiten des Askia Mohammed III. erfolgte. Ziel eines zweiten, 1590 begonnenen marokkanischen Unternehmens gegen das Songhay-Reich war es, in den Besitz der reichhaltigen sudanischen Goldminen zu gelangen und gleichzeitig die ›Fremdenlegion‹ abzuschieben, die sich in Marokko nach der Vertreibung der moslemischen Söldner aus Spanien und Italien gesammelt hatte. Der Anführer des marokkanischen Invasionsheeres, Djouder, stammte selbst aus Andalusien. Bei Tondibi, 50 km oberhalb von Gao, kam es zur Entscheidungsschlacht, in der die 30000 Songhay gegen die mit Feuerwaffen ausgerüsteten Marokkaner keinerlei Chance besaßen und die entsprechend mit der völligen Niederlage der Songhay endete. Askia Isihak II. floh südwärts ins Gourma-Gebiet und konnte dort seine Truppen wieder ordnen. Djouder nahm die Hauptstadt Gao ein und ließ sich in Timbuktu nieder. Die Städte des Songhay-Reiches wurden geplündert und teilweise zerstört, die aus Gold, Eunuchen und Sklaven bestehende Kriegsbeute sowie zahlreiche Gelehrte mitsamt ihren Familien von Timbuktu nach Marokko verschleppt. Sultan Mansur zeigte sich jedoch über die seines Erachtens geringe Beute erzürnt und ersetzte den Feldherrn Djouder durch den Pascha Mahmed. In der Folgezeit führte das marokkanische Heer zahllose Kleinkriege mit dem Askia Nuhu, der zuerst nach Dendi, später nach Borgu floh. In dem ungesunden Klima der Feuchtsavanne kam ein großer Teil der marokkanischen Truppen um, so daß Mahmed nach Timbuktu zurückkehren mußte.

Mit der Auflösung der Zentralgewalt brachen im gesamten Songhay-Gebiet Aufstände los. Die Tuareg begannen wieder ihre Überfälle im Niger-Land, die Fulbe des Massina bedrängten die Bauern, und die aufstrebenden Bambara überfielen und brandschatzten Djenné. Die Marok-

Baguirmi-Reiter aus der berühmten Armee des Kanem-Herrschers Idris Alaoma (Ende 16. Jh., Darstellung von 1826)

kaner begegneten den Aufständen mit Strafaktionen gegen die Bürger von Timbuktu und Gao. Nach jahrelangen Machtkämpfen innerhalb der marokkanischen Armee ließ sich Djouder – nun erneut an der Macht – zum Herrn des Sudan ausrufen und kehrte 1599 mit reicher Beute nach Marokko zurück. In den wichtigsten Städten am Niger verblieb eine marokkanische Besatzungsarmee, die jedoch kaum imstande war, sich gegen die Überfälle der Tuareg und Bambara zu wehren. Im Laufe des 17. Jhs. gingen die Reste der Djouder-Armee weitgehend in der sudanischen Bevölkerung auf; ihre Nachfahren werden bis heute *Arma* oder *Ruma* genannt.

Mit dem Zusammenbruch von Songhay verlor der Saharahandel immer mehr an Bedeutung. Die Marokkaner und ihre Soldaten waren nicht in der Lage, das Netz der Handelsverbindungen, das von der Zufuhr von Salz und Gold abhing, aufrecht zu erhalten, und mit dem politischen Zerfall ging der wirtschaftliche Niedergang einher. Die traditionellen sudanischen Waren wie Gold und Sklaven wurden nun als Tribute nach Marokko abgeführt, ohne daß Gegenwerte zurückflossen; Timbuktu, Djenné und Gao, mit dem Rückgang des Handels ihrer wichtigsten Funktionen beraubt, sanken zu provinzieller Bedeutungslosigkeit herab. Seit dem 16. Jh. verlagerte sich der Handel zwischen dem Sahel-Sudan und dem Mittelmeer nach Osten in die Gebiete der aufstrebenden Haussa-Staaten und des Reiches Kanem-Bornu.

Das Reich Kanem-Bornu

Zur selben Zeit, als über Songhay das katastrophale Ende hereinbrach, befand sich das Reich Bornu, das seit dem 15. Jh. auch über die Landschaft Kanem im östlichen Tschadsee-Gebiet herrschte, unter seinem König Idris Alaoma auf dem Höhepunkt seiner Entwicklung.

Ein Königreich Kanem existierte im Tschadsee-Becken bereits seit dem 8. Jh. Seine Gründer waren wie im Fall von Songhay negride Bauern (Sao), die von hellhäutigen libysch-berberischen Gruppen der Saif überlagert wurden. In der Folgezeit entstanden mehrere Mischlingsvölker wie die Kanembu, Teda und Bulala. Im 13. Jh. gründeten die Kanembu, die inzwischen die übrigen Stämme der Region unterworfen hatten, unter ihrem König Dunama Dibalimi (1221–1259), einem Zeitgenossen Sundjatas von Mali, das Reich Kanem. Der Herrscher unterhielt ein gewaltiges Reiterheer und eroberte weite Teile der zentralen Sahara bis zum Fezzan in Libyen. Damit kontrollierte er die wichtige zentrale Transsaharastraße vom Tschadsee über Bilma und Murzuk nach Tripolis und Kairo. Am Ende des 14. Jhs. bedrohten die So und Bulala die Kanembu immer mehr, und 1380 mußte der König Mai Omar in die westlich des Tschadsees gelegene Landschaft Bornu flüchten. Dort schufen die Kanem-Könige im 15. und 16. Jh. das Nachfolgereich Bornu, dessen herausragendste Persönlichkeit, Idris Alaoma (1571–1603), zahlreiche Eroberungskriege gegen die Bulala und die Tubu führte. Idris besiegte die Berber im Air-Gebiet und die Haussa von Kano; seine Truppen galten als die bestausgerüsteten im Sudan des ausgehenden 16. Jhs. Von seiner Pilgerfahrt nach Mekka, die ihn auf dem Rückweg über Tunis führte, brachte er erstmals Feuerwaffen mit, die er vom türkischen Hof in Tunis erhalten hatte. Türkische Instrukteure bildeten in Bornu eine militärische Elitetruppe mit schwerbewaffneten Reitern heran, die dem Herrscher Alaoma zu seinen großen machtpolitischen Erfolgen verhalf.

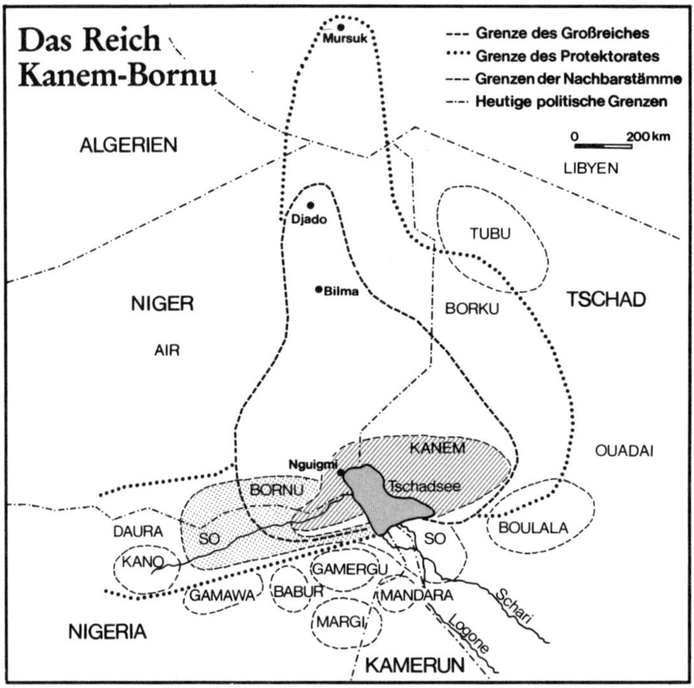

Bornu konnte sich auch zum Souverän von Kanem machen, wurde so zum Großreich, warf sich zum Protektor über ausgedehnte Nachbargebiete auf und kontrollierte zu Beginn des 17. Jhs. den gesamten Handel zwischen dem zentralen Sudan und dem Mittelmeer. Im Laufe des 17. Jhs. wurde das Tschadsee-Gebiet zum Schnittpunkt verschiedener Handelsstraßen, die das Bornu-Reich mit dem Maghreb, den Haussa-Königtümern sowie mit dem Ouadai-Gebiet im Osten verbanden. Auf der wichtigen Nord-Süd-Route von Nguigmi über Bilma nach Tripolis stellten sudanische Sklaven für die in den Mittelmeerstädten Nordafrikas residierenden Türken die Haupthandelsware dar.

Im 17. und 18. Jh. hatten sich die Bornu-Herrscher ihrer alten Gegner, der Tuareg, der Berber des Air und des Königs von Baguirmi, zu erwehren; dennoch blieb der Bestand des Reiches im wesentlichen erhalten. Zu Beginn des 19. Jhs. entstand durch das Vordringen der Fulbe nach Osten eine bedrohliche Gefahr, die aber durch die Hilfe des Mohammed El Kanemi, eines frommen und tapferen Heerführers, der fünf Jahre in Kairo, Mekka und Fès gelebt hatte, abgewendet werden konnte. Wegen seines Rufes als frommer Gelehrter und großer Kämpfer erhielt er einen starken Zulauf von Soldaten, mit denen er das Fulbe-Heer besiegte.

El Kanemi stieg zum wahren Herrscher von Bornu auf, während die rechtmäßige Dynastie der Saif nur noch ein politisches Schattendasein führte. El Kanemi nannte sich Schech Laminu und errichtete 1814 seine Hauptstadt Kouka am Westufer des Tschadsees. Nach seinem Tode

1835 übernahm sein Sohn Omar (1835–1881) die Regierung von Bornu. 1846 ließ dieser den letzten rechtmäßigen König der Saif-Dynastie, Ibram, hinrichten, nachdem der versucht hatte, mit Hilfe des Sultans von Ouadai einen Aufstand zu organisieren. Das Bornu-Reich bestand unter Omar und seinen drei Söhnen bis 1893 weiter, wenngleich es von den Tuareg, den Fulbe und den in Tripolis herrschenden Türken immer mehr bedroht wurde. Im Jahr 1893 fielen die Kriegerhorden des Sklavenjägers Rabeh in das Bornu-Reich ein und besetzten Kouka. Die Söhne Omars mußten außer Landes in die Städte Mandara und Zinder fliehen. Mit der kolonialen Eroberung des Tschadsee-Gebietes durch Franzosen, Deutsche und Engländer und der Niederlage Rabehs war die Existenz des Reiches beendet. Sein Name lebt aber heute in dem der nordöstlichsten nigerianischen Provinz Bornu weiter.

Bornu wies wie die anderen sudanischen Großreiche eine Feudalstruktur auf und war in mehrere Provinzen unterteilt, in denen hohe Würdenträger und Mitglieder der Familie des Herrschers regierten. Die militärische Stärke des Reiches gründete sich auf eine mobile Reitertruppe, die in erster Linie aus Arabern bestand. Die Bornu-Reiter können als die mittelalterlichen Ritter Zentralafrikas bezeichnet werden. Ihre Pferde trugen dicke Panzer aus Watte, die die Tiere gegen Hiebe und Pfeile schützten; die Reiter wappneten sich mit Kettenpanzern und Eisenhelmen, die später auch die Djerma-Songhay-Krieger am mittleren Niger und die Yoruba im südlichen Nigeria übernahmen.

Die berühmten Panzerreiter von Bornu, oft als ›mittelalterliche Ritter Zentralafrikas‹ bezeichnet

Die Bambara-Reiche von Segu und Kaarta

Die Bambara gehören mit den Malinke zu den größten Mande-Völkern im Westsudan und bilden heute das Staatsvolk von Mali. Als Bewohner weiter Savannen und fruchtbarer Talregionen im Obernigergebiet können sie als Prototyp eines animistischen sudanischen Bauernvolkes gelten.

Im 12. Jh. ließen sich die Bambara in der Landschaft Toron zwischen dem Bakoy und dem oberen Baoule-Fluß nieder. Von dort wanderten sie nach Nordosten bis zum Binnendelta des Niger. Im 16. Jh. erreichten sie die Flußlandschaft Sibiridugu, das Umland von Segu (Segou), im 17. Jh. drangen sie in die Regionen Karadugu und Bendugu am Bani vor (vgl. Karte). Im Obernigergebiet vermischten sie sich mit den Fulbe und den islamischen Sarakolle, in den weiter abwärts liegenden Flußgebieten mit den Somono- und Bozo-Fischern. Über Jahrhunderte waren die Bambara den Mali-Herrschern und den Songhay tributpflichtig. Erst der Zusammenbruch des Songhay-Reiches und die marokkanische Invasion im Sudan ermöglichten ihren politischen Aufstieg und ihre Unabhängigkeit.

In der ersten Hälfte des 18. Jhs. erfolgte in der Stadt Segu am Niger die Gründung des ersten unabhängigen Bambara-Staates unter Biton (1660–1710) aus dem Clan der Coulibaly. Der letzte Herrscher des Mali-Reiches, Mama Maghan, versuchte die bedrohliche Expansion der Bambara

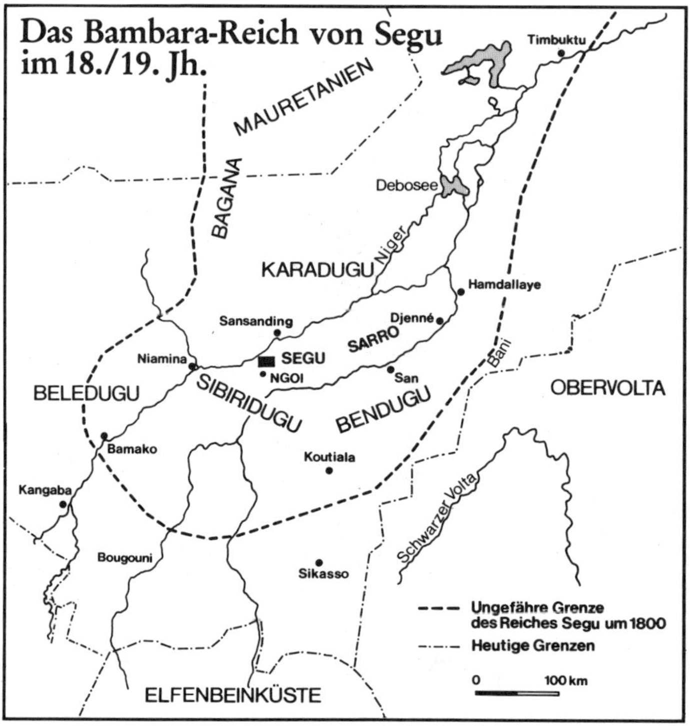

Die größte Bedrohung der Bambara-Reiche von Segu und Kaarta stellten die Angriffe des Tekrur-Fürsten El Hadji Omar zwischen 1850 und 1860 dar (Darstellung um 1865)

im Nigergebiet aufzuhalten und belagerte die Stadt Segu drei Jahre lang. Biton hatte jedoch die Stadt mit einer mächtigen Mauer umgeben lassen, so daß die Belagerung ohne Folgen blieb. Die Bambara griffen nun ihrerseits Mali erfolgreich an und beschränkten den Einflußbereich des nun endgültig geschlagenen Reiches auf die Stadt Niamina. Biton eroberte die Landstriche Bendugu, Seledugu und Karadugu, und auch die Städte San und Djenné ergaben sich ihm. Die weitere Eroberung des gesamten Nigerlandes zwischen Segu und Timbuktu war allerdings nur durch den Aufbau einer schlagkräftigen Armee und Schiffsflotte möglich. Außer den Bataillonen, die sich aus Mitgliedern der adligen *Tontigi*, d. h. der Krieger- und Adelskaste, zusammensetzten, rekrutierte sich die Armee Bitons aus der Masse der Sklaven *(Ton Djon)*. Er kaufte systematisch Sklaven auf oder bezahlte die Schuldbeträge zu Geldstrafen verurteilter Krimineller, die dafür in seiner Armee dienen mußten. Diese Kerntruppe der Ton Djon wurde später durch weitere Anwerbungen bis auf eine Zahl von 16 000 Soldaten vergrößert. Neben Lanzenträgern und Bogenschützenabteilungen verfügte Biton über eine mit Feuerwaffen ausgerüstete Truppe, die ihre Fertigkeiten bei den Marokkanern erworben hatte. Überall wurden zu Beginn des 17. Jhs. Feuerwaffen, wie sie die marokkanischen Invasoren in den Sudan brachten, nachgebaut. Auf dem Niger ließ Biton eine Flotte bauen, die er unter die Leitung der Somono-Fischer stellte. Zahlreiche Sklaven wurden den Somono als Hilfskräfte beim Schiffbau zugeteilt; zudem erhielten die Fischer das Monopol auf den Schiffshandel und die Flußfischerei. Angesichts der gewaltigen Ausrüstung von Bitons Armee ist es nicht verwunderlich, daß der Bambara-Herrscher von Segu seinen Einfluß im westlichen Sudan auf beiden Seiten des Niger bis nach

Timbuktu ausdehnen und selbst die Macht der Marokkaner in Gao und Timbuktu bedrohen konnte.

Mit dem Tode Bitons ging die Blütezeit von Segu jedoch bereits zu Ende. Die Militärs lieferten sich untereinander blutige Machtkämpfe, und die beiden wegen ihrer Grausamkeit berüchtigten Söhne Bitons wurden durch Meuchelmord beseitigt. Bis in die Mitte des 18. Jhs. dauerten die blutigen Fehden der Ton Djon, die nach Belieben Herrscher ein- und absetzten, an. Zum letztenmal trat unter Ngolo Diara (1750–87) eine Phase der inneren Ruhe im Segu-Gebiet ein. Er beschränkte die Macht der Armee, legitimierte seine Macht durch die Heirat mit einer Tochter Bitons und besiegte die aufrührerischen Fulbe im Massina. Ngolo Diara starb auf dem Rückweg von einem Feldzug gegen die Yatenga-Mossi im Jahr 1787. Nach seinem Tode flammten Machtkämpfe zwischen seinen Söhnen auf, was zu einem weiteren Niedergang Segus führte. Zu Beginn des 19. Jhs. verloren die Bambara das Massina, wo Seku Ahmadou seinen theokratischen Fulbe-Staat etablierte.

Neue Gefahren drohten um 1860 in der Gestalt des Heerführers und Tekrur-Fürsten El Hadji Omar. Die Bambara verbündeten sich mit den Fulbe des Massina, die unter der Bedingung, daß Segu den Islam annehme, Hilfstruppen und Waffen sandten. Trotzdem gelang es den vereinigten Truppen nicht, den Vormarsch Omars aufzuhalten. 1861 erlitten die Bambara eine Niederlage bei Sansanding, ein Jahr später mußten sie auch Massina aufgeben. 1890 eroberten die Franzosen das Obernigergebiet, und der letzte Bambara-Herrscher, Mari Diara, wurde nach einer Verschwörung gegen die Kolonialmacht hingerichtet.

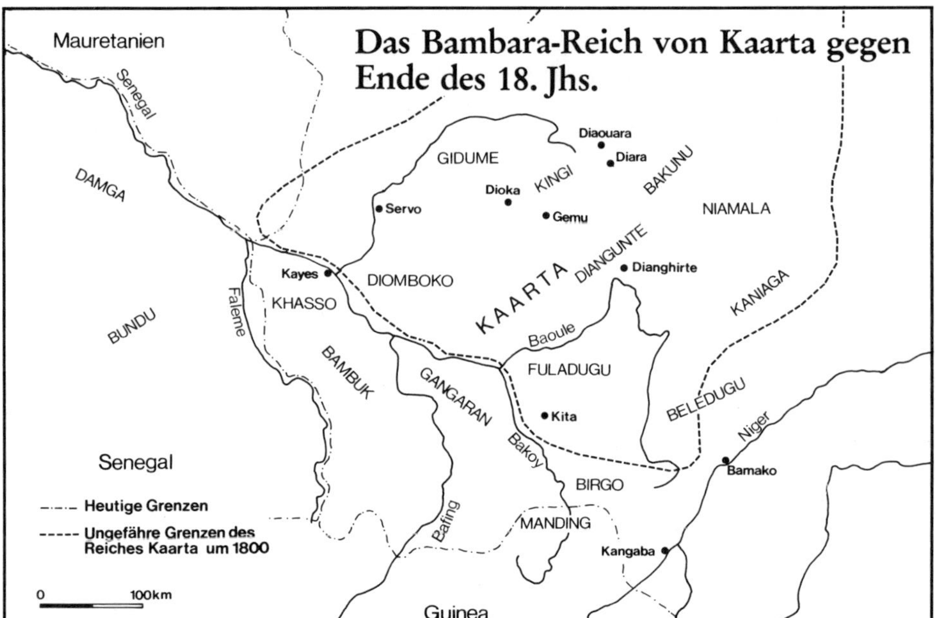

Das Bambara-Reich von Kaarta gegen Ende des 18. Jhs.

Seit dem 17. Jh. bestand neben Segu ein zweites Bambara-Reich in der nordwestlich des Baoule-Flusses gelegenen Landschaft Kaarta. Der König Suna, der einer Nebenlinie des Coulibaly-Clans angehörte, hatte sich den Segu-Bambara durch die Gründung eines eigenen Staatswesens entzogen und war nach Nordwesten abgewandert. Seit dieser Zeit befehdeten sich die beiden feindlichen Brüder Segu und Kaarta über zwei Jahrhunderte. Die Kaarta konnten ihren politischen Einfluß bis weit in den Sahel in die Region Diaouara (Grenzland zum heutigen Mauretanien) ausdehnen. 1754 eroberten sie unter dem Vorwand, die Bewohner vor den nomadischen Mauren schützen zu wollen, die Stadt Diara. Trotz zahlloser kleiner kriegerischer Erfolge gegen ihre Brüder von Segu konnten sie im Laufe des 19. Jhs. dem Angriff der Tukulor unter El Hadji Omar nicht standhalten. Das Kaarta-Reich ging 1854 im Herrschaftsgebiet Omars auf.

Im Gegensatz zum größten Teil der Bevölkerung der Mali- und Songhay-Reiche konnten sich die Bambara der Islamisierung im wesentlichen erfolgreich widersetzen. Als Bauernvolk erreichten sie nie Ausdehnung, Handelsmacht und kulturelle Blüte ihrer berühmteren Vorgänger. Streitigkeiten zwischen den führenden Clans und eine ausgeprägte Neigung zu Raub und Krieg kennzeichnen die Geschichte der beiden Bambara-Staaten.

Haussa und Fulbe als Städte- und Staatengründer

Die Stadtstaaten der Haussa

Die Haussa entwickelten sich aus der Vermischung mehrerer schwarzer Stämme und berberischer Gruppen am Südrand der Sahara und bilden heute mit ihren über 8 Millionen Menschen, die eine gemeinsame Sprache und Kultur aufweisen, eines der größten Völker im Sahel-Sudan. Ihre Elite kam einer mythischen Überlieferung nach aus dem Orient, und als Urahn aller Haussa gilt ein Enkel des Königs von Bagdad. Er soll als Ruhmestat die große Wasserschlange, die den Menschen das Wasser stahl, getötet und dafür als Dank die Königin der Landschaft Daura (Grenzregion zwischen den heutigen Staaten Niger und Nigeria) zur Frau bekommen haben. Aus der Ehe gingen sieben Söhne hervor, die Gründer der sieben ›echten‹ Haussa-Staaten Biram, Daura, Rano, Kano, Zaria (Zegzeg), Gobir und Katsena. Daneben gab es die sogenannten ›unechten‹ Haussa-Staaten Zamfara, Nupe, Ilorin, Gwari, Yauri und Kororofa, deren Gründer von einem Bastard namens Karbogani abstammen sollen. Diese ›Barbarenstaaten‹ verband mit den eigentlichen Haussa-Ländern lediglich die gemeinsame Sprache und Kultur, politisch blieben sie jedoch völlig eigenständig (vgl. Karte).

Seit dem 14. Jh. drang der Islam auch in die Haussa-Staaten ein. Die neue Religion wurde von gebildeten, wohlhabenden Mande-Händlern, den Wangara, eingeführt, die eine Kontrolle über den Transsaharahandel zu gewinnen suchten und bedeutenden kulturellen Einfluß ausübten. Durch sie kamen eine gehobene Zivilisation, Handel und Bildung in das damals noch rückständige Haussa-Gebiet, und auch die Entwicklung von Kano zum bedeutendsten Handelsplatz im mittleren Sudan leiteten die Wangara ein. Ihre größten Handelskontore befanden sich in den Vororten von Katsena. Wie im Falle von Songhay traf auch bei den Haussa die Einführung des Islam auf großen Widerstand, da viele Bauern an ihren Schlangen- und Baumkulten festhielten.

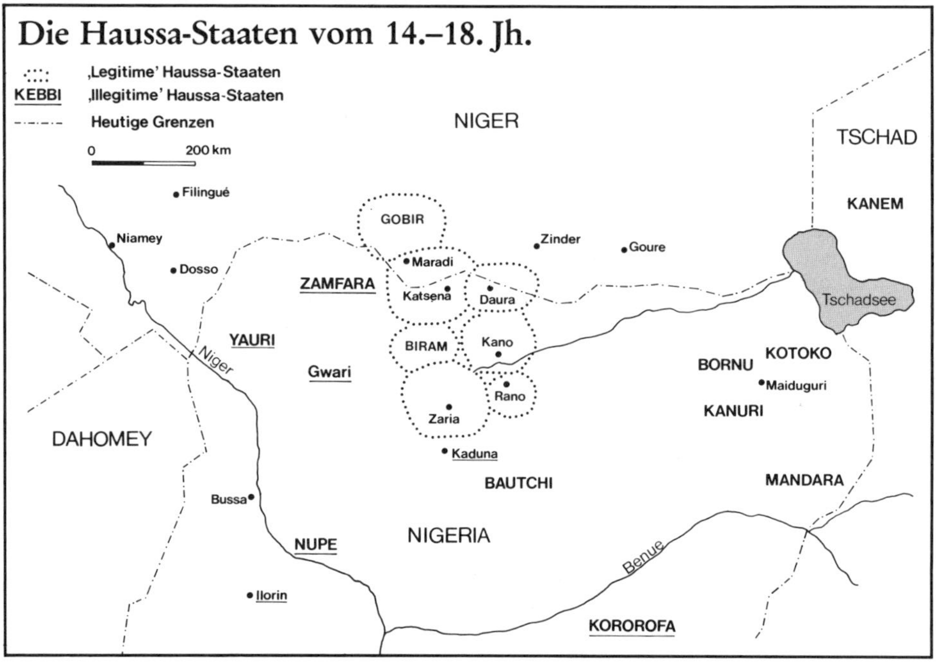

Die im Laufe ihrer Geschichte immer wieder von den benachbarten Großreichen Songhay und Bornu bedrohten Haussa-Staaten erlebten ihre eigentliche Blüte im 18. Jh., bis die Fulbe unter Osman dan Fodio sich der Herrschaft über die großen Städte bemächtigen konnten.

Handel und Gewerbe waren zusammen mit dem Ackerbau stets die Hauptbeschäftigungen der Haussa. In den Städten verarbeiteten sie Eisen, Kupfer und Wolle und fertigten die berühmten feinen Baumwollstoffe, die im ganzen Sudan als Zahlungsmittel dienten. Ihr reger Kaufmannsgeist führte dazu, daß sich das Haussa als Verkehrssprache auf allen zentralsudanischen Märkten verbreitet hat. Mit dem Islam übernahmen sie auch die arabische Schrift und schreiben seitdem ihre Sprache mit arabischen Buchstaben. Von der großen Masse ihrer literarischen Zeugnisse haben nur wenige Stücke die Bücherverbrennung während der Fulbeinvasion im 19. Jh. überlebt. Die Ironie der Geschichte will es, daß ausgerechnet in dem größten Haussa-Staat, Gobir, der sich im 19. Jh. bis weit nach Norden in das Gebiet des heutigen Niger erstreckte, der größte Gegner aller Haussa, Osman dan Fodio, geboren wurde.

Die Fulbe-Staaten im 17.–19. Jh.

Politisch und kulturell haben die rinderzüchtenden Fulbe den Sahel-Sudan vom 17.–19. Jh. entscheidend geprägt. Das ursprünglich nomadische Volk breitete sich im Laufe seiner Geschichte allmählich von der Senegalmündung bis in die Savannen und Bergländer des Zentralsudan aus. Die Fulbe haben sich stets durch Endogamie und ihre auf Rinderhaltung basierende ökonomische Autonomie von den umgebenden Völkern abheben können; ihr daraus resultierender ausgeprägter Rassenstolz und Standesdünkel machten sie bei den negriden Bauern unbeliebt.

Bedeutsam für ihre Ausbreitung im Sahel war ihre Zersplitterung in zahlreiche Sippen. In kleinen Familieneinheiten unter der Führung eines Oberhauptes *(Ardo)* wanderten sie in mehreren Schüben seit dem 11. Jh. aus den Bergländern Guineas nach Osten in die Stammregionen schwarzer Bauern ein, mit denen sie sich teilweise auch vermischten. Aus der Verbindung mit den Malinke entstanden die Fulanke, und im Senegal bildeten sich durch Heiraten zwischen Fulbe und Negriden die Tukulor und Toronke. Im 15. Jh., im Verlauf des Niedergangs des Mali-Reiches, erreichten die Fulbe unter ihrem Führer Maga Diallo das Binnendelta des Niger, dessen Kerngebiet Massina seit dem späten Mittelalter den Ausgangspunkt für weitere Wanderungen der Hirten bildete. Bis zum 18. Jh. ließen sich größere Sippen im Dogon-Land, im Bergland von Hombori und im Liptako (heutiges Nordost-Obervolta) nieder, eine andere Gruppe aus dem Futa Toro überschritt den Niger bei Say und wanderte in das Haussa-Land um Sokoto ein.

Seit frühester Zeit wurden nomadische Fulbe auch seßhaft, besonders die Mischlinge, die von der Viehwirtschaft zu Handel und Gewerbe übergingen. Bis heute unterscheidet man die seßhaften Stadt-Fulbe von den Hirten-Fulbe, die meist ›reinrassig‹ geblieben sind und als Nomaden Viehhaltung betreiben. Die Fulbe bildeten politische Enklaven innerhalb größerer Staatswesen, in deren Abhängigkeit sie sich befanden. So waren die Fulbe-Massina über Jahrhunderte den Songhay von Gao und dem marokkanischen Pascha von Timbuktu untertan. Erst zu Beginn des 19. Jhs., unter der Dynastie des Bari-Clans (1810–1860), erlangten die Fulbe ihre Unabhängigkeit.

Die erste und größte Führerpersönlichkeit der Bari war Seku Ahmadou. Grundlage des politischen Aufstiegs der Fulbe im Sudan war ihre massenhafte Bekehrung zum Islam. Bereits seit dem 16. Jh. begann die Islamisierung kleinerer Fulbe-Gruppen durch maurische Missionare

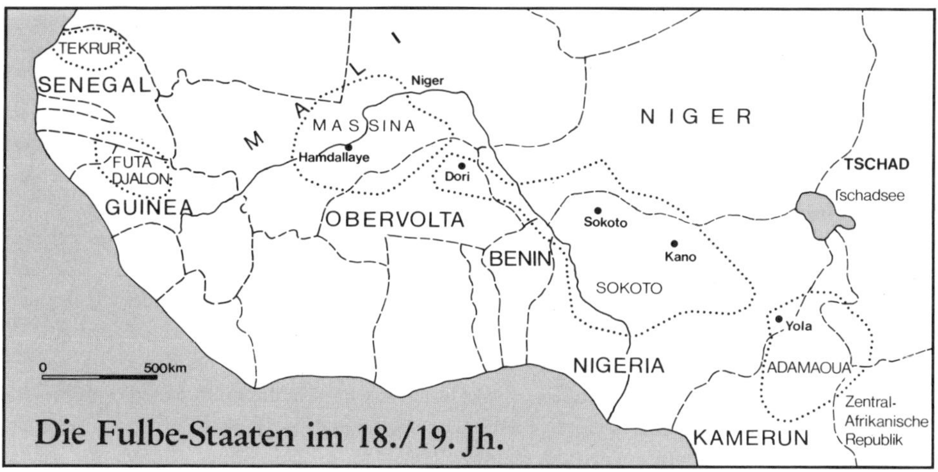

Die Fulbe-Staaten im 18./19. Jh.

der Kunta, die seit längerem in Oualata und später auch in Timbuktu den neuen Glauben verbreiteten. Die Fulbe-Hirten übernahmen den Islam besonders eifrig, denn für sie stellte die neue Religion ein hervorragendes Mittel für ihre geistige und politische Emanzipation dar. Der Islam verlieh ihnen das Gefühl der Überlegenheit gegenüber den ›rückständigen‹ animistischen Bauern und gab ihren Überfällen auf die Dörfer der Bauern eine ethische Legitimation. Die Dynastie der Bari machte den Islam nicht zuletzt auch unter dem Eindruck der großen politischen Erfolge von Osman dan Fodio (s. u.) in den Haussa-Staaten zum Träger einer religiös-sozialen Reformbewegung.

Seku Ahmadou befreite die Fulbe von der Vorherrschaft der Bambara von Segu und führte mit großer Strenge den Islam in seinem Herrschaftsbereich ein. Durch sein entschlossenes politisches Auftreten und seine konsequente Befolgung religiöser Normen gewann er rasch ein großes Ansehen und nahm den Titel ›Herrscher der Gläubigen‹ an. Seine neue Residenz Hamdallaye (›Lob Gottes‹) ließ er in der Landschaft Kunari nordöstlich von Djenné (Mali), das damals immer noch von den marokkanischen Ruma abhängig war, errichten. Der politische Einfluß Seku Ahmadous reichte bis ins Dogon-Land und an die Grenzen Timbuktus. Berühmtheit erlangte sein Steuersystem in den Provinzen des Massina, das die Unterhaltung eines stehenden Heeres ermöglichte. Jeder Bauer hatte ein Zehntel des Ernteertrages abzuliefern, daneben gab es eine Viehsteuer und eine Vermögenssteuer für die Reichen. Mit den Steuermitteln konnten neben dem Heer auch die Diener der Moschee und die Provinzialverwaltung bezahlt und die Armen unterstützt werden. Der Fulbe-Staat Massina existierte 50 Jahre lang, bis der Tekrur-Herrscher El Hadji Omar 1862 die Hauptstadt Hamdallaye eroberte.

Auch in Futa Toro im heutigen Nordsenegal entstand gegen Ende des 18. Jhs. ein islamischer Fulbe-Staat mit einem geistigen Oberhaupt, das dem Torobe-Clan angehörte. Die Torobe waren Stadt-Fulbe mit stark negriden Tekrur-Elementen und unterhielten besonders enge Verbindungen mit dem maghrebinischen Islam der Schulen von Fès und Tlemcen. Diese engen Beziehungen der Torobe zu den geistigen Zentren des islamischen Maghreb erklären ihren Missionseifer, der sich in allen ful-sprachigen Gebieten des Sahel-Sudan auswirkte. Nach dem Untergang der Großreiche Mali und Songhay entwickelten sie sich zu den eifrigsten Bewahrern und Protagonisten des traditionellen Islam nordafrikanischer Prägung im Bereich der Sudanzone.

Bereits im 15. Jh. lebten Angehörige des Torobe-Clans in der Sahelzone. 1754 wurde dann in der damals zum Haussa-Staat Gobir gehörenden Stadt Tahoua der berühmteste Vertreter des reformerischen Torobe-Islams, Osman dan Fodio, geboren. Osman stammte aus einer vornehmen Torobe-Familie und vereinigte in seiner Person nicht nur politisches und kriegerisches Geschick, sondern auch den religiösen Fanatismus, der ihn dazu befähigte, große Massen für den Islam zu mobilisieren. Bis zu seinem 50. Lebensjahr betätigte er sich als Prediger, was schließlich den Argwohn des Haussa-Königs von Gobir, der sich gegen eine Sonderstellung der Moslems in seinem Staat wehrte, erregte. 1804 floh Osman mit einer großen Schar von Anhängern aus Alkalala, der Hauptstadt Gobirs, nach Gudu. Diese Flucht Osmans gilt bei den Fulbe als die *Hedschra* (Flucht) ihres Propheten und wird von ihnen mit der Flucht Mohammeds von Mekka nach Medina im Jahr 622 gleichgesetzt. Sie bildete gleichzeitig den Anlaß für einen im Sudan beispiellosen ›Heiligen Krieg‹ gegen die ›heidnischen‹ Haussa-Königtümer.

Die religiös motivierte und stark reformerisch geprägte Bewegung Osmans hatte die Verbreitung des reinen, von ›heidnischen Irrlehren‹ freien Glaubens unter der breiten Landbevölkerung und die Schaffung einer neuen sozialen Ordnung ohne jegliche Unterdrückung, Korruption oder Diskriminierung im mittleren Sudan zum Ziel. Diese Ideale erklären den starken Zulauf, den der Prediger und Heerführer Osman von allen Seiten erhielt, und die Schnelligkeit, mit der er die großen Städte und Königtümer der Haussa erobern konnte. 1804 fiel Zaria, 1805 Katsena, und 1809 ergab sich die große Handelsstadt Kano nach heftigem Widerstand. Osmans Siegeszug wurde durch die große Zahl von Sympathisanten begünstigt, die in den Haussa-Städten offen den Widerstand gegen die regierenden Könige schürten. Zahlreiche Gesandte erhielten von Osman die Fahnen des ›Heiligen Krieges‹ und stürzten in ihren Heimatstädten die herrschenden Haussa. Den Rang der neuen Hauptstadt erhielt Sokoto.

Nach der Unterwerfung der Haussa-Staaten zog sich Osman aus dem aktiven politischen Leben zurück und überließ die militärische und politische Führung im Osten seinem Sohn Mohammed Bello und im Westen seinem Bruder Abdullahi, der in Gwandu residierte. In den folgenden Jahren stießen die Fulbe weiter nach Süden vor und konnten die Stadt Ilorin im Yoruba-Land in ihre Gewalt bringen, nachdem Alondja, der Herrscher von Ilorin, sie wegen Thronstreitigkeiten zu Hilfe gerufen hatte. Auf einen weiteren Vorstoß in das Waldgebiet verzichtete man wegen der Unbeweglichkeit der Reiterheere im von Tse-Tse-Fliegen verseuchten Regenwald. Im Grenzgebiet der heutigen Staaten Nigeria und Kamerun gründete ein Anhänger Osmans namens Adama im Jahr 1805 den südöstlichsten islamischen Fulbe-Staat, Adamaoua, der sich bis zum Ende des 19. Jhs. behaupten konnte, danach aber in mehrere Teile zerfiel und gegen Ende des 19. Jhs. von den vordringenden Europäern erobert wurde.

Die Fulbe-Führer Osman und Mohammed Bello zeichneten sich vor allem dadurch aus, daß sie als gelehrte Männer berühmte theologische und historische Werke verfaßten und gleichzeitig auch fähige Politiker waren. Bei ihren Nachfolgern handelte es sich um ehrgeizige religiöse Eiferer, denen die Reinheit des islamischen Glaubens mehr galt als eine geordnete Verwaltung in den Provinzen. Die unterworfenen Bauern empfanden die Fulbe bald als fremde Eroberer und Unterdrücker, und besonders die Haussa und Nupe fühlten sich den Fulbe ebenbürtig, wenn nicht sogar überlegen.

Der Aufstieg der einstigen Hirtennomaden zu Staatengründern basierte auf der einigenden Wirkung des Islam. Durch die massenhafte Bekehrung der Hirten und der wohlhabenden, handeltreibenden Stadt-Fulbe zu der neuen Religion war die ideologische Grundlage zur politisch-militärischen Expansion der Fulbe geschaffen, zumal die Übernahme des Islam dem uralten Gegensatz zwischen den viehzüchtenden Nomaden und den ansässigen Bauern eine neue Qualität verschaffte. Die Fulbe-Hirten fühlten sich den ›heidnischen‹ Bauern nun nicht nur rassisch, sondern auch geistig und politisch überlegen und schüttelten deren Vorherrschaft ab. Seit dem 18. Jh. ist überall im Sahel-Sudan der gleiche Vorgang zu beobachten: Die zum Islam bekehrten Fulbe eigneten sich das ihnen von den Bauern zur Aufzucht übertragene Vieh an und herrschten über die Seßhaften, die nun in einen sklavenähnlichen Status gerieten. Im Zeichen des ›Heiligen Krieges‹ kooperierten die wohlhabenden Stadt-Fulbe mit den einfachen Hirten-Fulbe auf dem Lande, was im 19. Jh. die rasche Ausbreitung ihrer politischen Macht und ihres puristischen Islam im westlichen und mittleren Sudan ermöglichte.

Die Entdeckung Westafrikas und die Kolonialisierung des Sahel-Sudan durch Frankreich

In der ersten Hälfte des 19. Jhs. galt Afrika für die Europäer noch als unbekannter Erdteil, als geheimnisvolle ›terra incognita‹. Bekannt waren lediglich die Küsten des Kontinentes, wo Portugiesen, Spanier, Holländer, Engländer, Balten und Franzosen seit dem 16. und 17. Jh. Handelsstationen unterhielten, von denen aus der berüchtigte Sklavenhandel nach Südamerika und in die Karibik organisiert wurde (vgl. S. 140ff.). Erst mit dem Beginn der industriellen Revolution begann in Europa das Interesse an Afrika zu wachsen, denn die aufstrebenden Industrien Englands und Frankreichs benötigten immer mehr Rohstoffe (Fette, Baumwolle, Gummi, Elfenbein, Gold) und auch Absatzmärkte in aller Welt für ihre Industriewaren. So brachte beispielsweise das Ausbleiben der Baumwollieferungen aus Nordamerika während des Sezessionskrieges um die Mitte des 19. Jhs. dem ägyptischen Baumwollanbau einen großen Aufschwung.

Französische Handelsniederlassungen gab es in Westafrika im Gebiet der Senegalmündung bereits seit dem 17. Jh. Die Insel Gorée mit ihren Festungen bildete jahrhundertelang einen Zankapfel zwischen Holländern, Engländern und Franzosen, denn zwischen dem 17. und dem beginnenden 19. Jh. wurde von Gorée und Senegambien aus der Sklavenhandel abgewickelt, der am Beginn der brutalen Unterwerfung eines ganzen Kontinentes stand. Die Voraussetzung für die Durchdringung und Erkundung des afrikanischen Hinterlandes stellten jedoch die Forschungsreisen in der ersten Hälfte des 19. Jhs. dar. Erst danach erfolgte die schrittweise militärische Kontrolle über Handelszonen, Schutz- und Interessengebiete.

Holländische Westafrika-Karte von 1686

Karte eines französischen Missionars vom Ende des 17. Jhs., die den (nicht existenten) Zusammenfluß von Niger und Senegal verzeichnet

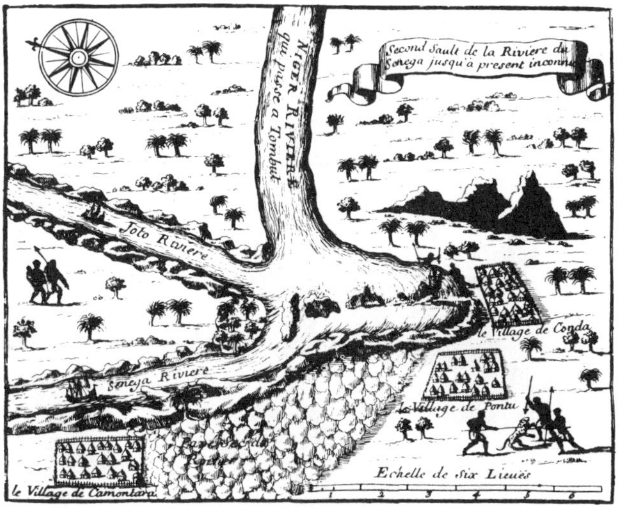

Der Lauf des Niger gab den Geographen des 18. Jhs. noch viele Rätsel auf. Seit Plinius und seit den Beschreibungen der arabischen Geographen des Mittelalters vermutete man, daß der Niger nach Westen fließe. Offenkundig verwechselte man ihn also mit dem Senegalfluß. Im Auftrag der im Jahre 1788 in London gegründeten ›British African Association‹ versuchte der Schotte Mungo Park, das Rätsel zu lösen, und verließ von der britischen Handelsstation Pisania aus Gambia in Richtung Osten. Tatsächlich erreichte er nach einer entbehrungsreichen Reise den Niger bei Segu, wo sich seine Vermutung, daß der Fluß nach Osten fließe, bestätigte. Auf seiner zweiten Expedition im Jahre 1806 kam er an den Stromschnellen des Niger bei Bussa (Nigeria) ums Leben, ohne den Golf von Guinea erreicht zu haben. In den folgenden Jahren ließ die britische Regierung eine Reihe weiterer Forschungsunternehmen, wie die von Denham und Clapperton, durchführen, die aber bezüglich der Kenntnisse über den Niger nichts neues brachten.

Erst im Jahr 1830 gelang den Brüdern Landers der Nachweis, daß der Niger von den Bergen im Westen des Kontinentes in einem riesigen Bogen durch den Sahel nach Süden fließt und in den Golf von Guinea mündet. Bereits 1826 erreichte ein anderer Schotte, Gordon Laing, von Tripolis kommend als erster Europäer Timbuktu, die alte Stadt am Südrand der Wüste, die schon seit langem die Phantasie der Europäer anregte. Auf dem Rückweg wurde er von seinem arabischen Begleitkommando ermordet. Ein Jahr später machte sich der Franzose René Caillié auf den Weg nach Timbuktu. Als Maure verkleidet, reiste er vom französischen Senegal aus in Richtung Osten und gelangte 1828 nach einer abenteuerlichen Pirogenfahrt auf dem Niger als zweiter Europäer nach Timbuktu. Die seit dem Einfall der Marokkaner im 17. Jh. zu völliger Bedeutungslosigkeit herabgesunkene Stadt enttäuschte ihn zutiefst. Mit einer Salzkarawane gelangte er über Teghaza und Marokko wieder in die Heimat, wo man ihn als Helden feierte.

Es vergingen aber noch Jahrzehnte, bis den Europäern durch den deutschen Afrikaforscher Heinrich Barth, der im Auftrage der britischen Regierung reiste, ein genaueres Bild über die

Bedeutende Afrikaforscher: Mungo Park (links) und Heinrich Barth

Welt des schwarzen Islam und die Völker im Sahel-Sudan übermittelt wurde. Barths Forschungsreisen, die ihn zwischen 1850 und 1856 durch das Air-Bergland, in die Haussa-Länder, über Bornu zum Benuë-Fluß und schließlich auch nach Timbuktu führten, brachten eine Fülle von neuen Erkenntnissen, die er in einem fünfbändigen Werk niederschrieb. In Gwandu fand er ein Exemplar des Tarikh es Sudan und in Timbuktu Manuskripte des Tarikh el Fetach, berühmte sudanische Geschichtsquellen arabischer Herkunft, die den Europäern erstmals Kenntnisse von der reichen schwarzafrikanischen Vergangenheit und einen Überblick über die sudanischen Kulturen vermittelten.

Nach dieser Phase der Forschungsreisen begann seit der Mitte des vorigen Jahrhunderts der Wettlauf zwischen Frankreich und England um die Kontrolle des afrikanischen Hinterlandes und damit um ökonomische Einflußsphären. Die älteste französische Kolonie in Westafrika war der Senegal. Aus küstennahen Handelsstationen wie Gorée, St. Louis und Rufisque entwickelten sich im Laufe des 19. Jhs. allmählich koloniale Städte, und zwischen 1854 und 1863 entstand unter dem Gouverneur Faidherbe der ›französische Senegal‹. Faidherbe führte die ersten Eroberungsfeldzüge gegen die Wolof und Mauren durch, gründete 1857 die Hafenstadt Dakar und ließ eine sichere Landverbindung zur ältesten Kolonialstadt St. Louis bauen. Der afrikanische Widerstand war erheblich, und gegen den Wolof-König Lat Dior und den Tukulor-Fürsten El Hadji Omar kam es mehrfach zu heftigen Kämpfen. Während die Franzosen von Westen, vom Senegalfluß aus, ihre Kolonisation nach Osten, in den Sahel hinein, vorantrieben, breiteten sich die Engländer von ihren alten Handelsstützpunkten an der Guineaküste nach Norden aus und schlossen mit den afrikanischen Stammesfürsten ›Schutzverträge‹, was die Voraussetzungen für die später in den Kolonien betriebene indirekte Herrschaft (›indirect rule‹) schuf. Beide Mächte richteten zwischen 1860 und 1870 in ihren eroberten Hinterländern Freihandelszonen ein, wodurch auf lokaler Ebene englische und französische Handelsorganisationen miteinander konkurrieren konnten.

In den drei Jahrzehnten zwischen 1870 bis 1900 lief das ab, was die Briten als ›Scramble for Africa‹, die ›Balgerei um Afrika‹, bezeichneten. Daran beteiligten sich seit der Mitte der achtziger Jahre auch das Deutsche Reich und das Königreich Belgien unter Leopold II. Auf der Berliner Kongo-Konferenz im Jahr 1884 teilten die Kolonialmächte Afrika schließlich in Einflußgebiete auf. Der gesamte Sahel-Sudan-Streifen vom Atlantik bis zum Tschad, der westsaharische Raum sowie Dahomey, die Elfenbeinküste und Guinea wurden als künftiges französisches Einflußgebiet bestätigt, Großbritannien sicherte sich die großen, reichen Küstenländer Nigeria, Goldküste und Sierra Leone, und die verbliebenen Gebiete wie Togo und Kamerun kamen an die Deutschen.

Bereits 1880 hatte der französische Militärkommandant Gallieni mit Ahmadou, dem Nachfolger El Hadji Omars, einen Vertrag abgeschlossen, der den Franzosen Handelsfreiheit und eine privilegierte Stellung garantierte, jedoch keine Abtretung des Tukulor-Gebietes beinhaltete. Übersetzungsmängel in der arabischen Fassung des Vertrages und daraus resultierende (beabsichtigte?) Mißverständnisse führten dazu, daß die französische Regierung den Vertrag nicht anerkannte. 1888 begannen unter dem Kommandanten Archinard die brutalen militärischen Aktionen gegen den Tukulor-Herrscher Ahmadou und den Diula-Fürsten Samori, deren Herrschaftsgebiete Archinard als ›für den Handel hinderlich‹ erachtete. 1890 wurde Segu und 1893 Djenné eingenommen; Ahmadou zog sich in sein Mutterland nach Sokoto zurück, während sein Mitstreiter Ali Buri von den Franzosen bis ins Haussa-Land gehetzt wurde und schließlich bei Dogondoutchi im heutigen Niger ums Leben kam. Damit hatte Faidherbe seine große Idee eines zusammenhängenden französischen Sudan vom Senegal bis zum nigrischen Sahel fast verwirklicht. Der Bau der Eisenbahnlinie von Kayes am oberen Senegal bis nach Bamako stand am Anfang der kolonialen Erschließung des Sudan. Die Fertigstellung dauerte allerdings von 1881 bis 1906, da sich die ›Befriedung‹ des Gebietes wegen der andauernden Auseinandersetzungen mit dem Diula-Fürsten Samori, dem größten Widersacher der französischen Expansion in Westafrika, bis 1898 hinzog.

In den folgenden Jahren besetzten die Franzosen den gesamten Sahelstreifen vom Niger bis zum Tschad, bis es um 1890 im Tschadseegebiet zu einem wahren Wettlauf zwischen Engländern, Franzosen und den Deutschen, die von Kamerun her nach Norden drängten, kam. Durch bilaterale Abkommen wurden schließlich die Kolonialgrenzen geschaffen, die heute noch die politischen Grenzen zwischen den westafrikanischen Staaten darstellen, obwohl sie sich ohne Rücksicht auf historische und ethnische Gegebenheiten willkürlich durch das Siedlungsgebiet der afrikanischen Völker zogen. So wurde das Haussa-Volk gespalten – ein Teil ihres Gebietes fiel an Nigeria, der andere an den Niger –, und nicht anders erging es den Malinke und Senufo im Westen, die heute in Mali, im Senegal und in der Elfenbeinküste leben.

Nach der Jahrhundertwende kontrollierte Frankreich in Westafrika ein riesiges, zusammenhängendes Territorium von 5 Millionen km^2 (›Afrique occidentale française‹), das bis 1919 in sieben Teilgebiete gegliedert war (Ober-Senegal-Niger, Senegal, Mauretanien, Guinea, Elfenbeinküste, Niger, Dahomey) und danach in acht (das riesige Territorium Ober-Senegal-Niger wurde in den französischen Sudan und Obervolta aufgeteilt). Die Kolonien erhielten die gleiche administrative Struktur wie das älteste französische Kolonialgebiet in Westafrika, der Senegal. Dort war unter dem autoritären Regime Napoleons III. eine hierarchische Verwaltungsordnung entstanden mit einem Generalgouverneur an der Spitze, sowie Gouverneuren und Kreiskommandanten auf den unteren Ebenen. Einen Sonderstatus nahmen im Senegal die vier ältesten Gemeinden, St. Louis, Rufisque, Gorée und Dakar, ein, deren Bewohner im Jahr 1916 die gleichen politischen Rechte wie die Franzosen erhielten (alle übrigen Einwohner galten als Untertanen Frankreichs).

Die Territorien waren in Kreise eingeteilt, denen Kreiskommandanten vorstanden, die wichtigsten Stützen des administrativen Systems. Sie führten die Politik der Regierung bzw. des Gouverneurs vor Ort durch und vereinigten in einer Person die Funktionen von Richtern, Finanzexperten, Organisatoren öffentlicher Arbeiten, Polizei- und Militärchefs, Schulräten und Gesundheitsbeamten. Die Kommandanten regierten autokratisch und bisweilen selbstherrlich, da die Entfernung von den Machtzentren jegliche Kontrolle ihrer Arbeit erschwerte. Viele von ihnen waren jedoch auch genaue Kenner ihrer Region, und manche verfaßten wertvolle Berichte über die afrikanischen Völker.

Die wirtschaftliche Kontrolle lag in den Händen großer internationaler Handelshäuser aus Bordeaux und Marseille (C.F.A.O. = Französische Gesellschaft von Westafrika, C.I.C.A. = Afrikanische Industrie- und Handelskompagnie). In den größeren Städten richteten sie ihre Faktoreien ein, welche die afrikanischen Exportprodukte in Sammellager leiteten und europäische Waren verkauften. Im Senegal wurde im Wolof- und Serer-Land entlang der Bahnlinie Dakar–Thiès–Kaolack der Erdnußanbau entwickelt, und im Sudan entstand zwischen 1920 und 1930 im Zuge der Erschließungspolitik des Kolonialministers Albert Sarraut das ›Office-du-Niger‹-Projekt. Bei Sansanding, nordöstlich von Segu, baute man einen Staudamm, der zur Bewässerung von 1750000 ha Land für den Baumwollanbau dienen sollte (tatsächlich wurden bis 1953 jedoch nur 25000 ha Land von 13000 Kolonisten bewirtschaftet). Trotz infrastruktu-

Forts der Kolonialtruppen wie dieses in Atar (Mauretanien) entstanden ab dem Ende des 19. Jhs. überall im Sahel

reller Schwierigkeiten und der geringen Bereitschaft der afrikanischen Bauern zur Anpassung an eine Exportproduktion machten die Handelsgesellschaften beträchtliche Gewinne. Sie beherrschten auch die afrikanischen Händler weitgehend, wenngleich der traditionelle Güteraustausch von Nord nach Süd (Trockenfisch, Vieh und Salz gegen Kolanüsse) weiter existierte.

Die Infrastruktur richtete sich ganz nach den Belangen des Handels. Während im Senegal das Straßennetz im Erdnußanbaugebiet sehr gut entwickelt wurde, blieben im Sudan, in Mauretanien und im Niger weite Teile, die als landwirtschaftlich uninteressant galten, unerschlossen. Dakar entwickelte sich zum wichtigsten Import- und Exporthafen auch für die Sudankolonie und Mauretanien, vor allem nach der Fertigstellung der Bahnlinie Dakar–Bamako im Jahre 1923. Die Wirtschaftsstruktur der französischen Kolonien war einseitig auf die Landwirtschaft ausgerichtet, die Vermarktung der Rohstoffe (Erdnuß, Baumwolle, Kaffee, Kakao) bildete die alles dominierende ökonomische Grundlage. Einnahmen erhielt die Administration durch Kopfsteuern und Zollgebühren, die von den Bauern mit Bargeld zu bezahlen waren. Dies zwang die Afrikaner, Exportprodukte zum Verkauf anzubauen. Hinzu kamen die ›freiwilligen‹ Arbeitsleistungen auf den Baumwollfeldern des Kommandanten sowie beim Straßen- und Eisenbahnbau. Zahlreiche Friedhöfe entlang der Bahnlinien zeugen von den ungeheuren Menschenopfern, die der Ausbau der Infrastruktur forderte. Die regional ungleiche Entwicklung in den Kolonien führte zu einer starken Binnenwanderung der Arbeitskräfte. Die großen Städte an der Küste (Dakar, Abidjan) und die intensiv bewirtschafteten Küstenregionen im Senegal zogen viele Arbeitskräfte aus den Hinterländern an, was zwar den wirtschaftlichen Aufschwung der Küstenregionen unterstützte, aber gleichzeitig dem Hinterland wertvolle Kräfte entzog. So lagen die ökonomischen Vorteile des Kolonialsystems einseitig bei den fremden Herren, nicht aber bei der Masse des Volkes.

Im sozialen und infrastrukturellen Bereich brachte die Kolonialzeit aber durchaus auch den Afrikanern Fortschritte. Die Straßen- und Bahnlinien verbesserten den Kontakt zur Außenwelt, einige Afrikaner, die im Export beschäftigt waren, häuften so viel Kapital an, daß sie selbst unternehmerisch aktiv wurden und, wie in der Elfenbeinküste und im Senegal, einen kapitalistischen Entwicklungsprozeß einleiten konnten. Das koloniale Gesundheitssystem schuf auch auf dem Lande Krankenhäuser und Dispensarien (kleine Sanitätsstationen), um die verheerenden Tropenkrankheiten (Malaria, Gelbfieber, Typhus, Cholera, Amöbenruhr, Lepra u. a.) zu bekämpfen. In Dakar entstand bereits 1910 ein Pasteur-Institut und in Bamako 1934 eine Lepra-Heilanstalt. Auch die christlichen Missionen trugen im Gesundheits- und Bildungssektor zu einer Verbesserung der sozialen Lage auf dem Lande bei.

Großen Wert legte die Kolonialverwaltung auf das Bildungswesen. 1854 schuf Faidherbe im Senegal die staatliche Schule, und 1903 wurde in gesamt Französisch-Westafrika die Dorf- und Regionalschule eingerichtet. In Gorée fand bereits im 19. Jh. ein Berufsschulunterricht statt, in St. Louis und Dakar entstanden Realschulen und Gymnasien, in Gorée später auch die pädagogische Hochschule William Ponty und 1918 schließlich die medizinische Hochschule in Dakar. In diesen Bildungsstätten wurden die mittleren und höheren Angestelltenkader der Kolonien herangebildet, das Bildungssystem zeigte also deutlich einen elitären Charakter. Allerdings erwuchsen aus dieser Schicht der Intellektuellen auch die Vorkämpfer des in den vierziger Jahren entstehenden afrikanischen Nationalismus und der Unabhängigkeitsbewegung.

Dekolonisierung und Unabhängigkeit der westafrikanischen Staaten

Die Anlässe für das Erwachen des afrikanischen Nationalismus und des Unabhängigkeitsstrebens bildeten die beiden Weltkriege. Schon im Ersten und noch mehr im Zweiten Weltkrieg kämpften Tausende von Afrikanern auf europäischen Kriegsschauplätzen in den Reihen der französischen Armee. Sie erhielten von ihren Offizieren den Befehl, auf Europäer zu schießen, was den Mythos des Weißen gründlich zerstörte, sie lernten ihre Herren als Besiegte kennen und erlebten sich zum ersten Mal mit ihnen ebenbürtig. Bereits vor dem Zweiten Weltkrieg hatte allmählich die Emanzipation der Afrikaner durch ihre Intellektuellen und Schriftsteller begonnen. Diejenigen, die in Frankreich studierten, kamen mit den Ideen der Gleichheit und Brüderlichkeit, der Aufklärung in Kontakt. Im ›Mutterland‹ lernten sie fortschrittliche Wissenschaftler und Politiker kennen, die Gegner des Kolonialismus waren. Schwarze Dichter aus Afrika und der Karibik wie Aimé Cesaire, Leopold S. Senghor und David Diop verbreiteten mit ihrer afrikanischen Lyrik und Prosa, der Dichtung der ›Negritude‹, das neue Selbstgefühl der Schwarzen und trugen dazu bei, den Europäern Verständnis für die Situation der Schwarzen zu vermitteln.

Nach dem Zweiten Weltkrieg nahm die antikolonialistische Stimmung auf der ganzen Welt zu, und auch die nun dominierenden Großmächte USA und UdSSR trugen einen dezidierten Antikolonialismus zur Schau. Unter dem Druck der Weltöffentlichkeit und durch den Krieg geschwächt, mußten die Kolonialmächte ihre Politik verändern. Während Großbritannien einen allmählichen Übergang zur Selbstverwaltung in seinen Territorien anstrebte, verfolgte Frankreich bis in die fünfziger Jahre eine Politik der Assimilierung der Afrikaner. Prominente Führer wie Leopold S. Senghor, der spätere Präsident des Senegal, und Felix Houphouet-Boigny aus der Elfenbeinküste kamen als Abgeordnete in das Pariser Parlament.

In den Kolonien selbst entstanden nach 1945 zahlreiche Parteien und Gewerkschaften, die zunächst Gleichberechtigung, später die Unabhängigkeit vom ›Mutterland‹ forderten. Der algerische Befreiungskampf, die Niederlage der Franzosen in Indochina und die Unabhängigkeit Marokkos und Tunesiens im Jahr 1956 verstärkten die Unabhängigkeitsforderungen der schwarzafrikanischen Länder und zwangen 1958 schließlich zu einem von de Gaulle organisierten Referendum, das die Entscheidung über die von ihm geplante ›Communauté Française‹ gleichberechtigter autonomer Staaten oder die Unabhängigkeit bringen sollte. Die Wahlkampfreise de Gaulles durch die afrikanischen Territorien bewirkte zwar einen scheinbar großen Erfolg der Protagonisten einer französischen Gemeinschaft, da lediglich Guinea unter Seku Touré gegen den Entwurf Frankreichs stimmte und am 2. 10. 1958 die unabhängige Republik ausrief; das Beispiel Guineas bewirkte aber auch in den anderen Territorien einen Stimmungsumschwung zugunsten der Unabhängigkeit. Im Januar 1959 entstand die Mali-Föderation, die Senegal, den französischen Sudan, Obervolta und Dahomey umfaßte, wegen der nationalistischen Strömungen in den einzelnen Teilregionen aber nicht von langer Dauer war. Im Dezember 1959 versprach de Gaulle dem künftigen Mali die volle Souveränität, und das Jahr 1960 brachte schließlich der Mehrzahl der afrikanischen Länder, darunter auch dem Senegal, Mauretanien, Mali und dem Niger, die ersehnte Unabhängigkeit.

Politische Entwicklung in den westafrikanischen Sahelstaaten seit der Unabhängigkeit

Im **Senegal** existierte bereits nach dem Zweiten Weltkrieg eine Vielzahl politischer Parteien, die miteinander konkurrierten. Zum großen Sammelbecken verschiedener politischer Richtungen wurde 1958 die UPS (Union Progressiste Sénégalaise) unter Leopold Sedar Senghor, eine Vereinigung der Sozialistischen Partei und des Bloc Populaire Sénégalais. Im Jahr 1958 votierte zwar nur der linke Flügel der UPS für eine sofortige Unabhängigkeit, Senghor und der größte Teil der Bevölkerung dagegen für die französische Gemeinschaft, im Zuge der westafrikanischen Unabhängigkeitswelle erlangte aber auch der Senegal seine staatliche Souveränität. Bis 1974 nahm die UPS unter Senghor die dominierende Stellung im Staat ein. Durch die mangelhaften Planungen während der Dürreperiode entstand aber vor allem unter den Intellektuellen Unzufriedenheit mit der Verwaltung und Staatsführung, und so kam es zur Gründung einer liberal-demokratischen Partei und 1976 zur Formierung des RND (Rassemblement National Démocratique), das einen linken Oppositionskurs zur Regierungspartei steuert.

Im gleichen Jahr begrenzte eine Verfassungsänderung die Parteienzahl auf drei, damit ist im Senegal der in Westafrika seltene Fall eines demokratischen Mehrparteiensystems mit einem Spektrum von liberal-demokratisch über sozialdemokratisch bis zu marxistisch Wirklichkeit geworden. Die UPS von Senghor versteht sich innerhalb dieser Parteienlandschaft als sozialdemokratische Organisation und nennt sich entsprechend seit 1976 PSS (Parti Socialiste du Sénégal). Gegner des herrschenden Systems sind die marxistischen Studenten, die in Frankreich ihre Ausbildung erfahren haben, sowie ein Teil der Schüler und der arbeitslosen Jugendlichen mit geringer Schulausbildung, die nicht zur privilegierten Mittel- und Oberschicht gehören. Gewalttätige Schülerdemonstrationen im Jahr 1979 zeigten das Potential dieser Oppositionellen. Auch der Islam und die religiösen Bruderschaften (z. B. die Mouriden) üben einen großen Einfluß auf die Politik aus.

Mit **Gambia,** der ehemaligen britischen Kolonie und Enklave innerhalb des senegalesischen Territoriums, ist der Senegal seit 1980 durch einen militärischen Beistandspakt verbunden. Nach einem gescheiterten Putsch gegen den gambischen Staatspräsidenten im Juli 1981 begannen beide Länder die Planung einer politischen Konföderation namens ›Senegambien‹, die am 1. 1. 1982 offiziell wirksam wurde. Der Fortbestand des gambischen Staatswesens und seiner demokratischen Regierungsform wird seither durch senegalesische Streitkräfte garantiert. Außenpolitisch, historisch und kulturell ist der Senegal eng mit Frankreich verbunden, Gambia jedoch mit Großbritannien. Wegen vielfältiger struktureller Unterschiede in Verwaltung, Bildungswesen und Rechtsprechung dürfte das neue senegambische Staatsgebilde noch manche Anpassungsschwierigkeiten durchzustehen haben.

In **Mauretanien** übernahm Moktar Ould Daddah bereits vor der formellen Unabhängigkeit die Führung in der ›Islamischen Republik‹. In einer Einheitspartei, der PRM (Parti du Regroupment Mauritanien), versuchte er, alle politischen Strömungen zusammenzufassen. Die enge Anlehnung an Frankreich vor der Unabhängigkeit und die Absicht, Mauretanien mit Marokko zu vereinigen, führten allerdings zu großen Spannungen mit den jüngeren Parteimitgliedern, entschiedenen Gegnern eines Anschlusses an den nördlichen Nachbarn. Am 28. 11. 1960 verkündete Daddah die Unabhängigkeit des Landes. Er wurde Vorsitzender der neuen PPM (Parti du Peuple Mauritanien), Regierungschef, Außenminister sowie Oberbefehlshaber der Streitkräfte und verbot alle Oppositionsparteien. Ende der sechziger Jahre streikten die Minenarbeiter, und die verbotenen Gruppen sowie ein Teil der Gewerkschaften schlossen sich zu einer ›Nationalen Demokratischen Bewegung‹ zusammen. Der innenpolitische Druck führte zu einer Abkehr von Frankreich (Mauretanien verließ 1972 die Währungsunion des CFA-Francs) und zur Verstaatlichung der Bergbauindustrie.

Seit 1975 ist das Schicksal des Landes eng mit dem Problem der West-Sahara verknüpft. Nach der Aufteilung der ehemaligen spanischen Sahara zwischen Marokko und Mauretanien Ende 1975 befand sich das Land bis 1979 im Krieg mit der westsaharischen Befreiungsarmee ›Frente POLISARIO‹. Am 10. 7. 1978 wurde Moktar Ould Daddah durch einen Militärputsch von Colonel Mustafa Ould Mohamed Saleck abgesetzt, der seinerseits am 3. 6. 1979 zugunsten des Colonel Mahmoud Ould Louly abdankte. Am 5. 8. 1979 schloß Mauretanien in Algier einen Friedensvertrag mit der POLISARIO und zog sich aus dem besetzten Teil der West-Sahara zurück (in den nun marokkanische Truppen einmarschierten). Nach einem dritten Machtwechsel der Militärs innerhalb von 18 Monaten übernahm am 4. 1. 1980 der bisherige Premierminister Colonel Mohammed Kouna Ould Haidalla die Führung des Landes. Die neue Politik der Militärs ist bestrebt, die inneren sozialen und kulturellen Spannungen zwischen dem maurischen Norden und dem schwarzafrikanischen Süden des Landes zu mildern.

Am 22. 9. 1960 erklärte sich der französische Sudan zur unabhängigen Republik **Mali.** Ihr Präsident, Modibo Keita, verfolgte zunächst einen sozialistischen Kurs, lehnte jedoch Atheismus und Historischen Materialismus strikt ab. In der Landwirtschaft sollten Kollektivfelder angelegt und die Industrie auf der Grundlage von Staatsbetrieben aufgebaut werden. 1962 erhielt Mali eine eigene Währung, blieb jedoch formell in der Franc-Zone. Wirtschaftliche Probleme führten zu einer Wiederannäherung an Frankreich, die damit verbundene Abwertung des Mali-Francs um 50% verursachte aber erhebliche Unruhen im Lande. Keita antwortete mit einer ›revolutionären Kampagne‹ und der Auflösung der Nationalversammlung; die Einheitspartei Union Soudanaise und die Regierung wurden fortan vom Präsidenten allein beherrscht. Gegen diese Politik wandten sich die Militärs, die im November 1968 unter Yoro Diakite und Moussa Traoré einen Umsturz herbeiführten. In den Auseinandersetzungen um den innenpolitischen Kurs setzte sich schließlich Moussa Traoré durch. Er gründete das ›Militärkomitee für nationale Befreiung‹ als oberstes Führungsorgan und löste die Einheitspartei sowie die Gesamtgewerkschaft zunächst auf, um sie später im Sinne der Militärs neu zu gestalten. 1974 nahm ein Referendum mit 90% Ja-Stimmen eine Verfassung an, die die Rückkehr zur zivilen Macht bis 1979 vorsah.

Die Dürreperiode zwischen 1968 und 1973 sowie Grenzstreitigkeiten mit dem Nachbarstaat Obervolta 1974/75 verschärften die wirtschaftlichen Probleme des Landes und führten zu einer Verbesserung der Beziehungen zu Frankreich und zur Europäischen Gemeinschaft. Seit 1976 ist die Einheitspartei UDPM (Union Démocratique du Peuple) im Aufbau, die zum Ziel hat, die verschiedenen Völkerschaften zu einer Nation zusammenzuschweißen. Als unruhige Provinz gilt die ›6. Region‹ (Gao), wo die ›weißen‹ Tuareg dominieren.

Im **Niger** hatte seit 1959 Präsident Hamani Diori, gleichzeitig Generalsekretär der Einheitspartei PPN (Parti Progressiste Nigerien), die politische Führung inne. Außenpolitisch lehnte sich der Niger seit der Unabhängigkeit (3. 8. 1960) bis zum Sturz Hamani Dioris (1974) eng an Frankreich und die EG an, innenpolitisch herrschten Vetternwirtschaft und Korruption, was besonders während der Dürreperiode offen zutage trat. Die Gattin des Präsidenten verkaufte während der Dürre zu horrenden Preisen Getreide, das von internationalen Organisationen kostenlos zur Verfügung gestellt worden war. Die Verschmelzung von Staat und Einheitspartei schuf eine Klasse von Privilegierten, die jeglichen Kontakt zur Masse verlor.

Am 15.4.1974 gelangte das Militär unter dem Oberstleutnant Seyni Kountché an die Macht, löste die Einheitspartei und das Parlament auf und besetzt seither die meisten Ministerposten. Die Armee sieht sich als ›Retter des Vaterlandes‹ und findet im Volk großen Rückhalt. 1975 konnte Kountché einen Putschversuch des einstigen Gründers der UDN-Partei (Union Démocratique Nigerienne), Djibo Bakary, und des Vizepräsidenten Sani Sido erfolgreich abwehren. Der Islam spielt eine bedeutende Rolle als einigendes Element; entsprechend nimmt die islamische Geistlichkeit eine einflußreiche Stellung ein.

Die Djerma-Songhay, die nur 20% der Gesamtbevölkerung ausmachen, sind überproportional in der politischen Führung vertreten. Das Djerma soll nach den Plänen der Regierung als Nationalsprache allmählich das Französische verdrängen, obwohl das Haussa aufgrund des größeren Bevölkerungsanteils (45%) als Landes- und Verkehrssprache eigentlich besser geeignet wäre.

Historischer Sahel: Zeltlager eines Scheichs vor Timbuktu (Lithographie nach einer Skizze von Heinrich Barth, 1854)

Senegal

Das Land und seine Bewohner

Der Senegal liegt in dem am weitesten nach Westen, zum amerikanischen Kontinent hin vorgeschobenen Teil Afrikas. Im Norden trennt der gleichnamige Fluß das Land von Mauretanien, die Ostgrenze zu Mali bildet der Faleme, ein linker Nebenfluß des Senegal. Im Süden, im Bereich der hügeligen Ausläufer des Futa Djalon-Massivs und der dichten tropischen Wälder, grenzen Guinea und die ehemalige portugiesische Kolonie Guinea-Bissau an den Senegal, im Westen stellt auf ca. 500 km der Atlantische Ozean die natürliche Grenze dar. Der seit dem 1. 1. 1982 mit dem Senegal fusionierte Staat Gambia legt sich wie ein schmaler, gekrümmter Finger in einer Breite von nur 45 km 300 km weit auf beiden Seiten des Gambia River quer durch senegalesisches Territorium. Diese ehemalige britische Kolonie trennt den trockeneren, sahelisch-sudanischen Nordsenegal von der tropisch-feuchten, südsenegalesischen Region Casamance (genaueres vgl. S. 163).

Der Senegal ist ein weitgehend ebenes Land. Kleinere Erhebungen finden sich in der Umgebung der Hauptstadt Dakar am Kap Verde, kleine Basaltkegel vulkanischen Ursprungs, die sogenannten ›Mamelles‹ (Frauenbrüste). Eine Ausnahme bildet der äußerste Südosten, wo sich im Nationalpark von Niokolo-Koba und im Bassari-Land die gebirgigen Ausläufer des guineischen Futa Djalon-Berglandes bemerkbar machen. Das Territorium des Senegal wird von vier großen, ganzjährig wasserführenden Flüssen entwässert, vor allem von dem 1700 km langen Senegal, der dem Land seinen Namen gab. Der Strom ist das ganze Jahr über bis nach Podor schiffbar und dient deshalb seit alters her als wichtiger Verkehrsweg in das Innere des Kontinents. In der Regenzeit schwillt er in bestimmten Abschnitten auf eine Breite von über 20 km an und überzieht die Talaue mit einer fruchtbaren Schlammschicht. Deshalb liegen hier die fruchtbarsten Ackerbaugebiete des Landes, wo Zuckerrohr, Sorghumhirse, Reis und Mais gedeihen. In seinem Unterlauf teilt sich der Strom in zahlreiche Arme, fließt in südwestlicher Richtung parallel zu den Küstendünen des Atlantik und südlich von St. Louis in das Meer. Der Einfluß der Gezeiten macht sich noch 220 km flußaufwärts bemerkbar und begünstigt die Schiffahrt. Das zweite große Flußsystem bildet der Sine-Saloum, in dessen trichterförmigem, breitem Unterlauf das Meer bis zur Provinzstadt Kaolack reicht, wo noch Meersalz gewonnen wird. In den Saloum mündet der bis Fatik schiffbare Sine. Auch der Gambia und die Casamance weisen breite Ästuarmündungen auf, in welche die Schiffe weit hineinfahren können.

Der Senegal hat ein trocken-heißes Klima mit einer kürzeren Regenzeit von drei Monaten im Norden und einer längeren von fünf im Süden. Die Trockenzeit eignet sich ideal für europäische Winterurlauber; die Temperaturen an der Küste liegen zwischen Oktober und März bei 22 °C, die Höchsttemperaturen übersteigen 27 °C kaum. Im Landesinnern und im Süden ist es heißer; in der gleichen Jahreszeit erreichen die Temperaturen dort um 30 °C und auch darüber.

Der größte Teil des Senegal liegt in der trockenen Sahelzone. Deren Kerngebiet bildet die trockene, unfruchtbare und fast völlig unbesiedelte Ferlo-Dornsavanne. In der langen Trockenzeit verwandelt sich dieser ausgedehnte Landstrich in eine trostlos trockene, tonig-sandige Ebene mit dürren Akazien und einigen Affenbrotbäumen. In dem südlich anschließenden Streifen, zwischen Dakar-Tambakounda und dem Gambia, in den etwas feuchteren Trockensavannen mit ihren hohen Gräsern und dem dichteren Baumbewuchs (Nere, Tamarindenbaum, Flammenbaum, Kapokbaum), liegen die Zentren des Erdnußanbaus entlang der Bahnlinie, die nach Mali führt. Südlich des Gambia geht die Trockensavanne in eine regengrüne, guineische Waldsavanne über, wo aufgrund der in der Regenzeit hohen Niederschläge eine üppige tropische Vegetation gedeiht. In der von Wasserarmen durchzogenen Mangrovenlandschaft der Basse Casamance wächst Reis, das Grundnahrungsmittel der Diola-Bauern; daneben bestimmen dichte Ölpalmhaine und mächtige Kapokbäume das Bild dieser Region.

An der Atlantikküste erstrecken sich von der Senegalmündung bis zum Kap Roxo im Süden endlose Sandstrände, an denen sich im Abschnitt der ›Petite Côte‹ südlich von Dakar große Badezentren entwickelt haben. Die schönsten der von hohen Dünen und Kokospalmenhainen gesäumten Strände liegen im Süden des Landes, in der Umgebung des Kap Skirring. Nur im Umkreis des Kap Verde unterbrechen Basaltfelsen die Sandküste. Die küstennahen Landesteile unterscheiden sich durch ihre ethnisch-kulturelle Vielfalt und ihre historische Entwicklung von den zentralen und östlichen Regionen des Senegal. Im Umkreis der Flußmündungen siedeln seit dem Mittelalter die sogenannten westatlantischen Völker, darunter vor allem die im Nordwesten des Landes dominierenden Wolof (38% der Gesamtbevölkerung), im Zentralteil die Serer (16,5% der Bevölkerung) und im Gebiet des Kap Verde die Lebu, die wie die Niominka des Sine-Saloum-Mündungsgebietes als Fischer leben. Die Basse-Casamance im Süden ist die Heimat der Diola-Reisbauern, die linguistisch und kulturell eine Sonderstellung einnehmen.

Die Küstenbevölkerung kam seit dem 15. Jh. mit portugiesischen, später mit holländischen, englischen und französischen Seefahrern und Kaufleuten in Kontakt. Der Handel mit Gold, Fellen, Sklaven und Gummi arabicum brachte Europäer und Afrikaner im Laufe der Zeit immer häufiger zusammen, bis sich der europäische Kultureinfluß – vor allem durch den expandierenden Sklavenhandel – von der Gambia- und Senegal-Mündung aus auch in das Hinterland ausbreitete. Durch Heiraten zwischen Weißen und Schwarzen entstand im 18. Jh. eine eigenartige Mischkultur, die an die Verhältnisse in der Karibik erinnert. Die *Signaras*, afro-europäische Sklavenhändlerinnen, fungierten als Vermittler zwischen beiden Kulturen und verkörperten die Verschmelzung von afrikanischen und europäischen Elementen. Aus den privaten Handelskontoren an der Küste erwuchsen planmäßig angelegte Kolonialstädte (St. Louis, Gorée, Rufisque), deren Architektur mit den balkon- und arkadengeschmückten Häusern und Sklavenhändlerpalästen der von Martinique oder Guadeloupe ähnelt.

Das hohe Maß an kultureller Durchdringung des senegalesischen Küstenlandes durch französische Einflüsse ist einmalig in Westafrika. Der Senegal unterscheidet sich in dieser Hinsicht von

Europäisches Schiff vor der westafrikanischen Küste (Darstellung vom Anfang des 19. Jhs.)

allen binnenländischen Sahelstaaten, die afrikanische Traditionen besser bewahrt haben. In der Metropole Dakar und den größeren Verwaltungsorten (St. Louis, Kaolack, Thiès) dominiert der westlich-europäische Lebensstil französischer Prägung. Dennoch bestehen viele Reste der alten Strukturen weiter, nicht nur in den afrikanischen Stadtteilen Dakars wie etwa der Medina oder wie auf den Dörfern. Überall, in Dakar, in den Mittelstädten und auf dem Lande üben die Oberhäupter der islamischen Sekten und Bruderschaften (Mouriden, Tidjani-Bruderschaft) im geistig-religiösen und die Dorfältesten der führenden Wolof-Clans im sozialen und politischen Sektor großen Einfluß aus. Auch bestimmte überkommene Verwandtschaftsstrukturen, wie etwa das matrilineare Prinzip bei den Wolof, dokumentieren sich in der auffallend dominanten Stellung der Frau innerhalb der Familie und in ihrer Rolle als Händlerin auf dem Markt.

Der Islam, der ausgehend vom Tekrur-Reich im Senegal-Tal vom frühen Mittelalter bis zum 19. Jh. fast das ganze senegalesische Territorium (ausgenommen den Süden) erfaßte, stellt die prägende religiöse und geistige Kraft im Lande dar und zählt etwa 80% der Senegalesen zu seinen Anhängern. In der Praxis konnten sich aber insbesondere bei den spät islamisierten Gruppen zahlreiche präislamische Züge (wie etwa das Tragen von Amuletten, die Verwendung von Zaubermitteln, die Furcht vor dem ›Bösen Blick‹) erhalten. Die Diola in der Basse Casamance und die Bassari im südöstlichen Senegal praktizieren noch ihre alten animistischen Kulte. Die Achtung der Familienfetische und Initiationsriten bei den Diola sowie die Geheim- und Männerbünde, das Maskenwesen, die Tänze und die Initiationsfeste bei den Bassari, Koniagui und Bedik seien als wichtigste Merkmale authentischer afrikanischer Kulte genannt. An der Petite Côte und in den Städten leben im Einzugsbereich der Missionen einige Zehntausend Christen (11% der Bevölkerung des Senegal).

Der kulturellen Vielfalt der Küstenregion steht eine größere ethnisch-kulturelle Homogenität des Hinterlandes gegenüber. Die Natur liefert mit ihren eintönigen, ebenen und trockenen Savannen den äußeren Rahmen dafür. Die trockene Ferlo-Savanne im Sahel nimmt über ein Drittel des gesamten Staatsgebiets ein; bevölkert wird sie von halbnomadischen Fulbe-Hirten, die mit ihren Rinderherden die Region durchstreifen. Auch die südlich angrenzenden, etwas feuchteren Savannen im südöstlichen Senegal weisen eine wesentlich geringere Besiedlungsdichte auf als der Westen. Außer den zugewanderten Wolof und Serer leben hier die Malinke (Mandingo), Nachfahren des alten Mali-Reiches, in ihren großen Lehmdörfern. Im äußersten Südosten heben sich die altnigritischen Bassari, Koniagui und Bedik durch ihre Ursprünglichkeit (Animismus, Initiationsfeste, Jägerei) als kulturell eigenständige Gruppe von den anderen Völkern ab.

Eine Sonderstellung nimmt im Norden die fruchtbare Stromoase des Senegal-Tales ein, deren üppig grüne Reis-, Sorghum- und Zuckerrohrfelder in krassem Kontrast zu dem ausgedorrten Sahel stehen. In größeren, stadtähnlichen Siedlungen leben hier wieder mehrere verschiedene Volksgruppen beisammen, die Tukulor, Verwandte der Fulbe, die Sarakolle und einige Wolof. Fischfang und Feldbau verbunden mit Viehzucht bilden ihre Lebensgrundlagen.

Der Senegal ist trotz einiger städtischer Zentren ein typisches Agrarland, in dem sich 77% der Bevölkerung unmittelbar von der Landwirtschaft ernähren. Der größte Teil der Bewohner (knapp 4 Millionen) lebt im Westen in einem Umkreis von rund 300 km um Dakar, in den Hauptanbaugebieten der Erdnuß.

Dem Besucher bietet der Senegal auf engstem Raum landschaftliche, kulturelle und architektonische Kontraste wie kein anderes westafrikanisches Land. In den Städten St. Louis, Gorée und Rufisque beeindrucken die historischen Kulissen aus der Kolonialzeit des 18. und 19. Jhs., in Dakar dagegen die modernen Hochhäuser, Luxushotels und europäisch anmutenden Geschäfte in unmittelbarer Nachbarschaft zu den bunten afrikanischen Märkten mit ihrem Reichtum an afrikanischem Kunsthandwerk. Wer das ländliche Afrika sucht, findet es schon wenige Kilometer außerhalb der Hauptstadt an der ›Petite Côte‹ mit ihren schönen, einsamen Badestränden. Wie an einer Kette aufgereiht liegen dort alte Orte aus der Portugiesenzeit mit ihren kleinen Häuschen unter Kokospalmen, daneben alte Muschelfriedhöfe und Laguneninseln, auf denen sich altertümliche Hirsespeicher erheben. In Kayar, nördlich von Dakar, faszinieren die schönen, strohgedeckten Hütten und Gehöfte sowie die bunt bemalten Pirogen am Strand. Auf eine afrikanische Bilderbuchlandschaft mit Urwaldbäumen, Palmenhainen und Reisfeldern trifft der Besucher in der Casamance. Eigenartige Impluviumhäuser, Atriumgehöfte für Großfamilien, und Sippenweiler unter jahrhundertealten Kapokbäumen präsentieren sich dort als eindrucksvolle Zeugen der bäuerlichen Diola-Kultur. Das gut ausgebaute Netz von Touristen-Campements ermöglicht es, in der Basse Casamance einige Gegenden auch zu Fuß zu durchwandern. Noch ursprünglicher wirkt der östliche Senegal. Der dortige Nationalpark von Niokolo-Koba zählt zu den größten Tier- und Pflanzenreservaten Westafrikas und ist durch gut ausgebaute Pisten und eine ausreichende touristische Infrastruktur mit Hotels, Campements und Aussichtspunkten erschlossen. Er bietet die Möglichkeit, noch einige der Savannentiere zu sehen, die früher überall im Lande lebten. Am Rande des Nationalparks, am Fuße des Futa Djalon, befindet sich die Heimat einiger kleiner Stämme, die sich in ihren Sitten und Lebensgewohnheiten von allen anderen Völkern im Land unterscheiden. Ihre reiche animistische Kultur ist besonders berühmt wegen der Initiationstänze, die, wie auch die Auftritte der Maskentänzer, am Ende der Trockenzeit stattfinden.

Die Hauptstadt Dakar

Dakar, die Hauptstadt des Senegal, liegt am südlichsten Ausläufer der Kap Verde-Halbinsel in der am weitesten nach Westen vorgeschobenen Region Afrikas. Die über 700000 Einwohner zählende Stadt, deren stürmische Entwicklung durch den Ausbau des großen Hafens im 19. Jh. und durch die Installierung des Regierungssitzes von Französisch-Westafrika im Jahr 1907 begünstigt wurde, gehört zu den großen westafrikanischen Metropolen. Dakar ist mit seinen Hochhäusern, großen Plätzen und Avenuen eine westlich anmutende Kapitale, die nur noch wenige traditionelle afrikanische Züge aufweist. Spezifisch Afrikanisches findet man allerdings auch in Dakar noch, in den ausgedehnten afrikanischen Wohnvierteln der Händler und ›kleinen Leute‹, in der Medina im Norden der Stadt sowie in den weitläufigen Marktstraßen des Sandaga-Viertels. Unter den Bauten Dakars verdienen lediglich einzelne Gebäude aus der frühen Kolonialzeit Erwähnung; in der kommerziell bestimmten Innenstadt, dem Plateau-Viertel, dominiert die weitgehend profillose, funktional-administrative Architektur der späten Kolonialzeit neben hochmodernen Repräsentationsbauten der sechziger und siebziger Jahre.

Dakar entwickelte sich im 19. Jh. aus dem kleinen Fischerdorf Ndakaru (in der Wolof-Sprache ›Tamarindenbaum‹), das am Ende der heutigen Rue Vincens lag. Der französische Naturforscher Adanson, der von 1741–1753 im Senegal weilte, erwähnt Ndakaru auf einer kleinen Zeichenskizze. 1845 gilt als das eigentliche Geburtsjahr der Stadt, deren Gebiet damals noch der Verwaltung von Gorée unterstand. Damals erbauten die Missionare vom Heiligen Herzen Mariens ihre Station in der Nähe des heutigen Hafens. In den darauffolgenden Jahren begannen unter der Leitung von Pinet-Laprade die Planungen und Arbeiten für die noch heute bestehenden älteren Stadtteile auf dem Plateau, dem erhöhten flachen Teil an der Ostseite der Halbinsel. Bis zur Jahrhundertwende wuchs Dakar rasch zu einer bedeutenden Hafen- und Handelsstadt an; 1898 errichteten die Franzosen einen großen Flottenstützpunkt und vergrößerten dafür die Hafenanlagen. 1907 verlegte man den Sitz des Generalgouvernements nach Dakar, was der Stadt überregionale Verwaltungsfunktionen für das riesige Kolonialgebiet zwischen der Sahara und dem Golf von Guinea verlieh.

Die alte Innenstadt

Die ältesten Teile Dakars liegen im Osten der Halbinsel zwischen dem Hafen und dem **Unabhängigkeitsplatz** (Place de l'Indépendance). Inmitten dieser mit großzügigen Grünanlagen ge-

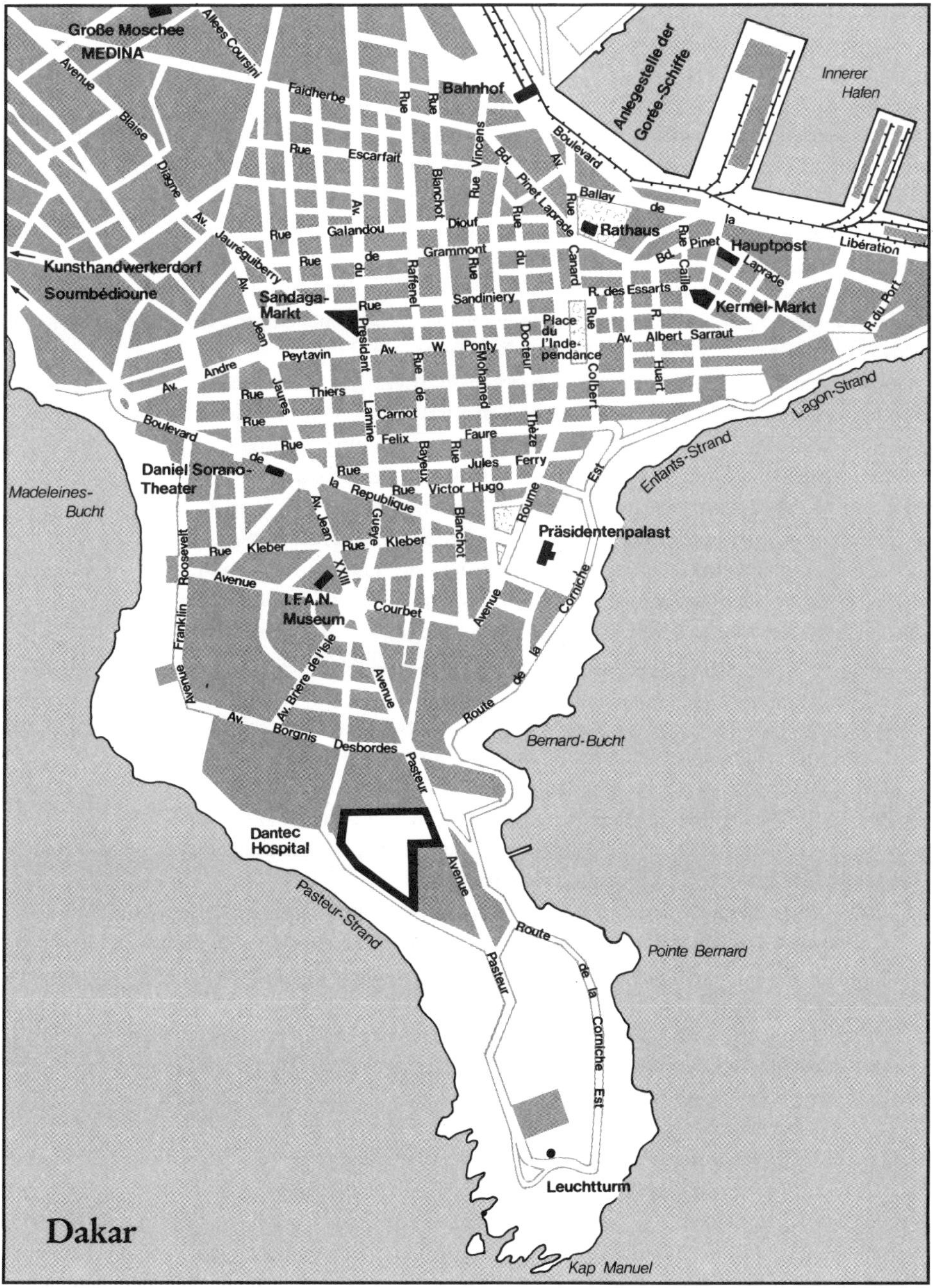

Große Moschee
MEDINA
Allees Coursini
Avenue Blaise Diagne
Faidherbe
Bahnhof
Anlegestelle der Gorée-Schiffe
Innerer Hafen
Rue Escarfait
Rue Vincens
Bd. Pinet Laprade
Boulevard de la Libération
Av. Blanchot
Rue Galandou Diouf
Rue Grammont
Ballay
Rathaus
Rue Pinet Laprade
Hauptpost
Av. Jauréguiberry
Rue de Raffenel
Rue du Sandiniery
Rue Canard
R. des Essarts
Bd.
Rue Caille
Kermel-Markt
R. du Port
Kunsthandwerkerdorf
Soumbédioune
Sandaga-Markt
Av. Jean Jaures
Rue Président Lamine
Av. W. Ponty
Place du l'Indépendance
Av. Albert Sarraut
R. Huart
Rue Colbert
Peytavin
Av. Andre
Rue Thiers
Rue Mohamed
Docteur Thèze
Carnot
Felix Faure
Rue de Bayeux
Jules Ferry
Lagon-Strand
Enfants-Strand
Boulevard de la Republique
Daniel Sorano-Theater
Rue Victor Hugo
Rue Blanchot
Roume
Est
Madeleines-Bucht
Av. Jean XXIII
Rue Guèye
Rue Kleber
Präsidentenpalast
Corniche
Roosevelt
Avenue Franklin
I.F.A.N. Museum
Courbet
Avenue
Av. Briere de l'Isle
Route de la Corniche
Av. Borgnis Desbordes
Avenue Pasteur
Bernard-Bucht
Dantec Hospital
Pasteur-Strand
Route de la Corniche Est
Pointe Bernard
Leuchtturm
Dakar
Kap Manuel

stalteten Fläche erhebt sich das Totendenkmal für die in den beiden Weltkriegen gefallenen Senegalesen, den Rahmen des Platzes bilden große Geschäftshäuser und das hochmoderne Hotel de l'Indépendance. Die 1930 erbaute Handelskammer mit ihrer neoklassizistischen Säulenhalle und das gegenüberliegende ehemalige Gerichtsgebäude aus dem Jahre 1906 (heute Außenministerium) im gleichen französischen Repräsentationsstil sind architektonische Erinnerungen an die frühe Kolonialzeit. Ein großer Bau an der Ostseite beherbergt das staatliche Touristenbüro, wo man Informationen über den Senegal und über Exkursionsmöglichkeiten (Autoverleih u. ä.) erhalten kann. Auf der gegenüberliegenden Seite befinden sich wichtige Banken, die vormittags bis 11 Uhr (!) geöffnet haben.

Zwischen dem Außenministerium und einem urbanen Café im Pariser Stil mündet die Avenue Albert Sarraut auf den Unabhängigkeitsplatz. Geht man diese belebte Geschäftsstraße hinab, gelangt man nach etwa 250 m zur Rue de Niomré, in die man links einbiegt, um nach wenigen Schritten zum sehenswerten **Kermel-Markt,** einer weitgehend afrikanisch gebliebenen Insel im europäisch anmutenden Geschäftsviertel, zu gelangen. Der Markt ist in einem originellen, altertümlichen Gebäude untergebracht, das arabisch-nordafrikanischen Dekor mit französischer Belle Époque recht gut verbindet (Frontispiz S. 2). In der Kolonialzeit diente die Halle als Musikpavillon, wie man sie im Norden Frankreichs oder in kleinen belgischen Landstädtchen häufig findet. Große, mit schmiedeeisernen Arabesken verzierte marokkanische Eingänge führen in den Marktraum. Im Dämmerlicht der Halle, aber auch draußen an den rundherum aufgebauten Marktständen, sitzen hinter appetitlichen Gemüse- und Früchtepyramiden die korpulenten, freundlich-geschäftstüchtigen senegalesischen Händlerinnen mit ihren prächtig gemusterten Boubous und kunstvoll gewundenen Kopfbedeckungen. Hier kann der Besucher alle Köstlichkeiten der tropischen Fruchtgärten, riesige Mangos, Papayas, Bananen, Ananas und verschiedene Melonenarten, bewundern, des weiteren importiertes europäisches und marokkanisches Obst (Orangen), frische Erdbeeren, die fast das ganze Jahr über in den Gärten der Vororte von Dakar geerntet werden, frischen Seefisch vom Atlantik und auch Fleisch. Besondere Beachtung verdienen die schönen Stände, wo man einheimisches Kunsthandwerk (Lederarbeiten wie Taschen, Sandalen, Geldbeutel sowie Flechtarbeiten) kaufen kann. Der Kermel-Markt ist das morgendliche Einkaufsziel vieler in Dakar ansässiger Europäer, die Preise liegen deshalb oft recht hoch, wenn man sie nicht durch (obligatorisches!) Handeln um mindestens 25–35% senkt. Zum Kermel-Markt gehören auch die schon fast zur Institution gewordenen Blumenverkäuferinnen, die mit ihren Babies auf dem Rücken gegen ein ›cadeau‹ (kleines Geldgeschenk) gerne für ein Foto posieren.

Der zweite, größere und für die Afrikaner wichtigere Markt mit traditionellem Gepräge ist der **Sandaga-Markt,** den man vom Unabhängigkeitsplatz aus durch die ›Flanierstraße‹ der Stadt, die Avenue Georges Pompidou (früher: Avenue William Ponty), erreicht. Das Marktgebäude des ›Marché Sandaga‹ präsentiert sich in dem während der Kolonialzeit so beliebten neosudanischen Stil, der einige typische Elemente der mittelalterlichen Sudanarchitektur von Mali wie Zinnen, Pfeiler und Fensternischen verarbeitet. Die beste Besuchszeit ist, wie auch für den Kermel-Markt, der Vormittag, wenn die Stände von Früchten, Gemüse, Gewürzen, Schoten, Geruchskugeln und Kosmetika förmlich überquellen. Hier findet die afrikanische Hausfrau alles, was sie für die tägliche Küche braucht. Dazu zählen im Senegal vor allem der Reis, der in

2 Senegal Kolonialer Gouverneurspalast in St. Louis
◁ 1 Senegal Dame-Spieler in dem Serer-Städtchen Fadiouth (Petite Côte)
3 Senegal I.F.A.N.-Museum für Völkerkunde in Dakar

4 Senegal Christlicher Fischerfriedhof in Fadiouth

5 Senegal Moslemischer Fischerfriedhof südlich von St. Louis

6 Senegal Serer-Frauen in Fadiouth

7 Senegal Fischergeschäft in Joal (Petite Côte)

8 SENEGAL Tanzende Bassari-Mädchen mit typischem Kopfschmuck

9 Senegal Rechtwinkliges Hank-Gehöft der Diola in Samatit (Basse Casamance)

10 Senegal Etagenhaus aus Lehm in M'Lomp (Basse Casamance)

11 SENEGAL Jahrhundertealte Kapokbäume im ›Heiligen Hain‹ eines Diola-Dorfes in der Basse Casamance

12 SENEGAL Traditionelles Impluviumhaus der Diola, Pointe St. Georges (Basse Casamance)

13 SENEGAL Diola-Großfamilie, Basse Casamance

14 SENEGAL Buschtaxi, das typische Verkehrsmittel des Landes

15 SENEGAL Straßenszene in einem kleinen Ort an der Petite Côte

16 Mauretanien Die moderne Große Moschee von Nouakchott

17 Mauretanien Blick auf die regelmäßig angelegte Hauptstadt Nouakchott

18, 19 MAURETANIEN Angehörige der Adelskaste (links) und des Sklavenstandes (rechts) in Atar

20 MAURETANIEN Harratin-Frauen bei der Henna-Ernte in Atar

21, 22 Mauretanien Bewohner von Atar in traditioneller Tracht

23 Mauretanien Bewässerungsbrunnen in der Oase von Atar

24 MAURETANIEN Oase und Mauerreste der mittelalterlichen Almoravidenstadt Azougi

25 MAURETANIEN Neolithische Ausgrabungsstätte bei Akreijit in der Falaise von Dhar Tichit

26 MAURETANIEN Alte Kastenhäuser im Wohnviertel von Atar

27 MAURETANIEN Mihrab einer Moschee in den Ruinen von Koumbi Saleh, der einstigen Hauptstadt des Ghana-Reiches

29, 30 MAURETANIEN An den Holztüren des von Versandung bedrohten Chinguetti finden sich noch prachtvolle alte Schlösser

31 MAURETANIEN Adliger Maure bei der Teezeremonie ▷

28 MAURETANIEN Zerfallenes Wohnhaus mit typischem Nischenwandschmuck in Chinguetti

verschiedenen Qualitäten angeboten wird, Tomaten, Zwiebeln, Pfefferschoten, Okra, Trockenfisch, Kohlgemüse und Süßkartoffeln. Hier gibt es lebende Hühner, seltsame Pülverchen in verschiedenen Farben, glitzernde Steinchen, Glasperlen, Hennapuder, Zaubermittel in Form von Knochen und Fellstückchen sowie Tierkrallen, Hölzchen (als ›afrikanische Zahnbürste‹ bekannt) oder die blaß-lilafarbenen Kolanüsse, ein beliebtes Genußmittel für Männer und Frauen. Andere Stände bieten bunt bedruckte Baumwollstoffe holländisch-indonesischer Produktion, Tonbandkassetten, Transistorgeräte aus Japan, Uhren und Synthetikwäsche an. Während im Lebensmittelhandel die Frauen dominieren, kontrollieren die Männer die Textilbranche, den Handel ebenso wie Schneider- und Stickereihandwerk. Zum Sandaga-Markt gehören Hunderte von Einmann-Betrieben, in denen Schneider auf Nähmaschinen für ein paar Mark in kürzester Zeit schöne afrikanische Gewänder aus langen Stoffbahnen nähen. Wesentlich teurer sind die mit Stickereien verzierten, weißen oder lichtblauen Boubous, wie sie die strenggläubigen Moslems tragen. In den umliegenden Straßen verkaufen zahllose Händler Handwerksprodukte aus dem ganzen Land und auch aus Mali und Mauretanien. Hier findet man die buntgescheckten Baumwolldecken aus dem Sahel von Mali ebenso wie *Kassas,* die Wolldecken der Fulbe aus Mopti, oder die indigogefärbten, tief dunkelblauen *Pagnes,* die Wickelröcke mit den kleinen Batikmustern, wie sie die Bambara- und Dogon-Frauen tragen. Die weitreichenden Handelsbeziehungen der afrikanischen Händler verbinden alle Sahelländer vom Niger bis Dakar.

In der von Geschäften und Handwerksbetrieben dicht gesäumten Avenue Blaise Diagne, die vom Sandaga-Viertel hinab zur Medina führt, stößt man auf den **Cour des Maures** (Hausnummer 69), den ›Mauren-Hof‹, wo sich maurische Feinschmiede niedergelassen haben und Silber, Gold, Kupfer, Messing und Nickel zu Schmuck (Anhänger, Ohrringe, Armreifen, Fußspangen) verarbeiten. Die Mauren sind bekannt für fein ziselierte und inkrustierte Schmuckarbeiten, die man im Senegal sehr schätzt. Andere Meister fertigen Holzkästchen im Trarza-Stil mit feinen Metallbeschlägen, Schlössern und Einlegearbeiten; auf Bestellung führen sie auch Sonderanfertigungen (z. B. Rauchservice) aus.

Wegen der alten **Kolonialarchitektur** aus dem späten 19. Jh. verdienen die ruhigeren Nebenstraßen der Avenue Georges Pompidou, die Rue Raffenel, Rue Mohammed V., Rue Vincens und Rue Thiers, besondere Erwähnung. Hier stehen noch einige ältere Wohn- und Handelshäuser mit ihren Innenhöfen und umlaufenden Veranden in den Obergeschossen. In den Erdgeschossen befinden sich die Magazine und Lagerräume, in denen sich heute der syrisch-libanesische Groß- und Einzelhandel etabliert hat, der eine wichtige Rolle im Wirtschaftsleben Dakars spielt. In diesen Straßen findet der Individualreisende eine ganze Reihe von guten einfacheren Hotels und auch preiswerte afrikanische Restaurants mit schmackhafter senegalesischer Küche. Empfehlenswerte Gerichte sind Yassa-Huhn mit Zitrone und Zwiebeln, Reis mit Fisch und Gemüse oder senegalesisches Kouskous (die lokale Variante des nordafrikanischen Nationalgerichts).

Die südliche Innenstadt

Südlich des Unabhängigkeitsplatzes erheben sich in der Avenue Roume hochmoderne Regierungs- und Verwaltungsgebäude, die in Dakar wie in der ganzen Welt ›buildings‹ genannt werden. Auf der rechten Straßenseite fällt als herausragendes Monument der frühere Gouverneurspalast von Französisch-Westafrika aus dem Jahre 1907 auf, der heutige **Präsidentenpalast** des derzeitigen senegalesischen Staatschefs Abdou Diouf. Das weiße Gebäude mit den grün glasierten Dachziegeln liegt etwas abseits der Straße in einem gepflegten Park hinter einem hohen eisernen Gitter, bewacht von Garden in roten Uniformen. Im Park kann man einige Kronenkraniche bewundern. Auf dem Dach des Gebäudes weht die senegalesische Nationalflagge (grün, gelb, rot mit einem gelben Stern in der Mitte), neben der bei Anwesenheit des Staatsoberhauptes eine zweite, kleinere Flagge gehißt wird.

Ausgehend vom Präsidentenpalast durchquert der Boulevard de la République die gesamte Halbinsel von Dakar. Er endet am Rond Point des Madeleines, von wo aus man einen schönen Blick auf den offenen Atlantik und die geheimnisumwitterten Basaltfelsen der **Madeleine-** oder **Schlangeninseln** genießen kann. Diese unbewohnten Inseln gelten bei den eigentlichen Urbewohnern des Kap Verde-Gebietes, dem Lebu-Volk, als Sitz der Ahnengeister. Nach Meinung der Lebu muß derjenige, der auf der Insel übernachten will, mit Steinhagel und fliegenden Feuerkugeln rechnen. Die 300 ha großen, malerischen Inseln wurden 1976 zum Nationalpark erklärt.

Auf halbem Weg zwischen Präsidentenpalast und dem Rond Point erhebt sich in der Mitte der Kreuzung des Boulevard de la République mit der Avenue Jean XXIII. die **katholische Kathedrale** (›Cathedrale du Souvenir Africain‹). Das Gebäude stammt aus den zwanziger Jahren und wurde 1929 vom damaligen Pariser Kardinal Verdier geweiht. Ihr Stil – repräsentativ für den Geschmack dieser Epoche, als man versuchte, einen eigenen Weg für die Architektur in den Überseeterritorien zu finden – verbindet afrikanische Elemente der Sudanarchitektur mit byzantinisch-orientalischen Formen (Kuppel) zu einem internationalen Kolonialstil-Mischmasch, der keiner Kulturregion richtig zugeordnet werden kann. Im Innern herrscht die eigentümlich kühle und distanzierte Stimmung eines Betongebäudes. Die linke Seitenkapelle betont mit den Märtyrern von Uganda das afrikanische Element, die rechte Kapelle wurde von den in Dakar lebenden Kapverdiern gestaltet und, portugiesischen Einflüssen gemäß, ›Unserer lieben Frau von Fatima‹ geweiht. Die Außenfassade zieren vier afrikanische Engel, die traditionelle Musikinstrumente in den Händen halten.

An der Verlängerung des Boulevards de la République, jenseits der Place de la République, befindet sich das **Theater Daniel Sorano,** das zu den bedeutendsten Theatern des Kontinents zählt. In dem nach einem früh verstorbenen, beliebten Schauspieler benannten Bau gastieren fast das ganze Jahr über berühmte senegalesische und andere afrikanische Theater-, Folklore- und Musikgruppen. Vom Platz der Republik gelangt der Besucher durch die Avenue Jean XXIII. zur Place Tascher. Die Mitte des runden Platzes ziert ein Denkmal ›zu Ehren der Gründer Französisch-Westafrikas und der afrikanischen Kriegsteilnehmer von 1914–1918‹. An der Westseite befindet sich das hochmoderne Gebäude der Nationalversammlung mit seiner großzügigen Auffahrt, 1954 für den ›Großen Rat Französisch-Westafrikas‹ erbaut.

Gegenüber liegt zwischen hohen Palmen eines der größten und bedeutendsten Museen Westafrikas, das ethnologische **Museum des I.F.A.N.-Instituts** (Institut Fondamental d'Afrique Noire; Öffnungszeiten: 8–12 und 14–19 Uhr, ausgenommen Mittwochvormittag und Montag; Eintritt: 50 CFA). Das im neosudanischen Stil gehaltene Museum (Abb. 3) birgt Meisterwerke der westafrikanischen Völker aus dem Gebiet des ehemaligen Französisch-Westafrika. Sein Erdgeschoß zeigt neben schönen Schmuckstücken der Nomadenvölker eine fast komplette Übersicht über die Holzschnitzkunst der Waldvölker von der Elfenbeinküste, Guineas und Sierra Leones, wobei die Masken der Baoule, Senufo, Gouro, Krou, Dan und Bete besonders hervorzuheben sind. Seltene Holzstatuetten können in einem gesonderten Raum besichtigt werden. Im Obergeschoß findet man Kunstobjekte der altnigritischen Völker der ehemaligen Sudan-Kolonie (Mali, Obervolta) sowie Vitrinen und Abteilungen, die Kleidung, Schmuck und Waffen der afrikanischen Völker präsentieren. Das Museum gibt einen hervorragenden Überblick über die Vielfalt der afrikanischen Kulturen.

Von der Place Tascher kann man der Avenue Pasteur folgen, die bis zum südlichsten Ende der Halbinsel von Dakar, dem **Kap Manuel,** führt. Das Kap ist nach Manuel III., König von Portugal (1495–1521) benannt, in dessen Regierungszeit die ersten regelmäßigen Kontakte zwischen Afrikanern und Europäern erfolgten. Im 19. Jh. bauten es die Franzosen zu einer Festung aus, von der heute noch die alten Kasematten zu besichtigen sind. Von oben bietet sich ein herrlicher Blick über das Meer, von Gorée bis zu den Madeleine-Inseln. Paläontologen des I.F.A.N.-Instituts fanden am Kap neolithische Steinwerkzeuge und Reste von Siedlungen aus dem 2. Jahrtausend v. u. Z. Das Kap Manuel wird von einem 45 m hohen Leuchtturm überragt, der die Durchfahrt zwischen dem Festland und den vorgelagerten Vulkaninseln markiert.

Die schönste Panoramastraße Dakars ist die **Corniche Est,** die ›östliche Randstraße‹, die sich, in Fels gehauen, kilometerlang am Ostufer der Halbinsel bis zum Hafen hinzieht. Unterhalb der Straße liegen an der romantischen Steilküste Badestrände und Schwimmbäder (Plage de l'anse Bernard, olympisches Lido-Schwimmbad); den Uferabhang bedeckt dichte Vegetation, und in schattigen, kleinen Parks am Abhang verbergen sich zahlreiche Privat-Clubs der Europäer, ein Bootshafen sowie Gärten und Badeeinrichtungen der Luxushotels Teranga und Lagon 2.

Die Medina

An die Innenstadt schließt sich nördlich ein weitläufiger, auf schachbrettartigem Grundriß angelegter Stadtteil an, die Medina, wo der größte Teil der Dakarer Bevölkerung wohnt und arbeitet. Vom Unabhängigkeitsplatz gelangt man mit dem Auto über den Boulevard Pinet-Laprade und die Avenue Faidherbe hierher, vom Sandaga-Markt über die Avenue Blaise Diagne. Das Viertel zwischen dem Stadion Ibn Mar-Diop und der neuen Großen Moschee wurde in den Jahren 1914/15 nach einer Pestepidemie planmäßig angelegt. Hier kann der Europäer das traditionelle afrikanische Leben finden, das er in der Innenstadt vergeblich sucht. Vor den niedrigen, meist einstöckigen, aus Zement und Lehm erbauten Häusern mit ihren Palmdächern spielen Scharen von Kindern, suchen Schafe in den Straßenabfällen nach Nahrung, arbeiten die Handwerker, Friseure, Kleinhändler auf der offenen Straße. In den großen Innenhöfen der niedrigen, verschachtelten Wohngebäude, die nur zum Teil über Wasser- und Stromanschluß verfügen, stehen noch schöne, alte, schattige Bäume, unter denen sich in der heißen Tageszeit das Familienleben abspielt. Die einfache, dichte Bauweise der Medina ist an die Bedürfnisse und sozialen Strukturen der großen Familien angepaßt, sie entspricht ungefähr derjenigen der Großfamilienweiler auf dem Lande.

Einen religiösen und kulturellen Mittelpunkt Dakars bildet die 1964 in der Medina fertiggestellte **Große Moschee.** Sie folgt dem Vorbild der neoalmohadischen (d. h. dem klassischen maurischen Stil folgenden) Moschee Mohammed V. in Casablanca, und wie diese wurde sie von dem französischen Architekten Gustave Collet entworfen. Geldspenden für den Bau kamen vom marokkanischen Königshaus, das auch Baumeister und 135 Handwerker sowie für eine Fläche von 6000 m^2 Keramikkacheln, Azulejos, Stuckornamente und schmiedeeiserne Gitter nach Dakar schicken ließ. Zur Einweihung der der islamischen Tidjani-Bruderschaft unterstellten Moschee erschien im Jahr 1964 der marokkanische König Hassan II. neben dem senegalesischen Staatspräsidenten Senghor und dem Vorsteher der Bruderschaft, Abdul Aziz Sy. Das Hauptgebäude weist einen rechteckigen Grundriß von 120×200 m auf. Vor dem Hauptraum, der Gebetshalle der Männer, liegt ein stiller Patio mit zwei Springbrunnen. Den Gebetsraum der Frauen trennt ein eisernes Gitter vom Hauptraum ab (im Gegensatz zu den nordafrikanischen und vorderasiatischen Ländern genießen die schwarzafrikanischen Frauen im Hinblick auf die Moscheebenutzung fast gleiche Rechte wie die Männer). Wahrzeichen der Moschee ist das 80 m hohe, viereckige Minarett – wie das der Mohammed V.-Moschee in Casablanca eine Nachbildung der berühmten Kutubia in Marrakech. Seine Außenwände sind mit grün glasierten Ziegeln, gegossenen Zementornamenten und Zierziegeln prachtvoll gestaltet. Den Turm krönen drei riesige, vergoldete Kuppeln mit einem Durchmesser von 1,40 m. Die Besichtigung der Großen Moschee und die Besteigung des mit einem Fahrstuhl ausgestatteten Minaretts sind täglich außer freitags möglich.

Die nördlichen Vororte von Dakar und das Kap Verde

In der näheren Umgebung von Dakar gibt es eine ganze Reihe von lohnenden Ausflugszielen, vor allem die schönen Badestrände und die interessanten Aussichtspunkte inmitten der wilden Landschaft am Kap Verde.

Um in die nördlichen Vororte und die Fischerdörfer N'Gor und Yoff zu gelangen, lohnt es sich, die Corniche Ouest, die westliche Uferstraße, zu benutzen. Vom Unabhängigkeitsplatz aus fährt man mit dem Auto, Taxi oder Bus durch die Avenue Georges Pompidou und deren Fortsetzung, die Avenue André Peytavin, bis zum Rond Point des Madeleines. Hier beginnt die malerische Uferstraße Corniche Ouest, die an einem alten, am Meer gelegenen moslemischen Fischerfriedhof vorbeiführt. Einige Hundert Meter weiter befindet sich links von der Straße der Eingang zum **Kunsthandwerkerdorf Soumbédioune,** das 1961 im Stil eines afrikanischen Dorfes errichtet wurde. Hier arbeiten Goldschmiede, Maskenschnitzer, Weber, Färber, Töpfer und Lederhandwerker in ihren Ateliers unter alten, schattigen Bäumen. Ihre Produkte kann man an Ort und Stelle zu angemessenen Preisen kaufen. Trotz angeblich ›kontrollierter Preise‹ ist das Handeln auch hier üblich. Besonders günstige Angebote machen die Lederhandwerker, die echte Krokodilledertaschen, Brieftaschen und Sandalen anbieten. Unter den Bäumen markiert eine kleine Steinbegrenzung den Gebetsplatz der Moslems. Diese Art von ›Freiluftmoscheen‹ findet man in Afrika sehr häufig. Unterhalb des Handwerkerdorfes erstreckt sich der gleichnamige Fischerstrand, zu dem am späten Nachmittag zahlreiche Fischer mit ihren lan-

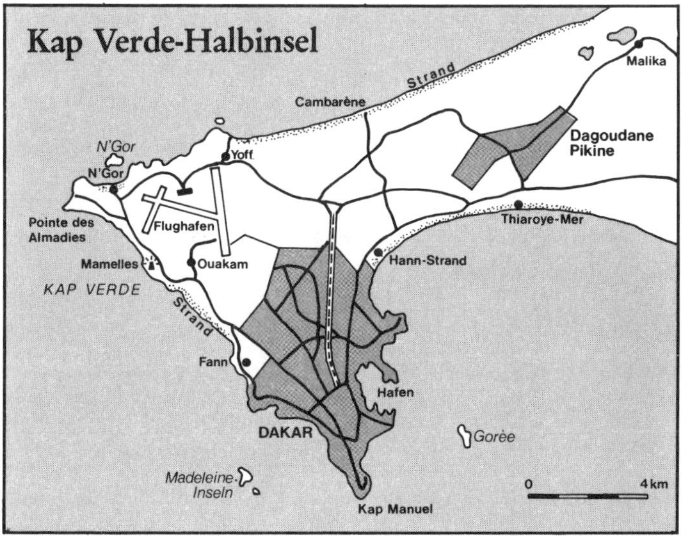

gen, grellbunt bemalten Booten (Pirogen) von der Ausfahrt zurückkehren. Am felsigen Ende des Strandes stößt man auf das ›Musée Dynamique‹, 1966 anläßlich des ›Festivals d'art nègre‹ erbaut. Dort finden wechselnde, jeweils auf besonderen Plakaten angekündigte Ausstellungen statt. Vor dem Museum gibt es neben einer modernen Skulptur einen lyraförmigen Megalithen aus dem 8. Jh., der vom Sine-Saloum-Gebiet hierher gebracht wurde (zur Megalithkultur des Sine-Saloum vgl. S. 161f.).

Jenseits des Felsvorsprungs von **Fann** liegt in einem großzügigen Parkgelände die Universität von Dakar mit ihren interessanten, modernen Institutsgebäuden. Die 1959 gegründete Universität zählt zu den größten im frankophonen Afrika und umfaßt alle Fakultäten. An der Uferstraße befindet sich auch das traditionsreiche I.F.A.N.-Institut (Institut Fondamental d'Afrique Noire), das sich mit der wissenschaftlichen Erforschung der Natur und Kulturen Westafrikas einen bedeutenden Namen erworben hat.

Durch die großzügig mit Parkanlagen gestalteten Residenzviertel der Botschaften in Fann gelangt man zum Dorf **Ouakam,** in den dreißiger Jahren Stützpunkt des ersten internationalen Flugverkehrs zwischen Europa, Westafrika und Südamerika. Etwas weiter sieht man die Vulkankegel der **Mamelles** (›Frauenbrüste‹), die sich 100 m über das Meeresniveau erheben. Es handelt sich dabei um alte vulkanische Schlote aus Dolerit und Basalt, die das gleiche Alter aufweisen wie die vulkanischen Felsen auf Gorée und am Kap Manuel. An den Flanken der beiden Erhebungen liegen riesige Felsbrocken, sogenannte ›Gesteinsbomben‹, die bei den Vulkaneruptionen während des Tertiär herausgeschleudert wurden. Auf einem der Bergkegel steht der zweitgrößte Leuchtturm Afrikas (nach dem am Kap der Guten Hoffnung), dessen im Abstand von fünf Sekunden aufblinkende Lichtsignale 46 Seemeilen weit strahlen. Die Besichtigung des Turmes ist nachmittags möglich.

Die Straße führt noch etwa 3 km weiter bis zum westlichsten Punkt Afrikas, der **Pointe des Almadies.** Steil fallen hier die vulkanischen Felsen ins Meer ab. Der Blick reicht weit über den Atlantik und rechts hinüber zur Insel und dem Dörfchen N'Gor. Mit seinen Luxushotels und Restaurants bildet dieser äußerste Landzipfel des Kontinents ein bevorzugtes Naherholungsgebiet der Großstädter. Als kulinarische Spezialitäten bieten die hiesigen Restaurants frische grüne Austern, Seeigel, Hummer und Langusten an.

Man fährt die Stichstraße zurück auf die Küstenstraße, biegt an der Kreuzung links ein, wendet sich an der nächsten Abzweigung wiederum nach links und gelangt nach wenigen Kilometern in das kleine Dorf **N'Gor.** Der Ort wird von Lebu-Fischern bewohnt, deren Häuschen und eine kleine Moschee direkt am Meer liegen. Eine vorgelagerte Insel schützt die Bucht vor N'Gor, so daß man hier unbesorgt baden kann. Zwei Pirogengesellschaften, die ›grüne‹ und die ›blaue‹, bringen die Besucher für 100 CFA hinüber zur Insel mit ihren schönen Sandstränden und kleinen Wochenendhäusern. Die Insel N'Gor wird besonders von Tauchern und Unterwasserjägern geschätzt. An der Bucht entstanden riesige Hotelkomplexe mit Restaurants, Bars, Schwimmbädern und Tennisplätzen, alle eingebettet in gepflegte, schattige Parkanlagen.

Vorbei am Internationalen Flughafen Dakar-Yoff gelangt der Besucher in das alte Dorf **Yoff,** das ebenfalls von Angehörigen des Lebu-Volkes bewohnt wird. Hier entstand Ende des vorigen Jahrhunderts eine eigenartige islamische Bruderschaft, eine Art synkretistischer Sekte mit vielen animistischen und christlichen Zügen. Dies dokumentiert sich auch in den über die Grenzen des Dorfes hinaus bekannten Besessenheitstänzen (schamanistische Tänze), bei denen bestimmte Geisteskrankheiten geheilt werden sollen. Die ›N'Deup-Tänze‹, wie man sie nennt, beginnen meist am späten Donnerstagnachmittag. Der Strand von Yoff eignet sich wie der von N'Gor gut zum Baden.

Nach Dakar zurück gelangt man entweder über die Autobahn oder über die Landstraße durch die nordöstlichen Vororte Pikine und Hann. In **Hann** lohnt ein Besuch des 1903 als Baumschule für Obstbaumkulturen angelegten Botanischen Gartens, wo inzwischen auch ein kleiner Tiergarten entstanden ist, der einige typische Savannentiere des Senegal zeigt. In dem Park sind die wichtigsten Baumarten der verschiedenen Klima- und Vegetationszonen des Landes repräsentiert.

Die Insel Gorée – ein Spielball der europäischen Mächte

Es war Dinis Dias, ein Portugiese, der im Jahr 1444 als vermutlich erster Europäer auf der Suche nach einem Stützpunkt für den Küstenhandel seinen Fuß auf die Insel Gorée am Kap Verde setzte. Wie eine zeitgenössische Chronik zu berichten weiß, fanden die Seefahrer dort eine Menge Ziegen und Vögel vor, die ihnen als Nahrungsmittel dienten. 1482, also fast 40 Jahre später, errichteten die Portugiesen auf der ›Palmeninsel‹, wie sie genannt wurde, eine kleine, strohgedeckte Kirche aus Bruchsteinen ohne Zement. Im Umkreis der Kapelle bestatteten sie ihre Toten. Viele berühmte Seefahrer und Entdecker gingen im Lauf des 15. Jhs. bei der Palmeninsel vor Anker, unter ihnen Ca da Mosto, Fernando Po, Vasco da Gama und auch Christoph Columbus, der 1492 bei seiner Überfahrt nach Amerika hier einen Zwischenaufenthalt einlegte.

Nach der Niederlage der portugiesisch-spanischen Armada (Portugal unterstand damals zeitweise der spanischen Krone) gegen die Engländer im Jahre 1588 setzten sich die Holländer auf Gorée fest. 1607 kauften sie das Eiland von Biram, dem Oberhaupt der Lebu-Fischer von der Kap Verde-Halbinsel. Zu dieser Zeit entstanden die beiden Forts zur Sicherung des Seeverkehrs der holländisch-indischen Kompanie. Die neue Besitzung wurde nach einer Insel im Rheindelta bei Seeland ›Goeree‹ benannt. 1663 bemächtigten sich die Engländer für kurze Zeit des Eilandes, ein Jahr später konnte es der holländische Admiral Ruyter aber wieder besetzen. Gorée entwickelte sich mit seiner Handelsfaktorei rasch zu einem Umschlagplatz für europäische Waren und fungierte bald als die wichtigste Etappenstation im internationalen Sklavenhandel an der westafrikanischen Küste. Im Handelskontor Fort Nassau stapelten sich Elfenbein und Wachs aus dem afrikanischen Hinterland sowie Eisen und Manufakturwaren aus Holland. Die ständige Militärgarnison bestand nach den Berichten des Portugiesen Coelho im Jahr 1669 aus 80–100 Soldaten.

Während der Regierungszeit Ludwigs XIV., im Verlauf des Krieges zwischen den Niederlanden und Frankreich, wurden die Holländer im Jahr 1677 von dem Admiral d'Estrée vertrieben. Die französische ›Compagnie du Sénégal‹ installierte sich nun auf Gorée, und der

Das Fort Nassau auf der Insel Gorée (holländische Darstellung von 1686)

Friedensvertrag von Nijmwegen (1678) bestätigte schließlich die französische Eroberung an der senegambischen Küste. Die französische Handelskompanie richtete sich im Fort St. François (der früheren Festung Nassau) ein und kontrollierte in den folgenden Jahrzehnten den sich immer stärker ausweitenden Sklavenhandel. Als strategischer und handelspolitischer Stützpunkt ersten Ranges bildete Gorée über Jahrhunderte einen Zankapfel der verschiedensten europäischen Mächte. Die großen Konkurrenten der Franzosen an der senegambischen Küste waren die Engländer. Zwischen 1678 und 1814 geriet Gorée viermal unter englische und fünfmal unter französische Herrschaft, bis es 1815 schließlich endgültig an Frankreich fiel. Die alten Festungen sind bleibende Zeugen aus dieser bewegten Epoche.

Gorée erlebte seine Blütezeit im 17. und 18. Jahrhundert. Im 17. Jh. lebten hier nur wenige hundert Menschen, meist Soldaten und Matrosen der jeweils auf der Insel herrschenden Macht. Mit der Steigerung der Sklavenexporte im frühen 18. Jh. erreichte die Bevölkerungszahl mehrere tausend, auch wenn im 18. und 19. Jh. wiederholt verheerende Gelbfieberepidemien auftraten und zahlreiche Opfer forderten. Es bildeten sich eigene Wohnviertel heraus wie das der befreiten schwarzen Moslems südwestlich des Hafens, das der Christen im Schutz der Festung St. François oder das ›Bambara-Viertel‹, wo die Haussklaven der wohlhabenden europäischen und mulattischen Sklavenhändler lebten. Die Bevölkerung Gorées war schon frühzeitig rassisch stark gemischt, da die Europäer sich häufig afrikanische Konkubinen nahmen. Aus diesen ›Heiraten nach Sitte des Landes‹, die nur so lange währten, wie die Händler und Soldaten im Lande blieben, entstand eine mulattische Mischlingsbevölkerung, die aus ihrer Mittlerstellung zwischen Schwarz und Weiß große Vorteile zog. Im 18. Jh. ging aus dieser Schicht das einheimische Sklavenhändlertum hervor, dessen Handelsnetze weit in das senegalesische Hinterland des Sine-Saloum-Gebietes und der Casamance reichten. Der relative Reichtum dieser Händler dokumentiert sich in den heute noch zu besichtigenden herrschaftlichen Sklavenhäusern (Farbabb. 5). Dagegen lebte der größte Teil der freigelassenen Sklaven bis ins ausgehende 18. Jh. in armseligen Steinhütten.

Der Grundriß des Städtchens Gorée ist seit der Zeit des Sklavenhandels nahezu unverändert geblieben. Gewandelt hat sich lediglich die Bebauung; die meisten kleinen Wohnbauten – ausgenommen die erwähnten älteren Sklavenhäuser – stammen nämlich aus dem 19. Jh. Nach dem Zusammenbruch des Sklavenhandels zu Beginn des vorigen Jahrhunderts ging die Bedeutung Gorées als Handelsplatz zurück. Eine kurze Blüte erlebte es noch einmal als administrativer Mittelpunkt des Senegal, wie die alten Schulgebäude und der Gouverneurspalast aus der Mitte des vorigen Jahrhunderts bezeugen. Mit der Gründung Dakars um 1850 wanderte der größte Teil der Bevölkerung in das neu aufstrebende Zentrum ab, 1859 ging Gorée in der neugeschaffenen Kolonie Senegal auf, und mit dem Bau der Eisenbahnlinie Dakar–Thiès verlagerte sich auch der Handel immer mehr auf das Festland. Neben Dakar stieg dort Rufisque (das Rio Fresco der Portugiesen) durch den neuen Bahnanschluß zu einem wichtigen Handelszentrum an der Küste auf. Die Einwohnerzahl Gorées verringerte sich von 1820 bis 1900 um rund 5000 Menschen. Heute leben nur noch knapp 1000 Einwohner auf der Insel, die neuerdings als luxuriöser Zweitwohnsitz für wohlhabende Senegalesen und Europäer sowie als Ausflugsziel wieder an Bedeutung gewinnt.

Rundgang über die Insel Gorée

Der Besuch der geschichtsträchtigen Insel Gorée zählt zu den schönsten und interessantesten Ausflügen in die nähere Umgebung von Dakar. Motorschiffe verkehren täglich im Abstand von etwa 2–2½ Stunden ab dem Hafen von Dakar (Einschiffung an Mole 1 links vom Haupteingang).

Vom Boot aus läßt sich bereits gut die langgestreckte Form der kleinen, vulkanischen Insel, die etwa 1000 m in der Länge und 300 m in der Breite mißt, erkennen. Über dem dicht bebauten, flachen Teil mit den kleinen, mediterran anmutenden Häuschen erhebt sich das Fort. Gorée gilt für alle Senegalesen und auch für die Schwarzen in aller Welt, insbesondere für die nordamerikanischen, als schicksalsträchtiger, historischer Boden, denn über Jahrhunderte hinweg wurde von hier aus ein großer Teil der Negersklaven aus dem senegambischen Hinterland nach Amerika verschifft. Die UNESCO stellte die Insel kürzlich als ›historisches Welterbe‹ unter besonderen Denkmalschutz.

Das Schiff umfährt die alte Bastion am Nordrand der Insel und erreicht nach etwa 20 Minuten Fahrtzeit den kleinen, malerischen **Hafen** an der Ostseite. Zur rechten liegt eine kleine Sandbucht, in der einige bunt bemalte Fischerboote ankern, der offizielle und auch beste Badeplatz von Gorée, wo sich die Brandung nicht so stark auswirkt. Rings um den ungepflasterten Uferkai gruppieren sich einstöckige Häuser im südfranzösischen Stil mit flachgeneigten Dächern, gelb und sienarot verputzten Fassaden, Fensterläden und Balkons. An den Straßenecken stehen französische Straßenlaternen des frühen 19. Jhs., die Straßennamen sind auf blauen Schildern verzeichnet. Die Kulisse irritiert zunächst; der europäische Besucher fühlt sich nach Korsika oder in die Provence versetzt. Ein Wolof-Händler in weitem Boubou und mit besticktem Käppchen, der im Schatten eines kümmerlichen Bäumchens seine Souvenirs anbietet, oder die korpulenten, freundlichen Senegalesinnen mit ihren kunstvollen Frisuren an einer der Uferbars erinnern jedoch daran, daß wir uns in Westafrika befinden.

Hinter den kleinen afrikanischen Erfrischungsbars, in denen man auf Bestellung auch original senegalesischen Reis mit Fisch und Gemüse bekommt, liegt die mit alten Affenbrotbäumen und Palmen bestandene **Place du Gouvernement,** und an deren Ende erhebt sich der ehemalige Gouverneurspalast aus der Epoche Napoleons III. Das imposante, sienarot getünchte, zweiflügelige Gebäude mit seinen Arkaden und hohen Fenstern beherbergt heute das für seine gute Küche bekannte Hotel ›Relais de l'Espadon‹. Man kann auf einer großartigen Terrasse im Freien essen und dabei den Blick auf das Meer und die Skyline von Dakar genießen. Beachtung verdienen am Südrand der Place du Gouvernement einige sehr alte Häuser aus dem 18. Jh., in denen einst die Polizeistation und die erste senegalesische Berufsschule, nach William Ponty benannt, untergebracht waren. Das Gebäude der heutigen Polizeistation diente im 17. Jh. als Schmiede und im 18. Jh. als Geschäft. Durch die Rue du Port gelangt man zum öffentlichen **Park** (Jardin), der aus ein paar alten, bereits im 17. Jh. gepflanzten, schattigen Bäumen besteht. Eine Tafel an einer Basaltmauer an der rechten Seite des Parks erinnert an den ehemaligen Wohnpalast des Chevalier Jean Stanislas de Boufflers, der 1786/87 Gouverneur des Senegal war und wegen seiner amourösen Affairen eine gewisse Berühmtheit erlangte. Man erzählt, er habe Gorée wegen der hiesigen Ruhe und Schönheit St. Louis vorgezogen und deswegen seinen Wohnsitz auf die Insel verlegt. Bei seinem Abschied von Gorée sollen die schönen Sklavenhänd-

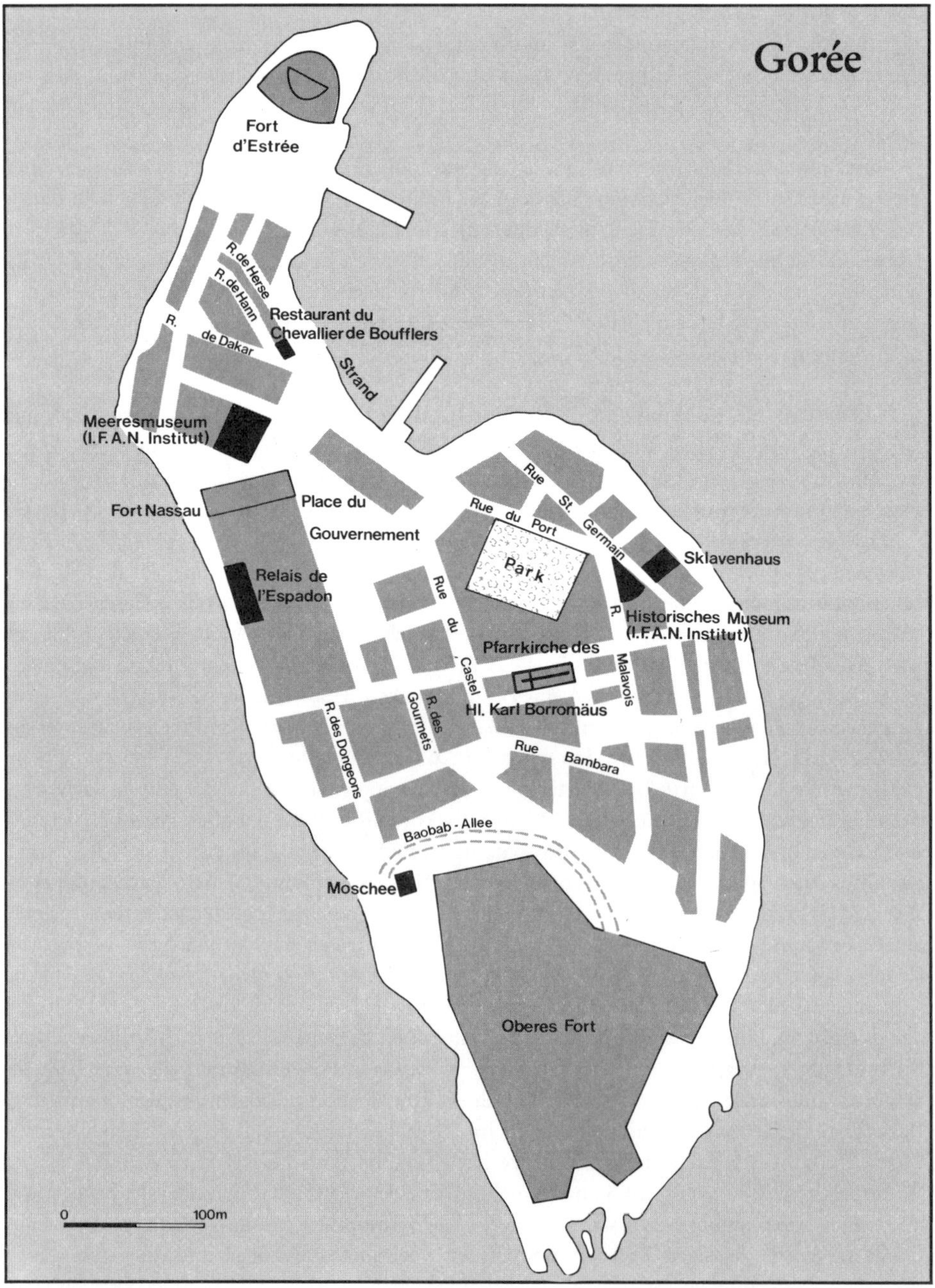
Gorée
Fort d'Estrée
R. de Herse
R. de Hann
R. de Dakar
Restaurant du Chevallier de Boufflers
Strand
Meeresmuseum (I.F.A.N. Institut)
Fort Nassau
Place du Gouvernement
Relais de l'Espadon
Rue St. Germain
Rue du Port
Park
Sklavenhaus
Rue du Castel
R. Malavois
Historisches Museum (I.F.A.N. Institut)
Pfarrkirche des Hl. Karl Borromäus
R. des Gourmets
R. des Dongeons
Rue Bambara
Baobab-Allee
Moschee
Oberes Fort
0
100m

lerinnen, als er zum Boot ging, den Sand seiner Fußabdrücke in kleinen Säckchen aufgesammelt haben.

Am Ende der Rue du Port wendet man sich nach rechts in die Rue Malavois, wo sich der mit alten Kanonen geschmückte Eingang zum sehenswerten **Historischen Museum** des Dakarer I.F.A.N.-Instituts befindet (Öffnungszeiten: 8.30–12.30 und 14.30–18.30 Uhr; montags, mittwochmorgens und an jedem 25. eines Monats geschlossen). Das Museum ist in einem typischen Sklavenhändlerhaus untergebracht, das die Signara Victoria Albir 1777 erbauen ließ. Im 18. Jh. war es durchaus üblich, daß sich Frauen, meist Mulattinnen, aktiv am Sklavenhandel beteiligten. Die Signara lebte mit ihrem Personal in dem mit einer pompejanisch inspirierten Säulenveranda versehenen Obergeschoß. Im arkadengeschmückten Erdgeschoß befanden sich einst die Zellen für die Sklaven, die vom Hinterland an die Küste geschleppt worden waren und hier auf ihren Abtransport in die Karibik warteten. Heute sind in den ehemaligen Sklavenzellen Dokumente über die Ur- und Frühgeschichte Westafrikas zu sehen. In den anderen Räumen des Erdgeschosses hängen alte Stiche, frühe See- und Landkarten aus der britischen und französischen Zeit Gorées. Ein gesonderter Raum enthält Tafeln, die die bewegte Eroberungsgeschichte der Insel beschreiben, und Gebrauchsgegenstände der europäischen Bewohner Gorées aus dem 16.–19. Jh. Im Obergeschoß vermitteln Dokumente, Tafeln und Ausgrabungsstücke einen recht anschaulichen Überblick über die Geschichte der alten westafrikanischen Großreiche und Völker, die islamische Expansion, europäische Entdeckungs- und Eroberungsgeschichte, den Sklavenhandel und die Kolonisierung Westafrikas. Im kleinen, baumbestandenen Innenhof des Museums steht die Kopie einer waffengeschmückten Säule von 1444, aus dem Jahr also, als Gorée vom Portugiesen Dinis Dias besetzt wurde.

Nur wenige Schritte vom Museum entfernt liegt in der benachbarten Rue St. Germain das zwischen 1776–1778 entstandene **Sklavenhaus** (Öffnungszeiten wie das Historische Museum). Eine unscheinbare, von der Straße durch eine hohe, rosa getünchte Mauer abgetrennte Tür führt in den rechteckigen Innenhof des Gebäudes, das an eine verkleinerte Ausgabe eines europäischen Feudallandsitzes des Barock erinnert (Farbabb. 5). Das Sklavenhaus wurde 1776–1778 erbaut. Unter der eleganten, hufeisenförmig geschwungenen Freitreppe, die den Aufgang zum Obergeschoß bildet, führt ein dunkler Gang in die zahlreichen kleinen, meist fensterlosen Zellen der Sklaven. Die Unglücklichen waren an Händen und Füßen gefesselt, wie die in manche Wände eingelassenen eisernen Befestigungsringe zeigen. Am Ende des dunklen Ganges öffnet sich eine Tür zum Meer, die ›Tür ohne Wiederkehr‹, wie man sie nennt. Ob die Sklaven durch diese Tür auf die Schiffe verladen oder ob die Leichen der in den Verliesen Umgekommenen hier ins Meer geworfen wurden, ist nicht bekannt. Auch im Sklavenhaus wohnten im Obergeschoß mit seiner Säulenveranda die Händler. In einem der dem Meer zugewandten Räume hat man eine Küche im holländischen Stil des 17. Jhs. liebevoll rekonstruiert.

Auf der Rue du Chevalier de Boufflers gelangt man, vorbei an den von wilden Feigenbäumen überwucherten Ruinen anderer Herrschaftshäuser aus dem 18. Jh., zur **Kirche des Heiligen Karl Borromäus,** der Pfarrkirche von Gorée aus den Jahren 1825–1829. Das kunsthistorisch ziemlich unbedeutende, in dem einfachen klassizistischen Stil der Restaurationsepoche gehaltene Bauwerk würde irgendwo in einem kleinen ostfranzösischen Dorf kaum auffallen, hier jedoch, unter afrikanischem Himmel, wirkt es als Besonderheit. Durch eine von viereckigen

Säulen getragene Vorhalle betritt man das rechteckige Kirchenschiff, dessen Innenausstattung – Kronleuchter, Heiligenfiguren und Ölgemälde – dem Geschmack des 19. Jhs. entspricht. Alles in allem – ein Stück Europa in den fernen Tropen. Auf der linken Seite des Kirchplatzes steht ein altertümliches Gebäude mit einem schönen Arkadengang. Im 19. Jh. befand sich darin die Faidherbe-Schule, heute birgt es eine bescheidene Sanitätsstation.

Wenige Schritte weiter führt die Rue du Castel zum Fuß des **oberen Forts.** Den Aufstieg zu diesem Kastell bildet eine Allee mit Affenbrotbäumen, deren Alter wohl 200–300 Jahre betragen mag. Die heutigen Befestigungsanlagen und Geschützstellungen stammen aus dem Jahre 1940. An der gleichen Stelle errichteten im 17. Jh. die Holländer ihre Oranierfestung, die die Franzosen später Fort St. Michel nannten. Der einzigartige Blick von hier oben reicht über das alte Städtchen Gorée mit seinen ziegelroten Dächern und blühenden tropischen Bougainvillea-Gärten bis hinüber zum Kap Verde und der City von Dakar. An klaren Tagen kann man sogar im Norden die Bucht von Tiaroye und nach Süden hin den Küstensaum der Petite Côte bis nach Rufisque-M'Bour erkennen. Zu Füßen der steilen, abrupt zum Meer hin abfallenden, schwarzen Basaltsäulen steht eine der ältesten aus Stein erbauten Moscheen des Senegal.

Folgt man der Rue des Dongeons (›Straße der Verliese‹), deren Namen an eine einst noch weitaus größere Zahl von Sklavengefängnissen auf Gorée erinnert, gelangt man an einem alten Gebäude mit zwei Türmen vorbei, dem ersten **Krankenhaus** der Insel. Hier lebte die Mutter Javouhey, Gründerin des ›Ordens der Schwestern vom Heiligen Joseph von Cluny‹, die sich bereits Ende des 18. Jhs. für die Aufhebung der Sklaverei an der afrikanischen Westküste einsetzte.

An der Nordseite der Place du Gouvernement befindet sich das **Meeresmuseum** des I.F.A.N.-Instituts mit seiner reichhaltigen Bibliothek sowie Sammlungen von Fischen und anderen Meerestieren. Von hier verläuft die Rue du Gouvernement zur westlichen Batterie, alten Befestigungsanlagen aus dem 18. Jh., denen die Meeresbrandung im Laufe der Zeit stark zugesetzt hat. In der Nähe erkennt man die Reste von **Fort Nassau,** der unteren Festung der Holländer aus dem Jahr 1617, später Fort St. François genannt. Die alten Mauern bestehen aus Basaltblöcken und gebrannten Ziegelsteinen. In den kleinen alten Sträßchen im Nordteil der Insel (Rue de Hann, Rue de Herse, Rue de Dakar) wurden die alten Wohnhäuser mit ihren schönen, üppigen Gärten in den Innenhöfen wieder instandgesetzt, darunter auch das teure Restaurant ›Hostellerie du Chevalier de Boufflers‹ rechts oberhalb des Hafens. Ein schöner Blick auf Dakar und das Meer bietet sich auch vom **Fort d'Estrées** am palmenbestandenen Nordzipfel der Insel. Das Fort wurde Ende des 19. Jhs. renoviert und diente lange Zeit als Gefängnis.

Exkurs zum Sklavenhandel

Die Insel Gorée ist für die Schwarzen Afrikas und Amerikas zu einem mahnenden Symbol einer generationenlangen Unterdrückung und Versklavung ihrer Vorfahren durch die Europäer geworden. Tausende von schwarzen Besuchern aus vielen Ländern gedenken an den einstigen Stätten der Sklaverei der unsäglichen Leiden ihrer Ahnen. Was waren die Gründe für die Entstehung dieses Menschenhandels von globalem Ausmaß, und welche Folgen hatte er für die afrikanischen Menschen?

Sklaverei gab es bereits in den schwarzen Königreichen des Mittelalters, wenn auch mit völlig anderem Charakter als in späteren Zeiten. Versklavte Kriegsgefangene wurden im alten Afrika nach einiger Zeit in die Familie ihres Herrn integriert und avancierten zu, wenn auch untergeordneten, Familienmitgliedern. Sklaven erfuhren im allgemeinen eine gute Behandlung, brauchten keine körperliche Strafe zu fürchten, durften sogar eigene Frauen und Kinder haben und erhielten nach gewisser Zeit Eigentumsrechte. Im politischen Bereich stiegen nicht selten freigelassene Sklaven in hohe Positionen auf.

Sklaventransport; Darstellung aus dem 19. Jh.

Ganz anders verhielt es sich mit dem Phänomen der merkantilistisch motivierten Versklavung der Schwarzen, wie sie die Europäer ab dem 15. Jh. praktizierten. Als die Portugiesen außer Gewürzen, Elfenbein und Gold erstmals auch schwarze Afrikaner mit nach Europa nahmen, wurden diese dort noch als exotische Wesen bestaunt. Bald erkannten die portugiesischen Händler aber, daß man nicht nur mit Pfeffer und Elefantenstoßzähnen Gewinne erzielen konnte, sondern auch mit Menschen. In den Fürstenhöfen der Renaissance, von Portugal bis nach Frankreich und England, galt es bald als Mode, schwarze Diener und Pferdeknechte zu ›halten‹. Bereits 1550 bildeten schwarze Sklaven ein Zehntel der Bevölkerung Lissabons.

Der Durchbruch zum organisierten, internationalen Sklavenhandel über Kontinente und Meere hinweg erfolgte im späteren 16. Jh., als man in den neu eroberten spanischen Kolonien Mittel- und Südamerikas sowie im portugiesischen Brasilien immer mehr Arbeitskräfte für die Pflanzungen benötigte. Die harte, ungewohnte Fronarbeit in den dortigen Zuckerrohrfeldern raffte die einheimischen Indianer zu Hunderttausenden hinweg, und so begannen die Pflanzer, diese nach und nach durch die folgsameren, robusteren und an die tropischen Gegebenheiten besser angepaßten Afrikaner zu ersetzen. Träger des Sklavenhandels waren große Handelsgesellschaften, die aus Zusammenschlüssen mehrerer Kaufleute entstanden. Die Monarchen in Spanien, Frankreich und England unterstützten diese Kaufmannsschicht in erheblichem Maße, sie gewährten ihnen weitreichende Privilegien und das Monopol, an bestimmten Küsten Afrikas alleine Handel zu treiben. 1626 richtete die ›Kompanie von Rouen‹ mit der Erlaubnis Richelieus ein Handelsmonopol an der Westküste Afrikas ein. Es entstand die ›Kompanie des Kap Verde und des Senegal‹, auf die 1664 mit der Unterstützung Colberts die ›Westindische Kompanie‹ folgte. In England erwarb 1661 die ›Königliche Abenteurer-Kompanie‹ mit Peers und Lords als Teilhabern ein Handelsmonopol vom Kap Blanco bis zum Kap der Guten Hoffnung.

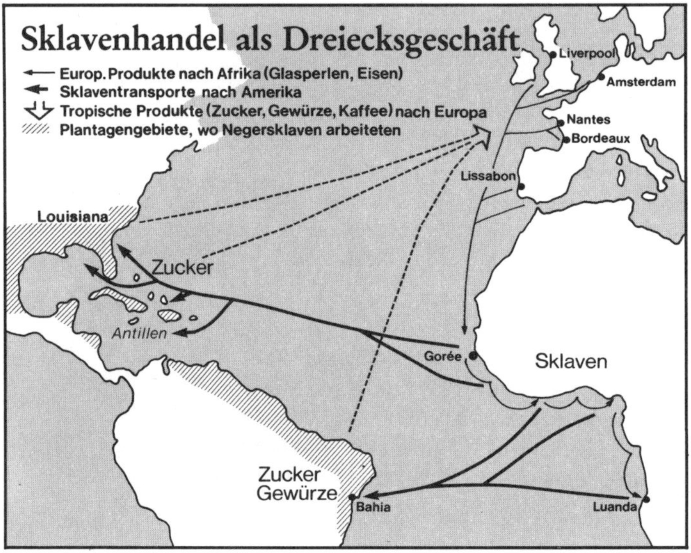

Ziel der merkantilistisch orientierten, absolutistischen Staaten Europas war es, durch den Export billiger eigener Waren höherwertige Rohstoffe aus Übersee nach Frankreich, England und Holland zu schaffen. So entstand in dieser Epoche der berühmt-berüchtigte Dreieckshandel zwischen Europa, Afrika und Amerika, der den europäischen Handelsnationen enorme Profite und den englischen, französischen und portugiesischen Kolonien in der Karibik und Südamerika die benötigten Sklaven bescherte, den Afrikanern dagegen die Ausplünderung ihrer Rohstoffe und vor allem Menschenraub. Begehrte Rohstoffe wie Elfenbein, Felle, Gummi und Gold brachte man direkt von Afrika nach Europa, während die wertvollste Ware, die Sklaven – von den Händlern ironisch als ›Ebenholz‹ bezeichnet – über die Handelsfaktoreien zwischen Gorée und Luanda (Angola) in die Karibik verschifft wurden. Als ›Gegenleistung‹ bezahlten die europäischen Kaufleute den einheimischen Sklaventreibern minderwertigen Branntwein, Eisenbarren und vor allem Glasperlen, die billigsten Tauschmittel und auch diejenigen, die die höchsten Profite brachten. Daneben erfreuten sich auch rote Tücher und alte europäische Soldatenröcke großer Beliebtheit. Europäische Stiche des 18. Jhs. stellen manche afrikanischen Könige der Küste, die mit dem Sklavenhandel zu tun hatten, als lächerlich herausgeputzte Grenadiersgestalten in betressten Uniformen und mit Dreispitzhüten dar. Die Sklavenschiffe, die das kostbare ›Ebenholz‹ von Afrika nach Amerika transportierten, kehrten von dort nicht leer in die Heimat zurück. Aus der Karibik brachten sie Rum, Zucker, Baumwolle, Tabak und Kaffee nach Europa. Hafenstädte wie Nantes, Bordeaux, Liverpool oder Amsterdam bildeten die Ausgangs- und Endpunkte dieses Dreieckshandels.

Die Negersklaven wurden wie Fabrikwaren je nach Herkunft in bestimmte Qualitätstypen eingeteilt. So galten die Schwarzen von Kayor (Senegal) als »Kriegssklaven, die Rebellionen ersinnen«, die Bambara dagegen als »sanfte und robuste Dummköpfe«. Von der Goldküste und

Wida (Ghana) kamen »gute Bauern, die jedoch zum Selbstmord neigen«, aus dem Kongo stammten »fröhliche Arbeiter«. Die besten Gefangenen hießen ›pièce d'Inde‹, worunter man »Schwarze von 15–25 Jahren ohne irgendeinen Mangel, mit allen Fingern und allen Zähnen, ohne Häutchen auf den Augen und von ausgezeichneter Gesundheit« verstand (alle Zitate nach J. Ki-Zerbo). Die Sklavenschiffe, die harmlose Namen wie ›Gerechtigkeit‹, ›Eintracht‹ oder einfach ›Senegal‹ trugen, verfügten über eine perfekte Ausrüstung für den Sklaventransport. In den Unterdecks waren reihenweise Nieten und Eisenringe für die Fesseln der Sklaven eingelassen. Die Gefangenen hockten in Reih und Glied in den dunklen Schiffsbäuchen, an Händen und Füßen gefesselt, zusammengedrängt wie Sardinen in einer Büchse. Die Schiffseigner gaben den Kapitänen peinlich genau geregelte Anweisungen, um die Menschenverluste so niedrig wie

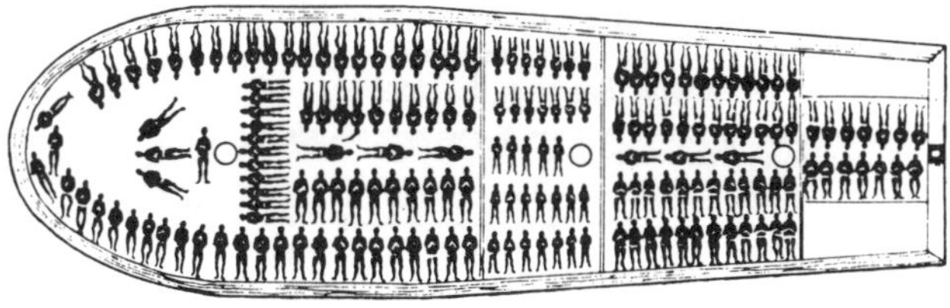

Diese zeitgenössische Darstellung veranschaulicht, unter welch unmenschlichen Bedingungen Sklaven auf den europäischen Schiffen zusammengepfercht wurden

möglich zu halten. So mußten die Sklaven täglich mit Fesseln an den Füßen auf dem Deck tanzen, um körperlich fit zu bleiben, und nach den Gebeten am Morgen und Abend hatten sie mit Zitronensaft und Essig zu gurgeln, um dem Skorbut vorzubeugen. Dennoch waren die Verluste aufgrund mangelnder Hygiene und grassierender Seuchen während der monatelangen Überfahrten enorm hoch. Meist erreichte nur noch die Hälfte oder gar nur ein Viertel der Unglücklichen das vorgesehene Ziel.

Der Warencharakter der Negersklaven verdeutlichte sich nicht nur in den Qualitäts- und Herkunftsangaben, sondern auch in Mengenbezeichnungen, die bis dahin nur für Rohstoffe wie Holz, Gummi oder Elfenbein galten. So verpflichtete sich die portugiesische Guinea-Kompanie 1696 im Rahmen des Asiento-Abkommens, welches das Recht beinhaltete, eine vorgegebene ›Tonnage‹ von Afrikanern in eine amerikanische Kolonie zu transportieren, »10 000 Tonnen Neger« zu liefern. Mehr noch, der Körper eines Afrikaners wurde zu einem allgemeinen Zahlungsmittel, zu einem Wechsel, der eine Schuld in Naturalien abzahlen konnte. Nach einem zeitgenössischen Ausspruch dienten »Negerköpfe als das Münzgeld der Staaten von Guinea«.

Die Zahl der in die Sklaverei verschleppten Afrikaner ist nur ungefähr zu schätzen. In vier Jahrhunderten (15.–19. Jh.) wurden nach den Schätzungen verschiedener Forscher zwischen 15 und 60 Millionen Sklaven lebend nach Amerika gebracht, wobei auf jeden Schwarzen, der sein Ziel erreichte, wohl vier bis fünf Tote gekommen sein dürften. Rechnet man den von den Arabern über die ostafrikanischen und südarabischen Häfen organisierten Sklavenhandel hinzu, kann mit insgesamt mindestens 100 Millionen verschleppten Afrikanern gerechnet werden. Dieser gewaltige Aderlaß entvölkerte weite Gebiete im Innern Afrikas und ließ sie veröden. Der schot-

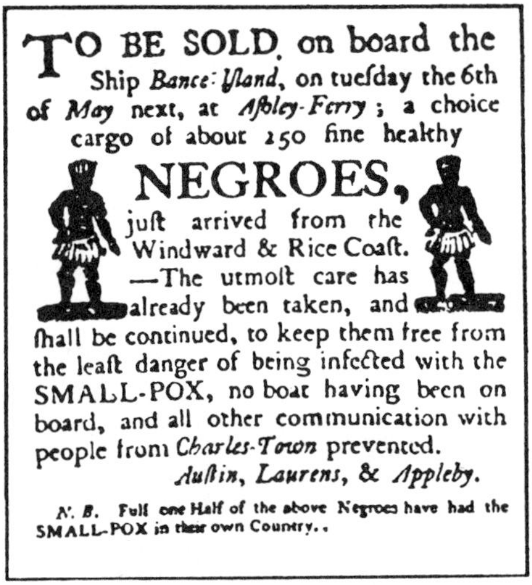

Werbeplakat für eine Sklavenauktion in Charleston, USA (oben) und idealisierte Darstellung einer befreiten Sklavin (mit Jakobinermütze!) aus der Zeit der französischen Revolution

tische Forschungsreisende Mungo Park berichtete 1796 über die große Zahl von verlassenen und zerstörten Dörfern zwischen dem Senegal und dem Niger, wo sich die Stämme gegenseitig bekriegten, um Kriegsgefangene als Sklaven an die europäischen Faktoreien der Küste verkaufen zu können. Als Anreize für die erbarmungslosen Kriege unter den Afrikanern boten die weißen Händler Gewehre, Stoffe und immer wieder Glasperlen. Ein französischer Zeitgenosse des 18. Jhs., Pruneau de Pommegorge, beschreibt die Folgen des Sklavenhandels folgendermaßen: »Diese Völker sind durch unsere kriminelle Gefräßigkeit in wilde Tiere verwandelt worden, sie führen nur noch Krieg miteinander, um ihre Landsleute an barbarische Herren zu verkaufen. Die Könige selbst sehen in ihren Untertanen nur noch eine Ware, die dazu dient, das zu erkaufen, was ihre Launen wünschen.«

Erst im späten 18. Jh., als Folge der Aufklärung sowie der Entstehung humanistischer und religiöser Gruppierungen in England, mehrten sich in Europa die Stimmen gegen die Sklaverei. In Frankreich befürworteten die Philosophen Montesquieu, Diderot und Voltaire sowie der Geistliche Raynal die Aufhebung dieses grausamen Geschäfts, und nach englischem Vorbild wurde eine ›Gesellschaft der Freunde der Schwarzen‹ gegründet. In England förderte die Ausbreitung des Quäker- und Methodistentums die Anti-Sklavereibewegung; Philanthropen wie William Wilberforce und Clarkson wandten sich mit Entschiedenheit gegen jede Form des Menschenhandels. 1772 verbot England den Sklavenhandel im eigenen Land, 1807 auch in seinen Überseebesitzungen. Die Befreiung aller Sklaven des Empire ließ allerdings noch bis 1837 auf sich warten. In Frankreich dauerte die Entwicklung sogar noch länger. Der Nationalkonvent sprach sich – den Idealen der Französischen Revolution gemäß – 1794 zwar gegen den Sklavenhandel aus, Napoleon Bonaparte nahm ihn aber wieder auf, als er für seine Expedition in Ägypten Schwarze kaufen ließ, die später auch am großen Feldzug gegen Rußland teilnahmen. Trotz ihrer formellen Aufhebung auf dem Wiener Kongreß 1815 dauerte die Sklaverei in den französischen Überseeterritorien bis 1848 an.

Die Bestrebungen zur Befreiung der Schwarzen im Europa des ausgehenden 18. Jhs. waren nicht allein Ausdruck von Humanismus und Philanthropie, sie hatten zweifellos auch ganz konkrete ökonomische Gründe. Infolge der industriellen Revolution benötigten zuerst England, später auch Frankreich und die anderen europäischen Länder immer ausgedehntere Märkte für ihre Industriewaren, auch die Afrikaner wurden somit zu potentiellen Käufern von Messern aus Sheffield und Stoffen aus Manchester. Hinzu kamen agrarstrukturelle Umwälzungen in Europa wie die Einführung der Zuckerrübe, welche die Notwendigkeit von Zuckereinfuhren aus der Karibik reduzierte und dort Arbeitskräfte freisetzte. Leichter disponible Lohnarbeit erschien nun profitabler als die an längerfristige Planung und größere Verpflichtungen gebundene Sklavenhaltung.

Die Konsequenzen der Sklaverei machen sich in Afrika bis heute bemerkbar. Der Schwarze Kontinent wurde bereits vor der kolonialen Aufteilung nicht nur wertvoller Rohstoffe, sondern in weiten Teilen auch seiner Bevölkerung beraubt. Der jahrhundertelange Export von Menschen nach Amerika bildet zusammen mit der späteren Extraktionspolitik während der Kolonialzeit den wesentlichsten Grund für die heutige Armut vieler afrikanischer Länder. Europa dagegen wurde durch die Sklaverei und durch die Arbeit der Afrikaner reich: Die Gewinne aus dem Sklavenhandel lieferten einen wesentlichen Beitrag für die Entwicklung von Manufakturen und Industrien im 18. und 19. Jh., die wiederum den industriell-technischen Vorsprung Europas auf vielen Gebieten begründeten.

St. Louis und die senegalesische Nordküste

Fahrt von Dakar nach St. Louis

Um von Dakar nach St. Louis, der ehemaligen Hauptstadt des Senegal, zu gelangen, bieten sich mehrere Möglichkeiten an. Man kann mit der Eisenbahn fahren und dabei in Ruhe die unendlich weite Landschaft des alten Königreichs Djolof mit seinen kleinen Strohhüttendörfern an sich vorbeiziehen lassen oder mit dem eigenen Wagen (bzw. Buschtaxi) die große Nationalstraße über Thiès benutzen. Für die 266 km lange Strecke muß man mit drei Stunden Fahrtzeit rechnen. Eine dritte Alternative bildet der Umweg über die ›Route des Niayes‹. Bei den *Niayes* handelt es sich um sumpfige Niederungen, alte, vom Wind ausgeblasene Wannen hinter den Küstendünen, wo die Grundwassernähe einen blühenden Garten- und Ackerbau ermöglicht. Hier gedeihen trotz des trockenen Sahelklimas Ölpalmen, die von Diola-Bauern aus der Casamance gepflegt werden. Manche mit Wasser gefüllten Niayes bilden kleine Seen von runder oder länglicher Form, wie sie sich auf einer Länge von 80 km zwischen dem Kap Verde und Mboro hinziehen.

Einen schönen Eindruck von dieser grünen, von wüstenhaften Stranddünen begrenzten Landschaft erhält man auf der Fahrt über die Dörfer Dagoudane-Pikine und Malika nach **Kayar,** einem der malerischsten Fischerdörfer in der Nähe der Hauptstadt (58 km). Eine schnellere, aber weniger interessante Strecke führt über Rufisque-Mbarak hierhin. In der Trockenzeit findet in Kayar die große Fischereikampagne statt, zu der viele Fischer aus Mauretanien und auch Serer aus dem Saloum-Gebiet kommen. (Der Küstenabschnitt zwischen Kayar und St. Louis ist deshalb so fischreich, weil sich hier das kältere Meereswasser unterseeischer Cañons mit dem wärmeren Oberflächenwasser vermischt.) Hier wie überall im Senegal werden die langgestreckten, schnittigen Pirogen (Farbabb. 6) benutzt, die klangvolle, in arabischer Schrift aufgemalte Namen tragen. Verschnörkelte, blumige, mit blauer, roter und gelber Ölfarbe aufgetragene Muster verzieren die Planken, und man gewinnt den Eindruck, daß die Besitzer der Boote darum wetteifern, wer die schönste aller Pirogen besitzt. Am frühen Morgen stechen die Fischer, zu viert oder zu fünft in einem Boot, in See, und bis zum späten Nachmittag bleiben sie in den küstennahen Gewässern. Das größte Schauspiel bietet sich nach der Rückkehr der Fischer ab etwa 15 Uhr. Mit halsbrecherischem Geschick müssen sie die gefährlichen Brandungswellen überwinden, bevor sie die schweren Holzboote unter kreisenden Drehungen den Strand hinaufziehen können. Unterdessen stehen die Frauen der Fischer in Grüppchen beisammen. Ihre Arbeit ist es, die angelandete Beute zu sortieren und säuberlich auf dem Sand auszubreiten. Nach der Ausmessung der Fische mit Hilfe eines Holzstäbchens erhält jeder Fischer seinen Anteil am Fang, den die Frauen und Kinder in wagenradgroßen Emailleschüsseln davontragen. Früher, als es noch keine Bootsmotoren gab, präsentierte sich das Schauspiel noch malerischer, da die Fischerboote unter kleinen, trapezförmigen Baumwollsegeln fuhren.

Kayar ist noch ein relativ ursprüngliches Dorf mit nur wenigen Wellblech- oder Zementhäusern. Viele Familien leben noch in ihren schönen, traditionellen Wohnhütten mit Wänden aus Schilf- oder Hirsestengeln und einem pyramidenförmigen Strohdach über dem quadratischen Hauptraum. Die kunstvoll umwickelten Dachspitzen tragen gelegentlich eigenartige Gegenstände (z. B. Teile von alten Schüsseln) als Abwehrzauber. Die einzelnen, aus mehreren viereckigen Strohhütten bestehenden Anwesen sind durch mannshohe, palisadenartige Schilfwände voneinander getrennt. In Kayar leben vor allem Angehörige des nur oberflächlich islamisierten Serer-Volkes. Ursprünglich kamen sie aus den Gebieten nördlich des Senegal-Flusses, wurden aber schon in sehr früher Zeit von den nach Süden vorstoßenden Berbern verdrängt. Die hageren, asketisch wirkenden Gestalten mit ihrer tiefdunklen Hautfarbe verraten die rassische Verwandtschaft mit den Wolof. Trotz des allgemein verbreiteten Islam hat ihre ›Privatreligion‹ viel Traditionelles behalten. Immer noch bringen sie ihren verstorbenen Ahnen Tieropfer dar, ihr Geisterglaube und auch die Vielfalt ihrer Tänze zeigen enge Beziehungen zum Animismus.

Von Kayar aus lohnt ein Ausflug nach **Mboro** (90 km von Dakar). Am Rande eines vogelreichen Sees liegt dort das ›Hôtel du Lac‹. Über die Dünen kann man schöne Wanderungen zum Meer unternehmen; das Baden ist allerdings wie überall an dem ›Côte sauvage‹ genannten Küstenabschnitt wegen der starken Strömungen gefährlich.

Nach 20 km erreicht man im Landesinnern das an der großen Verbindungsstraße Dakar–St. Louis gelegene Städtchen **Tivaouane,** in der Kolonialzeit eine Etappenstation für den militärischen Nachschub (›Escale‹), woran noch die breiten, von Schattenbäumen gesäumten Straßen erinnern. Die Stadt ist als Sitz der islamischen Tidjani-Bruderschaft im ganzen Land berühmt, und die hiesige große Moschee im marokkanischen Stil bildet jedes Jahr am Geburtstag des Propheten das Ziel von etwa 100 000 Pilgern. Nördlich von Tivaouane wird das Land immer trockener und unfruchtbarer. Der jahrzehntelang unsachgemäß betriebene Erdnußanbau entlang der Bahnlinie Dakar – St. Louis begünstigte die Bodenerosion (Auswehung der fruchtbaren Bodenkrume durch Wind), und so vermittelt die eintönige Landschaft mit ihren toten, sandigen Böden und den einzeln stehenden, dornigen Akazien in der Trockenzeit einen typischen Eindruck vom westafrikanischen Sahel. Nördlich der kleinen Stadt **Louga** sieht man in den ehemaligen Feldern sogar regelrechte kleine Wanderdünen, ein Hinweis dafür, daß diese Gebiete durch Desertifikation für den Anbau weitgehend verloren sind.

Kurz vor St. Louis, in der Nähe des von seßhaften Fulbe bewohnten Dorfes **Rao,** machte man vor einigen Jahren interessante frühgeschichtliche Funde in Grabhügeln einer unbekannten Bauernkultur. Die Toten wurden hier – wie auch im alten Reich Ghana üblich – mit dem Kopf nach Westen liegend bestattet, eine Sitte, die die Serer bzw. deren Vorfahren anscheinend übernahmen. In den Grabhügeln, die aus der Zeit um 800 stammen, entdeckte man Eisenwaffen, Keramik und kostbaren Kupfer-, Silber- und Goldschmuck, darunter als berühmtesten Fund einen kreisförmigen, goldenen Brustanhänger (Durchmesser 18 cm, Gewicht ca. 200 g) mit eigenartigen Hirsekornmustern und spiraligen Ziselierungen, die sich in mehreren Kreisen um den Mittelpunkt legen. Der Goldfund von Rao ist der bis jetzt bedeutendste aus historischer Zeit im Senegal.

St. Louis – die alte Hauptstadt des Senegal

Die alte Kolonialstadt St. Louis, im unmittelbaren Mündungsbereich des Senegalflusses gelegen und nur durch einen schmalen Dünengürtel vom offenen Atlantischen Ozean getrennt, ist mit ihren 60 000 Einwohnern die größte und wichtigste Stadt im nördlichen Senegal. Sie fungierte im 18. und 19. Jh. als Hauptstadt des Landes. Von dem malerischen Altstadtviertel auf der langgestreckten, rechteckigen Flußinsel führen Brücken zu dem jungen Stadtteil Sor auf dem Kontinent und den neueren afrikanischen Wohnquartieren Ndar Guet und Ndar Tout auf der schmalen Strandhalbinsel der Langue de Barbarie. St. Louis gehört zu den Städten Afrikas, in denen sich seit 200 Jahren afrikanische und französische Kultureinflüsse verschmelzen, was eine Atmosphäre geschaffen hat, die Ähnlichkeiten mit dem French Quarter in New Orleans oder den kleinen karibischen Städten auf Martinique und Guadeloupe aufweist.

1445 erkundeten die Portugiesen erstmals die Mündung des Senegal, jedoch erschien ihnen die Stelle für die Errichtung größerer Handelskontore nicht gerade günstig, da Sandbänke ein Hindernis für die großen Schiffe darstellten. Erst normannische Schiffer der Handelskompanie von Rouen und Dieppe legten 1639 auf der Flußinsel ein Kontor im Schutze einer Festung an. Die ersten Gebäude waren klein und bescheiden, und die Siedlung auf nach Ludwig XIII. von Frankreich benannten ›Île St. Louis‹ verdiente noch keineswegs die Bezeichnung ›Stadt‹. Bis zum Beginn des 18. Jhs. blieben die auf einem schachbrettartigen Grundriß aneinandergereih-

›Die Bewohner des Gebietes von St. Louis‹, Darstellung aus der frühen französischen Kolonialzeit, die deutlich das damalige Völkergemisch in der Stadt zeigt

ten Handelskontore die einzigen Häuser, und erst, als St. Louis den Gouverneurssitz der senegalesischen Territorien erhielt, strömten immer mehr Menschen in die junge Stadt. Die Einwohnerschaft setzte sich aus Franzosen, Mauren und den im Hinterland lebenden Wolof zusammen, und bald ging aus den zahlreichen ehelichen Verbindungen ›nach Sitte des Landes‹ zwischen europäischen Soldaten und afrikanischen Frauen die typische Mischlingsbevölkerung hervor, darunter auch die berühmten *Signaras,* Damen mit kaffeebrauner Haut, welche die europäischen Reisenden des späten 18. Jhs. so faszinierten. Ein großer Teil des berüchtigten Sklavenhandels wurde wie in Gorée auch in St. Louis von den Signaras kontrolliert. Seit 1778 besaß die Stadt eine eigene Verwaltung und einen einheimischen Bürgermeister. Mit der fortschreitenden Eroberung des senegalesischen Hinterlandes durch die französischen Soldaten avancierte die Stadt zur Kapitale des Senegal, in der bis 1902 der Gouverneur der westafrikanischen Kolonien residierte. Die enge Verbindung zum Mutterland führte nach der offiziellen Aufhebung der Sklaverei (1848) schon in der Mitte des vorigen Jahrhunderts, also relativ früh, zur Gewährung gleicher Bürgerrechte für ehemalige Sklaven.

Der Ausbau der Bahnverbindung mit der neu entstehenden Stadt Dakar in den achtziger Jahren bildete den Höhepunkt der städtischen Entwicklung von St. Louis, die jedoch von dem Augenblick an stagnierte, als die Administration in das aufstrebende Dakar verlegt wurde. Der 1. Weltkrieg, der Ausbau des Hafens von Dakar und der Bau der Bahnlinie von Dakar über Thiès nach Kayes besiegelten dann den wirtschaftlichen Niedergang der einstigen Hauptstadt. Viele Händler wanderten ab, und so überlebte nur die historische Kulisse des vorigen Jahrhunderts. Immerhin blieb St. Louis bis 1956 die Hauptstadt der Kolonie Mauretanien, und heute ist die Stadt der Sitz von vielfältigen Bildungseinrichtungen (Universität, Gymnasium) und einer Präfektur.

Rundgang durch St. Louis

Vom modernen Stadtteil Sor mit seinen Schulen, Behörden und Wohnquartieren gelangt man über die eindrucksvolle Stahlgerüstbrücke Pont Faidherbe (erbaut 1897), die den mehr als 500 m breiten Arm des Senegal überspannt, zur **Île St. Louis,** der im Westen von einem schmaleren Flußarm begrenzten Altstadt. Das Herz der Île bildet der alte Gouverneurspalast (Abb. 2)

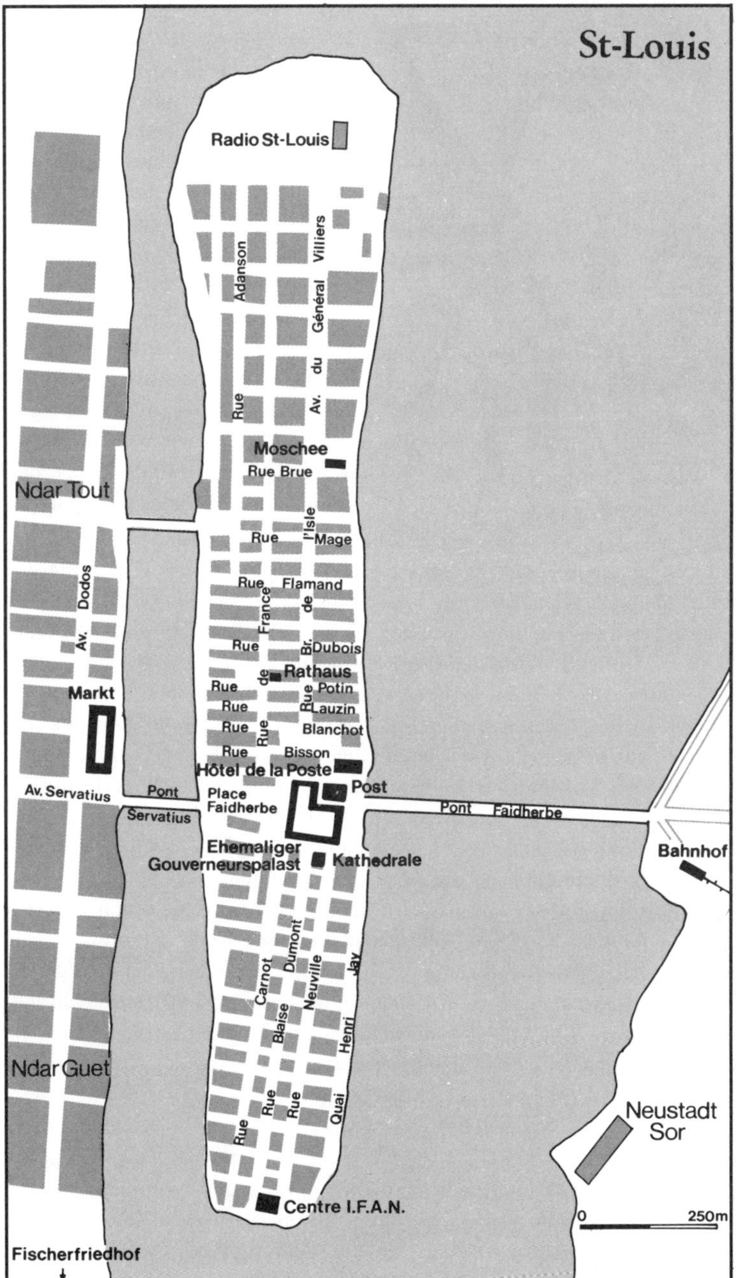
St-Louis
Radio St-Louis
Rue Adanson
Av. du Général Villiers
Moschee
Rue Brue
Ndar Tout
Rue l'Isle Mage
Rue Flamand
Rue de France
Rue Br. Dubois
Av. Dodos
Rathaus
Rue Potin
Rue Lauzin
Rue Blanchot
Rue Bisson
Markt
Hôtel de la Poste
Post
Av. Servatius
Pont Servatius
Place Faidherbe
Pont Faidherbe
Ehemaliger Gouverneurspalast
Kathedrale
Bahnhof
Rue Carnot
Rue Dumont
Rue Blaise
Rue Neuville
Quai Henri Jay
Ndar Guet
Neustadt Sor
Centre I.F.A.N.
0
250m
Fischerfriedhof

an der Place Faidherbe, um den sich – streng symmetrisch angeordnet – die Stabsgebäude und das Offizierskasino mit schönen Arkadengängen gruppieren. Die Mitte des Platzes zieren Grünanlagen und ein Denkmal Faidherbes. Den grau getünchten, mehrstöckigen Gouverneurspalast im südfranzösischen Stil mit seinen hohen Fenstern und Holzläden trennen ein Vorgarten und Eisengitter vom Platz ab. Im 18. Jh. legte hier der französische Naturforscher Adanson den ersten botanischen Garten des Senegal an, der sich einst vom Palast bis zur heutigen Post erstreckte. Nicht weit davon steht auf der rechten Seite die 1827 erbaute katholische Kathedrale mit ihrem klassizistischen Säulenportikus. Im Umkreis der Kirche und in den Straßenzügen im nördlichen Teil der Insel (Rue de France, Rue de Brière de l'Île) befinden sich die schönsten alten Handelsfaktoreien aus dem 18. und frühen 19. Jh., die auch in der Karibik oder in New Orleans stehen könnten (Farbabb. 7). Das Stadtbild prägen alte Gebäude mit weiß, gelb und rötlich getünchten Fassaden, mit grünen Fensterläden und alten Holzportalen, die schwere Messing-Türklopfer zieren. Viele Häuser sind teilweise verfallen oder tragen nur noch windschiefe, kaum mehr begehbare hölzerne Balkone im Obergeschoß; von dem einstmals üppigen Verputz und Stuck der Fassaden und Fenster bröckeln Stücke ab, Unkraut und Bäumchen wuchern im Mauerwerk. Aus den dunklen Höhlen der Magazine und Faktoreien dringt ein Geruch von feuchtem Moder und Gewürzen wie in alter Zeit. Die europäische Kulisse der Feudalzeit zeigt hier im tropischen Klima eine besondere Aura des Zerfalls und der Vergänglichkeit, zu der die phantastisch bunten Gewänder und Kopftücher der Afrikanerinnen einen bühnenhaft wirkenden Kontrast bilden. Die typische Faktorei des 18. und 19. Jhs. besteht aus zwei Stockwerken. Im Erdgeschoß befanden sich die Lager und Verkaufsräume, im oberen Stockwerk wohnten die europäischen Kaufleute und Signaras. An der Bauweise erkennt der Besucher sofort, daß St. Louis eine reiche Handelsstadt war, die über Jahrhunderte vom Überseehandel (Sklaven, Gummi arabicum) lebte. Das ›Hôtel de la Poste‹ mit seiner schönen, von Rundbogenfenstern gegliederten Fassade stellt ein besonders typisches Repräsentationsgebäude aus dem vorigen Jahrhundert dar, aber auch andere Bauten wie das ›Hôtel du Commandement des armes‹ aus dem 18. Jh. oder der alte Justizpalast, der noch Archive aus dem 16. Jh. enthält, bilden typische Beispiele einer nach Afrika verpflanzten europäischen Bürgerkultur.

Wer sich einen landeskundlichen Überblick über die Region von St. Louis, die Völker und Religionen im Mündungsgebiet verschaffen will, sollte die Sammlungen des **Centre I.F.A.N. Michel Adanson** am äußersten Südzipfel der Insel besuchen. Lohnend ist auch ein Spaziergang oder eine Fahrt mit dem Pferdewagen zum Nordende der Insel. Von hier aus genießt man einen guten Blick auf die Flußinsel Bop Tior mit ihrem alten islamischen Friedhof. Zur Linken, auf der Küstendüne, erstreckt sich das Viertel Ndar Tout bis unmittelbar an die Grenze zu Mauretanien.

Von der Place Faidherbe aus gelangt der Besucher über die neu erbaute Servatiusbrücke geradewegs in die Bezirke **Ndar Tout** und **Ndar Guet.** Durch das Gewirr der kleinen Häuser und Hütten zieht sich die breite, mit Kokospalmen bestandene Avenue Dodds, die zu allen Tageszeiten belebte Hauptverkehrsader der Fischer- und Kleinhändlerstadt. Hier befindet sich auch der Markt, wo täglich frisches Gemüse, Fisch und Fleisch verkauft werden. Dahinter stößt man auf eine Etappenstation für Kamele, die aus der jenseits des Flusses liegenden mauretanischen Region Trarza kommen. Viele der winzigen, aus Holzabfällen und Wellblech zusammengezimmerten Verkaufsbuden gehören maurischen Kaufleuten, die auf beiden Seiten der

Grenze ihre Geschäfte machen. Südlich der Brücke, im Viertel Ndar Guet, leben in kleinen, von den weiß-lichtblauen Minaretten der modernen Moschee überragten Hütten aus Treibholz die Fischer von St. Louis. Schafe, Ziegen und sogar Rinder laufen zwischen den Abfallbergen umher, und abends erfüllen buntes Treiben, Transistorradiomusik und der Geruch von kleinen, in Öl gebackenen Kuchen die Straßen. Auch hier bietet sich – wie in Kayar – am späten Nachmittag bei der Rückkehr der Fischer ein farbiges Spektakel.

Eine besondere Sehenswürdigkeit von St. Louis bildet der alte moslemische **Fischerfriedhof** (Abb. 5), 2 km südlich von Ndar Guet in unmittelbarer Nähe des Strandes auf hohen Sanddünen gelegen. Die dicht aneinandergedrängten Grabstätten werden durch kleine Zementmäuerchen oder Sarkophage gekennzeichnet. Darum herum stehen zahllose Holzpfähle, über die, Spinnweben gleich, alte Fischernetze gelegt sind. Nach Süden setzen sich die Dünen in der nur 300 m breiten **Langue de Barbarie** 25 km weit bis zur Senegalmündung fort.

Die Umgebung von St. Louis und der Djoudji-Nationalpark

Etwa 30 km südlich der Stadt liegen an der Senegalmündung die alten Fischerdörfer **Gandiole** und **Ndiébène.** Man erreicht sie über die Nationalstraße Richtung Dakar, wenn man nach Überquerung der Brücke von Layber rechts nach Ndiébène abbiegt. Bei Gandiole befinden sich in der Nähe der salzigen Meereshinterwässer die alten Salinen der *Damel* (Könige) von Kayor, in historischer Zeit die Haupteinnahmequellen der hiesigen Herrscher. Etwas südlich des hübschen, direkt auf den Dünen erbauten Fischerdorfes Ndiébène, bei dem Weiler **Mouit,** stehen am Ende der Lagune alte Befestigungsanlagen aus der französischen Kolonialzeit, die zum Schutz gegen die Überfälle räuberischer Mauren dienten.

Dem Tourismus gut erschlossen ist der 16 000 ha große **Djoudji-Nationalpark** im alten Flußdeltagebiet des Senegal zwischen dem Senegalzufluß Gorom und dem Hauptstrom, rund 30 km nördlich von St. Louis. Mit dem PKW kann man ihn nur in den trockenen Monaten erreichen, der für einen Besuch ohnehin lohnendsten Jahreszeit. Dann nämlich sind die zahllosen Hinterwässer und Nebenarme des alten Mündungsgebietes so weit ausgetrocknet, daß sich eine in Westafrika einmalig reiche Vogelwelt an den wenigen verbliebenen Wasserstellen konzentriert.

Die Anfahrt erfolgt über St. Louis auf der Nationalstraße Richtung Rosso (Mauretanien). Nach einigen Kilometern zweigt man Richtung Flughafen links ab und gelangt zu dem Dorf Bango. Auf guten Pisten fährt der Besucher durch ein intensiv kultiviertes Landwirtschaftsgebiet, über zwei Deiche und vorbei am See von Djeuss, durch Maka, das neue Dorf Savoigne und über einen dritten Deich zum Eingang des Nationalparks. Durch den Park fährt man am besten mit dem eigenen Wagen auf gekennzeichneten Pisten (vorgeschriebene Geschwindigkeit 25 km/h). In der Regenzeit ist das Delta völlig überflutet und der Zugang zum Park nicht möglich (erst im November erfolgt die offizielle Öffnung). Die völlig ebene, lediglich von einigen Tamarindenbäumen durchsetzte Landschaft des Parks wird in der Trockenzeit zu einer endlosen, staubigen Steppe. Lediglich die Wasserarme des Djoudji-Sees und der Gorom führen ganzjährig Wasser und bilden deshalb Anziehungspunkte für zahlreiche seltene Vogelarten. Die Flamingos, Reiher, Gänse und Enten sowie zahllose Wasserläufer (Limicolen) finden in den

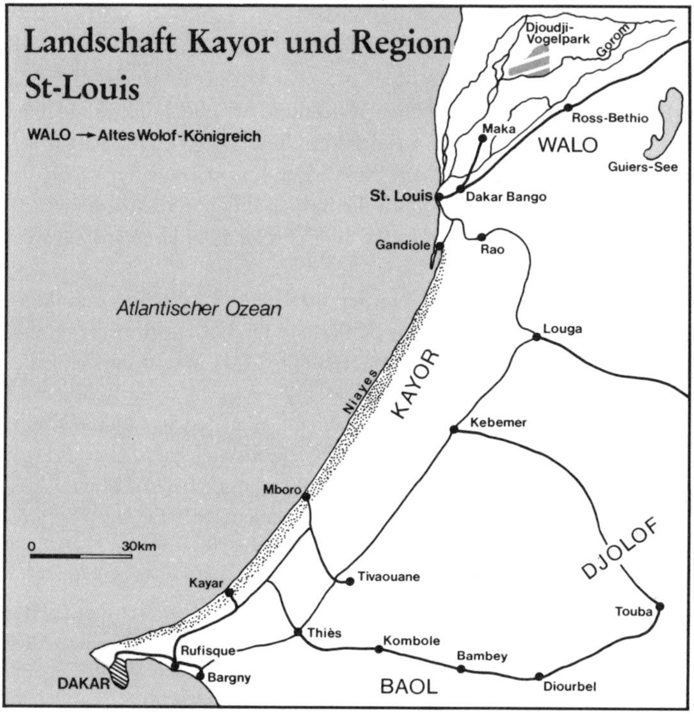

seichten Gewässern voller Kleinlebewesen und Wasserpflanzen reichhaltige Nahrung, und auch viele Arten von Zugvögeln aus Europa und Nordasien überwintern hier. Zu den größten und eindrucksvollsten der hiesigen Vögel zählt der weiße Pelikan. Im Djoudji-Park soll die größte westafrikanische Pelikankolonie mit etwa 10000 Tieren leben. Je nach Jahreszeit trifft man die verschiedenen Vogelarten in verschiedener Häufigkeit an; so treten beispielsweise die Flamingos im Januar in größerer Zahl auf als in den Monaten davor.

Besonders reizvoll und lohnend ist eine Pirogenfahrt auf dem Djoudji (Abfahrt am Stauwerk des Djoudji, ca. 5 km westlich des Eingangs zum Nationalpark). Die Piroge folgt den zahlreichen Flußwindungen, wobei sich zahlreiche Möglichkeiten bieten, die Vogelwelt aus allernächster Nähe zu beobachten und zu fotografieren. Mit dem Auto gelangt der Besucher in das Innere des Nationalparks, vorbei an einem Gazellengehege zu einem Aussichtspunkt, wo sich ein lohnender Blick über die weite Wasserlandschaft und das Vogelparadies präsentiert. Die Südpiste führt in einem weiten Bogen am Gorom entlang und durch eine Kurzgrassavanne, wo häufig Affen anzutreffen sind. Am großen See, einem Teil des Djoudji-Gewässers, wurde ein weiterer Beobachtungspunkt eingerichtet, von dem aus man am späten Nachmittag, kurz vor Sonnenuntergang, riesige Schwärme von Wasservögeln beobachten kann, die ihren Schlafplatz auf der freien Wasserfläche suchen. Unterkunft: Touristencampement im Stil afrikanischer Kegeldachhütten südlich des Gorom am Eingang zum Nationalpark.

Die Wolof und ihre Königreiche

Die endlosen sahelischen Dornbaumsavannen zwischen Dakar und St. Louis sind die Heimat der Wolof, eines jungsudanischen Mischvolkes, das aus der Verschmelzung von schwarzafrikanischen und maurischen Elementen entstand. In den Augen der Europäer gelten sie als das schönste und stolzeste Volk im Senegal, das sich durch die hohe, schlanke Statur, die feinen, ebenmäßigen Gesichtszüge und die tiefschwarze Hautfärbung von allen anderen Völkern des Landes unterscheidet.

Die Herausbildung der Wolof zu einer Ethnie mit eigener Sprache und einem eigenen ›Wir‹-Bewußtsein erfolgte spät. In arabischen Texten aus dem 13. Jh. fehlt noch jeder Hinweis auf ihre Existenz, und erst im 15. Jh. erwähnt der italienische Seefahrer Ca da Mosto ein Volk der ›Geloven‹ im Mündungsgebiet des Senegal. Die Keimzelle der Wolof bildete das Königreich Djolof, an das bis heute die Bezeichnung für die Region zwischen Dakar und St. Louis erinnert. Der Name leitet sich von dem ersten seßhaften Bewohner dieses Landstrichs, einem Mandingo namens Djolof Mbing, ab. Die Bezeichnung ›Wolof‹ rührt wahrscheinlich vom Mande-Ausdruck *Wolo fing* her, was ›schwarze Haut‹ bedeutet. Der erste Herrscher des Djolof-Königreiches war N'djadja Ndiaye, der als Urvater aller Wolof gilt und von dem die späteren Herrscher den Titel *Ndiaye* übernahmen. Während seiner Regierungszeit erfolgte die eigentliche Verschmelzung verschiedener Teilstämme – der Mande, Serer und Tukulor sowie maurischer Adelsschichten – zu einem Volk, dessen einigendes Band die Wolof-Sprache darstellte. Zum Reich Djolof gehörten bis in das 15. Jh. verschiedene alte Teilregionen, deren Namen den Wolof bis heute geläufig sind. Im Norden, im Bereich der Senegalmündung, lag die Landschaft Walo, im Westen die Region Kayor (Cayor); südlich schloß sich ein schmaler Landstreifen namens Baol an, und noch weiter südlich erstreckte sich die Region Sine-Saloum. Selbst das sagenhafte Goldland Bambuk zwischen den Flüssen Faleme und Bafing gehörte in seiner Frühzeit zu Djolof.

Wolof-Frau, französische Darstellung um 1850

Die Sozialstruktur im Reich Djolof und seinen Teilfürstentümern war streng hierarchisch. An der Spitze der Gesellschaftspyramide standen der König *(Bour)* und der Adel *(Garmi)*, der sich aus vornehmen Familien des mauretanischen Adrar-Gebietes rekrutierte. Es folgten die Freien, die als unabhängige Bauern *(Diambour)* lebten. Unter diesen standen die Angehörigen der Berufskasten *(Nienio)* wie die Seilmacher, Schmiede, Tischler, Musikanten und Bänkelsänger *(Griots)*. Trotz ihrer Sonderstellung als sogenannte ›Unreine‹ genossen sie aufgrund ihrer spezifischen Fertigkeiten große Achtung. Die Masse der Bevölkerung lebte im Sklavenstatus. Man unterschied Staatssklaven von Haussklaven, die wiederum nach der väterlichen und mütterlichen Linie getrennt waren. So soll das Los der Sklaven des ›mütterlichen Hauses‹ entschieden besser gewesen sein als das derer des ›väterlichen Hauses‹. Trotz ihrer niedrigen sozialen Stellung konnten Sklaven durch persönliche Fähigkeiten hohe Positionen im politischen und militärischen Leben erreichen. Eine ganz besondere Macht besaßen die *Tiedos,* animistische Magier und Fetischpriester, welche die königliche Leibgarde bildeten und von denen der Bour in vielen Fällen völlig abhängig war. Die eigentliche Macht im Staate Djolof lag wegen des matrilinealen Verwandtschaftsprinzips (vgl. S. 38) bei den Prinzessinnen und Königinnen. Die Königsmutter und ihre Töchter, die *Lingueres,* arbeiteten unverhohlen für ihre eigenen politischen Ziele.

Im 16. Jh. zerfiel die staatliche Einheit des Djolof-Reiches; der König *(Damel)* von Kayor trennte sich gewaltsam vom Staatsverband, und auch der *Brak* von Walo, der *Fege* von Baol sowie die Führer von Sine-Saloum sagten sich von Djolof los. Innere und äußere Machtkämpfe sowie Intrigen zwischen den allmächtigen Lingueres kennzeichneten die Innenpolitik der Wolof-Reiche.

Die Geschichte des kleinen Vasallenfürstentums Walo wird durch ständige Auseinandersetzungen mit dem Emir der Trarza-Mauren charakterisiert. Im 18. Jh. erreichten diese Kriege ihren Höhepunkt, und schließlich endeten sie mit der Zerstörung der Hauptstadt von Walo durch die maurischen Nomaden, die versuchten, den Islam im Wolof-Land zu etablieren. Alte Bänkellieder der Griots besingen den Heldenmut und die Tapferkeit der Prinzessinnen, die sich lieber in der brennenden Hauptstadt selbst umbrachten, als in die Hände der Mauren zu fallen. Die Fetischpriester waren erbitterte Gegner des Islam, und noch im 18. Jh. praktizierten die Wolof-Fürsten animistische Kulte. Ein Versuch der von den Mauren unterstützten islamischen Geistlichen, die Damel in Kayor zu vertreiben, schlug fehl. Erst gegen Ende des Jahrhunderts gelang es den fanatischen moslemischen Tukulor aus dem Futa Toro (Senegaltal), in einem ›Heiligen Krieg‹ unter der Führung ihres Almany Abd el Kader den Islam in Walo und in Kayor zu verankern. Von Djolof bis zum Gambiafluß verwüsteten Mauren und Tukulor weite Gebiete, was zu ihrer bis heute spürbaren großen Unbeliebtheit bei den Wolof und Serer beitrug.

Die Beziehungen zwischen den Europäern und dem Damel von Kayor gestalteten sich bis ins 17. Jh. noch weitgehend gut, weil die Kolonialmächte untereinander um die Gunst der einheimischen Fürsten rangen und in hohem Maße vom Sklavenhandel profitierten. Die Wolof-Fürsten kassierten hohe Zölle für alle Handelswaren, die von der Küste ins Landesinnere gelangten. Als im 18. Jh. jedoch die Franzosen allmählich die Alleinherrschaft und das Handelsmonopol an der Küste anstrebten und sogar die territoriale Oberhoheit der einheimischen Fürsten bedrohten, verschlechterten sich die Beziehungen drastisch. Im Jahr 1701 wurden der französische Gouverneur André Bruet und zahlreiche Kaufleute der Küste vom Damel festgenommen, in der Folgezeit gelang es jedoch den Agenten der senegalesischen Kompanie, die Wolof-Fürsten durch geschickte zweiseitige Verträge, Versprechungen und Geschenke zu besänftigen und schrittweise die Kontrolle über das Hinterland zu gewinnen.

Der Gegensatz zwischen der Kolonialmacht und den selbstbewußten Wolof-Königen zeigte sich nochmals deutlich anläßlich des Baus der Eisenbahnlinie zwischen Dakar und St. Louis im Jahr 1879. Der letzte Damel des inzwischen zum Protektorat heruntergekommenen Königreichs Kayor, Lat Dior Diop, kämpfte mit allen Mitteln gegen den Bau der Bahnlinie, nicht nur, weil man ihm gesagt hatte, daß die Bahn »schneller als der Blitz« fahre, sondern wohl vor allem, weil er richtig ahnte, daß der neue Transportweg zur völligen Unterminierung seiner noch verbliebenen politischen Macht führen würde. In einem jahrelangen Guerillakrieg gegen die Franzosen versuchte er, das Unaufhaltsame abzuwenden. Umgeben von seinen treuesten Tiedos, seinen Magiern, fiel er 1886 im Kampf gegen die Übermacht der französischen Gewehre und Kanonen.

Wolof ermorden Gouverneur Bruet (1701)

Ahmadou Bamba und die islamische Erneuerung des Senegal

Einer der berühmtesten Repräsentanten der politischen und geistigen Wolof-Führer war zweifellos Ahmadou Bamba, der Gründer der islamischen Bruderschaft der Mouriden, die bereits zu seinen Lebzeiten mehrere hunderttausend Anhänger *(Talibes)* umfaßte. Um 1850 als Sohn eines berühmten Marabouts und zugleich als Neffe von Damel Lat Dior geboren, erlangte er bereits während seiner Studienzeit im mauretanischen Boutilimit Ansehen wegen seiner Weisheit und Ausstrahlung. Nach Beendigung seiner Studien zog er zunächst nach Baol und später, im Jahr des Todes von Lat Dior, in die Wildnis der trockenen Ferlo-Savanne, wo er das Dorf Touba (arabisch für ›Glück‹) gründete. In kurzer Zeit sammelte er eine große Schar von Anhängern um sich, die seine Doktrin von Arbeit, Gebet und Askese aufgriffen und in den folgenden Jahrzehnten zum Träger des Erdnußanbaus im Wolof-Land wurden. Die neue Lehre von Arbeit und Gebet stellte eine Revolution dar, denn bis dahin galt körperliche Arbeit in den Augen der stolzen Wolof als unwürdig.

Unter den Anhängern des ›Heiligen‹ befanden sich viele Söhne aus adligen Familien, selbst Prinzen der königlichen Familien, die nun die politische Macht verloren hatten, auch ehemalige Tiedos und Massen von armen Bauern, die sich alle in religiöser und politischer Begeisterung geheime Hoffnungen auf ein Wiedererstarken der alten Wolof-Königtümer machten. Die französische Administration verfolgte den Aufstieg der Mouriden mit Argwohn, weil sie darin den Beginn eines allgemeinen Aufstandes sah, und vertrieb schließlich die Bruderschaft gewaltsam aus Touba. Ahmadou Bamba wurde 1895 nach Gabun ins Exil geschickt, mit der Begründung, er hetze die Unzufriedenen auf. Sieben Jahre weilte Ahmadou in Gabun; es war seine *Hedschra* (so heißt die Flucht des Propheten Mohammed von Mekka nach Medina, die den Beginn der islamischen Zeitrechnung markiert), in der er sich verstärkt Koranstudien und feinsinniger Dichtung widmete. Während seiner Abwesenheit avancierte er immer mehr zu einer mystifizierten Gestalt und schließlich zum Märtyrer. Bei seiner Rückkehr empfingen ihn die Gläubigen so begeistert, daß er nach einigen Monaten ein zweites Mal in die Verbannung geschickt wurde. 1907 kehrte er endgültig in die Heimat zurück. Zunächst lebte er in Thiène, später in **Diourbel,** wo die älteste mouridische Moschee des Senegal steht. Auf einem großen, freien Platz erhebt sich dieses imposante Gebäude mit seiner riesigen Kuppel und Minaretten im orientalischen Stil.

Durch Wohlverhalten gelang es Ahmadou Bamba, den Argwohn der Behörden zu zerstreuen, und schließlich erkannten die Franzosen auch den positiven Einfluß seiner Bruderschaft auf die wirtschaftliche Entwicklung des Landes (Erdnußanbau). Obwohl Ahmadou in seinem Domizil höchstens 50 Leute versammeln durfte, wurde er bald zum Objekt eines religiösen Kults. Die Gläubigen sammelten das Wasser seiner Waschungen und verkauften den Sand, den das Wasser benetzt hatte. Neue mouridische Elemente wie Litaneien und Anrufungen ersetzten schließlich die alte Liturgie der mauretanischen Quadiria-Sekte.

Im Jahr 1927 starb der ›Heilige‹. Sein Grab in der Moschee von **Touba** bildet alljährlich das Ziel einer großen Wallfahrt *(Magal),* zu der sich Hunderttausende von Gläubigen aus dem ganzen Land einfinden. Durch die überaus große Spendenbereitschaft der Mouriden entstand in Touba eine der größten und prachtvollsten Moscheen des Landes, ein in saudi-arabischem Stil gehaltener Bau mit zwei riesigen Kuppeln und mehreren von prächtigen Veranden gezierten Minaretten.

Fischerdörfer und Badestrände an der ›Petite Côte‹

Als ›Petite Côte‹ (›kleine Küste‹) wird der Abschnitt der Atlantikküste bezeichnet, der sich vom Kap Verde bei Dakar über 150 km bis zum Mündungsdelta des Saloum im Süden erstreckt. Hier liegen unter malerischen Kokospalmen zahlreiche alte Fischerdörfer, unterbrochen von einsamen, weiten Sandstränden. Die Strände bieten verschiedene Vorzüge: Die Brandung ist wegen des vorgelagerten Kap Verde relativ gering, und es herrschen ideale Wassertemperaturen zwischen 20° und 28°. Klimatisch gehört der Küstenstrich zum trockenen, sahelo-sudanischen Teil des Senegal; fast das ganze Jahr über scheint die Sonne, und die Lufttemperaturen liegen wegen der kühlen Meeresbrise niemals so hoch wie im Binnenland (mittlere Maximaltemperatur 31 °C). Vorgeschichtlich und kulturell interessant sind die eisenzeitlichen Grabhügel und die im Verlauf der letzten 1500 Jahre von den Küstenbewohnern angelegten künstlichen Inseln aus Muschelschalen. Die heutige Bevölkerung bilden im Norden die Lebu-Fischer und im Süden die Serer, die sowohl Fischfang als auch Ackerbau betreiben. Seit der Portugiesenzeit hat das Christentum in manchen Dörfern Fuß gefaßt, der Islam dominiert aber, sein Einfluß wächst – wie überall im südsaharischen Afrika – sogar stetig.

Die ›Petite Côte‹ zwischen Dakar und Joal-Fadiouth

Die Petite Côte beginnt im Nordosten von Dakar mit den Orten Hann und Tiaroye. Aus **Tiaroye** stammt einer der wichtigsten paläolithischen Funde südlich der Sahara, ein in den Dünen entdeckter, 8 cm großer, länglicher Stein mit den eingeritzten Umrissen einer weiblichen Figur. Im Museum von Gorée befindet sich ein Foto dieser berühmten ›Venus von Tiaroye‹. Der Ort selbst gehört zum Ballungsraum von Dakar und hat außer dem Strand mit seinen Fischerbooten kaum Interessantes zu bieten.

Man folgt von Tiaroye der großen Nationalstraße in Richtung Thiès und erreicht nach 15 km das Städtchen **Rufisque,** das alte Rio Fresco der Portugiesen. Rufisque gehörte zu den vier Gemeinden des alten französischen Senegal, deren Bürger bereits zu Beginn dieses Jahrhunderts die französische Staatsbürgerschaft erhielten. Die Stadt entwickelte sich im vorigen Jahrhundert mit dem Ausbau der Eisenbahnlinie Dakar – St. Louis zu einem wichtigen Umschlagplatz für Waren aller Art, insbesondere für Erdnüsse. Der Baustil der Häuser erinnert an St. Louis, Alt-Dakar oder Gorée. In den engen Straßen stehen einstöckige Handelshäuser mit umlaufenden Holzbalkonen, wie man sie auch in der Karibik oder in Brasilien sehen kann; die bunten Obststände und die zweirädrigen Pferdefuhrwerke, die ›Calèches‹, verleihen dem Ort dazu auch etwas südeuropäisches Gepräge. Zu den ältesten Bauwerken der Stadt zählen das Fort Faidherbe, wo sich heute ein Leuchtturm erhebt, und die Pfarrkirche aus der Mitte des vorigen Jahrhunderts.

Man folgt der Nationalstraße weiter bis 9 km hinter den Ort Bargny, wo rechterhand die Straße nach Mbour abzweigt. Die Straße führt nicht direkt an der Küste entlang, sondern durch das Hinterland, vorbei an knorrigen, jahrhundertealten Affenbrotbäumen *(Baobab)*, die auf dem harten Kalk hervorragend gedeihen. Der Baobab spielt in den Geschichten und Mythen der afrikanischen Völker eine große Rolle. Die Bänkelsänger *(Griots)* und Fetischmeister ließen sich in seinem Schatten begraben, seine Blätter werden von den Frauen als Zutat für Soßen geschätzt, und die Kinder lieben das weißliche, süßsaure Mark seiner pelzigen, länglichen Früchte, die sie ›pain de singes‹ (Affenbrot) nennen. An die Küste gelangt man über staubige Pisten oder kleine Asphaltstraßen, die Zugänge zu den Fischerdörfern. So führt eine Stichstraße von Bounga zu dem am Rand eines Weihers gelegenen **Yenne sur Mer.** Südlich des Dorfes fällt der Kontinent steil zum Meer ab; zwischen den Kalkfelsen schlängeln sich Fußpfade durch eigenartig rötlich-violettfarbenes Gestein hinunter zum Meer.

Die Hauptstraße durchquert nun den Trockenwald von Sinndia, der vor allem aus sahelischen Akazien besteht. Man unterscheidet eine grünstämmige und eine rotstämmige Art, die beide in der späten Regenzeit wunderbar duftende, kugelige Mimosenblüten tragen. Die nächste nach rechts zum Meer abzweigende Stichstraße führt nach **Popenguine,** einem alten Fischerdorf auf einer ins Meer vorragenden Felsnase (›Kap de Naze‹). Viele Bürger der nahen Großstadt fahren zur Erholung hierher, und auch der Staatspräsident besitzt hier ein Wochenendhaus. Seinen großen Tag erlebt Popenguine am Pfingstmontg, wenn die Christen aus dem Dorf und auch von außerhalb ihre alljährliche Prozession zur ›schwarzen Madonna‹, die in einer Grotte steht, durchführen.

Von der Nationalstraße zweigt eine weitere Stichstraße nach **Gereo** am rechten Ufer des Flüßchens Somone ab. Die Somone entspringt in der Falaise von Thiès und fließt, gesäumt von einem dichten Buschwald, zum Ozean. Der Mündungsbereich des Flüßchens ist eine amphibische Mangrovenlandschaft, ein idealer Lebensraum für seltene Wasservögel wie Pelikane, Flamingos und Reiher. Eine schwierige, nur in der Trockenzeit befahrbare Piste führt am Rande der Sümpfe vorbei zu den Dünen, hinter denen ein schöner Badestrand zur Erholung einlädt.

Weiter der Nationalstraße folgend kommt man nach **Ngekokh,** wo in der katholischen Mission ein kleines Serer-Museum eingerichtet wurde. Im Dorf führt rechts eine Straße nach **Ngaparou** (7 km), unweit des linken Ufers der Somone, und zu den Sandstränden, wo sich das Ferienzentrum ›Hippocampe‹ im Bungalowstil befindet.

Auf der großen Durchgangsstraße erreicht man danach **Mbour,** ein belebtes Handelsstädtchen, dessen Bewohner hauptsächlich vom Fischfang und Kleinhandel leben. Zwischen Meer und Lagune entstand in den letzten Jahren das ›Centre Touristique‹ mit Schwimmbad und Nachtclub. In Mbour zweigt die Küstenstraße nach Süden zu den Stränden der Petite Côte und nach Joal ab. Am Rande des kleinen Dorfes **Nianing** liegt der luxuriöse Neckermann-Club ›Aldiana‹ mit Privatstrand, Schwimmbad, Tennisplätzen, Reitbahn, Bar, Restaurant und nach dem Vorbild der afrikanischen Kegeldachhütten erbauten Unterkünften. Hinter Nianing beginnt ein dichter Trockenwald aus Akazien, Affenbrotbäumen und Borassuspalmen. In dem Ort **Ngazobil** befindet sich die älteste katholische Missionsstation im Senegal, deren bereits 1914 eingerichtetes Gymnasium von Leopold Senghor besucht wurde.

Die Küstenstraße endet in dem alten Fischerstädtchen **Joal** (Abb. 7), einer portugiesischen Gründung aus dem 15. Jh., von der aus die Christianisierung des Küstenstrichs durch Kapuzinermönche begann. Jüdische und christliche Portugiesen fungierten als Vermittler und Dolmetscher zwischen den afrikanischen Stämmen und den europäischen Schiffsbesatzungen, die hier Wachs, Häute, Reis und Elfenbein aufkauften. Heute leben in Joal zwar 90% Moslems, die Bauweise des Straßendorfes, das sich unter Kokospalmen in einer Länge von 2,5 km am Strand entlangzieht, verrät aber noch deutlich den langanhaltenden europäischen Einfluß. Die kleinen, einstöckigen Zementhäuser mit ihren wellblechgedeckten Giebeldächern liegen hinter Bretterwänden und Palisadenumzäumungen und sind so ineinander verschachtelt, daß man keine Besitzgrenzen unterscheiden kann. Den Mittelpunkt des Ortes bildet die Markthalle am Strand. Neben Tomaten, Reis, Frischfleisch gibt es hier Kokosnüsse und die grünen, lederartigen Früchte der Borassuspalme, die eine gallertartige Flüssigkeit enthalten. Keineswegs sollte man eine Fußwanderung am Strand entlang versäumen. Hinter den buntbemalten, aufs Ufer hinaufgezogenen Pirogen stehen die Roste zum Räuchern der Fische und liegen die einzelnen Fischarten in wohlgeordneten Reihen. Der Artenreichtum der Fische in den tropischen Gewässern dieses Küstenabschnitts ist erstaunlich; es gibt hier Katzen- und Hammerhaie, Rochen, Barsche, Seeforellen und auch die großen Seeschildkröten. Im gut geführten afrikanischen Restaurant ›Relais 114‹ kann man die lokale Fischvielfalt kulinarisch testen.

Am südlichen Ortsende führt ein Holzsteg über die Lagune zu dem Inselstädtchen **Fadiouth,** einer ausgesprochenen Besonderheit der senegalesischen Küste. Die hiesigen Inseln bestehen nämlich aus künstlichen Muschelhügeln, die etwa seit dem Jahr 400 kontinuierlich aufgeschichtet wurden. Seit anderthalb Jahrtausenden sammelten die Küstenbewohner die Arca-senilis-Muscheln, verzehrten den Inhalt und häuften die Schalen auf, so daß sich allmählich regelrechte Muschelberge bildeten, von denen einige eine Fläche von 5–7 ha bedecken und eine Höhe von bis zu 10 m erreichen. Zu Fadiouth gehören drei künstliche Muschelinseln, die Stadt, der Friedhof und die Speicherinsel. Die menschlichen Siedlungen wurden wahrscheinlich aus Schutzgründen auf die Inseln verlegt und erst in jüngster Zeit durch Holzstege (Abb. 6) mit Joal und dem Friedhof verbunden (der Bau der Brücken führte übrigens zu erheblichen Protesten der alteingesessenen Fischerfamilien). In Fadiouth leben überwiegend christliche Serer-Bauern, deren Felder auf dem Festland liegen. Die Bauweise zeigt wie überall an der Küste europäische Einflüsse. Kleine, hell verputzte Häuschen aus Zement, kaum höher als drei Meter, säumen die engen, säuberlich mit einer dicken Muschelschicht bedeckten Gassen, in denen manchmal kaum zwei Menschen einander passieren können. An den Straßenkreuzungen stehen neue christliche Heiligenfiguren. Die große katholische Kirche, eine einfache Halle mit Wellblechdach, stellt keinen besonderen Blickfang dar; dagegen fügt sich die kleine Moschee mit ihren zwei Minaretten viel besser in das Gewirr der kleinen Häuser ein. Vom Corso führt ein Weg vorbei am Beratungshaus der alten Männer und über einen Steg zur Friedhofsinsel (Abb. 4), wo unter den alten Baobabs die Holzkreuze der Christengräber stehen (Affenbrotbäume gedeihen auf den Muschelinseln wegen dem Kalkboden und dem nahen Grundwasserspiegel besonders gut). Auf den Gräbern finden sich gelegentlich leere Whiskyflaschen. Hierbei handelt es sich ausnahmsweise um einen Zivilisationsmüll ›mit höherer Bedeutung‹, denn mit diesen Gefäßen

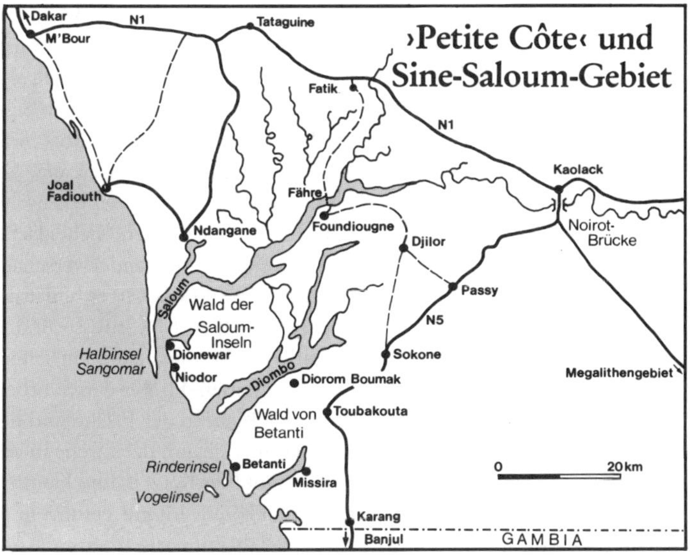

›Petite Côte‹ und Sine-Saloum-Gebiet

schüttet man Weihwasser auf die Gräber. Mit einer Piroge kann man sich hinüber zur mangrovengesäumten Speicherinsel fahren lassen. Hunderte von Familienspeichern zur sicheren Unterbringung von Erdnüssen und Hirse stehen hier auf hohen Stelzen. Bei Flut ist die Speicheranlage völlig von Wasser umgeben (Farbabb. 3).

Das Mündungsgebiet des Sine-Saloum

Von Joal aus kann man die Fahrt zum Mündungsgebiet des Sine-Saloum fortsetzen, einem einmaligen, von Inseln und Wasserarmen durchsetzten Gebiet, das 1976 teilweise zum Nationalpark erklärt wurde. Etwa 20 km von Joal entfernt liegt das Dorf **Ndangane,** der Ausgangspunkt für Pirogenfahrten zur Halbinsel **Sangomar,** die sich zwischen dem Mündungsarm des Saloum und den Küstendünen des Atlantik erstreckt. Auf Sangomar gibt es endlose, unberührte Strände, wo die Seeschildkröten noch ungestört ihre Eier ablegen können. Unter Kokospalmen liegen die Weiler und Gehöfte der Niominka, einer den Serern verwandten Volksgruppe. Eine interessante Schutzlage weisen die beiden nur mit Pirogen erreichbaren Dörfer Dionewar und Niodor auf.

Die Mischung von Salz- und Süßwasser in der Saloum-Mündung bildet den idealen Lebensraum einer Tierwelt von seltener Vielfalt. Hier leben u. a. Seeschildkröten, Riesenrochen, seltene Flußdelphine, Seehunde und sogar die äußerst scheuen Seekühe. Die Flußlandschaft des Saloum ist auch von Norden her über die Piste von dem Städtchen Fatik (62 km von Dakar auf der Nationalstraße Richtung Kaolack) nach **Foundiougne** erreichbar. Kurz vor dem Dorf überquert man den Saloum mit einer Fähre. In Foundiougne stehen unter riesigen Flammenbäumen noch ein paar verlassene Bauten aus der Kolonialzeit. Zu Fuß oder mit Pirogen kann man mit einem Führer in völlig entlegene und noch sehr wildreiche Gebiete der Flußlandschaft vorstoßen.

Der Weg zum schönsten Teil des Naturparks im Süden führt über **Kaolack,** die Hauptstadt des Sine-Saloum-Gebietes und Erdnußanbauzentrum (190 km von Dakar). Südlich der Stadt überquert man zunächst die Noirotbrücke über den Saloum, der bereits hier, weit im Landesinnern, durch die Gezeitenwirkung des Meeres ein riesiges, seichtes Flußbett besitzt. Im Flußbereich liegen große Salinen, in denen das in der Sonne ausgeblühte Salz herausgeschabt wird. Danach folgt man den Wegweisern Richtung Toubakouta-Banjul (Gambia). In **Sokone** (47 km von Kaolack) besteht die Möglichkeit, Pirogenfahrten durch eine Sumpflandschaft zu unternehmen, wo noch Büffel, Antilopen und Krokodile leben.

20 km weiter liegt das Dorf **Toubakouta,** in dessen nördlichem Umkreis (6 km) sich die künstliche Muschelinsel **Diorom Boumak** erstreckt. Untersuchungen des I.F.A.N.-Instituts haben ergeben, daß die Muschelberge zwischen dem 7. und 13. Jh. von einer Bevölkerung aufgetürmt wurden, die wahrscheinlich getrocknete Muscheln ins Hinterland exportierte. Bei den 120 Grabhügeln, die man dort zählte, handelt es sich vermutlich um Gemeinschaftsgräber. Man entdeckte hier neben menschlichen Skeletten und Hundeknochen verschiedene Grabbeigaben, und zwar Perlen, Kupferschmuck, Eisenlanzen und vor allem eindrucksvolle, fast schon sensationelle Keramiken, kreisrunde Gefäße mit einem in der Mitte etwas eingedellten Deckel, der

einen Griff besitzt. Die einzigen Verzierungen bilden wellenförmige Linien, die mit Hilfe von geknoteten Kordeln eingedrückt wurden. Ähnliche Töpferwaren findet man in der Casamance noch heute. Weiter südlich bei **Missira** (11 km von Toubakouta) erstreckt sich der üppiggrüne guineische Wald von Betanti mit zahlreichen Baumarten, die auch in der Casamance heimisch sind. Das Dorf **Betanti** am Atlantik bildet den Ausgangspunkt für Fußwanderungen durch das Wattenmeer zu der der Küste vorgelagerten ›Rinderinsel‹ (nur bei Ebbe möglich).

Die touristische Infrastruktur im Sine-Saloum-Gebiet ist gut entwickelt. In Foundiougne gibt es das Bungalowhotel ›Les Pirogiers‹ mit 40 Zimmern (Schwimmbad, Tennis, Autoverleih, Fischereimöglichkeiten). Von hier aus werden auch die Pirogenfahrten auf dem Saloum durchgeführt. Wer im Feriendorf ›Keur Saloum‹ von Toubakouta unterkommen will, sollte bereits in Dakar bei der Reiseagentur ›Vacances et loisirs‹ eine Reservierung vornehmen lassen. Außer über Schwimmbad und Restaurant verfügt das Feriendorf sogar über ein Hausboot für Gäste, mit dem man zum Fischen fahren kann (von Juni bis Oktober Saison für Barrakudas, Seekarpfen, Thunfisch und Capitaines). Auch für das Bungalowhotel ›Le Jardin d'Allah‹ ist eine Reservierung bei den Reiseagenturen in Dakar erforderlich. Campements mit einfacherer Ausstattung finden sich 4 km vor der Grenze zu Gambia bei Medine Djikoye und bei Keur Yoro Diop in der Ebene von Sokone.

Megalithen und Steinkreise im Sine-Saloum-Gebiet

Auf halbem Wege zwischen Dakar und der Casamance liegt südöstlich von Kaolack, der Provinzhauptstadt der Region Sine-Saloum (s. o.), ein prähistorisch hochinteressantes Gebiet. In dem Raum zwischen Nioro du Rip im Westen und dem östlichen Gambia finden sich nämlich Menhire, Steinkreissetzungen, leierförmige Steine und Grabhügel in einer Konzentration, die nur mit der in einigen Gebieten Westeuropas (Carnac/Bretagne, Stonehenge/Südengland) vergleichbar ist. Das Hauptverbreitungsgebiet dieser Megalithkultur bildet der obere Einzugsbereich des Saloum zwischen der kleinen Stadt Nioro und Kaffrine an der Bahnlinie Dakar–Tambacounda; eine Besichtigung lohnen vor allem die Steinsetzungen entlang des kleinen Gambia-Zuflusses Bao Bolon.

Die ersten systematischen archäologischen Untersuchungen der Megalithen fanden bereits zu Beginn dieses Jahrhunderts statt, die Forschung hat aber bis heute noch nicht klären können, wer ihre Erbauer waren. Die Grabungen legen allerdings den Schluß nahe, daß es sich bei den Denkmälern um Bestattungsplätze handeln muß, da man neben Knochenresten und irdenen Gefäßen auch ein wenig Kupferschmuck fand. Die neueren C14-Datierungen anhand von Skelettfunden ergaben, daß die Grabstätten aus dem 7. oder 8. Jh., also aus dem frühen afrikanischen Mittelalter, stammen. Sie wurden mit Sicherheit nicht von den Vorfahren der jetzt in diesem Raum lebenden Malinke, Wolof und Serer angelegt. Die mündlichen Überlieferungen dieser Volksgruppen wissen zu berichten, daß in mythischer Vorzeit ein fremdes Volk hier lebte, das nicht mit den eigenen Ahnen verwandt war. Es handelt sich also um eine unbekannte negro-afrikanische Kultur, die ihre Blütezeit etwa während der Anfänge des alten Ghana-Reiches erlebte.

Die meisten Steinkreise bestehen aus 6–30 hoch herausragenden Lateritsteinen (Eisenkrustensteinen) in Quader- bzw. Zylinderform und weisen einen Durchmesser von 3–10 m auf. In einigen Fällen befinden sich in den Kreisen deutlich sichtbare Tumuli, alte Grabhügel. Außer in Steinkreisen sind die Menhire auch in einer Linie, meist in Richtung Osten, aufgestellt. Dies legt die Vermutung nahe, daß für die Menschen dieser Kultur der Sonnenkult eine Bedeutung gehabt haben muß; Parallelen zu den astronomisch ausgeklügelten Steinsetzungen von Stonehenge in England scheinen denkbar. Neben den genannten Steinformen treten in diesem Raum leier- oder V-förmige Menhire auf, wobei die beiden auseinanderstehenden Flügel in ihrem oberen Teil durch einen schmalen Steg verbunden sind. Einzeln stehende Menhire stellen meist Zeichen für alte, eingeebnete Grabhügel dar. Die Höhe der Menhire in den Steinkreisen beträgt durchschnittlich 1,50 m, die linienförmig angeordneten Steine ragen bis zu 2 m aus dem Boden. Manche Blöcke sind an ihrem Scheitelpunkt leicht eingedellt; möglicherweise ein Zeichen dafür, daß auf den Steinen geopfert wurde: Die Altnigritier Westafrikas bringen bis heute Hirsebrei- und Hühneropfer auf ähnlich geformten Lehmpfeilern dar. Insgesamt konnte man bislang 30 000 Megalithen in mehr als 1000 Steinkreisen erfassen und lokalisieren; zahllose weitere finden sich im benachbarten Gambia.

Rundfahrt durch Sine-Saloum
Eine halbtägige Exkursion erlaubt es, eine ganze Reihe der interessanten Steinsetzungen östlich von Nioro du Rip zu besichtigen. Als Ausgangspunkt der Fahrt, die mit einem gewöhnlichen PKW nur in der Trockenzeit (November–April) empfehlenswert ist, wählt man am besten **Nioro,** das 55 km südöstlich von Kaolack an der großen Transgambia-Straße liegt. Von Nioro aus folgt man dieser Straße in Richtung Landesgrenze zu Gambia und kommt nach 11 km zu dem kleinen Weiler **Firgui.** Vor der Überquerung des ausgetrockneten Bao Bolong-Flußbettes biegt man nach links auf die einigermaßen gute Piste (Feldweg) Richtung Kaymor ab.

Nach 10 km sind bei dem Dorf **Kabakoto** links von der Piste die drei ersten Steinkreise zu sehen; ein paar hundert Meter weiter, in der Nähe des Bao Bolong-Flußbettes, präsentiert sich dann ein schöner, von Menhiren umgebener Grabhügel. Ein leierförmiger, leider umgestürzter Stein liegt gespalten daneben. Im Dorf **Kaymor,** 5 km weiter, biegt man nach rechts ab. Hinter den Hütten finden sich ein Steinkreis von 14 Menhiren und eine Reihensetzung einiger größerer Steine direkt an der Piste. Zwischen den Dörfern Kaymor und **Garan** fallen etwa 200 m rechts der Piste zahlreiche weitere Steinsetzungen auf, vor allem einzeln stehende, bis zu 2 m hohe Menhire.

Ab Garan (22 km von Firgui) wird die Piste kurvenreicher und führt durch eine dichtere Baumsavanne, bis man nach 7 km das Dorf **Sine Ngayene** erreicht. 400 Meter nordwestlich des Dorfes befindet sich der größte Megalithenplatz Senegambiens, **Dialloumbere.** Die 52 doppelten, konzentrischen Steinkreise mit insgesamt 1100 Menhiren, die man hier sieht, gelten als Grabstätten sozial höher gestellter Personen. Der äußere Kreis des ›Königsgrabes‹ weist 18 quaderförmig-quadratisch behauene Megalithen auf, der innere 16 kleinere, zylindrische Blöcke. Das ›Grab der Königsmutter‹ umgeben abwechselnd acht quaderförmig-massige und sechs

Steinkreise in Dialloumbere (oben) und leierförmiger Megalith (ca. 1,90 m hoch)

schlanke Steinsäulen. 4 Kilometer weiter liegt das Dorf **Payoma,** wo in den Häusern Menhire als Türpfosten und Schwellen eingebaut wurden. Am Eingang der kleinen Dorfmoschee sieht man liegende Steinpfosten. Nach weiteren 3 km gelangt man zu dem Dorf **Keur Bamba** mit seinem gut erhaltenen, isoliert stehenden Steinkreis (am Ortsausgang).

Von Keur Bamba folgt man der Piste durch die Baumsavanne in südwestlicher Richtung bis zur 10 km weiter kreuzenden großen Transgambia-Straße (näheres zu Gambia vgl. S. 181f.). Für diejenigen, die sich vormittags auf die Megalithenrundfahrt begeben haben, ist eine Weiterfahrt bis nach Ziguinchor in der Casamance sinnvoll. Hat man die Fahrt dagegen in der zweiten Tageshälfte unternommen, sollte man besser nach Kaolack zurückfahren, wo sich gute Unterkünfte finden.

Die Casamance – feuchttropischer Südsenegal

Die Casamance, die südlichste Region des Senegal, erhielt ihren Namen von einem lokalen Fürsten namens Kassa Mansa, der im 15. Jh. regierte, zu der Zeit also, als die ersten portugiesischen Seefahrer die hiesige Küste erreichten. Die Lebensader dieser flachen, feucht-grünen Landschaft zwischen Gambia und dem seit 1974 unabhängigen Guinea-Bissau bildet der gleichnamige Strom, der auf rund 300 km gemächlich durch das südsenegalesische Flachland fließt. Bereits 200 km vor der Mündung in den Atlantik, ab der Stadt Sedhiou, dem einstigen Verwaltungszentrum der Portugiesen, beginnt sein breiter Unterlauf, der infolge der weitreichenden Gezeitenwirkung leicht salzig ist. Ihn begleiten undurchdringliche Mangrovendickichte, verzweigte Nebenarme *(Bolong)* und zahlreiche Hinterwässer. In der Casamance fällt drei- bis viermal soviel Regen wie im Norden, im Jahr über 1400 mm. Entsprechend bedeckt eine üppige tropische Vegetation das Land, und an manchen Stellen findet sich noch der ursprüngliche guineische Regenwald wie z. B. im Nationalpark der Basse Casamance unweit des Kap Skirring. Die auch in den trockenen Monaten grüne Casamance bildet so das Gegenstück zum Sahel, dem weit über die Hälfte des Senegal angehört. Wer von Gambia her nach Süden fährt, bemerkt den Landschaftswandel südlich des Gambia River. Die Trockensavanne mit ihrem hohen, gelben Gras und den kahlen Bäumen geht hier in eine dichtere, von Waldinseln und Reisfeldern durchsetzte Baumsavanne über, und ab Bignona treten immer häufiger die riesigen Kapokbäume (Baumwollbäume) mit ihren weit ausladenden Brettwurzeln auf, unterbrochen von Öl- und Borassuspalmengruppen. Störche, Reiher und Marabus nisten in den Baumkronen, und wer etwas Geduld und Glück hat, kann in den Bäumen verschiedene Arten von Affen beobachten.

Die Basse Casamance (›untere Casamance‹), die ebene, feuchte Region westlich der Provinzstadt Ziguinchor, präsentiert sich als eine afrikanische Bilderbuchlandschaft. In dem von Wasserarmen, Reisfeldern und Waldinseln geprägten Gebiet liegen unter uralten Kapokbäumen die Dörfer der Diola, eines Volkes, dessen von Weiler zu Weiler unterschiedliche lokale Sitten eine nähere Betrachtung verdienen.

Die Diola und ihre Kultur

In der Basse Casamance leben etwa 250 000 Angehörige der Diola, die sprachlich und kulturell zu den westatlantischen Waldvölkern gehören. Sie bilden zahlreiche territoriale Gruppen, die eigene Namen tragen. Das linke Ufer der Casamance ist der traditionelle Lebensraum der Flup und Diamant, auf dem rechten leben die Bliss-Karon und Fogni, während im Osten die Balant, Mandjak, Bainuk und Makagne siedeln. Der noch weitgehend archaische Charakter ihrer Kultur, deren sichtbarster Ausdruck die eigenständige Bauernarchitektur, Initiationsfeste und Altersklassenkämpfe zwischen Jugendlichen sind, resultiert aus der relativ späten Entdeckung und Erschließung des Diola-Landes durch die Europäer. Bis in die zweite Hälfte des 19. Jhs. mied man die Basse Casamance als »höchst gefährliches, undurchdringliches Sumpfgebiet«. Die Straßen und Handelswege verliefen in Nord-Süd-Richtung und berührten das unheimlich wirkende Waldland der kriegerischen Diola im Westen nicht. Mit dem Beginn der Kolonisation durch die Franzosen, die in Sedhiou und Karabane ihre ersten Verwaltungszentren schufen, regte sich heftiger Widerstand unter den Diola, denn die zentralistischen Bestrebungen der Kolonialmacht standen in krassem Gegensatz zu ihren traditionellen politisch-sozialen Strukturen. Anders als die sahelischen Völker im nördlichen Senegal kannten die Diola keine übergreifenden politischen Autoritäten, d. h. es gibt bei ihnen keine absoluten Herrscher, keine Adelskaste, Minister, Beamte, Sklaven oder Berufsstände, sondern lediglich autonome dörfliche Oberhäupter, die von den führenden Familienvorständen gewählt werden.

Eine soziale Hierarchie fehlt also, die Großfamilie mit dem väterlichen Oberhaupt bildet die wichtigste politische Einheit. Man kennt zwar auch die Institution eines Königs oder einer Königin (wie im Dorf Sinagar), doch gesteht das partikularistische Familiendenken der Diola dieser keinerlei unmittelbar politische Autorität zu. Der König gilt vielmehr als kultisch-religiöser Meister, als Mittler zwischen der Geister- und Menschenwelt, dessen Ansehen sich nicht auf materiellen Reichtum oder besondere Machtbefugnisse gründet, sondern auf seine (allerdings gefürchtete) esoterisch-spirituelle Kraft, die ihm den Umgang mit den Geistern erlaubt. Seine äußerlichen Kennzeichen sind die rote, ›phrygische‹ Mütze, ein langes Gewand mit weiten Hosen und vielfach auch eine Art Szepter, das einem Fliegenwedel ähnelt. Ein Diola-König trägt niemals europäische Kleidung und besitzt auch keine anderen Symbole europäischer Kultur wie etwa eine Armbanduhr.

Etwa die Hälfte der Diola praktiziert noch mehr oder weniger offen den animistischen Geisterkult, darunter vor allem die älteren Menschen, während sich ein großer Teil der jüngeren inzwischen zum Islam oder Christentum bekennt. Die alten Glaubensvorstellungen leiten sich vor allem aus der völligen Abhängigkeit der Bauern vom Wachsen und Gedeihen des Reises her. Ziel aller Kulte ist es, Harmonie zwischen Mensch und Natur zu erreichen, indem man den Schutzgeistern, die in bestimmten Fetischen wohnen, Tiere, Reis und Palmwein opfert. Die lebenswichtigen Fetische heißen *Boekin;* sie vermitteln zwischen dem unpersönlichen höchsten Wesen, das den fruchtbringenden Regen schenkt, und den Menschen. Die Boekin treten in verschiedenen Erscheinungsformen auf. Es können damit ›heilige Plätze‹ in Wohnräumen, auf einer Terrasse oder auf dem Gehöft gemeint sein, Opferaltäre in den Häusern oder unter heiligen Bäumen sowie auch einfache Heiligenschreine in Form eines kleinen Lehmhäuschens.

Die heiligen Fetische werden in den sogenannten ›Heiligen Hainen‹ aufbewahrt, Gruppen von mehreren alten Kapokbäumen, die meist am Rande des Dorfes stehen (Abb. 11). Nicht Beschnittene dürfen diese Fetischplätze keinesfalls betreten. Wenn man als Außenstehender in den ehrwürdigen Hainen umherwandert, was mit Erlaubnis möglich ist, sollte man sich hüten, die Heiligtümer zu berühren oder gar zu beschädigen. Man erkennt sie beispielsweise an kleinen Umzäunungen um die Baumwurzeln, innerhalb deren heilige Stäbe im Boden stecken, die wiederum mit umgestürzten Kalebassen bedeckt sein können (jeder Stab repräsentiert einen Beschnittenen der Großfamilie). Andere Heiligtümer verraten sich durch kleine Stein- oder Muschelhäufchen, die in kleinen Gehegen liegen. Den deutlichsten Hinweis auf Fetische bilden aber Tierknochen wie etwa Ziegenschädel, die Reste von Opfergaben, die am Rande der Heiligtümer aufgehäuft werden. Der Fetisch selbst gilt als Sitz eines Schutzgeistes, dem der König (oder besser Fetischpriester) bei bestimmten Feierlichkeiten (z. B. Initiation) Tierblut, Palmwein und Reisbrei opfert. Die Opferflüssigkeiten werden dabei in eine Bodenhöhlung hineingegossen, in der sich das eigentliche Fetischobjekt, meistens ein kleiner, polierter Opferstein, befindet. Der Stein gilt dabei als der Sitz, auf dem der Geist selbst im Augenblick des Opfers thront.

Trotz des Fehlens überfamiliärer politischer Institutionen und des sprichwörtlichen Individualismus der verschiedenen Großfamilien leben die dörflichen Gemeinschaften nach strengen sozialen Verhaltensregeln, die sich durch Sitte und Religion bestimmen. Eine noch immer wichtige Sitte stellt die Initiation und Beschneidung (Circumcision) der Jungmänner dar, die alle 10–20 Jahre stattfindet. Unter der Anleitung der Fetischpriester (Könige) und der alten, erfahrenen Männer leben die Initianden über mehrere Wochen außerhalb ihrer Häuser in den ›Heiligen Hainen‹, wo man sie unter harten physischen Bedingungen in die geheimen Gesetze des Kultes und der Ethik einweiht. Nach Abschluß dieser Lehrzeit verlassen die Initiierten den Hain als vollwertige Männer, und mit einem Festgelage, bei dem große Mengen von Reis, Fleisch und Palmwein konsumiert werden, feiert das ganze Dorf das große Ereignis. Die Feste wären unvollkommen, würde dabei nicht mit Musik und Gesängen getanzt. Dazu versammelt sich die Gemeinschaft bereits am späten Nachmittag auf einem freien Platz unter alten Bäumen. Im Gebiet der Flup von der Pointe St. Georges schlagen die Musikanten den Rhythmus auf hohen, mit Häuten bespannten Trommeln und Rasseln; die Frauen und Mädchen nehmen den Rhythmus auf, indem sie zwei Bambushölzer aneinanderschlagen und dabei in schallendem Chor alte Lieder anstimmen. Männer und Frauen tanzen nicht gemeinsam, sondern einzeln; in rascher Abfolge betreten ein oder zwei Tänzer(innen) mit trippelnden Schritten den Platz und steigern sich im rasenden Rhythmus der Trommeln und Bambusklappern in einen virtuosen Tanz, wobei der Oberkörper, leicht nach vornüber gebeugt, völlig ruhig verharrt. Der Tanz ist nicht das Privileg der Jungen, alle nehmen daran teil, selbst Frauen, die auf ihrem Rücken ein Baby tragen.

Die Diola der Basse Casamanca sind Reisbauern, aber auch der Fischfang und die Jagd spielen bei ihnen eine Rolle. Die durch Erdwälle in kleine Beete unterteilten Reisfelder liegen am Saum der Bolongs, also im Überschwemmungsbereich des Flusses und seiner Nebenarme, während sich die Siedlungen – von jeweils einer Großfamilie bewohnte Gehöfte *(Hank)* – auf den etwas erhöhten, überschwemmungsfreien Plateaus befinden. In der Trockenzeit (Dezember/Januar) sieht man kurz vor Sonnenaufgang die Frauen zur Ernte auf die Reisfelder ziehen, alleine oder in Gruppen, die schön geflochtenen Körbe auf den Köpfen. Halm für Halm wird der Reis mit einem Messer abgeschnitten, zu Garben gebündelt in den Korb gelegt und zu den weit entfernt gelegenen Speichern getragen. Die Ernte, das Verziehen der Halme und die Anzucht der Reisstecklinge sind Frauenarbeiten. Die Vorbereitung der Felder bleibt dagegen den Männern überlassen. Mit dem *Kadyendo,* dem traditionellen Arbeitsgerät, das wie ein ruderförmiger Spaten mit langem Stiel aussieht, wird der schwere Sumpfboden für die Reispflanzung vorbereitet. Zu dieser anstrengenden Arbeit kommen die Jugendlichen für ein paar Wochen von auswärts (z.B. Dakar) nach Hause in die Dörfer zurück.

In jedem Dorf gibt es Arbeitsgemeinschaften von Männern einer Generation. Im allgemeinen bilden die unverheirateten jüngeren Männer und Jugendlichen unter 25 Jahren eine Gemeinschaft und die älteren verheirateten Männer eine zweite. Diese Arbeitsgruppen führen größere Arbeiten (Neuanlage von Feldern, Aufreißen des Bodens für die Reiskultur) für diejenigen Bauern durch, die viel Land haben, aber zu wenig eigene Söhne als Arbeitskräfte. Auch die jungen Mädchen und verheirateten Frauen bilden Arbeitsgemeinschaften, die sich tagelang im Rhythmus ihrer Gesänge und in einem spielerischen Wettkampf ihren Tätigkeiten (Verziehen der Halme etc.) widmen. Den Abend verbringen die Arbeitenden auf Kosten des Auftraggebers gemeinsam mit einer Mahlzeit. Die Bezahlung erfolgt in Naturalien, vor allem in Form von Reis, den die Frauen in speziell dafür reservierten Speichern einlagern, um ihn wiederum bei bestimmten Festen gemeinsam zu verzehren. Überhaupt dienen die zahlreichen gemeinsamen Feste der Dorfbewohner dazu, die Früchte der kollektiven Arbeit zum Wohl der Allgemeinheit zu genießen.

Den ausgeprägten kollektiven Verhaltensweisen in der Diola-Kultur widerspricht eine Reihe von höchst individualistischen, fast egoistisch zu nennenden Zügen, wie sie sich vor allem innerhalb der Familie in der strikten Trennung der Reisspeicher zeigen. Männer und Frauen besitzen ihre eigenen Reisspeicher und verzehren in vielen Fällen auch ›ihr‹ Getreide ganz alleine.

In den Haushalten, wo ein Mann mehrere Ehefrauen hat, essen die älteren Frauen ihren Reis alleine; sie sind nicht einmal verpflichtet, für ihren Mann zu kochen, was in den polygamen Haushalten als Aufgabe der jüngsten Frau gilt. Auch bei der Ernährung der Kinder beachtet man das individualistische Prinzip strikt. Im polygamen Haushalt werden die Kinder einen Teil des Jahres vom Reis ihrer Mutter, die übrige Zeit von dem ihres Vaters ernährt. Nach Abschluß der Erntearbeiten haben die Ehefrauen zudem das Recht, eine Zeitlang in ihr Elternhaus zurückzukehren und dort ihren Liebhaber zu empfangen, ohne daß der Ehemann dagegen einschreiten könnte.

Die fehlenden politisch-sozialen Hierarchien und Machtstrukturen lassen auch dem Mann in der Diola-Gesellschaft ein großes Maß an persönlicher Freiheit. Er ist von keinem abhängig, niemandes Sklave und kann frühzeitig seine eigenen Interessen verfolgen. Zu den Lieblingsbeschäftigungen der Männer zählt das Anzapfen der Ölpalmen zur Herstellung von Palmwein. Tagelang wandern die Männer durch die Wälder zu ihren Ölpalmen und klettern mit Hilfe eines Tragebogens aus Holzgeflecht an den Palmstämmen hoch, um die in den Baumkronen angebrachten Zapfgefäße, in die der Baumsaft über eine kunstvoll geflochtene Tropfvorrichtung hineinfließt, zu leeren und neu herzurichten. Das Palmsaftzapfen, eine Kunst für sich, erfordert eine lebenslange Praxis. Der gesammelte Baumsaft wird langsam zu dem angenehm frischen, trüb-milchigen Palmwein vergoren, den man unbesorgt trinken kann. Man bietet ihn dem Fremden an, der sich die Mühe macht, zu Fuß und mit ein wenig Zeit durch eine der schönsten Landschaften des Senegal zu wandern.

Bauernarchitektur der Diola in der Basse Casamance

Ausgangspunkt für die Fahrt zu den traditionellen Diola-Dörfern und zu den Badestränden am Atlantik ist die Hauptstadt der Casamance, das am Fluß gelegene **Ziguinchor** (50 000 Einwohner). 1457 ankerte der Venezianer Ca da Mosto, der im Auftrag Heinrich des Seefahrers, des damaligen portugiesischen Königs, die westafrikanische Küste erkundete, in der Nähe der heutigen Stadt, und bis ins frühe 19. Jh. bestand hier ein kleiner portugiesischer Militär- und Handelsstützpunkt, über den vor allem Bienenwachs, Gold und Sklaven ausgeführt wurden. Französische Erkundungsvorstöße setzten zu Beginn des 19. Jhs. ein, als Baron Roger, der damalige Gouverneur des Senegal, Soldaten in das Mündungsgebiet der Casamance entsendete. 1828 besetzten die Franzosen die Insel Digué und 1836 Karabane an der Flußmündung; das entlegene, für Europäer gefährliche Diola-Land mit seinen Sümpfen und Urwäldern blieb aber noch jahrzehntelang unter portugiesischer Oberhoheit. Erst 1886 zogen sich die Portugiesen endgültig aus Ziguinchor zurück, woraufhin die Casamance dem französischen Senegal einverleibt wurde.

Ziguinchor hat bis heute seinen kolonialen Charakter weitgehend beibehalten. Die Stadt liegt inmitten des guineischen Feuchtwaldes; selbst im Zentrum mit seinen Alleen und kleinen französischen Parks stehen noch hohe Urwaldbäume, in deren Baumkronen Reiher und andere Wasservögel nisten. Das rege Geschäftsviertel mit seinen ein- bis zweistöckigen Wohnhäusern, Banken, kleinen Hotels und libanesischen Läden präsentiert sich im gesichtslosen, funktionalen

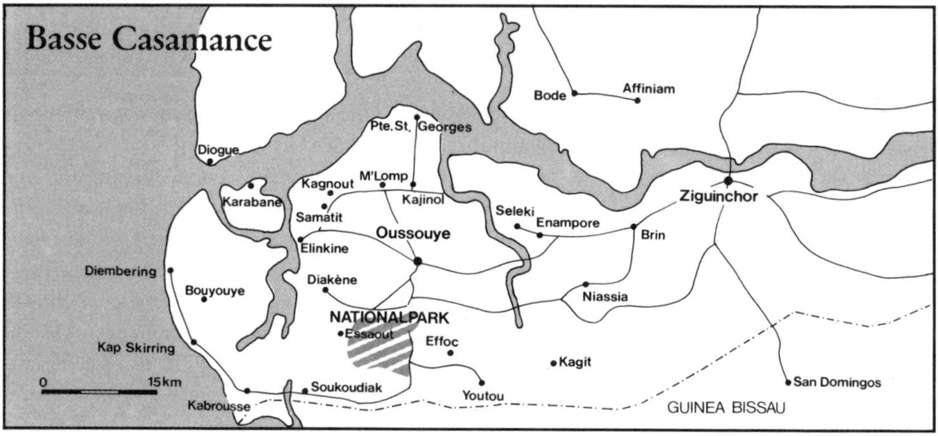

Baustil dieses Jahrhunderts, in den stillen Nebenstraßen finden sich aber noch die großzügigen Häuser der Kolonialzeit. Inmitten der tropischen Umgebung wirkt die katholische Kathedrale, eine Mischung aus Neogotik und Neoromanik der Jahrhundertwende, wie ein Fremdkörper. Der Hafen mit seinen etwas verlassen anmutenden Anlagen ist immerhin der drittgrößte des Senegal und besitzt immer noch Bedeutung für den Erdnußexport. Die Stadt verfügt über eine ganze Reihe von Hotels und kleineren Bars mit Unterkunftsmöglichkeiten (Hotel Aubert, Hotel Diola, Hotel Tourisme, Bar Le Falafou).

Zu den sehenswerten traditionellen Diola-Dörfern Seleki und Enampore gelangt man über die westliche Ausfallstraße zum 78 km entfernten Kap Skirring (Atlantikküste). Man durchfährt die alten Viertel von Ziguinchor mit ihren ländlichen, strohgedeckten Lehmhäusern und den in dieser Gegend üblichen Veranden und kommt nach wenigen Kilometern am Walde von **Djibelor** vorbei, wo chinesische Spezialisten ein modernes Reisbauprojekt leiten. In Djibelor wurden auch große Gärten für Orangen, Zitronen, Bananen und Ananas angelegt. Nach 10 km Fahrt auf der erneuerten Piste (in Zukunft asphaltiert) durch den dichten Feuchtwald zweigt in dem Dorf Brin rechterhand die Strecke nach Enampore ab.

Impluviumhäuser im Gebiet von Enampore, Essyl und Seleki

Das Gebiet der Dörfer Essyl, Enampore und Seleki (35 km von Ziguinchor) ist bekannt für die in Westafrika einmaligen, eigenartigen Sippengehöfte im sogenannten ›Impluviumstil‹. Das Wort ›Impluvium‹ (lateinisch für ›Regenfänger‹) deutet darauf hin, daß in diesen Häusern eine Einrichtung zum Auffangen des Regenwassers das herausragende Merkmal bildet. In der Tat gruppieren sich die Wohnhäuser bei den Gehöften dieses Typs ringförmig um einen zentralen Innenhof, der ein kreisförmiges Auffangbecken für Regenwasser enthält (Abb. 12). Eine Besonderheit stellt die raffinierte doppelte Dachkonstruktion dar. Durch das obere Dach – in Form eines riesigen, sich nach unten verengenden Trichters gebaut – gelangt das Regenwasser in das Impluvium. Das untere Dach, das am oberen Rand des Regentrichters beginnt bzw. dort seine oberste, gerundete Firstlinie aufweist, bedeckt den eigentlichen Wohnbereich, der sich ringförmig um den überdeckten Innenhof und seine Veranda legt. Die komplizierte Dachkonstruktion ruht statisch auf relativ kurzen Mangrovenstämmen in pfannenförmigen Lehmfundamenten.

Der aus massigen Lehmblöcken zusammengefügte Wohnkomplex bildet ein zusammenhängendes Ganzes, die zehn bis zwölf Räume mit ihrem viereckigen Grundriß sind – etwas versetzt – Mauer an Mauer aneinandergebaut und lassen nur einen einzigen, schmalen Eingang zum Innenhof frei, der zudem noch durch den Viehstall führt und mit einer soliden Tür aus Kapokholz verschließbar ist. In den Gemächern der Frauen bleibt ein Teil des Zimmers für den Reisspeicher reserviert, den ein Lehmmäuerchen vom übrigen Raum abtrennt. Die Männer stapeln ihren Reis über ihren Räumen in kleinen Speichern, zu denen eine kleine Trittleiter hinaufführt. Die Diola-Kultur verdient durchaus die Bezeichnung ›Zivilisation des Reises‹. Der gesamte Lebensrhythmus wird durch den Anbau von Reis bestimmt und durch die Sorge um die beste Art seiner Unterbringung. Schaut man in die kleinen, dunklen Vorratskammern hinein, staunt man über die dort herrschende Ordnung. Die verschiedenen Reisbündel sind wie in einem europäischen Weinkeller ›nach Jahrgängen‹ gestapelt, denn man ißt jeweils zuerst die ältesten Vorräte auf. Eine weitere Besonderheit der Impluviumhäuser ist die Anordnung der Eingangstüren. Die Türen zu den Männerräumen weisen stets zum Innenhof, während von denen der Frauengemächer, die stets zwei Türen besitzen, nur eine zum Innenhof führt. Die andere, gegenüberliegende öffnet sich zu einem eingezäunten Garten, dem *Kafat,* wo die Frau Reis, Küchengewürze und etwas Baumwolle für den Privatgebrauch anbaut.

Der Innenhof (Abb. 12) besteht aus zwei Elementen: aus der von dem weit nach unten reichenden, trichterförmigen Dach überdeckten Veranda und aus dem eigentlichen, runden Regenbehälter (Impluvium), der nur wenig größer ist als die Mündung des Trichterdaches (maximal 1,50 m im Durchmesser). Durch diese Öffnung gelangt auch das Tageslicht in den Hof und in die dahinterliegenden Wohnräume, die nach außen hin nur kleine Fensteröffnungen aufweisen. Eine unterirdische Röhre aus einem ausgehöhlten Palmstamm leitet das aufgefangene Regenwasser in die Gemüsegärten. Den gesamten Komplex umgibt außerhalb der Wohnräume

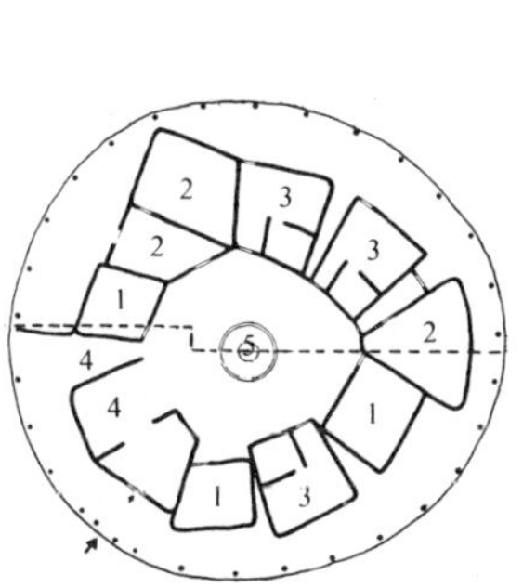

Impluvium-Haus in Seleki,
Ansicht (oben) und Grundriß (rechts)

1 Männerraum mit darüberliegendem Speicher
2 Raum ohne Reisspeicher
3 Frauenraum mit ebenerdigem Reisspeicher
4 Ställe
5 Impluvium
6 Veranda

ein Vordach, das auf massiven Lehmsäulen oder Holzpfosten ruht. Der Innenhof dient als Raum für die Gemeinschaft. Hier wird gekocht, gegessen und geredet. Trotz der gemeinschaftlichen, großfamiliären Lebensweise verlangen die individualistischen Sitten der Diola, daß jeder Erwachsene ›seinen‹ Reis aus dem eigenen Vorrat verzehrt und diesen sogar auf einem eigenen Feuer zubereitet. Dies gilt insbesondere für die polygamen Haushalte, d. h. dort, wo mehrere Ehefrauen eines Mannes zusammenleben. Das Bedürfnis, persönliches Eigentum zu verwalten und zu konsumieren, scheint durchaus vereinbar mit der Realität der Lebensgemeinschaft einer Großfamilie.

Welche Funktion erfüllen nun die kompliziert konstruierten Diola-Gehöfte? Offensichtlich kann man nur in der Regenzeit Wasser im Impluvium sammeln, dann also, wenn sowieso überall Wasser in Hülle und Fülle zur Verfügung steht. In der Trockenzeit dagegen ist diese Konstruktion überflüssig. Es muß also noch andere Gründe für das Entstehen eines solchen eigenartigen Baustils geben. Paul Pelissier, der die Diola-Dörfer eingehend untersuchte, meint, daß sich die Anlage des Impluviumhauses aus einem Schutzbedürfnis reicher, bedeutender Familien entwickelt habe. Es ging – so Pelissier – den Erbauern vor allem darum, die Mitglieder der Familie, das Vieh und die wertvollen Reisvorräte durch den Bau einer Art Festung vor Überfällen der Nachbarn zu schützen (bis vor etwa 70 Jahren bekriegten sich die voneinander abgeschirmten Sippen der Nachbardörfer in der Basse Casamance fast permanent). Die besondere topographische Lage der Dörfer Enampore und Seleki auf einem offenen, weitgehend waldfreien, sandigen Plateau bot sich hierfür an. Bei den Gehöften handelt es sich also um die traditionelle Bauform wohlhabender Wehrbauern, weswegen man solche Wohnfestungen nur an sehr wenigen Stellen in der Casamance antrifft (u. a. auch auf dem Flußufer gegenüber von Affiniam).

Die Besonderheit der doppelten Dachkonstruktion erklärt Pelissier durch einen Mangel an geeigneten Werkstoffen. Die vorhandenen hölzernen Stützen (Mangrovenstämme, Palmstämme) erlauben es wegen ihrer unzureichenden Länge und wegen ihres großen Gewichtes statisch nicht, ein großes konisches Riesendach zur Überdachung des gesamten Wohngebäudes zu konstruieren; die Impluviumkonstruktion stellt nach Pelissier also eine einfallsreiche Notlösung dar. Ergänzend hinzuzufügen wäre allerdings, daß die gesammelten Wasservorräte in Kriegszeiten durchaus auch einen praktischen Zweck erfüllten. Heute werden wegen der veränderten politischen Gegebenheiten und wegen des Zerfalls der Großfamilien keine Häuser dieses Typs mehr gebaut.

Aus nächster Nähe und in aller Ruhe kann man die raffinierte Bauweise der Impluviumhäuser in **Enampore** betrachten. Hier besteht die Möglichkeit, in einem Campement im Impluvium-Stil zu übernachten. (Übernachtungspreis pro Person: 600 CFA. Senegalesische Gerichte können auf Wunsch für Individualreisende und Gruppen für 500 CFA pro Person zubereitet werden.)

Hank-Gehöfte und Etagenhäuser in M'Lomp

Westlich von Seleki, jenseits des Kamobeul, eines der größten Seitenarme der unteren Casamance, liegen im Umland des Städtchens **Oussouye** mehrere alte Diola-Dörfer mit sehenswerten Gehöftanlagen. Von Brin aus folgt man der Piste nach Oussouye in westlicher Richtung, überquert bei Niambalan (33 km von Ziguinchor) auf einer neu erbauten Brücke den Bolong Kamobeul und gelangt nach weiteren 10 km Fahrt durch weite, sumpfige Reisniederungen nach Oussouye. Der König von Oussouye genießt bei den Bewohnern der Region besondere Achtung. Ein dichter ›heiliger Wald‹ mit undurchdringlichem Gebüsch umgibt seine Residenz. Westlich der großen Straßenkreuzung (Kreisverkehr), wo die Piste zum Kap Skirring nach Süden abzweigt, steht ein kleiner, strohbedeckter Pavillon, in dem man Töpferwaren und Flechtarbeiten der Diola kaufen kann. Wer genügend Zeit hat, sollte sich auch das Haus des Töpfermeisters Kahinda am Ortsausgang ansehen. Das Hauptportal rahmen besonders schöne Lehmsäulen, wie sie für diese Region typisch sind.

Lohnend ist eine Fahrt zu den Dörfern in der Umgebung der Pointe St. Georges. Dazu verläßt man Oussouye in nördlicher Richtung und fährt über eine schmale Sandpiste durch dichte Ölpalmenwälder, in denen sich kleine Reisfelder verbergen, zu dem 8 km entfernten Dorf **M'Lomp,** einem der ältesten der gesamten Region. M'Lomp (3300 Ew.) konnte wie die Nachbarorte **Kajinol** und **Kagnout** in der Bauweise der Familiengehöfte eine große Ursprünglichkeit bewahren. Das Dorf erschließt sich dem Besucher nicht auf den ersten Blick, da die alten Höfe verstreut im dichten Wald liegen. Zur Besichtigung verläßt man am besten die genannte Piste in der Begleitung eines einheimischen Führers und wandert zu Fuß auf den kleinen Buschpfaden durch die schattigen Kapokwälder. Unter den jahrhundertealten Baumriesen, umgeben von sorgsam gepflegten Hausgärten, liegen die weitläufigen Großfamiliengehöfte der Diola-Bauern. Bei den ältesten Hofanlagen sind die Wohngebäude ringförmig um einen großen, zentralen Hof, den *Hank*, angeordnet. Hier leben zwei oder drei Generationen unter der Autorität eines Patriarchen zusammen. Wie die Impluviumhäuser dienten die archaischen Hank-Gehöfte in den früheren, unsicheren Zeiten dem Schutz vor Überfällen; bei Gefahr konnte man die Rinderherden schnell in den Innenhof bringen und diesen dann mit einem Holztor verschließen. Bei den jüngeren Hanks umschließen die Wohngebäude den Hof meist in rechteckiger (vgl. Abb. 9) oder Hufeisenform, so daß zwischen den einzelnen Häusern keine oder nur schmale, mit Palmblattzäunen verbarrikadierte Zwischenräume bleiben.

Der kollektive Charakter eines solchen Großfamilienhofes kann nicht darüber hinwegtäuschen, daß jeder Haushalt völlig autonom wirtschaftet und lebt. Der große Innenhof steht zwar allen Familienmitgliedern zur Benutzung frei, jeder Haushalt verfügt aber über einen eigenen Gebäudeanteil, der sich durch eine zum Hank führende Tür und durch einen eigenen Garten hinter dem Haus deutlich von dem des nächsten Haushalts abhebt. Die Zahl der zum Hank führenden Haustüren gibt deshalb darüber Aufschluß, wieviele Familien in einem Gehöft leben. Die Bauweise eines Hank

Archaisches Hank-Gehöft der Diola-Flup mit geschlossenem Innenhof, Gebiet von Pointe St. Georges

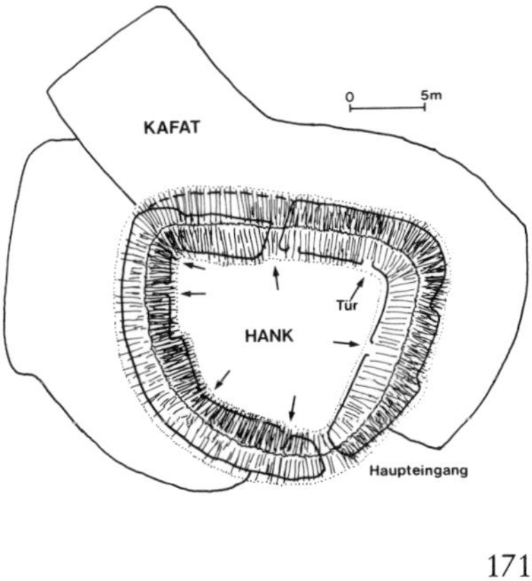

ist massig und solide. Das Mauerwerk besteht aus großen, rötlich-gelben, an der Sonne getrockneten und an der Außenseite polierten Lehmziegeln. Die hohen und schmalen Eingangstüren können von vorstehenden, eckigen oder runden Säulen *(Yil)* eingerahmt sein, die sich direkt an das Mauerwerk anschließen. Das Tor selbst besteht aus einer einzigen, massiven Kapokholzplatte, die oben und unten mit Zapfen in Scharnieren steckt und dadurch beweglich ist. Den Eingang schützt eine 30 cm hohe Schwelle, die das Eindringen von Schlangen und Ungeziefer verhindern soll. Die Wohngebäude tragen ein strohgedecktes Sattel- bzw. Palmdach mit einem durch ein vorragendes Giebelende besonders betonten First.

Der Grundriß der Familienwohnungen in einem Hank-Gehöft ist sehr einheitlich und wiederholt sich immer wieder. Durch den Garten *(Kafat)* auf der Rückseite des Hofes gelangt man in den Gemeinschaftsraum, wo die Familienfetische (bei Christen ein Kreuz) aufbewahrt werden. Im selben oder in einem benachbarten Raum befindet sich die Küche mit der Herdstelle. Daran schließt der Wohnbereich der Männer und Frauen an, der in den entlegenen Winkeln – durch Lehmmauern abgetrennt – auch die kostbaren Reisspeicher birgt. Während in den Gemeinschaftssaal durch die Tür und ein kleines Fenster noch etwas Tageslicht eindringen kann, sind die Reisspeicher völlig von der Außenwelt abgeschlossen, fensterlos und dunkel. Zwischen Küche und Wohnraum liegen bei einigen Familien noch die Viehställe. Auffallend ist, daß sich das Familienleben nicht etwa auf dem Hank, dem großen freien Innenhof, abspielt, sondern in den versteckten Gärten hinter dem Haus.

Viel häufiger als die geschlossenen Hanks findet man heute in der gesamten Basse Casamance einstöckige Gehöfte mit rechteckigem Grundriß und einem vorgezogenen Vordach bzw. einer Veranda, die entweder auf einfachen Holzpfählen oder – bei vornehmeren Familien – auf massigen, runden Lehmsäulen ruht (Farbabb. 1). Diese Häuser, wie ihre größeren Vorgänger aus

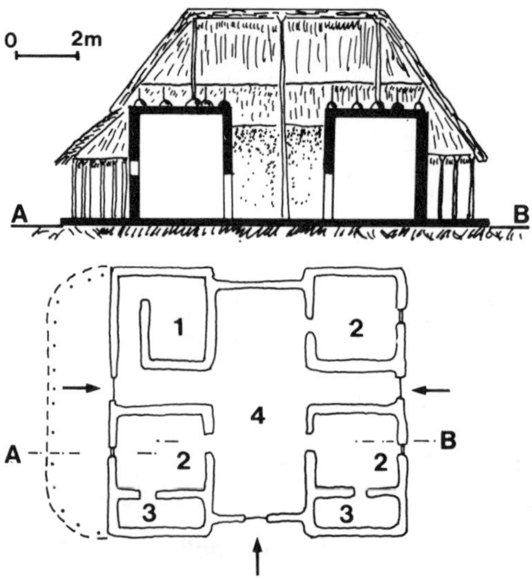

Wohnhaus der Diola-Brin
1 Küche mit Verschlag
2 Schlafräume
3 Reisspeicher
4 Gemeinschaftsraum
5 Veranda
A–B Richtung des Querschnitts

Kapitelldekor an Lehmsäulen der Diola in der Basse Casamance

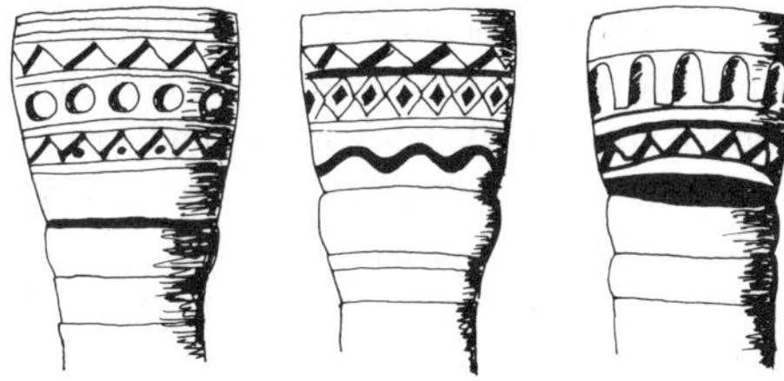

natürlichen Baustoffen errichtet, spiegeln deutlich die Veränderungen in der sozialen Struktur seit zwei oder drei Generationen wider. Viele jüngere Paare wollen nicht mehr im patriarchalischen Großfamilienverband leben und bauen sich deshalb auf ihrem Stück Land ein solches einzeln stehendes Rechteckhaus. Ein typisches Beispiel dafür bildet das neuere Wohnhaus des Dorfchefs von M'Lomp an der Piste nach Elinkine, das sofort durch seine besonders schönen, runden Lehmsäulen auffällt. Diese massigen, rillenverzierten Stützen zählen zum typischen Dekorationselement auch der älteren, eingeschossigen Höfe. Wulstförmige Ringe und Kerben sowie kunstvoll verzierte Kapitelle mit Rauten-, Dreiecks- und Wellenmustern schmücken die Lehmsäulen, was übrigens früher einige Forscher veranlaßte, auf phönizische und sogar altägyptische Stileinflüsse zu schließen. Viel wahrscheinlicher scheint jedoch, daß es sich um afrikanisierte städtische Schmuckformen aus der Zeit des portugiesischen Kolonialreiches oder vielleicht auch um autochthone, unabhängig von äußeren Einflüssen entstandene Stilelemente handelt.

Die Etagenhäuser, von denen es im Gebiet von Oussouye nur wenige gibt, weisen wohl vor allem ältere portugiesische Stileinflüsse aus dem 17. und 18. Jh. auf. Dies zeigt sich deutlich an

Etagenhaus der Diola in M'Lomp Obergeschoß: 1 Treppe 2 Überdachte Terrasse 3 Aufenthaltsraum 3a Kochecke 4–6 Räume mit Speichern 7 Schlafraum Erdgeschoß: 8 Abstellraum 9 Terrasse 10 Raum 11 Gemeinschaftsspeicher 12 Empfangsraum 13 Küche 14 Kinderzimmer 15 Frauenspeicher 16 Männerspeicher

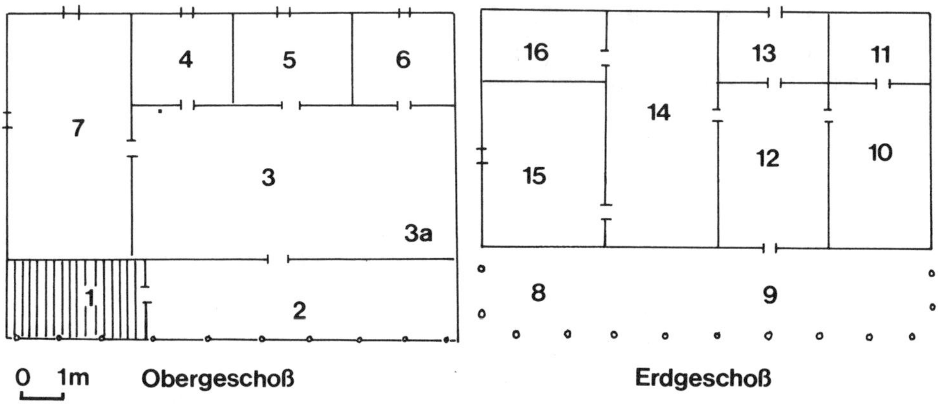

einem repräsentativen Wohnhaus eines zum Christentum übergetretenen Diola, der vor einigen Jahren am Ortsausgang von M'Lomp (Piste nach Elinkine) ein Etagenhaus aus Lehm mit einer völlig unafrikanischen, loggienartigen Veranda errichtete (Abb. 10). Das ältere Wohnhaus, ebenfalls ein Etagenbau, schließt sich im rechten Winkel an der Rückseite an. Das neue Domizil mit seinem ›zeitgemäßen‹ Wellblechdach und den ›mediterranen‹ Rundbogen im Erdgeschoß fällt durch seine schlanken Stützsäulen auf, die die Fassade vertikal gliedern und die großen, rechteckigen Fensterausschnitte der oberen Veranda voneinander trennen. Im Erdgeschoß befinden sich nach mediterranem Vorbild Magazine und Ställe, während das obere Stockwerk, das man über eine steilstufige Lehmstiege erreicht, die Wohnräume enthält. Von der rückwärtigen Veranda blickt man auf das wesentlich ältere Etagenhaus, das sich mit einer einstöckigen Scheune als Verbindungsglied an das neue Gebäude anlehnt. Etwas nach vorn versetzt, bilden in beiden Stockwerken zwei große, offene Veranden mit den für das Gebiet typischen viereckigen Maueröffnungen den Blickfang an der Vorderfront. Die Verandenöffnungen werden durch eine viereckige, mit einem Kerbmuster verzierte Lehmsäule getrennt. Kleine, schießschartenartige Durchbrüche im oberen Stockwerk betonen die Horizontale und verleihen dem massigen, bäuerlichen Lehmbau eine gewisse Leichtigkeit.

Elinkine und die Insel Karabane

Von M'Lomp aus führt rechterhand die Piste zur **Pointe St. Georges,** der breitesten Stelle des Flusses; linkerhand, in Richtung Westen, gelangt man an den Dörfern **Kagnout** und **Samatit** (Abb. 9) vorbei nach Elinkine. Auf beiden Seiten der Piste liegen alte, interessante Diola-Gehöfte mit säulengeschmückten Veranden, umgeben von üppigen, mit Blättern der Borassuspalme eingezäunten Obstgärten. Die Landschaft präsentiert sich äußerst abwechslungsreich. Dichte Kapokhaine mit verschlungenen und weit ausladenden Brettwurzeln wechseln mit offenem Gelände, wo N'Dama-Rinder weiden, und mit kleinen Reisfeldern. Hinter dem Dorf Samatit, das wegen der dichten Vegetation von der Straße aus kaum zu erkennen ist, ändert sich der Landschaftscharakter plötzlich. Statt des tropischen Guinea-Dschungels breiten sich nun auf sterilen, weißen Sandböden niedrige Büsche mit harten, feigenartigen Blättern aus. In der Trockenzeit kann man die heruntergefallenen süßlich-mehligen Früchte dieses Baumes, die ›Cayor-Äpfel‹, verzehren.

Nach 15 km erreicht man das malerisch am Ufer eines breiten Nebenarmes der Casamance gelegene Dorf **Elinkine.** Die hiesigen Bauern und Fischer leben in großen Lehmhütten im Diola-Stil oder in Strohhütten im Serer-Stil. Elinkine weist eine Mischbevölkerung auf, denn in den letzten Jahren zogen zahlreiche Serer-, Niominka- und Wolof-Familien aus dem Saloum-Gebiet in diese Gegend. Außer dem Islam brachten sie auch ihre Wirtschafts- und Bauweise mit. Die Serer sind hervorragende Fischer, Pirogenfahrer und Händler. Ihre Behausungen unterscheiden sich von denen der Diola durch den quadratischen Grundriß und die Verwendung von Schilf-, Stroh- und Hirsestengeln als Material für die Wände. Hohe Schilfumzäunungen verbergen die Wohnungen vor neugierigen Blicken. Elinkine verfügt am Dorfrand über ein gut ausgestattetes Touristen-Campement (mit Dusche) im Stil der Diola-Häuser. Auf Wunsch werden Mahlzeiten zubereitet – darunter als lokale Spezialität geröstete Casamance-Austern (Preise wie in Enampore).

Vom Dorf aus kann man Fußwanderungen durch die Reisfelder und die Waldsavanne zu den benachbarten Dörfern (Diakene, Samatit) oder auch Pirogenfahrten unternehmen. In einer guten halben Stunde gelangt man mit der Motor-Piroge zur Insel **Karabane,** die unmittelbar in der Mündung der Casamance liegt. Als früherer Hauptort der Region besaß Karabane vor allem strategische und handelspolitische Funktionen. Bereits die Portugiesen unterhielten hier ein Handelskontor, das die Franzosen 1836 eroberten. An diese Epoche erinnern noch einige verfallene Gebäude wie die alte Faktorei mit ihren Arkaden, eine Schule und eine Krankenstation. Die einfache Kirche in ›bretonischem Stil‹ aus dem Jahre 1880 wird seit der Verlegung der katholischen Mission im Jahr 1966 nicht mehr benutzt. Auf einem alten, überwucherten Friedhof liegen Soldaten der französischen Kolonialarmee begraben, die bei den Kämpfen mit aufständischen Diola fielen. Seitdem Karabane nicht mehr von den wöchentlich zwischen Dakar und Ziguinchor verkehrenden Schiffen berührt wird, ist die Insel vollkommen im Dornröschenschlaf versunken. Es gibt hier ein kleines Campement mit beschränkter Kapazität.

Der Nationalpark der Basse Casamance und die Badestrände am Atlantik

Etwa 50 km südlich von Oussouye (Piste Oussouye–Kap Skirring) liegt der 1970 eingerichtete Nationalpark der Basse Casamance, ein 4000 ha großes Gebiet, das teils von dichtem guineischem Wald und Buschsavanne, teils von Sümpfen und Wasserarmen bedeckt ist. Seltene Pflanzen und Tiere, die im übrigen Senegal nicht mehr vorkommen, finden hier noch einen Lebensraum. Außer dem Panther und dem Serval gibt es Büffel, verschiedene Antilopenarten und Springböcke, sogar Schimpansen sollen erfolgreich wieder eingeführt worden sein. Den ab Dezember geöffneten Nationalpark erschließt ein gutes Wegenetz mit 40 km Autopiste und 15 km Fußwegen, die in die interessantesten Teile des Naturparks führen. Von gekennzeichneten Aussichtspunkten kann man seltene Tiere beobachten, und auf den verzweigten Bolongs sind Pirogenfahrten möglich. An der Einfahrt zum Nationalpark gibt es ein Campement.

Von der Piste Oussouye–Kap Skirring zweigt etwa 2 km südlich der Einfahrt zum Naturpark eine Nebenstraße nach **Effoc** und **Youtou** ab. In diesen abgelegenen und sehr ursprünglichen Dörfern werden noch nach alter Sitte die großen Schlitztrommeln (vgl. Farbabb. 1) aus riesigen Kapokholzblöcken herausgeschnitzt. Die Trommeln, die bei Initiationsfeierlichkeiten, Erntefesten und Totenfeiern Verwendung finden, liegen unter alten Bäumen auf dem Dorfplatz oder an besonderen Stellen im Gehöft des Königs. Die Piste zum Kap Skirring folgt südlich des Dorfes Santiaba Mandjak der Grenze zu Guinea-Bissau. Bei Soukoudiak überquert eine Fähre einen breiten Bolong. Im Süden, im Mündungsbereich des Flußarmes, sieht man am Horizont bereits den Atlantik. **Kabrousse** (75 km von Oussouye), das Kap Roxo der Portugiesen, bildet den südwestlichsten Punkt des Senegal. An dem von Kokospalmen gesäumten Strand gibt es inzwischen ein großes Luxushotel (Kabrousse-Mossor). Wenige Kilometer weiter, am **Kap Skirring,** entstanden in den letzten Jahren weitere komfortable Hotelanlagen (Club Méditerranée, Les Paillottes) an, wie die Touristenmanager behaupten, einem der schönsten Strände Westafrikas. Die Vorzüge dieser Küste sind die weiten und menschenleeren weißen Sandstrände (Farbabb. 2) sowie die geringe Brandung und Wassertiefe, die das Baden ungefährlich machen.

Das Hinterland mit seiner tropischen Vegetation und der alten Bauernkultur bietet weitere Anziehungspunkte. Seit einigen Jahren besteht eine regelmäßige Flugverbindung zwischen Dakar und dem Kap.

Die Piste führt weiter bis zu dem malerischen, am Fuß einer alten Stranddüne unter hohen Kapokbäumen gelegenen Dorf **Diembering** (8 km). In drei deutlich voneinander abgegrenzten Vierteln stehen hier alte Sippengehöfte, die kleiner als die in M'Lomp sind. Ihre weit nach unten gezogenen Strohdächer lassen nur wenig Licht in die um einen Innenhof gruppierten Wohnräume. In den gepflegten Hausgärten wachsen Bananen, Papayas und Baumwolle sowie Setzlinge für die Reis- und Maniokfelder.

Im Südost-Senegal

Der Nationalpark Niokolo-Koba

Die Anfahrt zum größten senegalesischen Tierreservat im Südosten des Landes ist mit dem PKW oder Buschtaxi von Dakar aus auf der Nationalstraße über Kaolack und Simenti bis Tambacounda und danach auf einer Landstraße möglich (Entfernung 560 km). Es verkehrt auch eine Eisenbahn mit PKW-Verladung von Dakar nach Tambacounda. Fährt man ohne eigenen Wagen los, kann man in Tambacounda einen (allerdings sehr teuren) Leihwagen mieten. Außerdem fliegt Air Senegal in der Trockenzeit regelmäßig von Dakar aus nach Simenti bzw. Niokolo. Wer von der Casamance aus anreisen will, nimmt die Piste von Ziguinchor über Kolda und Velingara bis zum Westeingang in den Nationalpark (Entfernung rund 400 km). Die Fahrt mit dem PKW von Dakar in den östlichen Senegal ist langwierig und anstrengend, da die nur bis Koungheul asphaltierte Straße in eine ›Wellblechpiste‹ übergeht. Zunächst fährt man von Dakar aus nach **Kaolack,** der alten Handelsstadt am Saloum mit ihrem sehenswerten Markt. Danach führt die Piste in östlicher Richtung entlang der Bahnpiste Dakar-Bamako durch eine eintönige, landwirtschaftlich intensiv genutzte Baumsavanne (Erdnußanbau). Östlich von Koungheul stehen neben der Straße einige schöne Megalithe (vgl. S. 161f.), die zum großen Steinsetzungsgebiet des Gambia-Saloum gehören. Die wichtigsten Megalithplätze, die von **Lampour** und **Koumpentoum,** können rasch besichtigt werden. **Tambacounda** oder ›Tamba‹, wie die Senegalesen es nennen, ist eine neuzeitliche Departements-Stadt, die im Zuge des Eisenbahnbaus entstand, und zugleich der wichtigste Handels- und Verkehrsknotenpunkt im Osten des Senegal. Von hier aus können Autos auf die Bahn Richtung Kayes und Bamako verladen werden. Von Tambacounda fährt man die Piste Richtung Kedougou nach Südosten und gelangt von der offenen Baumsavanne in eine immer dichter werdende Waldzone, die bis zu den Eingängen in den Nationalpark bei Wassa Dou und Dar Salam reicht.

Der Nationalpark Niokolo-Koba ist das große sudanische Tier- und Pflanzenreservat des Senegal. Hier finden sich noch große Säugetiere wie Elefanten, Büffel und Antilopen, Tiere also, deren Lebensraum in früheren Jahrhunderten noch bis in die Küstenregionen reichte, die aber durch unkontrollierte Jagd nach Fleisch und/oder Elfenbein völlig ausgerottet wurden. Der Park liegt im Übergangsbereich von der Trockensavanne zur feuchten Guinea-Waldzone und bedeckt eine Fläche von fast 1 Million ha. Der gewundene Oberlauf des Gambia-Flusses und die Staatsgrenze zu Guinea bilden seine südliche Begrenzung, im Osten und Südosten umschließt ihn das Stammesgebiet der Bassari, und im Norden geht er in die ostsenegalesische Trockensavanne über, das alte Siedlungsgebiet der Malinke. Ursprünglich war das dünn besiedelte Gebiet ein Waldreservat, das die Kolonialverwaltung einrichtete, um die Austrocknung des senegalesischen Ostens aufzuhalten.

Ein großer Teil des Nationalparks ist eben. Ältere Eisenkrustenplateaus (Laterit) bedecken den Westteil, im Südosten wird die Landschaft wegen der nach Norden abfallenden Bergländer des Futa Djalon gebirgiger. Drei große Flüsse des Gambia-Systems fließen mit einem sehr schwachen Gefälle in endlosen Mäandern von Südosten nach Nordwesten, darunter als wichtigste der Kouloutou im Westen und der Niokolo-Koba im Nordosten. Während der Regenzeit, wenn die Flüsse über die Ufer treten, versinkt der Nationalpark in Morast und Schlamm. Die Vegetation präsentiert sich in tropischer Üppigkeit. Auf weiten Strecken dominiert die sudanisch-guineische Baum- bzw. Waldsavanne, die sich entlang der Flußläufer zu Galeriewäldern verdichtet. Die größten Bäume sind der Khayabaum (Khaya senegalensis), der Kapokbaum, der Tali, der Linge und die Phoenixpalme. Dichte Bambussträucher mit einer Höhe bis zu 15 m bilden an manchen Stellen einen undurchdringlichen Dschungel. Im Osten und Norden herrscht sudanischer Trockenwald vor, der nicht die Höhe des Feuchtwaldes erreicht. Weite Flächen sind von hohen Savannengräsern, meist Andropogon-Arten, bedeckt.

Zur Beobachtung von Wildtieren eignet sich das Ende der Trockenzeit (April/Mai) am besten, da in dieser Zeit viele Bäume ihr Laub verloren haben und durch die Buschfeuer freie Flächen entstanden sind. Folgende Tiere leben im Nationalpark:

Großwild: Elefant, Büffel, Flußpferd, Pinselohrschwein, Warzenschwein.

Antilopen: Pferdeantilope, Elenantilope, Kuhantilope, Defassa-Wasserbock, Grasantilope, Riedbock, Kronenducker, Bleichböckchen (Oribi), Buschbock.

Raubtiere: Löwe, Panther, Gepard, Serval, daneben Schakal, Hyäne.

Affen: Pavian, Husarenaffe, grüne Meerkatze, im Südosten Schimpanse und Colobusaffe.

Kleine Säuger: Klippschliefer, Mangusten, Ginsterkatze, Zibetkatze, Erdhörnchen, Gambia-Sonnenhörnchen, Senegal-Galago.

Vögel: über 200 Arten, darunter Greif-, Enten- und Gänsevögel, wie z. B. die Sporengans, Pfeifgans, Witwenente; Webervögel, Bienenfresser und Perlhuhn.

In den Flüssen leben etwa 60 Fischarten, darunter Flußbarsch (Tilapia), großer Nilhecht und verschiedene Salmler-Arten.

Exkursionen im Nationalpark

Den Nationalpark erschließt ein relativ gut ausgebautes Netz von Pisten (600 km), die in der Trockenzeit auch von PKW's benutzt werden können. Einen guten Ausgangspunkt für Exkursionen in den Park bildet das malerisch gelegene Hotel-Campement von **Simenti** am Ufer des Gambia, der hier in einem breiten Bett fließt. In der näheren Umgebung kann man Wild

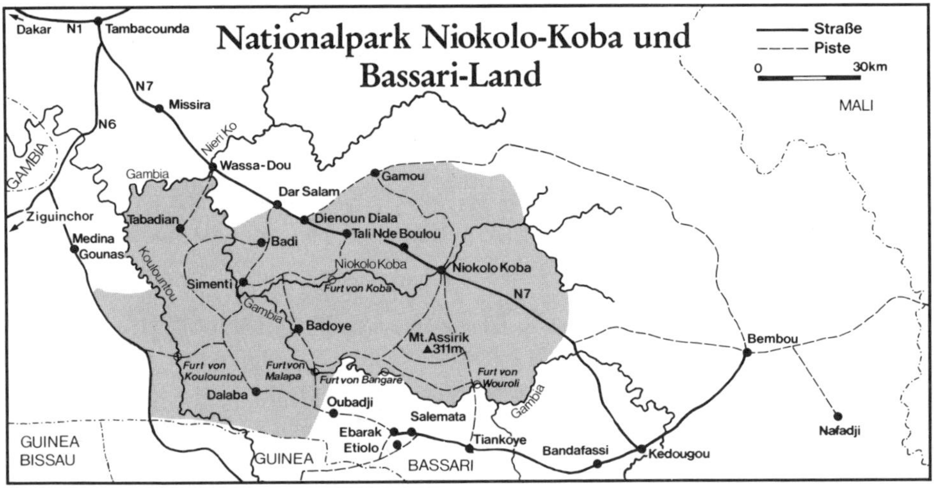

beobachten (Elefanten, Flußpferde). Nördlich von Simenti, entlang des Gambia und beim See von Sainti, wurden Aussichtspunkte eingerichtet, die weitere Beobachtungsmöglichkeiten bieten (Elefanten, Antilopen). Weiter westlich, zwischen dem Gambia und Kouloutou, gelangt man auf einer Piste in eine weitere Grassavanne (bei Missira-Damantan), in der zahlreiche Antilopenarten, Springböcke und Gazellen umherstreifen. Ein anderer Abstecher von Simenti aus führt zur Furt von Ba Fula Be (wörtlich: ›Zusammenfluß‹), wo der Niokolo-Koba in den Gambia mündet. Von hier aus empfiehlt sich eine Fortsetzung der Fahrt nach Osten, am Niokolo-Koba entlang, zu der großen Kreuzung ›Patte d'Oie‹ (›Gänsefuß‹). Diese Region soll besonders reich an Löwen sein. Weiter flußaufwärts liegt der Haltepunkt an der Niokolo-Koba-Furt.

Wer über mehr Zeit und Interesse verfügt, dem sei die Gambia-Piste empfohlen. Von Simenti aus fährt man zunächst bis zum ›Patte d'Oie‹ (s. o.) und biegt dann nach Süden auf die rechte Seite des Gambia ab. Die Gewässer von Impantye (links der Piste) werden gegen Abend von Löwen aufgesucht. Weitere lohnende Beobachtungspunkte sind Badoye, Malapa, Pinassi, Bongare und Wouroli am Gambia. Ein anderer Ausflug in den Westteil des Parks führt von Simenti aus über die Furt von Ba Fula Be nach Südwesten in Richtung Dalaba. In den großartigen, weiten Baumsavannen liegen kleine Erhebungen. Das Ufer des Kouloutou säumt ein dichter Gürtel von verschiedenen Palmenarten. Westlich der Furt stößt man nach wenigen Kilometern auf die große Piste in die weiter westlich gelegene Casamance.

Als zweiter Ausgangspunkt für Exkursionen in den Naturpark bietet sich das in der Nähe eines kleinen Flugzeugplatzes am Fluß gelegene Hotel-Campement von **Niokolo-Koba** (ab 15. 12. geöffnet, Fischen möglich) an. Der Osten des Nationalparks ist weitaus hügeliger als der Westteil, da sich die Ausläufer des Futa Djalon bemerkbar machen, und auch die Fauna zeigt noch größere Vielfalt. Außer den Elefanten, die man hier fast immer zu Gesicht bekommt, gibt es Pferdeantilopen, Elenantilopen und Springböcke, die sich besonders häufig in der von roten Eisenkrusten bedeckten Ebene von Bondo finden. Südlich von Niokolo-Koba gelangt der

Besucher in einen hügeligen Teil des Nationalparks, das Umland des Mont Assinik (311 m). In den hohen Baumkronen wird der aufmerksame Beobachter die Baumnester von Schimpansen – die hier zwar zahlreich, aber sehr scheu leben – entdecken. Von der tafelbergartigen Anhöhe des Assinik-Berges kann man die nahen Berge des über 1000 m hohen guineischen Futa Djalon sehen. Nach Südwesten zweigt ein Weg in die bizarre Felslandschaft von Bangare ab, wo man häufig auf Paviane trifft. Eine der landschaftlich reizvollsten Pisten führt von hier aus nach Wouroli und über dicht begrünte Hügel und Berge zur Gambia-Piste.

Die Bassari und das Grenzland zwischen Senegal, Guinea und Mali

Zwischen dem Oberlauf des Gambia und der Grenze zu Guinea, im hügeligen Vorland des Futa Djalon, liegt das Heimatland der Tenda, eines uralten, paläonigritischen Volkes, das sich in mehrere Gruppen aufteilt. *Tenda* ist die Fulbe-Bezeichnung für die Bassari und Bedik im südöstlichen Senegal sowie für die Koniagui und Badaranke, die jenseits der Grenze im Distrikt von Youkounkoun (Guinea) leben. Die senegalesischen Bassari (Abb. 8) gehören zur ältesten Bevölkerungsschicht in diesem Teil des Westsudan. In den letzten Jahrhunderten mußten sie vor ihren später zugewanderten Nachbarn, den Malinke und Fulbe, in die abseits gelegenen Hügelländer zurückweichen. Ihre Sprache und animistischen Sitten blieben den streng islamischen Fulbe unverständlich, und so werden sie von diesen mitleidig-herablassend als ›Wilde‹ bezeichnet.

Die Bassari- und Bedik-Siedlungen liegen südlich des Nationalparks im Umkreis der Dörfer Salemata und Bandafassi. Die Piste, die von Simenti in südlicher Richtung verläuft und bei Malapa den Gambia überquert, führt ab Oubadji in das alte Siedlungsgebiet der Bassari. Die Straße schlängelt sich über die dicht bewachsenen Hügel und Senken am Fuß des Futa Djalon bis nach Kedougou. **Ebarak** (26 km vom Ausgang des Nationalparks) ist ein typisches Bassari-Dorf. Die Mauern der zylindrischen Wohnhütten hat man aus behauenen, rundlichen Lateritblöcken ohne Verwendung eines Bindemittels errichtet; sie erinnern an sardische Nuraghen – lediglich in etwas verkleinerter Dimension. Die Hütten tragen kegelförmige Hirsestrohdächer mit ringförmig übereinandergelegten Strohlagen.

Die Weiler in der Umgebung von Ebarak und Salemata liegen häufig auf den Gipfel der Hügel und Berge, einige auch am Fuß der Anhöhen; sie sind deshalb nicht direkt mit dem Auto erreichbar. Die Dorfanlagen entstanden als notwendige Schutzmaßnahmen, denn über Jahrhunderte holten sich die Fulbe und Mande ihre Sklaven bei den Bassari. Trotz mancher religiösen Verfolgungen durch die moslemischen Fulbe blieben die Bassari ihren animistischen Kulten treu, der Ahnenkult und der Geisterglaube spielen bis in die Gegenwart eine Rolle. Im Gegensatz zu den meisten altnigritischen Völkern herrscht bei ihnen ein matrilineales Verwandtschaftssystem, d. h. die Verwandtschaftszugehörigkeit bestimmt sich nach dem Clan der Mutter. Sie kennen kein ausgeprägtes politisches Herrschaftssystem; die verschiedenen Verwandtschaftsgruppen leben weitgehend gleichberechtigt nebeneinander. Die Bassari bauen Fonio und Hirse an und ernähren sich daneben auch von der Jagd, die im sozialen Leben eine zentrale Rolle spielt. Ihr großes Zauberwort heißt *Kamara* (›Jäger‹), gleichzeitig ein Synonym für Bassari. Die Jäger bilden eine Art Geheimgesellschaft, der allein die Jagd auf Löwen und Panther vorbehalten ist. Große Bedeutung haben auch die Altersklassen, wobei der Übertritt von einer in die nächste Klasse durch genaue Vorschriften geregelt ist.

Als wichtigstes soziales Ereignis im Leben eines jungen Mannes oder eines Mädchens gilt die Beschneidung, der ein abgeschlossenes Leben der Initianden von einigen Wochen im Busch vorangeht. Wer das Glück hat, das Bassari-Land vor dem Beginn der Regenzeit (April/Mai) zu besuchen, kann Zeuge von eindrucksvollen Zeremonien in den Dörfern werden. Zur Beschneidung tragen die jungen Männer kunstvolle Masken aus riesigem, scheibenförmigem Schilfflechtwerk. Die Maske bedeckt das Gesicht des Tänzers und verwandelt ihn so in ein ›gesichtsloses‹ Medium. Von der runden Scheibe stehen radial einzelne Schilfstengel ab, die von ein oder zwei gebogenen Verbindungsstreben zusammengehalten werden, so daß der Eindruck eines riesigen tragbaren Spinnennetzes entsteht. Den Kopf bedeckt eine helmartige Kappe aus gefärbten Pflanzenfasern. Als Zierat werden lange Vogelfedern aufgesteckt. Vor der Beschneidung erhalten die jungen Männer als Zeichen der Mannbarkeit einen Jagdbogen, und wenn sie Männer geworden sind, ein Gewehr – weitere Hinweise auf den Wert, den man der Jagd zumißt.

Die traditionelle Bekleidung der Bassari beschränkt sich beim Mann auf ein Penisfutteral aus geflochtenen Borassuspalmblättern, einem dreieckigen Stück Antilopenleder und gefärbten Wollfäden, bei der Frau auf einen Lendenschurz, ein mit Glasperlen besticktes Stück Stoff, zu dem ein mit zahlreichen bunten Glasperlen verzierter Gürtel getragen wird. Der Schmuck der Bassari-Frauen zeigt große Farbenpracht und Vielfalt (Abb. 8). Besonders geschätzt sind breite Stirnbänder mit kleinem Glasperlenbesatz, feine Perlenfäden in den Ohrmuscheln und feine Messingarmreifen, die man zu Dutzenden an den Oberarmen trägt. Den Hals zieren mit Kaurimuscheln verzierte Lederbänder und Halsketten aus Schneckenhäusern.

Fahrt durch das Bassari-Land

Das Siedlungsgebiet der Bassari läßt sich nicht genau abgrenzen, da sie in enger Nachbarschaft mit den Fulbe und Malinke leben. **Salemata** etwa ist ein reines Fulbe-Dorf. Östlich von Sale-

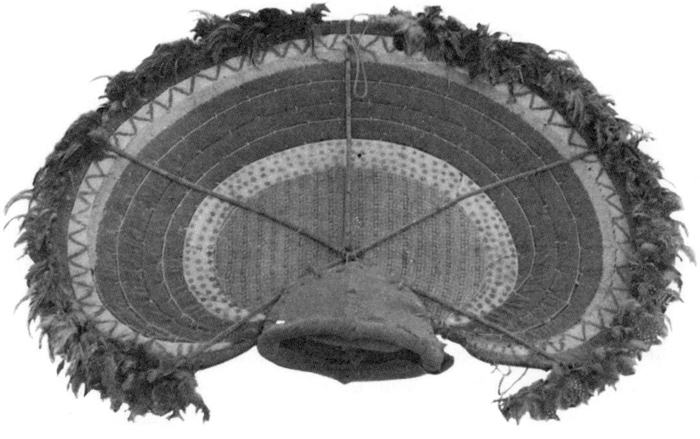

Tanzkopfschmuck
der Bassari

mata (Richtung Kedougou) zweigt rechts eine Piste nach **Etiolo** ab, einem religiösen Zentrum der Bassari. Hier kann man bereits kunsthandwerkliche Produkte wie z. B. Jagdbögen, Tanzmasken, Penisfutterale und andere Flechtarbeiten als Souvenirs erstehen. Von Salemata aus sind es noch etwa 80 km bis nach Kedougou, der Departementsstadt im äußersten Südosten des Senegal. Die Fahrt durch das hügelige Vorland des Futa Djalon ist auf schlechter Piste anstrengend, aber reizvoll, da man durch eine noch weitgehend unberührte afrikanische Landschaft fährt. Besondere Aufmerksamkeit verdienen die Marmorsteinbrüche bei **Ibel,** wo grün-weißer Jaspis abgebaut wird. **Kedougou** (830 km von Dakar), ein Städtchen von 7000 Einwohnern, bietet keine besonderen Sehenswürdigkeiten, stellt aber den Ausgangspunkt für diejenigen dar, die mit einem Geländewagen noch weiter nach Osten bis zum Faleme-Fluß (180 km) vordringen wollen. Die Region Kedougou bis zur Mali-Grenze ist eine Landschaft voller Ursprünglichkeit, in die sich nur wenige Touristen wagen. Sie umfaßt das Territorium des alten Goldschürfgebiets Bambuk, das den Reichtum des Ghana- und Mali-Reiches im Mittelalter mitbegründete. Tatsächlich kann man hier heute noch Frauen sehen, die in den Flüssen wie vor Jahrhunderten Goldstaub auswaschen.

Gambia, Enklave im Senegal

Gambia, eine nur 10 000 km² große Enklave im Senegal und mit diesem seit Januar 1982 in einer politischen Konföderation verbunden, stellt eines der merkwürdigsten Staatsgebilde Afrikas dar. Das Land erstreckt sich 350 km auf beiden Seiten des Gambia-Flusses; an keiner Stelle dehnt es sich in Nord-Süd-Richtung über mehr als 50 km aus. Diese absonderlichen Staatsgrenzen sind das Resultat eines jahrhundertelangen Streites europäischer Mächte um die besten Handelsplätze an der Atlantikküste. Seit der ›Entdeckung‹ der Gambia-Flußmündung durch die Portugiesen im Jahr 1455/56 nahmen nacheinander Holländer, Franzosen, Balten und Engländer Besitz von dem mangrovenbewachsenen Flußmündungsgebiet. Während die Franzosen 1659 in der Senegalmündung auf der Île St. Louis eine Faktorei gründeten (die spätere Hauptstadt ihrer Kolonie Senegal), bemächtigten sich die Engländer 1661 der vom deutsch-baltischen Herzog Jakob von Kurland aufgegebenen Jakobsinsel am Unterlauf des Gambia River, aus der die Inselfestung St. James wurde. Über Jahrhunderte befehdeten sich die beiden Rivalen Frankreich und England; sie entrissen sich Stützpunkte und kaperten gegenseitig Schiffe. Doch beide lebten einträglich vom Handel mit einheimischen Fürsten, bei dem europäische Feuerwaffen, Glasperlen und Stoffe gegen Elfenbein, Häute, Gummi arabicum (Baumharz) und Sklaven eingetauscht wurden. Als die Engländer zu Beginn des 19. Jhs. die Sklaverei in den von ihnen kontrollierten Territorien aufhoben, siedelten sie an der Mündung des Gambia auf einer Nehrung namens ›Banjul‹ (in der Mande-Sprache ›Bambusinsel‹) freigelassene Sklaven an. Das Hüttendorf, von den Briten ›Bathurst‹ getauft, avancierte 1888 zur Hauptstadt der Kolonie Gambia. Bis heute bilden in der Hauptstadt Banjul die Nachfahren der freigelassenen Sklaven, die sich *Aku* nennen, die führende Großbürgerschicht.

Wie so häufig im Afrika des 19. Jhs. zerriß die koloniale Grenzziehung auch am Gambia River Völker und Sprachgemeinschaften. Auf dem Nordufer des Flusses leben wie jenseits der Grenze Angehörige des Wolof-Volkes, auf der Südseite Malinke- und Diola-Bauern wie in der senegalesischen Casamance. Im Osten siedelt der kleine Stamm der Serahuli (Serawulli), von dem bereits der schottische Entdeckungsreisende Mungo Park berichtet, der am Ende des 18. Jhs. von Georgetown aus zum Niger vorstieß. Gambia zählt knapp 400 000 Einwohner, von denen die meisten auf dem Lande als Erdnuß-, Reis- und Hirsebauern leben. Die Haupteinnahmequelle des Landes bildet wie im Senegal der Erdnußexport; es folgt der Schmuggel, den die städtischen Bourgeoisie kontrolliert – zum Schaden des Staates.

Banjul, die Hauptstadt, hat schätzungsweise 50 000 Bewohner, die beiden anderen größeren Städte sind Georgetown und Basse. Gambia liegt an der Grenze zwischen der Sudanzone und dem feuchten guineischen Waldland. In der Umgebung der Hauptstadt findet man noch einige Waldinseln wie z. B. den Park von Abuko, ein Rückzugsgebiet für die reiche sudano-guineische Fauna, die u. a. Antilopen und Schimpansen umfaßt.

Anfahrt von Dakar nach Banjul
(Für längere Aufenthalte in Gambia war bislang ein Visum notwendig, das man bei der gambischen Botschaft in Dakar, 11, Rue de Thiong, erhielt.)

Strecke: Dakar – Kaolack – Banjul 300 km. In Barra gibt es eine Autofähre, mit der man über die 20 km breite Gambia-Flußmündung setzt.

Banjul ist eine kleine, überschaubare Stadt mit ›britischem Gepräge‹. In der Altstadt gibt es noch die alten, kolonialzeitlichen Faktoreien, wo man die Waren in alter Manier versteigert. Die Straßenführung, die Namen der Straßen und Plätze wie auch der Baustil der zweistöckigen Verandenhäuser mit flachem Wellblechdach erinnern an Städte in anderen Teilen des ehemals britischen Afrika. Der Mac Carthy-Platz bildet die Stadtmitte mit einem lebendigen Marktviertel und Kunsthandwerkerzentrum. Außer Schmuggelwaren aus Ostasien, England und Amerika findet man dort heimische Produkte wie Batiktücher, geflochtene Matten und Körbe sowie Holzschnitzereien. Sehenswert ist auch der Hafen an der Gambia-Mündung. Die ›besseren‹ Wohnviertel und modernen Touristenhotels für vorwiegend skandinavisches und englisches Publikum liegen am Atlantik in den Stadtteilen Bakar und Cap St. Mary.

Flußfahrt auf dem Gambia River zum Fort St. James
In einer zweistündigen Dampferfahrt flußaufwärts (32 km von Banjul) erreicht man das **Fort St. James,** die Keimzelle der ehemaligen britischen Kolonie Gambia aus dem 17. Jh. Auf einer steil aus dem ruhig dahinfließenden Fluß ragenden Muschelbankinsel erheben sich die Ruinen der zerfallenden, aus Basalt und Ziegelstein erbauten ehemaligen Festung, überwuchert von Baobabs und immergrünen tropischen Gewächsen – ein melancholischer Ort.

Unweit vom Fort St. James liegt das Wellblech-Dörfchen **Juffure,** das durch den Autor der ›Roots‹-Familiensaga, Alex Haley, eine gewisse Berühmtheit erlangte. Hier ist der Clan der Kinte ansässig, der den Stoff für die tragische Geschichte eines jungen Mannes namens Kunta Kinte, der im 18. Jh. als Sklave nach Amerika verschleppt wurde, lieferte.

Mauretanien

Das Land und seine Bewohner

Mauretanien, das Übergangsland vom ›weißen‹ arabischen zum schwarzen sudanischen Afrika, erhielt seinen Namen von dem saharischen Stamm der Mauren, dessen Angehörige von den Römern ›Mauri‹ genannt wurden und zur Zeit des römischen Imperiums in den nordafrikanischen Provinzen Mauritania Tingitana (heutiges Marokko) und Mauretania Caesariensis (heutiges Nordalgerien) lebten. Das Wort ›Maure‹ hat eine phönizische Wurzel *(Mahurim)* und bedeutet eigentlich ›Mann des Westens‹, was bereits auf die geographische Lage des Landes und den Lebensraum seiner Bewohner verweist. Allerdings decken sich die Grenzen des heutigen Mauretanien nicht mit denen des antiken Mauritania. Das riesige Land von 1030700 km², das zum größten Teil von ausgedehnten Sand- und Steinwüsten bedeckt ist, hat nur im Westen und Südwesten, am Atlantik und am Senegalfluß, natürliche Grenzen. Im Südosten und Osten trennen künstliche, von der Kolonialverwaltung wie mit dem Lineal gezogene Grenzen mauretanisches von malischem Territorium, und auch im Norden, nach Algerien und zur ehemaligen Spanischen Sahara (Westsahara) hin, besitzt das Land schnurgerade Grenzen, die durch die fast menschenleere Wüste verlaufen.

Aus den unermeßlich weiten Sand- und Geröllebenen erheben sich im Zentrum des Landes einzelne, kleinere Gebirgsmassive und Tafelberglandschaften mit steilen Schichtstufen. Die mittleren Höhen der felsigen Plateaulandschaften des Assaba-Massivs, der Landstufen im Tagant und Hodh, betragen zwischen 400 und 600 m, nur die eindrucksvollen Felsplateaus des Adrar (Farbabb. 19) mit ihren tiefeingeschnittenen Schluchten, in denen grüne Oasen liegen, übersteigen 800 m. Der Eisenerzberg Kediet Idijl im Norden, unweit der Stadt Fderick, ist mit 915 m die höchste Erhebung Mauretaniens. Die Ebenen im Südwesten, in den Landschaften Trarza und Brakna, und im Südosten, im Hodh, sind von mächtigen alten, rötlich-gelben Sanddünen bedeckt (Farbabb. 20). Auch die Küstenebene zwischen dem Senegal und der Hauptstadt Nouakchott besteht aus teils flachen, teils höheren Dünen, zwischen denen sich in Niederungen kleine Salzseen *(Sebkhas)* ausdehnen. Die flache Ausgleichsküste mit ihren hohen Küstendünenwällen geht nördlich des Kap Timrist in eine Steilküste über, die bis zum Kap Blanc bei der Hafenstadt Nouadhibou reicht. Abrupt fallen hier die gelb-weißen Kalkklippen zum Meer ab. Der Küste sind in diesem Abschnitt zahlreiche Inseln vorgelagert, die zu den größten Vogelbrutgebieten Westafrikas gehören. Die reichsten Landschaften liegen im Süden längs des Senegalflusses, wo die fruchtbaren Überschwemmungsböden intensiven Bewässerungsfeldbau erlauben. In den südlichsten Landschaften wie z. B. im Guidimaka und Chemama machen die relativ hohen Niederschläge den Anbau von Hirse und anderen Feldfrüchten möglich.

Mauretanien weist als Wüstenland ein sehr trockenes und heißes Klima auf. Am angenehmsten ist es im Küstenbereich, wo durch die Wirkung des Meereswindes eine gleichbleibend mittelhohe, gut erträgliche Temperatur zwischen 20° und 30 °C herrscht. Südlich der Linie Nouakchott – Oualata treten tropische Sommerregen von allerdings nur kurzer Dauer auf. Nouakchott am Rande der Wüste verzeichnet im Jahresdurchschnitt 150 mm Niederschlag, im Tal des Senegal fallen in den Sommermonaten zwischen Juli und September bereits zwischen 200 und 300 mm Regen, und im südlichsten Zipfel Mauretaniens, im Guidimaka bei Selibaby, sind es sogar bis 600 mm. Von September bis Anfang Juli dauert die Trockenzeit, wobei die günstigste Reisezeit in dem Zeitraum zwischen Dezember und März liegt, da dann die Hitze im Landesinnern noch relativ erträglich ist. Zwischen April und August sollte man auf eine Fahrt in die Wüste verzichten, weil dann die Temperaturen nicht selten über 40 °C ansteigen und das Reisen zu einer Qual machen.

Wegen des wüstenhaften Klimas gibt es außer dem Senegal (der ein Fremdlingsfluß ist, d. h. aus einem niederschlagsreicheren in ein wüstenhaftes Gebiet fließt) keine ganzjährig wasserführenden Flüsse. In der kurzen Regenzeit können sich jedoch die sonst das ganze Jahr über ausgetrockneten rechten Nebenflüsse des Senegal wie z. B. der Gorgol (bei Kaedi) und der Karakoro für einige Wochen in reißende Flüsse verwandeln, die für das Reisen unüberwindliche Hindernisse darstellen. Wasser ist der Lebensnerv dieses armen Wüstenlandes. Bereits vor der verheerenden Saheldürre Anfang der siebziger Jahre sank der Grundwasserspiegel in vielen Regionen Mauretaniens stark ab, was zahllose Brunnen versiegen ließ. Schon im vorigen Jahrhundert verließen immer mehr Menschen die Wüstensiedlungen im Landesinnern, die nun langsam zerfallen und von der Wüste zugeweht werden. Die berühmten alten Städte Oualata, Chinguetti und Tichit versinken heute allmählich unter dem gelben Saharasand.

Südlich der Linie Nouakchott – Oualata bestimmt die sahelische Steppe mit Akazien und anderen trockenen Dornbäumen das Landschaftsbild. Nach Norden zu geht die Wüstensteppe in die vegetationslose Sandwüste El Djouf über, die zu den größten Wüsten der Erde zählt. Im Senegaltal, wo günstigere klimatische Voraussetzungen herrschen, gedeihen Hirse, Reis, Gemüse und Tabak. Mächtige Affenbrotbäume und Borassuspalmen zeigen den Übergang zur feuchteren Sudanzone an. In der Wüste ist der Ackerbau nur in Oasen möglich, an Orten mit ausreichenden Grundwasservorkommen also, wie etwa im Umkreis der höheren Plateaus des Adrar und Tagant, die als ›Regenfänger‹ höhere Niederschläge empfangen.

Nicht nur geographisch und ökologisch, sondern auch historisch und kulturell stellt Mauretanien einen Übergangsraum vom arabischen Nordafrika zum schwarzafrikanischen Sudan dar. Auf seinem Territorium treffen Menschen weißer und dunkler Hautfarbe, nomadische Viehzüchter und seßhafte Bauern, zusammen. Die Einwohnerzahl beträgt nach vorsichtigen Schätzungen mindestens 1 500 000, darunter knapp die Hälfte Nomaden. Weit mehr als die Hälfte der Mauretanier lebt südlich des 18. Breitengrades, in den für Viehzucht und Ackerbau günstigsten Zonen. 80% des Staatsgebietes sind dagegen nahezu unbewohnt. Noch überwiegt der arabo-berberische Bevölkerungsteil, doch verändern die hohen Geburtenraten im Süden das Verhältnis allmählich zugunsten der schwarzen Volksgruppen. Im Zusammenhang mit der rigiden hierarchischen Sozialstruktur der maurischen Gesellschaft ergibt sich daraus ein Rassenproblem, denn die traditionell sozial niedrigen Kasten der Vasallen und Sklaven gehören dem nun wachsenden schwarzen Bevölkerungsteil an. Unabhängig von den arabo-berberischen Mauren leben im Süden des Landes selbständige dunkelhäutige Völker wie die Wolof und Tukulor im Senegaltal sowie die Sarakolle (Soninke) und Bambara im Südosten. In den übrigen Landesteilen dominieren die Mauren oder *Beidan,* wie sie sich selbst nennen. Außerhalb Mauretaniens leben noch etwa 200 000 Mauren, vor allem im Senegal und in Mali.

Die offizielle Sprache im Lande ist arabisch, französisch dient aber als Verwaltungssprache. Untereinander gebrauchen die Mauren das *Hassanya,* einen arabischen Dialekt mit berberischem Einschlag. Im Süden sprechen die Tukulor das *Poular,* das dem *Fulfulde* der Fulbe ähnelt, und die Sarakolle das *Diula.* Der Islam ist Staatsreligion und wird von der Gesamtheit der Bevölkerung praktiziert.

Die verschiedenen Völker und Rassen in Mauretanien teilen seit frühesten Zeiten bestimmte Lebensformen (Nomadismus, Hirtentum, Ackerbau, Handel), die sich im Laufe der Jahrhunderte herausgebildet und für das gesellschaftliche und wirtschaftliche Leben bis heute ihre Bedeutung behalten haben. Die Gesellschaftsordnung der Mauren zeigt eine hierarchische Gliederung, die vom islamischen Klerus *(Cherifen)* über die Kriegerkaste und die Vasallen bis zu den Sklaven reicht. Von ihrem Selbstverständnis her sind sie ein Volk von Nomaden. Das freie Leben in der Steppe, umgeben von einer stattlichen Anzahl von Kamelen, Rindern und Schafen, bleibt das Ideal eines Mauren, auch wenn er bereits seit vielen Generationen in irgendeinem Städtchen als seßhafter Händler, Handwerker, Beamter oder Polizist lebt. Genauso gilt es für den rassenbewußten ›weißen‹ Mauretanier als selbstverständlich, daß alle Arbeiten, die mit dem Feld- und Gartenbau zusammenhängen, nur von den Abhängigen, den *Harratin,* durchgeführt werden (Abb. 20, 23). Man sieht deshalb kaum einmal einen Mauren in einer Oase, der selbst den Boden bearbeitet oder seine Beete bewässert. Dagegen fühlen sich die schwarzen Tukulor, Soninke oder Wolof am Senegal und in den Savannen des Südostens seit jeher als seßhafte Ackerbauern.

Die Nomaden durchstreifen mit ihrem Vieh den Sahel von Süden nach Norden und wieder zurück nach Süden. In der kurzen Regenzeit suchen sie mit den Herden die Steppen am Rande der Wüste auf, die nach den ersten Gewittergüssen von einem mageren Kräuterteppich überzogen sind. Mit zunehmender Trockenheit wandern die Viehhalter wieder nach Süden in die Umgebung der größeren Brunnen und Wasserstellen, wo sie die lange trockene Jahreszeit verbringen. Der Mauretanien-Reisende sieht die weißen Nomadenzelte zwischen den Dünen im Trarza ebenso wie im Umkreis der kleinen Marktorte im Osten, wo die Viehzüchter mit den Bauern Handel treiben. Die Innenausstattung der Zelte ist auf das Wesentliche reduziert: ein schön geschnitztes hölzernes Bettgestell für die Frauen, bestehend aus niedrigen Stützen und langen, runden Holzbalken, auf die mehrere Lagen von Strohmatten gelegt werden, weiter ein paar verzierte Zeltpfosten zum Aufhängen von Beuteln und Ledersäcken, eine Truhe für Kleider, vielleicht auch einen der wunderschön bemalten Ledersäcke zur Aufbewahrung von Gewändern und Baumwolldecken gegen die nächtliche Kühle. Auch beim übrigen Hausrat beschränken sich die Mauren auf das Notwendige: einige Holzschüsseln und Schalen zum Melken, ein gußeiserner Kessel zum Zubereiten der Speisen, ein paar Kalebassen und schließlich das

Maurischer
Frauen-Kamelsattel

für die Mauren so wichtige Teeservice (Farbabb. 17, 18) mit Tablett, Teekanne, Gläsern und einem Zuckerbehälter, Gegenstände, die meist in einem wundervoll gearbeiteten Holzkästchen mit Kupfer- und Messingbeschlägen untergebracht sind.

Beschließt eine Familie den Aufbruch zu einem neuen Lagerplatz, werden das Zelt, die Holzstangen, Strohmatten und der gesamte Hausrat auf Kamele, Esel oder Tragochsen verladen. Für Frauen mit kleinen Kindern gibt es besondere Sattel- und Gepäcktrageböcke aus einem geschnitzten, hölzernen Gerüst, an dessen Seiten man die Vorrats- und Kleiderbeutel aufhängt. Darüber spannt sich in Form eines verkleinerten Zeltes ein Sonnenschutzdach. Die Achtung des weiblichen Geschlechtes in der maurischen Gesellschaft gebietet es, daß Frauen die weiten Strecken in der Wüste auf dem Kamel sitzend, vor den Strahlen der Sonne geschützt und mit größtmöglichen Komfort überwinden. Die Männer dagegen führen die Karawane meist zu Fuß an oder benutzen in dem Falle, daß Reitkamele auch für sie zur Verfügung stehen, den hochbordigen, breiten maurischen Kamelsattel *(Rahla)*, der mit gelbem oder rotem Leder bespannt ist und ein kunsthandwerkliches Meisterstück darstellt.

Der Landbesitz der maurischen Nomaden in den Oasen war früher bedeutend. Die abhängigen schwarzen Sklaven bauten dort für ihre Herren Dattelpalmen und Getreide an. Heute sind die Gärten zum Teil in den Besitz der Produzenten übergegangen. Immer noch bildet die Dattelernte *(Gatna)* im Hochsommer den Anlaß für große Feste in den Oasen des Adrar und

Tagant. Im Adrar versammeln sich im Juli/August Hunderte von Nomadenfamilien in ihren Gärten und verzehren unter Gesang und Tanz frische Datteln.

Die traditionelle maurische Musik ist eng mit der lyrischen und satirischen Dichtkunst verbunden. Bänkelsänger *(Griots)*, die einer besonderen dunkelhäutigen Kaste angehören, tradieren in Gesängen und Balladen die Geschichte berühmter Familien, besingen die Schönheit einer Frau oder unterhalten mit Spottliedern festliche Gesellschaften. Zum Gesang gehört eine musikalische Begleitung mit Schlaginstrumenten (Kalebassen, Trommeln) und verschiedenen Arten von Saiteninstrumenten, wobei die Harfe *(Ardin)* nur von Frauen gespielt werden darf.

Das südliche Mauretanien zeigt mit seinen großen, dicht bebauten Dörfern typisch sudanischen Charakter. Die Sarakolle leben in großen dörflichen Gemeinschaften, die bisweilen kleinen, wehrhaften Städten ähneln und oft mehrere Tausend Bewohner zählen. Lehmkastenhäuser mit Flachdächern wechseln ab mit den bäuerlichen Kegeldachhütten, daneben gibt es große, mit Lehmmauern eingefaßte Höfe, in denen die Hirsespeicher stehen.

Griots (Bänkelsänger) wahren alte Traditionen und verbreiten Neuigkeiten (französische Darstellung von 1868)

Im Senegaltal werden auf den alljährlich überfluteten Flußauenböden Reis, Sorghumhirse und Mais angebaut, auf den höher gelegenen Trockenfeldern gedeihen Kolbenhirse, Maniok und Bohnen. Für die Menschen im Senegaltal hat auch der Fischfang große Bedeutung. Mit Angeln, Netzen und Reusen werden nach der Regenzeit Fische in den zahllosen Tümpeln und Wasserläufen gefangen und zusammen mit Reis verzehrt. Die Bauern im Süden halten auch einige Schafe und Ziegen; nur reichere Familien besitzen Rinder, die sie den Fulbe-Hirten in Pflege geben.

Das Handwerk ist bei den Bauern ganz auf die Erfordernisse des Feldbaus abgestimmt. Die Schmiede stellen Eisenblätter für die Hacken her, schnitzen Holzmörser zum Stampfen der Hirse und schmieden Messer, deren Griffe Brand- und Ritzmuster zieren. Ihre Frauen sind als Töpferinnen tätig. Sie fertigen Wasserkrüge, Kouskouspfannen und tönerne Vorratsbehälter. In abgelegenen Gegenden stellen die Weber noch die langen Baumwollbänder her, die man zu Decken und Wickelröcken für die Frauen zusammennäht.

Die bäuerliche Zivilisation der Sarakolle und Tukulor ist einfacher, archaischer, weniger ›verfeinert‹ als die Nomadenkultur der Mauren. Handwerk und Kunst orientieren sich an den praktischen Bedürfnissen der tagtäglich um ihre Existenz ringenden Bauern. Dennoch haben Musik, Gesang und Tanz gerade bei den traditionsbewußten Tukulor und Sarakolle, den entfernten Nachkommen des Ghana-Reiches, große Bedeutung. Noch heute singen ihre Griots von den großen Zeiten und Helden des Mittelalters.

Zur Geschichte Mauretaniens

Die westliche Sahara gehört zu den Wiegen der afrikanischen Menschheit. In der ausgehenden Altsteinzeit, vor 40 000–30 000 Jahren also, war das heutige Wüstengebiet noch tropisch feucht, und die Südsahara bedeckten Flüsse, Seen und Savannen, in denen Herden von Elefanten, Giraffen und Büffeln lebten. Aus dieser Epoche stammen Faustkeile und Steinbeile aus behauenen Kieseln und Feuersteinen (der bekannteste Fundort für die ›Bifaces‹ genannten Faustkeile und andere altsteinzeitliche Werkzeuge ist El Beyed nördlich von Ouadane).

Wesentlich reichhaltiger noch präsentieren sich die Relikte aus der Jungsteinzeit, Mauretanien gilt für die Prähistoriker sogar als einzigartige Fundgrube. Im 1. Jahrtausend v. u. Z. kamen neolithische Jäger, Sammler und Fischer in mehreren Schüben aus dem nordafrikanischen Raum nach Süden und, entlang der langsam austrocknenden südsaharischen Seen, aus Ostafrika nach Westen. Die verschiedenen Wanderungen lassen sich anhand der verschiedenen Stile der Steinbearbeitung genau rekonstruieren. Die bedeutendste neolithische Region stellt das Tagant (vgl. S. 238 ff.) dar. Im Schutz der Felsklüfte und Höhlen in der Schichtstufe zwischen Tichit und Aratan, am Rande des damals noch seenreichen Aouker, errichteten die damaligen Menschen ihre aus Stein erbauten Siedlungen. Invasionen aus dem Osten und Norden sowie die Austrocknung der Sahara führten jedoch zum Untergang dieser neolithischen Zivilisation.

In der zweiten Hälfte des 1. Jahrtausends v. u. Z. verbreitete sich dann die Technik der Metallverarbeitung (Kupfer) in der westlichen Sahara. Prähistorische Kupferminen entdeckte man in der ›Grotte des Chauves Souris‹ bei Akjoujt. Um die Zeitenwende wurde wahrscheinlich die negride Urbevölkerung der Sahara mehr und mehr durch Einwanderer aus Nord- und Ostafrika nach Süden vertrieben. Auf Felszeichnungen im Adrar sind deren Häuptlinge mit bauschigem Federkopfputz und leichten Pferdewagen dargestellt. Aus dieser Zeit stammen zahlreiche Grabstellen im Tagant und im Hodh, die sich durch ihre halbkreisförmigen und elliptischen Steinwälle auszeichnen.

Arabische Schriftsteller berichten, daß im frühen Mittelalter hellhäutige, nordafrikanische Berber aus den Stämmen der Sanhadja und Lemtuna die westliche Sahara bevölkerten. Die Sanhadja waren nomadische Viehzüchter und kontrollierten den innerafrikanischen Salzhandel von Idjil nach Süden sowie auch die Gold- und Sklavenexporte nach Norden. Im Süden entwickelten sich inzwischen am Senegal und im Sahel die schwarzen Staaten Tekrur und Ghana. Der Islam, den die Kaufleute der südmarokkanischen Stadt Sidjilmassa in den Sudan brachten, avancierte seit dem 10. Jh. allmählich zur kulturell prägenden Kraft bei den Berberstämmen. Aus ihren Reihen entstand unter der Führung von Ibn Yassin im 11. Jh. die religiös und politisch motivierte Bewegung der Almoraviden (vgl. S. 73). Von Mauretanien aus zogen die fanatischen Kamelreiterhorden nach Norden, eroberten das südliche Marokko und die reiche Handelsstadt

Sidjilmassa; im Jahre 1062 gründeten sie ihre neue Hauptstadt Marrakech. Später unterwarfen sie das übrige Marokko und ›Al Andalus‹, das islamische Spanien, bis zum Ebro. Im Süden führten die Berber ihren ›Heiligen Krieg‹ gegen die schwarzen Bauern von Tekrur und Ghana, die schließlich vor der almoravidischen Übermacht kapitulieren mußten. Für ein Jahrhundert herrschten die Nomaden der Wüste über ein Riesenreich zwischen dem Senegal und dem Ebro.

Im Laufe des Mittelalters ging die Macht der Almoraviden und ihrer Nachfolger, der Almohaden, zurück, und aus den Welteroberern wurden allmählich wieder einfache, nomadische Viehzüchter in den Weiten der Wüste. Die Berber kontrollierten aber weiter die wichtigsten Handelswege und organisierten die Karawanen. Mit dem Aufstieg der Reiche Songhay und Kanem-Bornu verlagerte sich dann der Transsahara-Handel auf die östlichen Routen, nach Tunesien und Libyen. Die inneren Streitigkeiten unter den Berberstämmen begünstigten seit dem 15. Jh. das allmähliche Vordringen der arabischen Maqil-Nomaden in die westliche Sahara, große Berberstämme wie die Oulad Azoug und Oulad Rizg wurden nach Süden ins Hodh vertrieben. Die Eroberung von Gao und Timbuktu durch die Truppen des Sultans von Marokko im 16. Jh. und damit der Untergang der Songhay-Dynastie blieben auch für die westliche Sahara nicht folgenlos. Manche Berberstädte wie Ouadane und Chinguetti erlebten in dieser Zeit Plünderungen und Zerstörungen, wohingegen Oualata seinen Ruf als Kultur- und Geisteszentrum festigen konnte.

Im 17. Jh. verstärkten die von Norden eingedrungenen Maqil-Araber ihren Druck auf die Berber, die sich mit Aufständen und Kleinkriegen gegen die unerwünschten Nachbarn wehrten. 1644 organisierte der Berberfürst Nasr-ed-Din den für die Geschichte Mauretaniens bedeutenden dreißigjährigen Krieg. Dieser endete mit einem Sieg der Araber, die von nun an den Namen *Hassan* (›Berufskrieger‹) trugen und sich allmählich in die berberische Gesellschaft integrierten. Die arabische Sprache, die auch von den aus berberischen Familien stammenden religiösen Führern, den *Tolba,* propagiert wurde, verdrängte nach und nach die alten Berberdialekte. Dichtung und wissenschaftliche Abhandlungen der Mauren faßte man nun in hocharabischer Sprache ab, und auch die neuen politisch-sozialen Strukturen mit der strikten Kastengliederung in Herren und Sklaven folgten denen der Hassan-Araber. Mauretanien erhielt eine neue politisch-territoriale Gliederung in Emirate, deren Grenzen sich im wesentlichen mit denen der natürlichen Landschaften (Trarza, Brakna, Hodh, Adrar) deckten. Bis zur kolonialen Eroberung herrschten dort die rivalisierenden Führer einflußreicher, alter arabo-berberischer Familien, die durch ihre permanenten Kleinkriege und Fehden untereinander den saharischen Handel endgültig zum Erliegen brachten und so den Niedergang der alten mauretanischen Städte einleiteten.

Mit der Etablierung der französischen Macht am Senegal und in Nordafrika im Laufe des 19. Jhs. geriet auch die westliche Sahara mit ihren maurischen Emiraten in die Einflußsphäre Frankreichs. Zu Beginn des 20. Jh.s, relativ spät also, wurden die südlichen Landschaften besetzt. Die Ermordung des französischen Militärkommandanten Coppolani und die zunehmend feindselige Haltung der Mauren gegenüber den Kolonisatoren verlangsamten den weiteren militärischen Vorstoß nach Norden. Erst zwischen den beiden Weltkriegen gelang General Trinquet die ›Befriedung‹ des mauretanischen Nordens, die die territoriale Verbindung zwischen den französischen Kolonien in Westafrika und denen in Algerien und Marokko herstellte.

Die Hauptstadt Nouakchott

Fahrt vom Senegal nach Nouakchott

Der Senegalfluß bildet heute die politische Grenze zwischen dem senegalesischen Staat und der Islamischen Republik Mauretanien. Der wichtigste mauretanisch-senegalesische Grenzübergang ist **Rosso,** die Doppelstadt am Fluß. Wer ohne eigenen PKW einreist, kann auf sehr originelle Weise mauretanischen Boden erreichen. Der Reisende steigt mit seinem Gepäck in eine der zahlreichen Pirogen und läßt sich zusammen mit Marktfrauen, Händlern, Hirten und Kameltreibern über den ruhig dahinfließenden Senegal transportieren. Wer mit dem Fahrzeug reist, benutzt die Autofähre (9^h–12^h und 15^h–17^h), das Bindeglied der großen Asphaltstraße Dakar – St. Louis – Nouakchott.

Die mauretanische Grenzstadt Rosso (5000 Ew.) ist ein wichtiges Handelszentrum und besitzt einen der größten Flußhäfen des Landes. Pirogen verkehren von hier flußaufwärts nach Boghé und Kaedi, den Hauptwirtschaftszonen im südlichen Mauretanien. Viehprodukte, Salz und Gummi arabicum kommen aus dem Landesinnern, Tee, Zucker und Stoffe werden dorthin verfrachtet. Rosso hat auch einen bedeutenden lokalen Markt, auf dem sich die Nomaden der Wüste und die schwarzen Bauern des Südens treffen. Etwa 30 km westlich von Rosso liegt im Gebiet der Senegalmündung das Campement Keur Massène der Fluggesellschaft Air Afrique. In dessen Umgebung erstreckt sich von der Senegalmündung bis weit nach Norden ein 160 000 ha großes Jagdgelände entlang der Küste. Die Anfahrt von Rosso durch das feuchttonige Überschwemmungsgebiet des Senegal ist nur mit einem Geländefahrzeug möglich. Der Flußmündungsbereich und die sich jenseits der Küstendünen hinziehenden feuchten Niederungen *(Sebkhas)* bilden den Lebensraum von großen Wasservögeln (Sporengans, Pfeifgans, Enten, Flughühner, Trappen und Bekassinen).

Die Asphaltstraße von Rosso nach Nouakchott (203 km) führt durch den nördlichen Sahel bis in die Wüstensteppe. Nach der Durchquerung der völlig ebenen, tonigen Flußaue des Senegal, wo sich in der Trockenzeit die Halbnomaden in Strohhütten niederlassen, gelangt man in die sanftgewellte Sanddünenlandschaft **Trarza.** Hohe, rötlich-gelbe Wanderdünen, die gelegentlich die Straße überwehen, wechseln mit feuchteren Senken, wo sich die Viehherden der Trarza-Nomaden im Schatten dichter Akazienhaine um die wenigen Brunnen drängen. In dieser Gegend leben die reichsten Viehzüchter Mauretaniens, denn die hiesigen Niederschläge reichen aus, um sogar größere Rinderbestände zu halten. In der Regenzeit wandern die Nomaden mit ihren Zelten, Kamelen und Rindern etwas weiter nach Norden, kehren aber bereits im September wieder nach Süden zurück. Ihre ausladenden, weißen Baumwollzelte sind in diesem Gebiet besonders häufig anzutreffen. Nach Norden zu wandelt sich der Landschaftscharakter. An die Stelle der sahelischen Baumsavanne tritt nun eine kümmerliche Strauchflora, durchsetzt mit harten, trockenen Grasbüscheln; die Wüstensteppe beginnt.

Nouakchott – die moderne Metropole Mauretaniens

An der Stelle, wo heute die moderne Retortenstadt Nouakchott (›der windige Ort‹), die Hauptstadt der Islamischen Republik Mauretanien, liegt, erstreckte sich in den fünfziger Jahren noch eine endlose Wüstensteppe, in der Schafe und Ziegen kümmerliche Nahrung fanden. Die einzigen Gebäude waren ein paar niedrige Häuser im Umkreis eines Militärstützpunktes der französischen Armee. Erst kurz vor der Unabhängigkeit im Jahr 1958 erfolgte hier die Gründung der neuen Kapitale. Die Wahl des Standortes geht auf eine Entscheidung des ersten Staatspräsidenten des Landes, Moktar Ould Daddah, zurück, der die Neugründung einer Hauptstadt aus verschiedenen Gründen befürwortete: Zwischen dem neuen Verwaltungszentrum und der Nachbarmetropole Dakar sollte eine gute, schnelle Verkehrsverbindung bestehen, von der Lage in der Nähe des Meeres und dem Bau eines Hafens erwartete man einen positiven Einfluß auf die wirtschaftliche Entwicklung des Landes, und schließlich wollte man weder die Angehörigen der schwarzen noch diejenigen der weißen Volksgruppen begünstigen, die Hauptstadt mußte also auf ›neutralem‹ Boden entstehen. Innerhalb von zwanzig Jahren hat Nouakchott eine Einwohnerzahl von rund 200000 erreicht. Das rasche Wachstum erklärt sich aus den katastrophalen Folgen der sahelischen Dürre zu Beginn der siebziger Jahre. Damals zogen Tausende von mittellos gewordenen Nomaden in die Hauptstadt, wo sie zu überleben hofften. Noch heute umgibt die modernen Viertel ein Kranz von elenden Zeltstädten, wo die armen Zuwanderer unter menschenunwürdigen Bedingungen leben müssen.

Die Stadt (Abb. 17) entstand auf einem weitgehend regelmäßigen Grundriß sich rechtwinklig kreuzender, großzügiger Boulevards mit mehreren Fahrbahnen und einer die Stadt umgebenden Ringstraße. Bei der Planung wurde viel Wert auf Begrünung und Beleuchtung gelegt. Akazien, Eukalyptus und Oleanderbüsche säumen die breiten Straßen. Die Hauptverkehrsader der Stadt ist der Boulevard Abd el Nasser, der die gesamte Stadt vom Flughafengelände im Osten bis zum Krankenhaus im Westen durchquert. Auf der rechten Seite der Einfahrt zur Stadt erhebt sich auf einem weiten, von einem Mäuerchen eingegrenzten Platz die strahlend weiße **Große Moschee,** ein riesiges, kubisches Gebäude in nordafrikanischem Stil (Abb. 16). Den Hauptgebetsraum bedecken zehn Kuppeln, und das schlichte, viereckige, von einem Türmchen gekrönte Minarett erinnert an berberische Moscheebauten auf der tunesischen Insel Djerba. Entlang des Boulevard Abd el Nasser reihen sich zahlreiche mehrstöckige, offizielle Gebäude wie die Hauptpost, die mauretanische Zentralbank, das Hotel Maharaba und viele Geschäfte im europäischen Stil. An der rechtwinklig kreuzenden Avenue de l'Indépendance stehen die Ministerien, die Regierungsgebäude, die Handelskammer und die Nationalversammlung, die sich architektonisch durch die mit Nischen gegliederte Außenfassade von den anderen, schmucklosfunktionalen Repräsentationsbauten abhebt. Am nördlichen Ende der Avenue liegen der von schönen Grünanlagen umgebene Präsidentenpalast und die Residenz des Staatschefs.

Das von seinen Ausmaßen her auffallendste Gebäude der Stadt ist das von der VR China errichtete Haus der Partei und Kultur, das sich in einer Querstraße des Boulevard Abd el Nasser befindet. Der mächtige, an einem Säulenvorbau erkenntliche Palast beherbergt neben nationalen Forschungseinrichtungen die Nationalbibliothek und das **Nationalmuseum.** Der Besuch des Nationalmuseums empfiehlt sich besonders für diejenigen, die nicht genügend Zeit oder nicht die technische Ausrüstung besitzen, um die historischen Städte im Osten und Norden des Landes aufzusuchen. Die Exponate geben einen hervorragenden Überblick über die Geschichte, die Ausgrabungsergebnisse und die vielfältigen Kulturen in Mauretanien. Zahlreiche Fotos und Erläuterungen erhöhen die Verständlichkeit (Öffnungszeiten: Dienstag–Samstag 10–12 und 14.30–17.45 Uhr, Sonntag 14.30–17.45 Uhr; Eintritt frei).

Das Erdgeschoß (Vitrinen 1–15) enthält eine reichhaltige Sammlung prähistorischer Objekte: altsteinzeitliche Werkzeuge, Bifaces, Schaber aus dem Adrar-Gebiet, Guelb er Richat und aus der Umgebung der Wasserstellen von El Beyed und Makteir; aus der Acheuléen-Periode kann man Riesen-Bifaces und behauene Kiesel sehen. Eindrucksvoll sind die jungsteinzeitlichen Funde (Pfeilspitzen, Harpunen, Angelhaken) aus dem Dhar Tichit und Aouker. In diesem Gebiet existierte eine der bedeutendsten saharischen Jäger-, Hirten- und Bauernzivilisationen des Neolithikums. Auch in den Ebenen um Nouakchott, den ehemals maritimen Bereichen, fanden sich neolithische Spuren, wie die künstlichen Muschelhügel beweisen. Die Vitrinen 16–38 zeigen Gegenstände der mittelalterlichen Städte Aoudaghost (Tegdaoust) und Koumbi Saleh. In den Ruinen von Aoudaghost, des alten ›Tores zum Norden‹, entdeckten die Forscher Keramiken aus Nordafrika und Spanien. Die importierte Ware erkennt man an ihrer grünen Glasur, wie sie im 9./10. Jh. in Andalusien gebrannt wurde. Fatimidische Denare aus Glas mit Prägedruck aus dem 10. Jh. fand man hier ebenso wie Öllampen und Becher aus Rakkada, der Hauptstadt der Aghlabiden (9. Jh.) im heutigen Tunesien. Bei den Grabungen in Koumbi Saleh, der vermutlichen Hauptstadt des Ghana-Reiches, stieß man auf Reste alter Paläste, Wohnhäuser und einer Moschee aus dem 10. Jh., auf verzierte, ockerfarbene Gebrauchskeramik, Waffen, Eisengeräte und Kupferschmuck. Importierte Waren fanden sich in Koumbi Saleh seltener. Dagegen sind kleine Kupferbarren ausgegraben worden, die vermutlich als Zahlungsmittel dienten. Einmalig ist der Schatz von Acharim (Nähe Tidjikja), der aus dem Andalusien des 12. Jhs. stammen muß, wie die Gold-Denare mit almoravidischer Prägung beweisen. Schwarzweiß-Fotos und Luftbilder zeigen Beispiele der mittelalterlichen Moschee-Architektur aus Tichit. Die erste Etage beherbergt eine anschauliche Ausstellung über die Völker des heutigen Mauretanien.

Das Herz der Hauptstadt bildet der weitläufige **Souk** (Markt), der sowohl schwarzafrikanische wie maurische Züge aufweist. Trotz der neuen Gebäude präsentieren sich Handel und Handwerk noch traditionell afrikanisch-orientalisch. Auf dem großen Platz werden Gemüse, frische Pfefferminze, Kartoffeln, Fleisch, Fisch, Glasperlen und bunt verzierte, lederne Tabaksbeutel feilgeboten. Es fallen die vielen Ein-Mann-Schneiderbetriebe auf. Im Schatten der Vordächer nähen die Handwerker bunte und golddurchwirkte Prunkstoffe zu den traditionellen maurischen Gewändern zusammen. Die jungen Frauen lieben feine Batiststoffe aus Baumwolle und Synthetik in leuchtendem Gelb, Rot oder Grün; dagegen tragen die älteren Maurinnen ein dunkelblau-schwärzliches Tuch mit feinen, runden Batikmustern. Das Frauengewand heißt *Mehlafa* und besteht eigentlich nur aus einem kunstvoll um den Körper geschlungenen, langen Stück Stoff, dessen äußerstes Ende als Schleier über das zu einem dicken Zopf geflochtene Haupthaar gelegt wird, wobei das Gesicht frei bleibt. Die Männer bleiben auch in der Hauptstadt der traditionellen maurischen Vollkleidung treu, die aus einer kurzärmeligen Tunika und dem faltigen, lang wallenden *Boubou* (vgl. S. 63) besteht. Wer etwas auf sich hält und genügend

2 SENEGAL Atlantikküste der Casamance

3 SENEGAL Hirsespeicher auf der Laguneninsel Fadiouth (Petite Côte)

◁ 1 SENEGAL Diola-Haus mit skulptierter Lehmsäule. Im Innern eine Schlitztrommel

4 SENEGAL Fischerjunge auf der Insel Gorée

5 SENEGAL Ehemaliges Sklavenhaus auf der Insel Gorée

6 SENEGAL Atlantikfischer vor St. Louis

7 SENEGAL Französische Faktorei aus dem 19. Jh. in St. Louis

8 SENEGAL Buschtaxi, das typische Verkehrsmittel im Sahel

9 SENEGAL Fischerfrauen in St. Louis

11 MAURETANIEN Verzierter Hauseingang in Oualata
◁ 10 MAURETANIEN Alte Moschee in Tichit
12 MAURETANIEN Die Ruinenstadt Ouadane

13 MAURETANIEN Mittelalterliche Architektur mit Nischenornamenten in Chinguetti

14 MAURETANIEN Schriftgelehrter aus Chinguetti mit einer alten Koranhandschrift

15 MAURETANIEN Moschee aus dem 13. Jh. in Chinguetti

16 MAURETANIEN Junge Maurin beim Zigh-Spiel

17 und 18 MAURETANIEN Bei den Mauren ist die Zubereitung von Tee eine wahre Zeremonie

19 MAURETANIEN Das Oued Amojjar vor der Kulisse des Adrar-Massivs

21 MALI Fulbe-Hirte aus Massina ▷

20 MAURETANIEN Sandwüste bei Chinguetti

23 MALI Blick auf das Minarett der Sankore-Moschee in Timbuktu
◁ 22 MALI Die Moschee von Mopti, ein Paradebeispiel für die Lehmarchitektur des Sahel

24 MALI Mittelalterliche Lehmarchitektur in Djenné

25 MALI Aijimez-Fenster in Timbuktu

26 MALI Holztür in Timbuktu

27 MALI Betende in der Moschee von Djenné

28 MALI Die Ostfront der Moschee von Djenné

30 MALI Montagsmarkt in Djenné ▷

29 MALI Vor dem Nordeingang der Moschee von Djenné

32 MALI Fulbe-Frau mit goldenen Ohrgehängen

33 MALI Frau auf dem Markt von Mopti

◁ 31 MALI Markt am Hafen von Mopti

34 MALI Gewürzhändlerin

35 MALI Frauen auf dem Markt; links eine Fulbe, rechts zwei Bambara

36 MALI Blinder Colanußverkäufer aus dem Süden des Landes

37 MALI Umschlag von Saharasalz im Hafen von Mopti

39 MALI Deckenhändler in Mopti ▷

38 MALI Viehmarkt in Fatoma

40 MALI Dogon-Tänzer mit Kanaga- und Sirige-Stockwerkhaus-Masken

41 MALI Das Dogon-Dorf Ireli in der Falaise

42 NIGER Blick vom Fort von Bilma auf den Steilhang der Falaise

43 NIGER Salzkarawane der Tuareg in der Tenere-Wüste

45 NIGER Viehmarkt in Ayorou
◁ 44 NIGER Wohlhabender Targi auf dem Kamelmarkt von In Gall
46 NIGER Ein Haussa tränkt seine Kamele

48 NIGER Lehmkuppelhäuser und Lehmspeicher der Haussa im Ader, der Region um Tahoua

◁ 47 NIGER Lehmurnenspeicher der Haussa in Koloma

49 NIGER Haussa-Wohnhaus mit verzierter Fassade in Zinder

50 NIGER Die Moschee von Agadez 51 NIGER Luftaufnahme der verlassenen Ruinenstadt Djado ▷

Geld besitzt, kauft sich teuren weißen oder lichtblauen Baumwolldamast mit blumigen, schimmernden Mustern in einem der zahlreichen Textilläden am Platz und läßt sich sein Gewand für wenig Geld bei einem der Schneider anpassen. Die Schmuckstücke eines teuren Boubous bilden die kostbaren Seidenstickereien – meist geometrische Muster und Schlingbandornamente – am Hals und an der Brust. Das Sticken der Muster ist wie überall im saharisch-sahelischen Afrika ein Männerhandwerk. Es gibt auch billigere, bereits zugeschnittene Boubous aus einfacherem Baumwollstoff mit weniger kunstvollen Stickmustern, die auf der Nähmaschine gefertigt werden. Diese Gewänder liegen gebügelt, gestärkt und zusammengefaltet in geordneten Stapeln auf dem Boden und sind schon für rund 25 DM zu haben. Für die luxuriösen Boubous mit Handstickerei zahlt der Kunde bis zu 250 DM! Zur traditionellen Männerkleidung der Mauren gehört auch der *Saroual,* eine weite Hose aus einer doppelten Bahn Stoff, in die zwei Beinöffnungen hineingeschnitten werden. Der Schritt dieser Hose baumelt etwa in Kniehöhe! Ein geflochtener Ledergürtel, der mit seinen Knoten und Quasten lange herunterhängt, hält dieses Kleidungsstück am Bund zusammen. Das wichtigste Symbol der maurischen Männlichkeit ist der *Haouli,* ein mindestens vier Meter langes, weißes oder schwarzes Baumwolltuch, das man als mächtigen Turban um den Kopf wickelt. Der Handel mit Textilien und das Schneiderhandwerk prägen den Souk von Nouakchott und verleihen ihm seinen orientalisch-maurischen Charakter, während der von den Schwarzen kontrollierte Handel mit Gemüse, Früchten und Fleisch das sudanisch-schwarzafrikanische Element repräsentiert. Verblüffend wirkt angesichts des im Lande herrschenden Islam die aktive Rolle der Frauen im Kleinhandel. Bestimmte Zweige des Handels haben die alten Frauen geradezu monopolisiert.

In der großen Markthalle auf dem Platz sitzen in den vordersten Reihen, dort, wo sich die Laufkundschaft drängelt, die Schmuckhändlerinnen. Billiger Glasschmuck, Armreifen, Halsketten, Goldimitate, ölige Parfüms aus Mekka und Zaubermittel warten hier auf Kundschaft. Gelegentlich findet der Besucher aber auch wertvollen Schmuck, alte maurische Handarbeit wie etwa Halsketten aus fein ziselierten Silberkugeln und Ambraperlen. An den Textil- und Gemüsemarkt schließt sich ein weitläufiger Hausrats- und Topfmarkt an.

Vom Souk ist es nicht sehr weit bis zu den Ständen der Kunsthandwerker an der Ecke Avenue Abd el Nasser/Avenue Kennedy. Aus den Ateliers der Schmuckschmiede und Truhenschnitzer der Landschaft Trarza (Südmauretanien) kommen die schönen Truhen mit wertvollen Schlössern und Metalleinlegearbeiten, Teeservice, Satteldecken und lederne Armstützkissen mit reichhaltigem, symbolträchtigem Dekor, Silberbestecke, Matten und Wollteppiche, alles Gegenstände, die die nomadische Herkunft der Mauren und ihres Kunsthandwerks belegen.

Maurisches Kunsthandwerk im Trarza und seine Zentren

Boutilimit, Hochburg des Holz- und Lederhandwerks

Zu den berühmten alten Kunsthandwerkerzentren im Lande gehören die Städte Mederdra und Boutilimit in der historischen Landschaft Trarza. Boutilimit (154 km von Nouakchott) ist ein alter nomadischer Lagerplatz, dessen Name eigentlich ›Ort, wo viel wilde Hirse wächst‹ bedeutet. Die kleine, von hohen Sanddünen umgebene Ortschaft beherbergt eine ehrwürdige Medrese (Koranschule), in deren Bibliothek noch zahlreiche alte, z. T. sehr kostbare Manuskripte und Bücher aufbewahrt werden. Seit Generationen standen Mitglieder der berühmten Marabout-Familie der Sydia (Sidyz) dieser Koranschule vor, und ihre Nachkommen spielen noch heute eine wichtige Rolle in dieser Gegend. Es war auch ein Scheich der Sydia, der mit dem französischen Militärkommandanten Coppolani im Jahr 1902 den Friedensvertrag schloß, der die Abtretung von Trarza und Tagant an die Franzosen beinhaltete.

Boutilimit ist für sein Kunstschmiedehandwerk bekannt, vor allem für die Holz- und Hornarmbänder, von denen Jean Gabus berichtet. Die Besonderheit dieser Armbänder stellen Inkrustierungen mit feinen Silberfäden dar. Zahlreiche symbolträchtige, mit eigenen Namen benannte Muster treten in stetig wiederholten Kombinationen auf. Besonders beliebt sind das Muster ›kleines Auge‹, das wie eine offene ›8‹ aussieht, und das Muster eines ›Tierhufes‹ *(Haver)*, das einem ›u‹ mit nach außen geringelten Armen ähnelt. Ein anderes, geschlängeltes Muster wird *Tichit* genannt, und das ›runde‹ Muster *Lehwarro* gleicht den Ornamenten in den Wandmalereien der Bürgerhäuser von Oualata (vgl. S. 246). Immer wiederkehrende Grundmuster sind ›das kleine Auge‹ *(Weinenni)* und das ›Auge-Auge‹, *(Ain-Ain)*, die beide magischen Schutz vor dem bei den Saharaberbern so gefürchteten ›Bösen Blick‹ bieten sollen.

In der nomadischen, auf Viehzucht spezialisierten Gesellschaft der Mauren hat auch die Kunst der Lederbearbeitung eine herausragende Bedeutung. Gabus spricht in diesem Zusammenhang von einer regelrechten »Zivilisation des Leders« als dem »klassischen Zivilisationstyp der großen Nomaden und Hirten«. Die mobile Lebensweise der Nomaden erfordert zum Transport des Hausrates (Kleider, Geschirr, Teeservice etc.), aber auch von Wasser und Nahrungsmitteln (Butter, Getreide, Zucker) eine große Menge von Behältern, Säcken und Beuteln, die aus dem Leder von Antilopen, Kamelen, Rindern, Schafen und Ziegen gefertigt und mit prächtigen Verzierungen versehen werden. Boutilimit ist auch auf dem Gebiet der Lederbearbeitung ein bedeutendes Zentrum.

Große Säcke und Schläuche *(Gerba)* mit einem Fassungsvermögen von 25–30 Litern dienen zum Transport von Wasser oder Milchprodukten; sie bestehen meist aus elastischem

Inkrustierte Silberfaden-Ornamente an Armbändern aus Oualata

Haver (Huf)

Limgellbe (›die Umgekehrten‹)

Vrek

Um nweiwisch (›Mit dem kleinen Schwänzchen‹)

Weinenni (kleines Auge)

Ain-Ain (›Auge-Auge‹)

Tichit

Lehwarro (›rund‹)

Gelebtein (›Doppelturm, Doppelrunde‹)

Ngelbe (›Turm, Runde‹)

Terelak (›verstopfen‹)

Ain-Ain (›Auge-Auge‹)

Antilopenleder (Addax-Antilope). An den Enden sind kunstvoll geflochtene Lederriemen angebracht, um die Säcke leicht hinter dem Reitsattel auf das Kamel binden zu können. Die größten Lederbehälter *(Mesued)*, die bis zu 80 kg fassen, benutzt man zum Transport von Getreide; die kleineren Schläuche (mit einer breiteren Basis zum Abstellen auf hölzernen Stützpfosten) als Butterfässer. Am kunstvollsten sind jedoch die Kleider- bzw. Reisesäcke der Frauen *(Tassufra)* gearbeitet. Die meist 1–1,50 m lange und 60 cm breite Tassufra besteht aus mehreren Hammelhäuten und weist besonders reiche geometrische Bemalungen an der Vorderseite auf (diese Seite zeigt beim Festschnallen des Sackes am Kamelsattel stets nach außen). Das Leder ist meist in einem roten oder gelben Farbton grundiert, mit großen, zentralen Grundmotiven bemalt und mit Lederapplikationen, Exzisionen und Prägemustern verziert. Bei den mit dem Pinsel oder der Feder aufgetragenen Grundmotiven handelt es sich meist um von einem Mittelpunkt ausgehende Rauten, geschwungene Vierecke, Sterne, Blumen oder Kreuze, die von linearen Mustern eingefaßt werden. Die Ornamentik erinnert stark an den geometrischen Architektur-Dekor nordafrikanischer und andalusischer Kunstzentren. Die weniger üppigen Verzierungen auf der Rückseite der Tassufra bestehen aus einfachen, mit schwarzer Tinte aufgemalten, nicht weiter verfeinerten symmetrischen Grundmotiven auf roter oder gelber Grundierung. Das dem islamischen Kunstempfinden entsprechende Exakte und Nüchterne des maurischen Dekors erhält durch die Kombination bestimmter Farben (Rot, Gelb, Grün, Schwarz) ein hohes Maß an Lebendigkeit. Zu Recht beschreibt Gabus einen Nomadenhaushalt mit Tassufra und den kaum minder geschmückten Lederkissen und Fellteppichen als eine »Oase der Lebensfreude, Zärtlichkeit, die die Strenge der Wüste ganz vergessen macht«.

Zu den Objekten der Lederkunst, für die Boutilimit berühmt ist, zählen auch die Lederkissen *(Lussaada* oder *Surmiyee)*, die in ihrer künstlerischen Gestaltung der Tassufra ähneln. Es handelt sich dabei um längliche, an den Enden abgerundete Polster mit einer leichten Einbuchtung, die auch die Benutzung als Nackenstütze gestattet. Diese Art von Kissen gehört nicht nur in jeden Nomadenhaushalt, man kennt sie auch im städtischen Milieu. Da Holzmöbel in nomadischen Gesellschaften gar nicht oder nur in beschränktem Umfang verwendet werden, stellen die Kissen wichtige Einrichtungsgegenstände der Zelte und Wohnräume dar. Ihr Dekor besteht aus einem großen, zentralen Kreuz oder einem sternförmi-

Tassufra, lederner Kleidersack der Frau bei den maurischen Nomaden

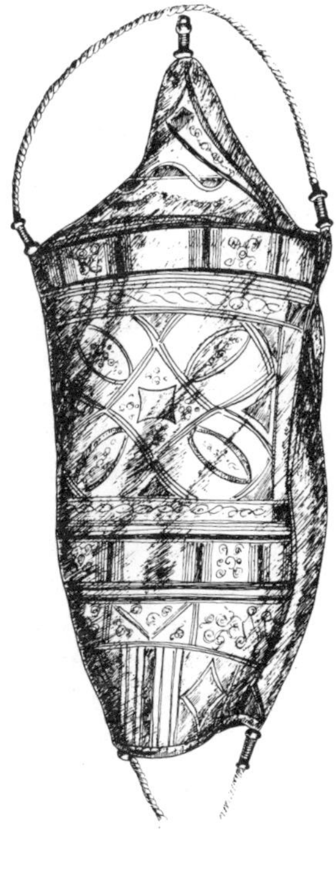

gen Motiv mit großzügigen, geometrischen Füllornamenten aus Tusche *(Raffi)*. Die Techniken der Applikation, des Einlegens und des Einnähens von andersfarbigen Lederstreifen sowie des Prägens und Stanzens werden bei diesen Stücken häufig angewendet.

Zum persönlichen Zubehör der Frauen zählt auch das Toilettensäckchen *(Tisiaten)* mit einem festen, viereckigen Boden aus Rinder- oder Kamelleder und einem geschmeidigen Hals aus Hammelhaut, der besonders fein bemalt und verziert wird. Auffällig wirken die breiten Fransen mit Exzisionsverzierungen auf den großen Mittelstreifen; die Innenseiten sind mit Federzeichnungen versehen. Der Mann besitzt als Pendant sein Teekörbchen *(Kuntie)*, in dem er die für die Teezeremonie wichtigen Utensilien – das Teekännchen, die Gläser und das Zuckerhämmerchen – aufbewahrt. Auch das Teekörbchen ist reich mit kreuzförmigen und spiraligen Motiven bemalt. Lange, herausgeschnittene Lederfransen hängen in einem dichten Kranz vom Boden des Körbchens herunter.

Mederdra und seine Schmiedekunst

Ein weiteres bekanntes Zentrum der maurischen Schmiedekunst und Metallverarbeitung im Trarza ist der kleine Ort Mederdra, früher Sitz des Emirs dieser Region. Man erreicht Mederdra auf einer schmalen Sandpiste von Rosso oder Tigent (zwischen Rosso und Nouakchott). Die Landschaft bietet das für den nördlichen Sahel typische Bild – hohe, rötliche Wanderdünen, unterbrochen von dürftigen Akaziengruppen.

Jean Gabus berichtet in seinem Buch ›Kunst der Wüste‹ von den fein verzierten Messern, Truhenschlössern, an Musikinstrumenten angebrachten Metallvibratoren, Fußspangen, Kästchen, Truhen und Teekannen, die in Mederdra hergestellt werden und kunsthandwerklich interessierte Besucher Mauretaniens neugierig machen könnten. Die bekannten Messerchen der Sandalenmacherinnen weisen an der Basis ihrer Klingen kleine, fein verzierte, angeschweißte Schildchen auf, die als ›Messeramulette‹ gedeutet werden. Die Verwendung von Messing- und Kupferplaketten, die auf den Schildchen übereinandergeschmiedet sind, soll den ›bösen Einfluß des Eisens‹ neutralisieren, d. h. vor Schnittverletzungen schützen. Kleine Kunstwerke stellen auch die metallenen Vibratoren an Musikinstrumenten wie Harfen und Zupfgeigen dar; sie bestehen aus durchbrochenen Messing- oder Kupferplättchen, in die man kleine Rasselringe eingelassen hat, welche sich im Rhythmus der Musik bewegen. Im Zentrum der runden Metallscheiben sind kreuz- und blumenartige Ornamente ausgeschnitten, die an die Fruchtbarkeitssymbole der Wandmalereien in Oualata erinnern (vgl. S. 249). Tatsächlich werden die Harfen *(Ardin)* nur von Frauen gespielt. In die überaus reich verzierten, kupfernen oder silbernen Fußspangen, deren schönste Exemplare aus Boutilimit und Mederdra kommen, sind kreisförmige, mit einem Kreuz oder einem Punkt versehene Muster eingelassen, die eine magische Bedeutung haben und den Fuß vor Dornen-, Skorpionenstiche und Schlangenbissen schützen sollen.

Zu den Meisterwerken der Handwerkerschmieden von Mederdra zählen auch die Kästchen und Truhen aus Ebenholzplatten mit ihren fein gezogenen, inkrustierten Silberfäden als symbolträchtigen Mustern (›Zwillinge‹, *Waw*-Muster), wie man sie auch an Armreifen findet. Silber-, Messing- und Kupferschablonen in Form des Trarza-Kreuzes zieren häufig Deckel und

Kunsthandwerk aus Mederdra:
Metallvibrator einer *Ardin*-
Harfe (rechts), verzierte Fuß-
spange (unten) . . .

. . . Teekanne aus Zinn (oben)
und mit Metallbeschlägen
versehene Ebenholztruhe (unten)

Oberseiten der Schmuckkästchen. Die Schmiede von Mederdra fertigen für den eigenen Gebrauch und nun auch für den Tourismus bis zu 50 cm lange, mit großflächigen, geometrischen Beschlägen (Dreiecke, Bögen, Kreise) aus Silber und Messing versehene Werkzeugkästen, die in Form und Ausführung die künstlerische Verwandtschaft mit den Türbeschlägen an den Hausportalen der Bürgerhäuser von Oualata und Timbuktu erkennen lassen.

Besondere Erwähnung verdienen in diesem Zusammenhang auch die schönen Teekannen aus Zinn, die zu den wichtigsten Gegenständen der Teezeremonie gehören. Sie stellen, wie der französische Forscher Théodore Monod bemerkt, getreue Kopien der englischen Teekanne des 18. Jhs. dar. Deckel, Schnabel und Griff sind mit verschnörkelten Messing und Kupferinkrustierungen verziert, und jede Kanne trägt im Deckel ein schutzbringendes Amulettmotiv, das die Trinkenden vor Krankheiten schützen soll.

Die Oasenstädte im Adrar: Atar, Chinguetti, Ouadane

Die Adrar-Region mit der Provinzhauptstadt Atar bildet den geographischen und historisch-kulturellen Mittelpunkt des ›weißen‹, arabo-berberischen Mauretanien. Dieser Teil der westlichen Sahara ist wegen seiner alten Oasenstädte mit ihrer berühmten Vergangenheit und wegen der großartigen, einsamen Wüstenlandschaften mit ihren Tafelbergen und endlosen Sanddünenmeeren sehenswert. Zu den historisch bedeutsamen Orten zählt etwa die heute nicht mehr existierende Stadt Azougi, von der aus die maurischen Almoraviden im 11. Jh. ihren Siegeszug nach Nordafrika und Spanien antraten. Chinguetti (Schingetti), das gläubige Moslems zu den ›heiligen Städten‹ des Islam rechnen, lohnt wegen seiner alten Moscheen und Bibliotheken am Rande der großen mauretanischen Sandwüste (El Djouf) die weite Reise. Noch weiter östlich liegt die mittelalterliche innersaharische Handelsstadt Ouadane, deren bizarre Ruinen einen merkwürdigen Kontrast zu den letzten grünen Palmengärten bilden. Der prähistorisch Interessierte kann im Adrargebiet außerhalb der Oasen auf zahllose neolithische Fundstätten stoßen.

Fahrt von Nouakchott nach Atar

Die Fahrt von Nouakchott zur 440 km entfernten Provinzstadt Atar können normale PKWs durchaus bewältigen. Für weitergehende Exkursionen nach Chinguetti, Azougi oder Ouadane ist allerdings ein Geländefahrzeug unbedingt erforderlich. Die nach Nordosten in die Wüste führende Straße befindet sich bis zur Bergbaustadt Akjoujt (sprich: Akschuschd), 256 km von Nouakchott, in gutem Zustand (asphaltiert). Man fährt hinter der Hauptstadt zunächst durch eine fast unbesiedelte Wüstensteppe mit vereinzelten kleinen Dornsträuchern, Euphorbien und Callotropis-Sträuchern. Hier weiden die nomadischen Stämme des Trarza-Gebietes ihre Kamele. Gelegentlich sieht man ihre riesigen, weit ausladenden, weißen Baumwollzelte am

Horizont. Der Untergrund dieser küstennahen Wüstensteppe besteht aus hellen Sanden und Gips, was der wüstenhaften Landschaft einen leblos-bleichen Charakter verleiht.

Kurz vor der modernen, gesichtslosen Kupferbergbaustadt **Akjoujt** erreicht man die Berge des Guelb Moghrein, wo bereits in prähistorischer Zeit Kupfer gewonnen wurde. 1968 fanden Forscher in der ›Fledermausgrotte‹ (Grotte aux Chauves-Souris) im Gipfelbereich des Guelb Reste alter Stollen, die um 800 v. u. Z. dem Erzabbau gedient hatten. Die Verhüttung des Erzes erfolgte 60 km südlich von Akjoujt. Hinter Akjout führt die zunächst noch gut ausgebaute Piste an braunen, nackten Felsenbergen vorbei nach Nordosten. In der völlig ebenen Landschaft Amsaga verläuft sie dann, wegen streckenweiser Versandung nun schwieriger zu bewältigen, am Fuß eines langgestreckten Dünengürtels. Etwa 40 km vor Atar verändert sich die Landschaft. Hohe Tafelberge fallen in einem scharfen Knick zu den tief eingeschnittenen Wadis ab. Es handelt sich hier um die Schichtstufenmassive des Adrar, die aus flach gelagerten paläozoischen Sandsteinen (Kambrium) bestehen. Am Fuß dieses Massivs überquert man bei dem kleinen Oasendorf Ahel el Taya das cañonartig eingeschnittene Wadi Segelil. In mehreren Haarnadelkurven windet sich die Piste zu einem Felsplateau empor. Zur Rechten sieht man die knapp 750 m hohen Tafelberge des südlichen Adrar.

Die Oase Atar

Die Provinzhauptstadt mit ihren 10000 Einwohnern liegt in einer weiten Ebene, die im Südosten von hohen Tafelbergen und im Norden von etwas niedrigeren Schichtrippen eingerahmt wird. Die Stadt lebt von ihrer Oase, aus der etwa die Hälfte der gesamten Dattelernte Mauretaniens kommt. Für die Mauren galt Atar vor der Gründung von Nouakchott als die heimliche Hauptstadt ihres Landes, das noch bis in die fünfziger Jahre hinein vom fernen St. Louis (Senegal) regiert wurde. Die administrative Region von Atar erstreckt sich vom nahen Territorium der Westsahara bis zu den Grenzen nach Algerien und Mali. Am Ortseingang liegen an weitläufigen Plätzen und sich rechtwinklig kreuzenden Straßen die monströsen Gebäude aus der Kolonialzeit im neosudanisch-arabischen Stil mit großen maurischen Spitzbogenfenstern. Atar erbte seine Funktion als Zentrum für Militär, Polizei und Zoll aus der Kolonialepoche. Das funktionale, häßliche Verwaltungsviertel ist durch einen riesigen Platz von der alten Wohnstadt, dem Ksar, getrennt.

Die von Nouakchott kommende Piste endet an dem großen, dem **Markt** vorgelagerten Vorplatz. An der Außenseite der überdachten Geschäfte und Handwerksbetriebe werden auf dem Boden oder an kleinen Ständen die frischen Produkte aus den Oasengärten zum Verkauf angeboten. Hier findet der von der langen Wüstenfahrt erschöpfte Besucher frische Tomaten, Kartoffeln, Möhren, Datteln und köstliches Brot. Frauen und Kinder sitzen am Rand der Straße und bieten leuchtend grüne Büschel frischen Klees – Futter für die Schafe – feil. In den dahinterliegenden Ateliers ist das staatlich geförderte und kontrollierte Kunsthandwerkerzentrum untergebracht. Die Tradition des maurischen Handwerks zeigt sich hier in der Wüste noch völlig ungebrochen: Nach alten Vorbildern werden bunte, mit reichen Spiral- und Kreuzornamenten verzierte Lederkissen, Tabaksbeutel, Sandalen und Kamelsättel hergestellt. Teekänn-

Maurische Bernstein(Ambra-)-Halskette

chen aus Zinn, Nickel und Kupferverzierungen nach englischen Mustern aus dem 19. Jh., Tabakspfeifen und kleine, mit kostbaren Beschlägen versehene Holzkästchen zur Unterbringung von Teegläsern kann man auf Bestellung erwerben. Die Rückseite des jüngst abgebrannten Marktes *(Souk)* mit seinen spitzbogigen Arkadengängen ist die Domäne der Frauen. Im Schatten von kleinen Sonnendächern liegen die in dunkle, kleingemusterte Gewänder gehüllten Händlerinnen auf dem Boden. Armreifen aus Kupfer, Eisen und Plastik, Glasperlen, alte Glas- und Ambra-Ketten, Ringe mit falschen Achaten und aus ›echten‹ Halbedelsteinen warten hier auf irgendeinen Käufer. Immer wieder werden dem Besucher in Atar auch neolithische Pfeilspitzen, die Kinder draußen irgendwo finden, zum Verkauf angeboten.

Die **alten Wohnviertel** (Abb. 26) liegen zwischen dem Markt und den Oasengärten in Oued-Nähe. Die schmuck- und fensterlosen Außenmauern aus grob behauenen Bruchsteinen lassen keinen Einblick in die Innenhöfe und Wohngemächer zu. Nur die ältesten kubischen Wohngebäude der Stadt weisen ein oberes Stockwerk auf; die meisten Häuser bestehen nur aus einem Innenhof, von dem aus die dunklen kleinen Wohnzellen abgehen. Eine Lehmtreppe führt vom Hof oder einem der Wohnräume auf das Dach bzw. in das Obergeschoß. Die Fußböden sind mit feinen, geflochtenen Fußmatten aus Pflanzenfasern ausgelegt. Bunt bezogene Schaumgummimatratzen entlang der Wände dienen als Sitzgelegenheiten, verzierte Lederkissen als Stütze für den Ellenbogen. Mobiliar in Form von Tischen und Stühlen ist in maurischen Häusern unbekannt. Wird man als Fremder eingeladen, gebietet es der Anstand, vor dem Betreten der Wohnräume die Schuhe auszuziehen. Maurische Gastfreundschaft und Teetrinken gehören stets zusammen. Meist sind es die Frauen, die den grünen, mit Pfefferminze gewürzten, übersüßen chinesischen Tee zubereiten (Farbabb. 17, 18). Zum Standardservice gehören ein großes Tablett mit drei Beinen, ein Teekännchen, ein Zuckerhut und kleine Trinkgläser mit festem Boden. Die Zuckerhüte werden meist mit den stabilen Teegläsern zerstückelt; in vornehmeren Haushalten bedient man sich aber eines eigens dafür gefertigten silbernen Hämmerchens. Beim Teetrinken sollte man nicht unter Zeitdruck stehen! Es gilt als unhöflich, den Gastgeber bereits vor dem dritten Glas wieder zu verlassen.

Empfehlenswert ist ein Gang durch die bewässerten **Oasengärten.** Im Schatten der Dattelpalmen liegen die sorgfältig angelegten, kleinen, umwallten Beete, in denen Gemüse, Pfefferminze, Gewürze, Henna und Getreide üppig gedeihen (Abb. 20). Die Bewässerung erfolgt durch altertümliche Brunnen, aus denen man mittels eines langen, am rückwärtigen Ende mit einem dicken Stein beschwerten Hebebalkens, an dem ein Ledereimer hängt, Wasser in ein Becken schöpft, von wo aus das begehrte Naß in die zahllosen kleinen Bewässerungskanäle fließt (Abb. 23). Die Arbeit in den Gärten wird ausschließlich von den schwarzen Dienern, den *Harratin,* verrichtet. Ihr hoher sozialer Status verbietet es den hellhäutigen Mauren, den *Beidan,* ›niedere‹ körperliche Arbeit zu verrichten.

Eine weitere Attraktion in Atar bildet der **Kamelmarkt** am östlichen Ortsausgang der Stadt (Piste Richtung Chinguetti). Dort werden am Spätnachmittag Kamele aus der umliegenden Wüste zusammengetrieben und an meistbietende Aufkäufer in der Stadt veräußert. Es gehört zu den einmaligen Eindrücken in Mauretanien, den in blaue Boubous und schwarze Turbane gehüllten Männern beim Feilschen und Diskutieren zuzusehen.

Nur 15 km von Atar entfernt liegt die ehemalige Almoravidenstadt **Azougi** aus dem 11. Jh. (Abb. 24). Um dorthin zu gelangen, verläßt man Atar in westlicher Richtung, überquert den Oued und fährt auf einer sehr schlechten Schotterpiste, die nur für Geländefahrzeuge geeignet ist, bis zur Anhöhe des Tarazi-Passes. Von dort oben hat man einen eindrucksvollen Blick auf die steil zum Oued Tayaret abfallende Landstufe, an deren Fuß sich prächtige Dattelpalmengärten erstrecken.

Die heutige Siedlung Azougi besteht nur aus ein paar Steinhäusern und verlassenen Strohhütten, die die Nomaden lediglich zur Erntezeit der Datteln im Hochsommer aufsuchen. Kaum ein Hinweis in dem sandig-steinigen Gelände erinnert daran, daß hier im Mittelalter Weltgeschichte gemacht bzw. vorbereitet wurde. Von hier aus unternahmen die damals eben erst islamisierten berberischen Nomaden der westlichen Sahara unter der Führung von Abu Bekr ben Omar ihre Eroberungsfeldzüge gegen die ›heidnischen‹ Städte der Schwarzen im Reich Ghana, und von hier aus organisierten sie die glänzenden Feldzüge gegen Marokko und Spanien. Azougi diente als der Rekrutierungsplatz für die almoravidischen Kamelreiter, die zwischen dem Senegal und dem Ebro kämpften. Der Ort behielt auch später seine Etappenfunktion im Kamelkarawanenhandel zwischen Nordafrika und den schwarzafrikanischen Großstaaten im Sudan bei.

Die Überreste aus dieser stolzen Zeit wirken kläglich: Zwischen der Palmenoase und dem Oued sind – für ein archäologisch ungeübtes Auge kaum erkennbar – die geringen Reste einer alten Zitadelle mit einer viereckigen Umfassungsmauer und Eckbastionen verstreut. Die

Almoravidenfestung war vermutlich von einer eng bebauten Oasenstadt umgeben, denn die gesamte Anlage befindet sich auf einem ausgedehnten Schutthügel, in dem man zahlreiche Keramikbruchstücke finden kann. Für die mauretanischen Moslems spielt Azougi bis zum heutigen Tag die Rolle eines Wallfahrtsortes, denn hier gibt es unweit der ehemaligen Zitadelle einen uralten Friedhof mit dem hochverehrten Mausoleum des Imam Hadrami.

Eine der landschaftlich schönsten Oasen des Adrar ist **Terjit,** etwa 25 km südwestlich von Atar (Richtung Akjoujt), erreichbar über eine kleine, steinige Piste, die von der Nationalstraße abzweigt. Eingeschlossen von hohen Tafelbergen, entspringen in einer tief eingeschnittenen Schlucht mehrere Quellen, darunter eine Thermalquelle, eine ausgesprochene Seltenheit in diesem Teil der Sahara. Die Vegetation in der engen Schlucht ist besonders üppig; außer Dattelpalmen gedeihen hier auch Zwergfarne und andere seltenere Pflanzen. Von Terjit kann man mit einem Geländefahrzeug noch 35 km weiter fahren bis zu der großen Dattelpalmenoase **Oujeft.**

Die heilige Stadt Chinguetti

Ein Geländefahrzeug und mindestens zwei Tage Zeit benötigt, wer von Atar aus weiter nach Osten zu den alten Wüstenstädten Chinguetti (120 km) und Ouadane (220 km) fahren will. Regelmäßige Buschtaxiverbindungen (per Land Rover) bestehen zwischen Atar und Ouadane. Die Strecke nach Chinguetti führt durch eine der wildesten und schönsten Tafelberglandschaften Mauretaniens. Zunächst fährt man in nordöstlicher Richtung am Fuß des Adrar-Massivs entlang; danach macht die Piste einen abrupten Knick nach Osten und folgt dem Trockental des Oued Amojjar in das Innere des Berglandes hinein (Farbabb. 19). Links und rechts türmen sich kegelförmige Zeugenberge mit kleinen Plateaus, Resten der alten Landoberfläche. Mächtiger Gesteinsschutt in allen Farbschattierungen bedeckt die Berghänge. Das mit Geröll übersäte Wadi wirkt wie ein ausgetrockneter Wildbach. In halsbrecherischen Haarnadelkurven klettert der alte Karawanenweg über Felsrippen und vorbei an tiefen Abgründen empor zu dem 825 m hohen Plateau von Chinguetti. Auf der Paßhöhe des Amojjar genießt man einen grandiosen Blick über das wild zerklüftete Tal mit seinen geologisch interessanten, abwechselnd harten und weichen Sandsteinserien. Einige Kilometer weiter sind auf der linken Seite der nun sehr schwierigen Piste, in der Höhlung eines Felsens, Zeichnungen aus dem Neolithikum mit Rinder- und Giraffendarstellungen sowie einer Tanz- und Jagdszene zu sehen. Nach Süden zweigt eine Wüstenpiste zu den Tagant-Oasen (Tidjikja, Tichit, vgl. S. 238ff.) ab, auf der gelegentlich noch Karawanen ziehen. Die Piste nach Chinguetti verläuft noch weitere 40 km über ein leicht gewelltes, gelegentlich von Sanddünen durchzogenes Felsplateau. Von weitem erkennt man am Rand der großen Sandwüste (Farbabb. 20) die kubischen, weiß getünchten oder rotbraunen Steinhäuser und das charakteristische Minarett der alten Stadt.

Vor der eigentlichen Gründung Chinguettis durch die berberischen Idaw Ali im 11./12. Jh. existierte etwas weiter westlich bereits eine ältere Siedlung namens Abweir, die noch von dunkelhäutigen Sahariern bewohnt gewesen sein soll. Ein interner Sippenkrieg im Verlauf des 13. Jhs. bildete den Anlaß für eine Siedlungsneugründung im Gebiet der heute noch bestehenden alten Moschee. Das Alter Chinguettis und sein Ansehen in der islamischen Welt Afrikas sind jedem Mauren bewußt. Viele ihrer politischen und geistigen Führer stammen aus dem *Trab Chengit,* dem ›Land von Chinguetti‹, wie die Araber Mauretanien im Mittelalter nannten. Die Stadt avancierte bald zu einem religiösen und kulturellen Zentrum der gesamten westlichen Sahara, in dem sich viele islamische Gelehrte und Schriftsteller niederließen. Im 13. Jh. besaß Chinguetti nicht weniger als elf Moscheen, und jedes Jahr versammelten sich hier Tausende von Pilgern, um gemeinsam zur Fahrt nach Mekka aufzubrechen. Dies ist wohl der Grund dafür, daß der Ort in Afrika als die siebte heilige Stadt des Islam gilt. Im ausgehenden Mittelalter geriet das Gemeinwesen in kriegerische Auseinandersetzungen zwischen verschiedenen Berberstämmen und den von Norden eindringenden arabischen Beni Hassan. Überfälle und Plünderungen durch fremde Eroberer waren über Jahrhunderte an der Tagesordnung. Dennoch behielt Chinguetti bis in die Gegenwart den unbestrittenen Ruf eines religiösen Zentrums. Im vorigen Jahrhundert verzeichneten die Koranschulen nochmals einen starken Zulauf islamischer Gelehrter. Viele der kostbaren, in Leder gebundenen und reich verzierten Bücher mit frommem Inhalt aus dem 17. und 18. Jh. haben die Kriege überdauert und werden von den alten Gelehrten und Familien aufbewahrt (vgl. Farbabb. 14). Zusammen mit Ouadane diente Chinguetti als wichtige Etappenstation für die Kamelkarawanen zwischen Nordafrika und den mittelalterlichen Städten im schwarzen Sudan. Noch heute transportieren gelegentlich Kamelkarawanen Steinsalzplatten von den Minen bei Idjil nahe der Grenze zur Westsahara über Chinguetti nach Süden, in das Land der schwarzen Sarakolle bei Aioun-el-Atrouss und Nioro du Sahel in Mali.

Chinguetti besteht aus zwei Teilen, die ein weites, sandiges Tal voneinander trennt. Das neue Chinguetti ist eine Ansammlung von einigen hell getünchten, ebenerdigen Gebäuden wie der Gendarmerie, dem alten Fort aus der Kolonialzeit und ein paar kleinen Geschäften. Das Fort beherbergte bis vor einigen Jahren ein Hotel, wegen der kriegerischen Auseinandersetzungen in der Westsahara funktionierte man es wieder zu einer Militärstation um. Der Besucher muß deshalb zelten oder versuchen, bei Einheimischen ein Quartier zu bekommen (das gleiche gilt für Ouadane).

Die alte Stadt liegt auf dem sanft ansteigenden südlichen Ufer des Oued. Ein großer, rechteckiger Marktplatz bildet ihr Zentrum. Auf der Anhöhe wurde als Symbol der neuen Zeit ein häßlicher Wasserturm aus Beton errichtet, der das alte Stadtbild erheblich beeinträchtigt. Die älteren Wohnbezirke liegen im Umkreis der **Moschee** aus dem 13. Jh., die zu den ältesten Gebäuden im ganzen Land zählt. Umgeben ist der Kultbezirk von einer mannshohen Steinmauer, die den Blick in den Gebetshof verwehrt. Dahinter verbirgt sich ein sehr schöner, stiller, mit gelbem Sand bestreuter Innenhof, wo die Gläubigen sich versammeln und ihre rituellen Waschungen verrichten. Die Vorderfront der eigentlichen Gebetshalle begrenzt ein weißgetünchter Arkadengang. Nicht-Moslems ist es verboten, den Kultbezirk zu betreten; man sollte deshalb versuchen, auf ein Flachdach eines benachbarten Hauses zu steigen und von oben einen Blick in den Innenhof und auf die Moschee zu werfen. Das wehrhafte Minarett, ein viereckiger Turm, der nach oben konisch zuläuft, erinnert an die alten Berberburgen in Südmarokko (Farbabb. 15). Wie in Tichit bestehen seine Mauern aus behauenen, hellen, ohne Mörtel aufeinandergesetzten Sandsteinplatten. Auch hier findet man die für die maurischen Bauten des Mittelalters typischen drei- und viereckigen Ziernischen. Vorstehende Mauersimse und vier an den Innenseiten weiß getünchte Eckzinnen in Form einer Stufenpyramide verleihen dem Minarett ausgewogene Proportionen. Die alten mauretanischen Moscheen zieren – wie übrigens auch im Sudan – Straußeneier, die an Eisenstangen auf den Zinnen montiert sind.

Chinguetti lebt in ständigem Kampf mit der Sandwüste, die die Stadt schon mehrmals in ihrer Geschichte zumindest teilweise unter sich begraben hat. Seit der Abwanderung vieler Familien aus den alten Vierteln gewinnt die Wüste wieder die Oberhand; die engen Straßen versinken allmählich im gelben Sand, und die Hauseingänge sind bereits häufig bis an den oberen Rand der immer noch intakten Holztüren zugeweht (Abb. 29). In ihre **mittelalterlichen Wohnungen** müssen die letzten Bewohner regelrecht hinabsteigen, so sehr hat sich das Niveau der Straßen erhöht. Es lohnt sich, einmal in die verfallenden Wohngebäude hineinzuklettern. Man kann sehr gut die Raumaufteilung der alten kubischen Häuser erkennen, die hier enger zusammengebaut sind als in den anderen mauretanischen Städten. In den verlassenen Ruinen sieht man noch häufig schöne, dreieckige Lampennischen und geometrische Muster (Farbabb. 13, Abb. 28). Auf jeden Fall sollte man sich vom alten Wächter der Moschee gegen ein kleines Entgeld einige der alten, wertvollen Bücher und Manuskripte zeigen lassen. Sein altes Wohnhaus liegt unmittelbar neben dem Minarett. Durch eine niedrige, hölzerne Haustür, die in archaischen Steinplatten verankert ist, gelangt man in den kleinen Innenhof, von dem Türen in die Bibliotheksräume führen. Spätestens hier spürt der Besucher, daß er sich an einem altehrwürdigen und traditionsreichen Ort befindet.

Interesse verdienen auch die **Oasengärten,** die um die Stadt in Dünenvertiefungen angelegt sind. Als Schutz gegen das Versanden haben die Bewohner am Rand der Sandtrichter kleine Zäune aus Palmblattgeflecht in den Boden gesteckt. Die Bewässerung erfolgt in gleicher Weise wie in den Oasen von Atar.

Von Chinguetti führen in nordöstlicher Richtung zwei Pisten zu der 100 km entfernten Ruinenstadt Ouadane. Die eine bildet die Fortsetzung der Piste von Atar über das felsige Plateau des Dhar Chinguetti. Um sie zu finden, fährt man etwa 10 km in Richtung Atar zurück und biegt anschließend nach rechts in östlicher Richtung ab. Der andere Weg führt am Rand des Dünenmeeres nach Nordosten und berührt **Timigui,** die verlassene Hauptstadt des Tadjakant-Stammes aus dem 18. Jh. Zu sehen sind hier die Reste einer Moschee, einer kleinen Festung, die später in einen Friedhof umgewandelt wurde, und eigenartige Häuser. Ein Teil der Tadjakant gründete später die heute ebenfalls verlassene Stadt Togba bei Aoudaghost im Tagant, die meisten Bewohner von Timigui wanderten aber nach Norden in die algerische Oase Tindouf.

Die Ruinenstadt Ouadane

Ouadane, im Mittelalter eines der größten innersaharischen Handelszentren und eine wichtige Etappenstation für transsaharische Kamelkarawanen, wurde im 12. Jh. von den berberischen Idalwa el Hadji gegründet und behielt seine wichtige Stellung bis ins 15. Jh. Hier tauschte man vor allem sudanisches Gold gegen saharische Datteln und Salz. Erst die fortgesetzten Überfälle der marokkanischen Saaditen und Alaouiten im 18. Jh. und die Verlagerung des Transsahara-handels nach Osten (Route Bornu – Fezzan) führten zum wirtschaftlichen Niedergang der Stadt und zur Abwanderung.

Die Ruinen des alten Ouadane (Farbabb. 12) erstrecken sich in mehreren Etagen vom Plateau den Felsabhang des Dhar bis zu den Oasengärten im Tal hinunter. Gegen Abend, wenn die untergehende Wüstensonne die Ruinen am Hang rötlich anstrahlt, bietet sich dem Besucher ein einmaliges Schauspiel von Farben, Licht und Schatten. Unten im Tal breitet sich das wogende Grün der Dattelpalmengärten aus. Auf dem Plateau liegen die heute noch bewohnten Viertel. Der mächtige, viereckige, nach oben konisch zulaufende Minaretturm erinnert an Chinguetti, und wie dort finden sich hier kleine, viereckige Fensterchen im Mauerwerk, vorspringende Mauersimse und gestufte Eckzinnen auf der Turmkrone. Auch die Bauweise der alten Wohnhäuser ähnelt der von Chinguetti, anscheinend waren hier aber höhere Etagenhäuser beliebter. Die ältesten Gebäude haben einen einfachen, vier- bzw. rechteckigen Grundriß und kleine Lichthöfe. Eine Besonderheit stellen die Latrinentürme dar, die von der Straße aus durch eine kleine Maueröffnung gereinigt werden konnten. Auch hier hat man, sparsam dosiert, dekorative Mauernischen eingebaut. Der älteste Kern der Stadt ist der von einer gewaltigen Mauer umgebene Felsklotz Ksar el Khali, die Verteidigungs- und Fluchtbastion der Stadt. Der Ksar bildete vermutlich die Keimzelle des alten Ouadane. Im südwestlichen Teil des Ruinenfeldes kann man noch die Reste der alten, sechsschiffigen Moschee sehen.

Landschaften und historische Stätten in der Umgebung von Ouadane

Die Umgebung von Ouadane war in frühester Zeit das Siedlungsgebiet von hellhäutigen Berbern, den Nachfahren der antiken Troglodyten. Etwa 7 km nordöstlich der Stadt liegt am Fuß einer Landstufe das alte Berberdorf **Tin Labbe,** das aus einigen wenigen, mit Lehm verkleideten Steinhäusern besteht. Auf Gesteinsbrocken, die vom Felsabhang in die Nähe der Oasengärten herabgerollt sind, kann man altberberische Schriftzeichen, die dem Tiffinagh der Tuareg ähneln, und Felsgravuren entdecken. In unmittelbarer Nachbarschaft erhebt sich im Norden das Gebirge des **Guelb Er Richat,** einer geologisch einzigartigen Erscheinung in der Sahara. Es handelt sich dabei um einen alten, kreisrunden Krater mit einem Durchmesser von 40 km, von dem man annimmt, daß er von dem Einschlag eines Riesenmeteoriten stammt. Im Innern dieses Kraters sind die verschiedenen geologischen Schichten zu konzentrischen Felsstufen aufgeworfen.

Nördlich des Riesenkraters liegt unweit des Oued Slil die alte Festung **Agadir,** deren Anlage in das 16. Jh. zurückreicht. Sie wurde von den marokkanischen Besatzungstruppen im Sudan zur Zeit des Heereszuges von Djouder (vgl. S. 84) angelegt und später mehrmals erneuert. Sie besteht aus einem weitläufigen Mauergeviert aus getrockneten Lehmziegeln, dessen Ecken durch mächtige Bastionen verstärkt sind. Noch weiter nordöstlich setzen sich die felsigen Plateaus des Dhar Chinguetti bis zu den Felslandschaften des Hank im Grenzgebiet zu Mali fort. Im Süden folgt der Übergang zu den unermeßlichen Weiten der großen mauretanischen Sandwüste (Waran oder El Djouf), die bis an den Niger bei Timbuktu reicht.

Unweit von Ouadane, im Umkreis der Wasserstellen **El Beyed** und bei **Meyatag,** finden sich riesige prähistorische Steinsetzungen, Steinkreise und Grabanlagen auf Hügeln und Bergrippen.

Dies beweist, daß selbst die zentralsaharischen Regionen noch vor einigen Jahrtausenden von Menschen bewohnt waren.

Die alten Städte im Tagant: Tidjikja und Tichit

Das Tagant ist eine wilde, einsame Felslandschaft im mittleren Südmauretanien. Ausgedehnte Plateaus aus uralten präkambrischen Sedimentgesteinen, die von stark erodierten Schichtkämmen und zertalten Schichtstufen überragt werden, grenzen im Norden und Süden an weite, wüstenhafte Sandebenen. Die sandigen Böden tragen nur eine spärliche Vegetation, eine von einzelnen Dornbüschen und -bäumen durchsetzte Wüstensteppe. Das Assaba-Massiv und die Felsplateaus des Tagant im Westen (die übrigens die nördliche Fortsetzung der Guineaschwelle darstellen, die das Senegal- vom Nigerbecken trennt) sowie die charakteristischen Landstufen des Dhar Tichit und Dhar Oualata im Südosten rahmen in einem weiten Bogen die sandige Ebene des Aouker ein. Die Berge von Affolle (600 m), in deren nördlichem Vorland Aoudaghost, die einst blühende Handelsstadt des Ghana-Reiches, liegt, bilden die südliche Begrenzung des Tagant. In die felsigen Plateaus haben sich Wadis eingeschnitten, und an günstigen Stellen, wo Grundwasservorräte existieren, entstanden Oasenstädte wie Tidjikja, Rachid und Tichit.

Das Gebiet ist außerordentlich schwer zu erreichen, da die Pisten durch wildes Felsland führen. Nur Geländewagen und LKWs können sie befahren, PKWs dagegen kaum. Tidjikja wird regelmäßig und Tichit gelegentlich von der nationalen Fluggesellschaft Air Mauritanie angeflogen. In keinem der genannten Orte gibt es Hotels.

Tidjikja und die prähistorischen Funde im Dhar Tichit

Tidjikja (sprich: Tidschikscha), eine der größten mauretanischen Oasen, ist trotz seiner Abgelegenheit ein wichtiger Verkehrsknotenpunkt, an dem sich alte Karawanenwege kreuzen. Hier endet die Piste von den nördlich gelegenen Adrar-Oasen, und hier beginnt die alte innerafrikanische Ost-West-Verbindung über Tichit–Oualata zum Nigerbecken bei Timbuktu. Die Versorgungsgüter kommen aus dem Westen von Nouakchott über Boutilimit, Aleg und Moudjeria.

Tidjikja entstand im 17. Jh. am Zusammenfluß mehrerer Wadis als Gründung des maurischen Stammes Idaw Ali, der aufgrund interner Streitigkeiten seine ursprüngliche Heimatregion im Adrar verließ und in der hiesigen Palmenoase eine Siedlung anlegte. Als Mittelpunkt des mauretanischen Hinterlandes wurde die Stadt 1905 von den französischen Truppen Coppolanis besetzt, den Aufständische hier im gleichen Jahr ermordeten.

Um das riesige Lehmgebäude der alten Militärfestung entstand das koloniale Verwaltungsviertel auf dem südlichen Ufer des Oued. Auf der Nordseite liegt die alte Stadt mit ihrem Gewirr von kubischen Steinhäusern und der alten Moschee. Den Mittelpunkt der alten Stadt bildet der stets bevölkerte **Marktplatz,** auf dem unter kleinen weißen Zeltdächern aus Baumwolle die

Waren ausgebreitet sind, die eine Oase zu bieten hat. Maurinnen in dunkelblauen, kleingemusterten Gewändern, den Kopfschleier um das Kinn gezogen, verkaufen billigen Glasschmuck, Ambra, Aluminiumarmreifen, Pülverchen und Zaubermittel. Lederarbeiter fertigen schöne Armstützkissen, Tabaksbeutel und Kamelsättel *(Rahla).*

Die **Wohnhausarchitektur** entspricht im Prinzip derjenigen in den anderen alten mauretanischen Städten. Es überwiegen eingeschossige Häuser; nur wenige Bauten besitzen ein oberes Stockwerk. Die Wohnräume und Magazine gruppieren sich um einen oder zwei Innenhöfe, durch die auch Licht in die fensterlosen Innenräume dringen kann. Von den engen Straßen und Gassen aus sieht man lediglich Steinmauern und die tiefliegenden, niedrigen Hauseingänge mit ihren Holztüren, die mit altertümlichen, geschnitzten Holzriegeln versehen sind. Diese Riegel kann man nur von der Innenseite des Hauses her öffnen oder verschließen, indem man mit einem speziellen Nagelschlüssel in der Hand tief in eine seitlich in die Hauswand eingelassene Höhlung hineingreift und die Verriegelung vor- oder zurückschiebt. Von herber Feinheit ist der Steindekor, der die archaisch anmutenden Hausfassaden aus Bruchsteinen und Lehm auflockert. Er besteht aus verschieden großen, vier- und dreieckigen Steinnischen, die, in unterschiedlichen geometrischen Mustern (Rauten, gleichseitige Dreiecke, Trapeze) angeordnet, flächig in die Fassade eingebaut sind und an Taubenhäuser in bestimmten Gegenden Südeuropas (z. B. Kykladen) erinnern. Die Nischenmuster können die gesamte Außenfassade bedecken, finden sich aber hauptsächlich über den Hauseingängen und daneben auch in den Innenräumen.

Die **Moschee** wurde seit dem 17. Jh. mehrmals renoviert. Schön wirkt der Gebetssaal mit seinen wuchtigen, viereckigen, weiß getünchten Säulen, die den Raum in drei Schiffe gliedern und die Deckenbalken tragen. Die Deckenkonstruktion ist durch sorgfältig geflochtene Palmblätter verdeckt. Südlich und westlich an den Gebetsraum schließen zwei Höfe an. An der Südostecke des Hauptvorplatzes steht ein niedriges, viereckiges Minarett, auf das der Muezzin von außen über flache, in das Mauerwerk eingelassene Steinplatten hinaufsteigen kann.

Einige Kilometer nordwestlich von Tidjikja liegt eine verlassene Geisterstadt auf dem Felsplateau über dem linken Ufer des Oued Tidjikja. Es handelt sich dabei um die Siedlung **Rachid,** die im 18. Jh. von Kunta-Flüchtlingen aus dem Adrar erbaut wurde. Die Kunta konnten von dieser günstig gelegenen Stadt aus die von Norden kommenden Karawanen kontrollieren. Durch Überfälle und Stammesfehden mit anderen Stämmen aufgerieben, verließen die Bewohner im vorigen Jahrhundert ihre Stadt. Die alten Häuser stehen teilweise noch und werden von Kamelhirten als Unterschlupf genutzt.

Etwa 200 km östlich von Tidjikja liegt Tichit, die architektonisch interessanteste Stadt im Tagant. Da die Piste über die felsigen Anhöhen und Landstufen des Dhar Tichit führt, ist sie schwierig zu befahren, und Unkundige sollten die Fahrt nur in Begleitung eines einheimischen Führers unternehmen.

Das Gebiet des **Dhar Tichit,** einer mächtigen Schichtstufe, gehört zu den prähistorisch interessantesten Gebieten in ganz Mauretanien. Im ausgehenden Neolithikum, vor etwa 3500 Jahren also, existierte am Südrand der damals noch feuchteren Sahara eine außergewöhnliche Jäger- und Sammlerzivilisation, deren Menschen bereits die ersten Erfahrungen im Ackerbau gemacht hatten. In dieser Epoche bildete das heute wüstenhafte Sandbecken des Aouker noch einen riesigen, seichten Binnensee, der von Fischen, Schildkröten und anderem Getier wimmelte. Der See bot reichhaltige Nahrungsquellen für eine etwa 400 000 Köpfe zählende Bevölkerung. Der Dhar überragte die Seenlandschaft des Aouker um etwa 200 m und stellte mit seinen Felsklüften und geschützten Plateaus eine gute natürliche Festung für die Jäger und Sammler dar. Die neolithischen Menschen lebten nicht etwa in Hütten aus pflanzlichem Material, sondern entwickelten eine eigene Zivilisation mit festen Steinbauten und kleinen Forts, die sie aus zusammengetragenen Lesesteinen aufschichteten. Reste dieser erstaunlichen baulichen Leistungen (Abb. 25) werden gegenwärtig wissenschaftlich genauer untersucht. Es gilt als gesichert, daß die damaligen Menschen außer vom Fleisch gejagter Tiere und dem Fischfang auch von Getreide lebten, wie die zahlreichen in diesem Gebiet entdeckten Steinmühlen beweisen. Daneben verzehrten sie wilde Melonen und Lotosfrüchte, die in den sumpfigen Ebenen gut gediehen. Knochenfunde beweisen, daß es im Dhar Tichit auch Rinder und Ziegenherden gab, die vermutlich von den Menschen gezähmt wurden. Felsbilder belegen, daß zudem viele Wildtiere (Antilopen, Giraffen, Panther und Flußpferde) hier lebten. Trinkwasser bewahrten die Menschen damals in großen irdenen Behältern auf, während sie ihre Vorräte an Wildsamen, Körnern und Trockenfrüchten in Felshöhlen des Dhar versteckten.

Anhand der zahllosen Funde von fein gearbeiteten Steinwerkzeugen läßt sich gut der technisch-zivilisatorische Stand dieser neolithischen Menschen rekonstruieren. Außer den genannten Steinmühlen für Korn und Getreide entdeckten die Forscher Steinäxte, Steinsägen, Angelhaken, Fleischschaber, Armreifen und viele Arten von Pfeilspitzen aus poliertem Feuerstein, der aus entfernten Gegenden importiert worden sein muß. Das Nationalmuseum von Nouakchott verfügt über eine reiche Sammlung von Steinwerkzeugen aus dem Dhar Tichit-Gebiet.

40 km vor Tichit, am Südrand der Landstufe, kommt man an der ehemaligen Siedlung **Akreijit** vorbei, die im 19. Jh. wegen Überfällen und Wassermangel aufgegeben werden mußte. Letzter Überrest des Dorfes ist – außer ein paar zerfallenen Steingebäuden – der viereckige Minaretturm der Moschee aus dem 19. Jh., die Wanderdünen bereits völlig überweht haben. Der Turm ragt einsam aus dem gelben Sandmeer.

Tichit – von der Wüste bedroht

Tichit liegt am Südrand der gleichnamigen Schichtstufe und war bereits im ausgehenden Mittelalter ein wichtiger Handelsplatz auf halbem Wege zwischen dem Atlantik und Timbuktu. Schon im 17. Jh. fungierte die Stadt als Hauptort des Tagant, und die gleichen Ouled Bella, die im vorigen Jahrhundert den Nachbarort Akreijit gründeten, bilden seit langem auch in Tichit eine wichtige Volksgruppe. Den größeren Bevölkerungsanteil stellen die schwarzen Massena, die bereits in vormaurischer Zeit hier lebten und auch niemals von den Arabo-Berbern unterworfen werden konnten. Tichit erlitt in den letzten beiden Jahrhunderten das gleiche Schicksal wie viele andere Wüstenstädte in Mauretanien. Durch Dürrekatastrophen, Hungersnöte, Epidemien und das allmähliche Versiegen der Brunnen nahm die Bevölkerung immer mehr ab, was die große Zahl der eingestürzten Wohnhäuser und die vielen Schuttberge in den engen,

Mauerdekor in Form von geometrischen Steinnischen an einem Wohnhaus in Tichit

steinigen Gassen anschaulich belegen. Wie in Oualata herrscht auch in Tichit eine Atmosphäre der Vergänglichkeit. Die fensterlosen, festgefügten Steinmauern wirken abweisend und düster und stehen ganz im Gegensatz zu der Gastfreundschaft der Einwohner, auf die der Fremde hier angewiesen ist – es gibt hier nämlich keine Hotels.

Die traditionelle Architektur von Tichit besticht durch Einfachheit und Ursprünglichkeit. Das Baumaterial in dieser grauen, verschachtelten Gemäuerstadt bildet ein helles, plattiges, paläozoisches Sedimentgestein, das vom Dhar stammt. Darunter findet sich auch ein grünlicher Schiefer, mit dem man die geometrischen Nischenornamente und horizontalen Mauerabsätze in den Hauswänden abgegrenzt hat. Der beliebteste Wanddekor sowohl an den Wohnhäusern wie auch an der Moschee sind Mauernischen in Form von gestuften Pyramiden. Die **Wohnhäuser** mit ihren glatten, sorgfältig ohne Mörtel errichteten Steinmauern bestehen aus mehreren Wohnzellen, die sich um einen oder zwei Lichthöfe gruppieren. Manche Höfe enthalten mit Steinen eingefaßte Hausbrunnen. Größe und Grundriß der Häuser variieren entsprechend der im jeweiligen Straßenzug vorhandenen Fläche. Von außen wirken diese steinernen Wohnburgen unbewohnt und abweisend. In das Innere gelangt der Besucher durch eine niedrige Haustür, die in einen abgewinkelten Flur führt. Dieser mündet auf den Innenhof, wo sich das Familienleben abspielt und wo kleine Holztüren die Zugänge zu den schmalen Wohnräumen bilden. Die größeren Räume werden durch einige massige Steinsäulen mit gestuften Kapitellen abgestützt. Aus dem Wohnbereich im Erdgeschoß gelangt man über steile Treppen entweder auf das flache Terrassendach oder in ein Obergeschoß, das meist den Frauen gehört.

Die **Moschee** von Tichit gehört zweifellos zu den klassischen alten Sakralbauwerken Mauretaniens. Wie der wuchtige Bergfried einer mittelalterlichen deutschen Burg überragt das zehn Meter hohe, viereckige Minarett mit seiner vorstehenden Mauerkrone die ganze Stadt (Farbabb. 10). Es wurde mehrmals nach altem Vorbild rekonstruiert. Zur Plattform auf dem Turm führt eine Treppe im Innern. Der Gebetssaal, der auf quadratischen Steinpfeilern ohne Basis und Kapitelle ruht, ist auf drei Seiten von einem Vorhof umgeben. Das Niveau des äußeren Hofes liegt über dem des Gebetsraumes, weshalb man einige Stufen in die Gebetshalle hinuntersteigen muß. An die Moschee schließen sich die Totenkapellen an, von denen eine das Grab eines berühmten islamischen Heiligen enthält.

Tichit zählt zu den allmählich sterbenden Städten in Mauretanien. Die Abwanderung ist groß, da die Lebensbedingungen der Bevölkerung immer schwieriger werden. Westlich der Stadt liegen ein paar kleine Oasengärtchen und Dattelpalmenpflanzungen, die man in altertümlicher Weise mit Schöpfbrunnen bewässert. Es ist wohl nur eine Frage der Zeit, bis die Wüste auch Tichit verschlungen hat.

Ruinenstädte im Hodh: Aoudaghost, Koumbi Saleh und Oualata

Aoudaghost – das Tor zum Norden

Zusammen mit Koumbi Saleh ist die mittelalterliche Handelsstadt Aoudaghost der derzeit größte Ausgrabungsplatz im südöstlichen Mauretanien. Arabische Schriftsteller wie El Bekri und Ibn Haukal berichteten im ausgehenden 9. und frühen 10. Jh. von einer blühenden Oase am Südrand der Sahara, gegründet von berberischen Fürsten der Lemtuna, einer Abteilung der Sanhadja, im 7. Jh. Im Laufe ihrer Geschichte soll die Stadt mehrmals zerstört und wieder aufgebaut worden sein, was sich durch die neuen Ausgrabungen des I.F.A.N.-Instituts, Dakar, bestätigte. Die kriegerischen Lemtuna-Berber, die nach (allerdings sicher zu hoch gegriffenen) Berichten von Ibn Khaldoun bis zu 100000 Kamelreiter aufstellen konnten, beherrschten bis zur Eroberung der Stadt durch die schwarzen Sarakolle die weiten sahelischen Steppen der Landschaften Tagant und Hodh. Erst um 990 gelang es dem Herrscher von Ghana, das ›Tor zum Norden‹ seinem Reich einzuverleiben. Trotz mehrmaliger Zerstörungen bestand die Oase bis ins 14. Jh. fort.

El Bekri, der subtile Chronist der Geschichte des mittelalterlichen schwarzen Sudan, gibt uns detaillierte Schilderungen vom Leben in Aoudaghost während der blühendsten Phase im 11. Jh. Demnach soll die Stadt die schönsten Dattelpalmen- und Feigenbaumgärten der gesamten Region gehabt haben, von hier sollen die größten Gurken, die fettesten Hammel und die prächtigsten Rinder gekommen sein. »Für einen Mitkal (4,722 g Gold) kann man wenigstens zehn Widder kaufen. Man findet hier viel Honig, der aus dem Land der Schwarzen kommt. Die Leute leben hier leicht und besitzen große Güter. Sein Markt ist immer lebendig. Die Menschenmenge ist so dicht, der Lärm so stark, daß man kaum hört, was der Nachbar sagt. Die Einkäufe werden mit Goldstaub bezahlt, da man hier kein Silber findet. Man trifft hier auf schöne Bauwerke und sehr elegante Häuser. Die Bevölkerung ist in der Mehrzahl berberisch ... Man begegnet hier auch jungen Mädchen mit schönen Gesichtern und hellem Teint; sie haben geschmeidige Körper mit festen Brüsten, schlanker Taille, breiten Schultern, einem ausladenden Hinterteil und engem Geschlecht ...« (El Bekri, zitiert nach J. Ki-Zerbo: Die Geschichte Schwarz-Afrikas, 1979, S. 108).

Was die topographischen Angaben angeht, bestätigte sich El Bekris Schilderung. So berichtet er ganz der Realität entsprechend, daß die Stadt am Fuß einer Landstufe gelegen und aus Steinhäusern auf geometrischem Grundriß erbaut sei. Bis zu ihrer Eroberung und Zerstörung durch die Almoraviden im Jahr 1054/55 bildete Aoudaghost den nördlichsten Ausgangspunkt des Ghana-Reiches für den Transsaharahandel mit den südmarokkanischen Handelsplätzen Sidjilmassa und Tamelelt. Sudanische Sklaven und Gold aus Bambuk wurden gegen mittelmeerische Stoffe, Leder, Kupfer und Saharasalz getauscht.

Die seit 1960 unter der Leitung der Archäologen Desvisse und Robert durchgeführten Ausgrabungen haben mehrere Besiedlungsphasen vom frühen Mittelalter (Ende des 8.–9. Jh.) bis zum späten Mittelalter (13.–14. Jh.) bewiesen. Über die früheste mittelalterliche Stadt des 8. Jhs. können die Wissenschaftler bislang nichts Genaues sagen. Aus der ersten Phase des sogenannten ›mittleren Mittelalters‹ (9.–10. Jh.) existieren Ausgrabungen im östlichen Teil des Ruinenfeldes. Die ans Tageslicht gebrachten Häusergrundrisse ähneln maghrebinischen oder ägyptischen Häusern. Durch ein Vestibül gelangt man in einen Flur, der auf einen Innenhof führt, in dem sich die Hausbrunnen befanden. Zum Hof hin öffneten sich die Türen zu den Wohnräumen. In vielen Häusern war ein Teil des Innenhofes von einer Säulenveranda überdeckt. Die Zahl der Wohnräume betrug in dieser Phase nicht mehr als drei. Ein großes Gemeinschaftszimmer mit einem zentralen Stützpfeiler in der Mitte wurde auf jeder Seite von zwei schmalen, langen Nebenkammern flankiert. Über diesen alten Grundrissen fand man jüngere Bebauungen aus der zweiten Phase des mittleren Mittelalters (11.–12. Jh.), die im Grundriß den früheren Wohnungen ähneln. Die baulichen Reste aus dem späten Mittelalter (13.–14. Jh.) sind auf einen relativ kleinen Bereich beschränkt und gleichen in ihrem Grundriß, der Art des Mauerbaus und mit den charakteristischen geometrischen Mauernischen den Wohnhäusern in anderen alten mauretanischen Städten.

Besonders sehenswert sind die ausgegrabenen Reste der ältesten bekannten **Moschee** in Mauretanien. Man erkennt noch den Gebetsraum mit seinen massiven, viereckigen Pfeilern, den Basen kleinerer Säulen und der Mirhab-Apsis im südöstlichen Teil. Der Gebetsraum war durch mehrere Portale mit dem Hof verbunden, wo sich ein zweiter Mirhab und ein Brunnen für die rituellen Waschungen befanden.

Nördlich des mittelalterlichen Ausgrabungshügels befindet sich am Rand des Felsabhangs eine **Nekropole,** erkennbar an einem riesigen, aus zusammengetragenen Felsblöcken bestehenden Tumulus. Auf dem Plateau selbst sieht der Besucher neben dem Kamelpfad eine Ansammlung von viereckigen Wällen, die in den sechziger Jahren untersucht wurden. Die Art der Bestattung läßt die Vermutung zu, daß es sich um eine nicht näher bekannte, alte animistische Volksgruppe gehandelt haben muß, die hier in der Einsamkeit der Felsen ihre Toten beerdigte.

In einer weißen Grotte, die etwa 400 m südlich des Ausgrabungshügels, im Felsabhang der Landstufe, verborgen hinter großen Felsblöcken liegt, finden sich prähistorische **Felszeichnungen,** ockergelbe und rotbraune Darstellungen von Kampf- und Jagdszenen sowie Zeichnungen von Wagen mit Zugpferden aus der altberberischen Streitwagenepoche. Die Giraffen-Darstellungen an der Decke der Höhle erinnern daran, daß vor einigen Jahrtausenden in dieser Gegend noch Savannenklima herrschte. Die arabischen Inschriften (meist blumige Liebeserklärungen) stammen dagegen aus historischer Zeit.

Etwa 10 km südlich von Aoudaghost führen Pisten am südlichen Rand der Schichtstufe entlang zu der unbewohnten Ruinenstadt **Togba.** Hier lebten bis zu Beginn dieses Jahrhunderts Angehörige der maurischen Tadjakant, die auch die heute ebenfalls verlassene Siedlung Timigui zwischen Chinguetti und Ouadane gründeten. Die Bewohner Togbas stammten zu einem großen Teil aus Timigui, von wo auch zahlreiche Siedler nach Norden in die algerische Oase Tindouf abwanderten. Die kleine Ruinenstadt liegt zwischen der Landstufe und der Ebene, in der sich einst die Brunnen und Palmengärten befanden. Die Tadjakant ernährten sich von Viehzucht und Oasengärtnerei. Viele der zerfallenen Wohnhäuser weisen große Innenhöfe auf, in die man abends Schafe und Ziegen hineintrieb. Interessant sind auch die kleinen Häuser mit ihren aus gespaltenen Dattelpalmenstämmen bestehenden, lehmverkleideten Flachdächern. Einige hundert Meter weiter südlich beginnt ein ausgedehnter Friedhof mit zahlreichen beschrifteten Steinsetzungen.

Koumbi Saleh – die alte Hauptstadt des Ghana-Reiches

Im Grenzland von Mauretanien und Mali, nur rund 60 km südlich des Städtchens Timbedra in Richtung der malischen Grenze, liegt in einer leicht gewellten, von Sanddünen überwehten Ebene, in der nur kümmerliche Dornbüsche und Grasbüschel wachsen, die Ausgrabungsstätte von Koumbi Saleh. Bei diesem Ort handelt es sich nach Meinung französischer Archäologen um die einstige Hauptstadt des ältesten westafrikanischen Großreiches Ghana (4.–11. Jh.), und in der Tat zeugen die freigelegten, sorgfältig aufgeschichteten Mauern aus flachen, grauen Schieferblöcken von einer urbanen Kultur, wie man sie heute in dieser Gegend vergeblich sucht.

Aufgrund der detaillierten Berichte des arabischen Historikers El Bekri und mit Hilfe der Einheimischen konnte der erste Forscher, Bonnel de Mézières, im Jahr 1914 die Tumuli und Ruinenhügel einer längst zerstörten und verlassenen Siedlung finden, welche die ansässigen Sarakolle heute noch ›Ghana‹ nennen. Entsprechend dem Reichtum und der politischen Macht seiner Herrscher wird Ghana von El Bekri als eine große Stadt, bestehend aus zwei unterschiedlichen Wohnvierteln, geschildert. Der Stadtteil in der Ebene wurde von arabisch-berberischen Kaufleuten und den islamischen Gelehrten bewohnt, während einige Meilen davon entfernt, umgeben von heiligen Wäldern, der königliche Stadtteil El Gharba (›der Wald‹) lag, in dem die Animisten lebten. Hier befanden sich der von einer hohen Mauer abgeschlossene Palast des Herrschers, sein Hofstaat mit den Fetischpriestern, die heiligen Schlangen und die Staatsgefängnisse. Beide Stadtteile verband eine prachtvolle Akazienallee, an der massive Wohnhäuser in

Steinbauweise standen. Der Königspalast und auch manche Häuser besaßen Glasfenster und waren mit Wandgemälden und Reliefs verziert. Über das prunkvolle Zeremoniell am Hofe und den offen zur Schau gestellten Goldreichtum des Ghana-Herrschers wurde bereits im allgemeinen historischen Teil berichtet (vgl. S. 72f.).

Heute kann sich der Besucher nur noch wenig von Reichtum und Pracht der alten Hauptstadt vorstellen, wenngleich die Ausgrabungen, die von Thomassey und Mauny seit 1949 weitergeführt wurden, den Eindruck einer großen mittelalterlichen Kapitale vermitteln, die in ihrer Blütezeit im 10. Jh. rund 30000 Einwohner zählte.

Zu sehen sind eine weitläufige Nekropole und die Reste der alten Hauptstadt. Die von Timbedra kommende Piste führt zunächst an der alten **Nekropole** vorbei, einigen Grabhügeln, die ursprünglich aus konzentrisch um das Grab errichteten quadratischen Steinmauern bestanden. Im Jahr 1914 grub hier Bonnel de Mézières eine heute leider stark zerfallene, aus verschiedenen Schiefermauern mit Grabnischen bestehende Totenkapelle aus, die letzte Ruhestätte einer adligen Familie, vielleicht sogar der Königsfamilie.

Die eigentliche **Stadt** lag am Rande einer feuchten Niederung auf einem Hügel, dem ›Tell‹, der vermutlich aus mehreren Ruinenschichten besteht. Thomassey und Mauny gruben 1949 eine Reihe von Wohnquartieren und Teile einer Moschee aus (Abb. 27). Die geraden Straßenzüge vermitteln einen guten Eindruck von der soliden Schieferplattenbauweise der Häuser, die bis zu einer Tiefe von 2–3 m freigelegt sind. In den Wänden sieht man drei- und viereckige Steinnischen ähnlich denen in Tichit, Tidjikja oder Chinguetti. Die Fußböden sind sorgfältig mit behauenen Schieferplatten ausgelegt. Steintreppen führen in die oberen Stockwerke und auf die Dächer, wo sich die Wohnräume befanden. Die Räumlichkeiten im Erdgeschoß dienten vermutlich als Geschäfte und Lagerplätze.

Im Nationalmuseum von Nouakchott sind zahlreiche andere Gegenstände des täglichen Lebens der Bevölkerung von Ghana ausgestellt (vgl. S. 192). Die Art der Objekte und auch die Bestattung der Toten, die meist nach Osten blicken, lassen die Vermutung zu, daß bis jetzt erst eine arabo-berberische Siedlung entdeckt wurde. Dies beweisen auch die in letzter Zeit ausgegrabenen Reste einer großen Moschee mit soliden Säulenfundamenten und einer schönen, halbrunden Mirhab-Gebetsapsis am Rande der nach Osten ausgerichteten Gebetshalle.

Die ›heidnische Stadt‹ El Gharba mit dem Königspalast blieb bis zum heutigen Tage unentdeckt, und es gibt manchen Forscher, der an die Existenz mehrerer Hauptstädte des Ghana-Reiches glaubt. So geben die Nekropolen und Ruinen von Koumbi Saleh dem Wissenschaftler wie dem Besucher noch manches ungelöste Rätsel auf.

Wandmalereien in der sterbenden Stadt Oualata

Oualata, im äußersten Südosten des Landes am Fuß der Landstufe Dhar Oualata gelegen, gehört zu den interessantesten alten Städten im mauretanischen Sahel. Das im 6. Jh. zuerst von schwarzen Soninke (Sarakolle) besiedelte Dorf wuchs seit dem Ende des 11. Jhs. unter dem Namen ›Biru‹ bzw. ›Bitou‹ zu einem wichtigen Karawanenstützpunkt zwischen dem schwarzen Sudan und den Kulturzentren des islamischen Maghreb heran. In dieser Zeit kamen zahlreiche Zuwanderer, vor allem Kaufleute und Gelehrte, die sich vor den Übergriffen und Repressionen des Sosso-Königs, des Nachfolgers des alten Ghana-Herrschers aus der ehemaligen Hauptstadt Ghana (Koumbi Saleh), hierher flüchteten. In dem darauffolgenden Großreich Mali war Oualata die nördlichste Zollstation für den Transahara-Karawanenverkehr. Über neun Jahrhunderte blieb die Stadt nicht nur eine Metropole des Handels, sondern auch eine Bastion islamischer Gelehrsamkeit. Noch im vorigen Jahrhundert bestand hier eine der wichtigsten islamischen Hochschulen des saharischen Raumes, und bis heute genießt Oualata den Ruf eines großen geistigen Zentrums des Islam, wenngleich die einst reich ausgestattete Bibliothek allmählich zerfällt.

Oualata ist heute eine sterbende Stadt. Die eng aneinander gebauten, ein- bis zweistöckigen Steinhäuser mit ihrem rotbraunen Lehmverputz zerfallen zu bizarren Ruinen. Der Besucher klettert in den schmalen, gewundenen Gassen über Berge von Steinschutt und angewehtem Wüstensand; er blickt in die zerfallenden Wohnräume mit ihren verblichenen geometrischen Wandverzierungen aus farbigem Ton, mit ihren Nischen und Treppen; er sieht den Zerfall und Untergang einer Bürgerkultur wohlhabender maurischer Familien, die entweder abgewandert oder ausgestorben sind. Der Niedergang der Stadt begann früh und vollzog sich in Etappen. Bereits während der Zeit der Songhay-Herrscher ging die wirtschaftliche Bedeutung Oualatas zugunsten der von Timbuktu zurück, das nun den transsaharischen Salzhandel von Taoudeni und Terhaza an sich zog. Der Rückgang der Kamelkarawanen und das fast vollständige Versiegen der lebenswichtigen Brunnen führten zu einer immer stärkeren Abwanderung der Bürger in das neugegründete Städtchen Nema. Diese Entwicklung verstärkte sich während der Kolonialzeit, als der Handel nicht mehr von Süden nach Norden verlief, sondern sich auf die Metropolen an der Küste (Dakar, Abidjan) und die neu gegründeten Binnenzentren (Bamako, Kayes, Mopti) im Sudan orientierte.

Trotzdem haben die wenigen in Oualata verbliebenen Familien, die heute unterhalb der Ruinenstadt in der Ebene wohnen, eine alte Kunsttradition bewahrt, die an Sitten im Vorderen Orient und Marokko erinnert. Sie lassen die Außenfassaden, Türeinrahmungen, Fensternischen und Innenräume ihrer Lehmkastenhäuser mit symbolträchtigen Ornamenten und Motiven bemalen (Farbabb. 11), und zwar gemäß einer alten Überlieferung ausschließlich von den sozial verachteten, dunkelhäutigen Töpferinnen, deren Soninke-Vorfahren aus den südlich angrenzenden Gebieten des Sudan stammten. Wie überall in Mauretanien basiert nämlich die Gesellschaftsordnung der Oualatin auf einer starken Betonung der Kasten. Die Elite bildet die hellhäutige, arabo-berberische Schicht der Schorfa, Mehaschib, Kunta, Ouled und anderer nomadischer Stämme, von denen die schwarzen Harratin, die zum Stamm der Soninke (Sarakolle) gehören, abhängig sind.

Französische Forscher wie G. J. Duchemin und Odette du Puigaudeau sowie der Schweizer Ethnologe Jean Gabus haben sich eingehend mit der Erforschung der Techniken und des Symbolgehaltes dieser im westafrikanischen Sahel einmaligen Wandmalereien beschäftigt. Entsprechend islamischer Kunstauffassung fehlen figürliche Darstellungen bzw. treten ornamental verschlüsselt in zahlreichen Variationen bestimmter Grundmotive auf. Auf den ersten Blick wird der Besucher die Malereien etwa so sehen, wie sie der Franzose Marty in den zwanziger Jahren beschrieb: »Man sieht große Ornamente, deren Mittelpunkt ein reich verziertes griechisches

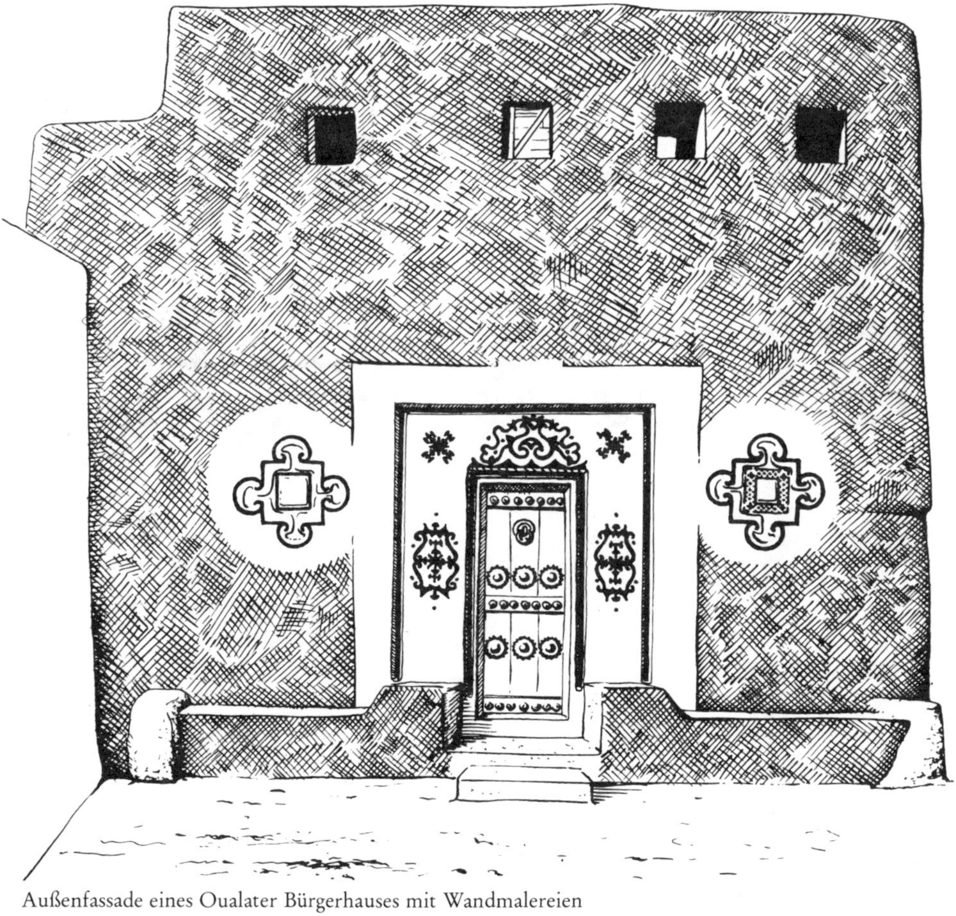

Außenfassade eines Oualater Bürgerhauses mit Wandmalereien

Kreuz bildet. Die Ecken sind mit unbestimmten Arabesken ausgemalt und stets von einer schlanken, manchmal wie ein umgekehrtes Herz gebildeten Halbkugel gekrönt, die wiederum ein Kreuz überragt. Man glaubt, ein wohlbekanntes byzantinisches Emblem wiederzufinden: das die Welt beherrschende Kreuz. Möglicherweise finden wir hier ein Überbleibsel der einstigen Christengemeinde des Hodh?«.

Nun zeigen aber die Untersuchungen von Gabus, daß den Arabesken nichts ›Unbestimmtes‹ zugrunde liegt, sondern bestimmte Formen und Symbole an Haustüren und Schlafzimmereingängen immer wieder auftreten. Kurzum, seine Befragungsergebnisse haben ergeben, daß viele Ornamente eine eindeutig sexuelle Symbolik mit dem Thema ›Frau‹ zum Inhalt haben. Als Beispiel sei hier das von J. Gabus (in ›Kunst der Wüste‹) untersuchte **Wohnhaus** vorgestellt, welches die Frauen Aja, Naim und Fathma verzierten.

Motive der Oulataer Wandmalereien: links *Lehregfat* (›Mutter der Hüften‹, umschließt das Motiv *Arudgisch* = ›kleiner Mann‹), oben von links nach rechts *Tfaila* (›Mädchen‹), *M'sulfa* (›Frau mit langen Zöpfen‹), *Arudgisch* (›kleiner Mann‹), unten von links nach rechts *M'ra kbira* (›korpulente Frau‹) und Kombination von *Arudgisch* (›kleiner Mann‹) und *Ktab* (Amulett)

Der Rahmen der Haustür (Straßenseite), die in den Innenhof des Lehmkastenhauses führt, ist wie die Türen in den Innenhöfen, die sich zu den Wohnräumen öffnen, blendendweiß getüncht. Darauf werden die braunroten Verzierungen mit den Fingern aufgemalt. Zunächst die Haustür: Links und rechts der Tür befinden sich Nischen, die ein kreuzförmiges Medaillon umrahmt, das sich wiederum aus einer Kette *(Terraha)* und vier phallusähnlichen, abstrakten Öllampenfiguren *(Muschema)* zusammensetzt. Die eigenartig stilisierten Phalli treten auch als Hohlformen und Nischen in den Wohnräumen auf. Der Türrahmen ist reliefartig ins Mauerwerk eingelassen und zeigt noch reichere rotbraune Verzierungen auf weißem Untergrund. Um die Holztür legt sich zunächst eine Kette. Den zweiten, größeren Rahmen rechts und links der Tür schmückt das Motiv ›Mutter der Hüften‹ *(Lehregfat)*. In dieses Ornament ist ein Muster mit der Bezeichnung ›der kleine Mann‹ *(Arudgisch)* hineingesetzt – vermutlich ein magisches Schwangerschaftssymbol. Dieses Motiv tritt isoliert in den oberen Ecken des Türrahmens nochmals auf. Das krönende, reiche Motiv über dem Eingang bedeutet ›Die Frau mit den langen Zöpfen‹ *(M'sulfa)* oder ›Mädchen‹ *(Tfaila)*. Die Haustür selbst ist in andalusisch-maurischem Stil mit kunstvoll geschmiedeten Kupfer- und Eisenornamenten beschlagen. Ähnliche Türverzierungen findet man auch in anderen alten Städten im Sudan, z. B. Timbuktu oder Gao (Mali). Dies weist auf die im Mittelalter engen kulturellen Austauschbeziehungen zwischen dem andalusisch-spanischen Kulturraum und dem Sudan hin. Aus dem Tarikh von Timbuḳtu (vgl. S. 79) wissen wir, daß der andalusische Dichter und Architekt Es Saheli den Herrscher von Mali, Kankan Moussa auf dem Rückweg von Mekka nach Mali begleitete und damals wahrscheinlich auch nach Oualata kam, wo er den andalusischen Geschmack verbreitet haben dürfte.

Nach dem Durchschreiten des Eingangsportals gelangt man durch eine innere Tür in den Hof. Auf diesen führen noch mehrere andere, außer mit den bereits erwähnten auch mit zahlreichen weiteren Motiven verzierte Türen von der Bibliothek, der Schlafkammer und vom Vorratsraum. Die Wohngemächer tragen noch weitaus reichere Wandmalereien als die Außenwände des Hauses. Die Muster bedecken die Wände wie Orientteppiche, und so erinnert diese Sitte an die Ausschmückung der Wohnzimmer vornehmer marokkanischer Familien in Fès, Meknes oder Marrakech.

Die Motive der Innenräume betonen in auffälliger Weise die Person der Frau und einige ihrer hervorstechenden körperlichen Merkmale. Die jeweils oberen Teile der Wandverzierung stellen abstrakte Bilder einer ›üppigen jungen Frau‹ oder einer ›Frau mit langen Zöpfen‹ dar. Die männlichen Motive, wie der immer wieder auftretende ›kleine Mann‹, treten nur als Randbegrenzungen der darüber thronenden weiblichen Symbole auf. Diese Stellung der Motive steht in enger Beziehung zur altberberischen Sozialstruktur, die deutliche matrilineale Züge aufweist. Da es die maurische Ritterlichkeit gebietet, daß der Mann in Gegenwart einer fremden Frau nur stehend spricht und direkten Blickkontakt mit ihr meidet, steht auch in der Komposition der erwähnten Wanddekorationen ›der kleine Mann‹ seitlich unterhalb der ›Frau mit den langen Zöpfen‹ bzw. des ›Mädchens‹. Ein anderes Motiv bedeutet ›korpulente Frau‹, was dem maurischen Schönheitsideal entspricht. Wie bei den Tuareg werden auch die maurischen Mädchen zu schwerfälligen, dicken Matronen herangemästet. In ihrem Leben soll sich die Frau von Adel und Würde nur wenig bewegen, sondern majestätisch sitzen oder, noch besser, mit den Armen aufgestützt liegen.

Andere Muster der Innenräume haben eine explizit magische Bedeutung, z. B. das ›Amulett‹ *(Ktab)*, das wie ein Kreuz mit gegabelten Armen aussieht und sich auch als Ornament auf Schmuckkästchen, Lederkissen und Truhenschlössern findet. Die magischen Zeichen und Symbole dürften ebenso wie die weiblichen und sexuellen Motive die Funktion haben, die Fruchtbarkeit der Frau zu beschwören. Es könnte sich bei diesen Wandzeichnungen um Reste eines vorislamischen Fruchtbarkeitskultes handeln, der in dem patrizischen Milieu orthodox islamischer Familien fortbesteht. Den Kunsthandwerkerin-

Kunstvoll geschmiedete Türverzierung (Kupfer und Eisen) in andalusisch-maurischem Stil an einer Haustür in Oualata

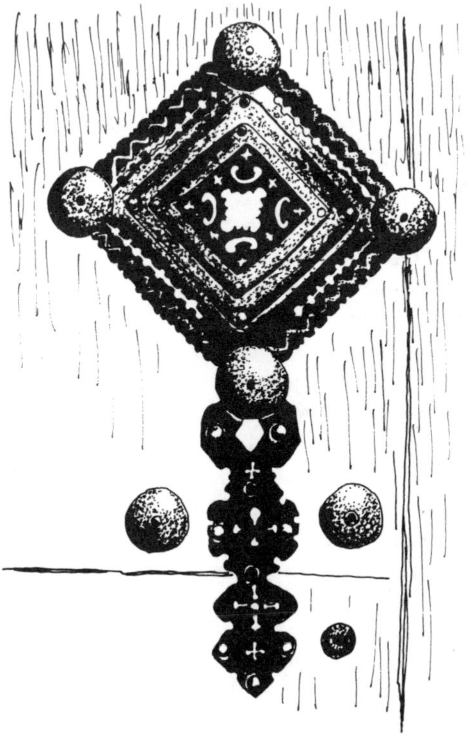

Kalebassenständer vor Wandnischen (links), phallische und herzförmige Wandnischen (rechts)

nen selbst ist eine solche Symbolik nicht bewußt, sie verwenden die Symbole einfach deshalb, weil Tradition und Gewohnheit dies verlangen.

Beachtenswert in den Wohnhäusern sind auch die eigenartigen Lampennischen, deren Formen an bestimmte Elemente der Wandmalereien erinnern. Es treten herzförmige und phallische Nischen auf. Zur Inneneinrichtung gehören auch die aus weichem Holz kunstvoll geschnitzten Kalebassenständer mit ihren Kerben, Etagen und ausladenden Haltearmen für die Gefäße.

Die **Moschee** von Oualata soll der Überlieferung nach sehr alt sein. Die weitläufige, stark vom Wüstensand überwehte Anlage umgibt eine Umfassungsmauer. Außerhalb des Gebäudes befindet sich ein riesiger Gebetsplatz, über dessen westliche Verlängerung man in die Moschee gelangt. Der niedrige innere Gebetsraum besteht aus vier parallelen, durch quadratische, schmucklose Säulen voneinander abgetrennten Schiffen. Die Säulen stützen Bogenreihen, die durch Holzkonstruktionen verstärkt sind. In der Mitte der östlichen Mauer ist ein halbkreisförmiger Mirhab (Gebetsapsis) eingelassen, einen weiteren findet man im nördlichsten Teil der selben Mauer und einen dritten im Innenhof der Moschee. Das Minarett besteht wie bei vielen anderen altmauretanischen Moscheen aus einem großen quadratischen, leicht konisch zulaufenden Steinturm, der oben mit einem doppelten Mauervorsprung und kleinen Eckbauten abschließt.

Mali

Das Land und seine Bewohner

Mali ist mit 1 240 000 km² das flächenmäßig größte der vier westafrikanischen Sahelländer. Sein Territorium umfaßt das Kerngebiet des ehemaligen französischen Kolonialbesitzes in Westafrika, der unter dem Namen ›Soudan français‹ bekannt war. Der Staat hat sich in Rückbesinnung auf das mittelalterliche Großreich Mali, das vom Atlantik bis zum Nigerknie reichte, diesen geschichtsträchtigen Namen gegeben. Auf der Landkarte gleicht Mali zwei riesigen, an ihrer Spitze zusammengesetzten Dreiecken. Die teilweise wie mit dem Lineal gezogenen Staatsgrenzen sind das Ergebnis willkürlich aufgeteilter Verwaltungseinheiten aus der Kolonialzeit. Der nördliche Teil Malis erstreckt sich zwischen 16° und 24° nördlicher Breite weit in die Sahara hinein und überschreitet sogar den Wendekreis des Krebses, im Süden reicht das Land bis an den Rand der tropischen Feuchtsavanne. Dazwischen liegen breitenkreisparallel die verschiedenen Klima- und Vegetationszonen, von der Wüste über den Sahel und die Trockensavanne bis zur feuchten Waldsavanne. Das Land stellt somit einen Übergangsraum zwischen Wüste und tropischem Regenwald dar.

Mali ist ein Binnenland; die Hauptzugänge zum Meer bilden die Bahnlinie nach Dakar im Senegal und die Asphaltstraße über Sikasso in die Elfenbeinküste. Das Land teilt mit sieben Staaten gemeinsame Grenzen, mit Algerien und Mauretanien im Norden, mit Guinea und dem Senegal im Westen, mit der Elfenbeinküste und Obervolta im Süden und dem Niger im Osten. Wie in den Nachbarländern bestimmen weite Ebenen den Landschaftscharakter, jedoch treten in verschiedenen Regionen Reste älterer Massive und Landoberflächen als Tafelberge, Kegel und steile Landstufen auf. Im Zentralteil Malis ist es die nach Süden 150 m steil abfallende Stufe des Bandiagara-Plateaus (›Falaise von Bandiagara‹), das sich mit seinen Felsabstürzen und Hochplateaus im Osten in den Gandamia-Bergen bis nach Hombori fortsetzt und zu den landschaftlich schönsten Gebieten im Sahel zählt (Abb. 45), im Westen erheben sich zwischen Kayes und Bamako die Tafelberge des Mandingo-Plateaus bis zu 800 m, und im Nordosten ragt schließlich das zerklüftete Hochplateau des Adrar der Iforas empor. Der bestimmende Landschaftstyp bleiben aber die großen Flußebenen im Binnendelta des Niger, dem wirtschaftlichen und kulturellen Kernraum des Landes. Der Niger, die Lebensader Malis, durchströmt das Land auf mehr als 1500 km in einem weiten Bogen.

Das Klima ist nördlich von Timbuktu und Gao wüstenhaft; hier treten nur sehr selten Regenfälle auf. Nach Süden zu, im Sahel und noch stärker in der Sudanzone, nehmen die sommerlichen Regenmengen von 250 mm (Gao) bis auf 1500 mm (Sikasso) zu. Der größte Teil des

Nigerlandschaft bei Segu, französische Darstellung von 1868

Landes liegt in der Sahelzone, die sich von West nach Ost durch das gesamte Territorium erstreckt. Ihre typische Vegetation besteht aus dornigen, kleinen Akazien, Sträuchern und einer kurzen Grasdecke auf den Sandböden. Die charakteristischen Bäume im südlichen Sahel von Mali sind die Dumpalme mit ihrem verzweigten Stamm und der Gaobaum (Acacia albida), dessen Blätter in der Trockenzeit wachsen. Alte Gaobäume, unter denen sich weite Hirsefelder in Hügelkultur ausbreiten, bestimmen die Kulturlandschaft der Dogon. Im Süden präsentiert sich eine größere Pflanzenvielfalt. Zu den typischen Bäumen der trockenen und feuchteren Savannen gehören der Baobab (Abb. 45), der Schibutterbaum, die Borassuspalme und der kugelförmige Mangobaum.

Die Tierwelt Malis wurde durch den Menschen stark dezimiert. In der Sahara und in den Wüstensteppen des Nordens trifft man aber noch auf Gazellen und den Strauß, in der Umgebung der großen Seen im Norden des Binnendeltas leben Elefanten, Giraffen und Büffel, und in den Flußgebieten kommen an manchen Stellen Flußpferde und Krokodile recht häufig vor. Im Nationalpark des Baoule im Westen gibt es noch Löwen und Antilopen.

Mali lebt fast gänzlich von der Landwirtschaft. Das reichste Gebiet ist das Binnendelta, aus dem die Grundnahrungsmittel Reis und Fisch kommen. Die Masse der 6,4 Millionen Einwohner Malis konzentriert sich hier und in den Savannen des Südens. Die Dogon im Sahel bauen Kolbenhirse, die Bambara, Bobo und Senufo Sorghumhirse und Fonio an. Die Erdnuß- und Baumwollproduktion spielt vor allem bei den Stämmen des Südens eine Rolle (auch im

Bewässerungsprojekt des Office du Niger werden 55 000 ha inzwischen für den Reis- und Baumwollanbau genutzt). Mali ist der größte Viehproduzent der westafrikanischen Sahelländer und exportiert Rinder, Schafe sowie Ziegen in die benachbarten Küstenstaaten Ghana und Elfenbeinküste. Da die Viehzucht allerdings noch weitgehend in traditioneller Weise, d. h. auch aus ideellen Gründen, von den Nomaden betrieben wird, bleibt sie nach europäischen Maßstäben weitgehend unproduktiv. Das zweite wichtige Exportprodukt bildet Räucher- bzw. Trockenfisch, denn die Seen und Flüsse des Nigersystems zählen zu den fischreichsten Gewässern Afrikas. Etwa 100 000 Menschen leben von der Fischerei, deren Zentrum und Vermarktungsstelle Mopti ist.

Hinsichtlich der kulturellen Vielfalt gehört Mali zweifellos zu den interessantesten Länder Afrikas. Von der Wüste bis zur Feuchtsavanne findet sich ein buntes Mosaik von Rassen, Völkern und Sprachgruppen. Im Norden des Landes, der als Teil ›Weißafrikas‹ gilt, repräsentieren Tuareg und Mauren in reiner Form das hellhäutige, saharisch-berberische Element. Die Sahara, das Hinterland von Gao und Timbuktu, aber auch die Gebiete im Nigerknie (Gourma) bilden die Heimat der ›großen‹ Kamelnomaden, die in der Regenzeit mit Zelt und Vieh in die Wüstensteppen nach Norden ziehen. In der Trockenzeit wandern sie zurück an die Ufer des Niger und in die Umgebung der Städte im nördlichen Sahel. Es leben aber nicht nur Mauren und Tuareg im Norden. Das alte sudanische Bauern- und Fischervolk der Songhay, das über Jahrhunderte hinweg Träger des größten sudanischen Reiches war, bildet bis heute mit den Ruma oder Arma, den Nachfahren der eingedrungenen marokkanischen Soldaten, das schwarze Bevölkerungselement in den Städten. Hinzu kommen die Harratin und die Iklan, Sklaven der Mauren und Tuareg, sowie die Bozo- und Somono-Fischer. Der Norden von Mali ist wie die Städte im Binnendelta stark von maurischen und nordafrikanischen Einflüssen geprägt. Der Handel und die marokkanische Invasion in den Sudan brachten maghrebinische Lebensgewohnheiten und Techniken an den Niger, die bis heute vor allem in der Architektur des Sudanstiles nachwirken.

Das Herz Malis bildet das Nigerbinnendelta, die Kontaktzone der beiden konträren Lebensweisen des Hirten- und des Bauerntums. An den Rändern und in den fruchtbaren Überschwemmungsbecken des Niger kultivieren Bambara und Marka (wie die Soninke hier genannt werden), aber auch die Sklaven und Abhängigen der Fulbe Reis und Hirse, während die Fulbe selbst sich fast ausschließlich der Viehzucht und dem Handel widmen. Der Fulbe-Rinderhirte mit dem Hirtenstock und dem wagenradgroßen Hut kann als die Symbolfigur der sahelischen Steppen von Mali gelten (Farbabb. 21, 38, Abb. 43). Hirten und Bauern leben in enger Nachbarschaft und tauschen Milch gegen Getreide. Die Viehzüchter erhalten Weiderechte auf den abgeernteten Feldern, die wiederum durch die Tiere gedüngt werden.

Im Süden und im Westen, den Landschaften am oberen Niger und im Mandingo-Bergland, leben neben den Soninke (Sarakolle) seit dem frühen Mittelalter die Mande (Malinke), die Begründer des Reiches Mali mit seinem einzigartigen, geschichteten Staatsaufbau (vgl. S. 75 ff.). Die Malinke-Kaufleute gehörten zu den frühen Verbreitern des Islam im Westsudan. Ganz im Gegensatz dazu bewahrten die traditionsbewußten Bambara, die mit ca. 1 Million Angehörigen die größte schwarze Stammesgruppe des Landes stellen, die Dogon und kleinere Stämme im Süden wie die Bobo und Senufo bis heute ihre animistischen Glaubensvorstellungen. Ihre Maskentänze stehen im Zusammenhang mit Fruchtbarkeits- und Initiationsriten. Geisterglauben und Erdherrenkult bestimmen trotz mancher moderner Einflüsse immer noch das Leben der Landbevölkerung. Auch die Bozo, das alte Fischervolk, das seit vielen Jahrhunderten an den Ufern des Niger siedelt, wurde nur sehr oberflächlich islamisiert. Weit verbreitet findet sich bei ihnen noch der Glaube an Wassergeister, die den Erfolg oder Mißerfolg des Fischfanges bestimmen.

Die ethnische und kulturelle Vielfalt im Land äußert sich in der Kleidung, in der Art der Tätowierungen, in der Haartracht und im Schmuck. Die Anhänger des Islam tragen stets ein Vollgewand, den *Boubou* mit Turban oder einem kleinen Käppchen. Die Frauen verschleiern ihr Gesicht anders als bei den Arabern grundsätzlich nicht; sie kleiden sich in weite, gemusterte Gewänder oder um den Körper geschlungene Tücher. Den Kopf bedecken sie mit einem Tuch oder Schleier. Die traditionelle Männertracht bei den altnigritischen Bauernvölkern (Senufo, Dogon, Bobo) besteht aus gelbbraun gefärbten, ärmellosen Baumwollhemden und weiten, knielangen Baumwollhosen. Die Senufo und Dogon bemalen die Stoffe mit geometrischen Mustern in der Bogolan- oder Flafani-Technik: Den Grundstoff bildet eine Pflanzenfarbe, die zur Fixierung mit eisenhaltigem Schlamm überzogen wird. Nach dem Auswaschen des Stoffes tritt die Musterung schwarz auf dem gelbbraunen Stoff hervor. Die Frauen der altnigritischen Völker lieben mit Indigo dunkelblau gefärbte Baumwollwickelröcke, die mit winzigen, hellen Batikmustern bedeckt sein können. Dazu tragen sie eine ärmellose Bluse und ein Kopftuch. Auf dem ›Marché Rose‹ in Bamako findet man eine reiche Auswahl dieser schönen Stoffe.

Narben- und Farbentätowierungen dienen nicht nur als ästhetischer Körperschmuck, sondern auch zur ethnischen Unterscheidung. Im Massina färben die Fulbe-Frauen Mundpartie, Handflächen und Fußsohlen mit einem Gemisch aus Henna, Fett und Asche blauschwarz ein. Diese altberberische Sitte ist auch bei den Tuareg verbreitet, deren Frauen häufig kleine, rötliche, sternchenförmige Muster auf Stirn und Wangen auftragen. Die Narbentätowierungen bei sudanischen Bauernvölkern kennzeichnen vor allem die verschiedenen Ethnien. Die Gesichtsnarben bestehen bei Männern aus Linien und Rillen auf Schläfen, Wangen und Stirn.

Über die Vielfalt der Haartrachten ließe sich ein eigenes Kapitel schreiben. Die Frisuren drücken ebenfalls die ethnische bzw. kastenmäßige Gruppenzugehörigkeit aus. Die wohl schönsten Haartrachten tragen die Fulbe-Frauen im Massina. Sie flechten das Haupthaar zu zahlreichen Zöpfchen, ziehen diese am Hinterkopf durch einen Kranz von Bernsteinkugeln hindurch und lassen sie als Pferdeschwanz herabhängen. In die Zöpfe knüpfen sie Bernsteinkugeln (Ambra), Korallen, Glasperlen und Silberschmuck. Dieser Kopfputz, der in der Gegend von Djenné am prächtigsten ist, wird an Markt- und Festtagen zur Schau gestellt. Im Gourma und im nördlichen Teil des Nigerbinnendelta tragen die Frauen ›Hahnenkammfrisuren‹, die früher auch bei den Altnigritiern (z. B. den Dogon) übliche Haartracht. Das Haar wird dabei zu einem Wulst auf der Kopfscheitellinie frisiert und teilweise durch künstliche Haarteile ergänzt. Die seitlich herunterhängenden Zöpfe umwickelt man mit Aluminiumringen, gestanztem Blech von Weinflaschen und Silberblech. Ähnliche Frisuren findet man im Gourma-Gebiet von Hombori bis in die Gegend von Tera und Niamey im Niger. Auch die Tuareg-Frauen lieben kunstvolle Zopffrisuren, die sie zu Kränzen und symmetrischen Wülsten aufstecken. Die Mau-

In Flafani-Technik gefärbter Stoff der Senufo (oben) und Frau mit Henna-Handbemalung (rechts)

rinnen knoten geflochtene Zöpfe über der Stirn zusammen; diese Frisur wird man jedoch nur selten zu Gesicht bekommen, da es bei den Mauren als unschicklich gilt, die Haare zu zeigen.

Mali ist auch das Land im Westsudan, dessen Goldschmiedehandwerk auf die längste Tradition verweisen kann. Beim Anblick der riesigen Ohrgehänge aus purem Gold, wie sie die wohlhabenden Fulbe-Frauen tragen (Farbabb. 32), fühlt man sich in das mittelalterliche Mali-Reich des Kankan Moussa zurückversetzt, das weit über die Grenzen hinaus für seinen Goldreichtum berühmt war. Die Fulbe-Frauen auf dem Land investieren wahre Vermögen in ihre Ohrgehänge, deren Größe Aufschluß über den persönlichen Wohlstand einer Frau gibt. Auf den Märkten im Binnendelta, besonders aber in Mopti, dem Handelszentrum des Massina, kann der Fremde den unerhörten Reichtum und die Schönheit dieses Schmucks bewundern. Leider nimmt, wie man hört, die alte Sitte in den Städten ab. Die Frauen genieren sich neuerdings, ihren Schmuck anzulegen, da dies als provinziell und bäurisch gilt, und behängen sich statt dessen mit billigem, ›modernerem‹ Filigranschmuck – meist Goldimitate, die aus den Industrieländern importiert werden. Dennoch kann man in Mopti, Djenné und anderen Kunsthandwerkszentren noch die Goldschmiede bei der Arbeit beobachten. Kleine, gedrechselte und ziselierte Goldringe werden auch gerne als Nasenringe getragen (Farbabb. 32) oder in dichten Trauben an den seitlichen Haarzöpfen befestigt. Für die ärmeren Leute gibt es ziselierte Nasenringe aus Messing. Die vornehmen Songhay-Frauen in den städtischen Zentren des Nordens wie Timbuktu und Gao lieben Ambra (Bernstein) in Form von Halsketten oder als Haarschmuck. Die leuchtend gelben Kugeln bestehen jedoch nur noch in den seltensten Fällen aus echtem Bernstein, auch hier setzt sich leider die ›Plastikkultur‹ immer mehr durch.

Besonders groß ist die Vielfalt des Schmucks bei den Tuareg in der Umgebung von Timbuktu und Gao. Hier fertigt man lederne Brustanhänger, kleine Lederbeutel *(Gris-gris)*, Armreifen und lederne Halsanhänger mit rautenförmig zugeschnittenen Straußeneierschalen (den letztgenannten Schmuck tragen vor allem die niederen Kasten). Dreieckige Brustanhänger aus Silber mit fein gepunzten, ringförmigen Mustern und Zickzacklinien gegen den ›Bösen Blick‹ gibt es überall im Tuareg-Bereich, genauso auch fein verzierte, viereckige Amulettbehälter aus Messing, Silber oder Nickel, die die vornehmen, aber auch die sozial niedrigeren Tuareg-Männer an einem feinen, blau-violetten Turbanband um den Kopf tragen. Fingerringe aus Silber mit spitzen Achaten benutzen beide Geschlechter. Zur Körperästhetik gehört bei männlichen wie weiblichen Tuareg auch die reichliche Verwendung von öligen orientalischen Parfüms. Es kann passieren, daß man zur Begrüßung von einem *Targi* (= männlicher Tuareg) mit Parfüm besprüht wird, was als überschwenglicher Freundschaftsbeweis und Willkommensgruß gilt. Das Schmuck- und Prunkbedürfnis der Tuareg zeigt sich insbesondere in der traditionellen Bewaffnung des Mannes. Die *Takuba*, das große Schwert, steckt in einer prächtig verzierten, roten Lederscheide, und die Klinge selbst ist mit magischen Motiven (Kreuze, Tiere) versehen, die früher dem Krieger Stärke und Tapferkeit verleihen sollten.

Im Süden von Mali, im altnigritischen Bereich, wirkt der Schmuck dezenter. Es überwiegen vegetabile Materialien und Kaurimuscheln. Fußspangen und Armreifen aus Bronze sowie Messingfingerringe mit mythischen Tieren (Schildkröte, Skorpion, Schlange) werden von den Bambara, Malinke und Senufo im Gelbgußverfahren hergestellt.

Auch bezüglich der Holzschnitzerei, vor allem der von Masken, gehört das Obernigergebiet zu den wichtigsten Kunstprovinzen Schwarzafrikas. Die Masken der Bambara und Dogon, aber auch die Holzplastiken der Senufo können als wahre Meisterwerke afrikanischer Kultur gelten (Abb. 53–60). Einen guten Überblick über die Holzarbeiten bietet das Nationalmuseum in Bamako (vgl. S. 274ff.), aber auch das I.F.A.N.-Museum in Dakar (vgl. S. 130f.).

Bamako – die Hauptstadt der Republik Mali

Die Hauptstadt der Republik Mali hat im Gegensatz zu vielen anderen Kapitalen in Westafrika eine landschaftlich bevorzugte Lage. Sie erstreckt sich in einer Ebene zwischen dem Nigerstrom und den steil zum Flußtal abfallenden Ausläufern der Mandingo-Berge. Bamako weist ein relativ organisch gewachsenes, kolonialzeitliches Stadtbild auf. Breite, schattige Alleen mit einer Reihe von imposanten öffentlichen Gebäuden im neoklassizistischen und neosudanischen Stil verleihen der Stadt eine besondere Atmosphäre, die durch die tropische Patina des Zerfalls noch gesteigert wird. *Bamma Kô* bedeutet in der Malinke-Sprache ›Krokodiltümpel‹. Das Krokodil stand bei vielen sudanischen Völkern als Totemtier in hoher Achtung und durfte nicht getötet werden. Als die europäischen Forschungsreisenden Mungo Park und René Caillié um die Wende vom 18. zum 19. Jh. unabhängig voneinander durch das Stammesgebiet der Malinke und Bambara reisten, war Bamako noch ein mit Palisaden umzäumtes Rundhüttendorf, dessen sieben Ein-

33 MALI Neosudanische Fassade des Marktes in der Hauptstadt Bamako
◁ 32 MALI Ein Altes Wohnhaus in Mopti erhält eine neue Lehmverkleidung
34 MALI Gewürzhändlerinnen auf dem Montagsmarkt von Djenné 35 MALI Deckenverkäufer in Djenné

36, 37 Mali Eines der ältesten Wohnhäuser (links) und Eingang zu einer Koranschule in Djenné

38 Mali Blick auf die Dächer der Altstadt von Djenné

39 Mali Koranschule in Mopti

40 Mali Markt vor der Moschee von Djenné

41 Mali Haus der Tall (Tukulor) in Bandiagara

42, 44 Mali Junge Koranschüler mit alten Schrifttafeln in Djenné (oben und rechts)

43 Mali Fulbe-Hirten aus dem Massina in typischer Tracht

45 MALI Affenbrotbäume (Baobabs) auf dem Plateau von Bandiagara

46 MALI Ginna-Haus in Ober-Ogol (Sanga, Dogon-Land)

47 Mali Blick auf das Unter-Ogol-Viertel von Sanga

49 Mali Das Dogon-Dorf Ireli in der Falaise von Bandiagara ▷

48 Mali Das Binu-Heiligtum von Ober-Ogol (Sanga)

51 Mali Typisches Dogon-Gehöft in Banani
50 Mali Alter Hirsespeicher in Ireli
52 Mali Der alte Toguna (Versammlungsplatz) von Ireli

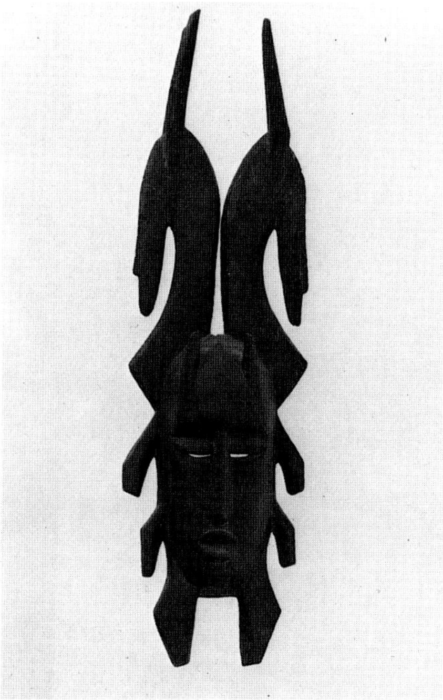

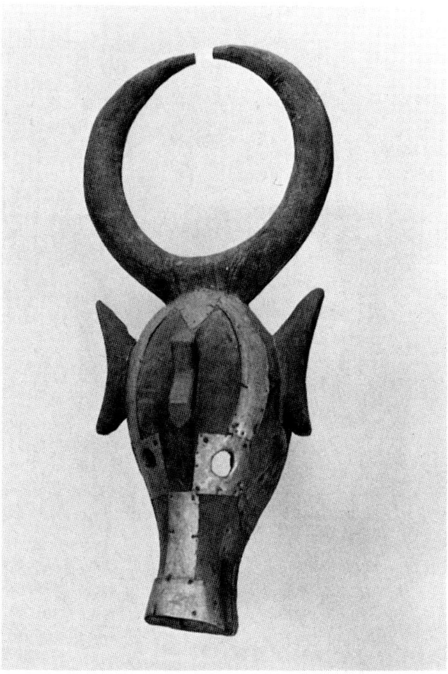

53, 54 Mali Fruchtbarkeitskult- und Rindermaske der mit den Senufo verwandten Minianka aus der Region Koutiala

55 Mali Dogon-Tänzer mit Kanaga- und Hyänenmasken

56 Mali Maske der Marka

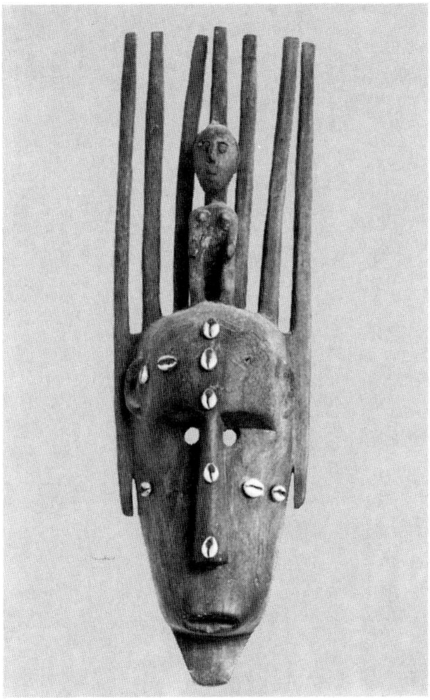

57, 58 Mali Tomo-Masken der Bambara aus der Region Segu

59 Mali Statue einer ›Königin‹ der Senufo

60 Mali Tyiwara-Antilopenmaske der Bambara

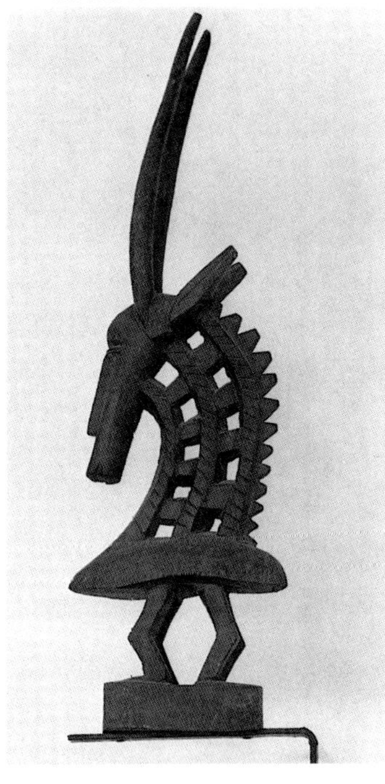

61 Mali Grabmal der Askia in Gao

gänge abends verschlossen wurden. In den vier Dorfquartieren lebten Malinke- und Bambara-Bauern, Bozo-Fischer sowie maurische Salz- und Sklavenhändler. 1883 kamen die Franzosen aus dem Senegal hierher, und bald entstand ein Handels- und Verwaltungsmittelpunkt, aus dem seit 1904 mit der Fertigstellung der Bahnlinie ›vom Atlantik zum Niger‹ rasch eine volkreiche Stadt heranwuchs. 1908 avancierte der Ort anstelle von Kayes zur Hauptstadt der Kolonie des neugeschaffenen ›Französischen Sudan‹. Nach der Unabhängigkeit der Republik Mali im Jahre 1960 behielt Bamako seine Hauptstadtfunktion bei. Die derzeitige Einwohnerzahl beläuft sich schätzungsweise auf 200 000 Menschen.

Das Zentrum von Bamako

Das Zentrum Bamakos entstand auf der linken Nigerseite am Fuß des Koulouba-Berges, auf dessen Anhöhe sich der Präsidentenpalast und die Ministerien befinden. Die Bahnlinie trennt die Stadt in zwei Teile. Im Norden erstreckt sich das administrative Viertel mit Behörden, einem Gymnasium und dem Grand Hotel, südlich der Bahn beginnt das Geschäftszentrum mit der berühmten Markthalle (›Marché Rose‹) als Mittelpunkt. An der Hauptverkehrsachse, der Avenue du Fleuve, die zur Nigerbrücke führt, liegen das hypermoderne Gebäude der Banque de Developpement du Mali (BDM) und das Büro der Fluggesellschaft Air Afrique. Zum Fluß hin präsentiert sich die Bebauung aufgelockerter. Grünflächen umgeben die größte Nobelherberge der Stadt, das vierzehnstöckige **Hotel de l'Amitié.** Das Gebäude wurde zu Beginn der siebziger Jahre mit der Absicht gebaut, den Tourismus zu fördern, nachdem man die ersten Jahre nach der Unabhängigkeit in Mali eine touristenfeindliche Politik verfolgte hatte. Der Komplex ist als touristischer, sportlicher und kultureller Mittelpunkt der Stadt gedacht; allerdings geriet die bauliche Ausführung funktional und wenig ansprechend (obwohl man versuchte, bei der Wahl des Innendekors nationale Eigenarten zu betonen). Unweit des Hotels liegt der Lumumba-Platz, von dem eine zweite Verkehrsader, die Avenue du Peuple, in nördlicher Richtung zum Platz der Republik führt. Gegenüber dem Centre National des Arts befindet sich das staatliche **Touristenbüro** der S.M.E.R.T. (Société Malienne de l'Exploitation des Ressources Touristiques), wo sich jeder Besucher einen Antrag für das Aufenthaltsvisum, einen Antrag für die Fotoerlaubnis und die offizielle Touristenkarte beschaffen muß. Mit diesen Papieren geht man zur Sureté Nationale (Polizei), die die erforderlichen Bescheinigungen ausstellt.

Schräg gegenüber vom S.M.E.R.T.-Büro liegt das **Centre National des Arts,** das nationale Kunsthandwerkerzentrum mit Handwerksateliers, wo die Meister mit ihren Gehilfen vor den Augen der Öffentlichkeit arbeiten. Beachtung verdienen vor allem die Ateliers der Lederhandwerker, die reich verzierte Taschen, Beutel, Kissen aus Krokodilleder und Pythonhaut herstellen. Die Arbeiten der Holzschnitzer dagegen orientieren sich zunehmend an einem internationalen schlechten Geschmack (Beispiele dafür findet man bereits in heimischen Kaufhäusern). Auf der Ostseite des Platzes, am Rande des Wohnviertels Bagadadji, befindet sich eine Buschtaxi-Station. Von hier aus fahren u. a. Gemeinschaftstaxis in Richtung Djenné.

Geht man von der Place de la République in westlicher Richtung, gelangt man nach wenigen Schritten ins Herz der Geschäftsstadt, zum **Marché Rose** (Abb. 33), der größten Sehenswürdigkeit in Bamako. Auf den Markt treffen sternförmig mehrere belebte Straßen. Durch die Eckportale im neosudanischen Stil mit ihren Pfeilern und Zinnen gelangt man, vorbei an überladenen Ständen mit Textilien, orientalischen Parfüms und Artikeln des täglichen Bedarfs, in das dämmrige Innere der dreieckigen Markthalle, wo sich hauptsächlich der Handel mit traditionellen handwerklichen Produkten abspielt. Der Marché Rose ist keine touristische Institution, sondern ein Markt der einheimischen Bevölkerung und deshalb von größerer Authentizität als das Handwerkerzentrum. Das Angebot an gewebten Decken, herrlichen Lederarbeiten, Schmuck, Kleinbronzen, Amuletten, Waffen, Gewändern und bemalten sowie gebatikten Stoffen wirkt überwältigend. Die bunten Webdecken aus zusammengenähten, gebänderten Baumwollstreifen kommen aus dem gesamten Obernigergebiet. Besondere Beachtung verdienen die indigoblau gefärbten und mit kleinen Batikmustern versehenen ›Pagnes‹, die Wickelröcke, wie sie die Frauen auf dem Lande (Bambara, Dogon) tragen. Aus dem Norden, den Tuareg-Provinzen, stammen Lederwaren, Metallarbeiten und Schmuck, darunter vor allem die Lederkissen mit bunten Bemalungen, Applikationen und Fransenschmuck, Dolche und Schwerter in rot-türkisgrünen, reich verzierten und gestanzten Lederscheiden sowie Schmuck aus Leder und Straußeneierschalen. Die Bewohner des Gourma bei Hombori fertigen Oberarmreifen aus Stein und die Schmiede der sudanischen Savannenbauern kleine Gelbgußfigürchen (Vögel, Hyänen, Löwen, Menschen). Die Bambara- und Malinke-Frauen lieben raffinierten Glasperlenschmuck, die Bewohner des Binnendeltas aus der Gegend von Djenné stellen Ketten aus kleinen gebrannten Tonkügelchen her. Amulette, Zaubermittel, Fetische sind ebenso begehrt wie duftende Essenzen, Weihrauch und Dufthölzer, die man in den Frauengemächern der sudanischen Lehmburgen versprüht bzw. anzündet. Im Innenhof des Marktes stapeln sich Berge von tropischen Früchten, kleine, süße Bananen neben Ananas aus der Elfenbeinküste, Mangos, Guaven, Tomaten und Riesenkürbisse aus den südlichen und westlichen Regionen. Erwähnt werden müssen schließlich auch die berühmten Töpferwaren der Bambara- und Bozo-Frauen. Man findet Tonkrüge und irdene Behälter in allen Größen und Formen. Wegen seiner Ursprünglichkeit und überquellenden Fülle erscheint der Marché Rose dem Besucher wie ein Überbleibsel aus der Blütezeit des alten Mali-Reiches.

Das Nationalmuseum von Bamako

Am Fuß des Koulouba-Berges, nördlich der Bahnlinie, liegt das Nationalmuseum (Öffnungszeiten: 8.30–12 und 14–17.30 Uhr), das eine beachtliche ethnographische Sammlung von Masken und Plastiken der sudanischen Bauernvölker beherbergt. Die prähistorische Abteilung zeigt neolithische Pfeilspitzen und Steinwerkzeuge aus der Sahara. Des weiteren sind interessante Funde aus der Zeit des Ghana-Reiches ebenso vertreten wie die kleinen **Kunstwerke der Tellem,** der Vorläufer der Dogon in der Falaise von Bandiagara. Nach Radio-Karbon-Datierungen stammen die ältesten Holzskulpturen aus dem 13. Jh. Auffällig wirken die ausdrucksvoll bewegten Stellungen der Figürchen mit ihren hochgereckten Armen oder an

Holzskulptur der Tellem (Dogon-Vorläufer)

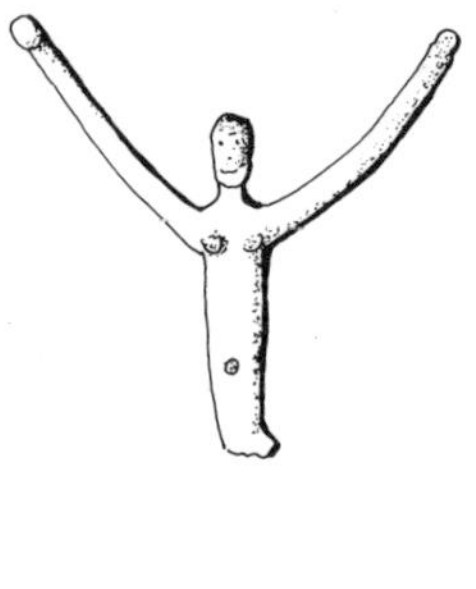

Antilopen-Maskenaufsätze der Bambara: vertikaler Segu-Typ (oben links und Mitte), horizontaler Tyiwara-Typ aus der Umgebung von Bamako (oben rechts), vom Gegenständlichen zum Abstrakten variierende Bougouni-Typen (unten von links nach rechts)

die Ohren angelegten Händen. Es kommen paarweise angeordnete Figuren, Zwitterwesen mit Bart, weiblichen Brüsten und hervorstehendem Bauchnabel vor, aber auch Tierfiguren mit offenen Mäulern, die offensichtlich als Schutzfetische für Häuser oder Felder aufgestellt wurden. Von den Tellem weiß man bis heute nur sehr wenig. Sie sollen rothäutig und von zwergenhafter Gestalt gewesen sein. Die Dogon halten die alten Figuren der Tellem bis heute vor uneingeweihten Blicken in den Felsspalten und zugemauerten Felshöhlungen, in denen auch die Toten und Masken ruhen, verborgen (vgl. S. 138).

Das Museum birgt auch eine Sammlung von **Bambara-Masken,** die unter Kunstsammlern als die schönsten westafrikanischen Kunstobjekte gelten. Wie bei allen sudanischen Bauernvölkern mit animistischer Tradition werden die Masken auch bei den Bambara von Mitgliedern der Maskengesellschaft getragen. Es gibt bei diesem Volk sechs verschiedene solcher geheimer Initiationsbünde, die sich der sozialen und spirituellen Einweihung der Jungmänner widmen. Ihre Namen lauten in altersmäßig von jung nach alt geordneter Reihenfolge: Ndomo, Komo, Nama, Kono, Tyiwara und Kore. Die Masken des Ndomo-Kinderbundes zeigen ovale Menschenköpfe, aus denen mehrere parallele Stäbe und ein Ahnenfigürchen herauswachsen.

Die Masken der anderen Gesellschaften symbolisieren teils menschliche, teils tierische Wesen (Abb. 57, 58). Zu den schönsten und wichtigsten Tiermasken gehören die des Tyiwara-Bundes (Abb. 60). Es handelt sich dabei um Maskenaufsätze in der Gestalt von stark abstrahierten Antilopenfiguren, die entweder vertikale oder horizontale Hörner tragen (die Antilope ist das Stammesemblem der Bambara und deshalb auch das Nationalemblem von Mali). Die Masken werden von Jungmännern bei agrarischen Riten getragen. Tyiwara heißt ein Geist, den der Weltenschöpfer entsandte, um die Bambara im Anbau von Hirse zu unterweisen. Der Tanz der Antilopenmasken auf den Feldern soll reiche Ernten garantieren. Man unterscheidet verschiedene regionale Stile:

Der östliche Segu-Typ zeigt einen aufrechten Antilopenkopf mit vertikalen Hörnern, der westliche Stil aus der Gegend vom Bamako horizontale, waagerecht über dem Rücken liegende Hörner. In den südlichen Landschaften um Bougouni kommt ein weiterer vertikaler Typ vor, bei dem die Antilope aufrecht und mit eingeknickten Beinen auf einem Reittier steht. Die geschwungene Mähne ist stark abstrahiert in Form von Zickzacklinien dargestellt. Die Betonung von Mähne, Hörnern und die symbolhaft verkürzte Andeutung anderer Körperteile haben den Sinn, die Aufmerksamkeit auf das Wesentliche, auf die Kraft des innewohnenden Geistes zu lenken. Die Koro-Geheimbündler (Koro ist der Wasser- oder Regengeist) tragen Krokodil-, Löwen- und Hyänenmasken, zu denen sie lange Umhänge mit Vogelfederschmuck anlegen.

Bei den Holzplastiken der Bambara verdienen die weiblichen Figuren besondere Beachtung. Sie wirken wuchtig-kantig und tragen eine eigenartige Zopfhaartracht, wie sie sich die Bambara-Frauen auf dem Lande auch heute noch flechten. Die Statuen symbolisieren den großen Fluß, der die Fruchtbarkeit bringt.

Berühmt sind auch die **Holzschnitzarbeiten und Gelbgüsse der Senufo,** eines alten, ›konservativen‹ Savannenbauernvolkes, das auch in Obervolta und in der Elfenbeinküste lebt und Hirse, Mais, Reis sowie Yamsknollen anbaut. Die Senufo gehören zu den künstlerisch produktivsten der altnigritischen Völker, und auch bei ihnen nehmen die Bodenbauriten eine zentrale Bedeutung im religiösen und sozialen Leben ein. Die Masken der Senufo stellen Tiere, aber auch Menschen dar. Das berühmteste Motiv ist der Calao- oder Nashornvogel, der die Fruchtbarkeit symbolisiert und mit ausgebreiteten Flügeln sowie langem, gebogenem, an der Brust festgewachsenem Schnabel dargestellt wird.

Den wichtigsten Geheimbund der Senufo bildet der Poro-Bund, dem erwachsene Männer angehören. Seine Statuen und Masken werden in heiligen Hainen, deren Betreten Uneingeweihten bei Todesstrafe verboten ist, aufbewahrt. Eine Maske heißt *Kagba* und zeigt einen Rinderkopf, der an der Vorderseite eines aus pflanzlichem Material hergestellten und mit Raphiafaserstoff überzogenen Gestells befestigt ist (vgl. auch Abb. 54). Diese Maske wird beim Begräbnis eines hochgestellten Mitglieds des Poro-Geheimbundes von mehreren Männern getragen. Zu den Holzarbeiten zählen weiter Statuen (Abb. 59), reich geschnitzte Holzschalen, Stühle und Zeremonialtrommeln. Messingfiguren und im Gelbgußverfahren produzierte Masken bilden einen weiteren Zweig der Senufo-Kunst, und auch Amulettfiguren und Fingerringe mit Skorpionen, Schildkröten oder anderen Tierdarstellungen kommen häufig vor. Seit einiger Zeit werden für den organisierten Souvenirhandel die kleinen, ehemals aus Holz geschnitzten Kpelie-Gesichtsmasken im Gelbgußverfahren gefertigt.

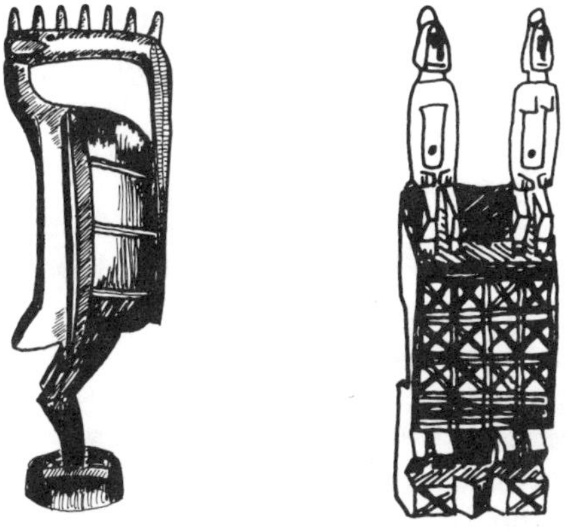

Calao-(Nashornvogel-)Skulptur der Senufo (links), mythisches Ahnenpaar der Dogon (rechts)

Als typische altnigritische Bauern, die in einem sehr schwer zugänglichen Gebiet, der Falaise von Bandiagara, leben, haben die **Dogon** eine ganz besonders hochstehende und eigenwillige **Holzschnitzkunst** hervorgebracht, die nur auf dem Hintergrund ihrer überaus reichen Mythologie und der verschiedenen Formen ihres Ahnen-, Fruchtbarkeits- und Maskenkults zu verstehen ist. Die Dogon, die bei ihren islamischen Nachbarn wie den Fulbe als *Habbe*, d. h. ›Ungläubige‹, gelten, konnten sich in ihrer Felsenwelt über Jahrhunderte vor den Missionierungswellen der Moslems schützen, und so blieben ihre Plastiken und Masken der Nachwelt erhalten.

Die Holzmasken spielen vor allem bei sozialen Festen eine Rolle, etwa bei den Begräbnisriten, wenn die Seelenkräfte des Verstorbenen mit den Masken vereint tanzen. Zu den Masken gehören Kleidungsstücke aus Stoff und gefärbten Pflanzenfasern sowie mit Kaurischnecken besetzte Gurte und Bänder. Die Masken stellen Tiere und Menschen dar. Häufige Tiermotive sind Hyäne (Abb. 55), Hase, Antilope, Büffel, Affe, Vogel und Schlange, alles Wesen, die an die engen Beziehungen erinnern, die in mythischer Zeit zwischen Menschen und Tieren bestanden. Die Menschenmasken zeigen den Priester, den Jäger, ein junges Mädchen, den Greis, den Medizinmann, einen Angehörigen eines benachbarten Stammes, das Fulbe-Mädchen oder den europäischen Forscher, Figuren, die alle eine bestimmte symbolische Bedeutung im Rahmen der Mythen haben. Zu den eindrucksvollsten Masken zählen die ›Große Maske‹ oder ›Mutter aller Masken‹, die nur alle 60 Jahre beim Sigi-Fest auftritt, und die Stockwerkhausmaske mit einem meterhohen Mast, dessen acht Abschnitte in Bezug zu den verschiedenen Stufen der Weltschöpfung stehen (Farbabb. 40, vgl. auch S. 305ff.).

Die Dogon-Kunst ist allerdings nicht nur für ihre Masken weltberühmt, sondern gleichermaßen auch wegen ihrer herausragenden Holzplastiken. Das wohl bekannteste Motiv zeigt das mythische Ahnenpaar in sitzender Haltung, die Hände auf den Schoß gelegt. Das Paar schmückte noch bis vor wenigen Jahren die Türchen der Hirsespeicher, und Reihen von sitzenden Ahnen fanden sich an Türflügeln und Fensterläden. Berühmt sind auch sitzende oder kniende Mutterfiguren mit überdimensionalen Brüsten und einem Säugling auf den Knien. Andere Figuren stellen stehende Ahnen und mythische Helden dar. Die Figuren haben bestimmte stilistische Merkmale gemeinsam. Die Gesichter zeigen klare, eckige, nur selten von Wölbungen unterbrochene Formen, Leib und Glieder sind facettiert. Der Mund und die Augen werden häufig dreieckig und das Ohr als ein halbkreisförmiger Wulst dargestellt, das Kinn bzw. der Bart tritt spitz und eckig hervor.

Von hohen künstlerischen Fertigkeiten zeugen auch die schmiedeeisernen Objekte. Stilisierte Pferde mit Reitern schmücken die Ritualgefäße, und auf den stabförmigen Kulteisen tritt der Schmied als mythischer Kulturheros auf.

Am Stadtrand von Bamako
Gegenüber vom Museum führt eine Straße zum Fußballstadion von Bamako. Nördlich dieses großen Sportzentrums liegt am Felsabhang die **›Point G‹-Grotte,** deren Wände von seltenen prähistorischen Zeichen und Malereien – Darstellungen von geometrischen, menschlichen Figuren mit ausgebreiteten Armen und Beinen – bedeckt sind. Die reichhaltigen Funde an Steinwerkzeugen kann man im Nationalmuseum besichtigen. Am Stadtrand (Route de Kati) erstrecken sich der 13 ha große **Botanische Park** und – daran anschließend – ein **Zoologischer Garten,** der einen Einblick in die heimische Pflanzen- und Tierwelt der heimischen Savannen gewährt. Die schönsten Panorama-Blicke auf die Stadt und den Niger genießt man von den Anhöhen des ›Point G‹ oberhalb der Grotte und vom **Koulouba-Plateau** aus. Auf dem Plateau stehen seit der Kolonialzeit die Regierungsgebäude im arabisch-neosudanischen Stil und der von einem Park umgebene Präsidentenpalast.

Interessant ist auch ein Rundgang durch eines der ausgedehnten **afrikanischen Wohnviertel,** die sich um die Innenstadt legen (Medina Koura, Bagadadji, Bozola, Bamako Koura, Bolibana, Oulofobougou u. a.). Hier spielt sich das Leben auf den Straßen und in den Innenhöfen der großen, verschachtelten Lehmgehöfte ab, die manche Ähnlichkeit mit ländlichen Siedlungen aufweisen. Die hiesige Bevölkerung arbeitet im Kleinhandel und im Handwerk, das aus den Abfällen der Konsumgesellschaft bewunderswerte Gebrauchsgegenstände produziert. In den genannten Vierteln findet man eine ganze Reihe von kleinen afrikanischen Restaurants, wo man für wenig Geld einfache, aber typische Gerichte bekommt.

Sehenswertes in der Umgebung von Bamako

Nur wenige Kilometer östlich der Stadt liegen die **Stromschnellen des Niger** (Chaussée de Sotuba). Der Niger durchschneidet an dieser Stelle die letzten Granitfelsriegel der Guinea-Schwelle, bevor er in das Becken des Binnendeltas strömt. Von der Place de l'Indépendance fährt man auf der Route de Sotuba durch das Viertel Bagadadji Richtung Koulikoro. Nach 8 km zweigt an einer Kreuzung nach rechts die Piste zu den Stromschnellen ab.

Koulikoro (etwa 60 km von Bamako) ist der große Flußhafen, von wo zwischen Juli und November die Flußschiffe (Passagierverkehr) Richtung Mopti und Gao verkehren. Der in dieser Jahreszeit sehr belebte Ort liegt in landschaftlich schöner Lage an den felsigen Abhängen über dem Strom. Südwestlich der Hauptstadt erstreckt sich bis zur Grenze nach Guinea die Landschaft Malel des Mittelalters, die Keimzelle des alten Mali-Reiches, das im 14. Jh. vom Atlantik bis zum Air-Gebirge reichte. Etwa 14 km von Bamako führt von der Guinea-Piste eine Abzweigung rechts zu den **Mandingo-Bergen,** einem steil nach allen Seiten hin abfallenden Bergmassiv aus paläozoischen Sandsteinen. Die Vegetation in den hiesigen Tälern ist besonders üppig, und in dem Landschaftsschutzgebiet leben verschiedene Arten von Antilopen, Affen und Kleinsäugern (Klippschliefer). An den Berghängen sieht man Löcher und Schürfstellen, wo die Malinke-Schmiede noch bis vor wenigen Jahrzehnten Eisenerz abbauten. Am Ufer des kleinen Samanko-Flusses stehen die Reste eines alten Hochofens aus Lehm.

Die Landschaft um das Dorf **Kangaba,** etwa 100 km von Bamako entfernt, gilt als die Ursprungsregion der Mande-sprechenden Völker, die heute zwischen der Casamance im Westen bis nach Guinea und Mali im Osten verstreut leben und insgesamt etwa 10 Millionen Menschen zählen. Man nimmt an, daß bei Kangaba die alte Hauptstadt des Mali-Reiches, Niani, gelegen haben muß. Probegrabungen, die man auf guineischem wie auch auf malischem Gebiet bei der Mündung des Sankarani-Flusses in den Niger durchführte, erbrachten jedoch keine eindeutigen Ergebnisse. Ein Nachweis wird dadurch erschwert, daß die historischen Stätten im Sudan, die wie die heutigen Siedlungen meist aus Lehm bestanden, im Laufe der Jahrhunderte durch die tropischen Regen und die Erosion fast völlig verschwanden.

Landschaften im Westen zwischen dem oberen Senegal und dem Niger

Eine Erkundung dieser landschaftlich schönen und unberührten Gebiete im westlichen Mali mit ihren wilden Gebirgsmassiven, undurchdringlichen Savannen und zahlreichen Flüssen erfordert viel Zeit und eine gute technische Ausrüstung (Geländefahrzeug!). Verkehrsmäßig ist der Westen des Landes kaum erschlossen. Die einzigen praktikablen Verkehrsverbindungen bilden die Eisenbahnlinie Kayes–Bamako und die Autopiste Bamako–Nioro du Sahel–Kayes. Die direkte Route von Bamako über Kita–Bafoulabé nach Kayes stellt selbst Geländefahrzeuge vor große technische Schwierigkeiten.

Relativ einfach gestaltet sich die Anfahrt von Bamako aus zu den verschiedenen Wildreservaten und zum Nationalpark des ›Boucle de Baoule‹. Der Baoule ist ein episodisch wasserführender Zufluß des Bakoy und gehört damit zum Oberlauf des Senegal-Flußsystems. Von Bamako fährt man zunächst auf der Asphaltstraße nach Norden bis Kati, einem großen Bambara-Dorf, wo noch alte Tänze und Agrarriten gefeiert werden. Ab Kati beginnt eine schlechte Piste, die parallel zur Bahnstrecke (Bamako-Kayes) zum 61 km entfernten Ort Negala führt. Von hier geht es in nördlicher Richtung weiter bis nach Guissoumale und von dort über eine Piste in westlicher Richtung zum Nationalpark und den Reservaten von Fina, Badinko und Kongassambougou.

Campements befinden sich in dem Dorf **Baoule** am Rand des Tierreservates von Fina (›Reserve de Fina‹; 136000 ha) und in der Ortschaft **Madina,** die westlich des Reservates liegt und mit Baoule durch eine Piste verbunden ist. Auf diesem Streckenabschnitt hat man bereits die Möglichkeit, Giraffen, Elen- und Pferdeantilopen, Kronenducker (Sylvicapra), Bleichböckchen (Ourebia), den Defassa-Wasserbock und die große Kuhantilope zu sehen, Tiere, die nur noch hier im Westen des Landes leben. Von Madina aus führen mehrere Pisten in den nördlich gelegenen, weitläufigen **Nationalpark ›Boucle de Baoule‹,** der eine Fläche von 330000 ha bedeckt. Am Rande und im Innern des Parks liegen zwar einige große Dörfer, dennoch präsentiert sich die hiesige Tierwelt noch in äußerst großer Vielfalt. In Gewässernähe kommen häufig Elefanten und Wasserbüffel vor, in den trockeneren Savannen verschiedene Antilopenarten. Allerdings dringen in diesen Teil des Nationalparks immer wieder maurische Wilddiebe aus dem Norden ein, die in den Reservaten ihren Fleischbedarf decken.

Von Bamako aus führt eine Piste zu dem 432 km entfernten **Nioro du Sahel** unweit der mauretanischen Grenze. Die Region Nioro spielte in der langen Geschichte des Westsudan als Durchgangsland vom Senegal zum Nigerbecken immer eine große Rolle. Im Mittelalter bestand hier ein kleines Königreich namens Diaouara, einer der Nachfolgestaaten des niedergehenden Ghana-Reiches. Die heute nicht mehr bestehende Hauptstadt Diara, nordwestlich des heutigen Nioro gelegen, war von Sarakolle, Tukulor und Angehörigen des kleinen Khassonke-Volkes bewohnt. Im späten Mittelalter bildete diese Region den Zankapfel zwischen den Tukulor vom Senegal und den Songhay von Gao, und im 16. Jh. stritten sich die Fulbe und die Marokkaner um die hiesigen Weidegründe und Kupferminen. Im vorigen Jahrhundert baute der Tukulor-Fürst El Hadji Omar Nioro zu einem Etappenstützpunkt für seine Feldzüge ins Nigerbinnendelta aus.

Nioro du Sahel ist heute ein bedeutender Marktort, wo Nomaden (Mauren, Fulbe) und Bauern (Tukulor, Khassonke) ihre Produkte austauschen, und Ausgangspunkt für den Besuch der alten Ausgrabungsstätten und historischen Stätten in Südost-Mauretanien. Von Nioro du Sahel führt eine Piste zu der 250 km entfernten Stadt **Kayes.** Es empfiehlt sich, diese Piste nur in der Trockenzeit zu benutzen. Kayes fungierte bis zum Jahr 1908 als Hauptstadt der Kolonie Ober-Senegal-Niger. Seit der Verlagerung der Administration nach Bamako verlor die Stadt an Bedeutung, geblieben sind aber ihre wichtigen Verkehrsfunktionen. Hier befinden sich der Endpunkt der Senegal-Flußschiffahrt und eine wichtige Bahnstation zwischen Dakar und Bamako mit Autoverladung.

Landschaftlich bietet die Umgebung von Kayes viel Interessantes. Der Oberlauf des Senegal durchschneidet östlich von Kayes die harten Felsriegel der Guineaschwelle und bildet zahlreiche Stromschnellen und kleinere Wasserfälle, von denen die ›Chutes de Falou‹ und die ›Chutes de Gouina‹ die berühmtesten sind. Gegenwärtig beginnt man, das Gefälle des Senegal für die Stromerzeugung zu nutzen. Die Bahnlinie folgt dem Verlauf des Senegal- bzw. des Bafing-Tales, das zu beiden Seiten von hohen Tafelbergen und Felsplateaus, die steil zu den Tälern abfallen, gesäumt wird.

Bei den Malinke-Dörfern im Westen von Mali handelt es sich um große Familienweiler. Sie bestehen aus mehreren Ringen von runden Kegeldachhütten mit palisadenartigen Umzäunungen. Gelegentlich sieht man schöne, geometrische Wandverzierungen (Malereien, Ritzungen) an den Außenwänden der Hütten. Die Dreieck- und Rautenmuster werden mit Asche und Pflanzenfarben aufgetragen. Die Stadt **Kita** (180 km von Bamako) liegt inmitten der Mandingo-Berge, der alten Heimat der Malinke (Mandingo). Hier befindet sich auch der berühmte See, aus dem Sundiata, der legendäre Gründer des Mali-Reiches, seine magischen Kräfte geschöpft haben soll. In vielen Felsnischen und Höhlungen der Berge trifft man auf kultische Ritzungen und Zeichen der alten Malinke-Priester.

Die Städte im Nigerbinnendelta: Segu, Djenné, Mopti

Segu – die alte Hauptstadt der Bambara

Zweieinhalb Autostunden von Bamako entfernt, am Südwestrand des Nigerbinnendeltas, liegt Segu (Segou), die Residenzstadt der Bambara-Könige vom 17.–19. Jh. Die ersten Bewohner der Region waren im 7. Jh. Bozo-Fischer, die aus Gebieten nördlich des Niger einwanderten. Später ließen sich hier Mande-Gruppen nieder, und im 13. Jh kamen schließlich die Bambara-Bauern. Im Dorf Segukoro, nur wenige Kilometer westlich von Segu, ist immer noch die Erinnerung an den größten Bambara-Herrscher, Biton Mamani aus dem Clan der Coulibaly, lebendig, unter dem das Segu-Reich seinen Aufstieg und Höhepunkt erlebte. Die Gründungssage von Segukoro steht in enger Beziehung zur Person Bitons, dessen Grabstätte hier seit 1755 verehrt wird. Er, der sagenumwobene Jäger, soll sich eines Tages am Niger unter einem großen Karitébaum (in der Bambara-Sprache *Si*) niedergelassen und an dieser Stelle dann das Dorf Sikoro (d. h. ›unter dem Karite-Baum‹), das spätere Segu, gegründet haben.

Biton war ein außergewöhnlicher Herrscher, der sich nicht dem Islam, sondern der animistischen Tradition verbunden fühlte. Durch eine geschickte Politik füllte er das Machtvakuum aus, das seit dem Zusammenbruch des Songhay-Reiches zwischen den rivalisierenden Bauernvölkern des Südens und den Nomaden des Nordens bestand. Vom 17. bis zum beginnenden 19. Jh. waren den Bambara-Königen von Segu fast alle Völker des Obernigergebietes tributpflichtig. Als der englische Forschungsreisende Mungo Park am Ende des 18. Jhs. nach Segu kam, zeigte er sich beeindruckt vom »Anblick dieser ansehnlichen Stadt. Die Menge von Kähnen auf dem Fluß, das Gedränge des Volkes, die Kultur der ganzen umliegenden Gegend; dies alles deutete auf einen Grad von Bildung und Wohlstand, den ich im Herzen von Afrika nicht vermutet hatte«. Mungo Park erlebte wohl den letzten Höhepunkt des Segu-Reiches unter dem damaligen Herrscher Monzon, denn Bürgerkrieg und Streitigkeiten unter den Nachfolgern Monzons bestimmten den weiteren Verlauf der Geschichte. 1861 wurde die Stadt von den Truppen des Tukulor-Herrschers El Hadji Omar erobert, der alle Einwohner zur Annahme des Islam zwang.

Bambara-Frau (französische Darstellung aus dem 19. Jh.)

Ansicht von Segu, französische Darstellung aus dem 19. Jh.

Ab 1880 gehörte Segu zur Kolonie des französischen Sudan, und eine kolonialzeitliche Atmosphäre prägt die Stadt bis heute. Im westlichen Teil reihen sich an der Durchgangsstraße unter schattigen Kapokbäumen feudale Gebäude im neosudanischen Stil mit Pfeilern, Zinnen und arabischen Spitzbögen aneinander. Besonders zu erwähnen sind das Rathaus, das Gerichtsgebäude und der Verwaltungsbau des ›Office du Niger‹, der Behörde für das in der Kolonialzeit geschaffene Bewässerungsprojekt am Niger bei Markala. 40 km flußabwärts von Segu wurde der Niger durch einen 2,6 km langen Damm aufgestaut, den ersten großen Staudamm in den wechselfeuchten Tropen Afrikas nach dem Versuchsprojekt bei Sotuba in der Nähe von Bamako. Damit wollte man erreichen, daß auch in der Trockenzeit genügend Wasser zur Bewässerung von Reisfeldern im Binnendelta zur Verfügung steht. Neuerdings wird in dem Bewässerungsgebiet um Markala auch Zuckerrohr angebaut. An das Projekt knüpft der malische Staat große Zukunftserwartungen.

In dem älteren, afrikanischen Viertel Segus dominiert das einstöckige, sudanische Rechteckhaus mit Flachdach. Der sudanische Baustil hat sich hier im Südwesten weit weniger deutlich herausgebildet als etwa in Djenné, Mopti oder Timbuktu. Charakteristisch für die aus rotem Flußlehm erbauten Kastenhäuser sind diagonal zur Hauswand angesetzte Mauerstützen, die keine durchgehende vertikale Fassadengliederung bewirken. Interesse verdienen die Lehmbänke vor den Haustüren, die Nischen und runden Fensteröffnungen sowie der verwinkelte Verlauf der Außenmauern mancher Häuser, der an die Bauernarchitektur der Volta-Völker erinnert. Segu ist ein Treffpunkt zahlreicher Volksgruppen. Zwar dominieren auf dem Montagsmarkt die Bambara, doch sieht man auch Bozo-Fischer, Fulbe-Hirten und maurische Händler aus dem Norden.

Djenné – Zentrum der sudanischen Lehmarchitektur

Eine der schönsten alten Städte im Nigerbinnendelta ist das tausendjährige Djenné, das Zentrum der mittelalterlichen sudanischen Lehmarchitektur des Obernigergebietes. Die große Moschee, die alten Bürgerpaläste und die traditionsreichen Koranschulen dokumentieren eindrucksvoll die einstige kulturelle Blüte des Mali- und Songhay-Reiches.

Djenné liegt an einem kleinen Nebenarm des Bani, der die Stadt als natürlicher Wassergraben umschließt. Während des Wasserhöchststandes in der Regenzeit zwischen August und Dezember ist Djenné eine Flußinsel. In dieser ausgezeichneten Schutzlage gründeten aus dem Westen eingewanderte Sarakolle (Soninke) um 800 eine Stadt auf den Resten einer älteren Siedlung der Bozo-Fischer. Der Ausbau Djennés erfolgte im 13. Jh. durch neu hinzugekommene Sarakolle-Flüchtlinge, die nach dem Untergang Ghanas in Richtung Niger gezogen waren. Der Name Djenné bedeutet ›das kleine Dia‹, in Erinnerung an die Stadt Dia im Osten des Ghana-Reiches, woher die Flüchtlinge stammten. Djenné blieb über lange Zeit eine Bastion des Animismus in einem immer mehr vom Islam geprägten Umland. Unter der Regierung des Sarakolle-Königs Mano versuchten die Bürger mehrmals, eine feste Mauer zu errichten, was aber immer wieder mißlang. Wie die Legende berichtet, entschloß man sich nach der Befragung verschiedener Götter schließlich, die schöne Tapama, ein Bozo-Fischermädchen, lebendig in die Befestigungen einzumauern. Bis heute wird in der Nähe des Kanafa-Tores im Südwesten der Stadt die Grabstätte Tapamas, der seitherigen Schutzpatronin Djennés, verehrt.

Im Laufe des 13. und 14. Jhs. begann die allmähliche Islamisierung der Stadt durch zugewanderte Kaufleute aus Mali und Nordafrika. Obgleich Djenné von den Mali-Königen niemals militärisch erobert werden konnte, unterstand es doch deren politischer Oberhoheit und mußte ihnen Steuern zahlen. Um 1300 trat Kanboro, der König von Djenné, zum Islam über und ließ die erste große Lehmmoschee bauen. Kanboro versuchte, möglichst viele Menschen in die Stadt zu ziehen, um die Wirtschaft durch Handel und Handwerk zu beleben. Die Sicherheit im Mali-Reich während des 14. Jhs. ermöglichte den ungestörten Handelsaustausch zwischen den Städten und Dörfern im Binnendelta. Nach der Eroberung Timbuktus durch Mali entstand eine Jahrhunderte währende enge wirtschaftliche Verflechtung zwischen Djenné und Timbuktu. Djenné versorgte die ›Zwillingsschwester‹ mit Lebensmitteln, Gold und Sklaven. Die Stadt wurde zum Sammelplatz für die Produkte aus der tropischen Waldzone und den Savannen. Hier befand sich der Endpunkt für die Karawanen aus dem Süden, die Sklaven, Kolanüsse, Elfenbein und Gold heranschleppten. In den Magazinen der Kaufleute stapelten sich große Mengen von Reis, Karitébutter, Henna, Indigo, Gewürzen, getrocknetem Fisch und Hirse. Ein berühmter Exportartikel war feines Baumwollgewebe, das man gegen europäische Waffen, Kupfer und Luxustextilien aus Nordafrika eintauschte. Djennés Kaufleute unterhielten weitreichende Handelsverbindungen bis nach Nordafrika und bis zu den Eisen- und Goldbergbauzentren in der Waldzone im Süden. Beauftragte der großen Handelsherren wickelten an entfernten Orten den Ein- und Verkauf der Waren ab und gaben Informationen über Kursschwankungen sowie Aufträge über geschlossene Geschäfte weiter. In Richtung Norden verließen die Waren Djenné auf großen Holzbooten, die eine Tragfähigkeit bis zu 30 Tonnen hatten. (Die Boote, die man heute noch auf dem Niger sieht, dürften denen des Mittelalters ähneln.) Von Timbuktu kamen auf dem Wasserweg saharisches Steinsalz aus Teghaza, Datteln aus den Touat-Oasen und nordafrikanische Luxusgüter.

1468 wurde Djenné nach siebenjähriger Belagerung von Sonni Ali dem Großen erobert und dem Songhay-Reich einverleibt. Die wirtschaftliche und geistige Blüte der Stadt setzte sich jedoch im 15. und 16. Jh. unter den Songhay-Herrschern fort; es entstanden eine solide Lehmmauer von 2,5 km Länge, zahlreiche zinnengeschmückte Paläste mit prächtigen Portalen und mehreren Etagen sowie die berühmte große Moschee von Djenné; die sudanische Lehmbauarchitektur erreichte in dieser Zeit ihren Höhepunkt.

Nach den Berichten von Es Sadi galt Djenné als Stadt des Reichtums und Wohllebens mit für ihre Gastfreundschaft berühmten Bewohnern, die Fremde als ein Geschenk Gottes betrachteten. Schwärmerisch stellt der Chronist des ›Tarikh es Sudan‹ fest, daß man zur Begrüßung des Fremden in den Häusern Weihrauch und Rosenwasser versprühe und die Gäste mit Kuskus und fettem Hammelfleisch, Datteln, Weizen und Honigkuchen verwöhne. Djenné war nicht nur einer der größten Märkte des islamischen Schwarzafrika, sondern auch eine Informationsbörse. Kaufleute und Gelehrte wußten hier die neuesten Klatschgeschichten aus Marokko, Tripolis, Kano oder dem Bornu-Reich zu erzählen. Die Bevölkerung setzte sich zu dieser Zeit aus verschiedenen Ethnien des Nigerbeckens zusammen. Die negriden Sarakolle, die unter den Mali-Herrschern zum Islam übergetreten waren, nannten sich später Marka, im 15. Jh. entstand eine Songhay-Kolonie, und in den darauffolgenden Jahrhunderten kamen Bambara, Fulbe und hellhäutige Mauren hinzu, die in eigenen Stadtvierteln lebten.

Auch nach der Eroberung des Songhay-Reiches durch die Marokkaner blieb Djenné eine wohlhabende Stadt, doch führte im 17. Jh. der Zusammenbruch des westlichen Transsaharahandels zu einem Rückgang ihrer überregionalen Bedeutung. Die große Handelsstraße verlief nun weiter im Osten, von Bornu nach Tripolis. In Djenné regierte seit dem 16. Jh. ein eigener lokaler Würdenträger, der *Were*, der von den Songhay und später auch von den marokkanischen Paschas anerkannt wurde. Als 1828 der Franzose René Caillié als erster Europäer nach Djenné kam, war er von der Betriebsamkeit und dem Reichtum der Bewohner beeindruckt. Er stellte fest, daß der Großhandel mit Reis, Hirse, Stoffen und Wachs zu dieser Zeit der Kontrolle maurischer und arabischer Händler unterlag, während die Schwarzen den Kleinhandel mit Pfeffer, Gombo, Baobabblättern, Kolanüssen und Trockenfisch in Händen hatten.

Unter der Regierungszeit von Seku Ahmadou, dem radikal islamischen Führer der Fulbe Massina, geriet die Stadt in eine tiefgreifende Krise. Ahmadou verfolgte das Ziel der Schaffung eines straff verwalteten Gottesstaates, in dem ein reiner, unverfälschter Islam das Leben der Bürger bestimmen sollte, doch die reiche, weltlich orientierte Handelsstadt am Bani widersetzte sich diesen Bestrebungen. Seku Ahmadou ließ daraufhin die Händler bespitzeln, Preise und Gewichte durch Beamte streng kontrollieren, die wohlhabenden Bürger schikanieren sowie die altehrwürdige Moschee aus der Songhay-Zeit niederreißen und durch eine geräumigere, aber

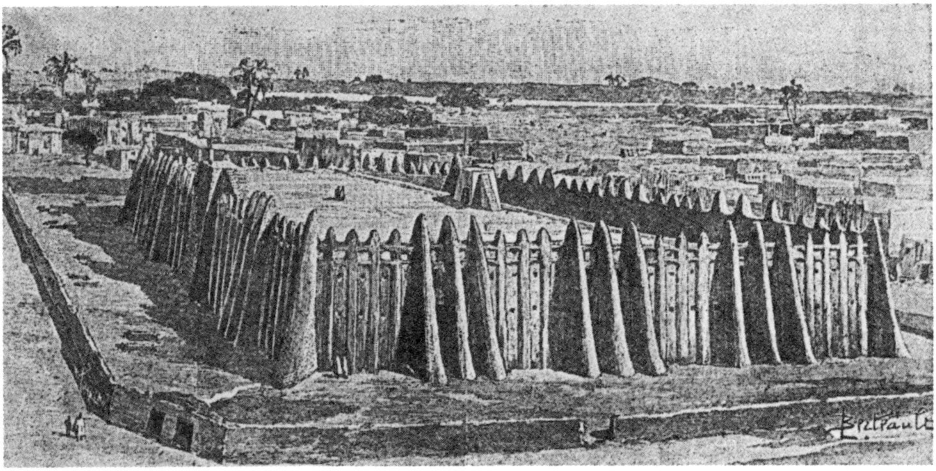

Die alte Moschee von Djenné (Darstellung von Félix Dubois, 1896)

weniger reich geschmückte ersetzen. Die kleineren Moscheen in den einzelnen Stadtteilen wurden dem Erdboden gleichgemacht, da ihnen Marabouts vorstanden, die nicht den ›reinen‹ Islam praktizierten. Zu Beginn der Kolonialzeit, im Jahre 1907, entstand an Stelle der Moschee von 1830 ein neuer Bau im traditionellen sudanischen Stil, den die Besucher heute als ein architektonisches Meisterwerk bewundern.

Die Moschee

Im Herzen der Stadt liegt die große Lehmmoschee aus dem Jahr 1907/09, die nach dem Vorbild der im 15. Jh. erbauten und im 19. Jh. auf Befehl von Seku Ahmadou abgerissenen Moschee errichtet wurde. Wenn am Montag der Markt von Menschen und Waren förmlich überquillt, gewinnt man den besten Eindruck von den gewaltigen Dimensionen dieser größten Lehmmoschee Malis, die mit ihren Spitzen und Zinnen eine grandiose Kulisse für das geschäftige Treiben auf dem großen Platz bildet (Farbabb. 28, 30, Abb. 40). Der festungsartige Rechteckbau ist an der Marktseite schätzungsweise 150 m lang und 20 m hoch. Das Gebäude liegt etwas erhöht auf einer umlaufenden, breiten Terrasse, die man von drei Seiten erreichen kann. Die Treppen werden rechts und links durch 3 m hohe, doppelte Lehmzinnen flankiert, die an die Termitenhügel der Savanne erinnern. Eine niedrige Lehmmauer grenzt den Kultbezirk vom profanen Marktplatz ab. Zu den Gebetszeiten stellt sich der Muezzin an diese Mauer, stützt sich mit der Hand auf eine Zinne und ruft die Gläubigen.

Die Fassade zum Markt ist in gleichmäßigen Abständen durch drei massive, nach vorne versetzte, sich nach oben etwas verjüngende, gestufte Minarettürme gegliedert. Aus dem mittleren, größten Minarett ragen als charakteristisches Dekorationselement der sudanischen Lehmmoscheen von oben bis unten horizontale Holzbalkenbündel (Abb. Umschlagvorderseite) heraus. Die Hölzer, ein Teil des Innengerüstes, haben die praktische Funktion von Tritthölzern für die alljährlich vor dem Beginn der Regenzeit durchgeführten Maurerarbeiten. Die äußeren, etwas kleineren Minaretts sind nur in ihrem oberen Drittel mit Hölzern verziert. Alle drei Türme enden in spitzen, von übereinandergesteckten Straußeneiern gekrönten Zinnen. Das Straußenei findet man im gesamten Sahel-Sudan als Zierat auf Moscheen und Palästen. Es hat außer einem ästhetischen auch einen magischen Wert, denn es dient als Abwehrzauber.

Das Grundprinzip der Sudanarchitektur, die Betonung der Vertikalen durch schmale, die Fassade von oben bis unten gliedernde Pfeiler, ist bei der Moschee von Djenné geradezu klassisch ausgebildet. Zwischen den Minaretten treten die Stützpfeiler in gleichen Abständen plastisch aus der Fassade hervor; Licht- und Schatteneffekte betonen diese vertikalen Linien. Die Pfeiler, die über dem Flachdach in abgerundeten Lehmzinnen enden, haben auch die Funktion, die massiven Außenmauern zu stützen.

An der Nord- und Südseite des Gebäudes befinden sich die durch die vorgezogene Fassade leicht erkennbaren Portale, die ins Innere der Moschee führen (Farbabb. 29 und Umschlagvorderseite). Die hölzerne Deckenkonstruktion des großen Gebetssaales wird von über 100 massiven, viereckigen Lehmsäulen getragen, die miteinander durch arabische Spitzbögen verbunden sind, so daß der Eindruck einer gotischen Kathedrale entsteht (Farbabb. 27). Licht fällt in den dämmrigen Raum nur durch einige wenige Fensterhöhlen und durch die verschiedenen Portale zum offenen Gebetshof. Den schönen, stillen Innenhof umgeben niedrigere Nebenbauten. Auch hier gliedern schlanke Pfeiler und hufeisenförmige Portale die Wände.

Über eine Wendeltreppe im südlichen, stumpfen Minarett gelangt man auf das riesige Flachdach des Gebäudes. In regelmäßigen Abständen sind kleine Lehmhügelchen mit einer runden Öffnung zu erkennen, die als Entlüftungslöcher für den Gebetsraum dienen. Damit kein Regenwasser eindringen kann, bedeckt man die Öffnungen mit zierlichen Tondeckelchen. Zwischen den gestuften, das Dach nur wenig überragenden Minarettspitzen und den Lehmzinnen hat der Besucher einen herrlichen Ausblick. Im Nachmittagslicht werfen die Zinnen bizarre Schatten auf den Marktplatz.

Gegenüber der Moschee liegt das zinnen- und säulchengeschmückte, rekonstruierte Portal des Gewürzmarktes. Dahinter erstreckt sich das Gewirr der Altstadtviertel.

Die alten Bürgerhäuser

Östlich des Marktplatzes erstrecken sich die ältesten Stadtviertel mit ihren engen, gewundenen Gassen, die an nordafrikanische Medinas erinnern (Abb. 38). Hier stehen die schönsten Wohnhäuser der Händler und Handwerker aus dem 16.–19. Jh. Der Straßengrundriß in den Vierteln Al Gasba (Altstadt), Sankore, Dambougaboria und Kouyetendeme hat sich im Laufe der Jahrhunderte nur wenig geändert, wohingegen in den Vierteln Youboukaina und Kanafa westlich der Moschee im Zuge der Veränderungen unter Seku Ahmadou ganze Viertel abgerissen und durch schmucklose, eingeschossige Lehmbauten ersetzt wurden. Der Marktplatz und das nördlich angrenzende administrative Viertel (Post, Polizei, Jugendhaus, Campement) bilden eine Trennungslinie zwischen diesen beiden Stadtteilen. Die ältesten Häuser im Djenné-Stil liegen in den Vierteln Sankore, Al Gasba und Kouyetendeme.

Das klassische Bürgerhaus ist ein mehrgeschossiger Bau (ein bis zwei Stockwerke) mit Flachdach und einer prächtig gestalteten Straßenfront, bei der die tragenden vertikalen Stützen als

Mittelalterlicher Wohnpalast in Djenné mit typischer Fassadengliederung

dekorative Elemente besonders hervortreten (Farbabb. 24, Abb. 36). Den Mittelpunkt der Fassade bildet die Haustür im Erdgeschoß, die bei den älteren Palästen aus dem 16./17. Jh. in einer Art Windfangnische liegt, von mächtigen, vorstehenden, vertikalen und horizontalen Stützpfeilern eingerahmt. Über der Tür setzen sich die Lehmpfeiler senkrecht nach oben fort und schließen unterhalb einer horizontal aus dem Mauerwerk herausstehenden Reihe von Holzbündeln mit einem Querbalken ab. Das so eingefaßte Feld über dem Hauseingang bietet Platz für ein Fenster, das häufig mit einem holzgeschnitzten Türchen im marokkanischen Hufeisenstil (Aijimez) verschlossen ist. Über den Holzbündeln, die auch hier die praktische Funktion von Tritthölzern für Renovierungsarbeiten an der Außenfassade haben, endet der Wanddekor in einem Fries von Säulchen und kleinen, phallusähnlichen Pilastern. Den obersten dekorativen Abschluß der Fassade bildet eine Lehmzinnenkrone, die leider in vielen Fällen starke Verwitterungserscheinungen zeigt. Die Ecken der Paläste sind mit phallusartigen Zinnen geschmückt, die der Volksmund als die ›männlichen Spitzen‹ des Hauses bezeichnet.

Bei den Bürgerhäusern aus dem 18. und 19. Jh. fehlen die Windfänge. Rechts und links von der Eingangstür gliedern vertikale Pfeiler, die unterhalb der Tritthölzer enden, die Fassade. Der Fries mit den Säulchen ist häufig durch ovale Windlöcher unterbrochen und endet oben in einer Zinnenreihe. Das Regenwasser fließt vom etwas geneigten Flachdach aus langen Tonröhren oder Holzwasserspeiern auf die Straße.

Über den Ursprung des Baustiles von Djenné gibt es zahlreiche Hypothesen. Der französische Reisende Félix Dubois nimmt ägyptische Architekturvorbilder an, die durch frühe Songhay-Emigranten aus dem Nilgebiet an den Niger gebracht wurden, der Historiker Maurice Delafosse glaubt an spanische Einflüsse aus dem Mittelalter. Dagegen vertritt Charles Monteil in seiner Monographie über Djenné (1932) die Ansicht, daß erst mit der Invasion der Marokkaner 1591 der sudanische Baustil seine charakteristische Ausprägung erfahren habe. Seine Begründung: Mit der Invasion des marokkanischen Militärs kamen im 16./17. Jh. zahlreiche erfahrene Baumeister und Handwerker in den Sudan und verbreiteten hier den nordafrikanischen Kunstgeschmack. Als sicher kann gelten, daß zahlreiche nordafrikanische Stilelemente in der Baukunst Djennés enthalten sind. Dies zeigt sich deutlich in der Gestaltung der kleinen Türchen, mit denen die Fenster verschlossen werden. Als verbreitetste Form findet sich das marokkanische Hufeisenfenster, das zusammen mit kleinen Sternchenrastern auftritt. Die Fenstertürchen sind aus Holz gesägt bzw. geschnitzt, mit feinen Ornamenten verziert und mit runden Eisennägeln beschlagen sowie manchmal rötlich, blau oder türkis gefärbt (vgl. dazu Farbabb. 25). Wie in Timbuktu und Oualata kann man auch in Djenné eisenbeschlagene Haustüren im spanisch-andalusischen Stil sehen. Die Holzbohlen tragen Beschläge aus kunstvoll ausgestanzten Metallblechen und Reihen von dicken Metallnägeln. Die Türklopfer mit Bronzescheibe und Ring kommen in gleicher Form in Nordafrika und Südspanien vor (vgl. dazu Farbabb. 26).

Im Viertel Youboukaina westlich der Moschee sollte man sich einmal eine der **Koranschulen** anschauen (Abb. 37). In diesen Häusern, die sich über das ganze Stadtgebiet verstreut finden, werden jugendliche Knaben von einem Lehrmeister im Lesen und Schreiben der heiligen Koranschriften unterwiesen (Abb. 42, 44). Sie fallen meist durch ihre traditionelle Bauausführung im typischen Stil der Stadt auf. Bei den Koranschulen von Youboukaina handelt es sich meist um ebenerdige Gebäude mit breiten, vorstehenden Stützsäulen links und rechts des Hauseingangs, die einen Windfang bilden. Ein oder zwei bullaugenartige Fensterlöcher geben dem Raum ein wenig Licht. Das Mauerwerk ist glatt mit feinem Ton verputzt, was den krummen Wänden mit ihren Pfeilern, Wülsten und Nischen weiche, abgerundete, an Bauwerke von Le Corbusier erinnernde Formen verleiht.

Der Montagsmarkt

Der Besucher sollte seinen Aufenthalt in Djenné so organisieren, daß er den im ganzen mittleren Binnendelta berühmten Montagsmarkt erleben kann (Farbabb. 30, Abb. 40). Die Stadt bildet an diesem Tag den Treffpunkt der verschiedensten Volks- und Wirtschaftsgruppen, die im und im Umkreis des Nigerbinnendeltas leben. Hierher kommen die städtischen Kaufleute, Bauern aus dem Umland und aus den Savannen südlich von Djenné (Bobo, Bambara, Marka), die Fischer vom Niger und Bani (Bozo) und nicht zuletzt die Fulbe-Rinderhirten aus dem Massina sowie die Mauren aus dem Norden zusammen. Jede Volksgruppe bringt ihre besonderen Produkte auf den Markt, um sie gegen die Spezialitäten der anderen zu tauschen. Allerdings verdrängt die Geldwirtschaft den Naturaltausch in zunehmendem Maße. Die Dogon-Frauen vom Bandiagara-Plateau, die man an ihren dunkelblauen Wickelröcken und den großen, viereckigen Strohkörben erkennen kann, verkaufen getrocknete Zwiebelkugeln, Kolbenhirse und Gewürze, die Bozo aus den Flußregionen und aus Djenné selbst bieten verschiedene Arten von Räucher- und Trockenfisch sowie schön bemalte Tongefäße an. Kalebassen in allen Größen, Berge von weißer Baumwolle und Erdnüsse sind die typischen Produkte des Südens aus der Umgebung von San und Koutiala, von wo Bobo-Frauen mit Lasttaxis anreisen. Die Bambara-Bauern der Umgebung handeln mit getrockneten Heilpflanzen, Akazienschoten, Baumrinden, Bohnen, roten Pfefferschoten, Hirse, Nere-Kugeln und *Soumbala*, einem Saucengewürz (Farbabb. 34, Abb. 34). Textilien, bunt gestreifte Webdecken, verkaufen die in ganz Westafrika aktiven Diula-Händler (Abb. 35). Aus dem Norden schließlich kommen geflochtene, gemusterte Sitzmatten aus Palmblättern, eine Spezialität der Songhay aus dem Gebiet von Niafounke. Das Salzmonopol haben die maurischen Händler aus Mopti und Timbuktu. Aber was wäre der Markt in Djenné ohne die Fulbe-Frauen aus den umliegenden Dörfern der Massina-Region! Ihre Schönheit und Grazie, die durch den reichen Kopfputz aus Silbermünzen, Korallen und Bernsteinkugeln noch unterstrichen wird, ist sprichwörtlich. Die Fulbe, die wegen ihres geschäftstüchtigen Opportunismus in allen Gegenden des Sahel eine gewisse Sonderstellung einnehmen, haben ihren Platz am Nordende des Marktes, etwas getrennt von den anderen Händlern. Dort sitzen die Fulbe-Frauen in kleinen Gruppen und verkaufen Dickmilch und Butter aus großen, gelben Kalebassen, die beim Nachhauseweg übereinandergestapelt auf dem Kopf balanciert werden (vgl. Farbabb. 33). Für die unverheirateten Fulbe-Männer, die zum Markttag in einer ›Gala-Aufmachung‹ – bestehend aus dem breitkrempigen, mit Lederstücken bespannten Hirtenhut und der schwarzen, bestickten Woll-Tunika (Abb. 43) – sowie mit Spiegelchen, Sonnenbrillen und Plastikkämmen geschmückt erscheinen, bietet dieser Tag Gelegenheit zu Brautschau, Klatsch und Vergnügen.

Hamdallaye – Wallfahrtsort der Fulbe Massina

4 km hinter dem Dorf Somadougou (30 km vor Sevaré/Mopti) zweigt eine Buschpiste nach links zur Ruinenstätte Hamdallaye ab, dem einstigen Regierungssitz des theokratischen Fulbe-Reiches unter Seku Ahmadou. Im Jahr 1810 wurde die Stadt am Rande der Überschwemmungszone des Niger an hochwassersicherer Stelle gegründet. Innerhalb weniger Jahre entstanden um einen großen Platz der Regierungspalast, eine große Moschee und zahlreiche Häuser. Hamdallaye heißt übersetzt ›Allah sei gepriesen‹. Von hier aus regierten Seku Ahmadou und seine Nachfolger für wenige Jahrzehnte ein riesiges Reich. Kämpfe mit den Bambara von Segu und den schlagkräftigen Reiterheeren der Tukulor unter El Hadji Omar erschütterten aber bald die Macht der Fulbe im Massina. 1861 eroberte El Hadji Omar die Stadt und verwandelte sie in eine Festung, von der heute noch die aus Stein gemauerte Umfassungsmauer zu sehen ist. Drei Jahre später kam es zu einem Aufstand der Fulbe, Tuareg und Kunta-Mauren von Timbuktu gegen die Unterdrücker. El Hadji mußte fliehen, doch ließ er zuvor Hamdallaye in Brand setzen und verwüsten. Nach den Erzählungen der Griots soll er in der ›Grotte von Degimbere‹ bei Bandiagara gestorben sein.

Für die Fulbe des Massina blieb Hamdallaye bis zum heutigen Tag eine Wallfahrtsstätte. Hauptziele der Pilger sind die Gräber von Seku Ahmadou und seinen Nachfolgern.

Mopti – ›Venedig des Sudan‹

Am Zusammenfluß von Niger und Bani, inmitten der baumlosen Überschwemmungsebene, liegt Mopti, eine der größten Städte und bedeutendster Flußhafen Malis, Treffpunkt der verschiedensten Volksgruppen des Niger-Binnendeltas, der Savanne und der Wüste.

Mopti ist eine junge Stadt, die ihre Existenz den politischen Ereignissen des 19. Jhs. verdankt. Sie ging hervor aus einer Marktgründung des theokratischen Fulbe-Führers Seku Ahmadou. Die ursprünglichen Bewohner der Gegend waren Bozo-Fischer, die im 18. Jh. hier noch in Schilfhütten in einem kleinen Weiler namens Isaca lebten. Die Fischer häuften in dem flachen, von Überschwemmungen jährlich heimgesuchten Landstrich künstliche Hügel aus Muschelschalen und Tonscherben auf, um darauf ihre Hütten zu errichten (die Fulbe nennen die künstlichen Inseln *Toge*). Als der Kriegsheld der aus dem Westen eingefallenen Tukulor, El Hadji

Omar, in einem Handstreich das Massina besetzte, ließ er diese Toge weiter erhöhen, Deiche konstruieren, und aus dem Bozo-Dorf Isaca entstand die Festung Mopti, errichtet gegen die Fulbe-Nomaden.

1893 besetzten die Franzosen den Ort, der dank seiner günstigen Verkehrslage nun einen raschen Aufschwung erfuhr. Angehörige verschiedener Volksgruppen (Bozo, Fulbe, Marka, Dogon, Bambara und Songhay) ließen sich hier als Handwerker, Händler und Angestellte der Europäer nieder. Die Fertigstellung der Bahnlinie Dakar – Bamako förderte das weitere Wachstum der Stadt; französische Handelsfirmen errichteten hier im volkreichen Hinterland des ›Soudan français‹ ihre Filialen, die europäische Waren vertrieben und einheimische Rohstoffe (Leder, Wolle, Straußenfedern, Reis) aufkauften. Es entstanden ein administratives Viertel, Schulen und ein Krankenhaus. Auf dem erhöhten Bani-Ufer wuchs seit der Jahrhundertwende das über eine befestigte Deichstraße mit den traditionellen afrikanischen Vierteln verbundene europäische Handelsviertel ›Le Commerce‹ mit seiner großen Markthalle, weiter nördlich reihten sich die Villen der Administratoren und Handelsherren aneinander. In der Regenzeit ragen die einzelnen Stadtteile wie Inseln aus dem teilweise überfluteten Umland, wo dann Pirogen das einzige Verkehrsmittel darstellen. In den trockenen Monaten bleiben von den Fluten nur kleine Tümpel mit brackigem Wasser zurück. Mopti ist wie alle sudanischen Siedlungen aus dem grau-rötlichen Flußton, dem ›Banco‹ erbaut, der am Rande der Stadt in riesigen Gruben abgebaut und, zu Ziegeln geformt, an der Sonne getrocknet wird.

Das Hafen- und Marktviertel

Herz der Stadt ist das von Pirogen (Stocherkähnen), Pinassen (Holzschiffen mit Sonnendach und Motor), Händlern, Lastenträgern und Kauflustigen belebte Hafenbecken am Bani, wo täglich einer der lebendigsten und interessantesten Märkte Malis stattfindet (Farbabb. 31). Jeden Tag kommen neue Boote aus Timbuktu (Kabara), Tenenkou oder Diafarabe an, andere verlassen, vollbeladen mit Waren des Südens, den Hafen Richtung Norden. Die Haupthandelsware bildet Trocken- und Räucherfisch, der am Vormittag von den Bozo-Fischern mit ihren schlanken, in altertümlicher Weise in der Mitte mit Schnüren zusammengebundenen Pirogen angelandet wird. Die Fischräuchereien befinden sich meist auf der anderen Seite des Bani, wo die Bozo in der Trockenzeit ihre einfachen Strohhütten für einen Teil des Jahres aufschlagen. Fischfang mit Netzen und Reusen gilt als Männersache; die Frauen räuchern den Fisch unter dicken Lagen von Strohmatten. Im Hafen wird der Fisch sortiert, gewogen und an die Aufkäufer veräußert, die die Ware gegen einen erhöhten Preis an Großhändler weitergeben. Auf den Kais von Mopti werden jährlich bis zu 10000 Tonnen Fisch vermarktet und für den LKW-Transport nach Obervolta und Ghana in Strohmatten verpackt. Den zweiten großen Handelsartikel stellt das Sahara-Salz dar. Kamelkarawanen, die berühmten *Azelai,* transportieren es von Taoudenni bis nach Timbuktu, von dort aus gelangt es über den Flußhafen Kabara auf Motorkähnen zum 500 km entfernten Mopti. Den Salzhandel kontrollieren die Mauren, die in Mopti ihren angestammten Platz an der Hafeneinfahrt haben. Auf den Kais lagern Stapel von glitzernden Salzplatten, die in ganz Westafrika Abnehmer finden (Farbabb. 37). Ein Teil der Platten wird noch in Mopti zersägt und ›en detail‹, in kleinen Mengen, verkauft. Fast alle Bürger der Stadt sind als Händler tätig.

Während die Männer im Großhandel (Hirse, Reis) arbeiten, haben die Frauen einen großen Teil des Kleinhandels (z.B. Gewürze) in der Hand. Aus dem Dogon-Land kommen getrocknete Zwiebelbällchen, die Bobo aus dem Süden liefern Baumwolle, Erdnüsse und Karitébutter, aus der Waldzone stammen Colanüsse (Farbabb. 36), Ananas und Bananen. Die Bella, die Sklaven der Tuareg, verkaufen Brennholz, das 30–40 km weit, aus dem Gebiet von Bandiagara, herangeschleppt werden muß. Die Songhay aus Niafounke haben sich auf den Handel mit Palmblattmatten spezialisiert, und auch die Frauen der stolzen Fulbe sind im Kleinhandel tätig. Man erkennt sie an ihren kunstvollen Frisuren mit den eingeflochtenen Silbermünzen, den riesigen Ohrgehängen und kleinen Nasenringen aus Gold. Die Fulbe-Damen tragen diesen Schmuck als Zeichen persönlichen Wohlstandes. Ablesen läßt sich der Grad des Reichtums an Größe und Gewicht des Ohrschmucks, der so schwer ist, daß er mit einem Stützbügel am Ohrläppchen befestigt werden muß (Farbabb. 32).

Nur wenige Schritte vom Hafen entfernt, im Commerce-Viertel, liegt die Markthalle, in deren Innenhof die Deckenhändler ihre Verkaufsstände unterhalten. Die gewebten Wolldecken der Fulbe, die *Kassas,* zählen zu den schönsten kunsthandwerklichen Produkten Malis. Sie sind aus weißer Schafwolle gewoben und tragen eigenartige schwarze, geometrische Rautenmuster und rotbraune Bänderverzierungen. ›Kassa‹ lautet auch der Name für das lange, ärmellose Hirtengewand der Fulbe aus schwarzer oder weißer Wolle mit feinen, bunten Wollstickereien auf dem Rückenteil. Zur Hirtentracht gehört auch der breitkrempige Strohhut mit roten Lederapplikationen.

Im Umkreis der Markthalle bieten zahlreiche Stände die typischen bunt gestreiften Baumwollwebdecken an (Farbabb. 39). Auch sie werden von den Fulbe-Webern gefertigt, denen man überall in den Gassen der Stadt bei der Arbeit zusehen kann. Alle verwenden noch den traditionellen Trittwebstuhl, der nur das Weben schmaler Streifen erlaubt. Zu erwähnen sind weiter die Schmuckhändler der Markthalle, die außer Lederschmuck und Armreifen aus Marmor auch echte alte Bernstein-Ketten (Ambra), Silberschmuck und Amulette der verschiedensten Völker verkaufen. Die prachtvollen Ohrgehänge aus Gold, wie sie die Fulbe-Frauen des Massina als Statussymbole tragen, findet man nicht auf dem Markt. Sie werden nur in Auftragsarbeit in einer der zahlreichen Goldschmiedewerkstätten hergestellt, wobei die Kundin das Gold selbst beschaffen muß.

Nur wenige Schritte vom Markt entfernt verläuft die Uferstraße am Bani. Vor der katholischen Mission St. Joseph befindet sich die Anlegestelle der großen Passagierschiffe ›Général Soumaré‹ und ›Tombouctou‹, die zwischen Juli und November bzw. Januar auf der Strecke Koulikoro (bei Bamako) – Mopti – Timbuktu – Gao verkehren. Wer in dieser Zeit die hochinteressante Nigerfahrt unternehmen will, muß sich in Bamako oder in Mopti beim Schiffahrtsbüro (an der Uferstraße) erkundigen.

Vom Bani-Ufer aus kann man sich für 25 Mali-Francs mit einer Piroge auf die andere Flußseite fahren lassen, wo die Bozo-Fischer in der Trockenzeit wohnen. Die Familien leben in einfachen Strohhütten; in unmittelbarer Nähe der Behausungen wird der Fisch geräuchert bzw. an der Sonne getrocknet. Von der Bootsanlegestelle fahren gegen Mittag und Abend zahlreiche Pirogen in die umliegenden Dörfer des Massina, die wegen ihrer schönen Lage an den Flüssen sämtlich einen Besuch lohnen.

Die Moschee von Mopti

Die traditionellen Wohnviertel

Die in der Kolonialzeit auf regelmäßigem Schachbrettgrundriß angelegten ›afrikanischen Viertel‹ Komogel, Gangal, Mossinkore, Bougoufle und Togal erreicht man über den mit Schattenbäumen bestandenen Damm, der noch zur Marktzone gehört. Schon am frühen Morgen nehmen hier die Früchteverkäuferinnen, Händler für Schaffutter und die Amuletthersteller ihre Plätze ein. Blickfang des Gebiets ist die in den dreißiger Jahren erbaute **Moschee** am Rande des Viertels Komogel, eine verkleinerte Nachbildung der großen Moschee von Djenné (Farbabb. 23). Mit dem vorgelagerten Muezzinhäuschen bildet sie zur Straße hin eine schöne architektonische Einheit im Sudanstil. Wie bei ihrem Vorbild gliedern auch hier drei mächtige, mit Holzbündeln verzierte Minarette und Pfeilerreihen die Fassade. Die Betonung der Vertikalen läßt das Gebäude höher erscheinen, als es in Wirklichkeit ist. Das obere Drittel der Moschee wurde leider bei einer der letzten Renovierungen mit einer Zementschicht überzogen, um die Haltbarkeit der Zinnen und Mauern zu erhöhen – allerdings auf Kosten des architektonischen Gesamteindrucks.

Gegenüber vom Haupteingang der Moschee (auf der Südseite) sieht man die bemerkenswerte Fassade einer **Koranschule** (Abb. 39) im Sudanstil mit ihrer schön gestalteten Türeinfassung. Wuchtige, überragende Wandstützen umrahmen die Türöffnung und bilden einen Windfang, die vertikalen Pfeiler enden in abgerundeten Lehmzinnen. Anstelle des in Djenné häufigen Säulenfrieses über dem Portal findet man in Mopti meist eine Reihe von ovalen Mauerlöchern.

In den Vierteln Komogel und Gangal überwiegen mehrstöckige Lehmhäuser mit Flachdach ohne besonderen Fassadenschmuck (Abb. 32). Der Zierat beschränkt sich auf Terrassenbrüstungen, die wegen der eigenartigen runden Öffnungen im Mauerwerk auffallen, und auf die rotbunt glasierten irdenen Abflußröhren, die das Regenwasser auf die Straße leiten. Die Wohnhäuser sind für Großfamilien konzipiert. Von der Straße betritt man durch ein kleines Vestibül den offenen Innenhof, wo sich das Familienleben abspielt. Um den Innenhof gruppieren sich die Wohngemächer der Frauen und kleineren Kinder; eine schmale Treppe führt vom Hof oder einem der Innenräume ins Obergeschoß, wo die Räume des Hausherrn und seiner erwachsenen Kinder liegen. Auf dem Dach des Hauses befindet sich zur Straßenseite hin in einem separaten, kubischen Lehmhäuschen die Toilette, deren Abwässer direkt auf die Straße geleitet werden, was erhebliche Gesundheitsprobleme in den dicht besiedelten Wohnquartieren mit sich bringt: Wegen des hohen Grundwasserspiegels sind viele Hausbrunnen durch Abwässer verseucht, und einen Wasseranschluß an das städtische Versorgungsnetz können sich nur die reicheren Familien leisten. Das schnelle Bevölkerungswachstum und die Landflucht schaffen auch viele städtebauliche Probleme. Am Rand der Lehmviertel, in der Nähe von verseuchten Tümpeln, leben die sozial verachteten Bevölkerungsgruppen wie z.B. die Bella in ihren Strohhütten. Hier ist die Seuchengefahr durch schmutziges Wasser besonders groß.

Einen ländlicheren und damit einladenderen Eindruck macht der Ortsteil **Taikiri** etwa 2 km südlich der Stadt, wo fast ausschließlich Angehörige der Fulbe Massina leben. An die Stelle der städtischen Etagenhäuser treten hier weitläufige, mit Lehmmauern umgebene Gehöftanlagen, in deren Innenhöfe man abends die Schafe und Ziegen treibt. Die schmalen, gewundenen Gassen bieten keinen Platz für lärmende Autos und Mopeds. Lastenträger mit Heu und Holz, Eseltreiber, Händler und Hausfrauen mit ihrem schönen Goldschmuck bestimmen das Straßenbild. In Taikiri leben viele Angehörige von Berufskasten der Fulbe wie Wollweber *(Maabu)*, Baumwollweber *(Malle)* und Schmiede *(Bahillo)*.

Timbuktu – legendäres Zentrum des Sahel

Von Mopti nach Timbuktu durch das Nigerbinnendelta

Zu den abenteuerlichen und schönen Strecken in Mali gehört der Abschnitt Mopti – Timbuktu (etwa 400 km), der allerdings nur in der kurzen heißen und trockenen Jahreszeit zwischen April und Juni befahrbar ist. Von Sevaré führt eine gute Piste am Rande des Bandiagara-Plateaus (vgl. S. 303) nach Kona. Der bis hierher in zahlreiche Arme aufgespaltene Niger mündet nördlich von Kona in den Debo-See, den kleinen Rest eines einst viel größeren Binnenmeeres aus dem frühen Quartär. Das fischreiche Gewässer erreicht in der Überflutungsperiode ab August eine Längevon 45 km und ist mit dem See von Korientze verbunden, der wiederum mit den großen östlichen Seen des Binnendeltas (Lac Aougoundou, Lac Ninagay, Lac Garou) zusammenhängt.

Bis **Korientze** kann man die Piste auch in der Regenzeit befahren. Der Ort ist bekannt für seinen großen Viehmarkt, den vor allem die Fulbe des Massina aufsuchen. Hinter Korientze beginnt der schwierigere Teil der Strecke, die nun quer durch die Überschwemmungszone des Niger, des Issa-Ber, wie der Fluß hier im Norden von den Tuareg genannt wird, verläuft. Drei Viertel des Jahres ist der Abschnitt Korientze-Niafounke nicht befahrbar. Das landschaftlich reizvolle Überschwemmungsgebiet mit seinen Seen und zahlreichen Wasserläufen stellt einen idealen Lebensraum für Wasservögel dar, und hier gibt es auch viele bronzezeitliche Hügelgräber (Tumuli). Entlang des Niger stehen präislamische Grabanlagen in Form von stumpfen Pyramiden, die teilweise interessante Grabbeigaben bergen. Hier wurden u. a. irdene Krüge, Kupferfigurinen und Steinschmuck gefunden, die sich heute im Museum von Bamako befinden. Etwa 17 km nordöstlich des Dorfes **Niafounke,** in dem Bozo-Fischer, Iklan und Songhay leben, trifft man auf eine weitere prähistorische Stätte, die leider in den dreißiger Jahren durch unkontrollierte Ausgrabungen teilweise zerstört wurde. Hier standen weit über 100 phallusförmige Riesenmegalithen, die vermutlich aus der gleichen Epoche stammten wie die Steinkreise im mittleren Senegal (vgl. S. 161f.). Dies beweist, daß das Binnendelta des Niger eine der Wiegen der frühen afrikanischen Zivilisationen war.

Über eine stark versandete Piste gelangt man weiter nach **Goundam,** einer Ortschaft am Rande des Tele-Sees (Unterkunft im Campement). Lohnend ist ein Abstecher nach **Diré** mit seinen Lehmbauten oberhalb des Issa-Ber. Der Tele-See steht hydrologisch mit dem 3000 km^2 großen Faguibine-See in Verbindung. Gleißend helle Sanddünen begrenzen seine Ufer, und in der Nähe des Dorfes Bintagoungou laden das blaue Wasser und der schöne Sandstrand zum Baden und Fischen ein. Kaum vorstellbar erscheint einem heute der Plan des großen Songhay-Herrschers Sonni Ali, von Ras-el-Ma am westlichen Ende dieses Sees einen künstlichen Kanal bis nach Oualata zu bauen, um einen schnelleren Truppentransport in die Grenzländer des Songhay-Reiches durchführen zu können (vgl. S. 81).

100 km stark versandete und von Weidetieren zertretene Piste trennen Goundam von der einst so berühmten Handels- und Gelehrtenmetropole Timbuktu.

Timbuktu – der ›Hafen‹ am Südrand der Sahara

Kaum eine andere afrikanische Stadt gab den Europäern seit dem ausgehenden Mittelalter Anlaß zu so vielen phantastischen Spekulationen wie Timbuktu (heutige Schreibweise: Tombouctou). Die Erzählungen arabischer Reisender machten die Stadt bereits frühzeitig in Europa bekannt, und so erwähnt schon der katalanische Atlas Karls V. von 1375 einen Ort namens ›Tenbuch‹ südlich von Teghaza zwischen ›Melli‹ (Mali) und ›Geugeu‹ (Gao). 1426 weiß der italienische Geograph Beccari von ›Tumbettu‹, einer reichen Stadt am Südrand der Sahara-Wüste, zu berichten. Anfang des 19. Jhs. erreichte der Schotte Laing als erster Europäer die sagenumwobene Stadt; er konnte jedoch nicht mehr selbst über sie berichten, denn er wurde auf dem Rückweg nach Norden das Opfer eines Mordanschlages seiner eigenen Truppe. 1828 kam ein zweiter Weißer, der Franzose René Caillié, als Araber verkleidet nach Timbuktu. Zu seiner großen Enttäuschung fand er statt goldener Paläste nur schmutzige, zerfallene Lehmhäuser und

Blick auf das legendäre Timbuktu, im Hintergrund das Minarett der berühmten Sankore-Moschee (Lithographie nach einer Zeichnung von Heinrich Barth, 1854)

Armut. 1853/54 hielt sich hier für längere Zeit der Deutsche Heinrich Barth auf. Von ihm stammen die ersten detaillierten Berichte über die Menschen, den Handel sowie den Baustil der Häuser und Moscheen von Timbuktu. Viele seiner Beobachtungen haben auch heute noch Gültigkeit.

Die Ursprünge der Stadt liegen im Dunkeln. Im 12. Jh. wird zum ersten Mal der ›Brunnen der Wächterin Buktu‹ erwähnt (*Tin* heißt in der Sprache der Tuareg ›Brunnen‹). Zu dieser Zeit diente der Ort als Lagerplatz der Tuareg-Hirten, die mit ihren Viehherden zwischen dem Niger und der Wüste hin und her wanderten. Der Aufstieg Timbuktus begann unter den Malinke (Mandingo), die gegen Ende des 13. Jhs. das Obernigergebiet unter ihre Kontrolle brachten. Bewohner der Siedlung waren damals islamische Berber des mit den Mauren verwandten Messoufa-Stammes, ihre schwarzen Sklaven und einige Songhay(Gabibi)-Händler. Kaufleute aus Djenné, der älteren Schwester von Timbuktu, hatten frühzeitig die verkehrsgünstige Position des Ortes erkannt, lag Timbuktu doch am nördlichsten Punkt des Nigerbogens, relativ nah zu den Salzbergwerken von Teghaza und zu den Kulturzentren in Nordafrika. Von Djenné kamen wichtige sudanische Produkte und Güter wie Goldstaub, Elfenbein, Leder, Colanüsse und Sklaven nach Timbuktu, von wo aus die Waren auf Kamelen nach Nordafrika transportiert wurden. Aus dem Norden brachten die Karawanen das lebenswichtige Salz, Seidenstoffe, Damast und andere orientalische Luxusgüter in den Sudan. Nach Berichten des arabischen Historikers Ibn Khaldoun schickte Ägypten jedes Jahr 12 000 Kamele ins Mali-Reich, wobei der größte Teil des Verkehrs über Timbuktu lief, den ›Hafen der Wüste‹. Auf Booten gelangten alle

Waren flußaufwärts nach Djenné, der Drehscheibe des mittelalterlichen Handels zwischen Wüste und Waldzone im Sudan.

Mit der Eroberung Timbuktus durch die Malinke strömten Angehörige verschiedener westsudanischer Volksgruppen wie Soninke, Fulbe, Tukulor und Wangara-Händler, aber auch arabische Kaufleute aus dem Norden in die Stadt. Es entstanden die ersten nach ethnischen Gesichtspunkten getrennten Stadtviertel. 1325 legte Kankan Moussa auf dem Rückweg von seiner Pilgerreise nach Mekka einen längeren Aufenthalt in Timbuktu ein, um seine Macht an diesem wichtigen Endpunkt des Transsaharaverkehrs zu festigen. Beeindruckt von der Pracht am Hofe zu Kairo veranlaßte er den Bau des Madugu, eines Palastes für seinen Statthalter, und die Vergrößerung der Djinger-ber-Moschee, die heute noch zu den eindrucksvollsten Zeugnissen aus Timbuktus Vergangenheit zählt. Baumeister der neuen städtischen Architektur im sudanischen Stil war der andalusische Dichter und Architekt Es Saheli, den Kankan Moussa nach Mali mitgebracht hatte. Auch die zweite große, noch bestehende Moschee, die Sankore im Nordosten der Stadt mit ihrem gedrungenen, pyramidenförmigen Minarett, entstand zur Regierungszeit von Kankan Moussa (später schloß man an die Sankore eine große Universität an, die zu den berühmtesten ihrer Zeit im islamischen Afrika zählte).

Seit etwa 1400, nach dem Machtverfall des Mali-Reiches, geriet Timbuktu immer mehr in die Abhängigkeit der Tuareg-Nomaden, die einen alljährlichen Tribut von der Stadt verlangten. 1468 ist ein tragisches Datum in der Geschichte der Stadt. Die Konspiration der Ulema, der religiösen Führer der Stadt, mit den Tuareg erregte das Mißtrauen von Sonni Ali, dem mächtigen Herrscher des aufstrebenden Songhay-Imperiums. Er ließ deshalb Timbuktu erobern und ein Blutbad unter den führenden klerikalen Familien anrichten. Bis zu seinem Tode im Jahr 1492 führte er seinen Kampf gegen den einflußreichen islamischen Klerus der Stadt. Zum ersten Mal tritt hier in der sudanischen Geschichte der Antagonismus zwischen der geistig führenden, ›weißafrikanisch‹-berberischen religiösen Elite und der weitgehend animistisch gebliebenen, schwarzafrikanischen politischen Führungsschicht zutage.

Trotz aller politischen Spannungen konnte Timbuktu im 15. Jh. seine Stellung im Transsaharahandel weiter ausbauen, zumal die große Rivalin Oualata nach dem Überfall durch die Mossi geschwächt war und sich viele Kaufleute aus Oualata in Timbuktu niederließen. Direkte Verbindungen bestanden über die wichtige Saline Teghaza mit dem marokkanischen Handelszentrum Sidjilmassa und über Tichit nach Ouadane, das den Handel über Idjil mit Marrakech abwickelte. Timbuktu lieferte Goldstaub und Sklaven aus dem Sudan gegen saharisches Salz. Der Goldhunger der Maghrebländer im 15. Jh., der durch die große Nachfrage seitens der portugiesischen und italienischen Kaufleute bewirkt wurde, führte zu einem ungeheuren Aufschwung des Transsaharahandels im späten Mittelalter, was in erster Linie dem Handelsplatz Timbuktu zugute kam.

Mit der Machtübernahme durch die Askia-Dynastie (1493–1592) der Songhay von Gao begann auch eine kulturelle Blütezeit Timbuktus. Im Gegensatz zu Sonni Ali unterwarfen sich die Askia-Herrscher ganz dem geistigen und religiösen Führungsanspruch der Ulema, die zu Ratgebern und Drahtziehern der Innen- und Außenpolitik avancierten. Wissenschaft und Bildung wurden gefördert, und die nun mehrfach vergrößerte Sankore-Moschee erhielt eine Universität, an der die bekanntesten Doktoren und Schriftsteller aus Fès und Kairo lehrten. Für die

Ansicht von Timbuktu nach einer Zeichnung von René Caillié aus dem Jahre 1828

Ausstattung der Hochschule scheuten die Askia-Herrscher keine Kosten. Die Gelehrten erhielten Land, Sklaven und Naturalien sowie die notwendige wissenschaftliche Literatur aus Ägypten und Marokko. In Timbuktu entstand eine große Bibliothek, in der man die fundamentalen theologischen und philosophischen Werke, u. a. auch die von Aristoteles, kopierte. Wichtige Zweige der islamischen Wissenschaft waren arabische Sprache, Rhetorik, Rechtsprechung, Exegese des Koran und Medizin. Ahmed Baba aus Araouane, einer der größten Gelehrten seiner Zeit, soll damals nicht weniger als 700 Abhandlungen über verschiedene Gebiete der Wissenschaften verfaßt haben. Seine Vorlesungen fanden tags und nachts statt; die einzigen Unterbrechungen bildeten die Gebetspausen. Die islamische Religion war die Triebkraft dieses ›sudanischen Humanismus‹. Alle Professoren hatten zugleich auch den Ruf großer Marabouts, Wissenschaft und Religion galten als Einheit. In seiner Blütezeit soll Timbuktu nicht weniger als 20000 Studenten und 180 Medresen (Koranschulen) beherbergt haben.

Mit der marokkanischen Invasion in den Sudan im Jahr 1591/92 und der folgenden Vertreibung und Verschleppung der geistigen Elite aus Timbuktu war die Glanzzeit der Stadt beendet; Timbuktu sank zu einer militärischen Etappenstation der marokkanischen Besatzungsarmee herab. Der Transsaharahandel verlagert sich nun allmählich nach Osten auf die Strecke Kanem – Bornu – Fezzan – Libyen, die Einwohnerzahl der Stadt nahm ab.

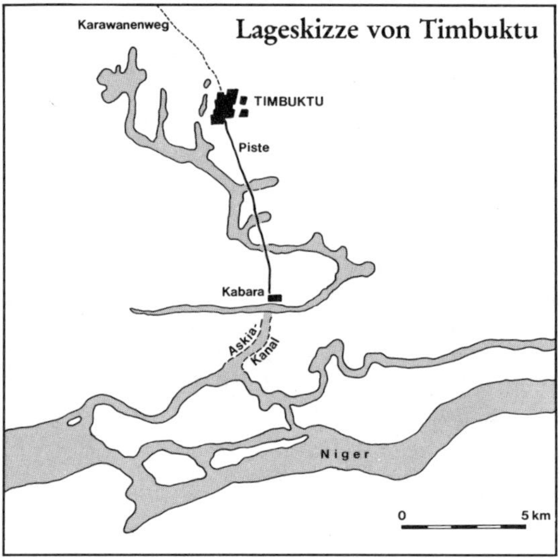

Die Moscheen

Timbuktu liegt etwa 10 km nördlich des Flußhafens **Kabara** am Südrand der Sahara. Die Stadt ist nur bei außergewöhnlich hohem Wasserstand während der Regenzeit durch einen kleinen, gewundenen Wasserlauf mit Kabara verbunden, von wo es einen künstlichen Kanal, der im 16./17. Jh. unter den marokkanischen Paschas angelegt wurde, nach Day, der Station am Niger, gibt. Zwischen dem Niger und der Stadt Timbuktu erheben sich mehrere hohe Sanddünenwälle. Die Stadt besteht aus mehreren eng bebauten Vierteln. Die größten heißen Djinger-ber, Sarakaina, Sankore und Badjinde; daneben dehnen sich im Norden und Osten der eigentlichen Lehmstadt noch Strohhüttenviertel wie Belle Ferandi und Albaradiou aus.

Am südwestlichen Stadtrand liegt die unter Kankan Moussa im 14. Jh vergrößerte und in späteren Jahrhunderten mehrfach restaurierte und umgebaute **Djinger-ber-Moschee.** Der Grundriß dieses größten Sakralbaus von Timbuktu stammt aus dem 16. Jh. Das rechteckige, zwölfschiffige Hauptgebäude mit flachem Dach mißt 80×30 m. Die massigen Lehmsäulen, die nur schmale Gänge für die Gläubigen freilassen, stützen das hölzerne, außen mit Lehm verkleidete Dachgerüst. In der nördlichen Hälfte des Gebäudes liegt ein kleiner, viereckiger Innenhof. Zwei schmale Lehmtreppen führen zum Minarett hinauf. Der gedrungene, viereckige, ganz im sudanischen Stil gehaltene Turm verjüngt sich nach oben und wird von einem durch Wind und Wetter abgerundeten Lehmpfeiler gekrönt. Wie bei allen Lehmtürmen im Ober-Niger-Gebiet ragen die hölzernen Stützen horizontal aus dem Mauerwerk heraus. Die Ecken des Gebäudes schmücken mehrere kleinere, zuckerhutförmige Lehmtürme. In die Straße vorstehende Mauerstützen unterstreichen die massive Bauweise. Die Eingänge zur Moschee befinden sich an der Süd- und Ostseite. Westlich des Gebetssaals schließen sich zwei von Mauern umgebene Höfe an. Der äußere diente im 16. Jh. als moslemischer Friedhof, auf dem vor allem Araber aus den

Touat-Oasen (heutiges Algerien) bestattet wurden. Djinger-ber lautet auch der Name des südwestlichen Stadtviertels zwischen der Moschee und dem südlichen Franzosen-Fort. Hier leben in erster Linie die Angehörigen der Gabibi-Volksgruppe (Songhay) und die Arma (Ruma), Nachfahren der Marokkaner, die sich mit den einheimischen schwarzen Volksgruppen vermischt haben.

Ansicht der Djinger-ber-Moschee von Südwesten

Östlich von Djinger-ber liegt der Stadtteil Sarakaina, wo Araber und Songhay wohnen. Den Mittelpunkt dieses Viertels bildet die **Sidi Yahia-Moschee,** das kleinste von Timbuktus Gotteshäusern. Sidi Yahia, ein als Wundertäter geltender Imam aus dem 15. Jh., fungierte lange Zeit als Schutzpatron der Stadt, und um 1440 ließen Tuareg ihm zu Ehren die Moschee erbauen. Nicht weit davon liegt das Wohnhaus, in dem der deutsche Entdeckungsreisende Heinrich Barth 1853/54 lebte (eine Inschrift über dem Hauseingang erinnert daran).

Nördlich an Sarakaina grenzt das Viertel Sankore mit der gleichnamigen großen Lehmmoschee und der mittelalterlichen Universität. Sankore ist der Stadtteil der Reichen und Vornehmen, viele Geistliche haben hier in der Nähe der Moschee ihren Wohnsitz. Arabische Händler, darunter vor allem Salzgroßhändler, leben meist im nordwestlichen Teil von Sankore, der auch Boufourey genannt wird. Hier kommen die großen Salzkarawanen, die *Azelai,* aus Taoudeni an. Die im ersten Drittel des 15. Jhs. stark vergrößerte **Sankore-Moschee** bildet den Mittelpunkt der nördlichen Stadtteile. Bei einer Renovierung im 16. Jh. erhielt sie in Anlehnung an die Kaaba von Mekka ihren quadratischen Grundriß. Am Rande der

Grundriß der Djinger-ber-Moschee (nach R. Mauny)

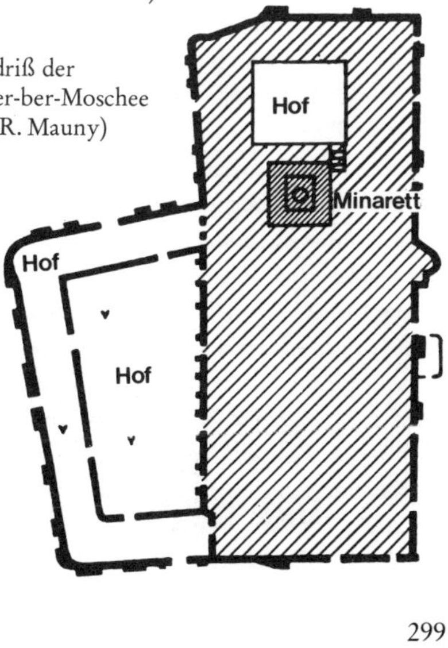

Die alte Sankore-Moschee (Darstellung von Félix Dubois, 1896)

Stadt gelegen und deshalb den häufigen Wüstenstürmen schutzlos ausgesetzt, wird ihr nordöstlicher Teil immer mehr von Sand begraben. Blickfang des Baus ist das wuchtige Minarett an der Südfront in Form einer Pyramide, die in ihrem oberen Teil als viereckiges Türmchen mit Lehmpfeilern endet (Farbabb. 23). Um den offenen Innenhof gruppieren sich verschiedene Gebäude. Den vierschiffigen und etwa 60 m langen Gebetssaal betritt man von der Südseite durch einen kleinen Vorhof. In der rechten Wand ist eine Gebetsapsis *(Mirhab)* eingelassen, von außen erkennbar als zuckerhutförmiger Lehmturm. Die angrenzenden Räume auf der Nord- und Westseite dienten früher als Vorlesungssäle der Gelehrten. Eine Lehmtreppe führt vom Innenhof auf das Dach und zum Minarett, das nur der Muezzin betreten darf. In der Fassadengestaltung der Moschee fallen die dekorativ vortretenden, eckigen Säulen aus Lehmziegeln mit ihren kleinen, vorkragenden Kapitellen auf. Ähnliche vertikale Fassadengliederungen sieht man auch an den Wohnhäusern der Bürger. Weit ragen die tönernen Abflußrohre, die das Regenwasser von den Flachdächern leiten, aus dem Mauerwerk. Einige der hölzernen Eingangstüren sind im maurischen Stil mit Metallbeschlägen verziert. Die Sankore präsentiert sich wie die Djinger-ber-Moschee nur noch als schwacher Abglanz ihrer alten Pracht. Zeichnungen von Félix Dubois aus dem Jahr 1896 zeigen sie noch mit einer reiche-

Grundriß der heutigen Sankore-Moschee (nach R. Mauny)

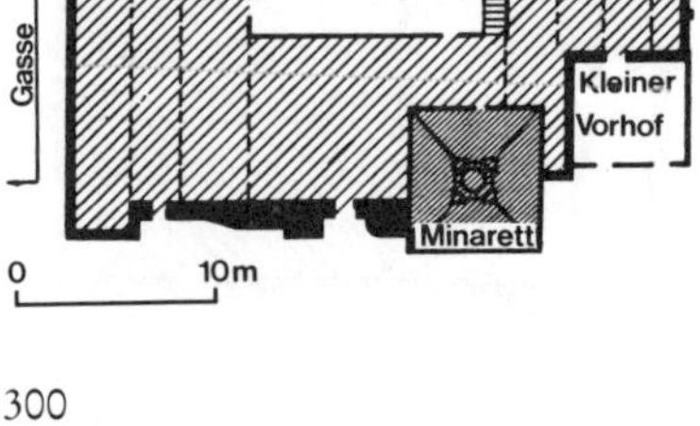

ren Ausschmückung der Fassaden. Lehmzinnen krönten die Mauern, und in regelmäßigen Abständen untergliederten vorstehende eckige Pilaster das Außenmauerwerk.

Der vierte aus Lehm erbaute Stadtteil im Westen heißt Badjinde. Hier leben Marokkaner, Syrer, arabische Kaufleute und einige seßhafte Tuareg. Badjinde ist das Zentrum des traditionellen Kleinhandels.

Außerhalb der Lehmstadt liegen die Strohhütten der Bella, der Abhängigen der Tuareg. Es handelt sich dabei um die ärmeren Bevölkerungsgruppen, die wenig angesehene Berufe wie Wasserträger, Holzsammler, Gerber oder Schmied ausüben.

Die alten Bürgerhäuser

Das Stadtbild der alten Viertel Timbuktus wird durch historische Bürgerpaläste geprägt, die teilweise noch aus dem 15. und 16. Jh. stammen und in den letzten Jahrhunderten nur geringfügige Veränderungen erfuhren. Die Besonderheit des bürgerlichen sudanischen Baustiles von Timbuktu bilden vorstehende, aus Lehmziegeln oder Sandsteinquadern errichtete eckige Pilaster, die die Fassaden gliedern und oben auf dem Niveau des Erdgeschosses in vorkragenden Kapitellen enden. Diese Säulen haben offensichtlich mehr eine dekorative als eine statische Funktion. Mit wechselndem Sonnenstand ergeben sich interessante Licht- und Schatteneffekte an der Außenfassade. Schmale Gesimse und Friese aus Sandstein oder Lehmziegeln untergliedern am Abschluß des unteren Stockwerks die Fassade auch horizontal. Bei den neueren Gebäuden aus der Kolonialzeit, die diese alten Stilelemente übernahmen, ist häufig der untere Teil der Fassade in einer Art ›Rustikalstil‹ unverputzt, so daß die sonnengetrockneten Lehmziegel bzw. Sandsteinquader sichtbar bleiben. Die Frontfassade des Obergeschosses wird dagegen in der Regel mit Lehmmörtel glatt verputzt und weist zwei oder drei rechteckige Fensternischen mit Holzläden auf. Nur noch bei wenigen älteren Palästen haben sich die traditionellen, fein ausgesägten maurischen Rundbogenfenster im Aijimez-Stil erhalten, die als typische Stilmerkmale aus dem Maghreb (Marokko) gelten können (Farbabb. 25). Die Holztüren der alten Wohnhäuser tragen besonders prächtige Verzierungen, von oben bis unten gleichmäßig applizierte Ziernägel sowie ausgeschnittene und gestanzte Eisenblechbeschläge (Farbabb. 26). Ein mächtiger Eisenring auf einer gewölbten Eisenplatte dient als Türklopfer. Die hölzernen Türrahmen sind mit verschnörkelten Ritzmustern versehen und in manchen Fällen sogar rot und grün eingefärbt. Auch diese kunsthandwerkliche Tradition verrät deutlich die orientalisch-maghrebinischen Stileinflüsse, denen Timbuktu seit dem 13. Jh. ausgesetzt war. Ähnliche Türbeschläge findet der Besucher auch in Oualata (Mauretanien), in Araouane (nördlich von Timbuktu) und in Gao, den anderen großen mittelalterlichen Handelsstädten des Sahel-Sudan, die über Jahrhunderte enge kulturelle Beziehungen zu Nordafrika unterhielten. Es ist erfreulich, daß man in Mali beginnt, diese alten architektonischen Stilformen (Türbeschläge, Aijimez-Fenster etc.) zu erhalten und sogar zu restaurieren. Die besten Erfolge hat man dabei bislang in Djenné erzielt.

Der Grundriß der Wohnpaläste, in denen meist eine patriarchale Großfamilie lebt, ist bei den alten Häusern weitgehend einheitlich und erinnert an den Plan der Wohnhäuser in den Altstädten von Fès, Meknes oder Marrakech. Im Erdgeschoß betritt man durch das Hauptportal zunächst einen großen Vorraum, die *Sifa,* ein großes, fensterloses Vestibül, das von einer eckigen Mittelsäule gestützt wird. Die Deckenkonstruktion besteht aus relativ kurzen Ästen, weil Holz hier am Wüstenrand eine Mangelware ist. Die Wände sind weiß oder himmelblau getüncht, und den gestampften Lehmboden hat man mit feinem, sauberem Sand bestreut. Die Sifa dient als Empfangsraum für Freunde und Bekannte; hier trinkt man zusammen Tee, speist und verbringt die heißen Stunden des Tages. Die einzigen ›Einrichtungsgegenstände‹ stellen geflochtene Fußmatten aus Pflanzenfasern (eine Spezialität der Songhay-Frauen) dar; manchmal bedecken bunte, gewebte Baumwolldecken die kahlen Wände. Seitlich von der Sifa befinden sich kleinere Räume, die als Schlafstätten der Kinder oder als Vorratskammern benutzt werden. Nach hinten schließen sich weitere Räume an, die um einen oder zwei offene Lichthöfe gruppiert sind. Licht und Luft können so auch in die hinteren Räume dringen, wo die Ehefrau(en) des Hausherrn wohnt. In den Innenhöfen stampfen die Dienerinnen (Bella-Sklavinnen) die Hirse und bereiten über einem offenen Feuer die Mahlzeiten zu. Die oberen Räume erreicht man über eine steilstufige Lehmtreppe von der Sifa oder einem der Nebenräume aus. Direkt über der Sifa liegt der große Wohn- bzw. Schlafraum des Hausherrn; dieses Repräsentationszimmer ist heutzutage häufig mit europäischen Möbeln (Doppelbett, Kommoden) vollgestellt. Licht erhält der Raum durch die kleinen Aijimez-Fenster an der Vorderfront. Maurische Rundbogentüren verbinden dieses Zimmer mit kleinen Nebenkammern, die als Magazine des Herrn dienen. Der rückwärtige Teil des Obergeschosses geht häufig in eine von einer durchbrochenen Lehmziegelbrüstung begrenzte Dachterrasse über. Auf dieser Terrasse befindet sich auch ein kleines, separates Lehmhäuschen, das als Toilette und Waschraum genutzt wird. In der heißen Jahreszeit zwischen März und Juni dient die Dachterrasse auch als Schlafplatz für die ganze Familie, da sich die Innenräume in diesen Monaten tagsüber zu sehr aufheizen.

Der Markt

Der Markt wird seit der Kolonialzeit außerhalb des alten Stadtkerns abgehalten. Er stellt vor allem dann eine Attraktion dar, wenn die Kamelkarawanen *(Azelai)* der Kunta-Nomaden mit ihren Salzladungen aus Taoudeni ankommen, einem Ort etwa 700 km nördlich von Timbuktu in der zentralen Sahara (150 km südlich der heute verlassenen und zerfallenen Minenstadt Teghaza). Seit dem Niedergang von Teghaza im 16. Jh. avancierten die Salzminen von Taoudeni zu den wichtigsten Quellen für den Salzhandel in Timbuktu. Volksgruppen wie die Berabich, Kel Araouane und Mauren kontrollieren dort heute den Abbau der Salzplatten, der noch immer wie vor Jahrhunderten von Strafgefangenen und schwarzen Sklaven unter mörderischen Bedingungen durchgeführt wird. Taoudeni untersteht der Aufsicht des malischen Militärs, und Ausländer haben keinen Zutritt zu dem Ort.

Außer den saharischen Nomaden, den Tuareg und Mauren, beleben Deckenhändler aus Goundam, Haussa und Songhay, den Markt von Timbuktu. Zu den schönsten der lokalen kunsthandwerklichen Produkte gehören die Lederarbeiten der Tuareg und eine ganz besondere Spezialität, die nur in Timbuktu hergestellt wird: Filigranschmuck aus goldgelbem Stroh. Das mit Wachs gestärkte und mit Henna gefärbte Stroh dient als Ersatz für das sudanische Gold, das immer seltener und so kostbar geworden ist, daß es sich die meisten Frauen nicht mehr leisten können. Eine weitere Spezialität in Timbuktu sind die Wachspuppen, die, geschmückt mit echtem Haar und Filigranstroh, zu den originellsten kunsthandwerklichen Schöpfungen des Sahel gehören. Sie dienen als Spielzeug und Fruchtbarkeitsfetische.

Das Land der Dogon

Bandiagara – Eingangstor zur Falaise

Auf halbem Weg zwischen Mopti und Sanga, in einem vegetationsreichen Becken, durch das sich das Flüßchen Yame schlängelt, liegt das Städtchen Bandiagara im Gebiet des gleichnamigen Felsplateaus (Abb. 45), des alten Siedlungsraumes der Dogon. Beachtung verdient hier das **Haus der Tall** (Abb. 41), der berühmten Tukulor-Dynastie des 19. Jhs., von der El Hadji Omar abstammte. Das Gebäude bildet ein schönes Beispiel für die Verschmelzung des sudanischen Baustiles mit der traditionellen Dogon-Architektur. Die prächtige Fassade des dreistöckigen Adelshofes wird durch massive vertikale und horizontale, mit Lehm verputzte Balkenstreben gegliedert. Die dadurch entstehenden viereckigen Nischen erinnern deutlich an die Ginna-Häuser der Dogon (vgl. S. 308f.). Als Besonderheit bleibt zu vermerken, daß die vertikalen Pfeiler früher geometrische Lehmreliefverzierungen trugen, die durch die jüngsten Renovierungen fast unsichtbar geworden sind. Aus den Kreuzungspunkten der horizontalen mit den vertikalen Balken ragen hölzerne Bündel heraus. In gutem Zustand befinden sich noch die alten, kunstvoll geschnitzten Fenstergitterchen im marokkanischen Aijimez-Stil.

In der Nachbarschaft steht die alte **Moschee** aus der Zeit El Hadji Omars mit ihrer schützenden Umfassungsmauer und dem schönen Arkadengang im sudanischen Baustil. Unweit des Städtchens werden im Yame-Teich Krokodile, die heiligen Totemtiere der Dogon, verehrt.

Die Dogon und die geistig-religiösen Grundlagen ihrer Kultur

Die Dogon sind ein typisches altnigritisches Bauernvolk von etwa 240 000 Menschen (5% der Gesamtbevölkerung Malis). Ihr Lebensraum erstreckt sich von der steinigen Bandiagara-Hochfläche (Abb. 45) bis zur gleichnamigen ›Falaise‹, einer Steilstufe, die auf einer Länge von 200 km fast senkrecht zur etwa 250 m tiefer gelegenen Gondo-Ebene abfällt. Die ältesten Dörfer der Dogon kleben wie Schwalbennester in den Geröllhalden und auf kleinen Felsterrassen der Falaise (Farbabb. 41, Abb. 49). Die jüngeren, kompakteren Siedlungen liegen verstreut in der weitläufigen, sandigen Gondo-Ebene, die sich bis nach Obervolta hinzieht.

Nach alten Überlieferungen wurden die Vorfahren der Dogon aus dem Westen, von »dort, wo der König lebt«, vertrieben. Vermutlich handelte es sich bei diesen Flüchtlingen um Leibeigene des Mali-Königs, die sich der malischen Oberhoheit zu entziehen versuchten. In den unwegsamen Felslandschaften von Bandiagara fanden sie Schutz vor übermächtigen »berittenen Verfolgern«. Die Völkerkundler nehmen an, daß die Dogon den Felsabsturz von Bandiagara zwischen dem 10. und 13. Jh. besiedelten. Sie waren aber mit Sicherheit nicht die ersten Bewohner des Gebietes, denn ihre Überlieferung berichtet von einem »zwergenhaften Volk mit rötlicher Hautfarbe«, den Tellem, die in den Klüften und Höhlen der Falaise hausten und sich von Jagd und Sammelwirtschaft ernährten. Die Tellem zogen sich nach Südwesten zurück, in den Norden des heutigen Obervolta, wo sie zu den Ahnen des Kurumba-Volkes wurden.

Die Sprache der Dogon untergliedert sich in zahlreiche lokale Dialekte, die von Dorf zu Dorf sehr unterschiedlich sein können. Die Dogon-Dialekte weisen linguistische Ähnlichkeiten mit den Mande-Sprachen, aber auch mit voltaischen Sprachen wie etwa dem Morhé der Yatenga-Mossi (Obervolta) auf. Die Maskenbünde bedienen sich zu bestimmten rituellen Anlässen (Initiation, Beerdigung) einer Geheimsprache, die sonst niemand versteht.

Die Lage des Dogon-Landes fern der kulturellen Zentren der Sudanreiche am Niger beließ das Volk bis in die Neuzeit hinein in einer Isolation, in der sich seine einmaligen religiösen und sozialen Traditionen behaupten konnten. Die in den dreißiger Jahren einsetzenden ethnologischen Untersuchungen von Marcel Griaule und seinen Kollegen machten die Dogon innerhalb kurzer Zeit zu einem der am besten erforschten altnigritischen Völker im Sudan. Der Reichtum an Mythen, Schöpfungsberichten und hoch entwickelten kosmologisch-religiösen Vorstellungen, der sich hier offenbarte, wirkte unter den mit Afrika befaßten Ethnologen und Kulturforschern wie eine Sensation. Entsprechende Studien bei den benachbarten Bambara sowie bei den Bozo- und Somono-Fischern am Niger bewiesen dort die Existenz ähnlich entwickelter Denksysteme.

Nicht nur der religiöse Kult, sondern auch jedes alltägliche Objekt wie z. B. eine schwarzweiß gemusterte Totendecke oder die Grenzen von bewässerten Gartenparzellen ist bei den Dogon Teil eines umfassenden Systems, das sich in den verschiedenen Versionen der Mythen von der Weltentstehung, der Evolution der Menschen und ihrer Daseinsformen widerspiegelt. So wie die acht aneinandergenähten, aus schwarz-weißen Rechteckmustern bestehenden Baumwollstreifen einer Totendecke auf die acht Urahnen der Dogon verweisen, besteht auch der ideale Grundriß eines bewässerten Zwiebelgartens aus acht aneinandergereihten Streifen von viereckigen Parzellen. Die enge Verbindung zur Mythologie drückt sich auch in vielen Alltagsgegenständen (z. B. Hirsekorb) oder der Architektur aus; alle materiellen Objekte der Welt erhalten dadurch gewissermaßen eine ›menschliche Seele‹. In dieser globalen Sicht der Welt stehen alle Elemente des Universums untereinander in Beziehung; zwischen den Elementen existiert ein dichtes Netz von symbolischen Verbindungen.

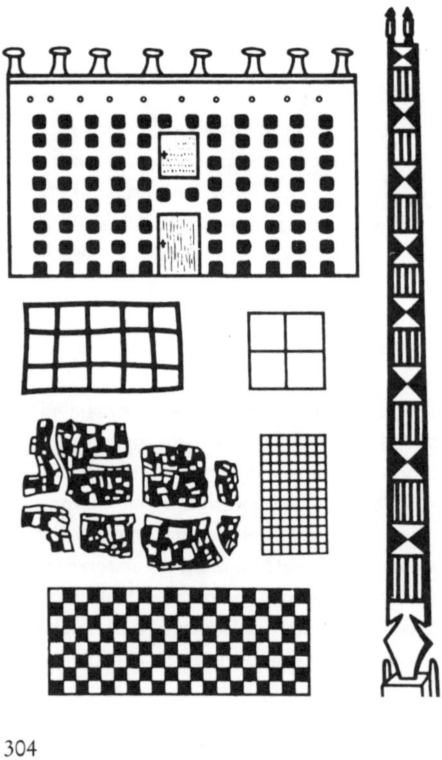

Gleiche Muster in verschiedensten Bereichen: Strukturierung von Hausfassade (oben), Decke, Feld, Dorf, Garten (von Mitte oben links nach Mitte unten rechts), Totendecke (unten) und Aufsatz der Stockwerkhausmaske (rechts); vgl. auch die Beschreibung S. 309f.

Mit der Weltsicht der Dogon verbindet sich ein höchst kompliziertes Konzept der menschlichen Person, die als Mikrokosmos der gesamten Welt gilt und von derselben Lebenskraft bewegt wird wie das Universum. Die Bedeutung der Person ist fest mit der des Wortes verbunden, beide sind fruchtbar und schöpferisch. Person und Wort bilden die Grundlagen der menschlichen Beziehungen und die Instrumente der mündlichen Überlieferung. Die reichen Schöpfungsmythen erklären den Ursprung und die Erschaffung der Welt. Sehr häufig gilt die Schöpfung als Werk eines einzigen männlichen Gottes *(Amma)*, der als Sonnen- oder Himmelsgott von Hilfsgöttern unterstützt wird. Stets bringt ein Störenfried die Schöpfung in Unordnung. Zwar kann ein Opfer die Ordnung immer wieder herstellen, jedoch nistet sich der Tod in der Welt ein und kann nicht mehr vertrieben werden. Die Mythen berichten auch von der Erschaffung der Menschen, von der Erfindung der Sprache, den Anfängen des Ackerbaus und der sozialen Organisation der menschlichen Gesellschaft.

Die Kulte der Dogon

Nach einem Schöpfungsmythos der Dogon schuf der Gott Amma zunächst das vormenschliche Nommo-Zwillingspaar, das der Erde die Fruchtbarkeit brachte, dann vier menschliche Ahnenpaare, die als Initiatoren der vier großen religiösen Kulte der Dogon gelten. Der erste Kult ist dem ältesten menschlichen Ahnen, Amma-Serou, gewidmet. In der Dogon-Gesellschaft trägt der Familienälteste des *Ginnabana* (des ›großen Hauses‹) die Verantwortung für die Opfer, welche die Großfamilie *(Ginna)* dem Gründerahnen darbringt. Die Zeremonie findet im Ginna-Haus statt, dem auffallend schön gestalteten, viereckigen Lehmkastenhaus mit Lehmzinnen und Nischen in der Frontfassade. Die Nischen symbolisieren die 80 Ahnen, die Nachkommen von Amma-Serou. Im Ginna-Haus befindet sich ein dem Urahn geweihter Altar *(Wagem)* aus einem irdenen Topf, in dem man den Vorfahren Hirsebrei- oder Hühneropfer darbringt. Sinn des Opfers ist es, eine Harmonie zwischen dem Verstorbenen und den Lebenden herzustellen.

Der zweite Kult der Dogon bezieht sich auf den Ahnen Binu-Serou und ist im wesentlichen ein Fruchtbarkeits- und Lebenskult. Er enthält Elemente, die von der traditionellen Ethnologie als totemistisch bezeichnet werden (z.B. Speisetabus bezüglich bestimmter Pflanzen und Tiere). Hinter dem Ahnen Binu-Serou verbirgt sich eigentlich der zerstückelte Leib von Nommo, einem der beiden vormenschlichen Ahnen, den der Schöpfergott Amma opferte, um Ordnung in den Kosmos zu bringen. (Der wiederauferstandene Nommo gilt als Ratgeber der Menschen, der Fruchtbarkeit, Regen und die Sprache der Offenbarung brachte.) Der Binu-Kult wird vor dem Beginn der Feldarbeiten von einem eigens dafür bestellten Priester, dem *Binukedine*, abgehalten, um eine reiche Ernte zu erflehen. Die Binu-Altäre befinden sich in den Binu-Heiligtümern, kleinen Lehmgebäuden mit eigenartigen symbolischen Wandmalereien, die jedes Jahr kurz vor der Hirseaussaat erneuert werden (Abb. 48). Auf den Heiligtümern steht gelegentlich eine Art von Eisenkreuz, dessen Querbalken die ausgestreckten Arme Nommos, der die Regenwolken anhält, symbolisieren. Zwischen den ersten Regenfällen und der Hirseaussaat bewahrt man einige Hirseähren im Binu-Altar auf. Vor dem Fest der Aussaat wirft der Priester von der Terrasse des Heiligtums einige Hirseähren herunter, die Frauen auflesen. Die Samenkörner aus den Ähren werden unter das Saatgut gemischt, damit »alle Samen ihre Seelen finden«. Dies stellt die Voraussetzung für das Keimen und Gedeihen der Saat dar.

Holzskulptur des *Nommo,* des ersten vormenschlichen Ahnen der Dogon

Der dritte Kult gilt dem unsterblichen Ahnen Lebe-Serou, der die Dogon in Gestalt einer Schlange in ihr Land geleitet hat und in dessen Person sich der wiederauferstandene Nommo repräsentiert. Auch der Lebe-Kult dient dem Prinzip des Lebens, der alljährlichen Erneuerung der Natur und der Fruchtbarkeit. Priester dieses Kultes sind die jeweils von mehreren Dörfern gewählten *Hogon,* Patriarchen und religiöse Hochmeister der Dogon, die, bevor die Europäer kamen, auch eine große politische und juristische Autorität innehatten. Oberster Hogon ist der des Stammes Aru im gleichnamigen Dorf. Die Hogon gelten als Meister der Sonne und des Feuers; der bloße Kontakt ihrer nackten Füße würde die Erde verbrennen und die Ernte vernichten, weswegen sie immer Sandalen tragen. Sie dürfen sich nicht waschen, weil jede Nacht der Ahn Lebe in Gestalt einer Schlange zu ihnen kommt und an ihnen leckt. Genausowenig dürfen sie anstrengende Arbeiten verrichten, denn durch Schwitzen würden sie die kostbare, belebende Priesterkraft verlieren. Ihre Kleidung symbolisiert den Kosmos, ihre Bewegungen und Gesten vollziehen die göttliche Schöpfung nach. Die Sandalen stellen die Arche aus dem Leib Nommos dar, in der die vier ersten Ahnenpaare auf die Erde gelangten. Der konisch zulaufende Hut besteht aus den Fasern der Pflanzen, die die sieben ersten Hirsekörner trugen, und ist in Spiralform geflochten, was auf die erste spiralförmige Bewegung des Ursamenkorns im Universum hinweist. Das rote Käppchen versinnbildlicht die Sonne. Bei komplizierten Entscheidungen versammeln sich die Oberhäupter der Familien um den obersten Hogon. Dieser legt sein rotes Käppchen auf den Boden, und die Versammelten fragen den Schöpfergott Amma um Rat. Während des Hirsewachstums bleibt der Hogon fast immer zuhause, um den Rhythmus des Hirsewachstums nicht zu stören. Zum Zeitpunkt der Reife verläßt er die Umfriedung seines Feldes überhaupt nicht mehr, damit die Kommunikation zwischen seiner Seele und den Seelen der heranwachsenden Hirsekörner nicht unterbrochen wird. In der Trockenzeit darf er sich freier bewegen, ausgenommen bei Neumond, da der Hut des Hogon den Mond symbolisiert.

Der vierte und wichtigste Kult ist der der Masken, den die Dogon mit dem Tod verbinden. Der vierte Ahn, Dyongou-Serou, ein Jäger und Arzt, übertrat ein Gebot Ammas und wurde deshalb zum ersten Sterblichen. Den Maskenkult feiern nicht alle Dogon; er bleibt der Gemeinschaft der Masken, dem Awa-Bund (*Awa* heißt ›Maske‹ und ›Maskenbund‹) vorbehalten, der nur in einigen Dörfern auf dem Plateau und in der Falaise besteht. Der Awa-Bund umfaßt alle in das Geheimnis des Todes und der Masken eingeweihten Männer. Bei Totenfeiern wie z. B. dem Dama-Ritual tanzen seine Mitglieder in Faserröcke gekleidet und mit Masken auf dem Kopf. Die Maskentänze sollen die freiwerdende Kraft *(Nyama)* des Verstorbenen einfangen und damit gleichzeitig eine potentielle Gefahr für die Überlebenden bannen. Das größte Maskenritual stellt die Sigi-Zeremonie dar, die in Erinnerung an den Tod des Vorfahren Dyongou-Serou alle 60 Jahre gefeiert wird. Sie ist gleichzeitig ein Fest der Erneuerung der Generationen, denn 60 Jahre gelten bei den Dogon als die ideale Lebensdauer eines Menschen. Zu diesem Fest schnitzt man alle 60 Jahre die ›große Maske‹, die, stark abstrahiert, die mythische Schlange darstellen soll. Dem Sigi-Kult liegt der Mythos von der Entstehung des Todes zugrunde, weswegen Masken und Tod zusammengehören. Nur Männer können Masken tragen, Frauen als die Gebärerinnen von neuem Leben und unbeschnittene Kinder dürfen die Maskentänzer nur aus der Ferne sehen.

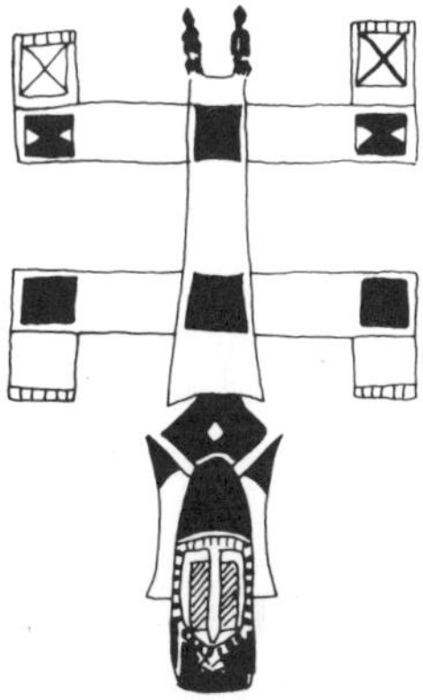

Aufsatz der Kanaga-Maske (oben) und Unterteil der Sirige-Stockwerkhausmaske

Der Besucher wird bei den Maskentänzen, die man heute in Sanga auch für Touristen aufführt, bemerken, daß sich die Dogon-Frauen in gebührendem Abstand von den jungen Tänzern halten.

Außer der großen Maske gibt es noch zahlreiche andere, die alle die Funktion haben, bei Totenfeierlichkeiten die freigewordenen Kräfte der Verstorbenen zu binden, damit diese nicht die Lebenden bedrohen. Da tritt die Maske der Peul (Fulbe)-Frau auf, der mythischen Mutter der ersten Kindheit, die Milch und Hirsemehl, Nahrung der Kindheit, gibt, oder die Maske der ›Frau, die Notizen macht‹, was die europäische Ethnologin meint, die dasitzt und den Tanz beschreibt. Es tanzen Vogelmasken in Gestalt von Enten, Felsenhühnern, Raubvögeln und des großen Calao mit seinem langen, gebogenen Schnabel. Die wohl bekannteste Maske im Dogon-Gebiet von Sanga ist wegen ihrer auffallenden Gestaltung die *Kanaga*-Maske (Farbabb. 40, Abb. 55). Sie gleicht einem lothringischen Kreuz, dessen Arme an den Enden mit kleinen, parallel zur Achse stehenden Brettchen versehen sind. Nach Griaule ist das Kanaga-Symbol eine abstrakte Darstellung der fliegenden Zwergtrappe mit ihren weißen Flügeln und schwarzen Flügelspitzen. Die Hasen-, Leoparden- und Antilopenmasken sollen die unerlöste Kraft der gejagten Tiere bannen, damit diese den Jäger und seine Angehörigen nicht gefährden. *Sirige* heißt die bis zu 5 m lange ›Stockwerkhaus-‹ bzw. ›Wohnhaus-Maske‹, deren Mast in zehn Teilstücke untergliedert ist (Farbabb. 40). Jedes Stück besteht aus einem durchbrochenen Rost von vier bis fünf vertikalen Stäben, die durch Füllungen mit ockerfarbenen und weißen Rauten- und Dreiecksmustern voneinander getrennt sind. Der hohe Mast gilt als das mythologisches Symbol der Kette des Webstuhls. Angetrieben durch Ermutigungsgesänge und Zurufe in der Dogon-Geheimsprache steigert der Sirige-Tänzer seinen Rhythmus und berührt von Ost nach West den Boden mit dem Ende des Mastes, um so den täglichen Gang des Sonnenlaufs nachzuahmen.

Die Baukunst der Dogon und ihre kosmologischen Bezüge

Nicht nur das soziale und religiöse Leben der Dogon, sondern auch die Gestaltung ihrer Umwelt, die Einteilung der Felder, die Art der Wohnhäuser, die Versammlungsplätze der Alten und natürlich die kultischen Bauten sind durch die religiös-mythologischen Anschauungen geprägt. Dies wird auch der ethnologisch ungeschulte Besucher der Dogon-Dörfer sogleich empfinden, wenn er in der Falaise oder auf dem Felsplateau bei Sanga durch die verwinkelten Viertel wandert. Er wird Gebäude sehen mit eigenartigen Nischen, archaische Ratsdächer mit dicken Lagen von Hirsestroh oder am Eingang der Dörfer Lehmaltäre, auf denen die jüngsten Hirsebreiopfer in langen, weißen Fäden geronnen sind. Der Schriftsteller und Ethnologe Michel Leiris, der zusammen mit Marcel Griaule, dem ›Entdecker‹ der Dogon-Kultur, 1931 erstmals die reichen Masken- und Totenrituale dieses Volkes aufzeichnete, bemerkt: »Überall eine erstaunliche Religiosität, das Heilige schwebt in jedem Winkel, alles erscheint weise und schwer.«

Das Ginna-Haus

Zu den architektonisch herausragenden Leistungen der Dogon gehören die Etagen- oder Ginna-Häuser (Abb. 46), auf die der Besucher in den kompakt bebauten Vierteln von Sanga (Unter-

Ogol und Ober-Ogol), aber auch in den Dörfern der Falaise stößt. *Ginna* bezeichnet sowohl die patriarchale Großfamilie als auch das Haus des ältesten Familienvorstandes, des direkten Nachkommen des Clangründers, der auch für den Ahnenkult zu Ehren des Schöpfergottes Amma verantwortlich ist. Ein Ginna-Haus erkennt man an seinen Dimensionen. Als Etagenhaus überragt es deutlich die übrigen, einstöckigen Wohngehöfte. Seine Frontfassade schmücken zahlreiche regelmäßig angeordnete, rechteckige Nischen. Der weise Seher Ogotemmeli gab dem Forscher Griaule die Erklärung für diese bauliche Eigenart: Im Idealfall weist die Frontfassade acht Reihen mit je zehn Nischen auf. Die acht Reihen symbolisieren die acht Urahnen der Dogon und die jeweils acht mal zehn Nischen die 80 Nachkommen dieser Ahnen. Ihren Platz nehmen die Ahnen in der Reihenfolge ihrer Geburt ein, und die Nischen müssen stets offen bleiben, damit die Ahnen genügend Luft zum Atmen bekommen. Im unteren Teil der Fassade sind die Nischen gelegentlich so zusammengerückt, daß links und rechts des Hauseingangs fünf durch längliche Nischen voneinander getrennte Säulen entstehen. Die Säulen versinnbildlichen gespreizte Hände, die sich auf beiden Seiten der Tür auftun.

Im Obergeschoß befindet sich in der Mitte eine kleine hölzerne Speichertür, die früher mit den 80 Ahnenfiguren geschmückt und mit einem Riegel, dem ›Altar der Ahnen‹, verschlossen war. Wegen des gnadenlosen Kunstraubes durch die Europäer gibt es heute nur noch an ganz wenigen Ginna-Häusern solche geschnitzten Türchen; die geschnitzten Ahnenpaare, die früher die Riegel zierten, kann man heute als Souvenirs in der Falaise bekommen. Über den Nischenreihen ist ein Fries von zehn kreisförmigen Löchern zu sehen, die den Schwalben als Nistplatz dienen. Die Schwalbenkolonien gelten als ›Hühnerhof der Ahnen‹. Häufig wird auch der Ausdruck ›Schwalbenlöcher‹ für alle Nischen verwendet, da man sich aus Ehrfurcht vor den Vorfahren scheut, deren Namen auszusprechen. In den Nischen liegen allerlei Gebrauchsgegenstände, Kalebassen, Tontöpfchen, kleine Geräte. Sie sind anscheinend den Ahnen geweiht.

Gekrönt wird das Gebäude im Idealfall von acht Lehmzinnen, die man als Altäre der acht Gründerahnen ansieht. Bei vielen Ginna-Häusern sind es allerdings weniger, weil Raumnot zu schmaleren Fassaden zwingt. Das architektonische Grundprinzip der Ginna-Fassade mit ihren acht Reihen von jeweils zehn dunklen Nischen hat einen mythischen Bezug zur Totendecke. Die von helleren Füllungen getrennten viereckigen Nischenlöcher entsprechen den acht Bahnen schwarzer und weißer Vierecke bei der Totendecke (vgl. Abb. S. 304).

Nicht weniger reich an mythischer Symbolik ist die Aufteilung der Innenräume, von der Ogotemmeli dem Forscher M. Griaule detailliert berichtete. Hier ein Auszug aus der ›Schwarzen Genesis‹: »Der Boden des Erdgeschosses ist das Symbol der Erde und des Lebe, der in der Erde auferstand. Die Terrasse, viereckig wie die des fliegenden Speichers, ist das Abbild des Himmels, und die Decke, die das Obergeschoß vom Erdgeschoß trennt, ist der Raum, der sich zwischen Himmel und Erde erstreckt. ... Im Innern des Hauses sind die verschiedenen Kammern die von den Menschen dieser Welt bewohnten Höhlen. Das Vestibül, das Zimmer des Herrn, stellt den männlichen Teil des Paares dar. Sein Geschlecht ist die Außentür. Das große Mittelzimmer ist das Reich und das Symbol der Frau. Die seitlichen Kammern sind ihre Arme, die Verbindungstür ihr Geschlecht. ... Der Raum im Hintergrund, der den Herd enthält und sich nach oben auf die Terrasse zu öffnet, stellt die Atmung der Frau dar, die von der Decke, dem Symbol des Mannes, dessen Skelett aus den Deckensprossen besteht, überwölbt wird. Ihr Atem tritt durch die obere Öffnung aus. Die vier Pfeiler (4 ist die Zahl der Weiblichkeit) sind die Arme des Paares, die der Frau stützen den Mann, der sich auf den seinen von der Erde abstützt. ... Die Erdanhäufung dient als Bett und erstreckt sich von Norden nach Süden. Dort ruht das Paar, den Kopf nach Norden, wie das Haus, dessen Fassade das Gesicht ist.«

Toguna – die Versammlungsstätte der alten Männer

Zu jedem Dorf oder Viertel eines größeren Dorfes gehört ein *Toguna,* der Versammlungsplatz der alten Männer, wo sich die Alten im Schatten eines Daches während der heißen Stunden des Tages bei Gesprächen oder irgendwelchen Handarbeiten aufhalten (Abb. 52). Die bis zu 2 m mächtige Dachkonstruktion aus kreuzweise aufgeschichteten Hirsestengelbündeln ruht auf einer Lage von Holzknüppeln, die von acht Steinpfosten oder Lehmsäulen getragen werden. Das Ratsdach der Männer soll bei der Gründung des ersten Dogon-Dorfes das erste Gebäude gewesen sein, und im Schatten dieses Daches berieten die ersten Ahnen. Im Idealfall weisen die Ecken eines solchen Ratsdaches nach den vier Himmelsrichtungen, wobei die Stützpfeiler in drei Reihen von Norden nach Süden ausgerichtet sein sollen. Die Pfeiler gelten als Symbole der acht Ahnen, die, in eine Beratung versunken, ihre Häupter ins Gebälk stecken.

Das Binu-Heiligtum

In den Dörfern auf dem Plateau und in der Falaise fallen kleine, tempelartige Bauwerke mit Rundtürmen an den Ecken und Fassadenmalereien auf, die Stätten des Binu-Kultes. In Grund- und Aufriß können sie in den einzelnen Dörfern durchaus verschieden aussehen; manchmal fehlen die Ecktürme oder die Nischen über der Eingangstür. Eines der schönsten noch intakten Heiligtümer steht im Ober-Ogol-Viertel von Sanga, und zwar im Wohnbereich von Do auf einem freien Platz (Abb. 48). Es handelt sich um ein etwa 2,50 m hohes Lehmgebäude von den Ausmaßen eines kleinen, viereckigen Terrassenhauses. Seine Vorderfront flankierten früher zwei runde Türme, von denen einer inzwischen zusammengefallen ist. Eine überkragende Steinplatte schützt den linken Turm vor Regengüssen. Die Fassade endet oben in kleinen Lehmzinnen; die von dort herunterrinnenden Streifen stammen von Hirsebreiopfern. Hinter den Zinnen erkennt man einen Eisenhaken. Über der niedrigen, mit großen Holzblöcken verschlossenen Eingangstür in der Mitte sind zwei viereckige Nischen eingelassen. Rechts des Eingangs stand früher einmal eine Lehmbank; drumherum liegen verschiedene große Steine, die als Mahlsteine dienten. Das Innere des Heiligtums, das niemand außer dem Priester betreten darf, soll nach den Angaben von Griaule Tontöpfe und Eiseninstrumente, die Gegenstände des Kultes, bergen. Die Deutung der Bauprinzipien liefert uns wieder Ogotemmeli, der alte Weise und Hauptinformant Griaules:

Die Seitentürme und die Lehmzinnen stellen die großen und kleinen Altäre der Welt dar. Die mittleren Altäre benutzt man für Hirse- und Hühneropfer. Rotes Blut und weißer Hirsebrei rinnen über die Fassade zum Boden. Der Eisenhaken gilt als Amboß des Schmiede-Ahns, und das Dach des Heiligtums symbolisiert das Urfeld, unter dem sich im Innern das Grab des Ahnen Lebe befindet. Auf der Lehmbank neben der Tür wurde in mythischen Zeiten der tote Ahn aufgebahrt. Die Tür diente als Eingang der Menschen, als sie die Knochen des Lebe ausgraben wollten, um sie mit sich zu nehmen. Durch die beiden Nischen über der Tür schlüpfte der siebente

Ahn in Schlangengestalt; durch das rechte Loch drang er ein, um den Lebe zu verschlingen und gleichzeitig zu beleben, aus dem linken entschwand er wieder. Das Heiligtum ist der Raum, in dem der siebente Ahn die menschliche Natur verzehrte und das Konzept einer Weltordnung entwarf. Der doppelte Eisenhaken an der Stirnseite des Gebäudes (meist durch Hühneropfer verdeckt) symbolisiert den Amboß des Schmiedes; die Arme des Hakens sollen mit ihren Windungen die Regenwolken aufhalten, die den fruchtbringenden Regen auf die Felder bringen.

Binu-Heiligtum mit bemalter Fassade

Zur Zeit der Hirseaussaat wird die Frontfassade des Heiligtums mit symbolträchtigen Zeichen versehen, meist in weißer Farbe (Hirsebrei), in ockergelb oder kohlenschwarz. Wegen der zunehmenden Unwissenheit in den kultischen Dingen herrscht heute bei der zeichnerischen Gestaltung große Freizügigkeit. Zu den gängigen Symbolen gehört auf der rechten Seite des Eingangs die Totendecke, die im Idealfall acht Bahnen schwarzer und weißer Vierecke aufweist und damit die acht Urahnen und ihre 80 Nachkommen symbolisiert, wie wir es schon von der Fassade des Ginna-Hauses mit seinen 80 Nischen her kennen. Über dem Türeingang ist häufig ein Schachbrett gemalt, das ebenfalls an die Ahnen erinnert. Auf der linken Seite der Tür trägt man meist rautenförmige Zeichen auf, die wie Sanduhren übereinander stehen und mit ihrem Zick-Zack-Muster den Weg des fruchtbringenden Regens darstellen.

In früheren Zeiten, als das mythische Wissen noch Allgemeingut der Priester war, präsentierten sich die Zeichnungen auf den Tempeln in größerer Vielfalt. Ogotemmeli schildert in seinen Gesprächen mit dem Forscher detailliert die ideale Ausschmückung der Fassade kurz vor der Aussaat der Hirse. Die rechte Seite war damals allein dem Wasser- und Regenspender Nommo (vgl. S. 305f.) gewidmet, der in Gestalt eines Widders mit kupferfarbenem Fell inmitten eines Firmaments voller Sterne erschien. Auf den meisten Heiligtümern tauchte der Widderkopf jedoch auch früher nur selten auf, weil die Priester, welche die Regeln noch kannten, sich hüteten, alle Bilder zu zeichnen. Es herrschte die Furcht, die neugierigen Nachbarn könnten den Priester nachahmen und versuchen, auf bestimmte Gottheiten Zwang auszuüben, was Schaden für die Ernte aller gebracht hätte. Links von der Tür waren die irdischen Gestalten aufgemalt, darunter der siebte Ahn als Schlange, die in einer den Weg des Wassers andeutenden Wellenlinie über die Fassade huscht. Die vertikalen Zickzacklinien symbolisierten wie die Rauten, die man heute noch aufträgt, den fruchtbringenden Regen. Außerdem war der gegabelte Stock des Priesters zu sehen, zugleich Sinnbild für Männlichkeit und Weiblichkeit. Den Sitz des Priesters bezeichnete ein ausgefüllter und von einer Linie umschlossener Kreis, Tierdarstellungen wie Hühner oder Schafe wiesen auf die Opfer hin, die man den Ahnen darbringt. Das Zeichen der Schildkröte findet sich auch heute noch auf anderen Gebäuden als Lehmskulptur. Die Schildkröte gilt in jedem Haushalt als Familienmitglied, denn sie stellt den Familienvater dar. Bei seiner Abwesenheit soll sie an seiner Stelle den ersten Bissen der Mahlzeit verzehren und den ersten Schluck Wasser am Tage trinken.

Die Siedlungen der Dogon –
Ein Rundgang durch Sanga und eine Wanderung zu den Dörfern der Falaise

Sanga

Sanga ist die Bezeichnung einer Region, die dreizehn ›Viertel‹, d. h. separate Dörfer, umfaßt. Die Gegend wurde durch die Forschungsarbeiten französischer Ethnologen bekannt, und seit geraumer Zeit besteht hier auch ein gut geführtes Campement (Übernachtung, Dusche, Mahlzeiten) der S.M.E.R.T. (Société Malienne d'Exploitation des Ressources Touristiques). Von hier aus lassen sich unter der Leitung von einheimischen Führern der S.M.E.R.T. Fußwanderungen zu den Dörfern der Falaise unternehmen. Es ist untersagt, dies ohne offiziellen Führer zu tun. Die Führung kostet je nach Länge des Ausflugs zwischen 20 und 50 DM, gleichgültig wieviel Personen daran teilnehmen.

Sanga im eigentlichen Sinne besteht aus zwei Vierteln, aus Ober- und Unter-Ogol (die übrigen elf Weiler liegen verstreut in der Umgebung). Zwischen den beiden erhöht auf felsigem Untergrund errichteten Ortsteilen liegt ein schmales, sandiges Hirsefeld mit uralten Affenbrotbäumen, von denen jeder als Verkörperung einer bestimmten Gottheit gilt und deshalb einen eigenen Namen trägt. Beide Viertel weisen eine äußerst enge Bebauung auf; ein Familiengehöft grenzt an das andere, die Gassen sind schmal und verwinkelt (Abb. 47). Der Grund für die kompakte Bauweise liegt in dem Mangel an Ackerland. Die Wohnviertel stehen grundsätzlich auf felsigem Untergrund, wo kein Ackerbau möglich ist. Jedes einigermaßen fruchtbare Stück Land bleibt für den Hirseanbau reserviert.

Zu jedem Gehöft gehören ein oder mehrere Hirsespeicher mit viereckigem Grundriß. In den Vierteln von Sanga sehen die Speicher niedriger und gedrungener aus als in der Falaise; sie ähneln kleinen Obelisken aus Lehm. Vielen fehlt das charakteristische spitze, pyramidenartig zulaufende Strohdach der Dogon-Speicher. Die Wohngebäude haben ausschließlich flache Terrassendächer und einen viereckigen Grundriß. Meist ist dem Hauptwohnraum ein schmales Vestibül vorgelagert, in dem sich steinzeitliche Steinmühlen zum Hirsemahlen befinden. Lebt in dem Haus eine größere Familie, schließen sich zellenartig noch mehrere Räume an, die man stets durch einen Vorraum betritt. Das Gehöft schließt ein brusthohes Steinmäuerchen ab, in das festungsartig weitere Hirsespeicher eingebaut sind. Die Zahl der Speicher läßt dabei auf den Wohlstand einer Sippe schließen. Die Terrassendächer erreicht man von außen über eine Stiege aus einem mit Kerben versehenen Baumstamm. Nach der Ernte werden die Feldfrüchte auf den Dächern getrocknet und für die Einlagerung in die Speicher gebündelt.

Hirsespeicher mit geometrischem Lehmrelief

Die erwähnten Ginna-Häuser (Abb. 46) muß man suchen, sie liegen versteckt im Gewirr der Lehmbauten und sind nur erkennbar an der Nischenfassade und den herausragenden Lehmzinnen. Das schönste Ginna-Haus befindet sich in Unter-Ogol, nur wenige Schritte vom S.M.E.R.T.-Büro entfernt. Auf den freien Plätzen in beiden Vierteln stehen mehrere Ratsdächer *(Toguna)*, wo sich die alten Männer treffen. Die Toguna unterscheiden sich voneinander durch die Höhe des Hirsestrohdaches, das Material der Stützpfeiler und durch die Anlage der Liegesteine oder Hölzer unter dem Dach. Den höchsten Punkt von Unter-Ogol nimmt die Schmiede ein. Der Schmied hat wie in allen altnigritischen Gesellschaften auch bei den Dogon eine teils verachtete, teils gefürchtete Stellung. Er produziert die Ackerbaugeräte, schnitzt aber auch Kultfiguren (Holzschlösser etc.).

In Ober-Ogol steht neben dem Wohnhaus des *Hogon*, des Oberpriesters, das schönste Binu-Heiligtum von Sanga (Abb. 48). In der Nähe befindet sich ein Menstruationshaus, in das sich die verheirateten Frauen während ihrer Periode zurückziehen. Einige Schritte weiter sieht man das Wohnhaus eines Jägers. Die Frontfassade und die Speicher sind aus rituellen Gründen mit den Trophäen von Vögeln und kleinen Säugetieren behängt.

Sanga ist Marktort. Entsprechend dem Rhythmus der Dogon-Woche findet der Markt alle fünf Tage statt. Der sonst stille Ort verwandelt sich dann in einen von Menschen überquellenden Ameisenhaufen. Schon früh am Morgen strömen kleine Gruppen von Frauen, ihre Babies auf dem Rücken und die großen, viereckigen Strohkörbe auf dem Kopf, im Gänsemarsch aus allen Himmelsrichtungen nach Sanga. Unter den großen Akazien und Affenbrotbäumen des Marktplatzes breiten sie die Waren des Dogon-Landes aus: Gewürze, getrocknete Blätter, Hirse, Reis und vor allem Bällchen aus getrockneten Zwiebelblättern. Händler aus Bandiagara und Mopti verkaufen Trockenfisch, Textilien und Hausrat. Gegen Mittag haben auch die Hirsebierverkäuferinnen ihre großen, bauchigen Tongefäße im Schatten der Bäume aufgestellt. Der Markt ist auch ein Volksfest, wo man sich trifft und miteinander Neuigkeiten austauscht. Das Hirsebier fließt in Strömen. Gegen 13 Uhr erreichen Stimmungspegel und Geschäftigkeit ihren Höhepunkt.

Banani und Ireli

Zum Besuch der Dörfer in der Falaise empfiehlt es sich, vor Sonnenaufgang (also gegen 5.30–6.00 Uhr) von Sanga mit einem Führer aufzubrechen. Diese Tageszeit ist wegen der Kühle am angenehmsten für weite Fußmärsche (festes Schuhwerk notwendig!). Von Unter-Ogol aus gelangt man über die fast völlig vegetationslosen Felsriegel des Plateaus und durch sanderfüllte Rinnen nach **Bongo**, dem östlichsten der dreizehn Viertel von Sanga, oberhalb des Felsabsturzes. Von Bongo aus bietet sich ein grandioser Blick auf die steil abfallenden Felsschründe und die weite Sandebene des Gondo. Im Osten ragt der Felssporn des Ninu weit in die Ebene hinein. Durch einen 100 m langen natürlichen Tunnel führt der Weg unter dem Felsen hindurch, auf dem das Viertel Bongo erbaut ist. Hinter dem Dorf beginnt in Stufen der Steilabfall des Plateaus. Wie in einer Urlandschaft liegen riesige Steinblöcke und Platten ungeordnet übereinander. Eine tief eingeschnittene Schlucht, in welcher der Tag zur Dämmerung wird, führt über in den Stein gehauene Stufen allmählich in den unteren Bereich der Falaise, wo die Viertel des Dorfes Banani wie kleine Festungen auf Terrassen, Böschungen und Geröllhalden kleben. Auf dem Wege durch die Schlucht sieht man links und rechts natürliche Höhlen; in den höher gelegenen, unzugänglichen Grotten bestatten die Dogon ihre Toten, und auch die Verstecke der Tanzmasken befinden sich dort.

Banani besteht aus vier Vierteln (Ammu, Siru, Na und Kokoro), die auf den unteren Geröllhalden errichtet sind. Jedes Quartier hat seinen öffentlichen Platz und ein Toguna. Die zweistöckigen Gehöfte (Abb. 51) weisen den gleichen kreuzförmigen Grundriß wie die Ginna-Häuser auf. Ihren Abschluß an der Südseite bildet jeweils ein runder, hoher Turm mit flachem Dach; hier befindet sich die Küche, die sich wie eine Apsis an den rechteckigen Wohnraum anschließt. Durch ein Vestibül betritt man den großen Hauptraum, der nach mythischer Anschauung das Reich der Frau und ihren Leib darstellt. Links und rechts gehen zwei schmale, erhöhte Nebenkammern ab, welche die ausgestreckten Arme der Frau symbolisieren. Die kosmologisch bedingte Ausrichtung der Gehöfte von Norden nach Süden wird weitgehend eingehalten; d.h. die Küchenrundtürme weisen meist nach Süden bzw. Südosten. Bis auf die Öffnung im oberen Teil des Küchenturmes, die als Rauchabzug dient und die ›Atmung der Frau‹ versinnbildlicht, hat das Gehöft keine Fenster. Auf das Dach gelangt man entweder von außen oder über hölzerne Trittäste.

Die dicht aneinandergebauten Gehöfte werden von viereckigen Speichertürmen umgeben und tragen meist ein spitz zulaufendes Strohdach, das einem Hütchen ähnelt. Andere Speicher haben keine ›Hütchen‹ und sehen wie große ›Lehmhydranten‹ aus. Die Grundmauern der Häuser und Speicher bestehen aus groben Steinen, die oberen Teile aus Lehm. Die Speicher, die Hirse, das wertvollste Gut der Dogon, enthalten, stehen auf aufgeschichteten Steinstelzen, um das Eindringen von Nagetieren und das Wegschwemmen bei starken Regenfällen zu verhindern. Im oberen Drittel eines jeden Speichers öffnet sich eine kleine Holztür; die früher typischen, kunstvoll mit einem Ahnenpaar verzierten Türschlösser findet man heute nicht mehr. Die Außenwände der Speicher sind entweder glatt verputzt oder mit eigenartigen Lehmreliefs geschmückt. Als Symbole treten häufig das Kanaga-Kreuz, Scheiben mit Kreuzfüllungen oder einfach viereckige Felder auf, die an die Grundeinteilung der Felder und an die Muster der Ginna-Häuser erinnern. Das Innere der Speicher ist durch Zwischen- und Seitenwände in Kammern unterteilt (in Erinnerung an die acht Urahnen vielfach in acht).

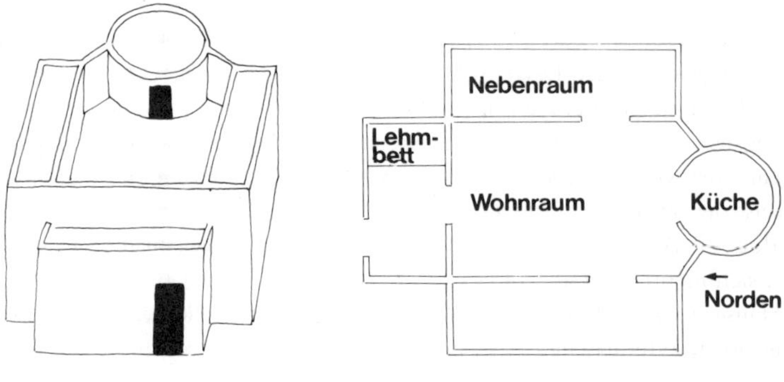

Ansicht und Grundriß eines traditionellen Dogon-Wohnhauses in Banani

Dem Besucher werden in Banani verschiedene lokale Kunsthandwerksprodukte angeboten. Interesse verdienen die dunkelgelb gefärbten Tuniken aus gewebten Baumwollstreifen, kleine Kappen mit Zierfäden, wie sie die Initianden tragen, Spindelhölzer, gravierte Kalebassen und Holzfiguren.

Am Fuß der Falaise mit ihren Geröllhalden beginnt der Gondo, die endlose Sandebene, die im Umkreis der Dörfer durch die einzeln stehenden Akazien wie eine Parklandschaft wirkt. Unter den alten, großen Akazien liegen die Hirsefelder der Dogon. In der Trockenzeit erkennt man sie an den kleinen, regelmäßigen Hügeln, aus denen noch ein paar vertrocknete Hirsestengel ragen. Die Hügelkultur bietet den Vorteil, daß der Boden vor der Erosion besser geschützt ist, wenn in der Regenzeit Wassermassen über die Felder fließen (dem gleichen Zweck dienen zusätzliche Wälle und Steinbegrenzungen). Von den Felsen der Falaise fließen selbst in der Trockenzeit noch einzelne Rinnsale, die am Fuß der Geröllhalden sorgsam aufgefangen und zur Wasserversorgung verwendet werden. In den feuchteren und von Bäumen beschatteten Mulden haben die Bauern kleine Gärten angelegt, in denen sie Zwiebeln, Reis, Baumwolle und Sorghumhirse anbauen. In Banani kann man ein solches Rinnsal sehr gut an der üppig-grünen Vegetation erkennen, die sich wie ein Dschungel an der Felswand hochzieht. Hier ist auch der Lebensraum für eine kleine Zahl von Husarenaffen und Meerkatzen.

Zum Nachbardorf **Ireli,** das etwa 4 km südwestlich von Banani in der Falaise liegt, gelangt man auf einem kleinen Pfad am Fuß der Gebirgsstufe. Ireli zählt zu den malerischsten Dogon-Dörfern (Farbabb. 41, Abb. 49). In mehreren Etagen ziehen sich die Viertel über die Felsbrocken bis an den Fuß der Falaise. Besonders sehenswert ist ein auf einem kubischen Lehmsockel errichtetes Toguna (Abb. 52). Alle vier Seiten des Sockels tragen Lehmreliefs, die mythische Wesen und Gegenstände darstellen, darunter die Schlange, in die sich einst die Alten verwandelten, das Kanaga-Motiv, die Schildkröte und menschliche Figuren, die Ahnen symbolisieren. Das mächtige Hirsestrohdach ruht auf massiven Lehmsäulen. Wegen des Platzmangels sind die Gehöfte in Ireli kleiner als üblich, sie haben meist nur ein Geschoß mit zwei niedrigeren Räumen und einem kleinen Vestibül. Zwischen den bewohnten Gehöften stehen die Ruinen und Steinmäuerchen alter, zerfallener Häuser, die Wohnungen der Vorfahren.

Auch hier in Ireli übertrifft die Zahl der Speicher die der Wohnhäuser bei weitem. Gedrungene, viereckige Speicher mit Flachdach, die wie auf dem Kopf stehende Hirsekörbe aussehen, reihen sich im oberen Teil des Dorfes an der Felswand aneinander (Abb. 50). Sie tragen eigenartige Zierfriese aus kleinen gleichseitigen Dreiecken. Auch die Form des umgekehrten Hirsekorbes, die der Bauweise der Hirsespeicher zugrunde liegt, hat einen mythologischen Bezug. In der religiösen Vorstellungswelt der Dogon gilt der umgekehrte Hirsekorb mit seinem viereckigen Boden (= Himmel) und der weiten runden Öffnung (= Sonne) als Sinnbild des Weltalls. Die daran orientierte Bauweise der Speicher garantiert eine vollkommene Harmonie zwischen Natur und Mensch, beeinflußt die Beziehung zwischen Sonne und Himmel. Die Speicher würden leer bleiben, hielte man sich nicht an diese kosmologische Ordnung.

Über den obersten Häusern von Ireli, die wegen des Platzmangels bisweilen die Form von sich nach oben verjüngenden, zylindrischen Wohntürmen haben, erhebt sich senkrecht die

Falaise mit ihren zahllosen Spalten und Klüften, in die, Wespennestern gleich, archaische, zwergenhafte Lehmbauten mit schwarzen Fensterhöhlen eingemauert sind. Die Dogon sehen diese Bauten als die Wohnungen der Tellem, ihrer Vorläufer, an. Seit vielen Generationen bestatten sie hier ihre Toten, indem sie diese mit Hilfe von Seilen an den aus der Felswand herausragenden Holzpfählen hochziehen und dann in den Lehmzellen zur letzten Ruhe betten. Am Fuß der Felswand liegen die Opfergaben der Hinterbliebenen: kleine Tonschalen, Weberschiffchen und Baumwollspindeln.

Nach Südwesten führt ein kleiner Pfad am Fuß des Felsabsturzes durch Hirsefelder zu den Dörfern **Yayé, Amani, Tireli, Nombori** und **Kani Bonzon,** dem ältesten Dogon-Dorf. Von Nombori aus erreicht man über steilstufige Wege und Felsabgründe, die nur mit Hilfe von hohen hölzernen Trittleitern überwunden werden können, den Marktort **Dourou** auf dem Plateau. Von Ireli verläuft ein halsbrecherischer Pfad über haushohe Felsblöcke und durch einen schluchtartigen Felseinschnitt in der Falaise nach Sanga, das man nach einer Stunde Fußmarsch erreicht.

Die Felsmalereien von Songo

Zu den besonderen Sehenswürdigkeiten im Dogon-Land gehört der Initiationsplatz von Songo mit seinen ungewöhnlich reichhaltigen, bunten Felsmalereien. Songo ist ein kleines Lehmdorf unweit von Bandiagara. Von Sevaré (Mopti) her kommend, zweigt man nach 53 km (10 km vor Bandiagara) nach links auf eine kleine Buschpiste Richtung Songo ab. In der Höhlung einer überhängenden Felswand finden sich zahllose kleine, symbolträchtige Zeichen und Figuren. Viele Darstellungen beziehen sich auf die reiche Dogon-Mythologie und zeigen stark abstrahierte Kultobjekte, Totemtiere und Masken. Sie dienen in der schriftlosen Kultur als Vermittler des geheimen religiösen Wissens der älteren Generation an die jüngere. Die Zeichen sind unter-

Motive der Felsmalereien in Songo: Umhängetasche, Eidechse und Maskentänzer

Malereien an dem Felsabhang von Songo

schiedlich groß (5–25 cm) und häufig in verschiedenen Farben gemalt (rot, weiß und schwarz). Vor einem Beschneidungsritual zeichnen die alten, eingeweihten Männer jeweils die verblassenden Umrisse nach. Die wichtigsten Symbole sind die lederne Umhängetasche mit einer Y-Schnalle, wie sie die alten Männer beim Sigi-Ritual tragen, Maskenträger mit der Kanaga- und Krokodilmaske, die Sirige-Stockwerkhausmaske, die große Schlange *(Yurugu menu)* und die Eidechse, beides geachtete Totemtiere, außerdem zahllose Gegenstände des Alltagslebens wie Fibeln, Rührstäbe für Milch und Hirsebrei, Holzpfeifen zum Musizieren etc.

Alle diese Objekte bilden Teile des Universums, der göttlichen Schöpfung. Anhand dieser Figuren werden die Initianden über den Urgrund und die Geheimnisse des Kosmos unterrichtet. Die Dogon halten die Zeichen für älter als die realen Dinge der Welt. Bevor der Schöpfergott die Dinge erschuf, setzte er Zeichen, so wie der Handwerker vor der Ausführung eines Planes zunächst die Idee, den Gedanken hat.

Vom Nigerbinnendelta zum Adrar der Iforas

Von Mopti nach Gao auf der Gourma-Piste

Zu den landschaftlich eindrucksvollsten Gegenden im östlichen Mali gehören die Felsmassive und Tafelberglandschaften des Gourma. In west-östlicher Richtung durchquert die Autopiste

Kona–Douentza–Hombori–Gao diese Region. Die Strecke Kona–Douentza ist ganzjährig befahrbar, der größere Streckenabschnitt von Douentza bis Gao dagegen nur in der Trockenzeit.

Von Sevaré (Mopti) führt zunächst eine gut ausgebaute Piste am Rande des Bandiagara-Plateaus über **Fatoma** (hier dienstags einer der größten Viehmärkte des Binnendeltas, vgl. Farbabb. 38) nach Kona. Hinter dem Städtchen gabelt sich die Piste: Die eine Strecke verläuft über Niafounke nach Timbuktu, die andere in östlicher Richtung nach Gao. Hinter Kona beginnt eine weite, sandige Ebene zwischen niedrigen Bergmassiven. Auf der rechten Seite begrenzen die bizarren, zerklüfteten Felsen des Bandiagara-Plateaus den Horizont, im Norden liegen die Ausläufer des Gandamia-Berglandes. In **Bore,** einem kleinen Bambara-Dorf, lohnt ein Besuch der kleinen Lehmmoschee im Djenné-Stil. Die Umgebung des Weilers ist Nomadenland. Die Fulbe und Tuareg kommen in der Trockenzeit aus dem Seengebiet des Nordens (Lac Niangay, Lac Garou) hierher. Hinter Bore zweigt eine kleine Piste nach Norden zu diesen Seen, deren noch unberührte Uferpartien den Lebensraum von Elefanten und zahlreichen Wasservögeln bilden, ab.

Douentza ist die letzte größere Siedlung vor dem 400 km entfernten Gao. Der kleine Verwaltungsmittelpunkt hat eine Polizeistation, ein einfaches Campement und einen Wochenmarkt. Douentza wird von einer bizarren Gebirgskulisse, den Ausläufern der Falaise von Bandiagara im Süden und dem Gandamia-Massiv im Norden, umrahmt. Bei den Bewohnern handelt es sich um seßhaft gewordene Fulbe aus dem Wakambe-Clan. Der belebte Sonntagsmarkt wird von Fulbe-Hirten und Dogon-Frauen aufgesucht. In der Gegend gibt es schöne kunsthandwerkliche

Songhay-Siedlung im Gourma, Lithographie nach einer Zeichnung von Heinrich Barth (1854)

Produkte (schwarze *Kassa*-Decken, die als Hirtenmäntel getragen werden, Kalebassen, Steinschmuck).

Weiter östlich fährt man am Fuße des imposanten Gandamia-Massivs vorbei, das senkrecht aus der Ebene aufragt. Das Gebirge besteht aus den gleichen harten, rötlichen paläozoischen Sandsteinen wie das Bandiagara-Plateau. Eindrucksvoll wirken die Erosionsformen mit ihren herauspräparierten einzelnen Pfeilern und Türmen. An den Schutthalden der Abhänge kleben kleine Dörfer mit flachen, kastenförmigen Häusern aus groben Steinen. Hier leben Songhay-Familien, Flüchtlinge, die sich im 16. Jh. vor den marokkanischen Invasoren in diese abgelegene Gegend zurückzogen. Dort, wo Sickerwasser vorhanden ist, bedecken kleine, terrassierte, bewässerte Gärtchen mit Zwiebeln und Gewürzen die Abhänge, während auf den sandigen Böden in der Ebene Kolbenhirse angebaut wird. In dem Dörfchen **Boni** am Fuß einer mächtigen Felswand wohnen Fulbe, deren Frauen leuchtend blaue Gewänder und noch die traditionellen Helmfrisuren mit Silbermünzenschmuck tragen. Kurz vor Hombori löst sich das Gandamia-Plateau in einzelne kleine Massive, Rest- und Zeugenberge auf. Der berühmteste Berg der Gegend ist die ›Hand der Fatima‹, zwei isolierte Felsentürme, die in den Himmel ragen.

Das Songhay-Städtchen **Hombori** wird von dem 1153 m hohen Hombori-Tondo überragt, einem mächtigen Tafelberg, dessen Felswände senkrecht zur Ebene abfallen. Nördlich von Hombori beginnt das Weideland der Tuareg- und Fulbe-Nomaden. Die Fulbe wohnen in diesem Gebiet in kuppelförmigen Mattenzelten, die Tuareg bevorzugen die luftigeren Lederzelte, deren Seiten kunstvoll lederbandgeschmückte Strohmatten vor dem Wind schützen. Die hiesigen Tuareg sind Kamel-, Schaf- und Ziegenhalter, die zwischen dem Nigerstrom im Süden und

Gebirgslandschaft bei Hombori, Lithographie nach einer Zeichnung von Heinrich Barth (1854)

den sahelischen Weidegründen des Gourma hin- und herwandern. Die Fulbe-Hirten bleiben dagegen mit ihren anspruchsvolleren Rinderherden mehr im Umkreis der Brunnen und temporären Seen.

Hinter Hombori wird die Piste sehr schwierig; man fährt nun über zahllose grasbedeckte Altdünen. In dem typisch sahelischen Gebiet wachsen außer Steppengräsern Euphorbien und dornige Büsche. Der See von Gossi bildet ein Zentrum der Tuareg-Nomaden; hier wird noch in traditioneller Weise Fleisch an der Luft getrocknet. Kurz vor Gao überquert man den Niger mit einer altertümlichen Fähre, die aber nur in unregelmäßigen Abständen (normalerweise zweimal täglich) verkehrt. Vom Fluß aus bietet sich ein schöner Blick auf die alten Dattelpalmenhaine der einstigen Songhay-Metropole.

Gao – die alte Residenz der Songhay-Könige

Im Gegensatz zu Timbuktu ist Gao, das zu den ältesten Machtzentren des Sahel-Sudan zählt, in Europa fast völlig unbekannt. Gao diente über sechs Jahrhunderte als Hauptstadt der Songhay. Seine Lage am Rande der Wüste begünstigte eine Siedlungsgründung, dort, wo das Wadi Tilemsi von Norden kommend in den Niger mündet. Dem Wadi folgt ein uralter transsaharischer Handelsweg über Reggane zu den Touat-Oasen in Algerien. Diese Strecke wird heute als die Tanezrouft-Piste bezeichnet.

Gao ist eine Gründung von Dia Kossoi, dem 15. König aus der Dynastie der Dia, der im Jahre 1009 seinen Regierungssitz von Koukia in der Nähe des heutigen Ansongo hierher verlegte. Ein Jahr später trat der Herrscher zum Islam über, und seitdem gilt Gao als eine der großen heiligen Städte des Sudan. Schon im 12. Jh. bestand hier eine Moschee, von der heute nur noch die Grundmauern stehen. Die Stadt wurde im 11. Jh. durch den Handel mit Ägypten und Marokko so reich, daß sie die Kapitale des Ghana-Reiches überrundete. Durch das Wadi Tilemsi zogen Karawanen, beladen mit Goldstaub, Sklaven und Vieh, nach Nordafrika. Auf dem Rückweg brachten sie aus dem Maghreb Kupfer, Pferde, Datteln und Stoffe mit. El Bekri berichtet in seinem Geschichtswerk, daß ›Kaukau‹ aus zwei Städten bestehe, aus der Königsstadt, in der viele ›Heiden‹ lebten, und dem islamischen Stadtviertel. Der Herrscher residierte zu diesem Zeitpunkt noch im ›heidnischen‹ Viertel, und die Frauen seines Hofes waren berühmt für ihre großen magischen Fähigkeiten. Der Reichtum Gaos erregte bald den Neid der immer mächtiger werdenden Mali-Könige, die 1325 schließlich die Stadt eroberten und die Songhay-Prinzen nach Mali entführten. Nach zwölfjähriger Gefangenschaft gelang diesen die Flucht in die Heimat, und seither begann Gao, sich von der Oberherrschaft Malis zu befreien. Unter Sonni Ali erlebte die Stadt im 15. Jh. eine gewaltige Erweiterung ihres Einflußgebietes. Die reichen Handelsstädte Timbuktu (1468) und Djenné (1473) ergaben sich dem Songhay-Herrscher, und im Süden kämpfte Sonni Ali gegen die Mossi sowie gegen die Bewohner der Landschaft Borgu. Nur die Dogon blieben in ihren unwegsamen Bergregionen vor den Zugriffen der Songhay sicher. In den Augen seiner Zeitgenossen galt Sonni Ali als gottloser Animist und furchtbarer Magier, der nur wenig vom Islam hielt. 1493 bemächtigte sich ein Soninke-General und langjähriger Gefährte des Herrschers mit Hilfe des islamischen Klerus der Macht im Reich; er nahm den

Ansicht von Gao, Lithographie nach einer Zeichnung von Heinrich Barth (1854)

Namen Mohammed Askia an und wurde zum Begründer der letzten großen Songhay-Dynastie. Während seiner Regierungszeit und der seiner Söhne erlebte Gao die letzte große Blütezeit, in der die Einwohnerzahl der Stadt die aller anderen Metropolen des Sudan übertraf. Eine Zählung der festen Behausungen (die Strohhütten nicht mitgerechnet) im 16. Jh. ergab die stattliche Zahl von 7626 Lehmhäusern, wovon man auf etwa 80 000 Einwohner schließen kann. Gao war die Hauptstadt eines Riesenreiches, das 1528 von den Haussa-Staaten im Osten bis zu den Senegal- und Gambia-Mündungen im Westen sowie von der Landschaft um Hombori im Süden bis zu den Salinen von Teghaza im Norden reichte. Von dem einstigen Glanz der mittelalterlichen Stadt existiert außer der Grabstätte der Askia-Herrscher nichts mehr. Eroberungen und Zerstörungen seit der marokkanischen Invasion von 1591 führten zu einem Bevölkerungsrückgang und zum Verfall des Machtzentrums; viele Songhay flohen nach Süden in die Landschaft Gourma und nach Timbuktu. Da es die marokkanischen Paschas im 17. Jh. vorzogen, den Sudan von Timbuktu aus zu regieren, sank Gao zu provinzieller Bedeutungslosigkeit ab, zumal auch der Karawanenhandel wegen der zunehmenden Unsicherheit auf der Tilemsi-Piste (Tuareg-Überfälle!) zurückging. Im 18. und 19. Jh. wechselten in Gao die Herren ständig. Einmal waren es die Tuareg (1770), später kamen die Heere der Fulbe unter Osman dan Fodio, und zuletzt erschienen die Reiterheere der Tukulor unter El Hadji Omar. 1898 wurde die Stadt (bzw. die verbliebene bescheidene Ansiedlung am Fluß) von den französischen Truppen besetzt und zu einem Verwaltungs- und Militärstützpunkt ausgebaut. Diese Funktionen prägen bis auf den heutigen Tag das Stadtbild; außerdem ist Gao ein wichtiger Knotenpunkt des Transsahara-Verkehrs an der Route in die algerische Sahara.

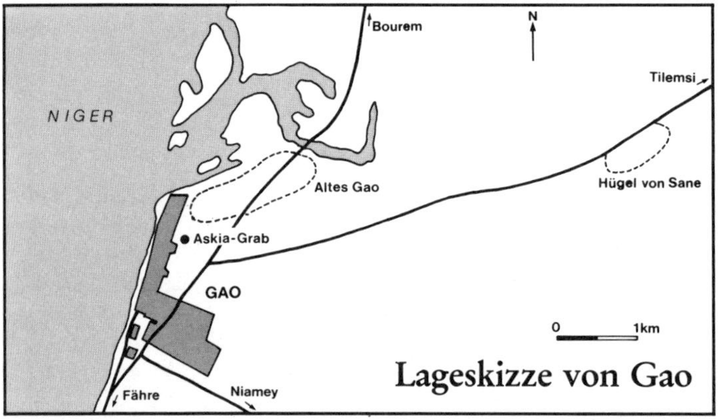

Rundgang durch Gao

Das heutige Gao bietet das Bild einer weitgehend neuen Stadt, auch wenn sich der Baustil an der alten sudanischen Lehmbauweise mit Zinnen, Flachdächern und hölzernen Portalen orientiert. Die Siedlung wurde zu Beginn dieses Jahrhunderts von der Kolonialregierung auf einem schachbrettartigen Grundriß errichtet. Nicht weit von dem hübschen kleinen Hotel ›L'Atlantide‹ liegt am Fluß das Zentrum mit dem Markt. Hier befindet sich auch der **Hafen,** in dem sich zahlreiche schlanke Pirogen drängen. Gao ist der Endpunkt der malischen Binnenschiffahrt; wichtige Güter kommen auf den großen Frachtkähnen, den ›Pinasses‹, direkt aus Mopti oder Kabara. Auf dem belebten **Markt** treffen sich die Bewohner des fruchtbaren Nigertales, Songhay-Bauern, Sorko-Fischer, Bella, Tuareg, Fulbe-Hirten, Mauren, schwarze Ruma aus Timbuktu, Bambara- und Haussa-Händler. Man tauscht hier Viehprodukte aus dem Sahel gegen das teure Getreide, das von weither herangeschafft werden muß. Gao liegt nördlich der Regenfeldbaugrenze, d. h. es fallen hier am Rande der Wüste nicht mehr genug Niederschläge für den Anbau von Hirse. Im Nigertal kultiviert man zwar das Hauptnahrungsmittel Reis im Überschwemmungsfeldbau, jedoch ist auch der Reis überall teuer und knapp. 1973/74 strömten Tausende von Tuareg, die ihre Rinder verloren hatten, nach Gao und vegetierten einige Jahre lang am Stadtrand in notdürftig aus Blech und Lumpen konstruierten Behausungen. Viele zogen in der Zwischenzeit wieder nach Norden in ihre angestammten Gebiete, um mit bescheidener Ziegenhaltung einen Neuanfang zu wagen. Andere, die in Gao blieben, betteln, leben von der Fürsorge der Behörden oder bieten den durchreisenden Fremden kunsthandwerkliche Gegenstände (Lederkissen, Schwerter, Schmuck) an.

Die größte Sehenswürdigkeit von Gao ist die **Grabstätte der Askia** (Abb. 61), die etwa 1,5 km nördlich des Marktes liegt. Schon im 14. Jh. wurden hier in einer vom Dichter und Architekten Es Saheli erbauten Moschee die Askia-Herrscher von Gao beerdigt. 1525, im Todesjahr von Mohammed Askia, dem Begründer der letzten Songhay-Dynastie, standen noch einige wenige Überreste dieser Moschee. Anläßlich seines Todes erbaute man dann die neue Grabstätte, die als einzigartig im gesamten Sahel-Sudan gelten kann. Es handelt sich dabei um eine aus luftgetrockneten Lehmziegeln erbaute, gestufte stumpfe Lehmpyramide mit einem horizontalen Holzgerüst. Die in dieser Gegend so seltenen und kostbaren krummen Äste aus Akazienholz werfen bizarre Schatten auf die Wände. Ein typisches Merkmal des mittelalterlichen sudanischen Stiles sind die umlaufenden Terrassen, die man über schmale Treppchen betreten kann. Ein kleiner Eingang führt in das Innere der Grabkammer. Den ehrwürdigen Bezirk umgibt eine Lehmmauer.

Gao wurde seit den dreißiger Jahren auch als archäologische Fundstätte berühmt. Etwa 7 km nordöstlich von Gao, an der Piste Tilemsi-Reggane, liegt der **Hügel von Sane.** Dort, an einem toten Nebenarm des Niger, befand sich einst eine große Nekropole, in der französische Forscher Grabsteine aus andalusischem Marmor mit kunstvollen arabischen Inschriften zutage förderten. Die Stelen stammen überwiegend aus dem 12. Jh. und teilweise aus noch früherer Zeit; einige von ihnen sind heute im historischen Museum (I.F.A.N.) auf der Insel Gorée bei Dakar und im Nationalmuseum von Bamako ausgestellt. Jüngere Grabsteine aus der Askia-Epoche (16. Jh.) fand man im Umkreis der alten Moschee. Verwirrend ist der Umstand, daß die Namen der mittelalterlichen Songhay-Könige auf den alten Grabsteinen nicht mit denen im Tarikh es Sudan (vgl. S. 79) übereinstimmen. Dies zeigt, wie wenig man bislang über die alte Geschichte der afrikanischen Großreiche weiß. Der andalusische Marmor liefert allerdings einen klaren Beweis für die alten Handelsbeziehungen zwischen dem arabischen Spanien und dem Sudan.

Die Wüstenpiste von Gao über den Adrar der Iforas bis zur algerischen Grenze
(Kidal-Piste)

Eine der wildesten und relativ unberührten gebirgigen Wüstenlandschaften der Republik Mali liegt nördlich von Gao im Gebiet des Bergmassivs Adrar der Iforas, der alten Heimatregion der Tuareg Kel Iforas. Die Strecke ist zwischen Juli und September überhaupt nicht und in der übrigen Zeit nur mit Geländewagen oder LKW befahrbar (eine weitere Strecke führt von Gao nach Niamey, vgl. S. 335 f.).

Zwischen Gao und Anefis fließt das nur im Sommer episodisch Wasser führende Wadi Tilemsi (bis zum frühen Tertiär identisch mit dem Tal des Ur-Niger) durch ein weites, flaches Becken mit den Resten älterer, quartärer Seen, die noch vor 5000 Jahren mit Wasser gefüllt waren. Damals, im Neolithikum, lebten in der heutigen Halbwüstenregion noch Jäger, Sammler und die ersten Bauern. Etwa 200 km nördlich von Gao, in der Nähe der Wasserstelle von Tabankort, liegt die Fundstätte von **Asselar,** wo Theodor Monod 1927 das ›Skelett von Asselar‹ fand. Es handelt sich dabei um die Reste des nachweislich ältesten Menschen mit negriden Merkmalen aus dem 5. Jahrtausend v. u. Z. (vgl. S. 67). Damals war die hiesige Vegetation von tropischer Üppigkeit und die Tierwelt äußerst artenreich. In dem Gebiet gibt es zahlreiche Felszeichnungen (Gravuren) mit libysch-berberischen Schriftzeichen.

Nördlich des häufig ausgetrockneten Brunnens von Anefis beginnt das stark zerklüftete Hochplateau des Adrar der Iforas. Die nur in der Trockenzeit befahrbare, schwierige Piste verläuft östlich des Wadi am Fuß des Hochplateaus. Hinter Anefis zweigt eine LKW-Piste nach **Kidal** ab, dem kleinen Verwaltungszentrum der Adrar-Region mit einem alten, zinnengekrönten Fort *(Bordj)* aus der frühen Kolonialzeit. Der Name Kidal hat seit Beginn dieses Jahrhunderts einen gefürchteten Beiklang, denn hier befindet sich ein berüchtigtes Gefängnis. Kidal war früher auch eine berühmte Meharistation, von der aus die Kolonialmacht mit Hilfe einheimischer Kamelreiterverbände (Meharisten) die Karawanenwege kontrollierte. Etwa 40 km nordwestlich von Kidal erinnern Ruinen an die alte Stadt **Es-Souk,** einen der großen mittelalterlichen Handelsstützpunkte. Neuere Untersuchungen haben ergeben, daß Es-Souk (arabisch: ›der Markt‹) mit dem mittelalterlichen Tademekka identisch ist. In **Tessalit** (517 km von Gao) befinden sich die malische Grenzstation und ein Wüstenflugplatz. Nördlich davon beginnt die riesige Tanezrouft-Wüste. Von Tessalit bis nach Reggane in der Touat-Region (Algerien) liegen 810 km Wüstenpiste.

Herbert Kaufmann nennt in seinem Buch ›Reiten durch Iforas‹ zahlreiche Stellen im Umkreis von Kidal, wo sich Felsbilder aus der frühberberischen Zeit (1500 v. u. Z. bis 500 u. Z.) finden. **Tamardjant** im östlichen Adrargebiet (Tamesna) und In Frit bei **Aguelhoc** (120 km nördlich von Es-Souk) sind die berühmtesten Fundplätze.

Sahelische Landschaft, Lithographie nach einer Zeichnung von Heinrich Barth (1854)

Niger

Das Land und seine Bewohner

Der Niger gehört mit rund 1,2 Millionen km² zu den größten Binnenländern des afrikanischen Kontinents. Das Land hat seinen Namen von dem mächtigen westafrikanischen Strom, der in einem großen, nach Norden gerichteten Bogen durch Mali und dann in südöstlicher Richtung durch den äußersten Südwesten der Republik Niger fließt. Das Territorium des Niger liegt zum größten Teil in der ariden Zone der Sahara und der Sahelzone. Nur ein äußerst schmaler ›sudanischer Streifen‹ entlang der Staatsgrenze zu Nigeria weist naturgeographisch günstigere Bedingungen auf. Der Niger bildet einen Übergangsraum vom westlichen zum zentralen Afrika. Im Westen grenzt das Land an die Staaten Mali und Obervolta, mit denen durch Geschichte, Sprache und Kultur (Songhay, Tuareg, Fulbe) enge Beziehungen bestehen, im Norden an Algerien und Libyen, im Osten an die Republik Tschad und im Süden an Benin und Nigeria. Mit Nigeria bestehen wohl die engsten Beziehungen, weil auf beiden Seiten der Grenze Angehörige des großen, seit der Kolonialzeit geteilten Haussa-Volkes leben. Auch geht ein großer Teil des Erdnußexportes über nigerianische Straßen an die Guinea-Küste.

Weite, endlose Ebenen des abgetragenen afrikanischen Grundgebirgssockels bestimmen den Landschaftscharakter in weiten Teilen des Südens und Westens. In der Sahara sind es das alte Gebirgsmassiv des Air und das stark zerklüftete Djado-Plateau, die etwas Abwechslung in die Monotonie des Reliefs bringen. Zwischen diesen Gebirgen liegt die weite Sandebene der Tenere-Wüste. In der Kreidezeit strömten große Flüsse aus dem Air-Massiv in flache Senken im Südwesten und Südosten; das Tschadseebecken war von einem seichten Binnenmeer bedeckt. Die weißen Diatomeen-Kalkablagerungen und einzigartige Fossilienfunde (Dinosaurierskelette) in der Tenere-Wüste zeugen davon ebenso wie der Tschadsee, der verschwindend kleine Rest dieses Binnenmeeres, und die Reste der alten Abflußsysteme, die heute teilweise versandet sind. Der Urniger entsprang im Air und floß über das heute noch bestehende Azaouak- und Dallol-Boboye-Bosso-System in südwestlicher Richtung zum Golf von Guinea. Auch die anderen Dallols und Goulbis (vgl. S. 19) sind bereits im Tertiär angelegte Täler, die im mittleren Niger in der alten Landschwelle zwischen dem Niger- und Tschadseebecken entsprangen. Als wichtige Ackerbaugebiete und grundwasserführende hydrologische Leitlinien haben sie für die Bauernwirtschaft im nigrischen Sudan eine große Bedeutung.

Die tertiären Gebirgsfaltungen im Norden des afrikanischen Kontinents (Atlassystem im Maghreb) wirkten sich im saharischen Bereich in Form eines ausgeprägten Vulkanismus aus, dessen bis heute sichtbare Zeugen das Hoggar-Gebirge Algeriens, das nigrische Air-Massiv und das kleine Termit-Bergland sind. Große landschaftliche Schönheit zeigt das Air-Massiv (Abb. 77), das sich von Norden nach Süden über 400 km zwischen der Talak-Ebene und dem Tenere du Tafassasset hinzieht. Es besteht aus einer Serie von steil aufragenden, einzelnen Massiven, die auf einem alten Grundgebirgssockel ruhen und durch sanderfüllte Täler *(Koris)* voneinander getrennt sind. Die größte Höhe im Air erreicht der Mont Greboun mit 2310 m. Die stark zertalten und zu einzelnen Felsklötzen aufgelösten Djado- und Mangeni-Plateaus im äußersten Nordosten des Landes erreichen Höhen von knapp 1000 m.

Eine markante Landschaft im Herzen des Tenere bildet die Kaouar-Schichtstufe, an deren Westrand eine Reihe großer Oasen liegt. Die Tenere-Wüste, die sich zwischen dem Air im Westen und dem tschadischen Tibesti-Gebirge erstreckt, nimmt eine Fläche von 350 000 km^2 ein. Sie untergliedert sich in den flachen Tenere du Tafassasset sowie die Sanddünenmeere des zentralen Tenere-Erg und des Erg von Bilma (Abb. 76). Kleinere Gebirge bei Fachi, Achegour und Termit heben sich aus den Weiten der Wüste. Die ausgedehnten lateritischen Plateaus im Süden und Südwesten werden von den mit Sand erfüllten alten Flußtälern, den *Dallol,* zerschnitten.

An manchen Stellen tritt der alte Grundgebirgssockel an die Oberfläche – so westlich des Niger und im Gebiet von Zinder, wo der Granit zu bizarren Riesenkugeln verwittert. Im trockeneren Südosten bis zum Tschadsee bestimmen alte Dünen den Landschaftscharakter. Zwischen den Dünenwällen liegen die ›cuvettes‹, feuchte Becken, die große Bedeutung als Brunnenstandorte haben. Der Niger weist ein sehr trocken-heißes Tropenklima mit großen Tagestemperaturschwankungen auf – vor allem im Norden. In der Sahara, im Tenere, Talak und in den nordöstlichen Plateaus fällt oft mehrere Jahre hintereinander kein Regen (im Durchschnitt weniger als 50 mm/Jahr). Die Temperaturen liegen im Sommer sehr hoch und überschreiten tags 40 °C. Im Winter ist es recht kalt, nachts fallen die Temperaturen im Air und im Tenere gelegentlich unter den Gefrierpunkt. In der Sahelzone gehen während der Sommermonate zwischen 250 und 500 mm Regen nieder, was im Süden den Hirseanbau erlaubt, während weiter nördlich wie z. B. zwischen Tahoua und Agadez nur noch nomadische Viehhaltung möglich ist. Im ›sudanischen Streifen‹ entlang der Grenze zu Nigeria und im Südwesten werden in normalen Jahren mehr als 500 mm Regen registriert, was den Anbau von anspruchsvolleren Produkten (Sorghum, Erdnuß, Baumwolle, Zwiebeln, Indigo) gestattet.

Das Hauptproblem im Niger bildet der Wassermangel. Nur in einem kurzen Zeitraum des Jahres gibt es genügend Wasser, weswegen sich die Bevölkerung in den Gebieten konzentriert, wo das ganze Jahr über Brunnenwasser zur Verfügung steht: im Nigertal, im Umkreis der Dallols (Bosso, Boboye) und Goulbi-Täler (Maradi, Kaba) sowie im Tarka- und Majia-Tal.

Über 60% des nigrischen Territoriums werden von reiner Wüste bedeckt. Der Tenere, das Djado-Gebiet und die tonige Talak-Ebene sind praktisch vegetationslos. Lediglich am stärker befeuchteten Südwestabhang des Air und im Azaouak gibt es dichtere Grasprärien. In den Grundwasser speichernden Koris, den Tälern im Air, bildet sich eine dichtere Vegetation in Form von Dumpalmen, Dattelpalmen und Akaziengestrüppen aus, und in den Gipfelregionen des Air haben bestimmte Baumarten aus früheren, humideren Klimaepochen überlebt, z. B. der wilde Ölbaum und Zypressen. Hier kommen auch noch Air-Mufflon, Wildesel und Fennek (Wüstenfuchs) vor. Im Tenere gibt es Gazellen und Strauße.

Etwa 30% des Landes gehören zur Sahelzone, wo verschiedene dornige Akazienarten gedeihen. Ein teilweise dichter Grasteppich bedeckt die älteren Dünenlandschaften. Diese sahelischen Kurzgrasweiden bilden das bevorzugte Weideland der Viehherden von Tuareg- und Fulbe-Nomaden. Je weiter man nach Süden kommt, desto dichter wird die Vegetation. Dichte Buschareale bedecken im Südwesten und in der Umgebung der Hauptstadt die lateritischen Plateaus. In den Dörfern und auf den Feldern wachsen große Exemplare von Affenbrot-, Kapok- und Karitébäumen als Schattenspender und Fruchtkulturen. Die Bauern kultivieren außer Hirse, Baumwolle und Erdnüssen in dieser Zone Zwiebeln, Kürbisse und Zuckerrohr.

Völker und Stämme im Niger

Der Niger – wie Mali und Mauretanien ein Übergangsland von dem schwarzen, bäuerlichen Sudan zur Welt der arabo-berberischen Nomaden des Sahel und der Wüste – gehört dank seiner heterogenen ethnischen Struktur zu den kulturell ursprünglichsten Ländern im Afrika südlich der Sahara. Der Norden zwischen Ayorou und dem Air-Gebirge (etwa nördlich des 15. Breitengrades) ist das Land der ca. 350 000 Tuareg, die als freie Wüstenkrieger bis zum Ende des 19. Jhs. die Städte, Dörfer und Handelswege in der Sahara und im Sahel beherrschten. Durch Kolonisation und Unabhängigkeit haben sich ihre alten hierarchischen Sozialstrukturen aufgeweicht, die sozialen Unterschiede nahmen ab, und der Adel (Farbabb. 44) hat seine Sklaven verloren. Echte Nomaden sind noch die westlichen Stämme

Prachtvoll gekleideter Tuareg-Krieger, aufgenommen um 1930

am Niger (die Ullimiden) und die Kel Gress aus der Gegend von Madaoua (Farbabb. 43), bestimmte Stämme im Air wie die Kel Owi haben dagegen bereits eine stärker seßhafte Lebensweise angenommen. Die bei den sahelischen Tuareg im Westen bereits zahlenmäßig dominierenden Abhängigen *(Iklan)* von einst treten heute als unabhängige Volksgruppe auf, wenngleich sie in Sprache und Kultur die Tradition der Tuareg beibehalten, ja sogar besonders pflegen. Ihre soziale Emanzipation – sie arbeiten heute als Oasenbauern, Holzsammler, Wasserträger oder Viehhändler – unterstreichen sie durch auffällige Kleidung mit mächtigen Turbanen, Amulettbändern und reich bestickten Gewändern (Abb. 87).

Trotz aller Wandlungen haben die Tuareg eine reiche materielle Kultur bewahrt. Ihre großen Lederzelte und Kuppelhütten aus Mattengeflecht sind mit verschiedenen, holzgeschnitzten Gegenständen ausgestattet. Das Bett besteht aus kunstvoll gearbeiteten runden Holzlatten, die auf niedrigen Stützen ruhen. Darüber legt man mehrere Lagen von Matten. Links und rechts vom Bett befinden sich in manchen Zelten reich beschnitzte Holzpfosten zur Innendekoration oder zum Aufhängen von Wasser- und Kleidersäcken. Auf Gabelpfosten ruhen nicht benötigte, zusammengerollte Matten und lederne Reisesäcke. Holzmörser, Melkgefäße und Holzlöffel für die Mahlzeiten sind die typischen Gebrauchsgegenstände im Nomadenhaushalt.

Während die *Targia* (Frau) unverschleiert geht, trägt der erwachsene Mann einen Gesichtsschleier *(Litham* oder *Tagilmust),* der die Mundpartie bedeckt (Farbabb. 44). An Festtagen legt er blau-schwarz schimmernde Indigo-Schleier und mit Amuletten geschmückte Turbanbänder an. Da das Indigo der blauen Schleier auf die Haut abfärbt, erhielten die Tuareg die Bezeichnung ›hommes bleus‹ (›blaue Männer‹). Jeder angesehene Mann besitzt einen reich mit Metallbeschlägen und Grünleder verzierten Kamelsattel. In der Gegend von Agadez trägt dieser einen kreuz-

Kunsthandwerk der nigrischen Tuareg: silberner Frauen-Brustanhänger aus dem Air (links), Kamelsattel aus Agadez (rechts)

förmigen Kopf, auf dessen Innenseite in der Mitte ein Auge aufgemalt ist, das ›Auge des Nachtvogels‹, ein Schutzsymbol für Nachtritte. Außerdem hat jeder vornehme Targui ein weißes Reitkamel und ein Schwert *(Takuba)* mit Kreuzgriff, das in einer fein gearbeiteten Lederscheide steckt.

Die hohe Stellung der Frau bei den Tuareg dokumentiert sich in ihrer großen persönlichen Freiheit. Im Gegensatz zu den meisten anderen islamisierten Völkern in Afrika herrscht bei den Tuareg die Monogamie vor. Die Frauen kleiden sich in hell- oder dunkelblaue Gewänder und bedecken den Kopf mit einem Tuch. Unerschöpflich scheint die Vielfalt der Haartrachten, die sich die Frauen wie überall in Afrika gegenseitig aufstecken. Auffallend ist, daß nicht nur Frauen, sondern auch Knaben und Männer Zopffrisuren tragen.

Der Schmuck der Tuareg gehört zum schönsten in der ganzen Sahara. Die Frauen lieben Armreifen, silberne Fingerringe, dreieckige silberne Brustanhänger als Mittel gegen den ›Bösen Blick‹, Halsketten mit Kreuzanhängern (›Kreuz von Agadez‹) sowie Amulette aus Leder und Metall. Die Männer schmücken sich mit Brustbeuteln (Farbabb. 44), die man an Riemen auseinanderziehen kann. Im Nigergebiet und im Air tragen sie Ringe aus Stein oder Holz am Oberarm. Messingkapseln, an Turbanbändern und an der Brust befestigt, enthalten magische Schutzformeln, die der Marabout auf ein Zettelchen schreibt. Die Tuareg feiern gerne Feste, wobei sie auf kleinen Trommeln und der einsaitigen Violine (*Imzhad,* Abb. 78) musizieren.

Die Landschaften im Westen entlang des Flusses bilden die uralte Heimat der Songhay und der später eingewanderten Djerma (zusammen ca. 700 000 Menschen). Die Songhay entstanden aus einer Verschmelzung des Fischervolkes der Sorko mit den Gow-Jägern und den Gabibi- bzw. Kado-Bauern. Der mythische Ahn der Sorko, Faran Maka Bote, soll im Gebiet des ›W‹-Nigermäanders geboren sein und die Sorko zu einem Volk vereint haben. Aus Sorko und Gow bildeten sich im Laufe der Jahrhunderte die Songhay heraus, die im 7. Jh. unter die Herrschaft saharischer Berber gerieten. Die Sorko entzogen sich dieser Unterwerfung durch eine Wanderung nigeraufwärts, wo sie die Stadt Gao gründeten. In der Folgezeit wurde das gesamte Nigertal von den Songhay-Bauern besiedelt, deren Könige seit dem 14. Jh. über weite Teile des Westsudan herrschten. Die militärische und verwaltungsmäßige Organisation ihres mittelalterlichen Reiches war einzigartig im Sudan (vgl. S. 79ff.).

Kennzeichnend für die Songhay-Zivilisation ist ein ›gemäßigter‹, toleranter Islam, der viel Raum für die traditionellen animistischen Glaubensvorstellungen läßt und insbesondere den alten Geisterglauben mit einbezieht. In manchen Dörfern, z. B. auf den Nigerinseln, kann man, wenn man Glück hat, Besessenheitsriten beiwohnen (Holey-Kult). Auch sonst spielt die magische Praxis im Alltagsleben der Bauern und Fischer am Niger eine bedeutende Rolle. Die Nachkommen von Sonni Ali gelten als besonders fähige Magier, die mit ihren Amuletten die bösen Geister und die seelenfressenden Hexen wirksam bekämpfen können.

Ein altberberischer Zug bei den Songhay scheint die besondere Stellung der Frau zu sein, denn neben der patrilinealen Verwandtschaftsrechnung ist auch die matrilineale verbreitet. Die Festtagsaufmachung der noblen Songhay-Frau ähnelt etwas dem Putz der Fulbe-Frauen im Massina. Das Haupthaar wird zu einer kunstvollen Rolle längs des Mittelscheitels aufgesteckt und mit roten Baumwollbändern umschnürt, die seitlichen Haare hängen als Zöpfe zusammen mit bunten Wollfäden, an denen riesige gelbe Ambrakugeln befestigt sind, auf die Schultern

Tonurnenspeicher für Hirse der Songhay

herab. Den Hinterkopf zieren wiederum Ambrakugeln und weiße Schneckenhäuser. Außerdem lieben die Songhay- und Djerma-Frauen riesige, bis zu mehrere Kilo schwere Messing-Fußspangen und massive Armreifen aus verschiedenen, fein ziselierten Metallen. Die schweren Fußspangen werden keineswegs als beschwerende Fesseln oder gar als Symbol der weiblichen Unterwerfung angesehen, sondern bedeuten Wohlstand und Fruchtbarkeit der verheirateten Frau.

Bemerkenswert ist die Bauweise der Songhay-Dörfer. Im Nigertal überwiegt das traditionelle sahelische Lehmkastenhaus mit seinen riesigen, bauchigen Tonspeichern, welche die Reis- und Hirsevorräte enthalten. Auf den Inseln gibt es Gehöfte im traditionellen bäuerlichen Stil, die aus einer Gruppe von mehreren runden Lehmhütten mit kuppelförmigem Strohdach bestehen. Bei den Djerma im Süden stützt man die Kuppelstrohdächer noch durch Hohlpfosten an der Hauswand ab. Die großen, eiförmigen Lehmurnenspeicher sind durch Lehmwülste, die zum Hinaufsteigen dienen, untergliedert.

Die etwa anderthalb Millionen Haussa, die mehr als die Hälfte der Bevölkerung des Niger stellen, bilden eigentlich keine einheitliche ethnische Gruppe, sondern setzen sich aus verschiedenen sudanischen Bauernstämmen zusammen, die eine gemeinsame Sprache sprechen und sich alle zum Islam bekennen. Die Haussa-Sprache wurde bereits frühzeitig in arabischer Schrift geschrieben, zu einer Zeit, als die sieben ›echten‹ Haussa-Staaten entstanden, die alle im Gebiet des heutigen Nigeria liegen. Im 18. Jh. erlebten die Haussa-Städte, darunter als berühmteste Kano mit seinem ›größten Markt im Sudan‹, ihre Blütezeit. Im Niger sind die Haussa in zahlreiche Gruppen aufgeteilt. In der Gegend von Filingué leben die Kourfey, in Dogondoutchi die aus dem Tschad eingewanderten, nur sehr oberflächlich islamisierten Maourei, im Umland von Tahoua die Aderawa und in der Gegend von Birni n'Konni die Konnawa. Die Goberawa siedeln in dem alten Haussa-Staat Gobir mit der Stadt Maradi als Mittelpunkt und die Haussa Damagarawa schließlich in der Region von Zinder. Alle Haussa sind große Hirse- und Erdnußproduzenten und zählen zu den geschicktesten Händlern in ganz Westafrika (u.a. Viehhandel, vgl. Farbabb. 46). Das Kunsthandwerk, besonders die Lederverarbeitung, steht in höchster Blüte (vgl. S. 60), und auch in Hinblick auf die ländliche und städtische Architektur gehören die Haussa zu den kreativsten Völkern im Sudan (vgl. S. 362f.).

Zwischen Zinder und dem Tschadsee sowie im Gebiet der Kaouar-Oasen leben ca. 200000 Angehörige der Kanuri (Abb. 85, 92, 93), einer Zusammenfassung mehrerer kleinerer Volksstämme, die eine gemeinsame Sprache sprechen. Die wichtigsten Gruppen sind die Manga, Dagara, Mobeur, Dietko, Kanembu (Abb. 82) und Buduma. Einige dieser Stämme leiten ihre Herkunft von den Sao ab, die im frühen Mittelalter im Tschadseegebiet eine blühende Stadtkultur mit hochentwickelter Keramik und Bronzekunst unterhielten, bis ihre Städte durch die aufstrebenden Kanembu (Bornu-Reich) zerstört wurden. Die Buduma leben von Viehzucht und Fischfang (Abb. 91), die anderen Gruppen von Viehzucht und Ackerbau. Auch die Herstellung von Salz (im Manga-Gebiet) und der Handel mit Natronsalz spielen eine Rolle. Trotz der engen kulturellen Beziehungen zu Nordafrika (Tunesien, Tripolitanien) während der Blütezeit des Bornu-Reiches blieb die Islamisierung recht oberflächlich, und der individuelle, schwarzafrikanische Charakter der einzelnen Stämme konnte sich weitgehend erhalten (z.B. bei den magischen Praktiken). In den Kaouar-Oasen errichteten die als Kolonisten unter dem Bornu-Herrscher Idris Alaoma eingesetzten Kanuri kleine Stadtstaaten (Bilma, Seguedine, Fachi), die, da in einem Übergangsraum verschiedener Herrschaftszentren gelegen, einmal die Oberhoheit Bornus, dann wiederum die der Air-Tuareg, der libyschen Araber oder aber der Tubu-Nomaden anerkennen mußten. Durch ständige Kriege und Einwanderungen kam es in den Kaouar-Oasen zu Vermischungen zwischen den einheimischen Kanuri und den saharischen Tubu, aus denen die sogenannten Gezebida entstanden. Eine kleine Minderheit der in der Tibesti-Region (Tschad) beheimateten, dunkelhäutigen Tubu (auch Teda oder Daza, Abb. 89) siedelt nördlich des Tschadsees, in der Tintumma-Steppe und in den Kaouar-Oasen. In der gleichen Gegend leben – teils seßhaft, teils nomadisch – auch kleinere Sippen von hellhäutigen Arabern aus Libyen und dem Tschad (Ouled Sliman, Hassauna, Abb. 84).

Zwischen allen diesen Völkern wandern die nomadischen Fulbe mit ihren Rinderherden. Zu den klassischen Vertretern dieses Volkes gehören im Niger die Fulbe Bororo (vgl. S. 370), die in ihrer äußeren Erscheinung eine verblüffende Ähnlichkeit mit den Menschen aufweisen, die auf neolithischen Felsgravuren und Felsbildern in der Sahara dargestellt sind. Die Bororo-Frauen schmücken sich mit riesigen Ohrringen; sie lieben blaue Gesichtstätowierungen, Gesichtsnarbenschmuck (Abb. 80), tragen Perlenketten, Brustschmuck und Amulette. Als ›Sonnenschutz‹ balancieren sie häufig ein gefaltetes, indigoblaues Tuch auf dem Kopf. Die Männer zieren sich mit Amuletten, Spiegeln und Waffen, tragen bisweilen lange Zöpfe, einen Tuareg-Turban oder den charakteristischen konischen Hirtenhut (Abb. 81, 86). Sie sind stets mit einem Hirtenstock ausgerüstet. Kaum ein anderes Volk – die ostafrikanischen Massai vielleicht ausgenommen – hängt so sehr an seinen Rindern wie die Fulbe. Ohne jede Habe außer ihren Tieren wandern sie zwischen dem Azaouak im Norden, dem südlichen Sahel bei Tahoua im Westen und dem Manga-Gebiet im Osten.

Westlich des Flusses leben stärker islamisierte Fulbe, die sich auch häufig mit Haussa, Djerma und den voltaischen Gurmantche vermischt haben. Sie sind meist Halbnomaden, verbinden also die Rinderhaltung mit dem Ackerbau. Als Händler in den Marktorten der Sudanzone (Zinder, Maradi, Dosso) finden sich seßhafte Stadt-Fulbe. Die Gesamtzahl der nigrischen Fulbe beträgt ca. 500 000.

Das große Problem des nigrischen Staates ist es, die zahlreichen verschiedenen Volksgruppen zu einer Nation zu vereinen. Die Grundlage der entsprechenden Bemühungen bildet die Alphabetisierung (in Djerma, Haussa, Ful und Französisch), die selbst in entlegenen Gebieten durch die Tätigkeit der Nomadenschulen Fortschritte macht. Der traditionelle Dualismus zwischen den politisch dominierenden Songhay-Djerma einerseits und den zahlenmäßig und ökonomisch führenden Haussa andererseits bleibt jedoch spürbar, und auch der alte Schwarz-Weiß-Gegensatz zwischen sudanischen Bauern und den berberischen Tuareg, der von außen (etwa durch Libyen) einseitig zugunsten der Tuareg unterstützt wird, wirkt sich belastend auf den Zusammenhalt im Staat aus. Deswegen erscheint es um so wichtiger, daß der junge Staat trotz großer Schwierigkeiten (Dürren!) seine ökonomische Lebensfähigkeit sicherstellt, wozu neben der Förderung des für die Devisenbilanz wichtigen Uranbergbaus und der Unterstützung des Ackerbaus auch die Entwicklung der traditionellen nomadischen Viehwirtschaft gehört.

Niamey – die Hauptstadt der Republik Niger

Hoch über den Ufern des breiten Nigerstromes entwickelte sich in diesem Jahrhundert die Hauptstadt der Republik Niger. Niamey kann als typische junge Kapitale eines sahelo-sudanischen Entwicklungslandes gelten: Eine kleine geschäftige City mit Betongebäuden und einigen modernen Hochhäusern, geraden Avenuen und sternförmigen Plätzen wird von ausgedehnten traditionellen Lehmvierteln umgeben, die der Stadt in weiten Teilen ein afrikanisches Gepräge verleihen. Das Nebeneinander von dichtem Autoverkehr und sahelischen Kamel- und Eseltreibern symbolisiert den zwiespältigen Charakter der nigrischen Hauptstadt.

Die ursprünglichen Bewohner des Gebietes waren Songhay, die sich im 18. Jh. mit den aus dem Binnendelta zugewanderten Kalle, einer Fraktion der Djerma, vermischten. Die Namen der verschiedenen Stadtviertel erinnern an die alten Dörfer dieser beiden Volksgruppen im heutigen Gebiet von Niamey (Gamkalle, Gaoué, Maourei, Gandatchi u. a.). Das alte Songhay-Dorf Gaoué lag früher dort, wo sich die heutige City befindet, die alten Fischerdörfer Gamkalle und Yantala wurden später von der rasch wachsenden Stadt einverleibt. Der Name ›Niamey‹ hat nach einer Legende folgenden Ursprung: Eines Tages soll sich ein angesehener Mann aus dem Stamm der Kalle an seine Sklaven mit den Worten gewandt haben: »*Oua niammané*«, d. h. »Nehmt hier und da dieses Land!«

Niamey liegt im äußersten Westen, an der Peripherie der Republik. Bis zum Jahr 1927 fungierte Zinder als Hauptstadt der Niger-Kolonie. Grund für die Entscheidung der Franzosen, ihre Administration nach Niamey zu verlegen, war das Vorhaben, eine bessere verkehrsmäßige Anbindung an die anderen Kolonien Obervolta, Dahomey und Mali zu erreichen.

Aus den kleinen Dörfern am Fluß entstand seit den dreißiger Jahren eine rasch wachsende Stadt. Durch die Dürrekatastrophe, die eine Flüchtlingswelle zur Folge hatte, verdoppelte sich die Bevölkerungszahl in den letzten Jahren (1970=85000 Ew., 1976=150000 Ew.). Die Probleme, die sich aus dieser Landflucht ergeben, lassen sich erahnen, wenn man durch die übervölkerten afrikanischen Wohnviertel wandert, wo die Anlage neuer Versorgungs- und Hygieneeinrichtungen weit hinter dem Bevölkerungswachstum herhinkt. Ganz anders präsentiert sich die Innenstadt. Hinter alten, schattenspendenden Bäumen liegen die Repräsentationsgebäude aus der Kolonialzeit, moderne Hotels, Ministerien und Regierungseinrichtungen. Dank seiner schönen Lage an der Stromoase des Niger, seiner Straßenrestaurants, Bars und des einmaligen Freilichtmuseums zählt Niamey in den Augen vieler dort lebender Europäer zu den ›angenehmeren‹ Städten in Westafrika.

Sehenswürdigkeiten in der Innenstadt

Das **Nationalmuseum** (›Musée National‹) liegt im Herzen der Stadt, nicht weit vom Niger, an einem sanft zum Fluß abfallenden Gelände. Die einzelnen Ausstellungspavillons, die Nachbildungen von Gehöften und Nomadenlagern und das Tiergehege verteilen sich auf einem 24 Hektar großen Park (Öffnungszeiten: 1. November – 1. April 9–12 und 15.30–18 Uhr; 1. April – 31. Oktober 9–12 und 16–18.30 Uhr; Eintritt frei).

Besonders sehenswert sind die rekonstruierten Modellgehöfte der Djerma (Abb. 63), Songhay und Haussa sowie einige reich verzierte Mattenzelte der Fulbe und Tuareg. Im angrenzenden Kunsthandwerkerdorf kann man die traditionelle Herstellung von Ledersandalen, Handtaschen und Schmuck beobachten. Der Staat fördert das einheimische Handwerk und kümmert sich auch um die Heranbildung von Nachwuchs, damit das kunsthandwerkliche Wissen der

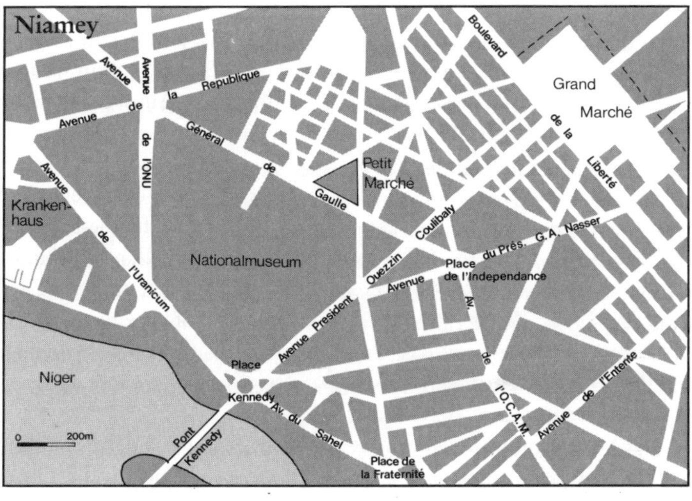

verschiedenen Völker auch für die zukünftigen Generationen bewahrt wird. Vielfach finden sich jedoch auch Schmuckstücke aus Elfenbein, Silber und tropischem Hartholz, die es in den Städten an der Küste in besserer Qualität gibt. Es erfolgt hier eine Vermischung verschiedener Kunststile und damit eine Nivellierung des Geschmacks, die dem traditionellen nigrischen Handwerk nicht unbedingt förderlich ist. Mehrere Pavillons, im Stil der Haussa-Paläste mit großen Reliefmustern gestaltet, beherbergen mineralogische, prähistorische, ethnographische und naturkundliche Sammlungen, Musikinstrumente und traditionelle Kostüme der nigrischen Völker. Ein Glanzstück der paläontologischen Sammlungen stellt das Saurierskelett aus dem Gadafaoua-Tal in der Tenere-Wüste dar (vgl. S. 383). Auf einem Postament ist auch die legendäre Akazie aus dem Tenere (›Arbre du Téneré‹) zu sehen, die 1973 von einem Lastwagenfahrer umgestoßen wurde (vgl. S. 384). Alle Ausstellungsgegenstände sind hervorragend präsentiert und verständlich kommentiert.

Unweit vom Osteingang zum Nationalmuseum liegt an der Avenue Général de Gaulle unter schönen alten Schattenbäumen der **Markt der Djerma-Töpferinnen** (›Marché aux canaris‹). Mehr noch als im Museum lassen sich hier Schönheit und Vielfalt der lokalen Töpferkunst bewundern. Die Djerma-Frauen stellen in der Hauptstadt Töpfe für den Hausgebrauch her, die von der Bevölkerung trotz der vordringenden ›Plastikkultur‹ immer noch gekauft werden. Besondere Beachtung verdienen die schönen Wasserkrüge mit dem auffallenden, weit vorstehenden Rand und der weiß-braunen Verzierung. Typisch sind auch die ›Gargoulettes‹, bauchige Krüge mit drei kleinen, durch einen Henkel verbundenen Tüllen (Schnäbeln). Daneben produziert man für die Parks und Gärten der einheimischen Elite und der Europäer Blumentöpfe verschiedenster Art.

An der gleichen Avenue, gegenüber vom Nationalmuseum, befindet sich der **kleine Markt** (›Petit Marché‹). Am Vormittag quellen hier die Stände von frischem Obst und Gemüse über, und fast das ganze Jahr über findet man Salat, Bohnen, Tomaten, Kohl, alle tropischen Fruchtarten, Fleisch und Fisch. Daneben gibt es auch alten Tuareg-Schmuck, schwere, massive Messing- und Bronze-Fußspangen der Djerma-, Songhay- und Fulbe-Frauen, Halsketten aus Glas und Ton, Armreifen aus geflochtenem Leder und vieles mehr. Die Stücke sind hier in Niamey häufig billiger als auf dem Land oder in Orten, wo viele Fremde durchfahren (z. B. Agadez). Beim Aushandeln des Preises sollte man die prinzipiell überhöhte Preisforderung des Händlers bedenken.

Die Avenue Général de Gaulle endet an der Avenue du Président Ouezzin Coulibaly, der Hauptverkehrsader Niameys, die vom großen Markt im Nordosten zum Niger hinunter führt. An ihrem Ende, vor der Kennedy-Brücke, stehen einige Hochhäuser mit Boutiquen, Büros und Reiseagenturen. Von der Terrasse des SONARA-Hochhauses (Société Nigérienne de commercialisation de l'arachide) hat man den schönsten Blick auf den Niger, die alten Teile von Gaoué und die Parks des Nationalmuseums. Spätestens hier wird man von einem der zahlreichen Tuareg-Händler aus dem Norden oder aus Timbuktu angesprochen, die fein gearbeitete Dolche, Krummsäbel und Schwerter in verzierten, schwarzen Lederscheiden an den Mann bringen wollen.

Die Avenue du Président Ouezzin Coulibaly endet im Norden am täglichen **Großen Markt** (›Grand Marché‹), der wegen seiner Dimensionen und seines bunten Treibens einmalig im

Niger ist. Allerdings muß man die ›einheimischen Produkte‹ zwischen der industriellen Massenware aus Japan, Europa und Nigeria suchen. Hier gibt es Berge von Plastikschüsseln, Emaillewaren, Eisengeräten und buntbedruckten Textilien aus Holland und Indonesien neben Transistorradios, Kassettenrecordern und wackeligen Holztischen mit den neuesten Modellen japanischer Quarzuhren. Ein paar Schritte weiter altes Afrika: Auf einer Plastikplane liegen Fellstückchen von Hyänen, Affenklauen, Stachelschweinborsten, Tierknochen-Fetische, Fruchtbarkeits- und Heilmittel. In einem anderen Winkel des weitläufigen Geländes stößt man auf die Gewürzhändler. Unendlich scheint die Vielfalt der getrockneten Blätter, der zu Kugeln und Häufchen geformten Vegetabilien, die aus den Gärten der sudanischen Bauern, aber auch als Sammelgut ›aus dem Busch‹ kommen. Mitten im Marktgetümmel wird man Kamel- und Eselkarawanen sehen, die Brennholz und Holzkohle aus dem Umland hertransportieren. In der Nähe der Fleischstände wird gebraten und gegrillt. Die ›Brochettes‹, scharf gewürzte Fleischspießchen, können fast schon als Nationalspeise im Niger gelten.

Sehenswert ist auch der **Pirogenhafen,** der ein Stück flußaufwärts vom Rond Point Kennedy im Schutz eines großen, in den Fluß ragenden Felsblocks liegt. Die vielen Boote dienen hauptsächlich der Fischerei, von der etwa 5000 Menschen in der Stadt teilweise leben. Von hier aus kann man schöne Spazierfahrten unternehmen. Über den ›Corniche Yantala‹ kommt man nach 4 km in den gleichnamigen Vorort, der noch den Charakter eines Djerma-Dorfes bewahrt hat.

Wer sich außerdem noch für mehr traditionelle Märkte interessiert, muß nach **Boukoki,** einem neueren, chaotisch schnell gewachsenen Stadtteil von Niamey, fahren (Anfahrt in nördlicher Richtung über den Boulevard Périphérique auf die Straße nach Ouallam). In Boukoki trifft man alle Volksgruppen, die im Sahel-Sudan des Niger leben. Für einen Ortsunkundigen ist die Orientierung in dem Gewirr von Lehmbauten, Strohhütten und Zelten nicht leicht. Während der Dürrejahre zogen viele Nomaden aus dem Norden hierher; ihre alten Lebensformen haben sie, soweit das die städtische Umgebung überhaupt erlaubt, beibehalten. Dies ist der Grund für die Vielfalt und Buntheit des hiesigen Marktes, auf dem man ebenso Holzstützen und Matten für den Hüttenbau der Nomaden findet wie Ackerbaugeräte für die Bauern. Der Kleinhandel und das Überangebot an Dienstleistungskräften (Wasserholer, Holzsammler, Fleischbrater etc.) sind bezeichnend für die großen sozialen Probleme der entwurzelten Menschen, die weder lesen noch schreiben und von einer geregelten Arbeit nur träumen können.

Im äußersten Westen der Republik Niger

Das Nigertal zwischen Niamey und Gao (Mali)

Der Mittellauf des Niger zwischen Niamey und Gao gehört zu den schönsten Flußlandschaften im westafrikanischen Sahel. Wie eine weite, grüne, fruchtbare Oase zieht sich der Strom – aufgegliedert in zahllose Flußarme, gesäumt von malerischen Dumpalmen-Gruppen – durch die ausgedörrte Sahelzone. Hier liegt die Wiege eines der größten und stolzesten sudanischen Völker – der Songhay-Djerma, die heute noch den Anspruch erheben, das ›Staatsvolk‹ im Niger zu sein, wenngleich ihre Zahl geringer ist als die der Haussa. Unvergessen bleiben Größe und Macht des alten Songhay-Reiches, das sich einst unter Sonni Ali und den Askia-Königen als ›sahelisches Imperium‹ von Mauretanien bis Agadez erstreckte. Während die Djerma – eingewandert aus dem fruchtbaren Binnendelta des Niger – mehr bäuerlich geprägt sind, weisen die Songhay als Händler und Handwerker auch eine lange städtisch-bürgerliche Tradition auf. Ihre Städte Gao und Timbuktu bildeten im Mittelalter urbane Zentren des Sudan. Der größte Teil der Songhay lebt in den unmittelbar am Fluß gelegenen Landschaften und auf den Nigerinseln, während die assimilierten Djerma mehr im Hinterland zwischen Tillabery und Dosso siedeln. Inselbewohner sind auch die schon sehr lange im Nigergebiet ansässigen Wogo-Bauern. Sie wurden von den Songhay assimiliert und zogen sich schon vor langer Zeit auf die Inseln im Niger zurück, um den Tuareg-Überfällen zu entgehen.

Das sahelische Hinterland von Tillabery und Ayorou sowie die Landschaften westlich des Flusses (Gourma) wurden im 19. Jh. von den Tuareg Ullimiden und anderen Tuareg-Stämmen des Gourma politisch kontrolliert. Deshalb leben hier sehr viele ehemalige Tuareg-Sklaven, die *Iklan* oder *Bella* – wie die Songhay sie nennen. Seit ihrer Befreiung aus dem Sklavenstand gelangten sie durch stetigen Eifer und Willen zum sozialen Aufstieg und zu teilweise erheblichem Wohlstand. Auf den Märkten in Tillabery und Ayorou sieht man überall prächtig aufgeputzte Bella-Frauen mit ihren schönen Glasperlenhaartrachten (Abb. 88).

Von Niamey aus führt eine Asphaltstraße bis Tillabery (120 km von Niamey). Kurz hinter der Stadt zweigt eine Piste zum Flußufer ab. Die **Insel Boubon** wird wegen ihrer schönen Lage und üppigen, schattigen Vegetation an Wochenenden gerne von den in der Hauptstadt lebenden Europäern aufgesucht. Das Nationale Touristenbüro hat dort ein gut ausgestattetes Campement eingerichtet. Bei **Farié** (62 km von Niamey) geht die Gourma-Piste in Richtung Westen ab. Die Autofähre Farié–Gotheye führt auf das westliche Nigerufer, das von den Einheimischen auch Gourma genannt wird. In der Umgebung des Städtchens **Tera** (111 km von Niamey) leben seit langer Zeit Songhay-Bauern, daneben aber auch sahelische Nomaden. Die großen **Songhay-Dörfer** wie Kolman, Bankilare, Dolbel und Kokoro sind architektonisch interessant. Ihre kleinen Lehmkastenhäuser haben runde, mit Reliefs und verschiedenfarbigen Sand-Tongemischen verzierte Torbögen. Kleine, halbkreisförmige, von Lehmmäuerchen umgebene Vorhöfe mit Lehmbänken und Ruheplätzen für die Alten gehören zu den weiteren Eigenheiten der traditionellen Bauernarchitektur. In Kolman werden besonders schöne Tonkrüge und Tonpfeifen hergestellt. Die Tuareg dieser Gegend, die meist der Kriegerkaste oder der religiösen Schicht entstammen, leben in kunstvollen Strohhütten oder Lederzelten. In großer Blüte stehen bei ihnen das Schmiedehandwerk und die Herstellung von Satteltaschen, die man auch auf den Märkten in Ayorou und Tera findet. In kuppelförmigen Mattenzelten leben hier auch einige Fulbe, deren historische Heimat das alte Fulbe-Emirat Liptako mit seinem Zentrum im benachbarten Städtchen Dori (Obervolta) ist.

Folgt man von Farié der Asphaltstraße weiter in Richtung Gao, erreicht man bald **Tillabery.** In diesem Abschnitt des Nigertales hat der Reisanbau eine große Bedeutung. Früher wurde er auf winzigen Feldern im Überschwemmungsbereich des Niger betrieben, neuerdings geht man

63 NIGER Kuppeldachhütte der Djerma aus der Umgebung von Niamey
◁ 62 NIGER Lehmrippen-Dachkonstruktion im Djerma Doi-Palast von Dosso
64 NIGER Tonurnenspeicher auf der Nigerinsel Ayorou Gongou

65 NIGER Palast des Fulbe-Chefs in Zinder

66 NIGER Typisches Sgrafitto-Muster an einem Haus in Zinder

67, 68 NIGER Haussa-Gehöfte in der Umgebung von Tahoua

69, 70 NIGER Wohnpaläste in In Gall (oben) und Agadez (unten)

71 NIGER Ruinen der alten Fluchtburg von Aney im Kaouar

73 NIGER Innenhof der Burg von Fachi mit alten Speichern ▷

72 NIGER Religiöse Prozession in Bilma; im Hintergrund die Steilstufe der Falaise

74,75 NIGER Lagerung und Transport von Salzbarren in den Salinen von Fachi

76 NIGER Sanddünen in der Tenere-Wüste

77 NIGER Landschaft bei Timia im Air-Gebirge

78 NIGER Kel Air-Targia mit der Imzhad, der einsaitigen Violine

79 NIGER Musikant der Algaita, eines im Sahel verbreiteten Blasinstruments

80, 81 NIGER Fulbe Bororo: Frau mit typischem Gesichtsnarbenschmuck (links) und junge Hirten

82 NIGER Kanembu-Frau mit Nasenring

83 NIGER Junges Mädchen aus In Gall

84 NIGER Hassauna-Araberin aus Bilma

85 NIGER Alter Kanuri beim Gebet

86 Niger Fulbe Bororo-Nomaden brechen ihr Lager ab

87, 88 NIGER Bella (Angehörige des ehemaligen Sklavenstandes der Tuareg) auf dem Markt von Ayorou

89 Niger Lager der Teda (Tubu) im Tschadsee-Gebiet

90 Niger Gereol-Tanz der Fulbe Bororo

91 NIGER Binsenboot der Buduma auf dem Tschadsee

93 NIGER Junge Kanuri-Frau ▷

92 NIGER Nächtlicher Tanz der Kanuri-Mädchen

aber dazu über, mit industriellen Methoden größere Flächen zu bewässern. Saatgutverbesserungen ermöglichen mancherorts, z. B. auf der Insel Firgoun, jetzt zwei jährliche Ernten (im November und Juni). In Tillabery findet mittwochs und sonntags ein Markt statt, den vor allem die Djerma-Bauern der Umgebung, die Bella und Fulbe-Hirten aufsuchen. (Wer weiter in Richtung Mali fährt, sollte die letzte Möglichkeit, billig zu tanken, in Tillabery nutzen.)

Zwischen Tillabery und Ayorou fährt man auf einer harten Schotterpiste durch einsame sahelische Landschaften. Die Vegetation ist hier noch relativ üppig, Akazien und Dumpalmen bilden an manchen Stellen sehr dichte Haine. Diese Gegend stellt ein Rückzugsgebiet der letzten Giraffenherden Westafrikas dar. Infolge rücksichtsloser Jagd wurde die Giraffe in Westafrika fast ausgerottet. Aus den Haaren ihrer Schwanzquaste flochten die Bewohner früher Armreifen, die gegen weibliche Unfruchtbarkeit helfen sollten. In der Gegend von **Famale** (30 km vor Ayorou) kann man die Tiere besonders häufig frühmorgens und abends beobachten, wenn sie quer über die Piste zu ihren Tränken am Fluß wechseln.

Ayorou (208 km von Niamey) ist das letzte größere Städtchen vor der Grenze (Vorsicht, gründliche Zollkontrollen!). Das Städtchen liegt zur einen Hälfte auf dem linken Nigerufer, zur anderen auf der Flußinsel Ayorou Goungou. Am Flußhafen herrscht zu jeder Tageszeit lebhafter Pirogenverkehr (man kann von hier zu den zahlreichen Inseldörfern der Wogo fahren). In der Regenzeit ist der Niger so breit, daß er einem riesigen, stehenden Gewässer ähnelt; in den trockenen Monaten dagegen teilt er sich in zahlreiche kleine, bachartige Flußarme auf, und an vielen Stellen tritt dann das Grundgebirge in Form von großen Granitgeröllen an die Wasseroberfläche. Es erfordert dann großes Geschick, den Stocherkahn hart an den Ufern der Inseln und des ›Festlandes‹ entlang gegen die Strömung vorwärtszubewegen. Die Wogo, hervorragende Fischer, fangen aus dem Niger den bis zu 1,50 m großen Capitaine-Fisch und außerdem verschiedene Salmlerarten *(Binga)*. In gepflegten Gärten entlang des Flusses und an den Rändern der Inseln ziehen sie Sorghum, Kürbisse und Gemüse sowie im Überschwemmungsbereich des Flusses auf eingepolderten Feldern Reis (Reis bildet neben der Hirse das Grundnahrungsmittel der Flußanwohner).

Die Dörfer der Wogo bestehen vielfach aus Lehmkastenhäusern, gelegentlich sieht man auch noch die traditionellen Rundhütten mit dem Kuppelgrasdach wie im Djerma-Land (vgl. Abb. 63). Neben den Häusern stehen, von niedrigen Lehmmäuerchen geschützt, die bauchigen, haushohen Lehmurnenspeicher (Abb. 64) mit ringförmig eingemauerten Steinen oder Hölzern, über die man hinaufsteigen kann. Die runde Öffnung der Speicher wird entweder mit einem Lehmdeckel verschlossen oder kurz vor der Regenzeit mit einem kleinen Strohdach, das wie ein Hütchen aussieht, zugedeckt. Auf der Insel Ayorou Goungou kann man interessante altertümliche Gehöfte sehen, langgestreckte, mit feinem, grauem Flußschlamm glatt verputzte Lehmkastenhäuser, deren rundbogige Haustüren gelegentlich farbig umrahmt sind. Vor manchen Hauseingängen befindet sich eine halbkreisförmige Terrasse, auf der die Alten beisammensitzen. Als Küche dient in diesen Gehöften ein bauchiger, begehbarer Urnenspeicher; der Rauch zieht durch die runde Öffnung nach oben ab. Im Schilf der Uferzonen des Niger leben zahllose Wasservögel wie Kronenkraniche, Reiher, Schlangenhalskormorane, Enten und Sporengänse. Weiter flußaufwärts, in der Nähe der Insel Firgoun, gibt es noch viele Flußpferde.

Der Höhepunkt eines Aufenthalts in Ayorou ist der Besuch des Sonntagsmarktes, der direkt hinter dem großen und gut geführten Hôtel de l'Amenokal (europäischer Standard) auf einem weitläufigen Platz stattfindet. Am Wochenende kommen viele der in Niamey lebenden Europäer hierher, um das sahelische Markttreiben zu erleben. In der Kontaktzone von Nomaden und Bauern gelegen, ist Ayorou einer der größten Viehmärkte am mittleren Niger. Als Verkäufer und Käufer von Kamelen, Rindern und Ziegen treten überwiegend Fulbe und Tuareg auf, aber auch die ehemaligen Sklaven der Tuareg, die Bella, legen ihr durch Hirseanbau gewonnenes überschüssiges Geld neuerdings in Vieh an. Mit mächtigen weißen Turbanen, bestickten Hosen, großen, weißen Kamelen und der Takuba, dem Tuaregschwert, versuchen die Bella-Männer, die Aufmachung ihrer ehemaligen Herren zu kopieren (Abb. 87). Auch die Bella-Frauen fallen durch ihre schöne Kleidung, den Kopfputz und Schmuck auf (Abb. 88). Der Bella-Schmuck besteht aus breiten, mit bunten Glasperlenornamenten verzierten Lederarmbändern. Man findet auch schönen Silberschmuck, Kamelsättel und farbenprächtige Satteltaschen, die von den Tuareg-Schmieden und ihren Frauen hergestellt werden.

Bei den **Stromschnellen von Labezanga** (254 km von Niamey) verläuft die politische Grenze zwischen dem Niger und Mali. In der Höhe von Watagouna endet der Hirseanbau, der nördliche Sahel bis Gao ist Nomadenland. Links und rechts der Piste kann man gelegentlich Lagerplätze der Tuareg Ullimiden an den ausladenden Lederzelten erkennen. Die halbseßhaften Tuareg und Bella bevorzugen kuppelförmige Zelte aus schwarzgebänderten Gräsermatten, die auf ein gebogenes Holzgerüst montiert werden. Rinder, Schafe und Ziegen bilden den Reichtum dieser Gegend.

Zwischen der Grenze und dem Songhay-Städtchen **Ansongo** fährt man durch den Westteil des Naturreservates von Ansongo-Menaka, eines 1750000 ha großen Schutzgebiets für Gazellen und Giraffen, die bis südlich von Ayorou auf nigrisches Gebiet hinüberwechseln. Die Jagd mit Schußwaffen und das Fallenstellen sind hier verboten; die Nomaden dürfen zum Schutz ihrer Tiere allerdings Lanzen und Schwerter tragen. Der Ackerbau ist in diesem trockenen Gebiet nur noch im Umkreis von bestimmten Wasserstellen möglich. Nördlich von Ansongo beginnt die Halbwüste. Mächtige gelbe Sanddünen drohen bei Stürmen immer wieder die Piste zu blockieren. Der Baumwuchs tritt hier zugunsten von Horstgräsern zurück. Die alte Songhay-Metropole Gao (vgl. S. 320) liegt 205 km von der Landesgrenze entfernt.

Der ›W‹-Nationalpark

Etwa 150 km südlich von Niamey, im Grenzland von Niger, Obervolta und Benin, liegt das einzige große länderübergreifende Naturreservat Westafrikas, der Nationalpark ›W‹, der insgesamt eine Fläche von 1000000 ha bedeckt. In der landschaftlich z. T. recht abwechslungsreichen, von Flußläufen und Schluchten durchzogenen Trockensavanne ist noch die typische afrikanische Savannentierwelt heimisch.

Die Abfahrt von Niamey aus erfolgt in südlicher Richtung über **Say**, ein Städtchen am Nigerstrom, das im 18. Jh. von einem ›heiligen‹ Marabout gegründet wurde, der aus dem Fulbe-Reich

Massina im Nigerbinnendelta eingewandert war. Der Marabout, von den ansässigen Djerma-Führern anerkannt, gründete eine islamische Hochschule, die der Stadt bis heute den Ruf eines islamischen Zentrums verleiht. Auf dem Freitagsmarkt sieht man viele Djerma-Bauern aus der Umgebung und Fulbe-Frauen mit ihren für das Gourma-Gebiet so typischen Hahnenkammfrisuren, in die große Maria-Theresien-Taler und andere Münzen eingesteckt sind. Von Say aus kann man Pirogenfahrten auf dem Niger zur Insel Komota unternehmen. An dieser Stelle überquerte übrigens Heinrich Barth im Jahre 1850 den Niger, als er von Sokoto kommend nach Timbuktu weiterreiste.

Über das von Fulbe bewohnte Dorf Tamou nahe der Grenze zu Obervolta fährt man weiter bis **La Tapoa,** dem Eingang zum Nationalpark ›W‹, wo ein gut ausgestattetes Campement besteht. Der nigrische Teil des Nationalparks nimmt eine Fläche von rund 300 000 ha ein. Die Nordgrenze des Parks bildet der Tapoa, ein kleiner Zufluß zum Niger, der hier im äußersten Süden des Landes die nordöstlichen Ausläufer des Atakora-Gebirges in mehreren Mäandern durchschneidet, die die Form eines ›W‹ ergeben. Die östliche Grenze des Parks markiert der Mekrou-Fluß, der im nördlichen Benin entspringt. In der Nähe des tiefer liegenden Niger-Flußbetts schneidet sich der Mekrou tief in den Sandstein ein und bildet so eine malerische Schlucht. Das Campement von La Tapoa – im Stil eines sudanischen Rundhüttendorfes erbaut – liegt auf einem Felssporn rund 20 m über dem Tapoa-Flüßchen, wo gelegentlich Krokodile und Flußpferde rasten. In Tapoa erhält der Besucher eine Eintrittskarte (1 Jahr Gültigkeit) für den Besuch des Naturreservats.

Die Landschaft in diesem Grenzland ist weitgehend flach, allerdings werden die lateritischen Plateaus von den Nigerzuflüssen an manchen Stellen zerschnitten, so daß Schluchten und Was-

Landschaft am Niger bei Say, Lithographie nach einer Zeichnung von Heinrich Barth (1853)

serfälle entstehen. Die Vegetation entspricht der der sudanischen Trockensavanne: Hohe, einzeln stehende Bäume überragen ein dichtes Buschwerk; entlang der Wasserläufe verdichtet sich der Baumbestand zu Galeriewäldern. Typische Baumarten dieser Savanne sind der Nere (Parkia biglobosa), der Tamarindenbaum in der Nähe von Flüssen, riesige Exemplare von Kailcedratbäumen (Khaya senegalensis), der Kapokbaum mit Brettwurzeln und Dornen am Stamm sowie als Charakterbaum der Baobab.

Die reiche Tierwelt kann man wie überall in den Savannen Westafrikas am besten gegen Ende der Trockenzeit (April–Juni) beobachten. Büffel und Elefantenherden finden sich am häufigsten in der Nähe des Mekrou. Weitaus seltener trifft man die zahlreichen Antilopenarten an, die praktisch überall in der Savanne vorkommen. Folgende Arten leben im Park: Pferdeantilope (Hippotragus), Grasantilope (Kobus), Defassa-Wasserbock, Kuhantilope, Gemeiner Riedbock (Redunca), Oribi (Bleichböckchen), daneben auch die hübschen Rotstirngazellen, Kronenducker (Sylvicapra) und Schirrantilopen (Buschböcke). In Wassernähe treten Paviane und grüne Meerkatzen auf. Sehr selten stößt man auf Großkatzen (Löwen, Panther) und Hyänen. Tagsüber verbergen sich alle diese Tiere im Gebüsch und im Schatten der Bäume, sie werden von den meist zu schnell fahrenden Touristen übersehen (man sollte deshalb die Fahrgeschwindigkeit auf ca. 25 km/h reduzieren).

Exkursionen ab Tapoa

Eine sehr schöne Strecke führt von Tapoa in östlicher Richtung zum 22 km entfernten Niger, der von einer erhöhten Uferpartie aus zu sehen ist. Von hier aus kann man Pirogenfahrten auf den von steilen Abhängen gesäumten ›W‹-Mäandern des Stromes unternehmen. Eine zweite Exkursionsmöglichkeit bietet sich auf einer Piste des Mekrou im Innern des Parks (am frühen Morgen sowie abends kommen die Savannentiere an den Fluß, um zu trinken). In der Regenzeit verwandelt sich der Mekrou in ein tosendes, wildes Gewässer, in der Trockenzeit bedecken Seerosen die verbliebenen Tümpel im Flußbett. Die Wasserfälle von Barou, kurz vor der Mündung in den Niger, sind mit ihrer üppigen Ufervegetation und den zahlreichen hier lebenden Affen und Vögeln vor allem in der Regenzeit sehenswert. In südlicher Richtung zweigt von der Mekrou-Piste ein Weg zu den Koudou-Wasserfällen ab, die bereits an der Grenze zwischen Obervolta und Benin liegen. Kurz vor der Grenze (Richtung Obervolta) befindet sich die ›Cabane aux éléfants‹, eine Stelle, wo man gewöhnlich Elefanten beobachten kann, weil Salzvorkommen (Ausblühen von Natronsalzkristallen im Gestein) die Tiere anlocken.

Außerhalb der wenigen Nationalparks ist der sahelische Wildtierbestand bereits weitgehend dezimiert
(Defassa-Wasserbock oder Hirschantilope)

Von Tapoa aus sind darüber hinaus mehrtägige Fahrten in die Naturparks der Nachbarländer Obervolta, (›Réserve de Arly‹) und Benin (Pendjari-Nationalpark) möglich. In Diapaga und Arly (Obervolta) befinden sich jeweils gut ausgestattete Campements. Gegen relativ geringe Eintrittsgelder sind auch die Gebiete des ›W‹-Nationalparks in Benin und Obervolta zu besichtigen.

Die Tschadsee-Route

1. Teil: Von Niamey nach Zinder durch das Haussa-Land

Die 1449 km lange, asphaltierte Tschadsee-Route (Niamey-Nguigmi) wird auch als die ›Straße der Sultanate‹ bezeichnet, weil sie von West nach Ost durch alle wichtigen traditionellen Herrschaftsgebiete des Niger führt. Sie beginnt am Nigerfluß im Stammland der Djerma, berührt die alte Stadt Dosso und setzt sich bis zu den nördlichen Sultanaten der Haussa (Maradi, Tessaoua) fort. Östlich von Zinder, der ehemaligen Hauptstadt des Niger, durchquert sie die Stammesländer der Kanuri, deren Sultanate die Nachfolger des alten Bornu-Reiches sind. Die Straße verbindet zahlreiche kleinere Marktzentren, die von ihrer günstigen Lage zwischen dem Sahel und den reichen Städten Sokoto, Katsina und Kano in Nordnigeria profitieren. Der schmale ›sudanische Streifen‹ links und rechts der Tschadseeroute ist die am dichtesten besiedelte Zone des Landes. Hier baut man die für den nigrischen Export wichtige Erdnuß an, die per LKW zu den großen Häfen Cotonou (Benin) und Lagos (Nigeria) transportiert wird.

Von Niamey aus fährt man zunächst in südöstlicher Richtung über trockene, lateritische Plateaus, bestanden mit undurchdringlichem sahelischem Buschwerk, einer bedeutenden Brennholzreserve für die Hauptstadt. Vor dem Städtchen **Birni-Ngaoure** überquert die Straße das Tal des Dallol Bosso, das in seinem Mittellauf ›Dallol Boboye‹ und im Oberlauf ›Azaouak‹ heißt und dem Tal des alten Niger entspricht. *Dallol* heißen im nigrischen Sahel alte Abflußsysteme, die in der Regenzeit gelegentlich Wasser führen oder eine Kette von stehenden Gewässern bilden. Bei Birni Ngaoure liegt die Talsohle des Dallol etwa 50 m tiefer als die umgebenden Hochflächen. Wegen des erhöhten Grundwasserangebots präsentiert sich hier eine üppigere Vegetation: Im Talgrund gedeihen zahlreiche Dumpalmen und Akazien, in den Gärten wachsen Mango-Bäume, Zuckerrohr und Zwiebeln. In der Regenzeit bilden die Seen in dem Dallol Anziehungspunkte für die Herden der Fulbe.

Eine landschaftlich schöne Nebenstrecke führt in nördlicher Richtung am Dallol entlang nach **Filingué** (160 km), einem typisch sahelischen Städtchen mit einem interessanten Sonntagsmarkt, zu dem die Djerma und Haussa aus den umliegenden Dörfern, aber auch Tuareg- und Fulbe-Nomaden aus dem Azaouak-Gebiet von Mali zusammenströmen. Der Markt liegt am Rande des zu riesigen, flachen Seen erweiterten Tales des Dallol Boboye. Aus der Umgegend kommen große, zylindrische Natronsalzblöcke, eine wichtige Handelsware dieser Region. Den Viehmarkt besuchen vor allem die Fulbe und die Tuareg mit ihren schwarzen Abhängigen. Die

Djerma bieten schöne, geflochtene Matten mit schwarzen und braunen Mustern an, Fetischhersteller, Gaukler und Fleischspießchenverkäufer beleben die Szenerie. Von Filingué aus, wo es ein einfaches Campement, die ›Villa Verte‹, gibt, führt eine ziemlich schlechte Piste durch einsame, typisch sahelische Landstriche bis nach Tahoua.

Dosso

Wer weiter auf der Tschadsee-Route nach Osten fährt, erreicht nach 37 km die Departementsstadt **Dosso** (4000 Ew.). Hier gabelt sich vor dem Hotel Djerma die Straße: Nach Süden verläuft die Küstenstraße über Gaya zum Nachbarland Benin, ostwärts setzt sich die Tschadsee-Strecke fort. Für das Geschichtsbewußtsein des Djerma-Volkes hat Dosso eine große Bedeutung, denn nach dem endgültigen Niedergang von Gao wurde Dosso im 18. Jh. als politisches Zentrum des Songhay-Djerma-Volkes gegründet. Die ständigen Kämpfe mit den Tuareg Ullimiden und Kel Gress sowie die Versklavung zahlloser Djerma hatten schon im 17. Jh. zu einer starken Abwanderung der schwarzen Bauern aus der Flußregion zwischen Gao und Ouallam nach Süden geführt. Auch das 19. Jh. brachte den Djerma keinen Frieden. Neben den Tuareg setzten die Fulbe den Bauern ständig zu, und später, zwischen 1898 und 1906, ging die französische Kolonialarmee mit brutaler Gewalt gegen kleine aufständische Djerma-Gruppen vor.

Das schönste Zeugnis aus Dossos Vergangenheit ist der würdige Palast des Djerma Koi, eines berühmten Djerma-Führers in der Nähe der modernen Moschee. Das Äußere des mit einer hohen Mauer umgebenen Gebäudes ist im modernistischen Stil der Haussa-Paläste gehalten: Ein mächtiges Portal mit vorstehenden, gestuften Türstürzen, Eckzinnen und bunten Sgrafitto-Blumenmustern an den Wänden. Die Innenräume zeigen dagegen noch den ursprünglichen Stil des 18./19. Jhs. In einem großen, viereckigen Raum grenzt ein Arkadenumgang mit Spitzbögen einen ›inneren‹ Audienzraum ab. Aus den Wänden dieses Innenraumes ›wachsen‹ die tragenden Stützsäulen zu einem organischen Kreuzrippenkuppelgewölbe zusammen (Abb. 62). Die tragenden Deckenrippen des Gewölbes bestehen aus lehmverkleideten, gebogenen Ästen und Baumstämmen; sie bilden ein Gerüst, das unserem Spannbeton vergleichbar ist, wie René Gardi in seinem Buch über afrikanische Lehmbauten treffend bemerkt. Die eigentliche Kuppeldecke

Mächtige Lehmurnenspeicher im Haussa-Land

setzt sich aus kreuzweise und diagonal geschichteten dünnen Ästen zusammen. Der Palast von Dosso gehört damit sicherlich zu den Meisterwerken der fürstlichen sudanischen Lehmbaukunst im Niger.

Wer zufällig am Unabhängigkeitstag in Dosso weilt, dem bietet sich das einzigartige Schauspiel der traditionsreichen Djerma-Reiter-Parade. Die mittelalterlich anmutenden Ritter und ihre Pferde sind unter ihren farbenprächtigen, wattierten Decken, Schenkel- und Rückenpolstern kaum zu erkennen. Die Kopfbedeckung der Garden besteht aus topfförmigen Eisenhelmen mit gebogenen, manchmal auch vergoldeten Zierbügeln und Federbüschen. Wie Turnierreiter tragen sie lange, gebänderte Stoßlanzen. Vom Djerma-Gebiet im Westen bis zum Tschadsee hat sich – mit gewissen regionalen Abweichungen in der kunsthandwerklichen Ausstattung der Monturen – die gleiche Tradition der gepanzerten Reitertruppen erhalten, für die schon das Bornu-Reich im 15. Jh. berühmt war (vgl. S. 87).

Fahrt durchs Haussa-Land

Nordöstlich von Dosso wirkt die Landschaft recht eintönig, denn auf den rötlichen Laterit- und Tonböden gedeiht nur eine kümmerliche Buschvegetation. **Dogondoutchi** (237 km von Niamey) ist der erste größere Haussa-Ort. In dieser Gegend lebt die Stammesfraktion der Haussa Maouri, die trotz strenger Islamisierung unter der Fulbe-Herrschaft im 19. Jh. noch viele alte animistische Praktiken behalten haben, wie etwa schamanistische Rituale und Teufelsaustreibungen. Die alte, recht einheitlich gebaute Lehmwürfelstadt mit einigen auffälligen Zinnenhäusern liegt am Fuß von bis zu 150 m hohen Zeugenbergen, die mit ihren bizarren Kegelformen und der Buntheit der abwechselnd weicheren und härteren Kalkmergelschichten an ›Wildwest-Landschaften‹ Arizonas erinnern. Eine Wanderung auf diese Bergkegel ist lohnend, auch wenn sie einiger Kletterei bedarf. Von oben blickt man auf das grüne Dallol Maouri, in dem die Bewohner des Städtchens Gärten mit Zwiebeln und *Canna* (Zuckerrohr) anbauen. An der Durchgangsstraße, 1 km vom Ortskern entfernt, steht ein renoviertes Campement kurz vor der Eröffnung. Östlich von Dogondoutchi beginnt altes **Kulturland der Haussa,** ein Landstrich, der früher zur Stadt Sokoto gehörte, der Hauptstadt der Fulbe-Eroberer im 19. Jh. In den Haussa-Dörfern links und rechts der Straße fallen die überdimensionalen Urnenspeicher für die Hirse- und Erdnußvorräte auf (Farbabb. 47, 48). Von Dorf zu Dorf wechseln Aussehen und Form dieser Speicher. Manchmal sind sie an der Basis bauchig, manchmal auch oben dicker als unten. Immer jedoch stehen sie auf Holz- oder Steinstelzen, um das Eindringen von Regenfluten und Nagetieren zu verhindern.

Die Haussa stellen nicht nur hier im ›Mittelabschnitt‹ des Landes zwischen Dogondoutchi und Zinder, sondern mit über einer Million Menschen im gesamten Niger die größte ethnische Gruppe. Die großen historischen und politischen Zentren der Haussa liegen allerdings jenseits der heutigen Grenze in Nigeria. Seit dem 7. Jh. ließen sie sich in einem breiten Streifen zwischen dem Niger und Tschadsee im Norden sowie dem Benuë-Fluß im Süden nieder und bildeten kleine, unabhängige Königreiche, die als verbindende Merkmale eine gemeinsame Sprache und Kultur aufwiesen. Zur Bildung eines größeren, zusammenhängenden Reiches wie etwa bei den Songhay oder Malinke kam es nie. Die sieben ›echten‹ Haussa-Staaten (Gobir, Daura, Katsena, Kano u. a.) zeigten jahrhundertelang eine große politische Stabilität, die erst durch die

Fulbe-Invasion unter Osman dan Fodio Anfang des 19. Jhs. zerbrochen wurde. Die Unfähigkeit, ein eigenes großes Reich aufzubauen, erklärt sich aus bestimmten sozialen Strukturen und alten, stammesorientierten Traditionen. So wird bei den Haussa beispielsweise der Herrscher von den alten Honoratioren, dem Ältestenrat, gewählt und unter Umständen auch wieder abgesetzt. Dieser ›demokratische Zug‹ unterscheidet die Haussa von anderen sahelisch-sudanischen Völkern, die stark hierarchische Strukturen aufweisen.

Was die Haussa seit jeher auszeichnet, sind Fleiß sowie handwerkliches und kommerzielles Geschick. Sie gelten als hervorragende Bauern, Gärtner, Viehzüchter und Händler, ihre Begabungen in der Lederverarbeitung, in der Web- und Stickereikunst sind in ganz West- und Zentralafrika berühmt. Kunstfertigkeit und der hohe Sinn für Ästhetik verdeutlichen sich auch in ländlicher wie städtischer Architektur. In den Städten Zinder und Tahoua, aber auch in den vielen kleinen Marktorten wie Bouza, Keita oder Kantché, abseits der großen Straßen, stößt man immer wieder auf prächtige Paläste mit durchbrochenen Lehmbalustraden, Zinnen und geometrischen Lehmreliefs über den Portalen. Der Kuppelbaustil in der Gegend von Tahoua ist einmalig im westlichen Sahel-Sudan.

Birni n'Konni (417 km von Niamey) ist eine wichtige Grenzstadt zu Nigeria. Zum Mittwochsmarkt kommen auch viele Händler aus der Schwesterstadt Illela jenseits der Grenze. Birni n'Konni besitzt einige kleinere ›afrikanische Hotels‹, von denen das typisch sudanische Lehmhotel Wadata einen Hinweis verdient. Über schmale Lehmtreppchen gelangt man auf schöne Aussichtsterrassen, von denen – um einen Innenhof gruppiert – die einfachen, aber sauberen Zellen abgehen. Einige Kilometer östlich von Birni zweigt von der Tschadsee-Route die Asphaltstraße nach Tahoua und Agadez.

Der nächste größere Ort ist **Madaoua,** ein Zentrum der Viehzucht, Baumwoll- und Erdnußproduktion mit einem täglichen, vor allem aber sonntags besuchten Markt. Die Haussa-Bauern der Majia-Region sind bekannt für die Herstellung schöner Flechtwaren (Matten, Körbe) aus Dumpalmenblättern und die Kamelkarawanen der Tuareg Kel Gress bringen jedes Jahr Salz und Datteln aus Bilma hierher, um dafür Baumwolle und Hirse einzutauschen.

Maradi (671 km von Niamey) ist mit ca. 40 000 Einwohnern die drittgrößte Stadt im Niger. Sie lebt vom Handel mit Erdnüssen und Lederwaren, von denen ein Großteil nach Nigeria exportiert wird. Maradi entstand nach dem zweiten Weltkrieg im Schachbrettgrundriß neu, weil Hochwasser die alte Stadt ständig gefährdete. Der Stadt fehlt deshalb zwar eine ›gewachsene‹ Atmosphäre, der weitläufige Markt unweit des Hotel Niger, des größten Hotels am Ort, ist jedoch durchaus sehenswert. Durch ein riesiges Portal im neusudanischen Kolonialstil gelangt man in ein weitläufiges Marktareal, wo alle Agrarprodukte des Goulbi angeboten werden (*Goulbi* ist ein anderer Ausdruck für Dallol und bedeutet ›breites Flußtal‹). In den Gärten des Goulbi von Maradi gedeihen die schönsten Früchte und Gemüse: violettes Zuckerrohr, Kürbisse, Melonen und vor allem Zwiebeln, die man in kleinen geflochtenen Netzen aus Dumpalmenblättern verkauft. Aus Nigeria kommen Bananen, Orangen und Ananas, Produkte, die hier viel weniger kosten als in Niamey. Montag und Freitag sind die Hauptmarkttage. Mit Eseln, Kamelen und Ochsenkarren kommen die Bauern aus der Umgebung in die Stadt, die dann von Menschen überquillt. Unter den kunsthandwerklichen Erzeugnissen fallen besonders die altertümlichen Waffen wie Pfeil und Bogen mit den schön verarbeiteten Lederköchern auf. Überall auf dem Lande jagen die Haussa noch mit dem Bogen. Die Region Maradi produziert auch hochentwickelte Töpfereiwaren. Typisch für diese Gegend ist die Sitte, kleine Trinkwasserkrüge zur Kühlung in feuchte Sandmulden zu stellen. An vielen Stellen auf dem Markt gibt es solche kleinen ›Erfrischungsstände‹.

Hinter Maradi fährt man durch dichter besiedeltes Land. Die riesigen Lehmspeicher zeugen vom Fleiß und handwerklichen Geschick der Bauern. Weiter im Osten, in der Gegend von Zinder, haben die Vorratsspeicher eine etwas gedrungenere, bauchige Form und bestehen aus Gras und Hirsestrohbündeln, die kunstvoll mit biegsamen Zweigen zusammengebunden werden. **Tessaoua** (777 km von Niamey) ist ein bedeutendes Handwerkerzentrum, wo man vor allem die leuchtend bunten, wattierten Stoffe für die ›Panzerreiter‹, mit Messing und Grünleder verziertes Zaumzeug sowie Pferdesättel herstellt. Die Fassade des hiesigen kleinen Sultanspalastes zieren große, geometrische Lehmreliefs.

In **Takieta** mündet die von Kano her kommende Straße auf die nigrische Tschadsee-Route. Es lohnt sich, von Takieta aus 16 km weiter nach **Kantché,** dem Sitz eines alten Haussa-Königs, zu fahren. Beachtung verdienen dort der kleine Sultanspalast und die Moschee am Rande des Marktes, beide mit interessanten Innenräumen. Im Sultanspalast gibt es eine schöne Vorhalle mit Kreuzrippengewölbe. Wie im Palast des Djerma-Koi von Dosso scheinen auch hier die tragenden Lehmbögen wie Bäume aus dem Boden zu wachsen. Das Ende der islamischen Fastenzeit (Ramadan) begeht man in Kantché mit einem festlichen Umzug berittener Garden in der traditionellen altsudanischen Panzerreiteruniform. Bemerkenswert sind die bunten, mit großen Federbüschen geschmückten Helme der Reiter. Über ihren Kleidern tragen sie wattierte Mäntel in leuchtenden Farben.

Zinder – ein Zentrum der Haussa-Architektur

Zu den schönsten Städten im Niger zählt Zinder mit seinen prachtvollen Bürgerpalästen. Die Fassaden der älteren Häuser sind mit den im Haussa-Land typischen verschlungenen Reliefornamenten geschmückt, und auch die Gewohnheit, die Wände mit farbigen Lehmsgrafitti zu verzieren (Abb. 66), erinnert an die Traditionen in Kano oder Zaria (Nigeria).

Zinder ist ein alter Schnittpunkt wichtiger Handelswege. Hier kreuzt sich die aus dem Norden kommende Transsahara-Piste, die weiter über Kano an die Küste führt, mit der großen Ost-West-Achse, der Verbindung vom Nigerfluß zu den alten Kernländern des Bornu-Reiches am Tschadsee. Die Stadt liegt im Herzen der Sahelzone, wo sich die Tuareg-Viehzüchter der nordsahelischen Steppen mit den Händlern und Bauern, in der Mehrzahl Haussa und Kanuri, treffen. Zinder ist der Hauptort der Landschaft Damagaram, deren Name von einer seit 1736 bestehenden Kanuri-Dynastie stammt. Es handelte sich dabei um Flüchtlinge aus dem Kanem-Bornu-Reich, die sich vor den Überfällen der Tuareg in die Berge nördlich von Zinder retteten. Im 18. und 19. Jh. gingen die Kanuri in der Haussa-Bevölkerung auf, doch blieb der Sultan von Zinder stets ein Angehöriger des Kanuri-Volkes. Später gab es noch mehrere Wellen von Kanuri-Einwanderern, die von den Haussa als Beri-Beri bezeichnet wurden.

Zinder selbst ist eine Gründung der Haussa, die ihrerseits von den Fulbe aus ihrer alten Heimat um Sokoto (im benachbarten Nigeria) vertrieben worden waren. Eine kurze Phase höchster Prosperität erreichte die Stadt zwischen 1850 und 1854 unter dem Sultan Tamimoun, der den Handel förderte und die Stadt mit einer stattlichen Mauer umgeben ließ, von der die letzten Reste noch heute am Ostrand des alten Viertels Birni zu sehen sind. Die Söhne des Sultan erwiesen sich als politisch weniger geschickt; sie unterwarfen sich der Oberhoheit der großen Haussa-Metropole Kano, die damals von dem größten Sklavenjäger des Sudan, Rabeh, bedrängt wurde. 1899 besetzten die Franzosen Zinder, wobei der Capitaine Cazemajou, der eine Verbindung der nigrischen mit den tschadischen Territorien anstrebte, einem Hinterhalt zum Opfer fiel. Bis 1927 fungierte Zinder wegen seiner günstigen geographischen Lage und der großen Bevölkerungskonzentration als Hauptstadt der Niger-Kolonie.

Birni, die Altstadt von Zinder

Zinder besteht aus drei Stadtteilen, dem neuen, kolonialzeitlichen Stadtviertel mit der Administration, Hotels und einigen Geschäften, dem ehemaligen Nomadenquartier Zengou und der Altstadt Birni, was in der Haussa-Sprache ›befestigte Stadt‹ bedeutet. Zwischen der neuen und der alten Stadt liegt ein Granithügel mit eigenartigen, zu Kegeln verwitterten Granitblöcken, die für die ganze Gegend von Zinder typisch sind. Auf dem Hügel stehen das alte Franzosenfort und der moderne Wasserturm als unschönes, aber lebensnotwendiges Symbol des Fortschritts im von Dürre bedrohten Sahel. Von der nach Osten führenden Hauptstraße zweigt rechts eine neue Schnellstraße nach Birni ab, welche die Altstadt brutal zerteilt.

Die Straße endet am Platz der Moscheen vor dem **Sultanspalast.** Die Garde des Sultans, in weite sudanische Boubous und mit blutroten Turbanen gekleidet, bewacht die modernen, mit Eisentüren verschließbaren Portale. Die zweistöckige Residenz ist glatt mit rauhem Zement verputzt und unterscheidet sich lediglich durch ihre Dimensionen und die großen Zinnen, die wie Bischofsmützen die Ecken des Gebäudes zieren, von den umliegenden Bauten. Die eigentliche Überraschung erlebt der Besucher, wenn er von dem Moschee-Platz aus die verwinkelten Seitengäßchen betritt. Hier zeigen sich Reichtum und Stolz der *Mallums* (Koranlehrer) und der Kaufleute der Stadt, die offenkundig seit Generationen einen edlen Wettstreit um die schönste Hausfassade austragen. In Zinder gibt es zwei Arten der Fassadenverzierung: mit Farbe übertünchte Reliefmuster aus Lehm und eine Art von farbigem Sgrafittoschmuck, der in den noch feuchten Zement eingekratzt wird.

Im Aufriß weisen die **Haussa-Paläste** eine gewisse Ähnlichkeit mit den Bürgerhäusern von Djenné in Mali auf. Hier wie dort werden die Hauptportale von etwas vorgesetzten, gestuften Türrahmen flankiert; auch der Fassadenteil über dem Portal ist wie in Djenné etwas nach vorn versetzt und endet in Zinnen: Jedoch wirken die Haussa-Paläste gedrungener; sie gehen mehr in die Breite, ein Eindruck, den die Zierbänder, Sgrafitti und Lehmreliefs noch unterstreichen. Die gesamte Fassade zur Straßenseite hin ist mit Reliefs geschmückt (Farbabb. 49), wobei immer wieder ähnliche, aber nie die gleichen Muster auftauchen: in sich verschlungene Rosetten, geschwungene Kleeblätter, Achterschleifen in doppelter oder dreifacher Linienführung, herzförmige Gebilde, Raster von Rauten, die wie ein unter der Lupe vergrößertes Textilgewebe aussehen, Zickzacklinien mit Kreisen und Punkten in den Winkeln. Dies alles sind Kürzel und

Varianten eines Grundmotivs – des altafrikanischen Schlingbandornaments, das nicht nur im koptisch-christlichen und äthiopischen Bereich Nordostafrikas häufig vorkommt, sondern auch in Holzschnitzarbeiten der Yoruba in Nigeria und Benin auftaucht, von wo es vermutlich in das nördlich angrenzende Haussa-Gebiet gelangte.

Eines der ältesten reliefgeschmückten Häuser liegt östlich der älteren Moschee am Eingang in eine Seitenstraße. Es handelt sich um den Palast des Fulbe-Chefs und besitzt einen mächtigen, von Pilastern flankierten Portalvorbau, der oben in elegant geschwungenen Zinnen endet (Abb. 65). Die großflächigen Reliefs links und rechts der Tür – ein Kleeblatt mit unterlegtem Stern und ein kreuzförmiges Schlingband, umrahmt von Zickzackmustern und Kreisen – sind auf weißem Hintergrund rot und gelb eingefärbt, was einen schönen Kontrast ergibt. Der freundliche Hausherr zeigt Besuchern gern das Vestibül, eine Art kleiner Audienz- oder Empfangshalle, von innen. Mächtige, viereckige Lehmsäulen mit kreuzförmigen Kapitellen tragen eine kunstvoll gearbeitete Decke aus in der Art eines Fischgrätenmusters angeordneten Längs- und Querhölzern. Vom Vestibül gelangt man durch einen offenen Innenhof zu den rückwärtigen Gebäuden, in denen sich die Privatgemächer des Hausherrn und seiner Familie befinden.

Haussa-Architektur in Zinder: Schlingbandornamente als Fensterumrahmung (links), Portal eines Bürgerhauses (rechts)

Die zweite Art der Wandverzierung besteht – wie erwähnt – in einer Art Sgrafitto-Technik, von der René Gardi in seinem Buch über afrikanische Lehmhäuser berichtet. In die geglättete, noch feuchte Wand ritzt der Künstler Ornamente; die freien Flächen dazwischen rauht er auf, die verbliebenen glatten Stellen kalkt er entweder weiß oder färbt er bunt ein. Die Sgrafitto-Muster wiederholen sich häufiger als die Reliefornamente. Beliebte Motive sind das Palmblatt, kleine Säulchen mit gemauerten Ziegeln, Rauten, Dreiecke und immer wieder Blätter, Blumen und Bäume. Die Sgrafitti werden meist ›zeilenförmig‹ auf die Fassade gezeichnet. Die Beibehaltung und Weiterführung der Sgrafittotechnik bis zum heutigen Tag drückt die ›konservative‹ Haltung der Haussa aus, die ihre kulturelle Eigenart auch durch das Tragen bestimmter Kleidungsstücke betonen. Geradezu ein Erkennungsmerkmal der Haussa stellen ihre bunt bestickten, dem Fez ähnelnden Mützchen dar. Zinder ist berühmt für seine besonders fein gearbeiteten Mützen, die von jungen Männern in Heimarbeit hergestellt werden. Die passende Form erhält die Kopfbedeckung, indem man sie auf einen eigens für diesen Zweck geschnitzten, runden Holzpflock spannt. Solchen ›Hutständern‹ wird man auf vielen Märkten im Niger begegnen. Zur traditionellen Tracht der Haussa gehören auch die schwarzrot gefärbten Ledersandalen mit grüner Lederknopfverzierung, die von der traditionsbewußten städtischen Bevölkerung noch anstelle der ungesunden, aus Europa importierten Plastikschuhe getragen werden.

Wer sich für das überaus reiche Kunsthandwerk der Haussa interessiert, sollte unbedingt den **Donnerstagsmarkt im Viertel Zengou** (nördlich der modernen Stadt) aufsuchen. Dieser Markt allein lohnt eine Reise nach Zinder! Zengou stellt eine der großen nomadischen Etappenstationen des innerafrikanischen Salzhandels zwischen der Tenere-Wüste und Nigeria dar. Eigenartig geformte Salzhüte und runde, fladenförmige Salzkuchen kommen aus Maine-Soroa und den Tenere-Salinen Bilma und Fachi. In der Nähe der Salzdepots befindet sich ein großer Viehmarkt, den vor allem Tuareg, Fulbe und Bousou (Iklan) frequentieren. Kolonialzeitliche Arkaden umgeben die Stände der Handwerker und Händler. Etwa in der Mitte des so eingerahmten Vierecks haben sich die Sattler und Schmiede etabliert. Hier zeigt sich die ganze Blüte der Haussa-Kunst, die stilistisch von den saharischen Tuareg und den Traditionen des alten Bornu-Reiches beeinflußt ist, was sich deutlich in der weitverbreiteten Verwendung von Grünleder zeigt, das auch die Tuareg als magische Farbe schätzen. Grün gefärbte, mit blitzendem Messing beschlagene und mit bunten Baumwollfäden verzierte Lederhalfter, Zaumzeug und Satteltaschen belegen den Fortbestand der traditionsreichen schwarzafrikanischen Ritterkultur, die man an bestimmten Feiertagen zwischen Niger und Tschadsee noch ›in Aktion‹ erleben kann. Dazu gehören auch Satteldecken, Reiterkostüme und Pferdeharnische in leuchtenden Farben, die aus orangeroten, grünen und weißen, großgemusterten gesteppten Stoffen bestehen, wie sie die Bornu-Panzerreiter und ihre Pferde im 16. Jh. trugen. Die Farbenpracht dieser Reiterkostüme vermittelt eine Ahnung von der höfischen Kultur der mittelalterlichen sudanischen Großstaaten.

Besondere Faszination übt die Kalebassenschnitzkunst der Haussa aus. Die geometrischen Verzierungen werden meist eingeritzt und anschließend dunkelrot (die Flächen) und schwarz (die Linien) eingefärbt. Eine Kuriosität am Nordrand des Marktes sollte man nicht versäumen: die französischen Himmelbetten mit Metallständern zum Befestigen der Moskitonetze, die ganz dem Geschmack der ›Belle époque‹ entsprechen.

2. Teil: Von Zinder zum Tschadsee

Östlich von Zinder setzt sich die weite sahelische Dornbaumsavanne fort, lediglich unterbrochen von einigen stark verwitterten, kugelförmigen Granitinselbergen und kleineren Hügeln in der Gegend von Gouré. Das riesige Gebiet zwischen Zinder und dem Tschadsee gehörte bis zum 19. Jh. zum Teil zu dem alten Kanem-Bornu-Reich.

Das Dorf **Mirria** (22 km östlich von Zinder) verdankt seine üppige Vegetation einer ergiebigen, oberflächennahen Grundwasserschicht. In den Oasengärten gedeihen zahlreiche tropische Baumarten wie Mango-, Guaven- und Zitronenbäume, aber auch die saharische Dattelpalme. Der wegen seiner Töpferwaren interessante Wochenmarkt findet sonntags statt. In **Guidimouni,** einer Oase am Rand von zwei größeren Seen, werden Zwiebeln, Gemüse und sogar Weizen angebaut. Südlich des Dorfes erstreckt sich bis an die nigerianische Grenze eine weitgehend unberührte sahelische Savanne, mit großen, stehenden Gewässern, in denen noch Krokodile leben. Weiter östlich wird das Relief bewegter. Felsige Massive wechseln mit weiten, sandigen Ebenen und Natronpfannen, aus denen die Bevölkerung Salz gewinnt.

In Gouré zweigt nach Norden eine Wüstenpiste zu dem 300 km entfernten **Termit-Massiv** am Südrand der Tenere-Wüste ab. Diese Strecke ist nur für Geländefahrzeuge befahrbar (Konvoifahrt empfehlenswert). Das Termit-Massiv, ein geologisch relativ junges, zerklüftetes Hochplateau, besteht aus kreidezeitlichen und tertiären Sandsteinen. Im Norden erheben sich an seinen Rändern einige Vulkane, die wie im Air- und Hoggar-Gebirge im Tertiär aktiv waren. Der jüngste Vulkan Gosso Lolom liegt isoliert nördlich des eigentlichen Massivs und zählt zu den schönsten Bergen der Region. Die einzigen Bewohner dieses Gebiets sind die halbnomadischen Tubu, Angehörige eines sehr alten, negriden Sahara-Volkes, das sich im Laufe seiner Geschichte mit Arabern und Berbern vermischte und heute zum größten Teil im Tibesti-Gebirge (Tschad) lebt. Die sehr zur Unabhängigkeit neigenden Tubu sind sowohl Jäger als auch Kamel- und Schafzüchter, die im Handelsaustausch mit den Manga-Bauern des Südens und den Kanuri in den Oasen Bilma und Fachi stehen. Im Vorland des Termit-Massivs wurden interessante prähistorische Funde gemacht. Dazu zählen vor allem steinerne Reibplatten, die dazugehörigen Stößel und zahlreiche verschiedene Pfeilspitzen.

Die Tschadseestrecke bis Maine-Soroa (400 km von Zinder) führt durch die bewegte Altdünenlandschaft des **Manga.** Die dortige Bevölkerung setzt sich aus Haussa und verschiedenen Untergruppen des Kanuri-Volkes wie den Dagara und Manga zusammen; von den letztgenannten erhielt die Südostprovinz ihren Namen. Die Kanuri-Kultur hat trotz langandauernder Islamisierung noch viel von ihrer Eigenständigkeit bewahrt. Die Frauen tragen kunstvolle Zopffrisuren (Abb. 93), haben Gesichtstätowierungen, und bei manchen ist es Sitte, sich einen kleinen Ring durch den rechten Nasenflügel zu bohren (Abb. 82). Bekannt sind auch ihre Tänze (Abb. 92). Zu den naturgeographischen Besonderheiten der Manga-Region zählen die zahllosen, in der Regenzeit überfluteten kleinen Becken (›cuvettes‹), in denen sich eine dichtere Gras- und Baumvegetation findet als auf den Dünen. Sie sind das Ergebnis früherer Überflutungen der tiefer gelegenen Ausblasungswannen zwischen den Dünen durch den Paläo-Tschadsee, der vor einigen Zehntausend Jahren noch wesentlich größer war als heute, wie der Verlauf verschiedener Strandlinien im Manga-Gebiet und auch weiter nördlich zeigt. Als grundwassernahe Standorte bilden die Cuvettes die bevorzugten Brunnenplätze für Nomaden und Bauern.

In der Gegend des Dörfchens **Maine-Soroa** unweit des Komadougou-Flusses gewinnen die Manga auf eine altertümliche Art und Weise Salz. Die in den Becken ausgeblühten Salzkrusten werden von den Frauen eingesammelt und in geflochtenen Strohfiltern mit Süßwasser aufgelöst und gereinigt. Die so gesäuberte Salzlake filtert man zunächst in kreisförmige Bodenvertiefungen und danach in Gießformen, die auf länglichen Öfen montiert sind. Nach dem Brand kristallisiert das Salz in den Formen aus und bildet einen festen Block. Anschließend zerschlägt man die irdene Gießform und erhält den Salzbarren, der nach dem Abkühlen für den Abtransport in ein Netz aus Dumpalmenfasern verpackt wird.

Als nächsten größeren Ort passiert man **Diffa** am Komadougou, die Departementstadt der Manga-Region. Diffa lebt in der Regenzeit vom Fischfang, in der trockenen Jahreszeit ist der Fluß ausgetrocknet. An seiner Mündung in den Tschadsee lag im 19. Jh. Kouka, die Hauptstadt des Bornu-Reiches. Der englische Forschungsreisende Denham, der über Tripolis und die Kaouar-Oasen bis zum Tschadsee vorstieß, erlebte 1822 in Kouka noch das prunkvolle höfische Zeremoniell der Panzerreitergarde vor dem Sultanspalast.

Das Tschadsee-Gebiet

Der Niger hat nur Anteil am äußersten Nordwestzipfel des Tschadsees. Dessen größter Teil gehört zum Tschad und zu Nigeria, im Süden reicht Kamerun bis an die Ufersümpfe heran. Aus der Nähe ist die freie Wasserfläche wegen des hohen und dichten Schilfgürtels nur an wenigen Stellen zu sehen. Das Gewässer liegt in einer unermeßlich weiten und flachen Senke, aus der an manchen Stellen die alten Dünen als grüne Inseln herausschauen. Der Tschadsee bildet den vergleichsweise kleinen Rest eines größeren Binnenmeeres, das im Zuge der allgemeinen Austrocknung der Sahara und ihrer Randgebiete im Verlauf der letzten Jahrtausende zu einem See zusammenschrumpfte (vgl. S. 20). Die Zuflüsse des Schari, Logone und Komadougou gleichen in der Regenzeit die enormen Verdunstungsraten weitgehend aus, dennoch nimmt der Umfang des Tschadsees stetig ab.

Am Rande der Wüste gelegen, stellt der See seit langer Zeit für die hiesigen Menschen eine Oase des Lebens dar und bildete auch den natürlichen Rahmen für die Entstehung des hoch entwickelten Kanem-Bornu-Reiches. Fischfang, Viehzucht und Ackerbau sind die Lebensgrundlagen seiner Anwohner, zu denen neben den Kanembu-Bauern die Buduma (Yedina) zählen, d. h. ›die Menschen des Schilfs‹, die als Ureinwohner des Tschadsee-Gebietes im Nordwesten gelten. Sie stammen von den Sao ab, die um 800 das Kanem-Reich begründeten. Die Buduma züchten das Kuri-Rind, das mit seinen an Schwimmkörper erinnernden Riesenhörnern an die amphibischen Verhältnisse des Seegebiets ideal angepaßt ist. Dank der ›Schwimmhörner‹ können die Tiere mühelos auch entfernte Inseln im Wasser erreichen, um dort zu weiden. Neben der Rinderzucht betreiben die Buduma auch Fischfang. Dazu benutzen sie lange, aus Rohrbündeln zusammengebundene Papyrusboote *(Kadei)* mit spitzem, geschwungenem Bug, die an das Boot erinnern, mit dem Thor Heyerdahl den Atlantik überquerte (Abb. 91). Die

Kuri-Rind der Buduma vom Tschadsee mit den charakteristischen ›amphibischen‹ Hörnern

Buduma-Fischer leben in kleinen Weilern aus Mattenhütten am Seeufer und bauen in Umgebung ihrer Häuser auch Getreide, Bohnen und Gemüse an.

Nguigmi, etwa 1500 km von der Hauptstadt entfernt, ist mit seinen 3000 Einwohnern und dem Sitz einer Unterpräfektur der wichtigste Ort des nigrischen Tschadsee-Gebietes. Die Siedlung liegt am Schnittpunkt alter Karawanenstraßen und war einst Sitz der halbnomadischen Kanem-Prinzen. Aus den Kaouar-Oasen kamen früher Salz und Datteln im Austausch gegen Fisch und Getreide. Am Rande des Städtchens findet ein interessanter Salzmarkt statt. Große Natronplatten, die am Nordende des Sees in den Cuvettes abgebaut werden, gelangen von Nguigmi aus nach Nigeria und Kamerun. Die größte ethnische Gruppe der Stadt bilden die seßhaften Kanembu (Untergruppe der Kanuri), die auf den fruchtbaren Strandplatten Sorghumhirse anbauen.

Früher lag Nguigmi direkt am Wasser, durch das ständige Absinken des Wasserspiegels in den letzten Jahren hat sich die Uferlinie jedoch um rund 15 km nach Süden verschoben. Wir befinden uns hier in der nördlichen Sahelzone. In guten Jahren fallen 300 mm, in schlechten Jahren nur 150 mm Niederschlag. Obwohl die Region also besonders dürregefährdet ist, liefern die guten Böden nicht selten überdurchschnittliche Ernten. Die Kanembu-Bauern lagern ihre Hirsevorräte eigenartigerweise nicht in Lehm- oder Korbspeichern wie die meisten anderen Sahelbauern, sondern in Erdlöchern, die sie mit einem Deckel verschließen. Die kreidezeitlichen Seeablagerungen scheinen einen einigermaßen ausreichenden Schutz für das Getreide zu bieten.

In Nguigmi fehlt jede touristische Infrastruktur; es gibt lediglich ein kleines Campement, Benzin ist nur unregelmäßig verfügbar (letzte Tankmöglichkeit in Diffa!). Von Nguigmi führt eine (sehr schwierige) Route durch die Tenere-Wüste nach Bilma (Beschreibung vgl. S. 385ff.).

Durch das Herz des Niger: Von Tahoua nach Agadez

Die Ader-Region mit dem Marktort Tahoua

Im Herzen der Republik Niger liegt die typische Sahellandschaft Ader, die in etwa mit der weiteren Umgebung der Stadt **Tahoua** identisch ist. Wer von Niamey nach Agadez oder von dort nach Südwesten fährt, muß Tahoua passieren, einen der großen Märkte am Rande der Wüste, wo sich alle wichtigen Volksgruppen des Niger wie die Djerma, die Haussa-Stämme der Aderawa und Konnawa, die Fulbe Bororo und die Tuareg treffen. Die heute rund 40000 Ew. zählende Stadt liegt ziemlich genau im Übergangsraum zwischen den Ackerbaulandschaften der Seßhaften und den endlosen sahelischen Grassteppen. Eine leuchtend rote, vegetationslose Sanddüne am Nordrand der Stadt markiert deutlich die immer weiter nach Süden vorrückende Wüste. Überweidung und Abholzung bilden die enormen ökologischen Probleme dieser Zone.

Die große Attraktion der Departementstadt ist der Sonntagsmarkt *(Kassoua)*, schon vor der Ankunft der Franzosen einer der größten im Nigergebiet. Im 19. Jh. herrschten noch Raub und Terror auf den Handelswegen zwischen der Sahara und dem Sudan; die Tuareg überfielen immer wieder Karawanen, einzelne Händler, ja selbst Wochenmärkte. Der nigrische Sahel war früher noch mehr als heute eine Zone des Konflikts, uralter Gegensätze zwischen den Nomaden und den von ihnen verachteten schwarzen Bauern. Diese Verachtung beruhte auf Gegenseitigkeit, denn für die reichen Haussa-Händler in den Städten gelten die nur mit einem Lendenschurz aus Leder bekleideten Hirten der Fulbe auch heute noch als *Busai*, als ›Wilde‹. Die interethnischen Konflikte schwelen natürlich weiter, aber sie haben sich mehr verlagert – in die Hauptstadt und auf die dortigen neuen Machtstrukturen.

Auf dem Markt von Tahoua, am Rande der Stadt, wird das Prinzip des wirtschaftlichen Austauschs zwischen verschiedenen ökologischen Räumen deutlich. Man tauscht hier die Produkte der Wüste und des Sahel gegen Güter aus dem Sudan. Die Bauern liefern rote Sorghumhirse, Kolbenhirse, Erdnüsse, Baumwolle, Gewürze, Tabak und dunkelblaue Indigostoffe, die Nomaden bieten saharisches Salz, Datteln, Vieh und Leder an. Das Salz kommt teilweise von sehr weit her. Gelegentlich bringen algerische Tuareg aus dem Tassili (Amadror) Salz bis nach Tahoua, das meiste stammt jedoch aus den näher gelegenen Salinen von Teggida n'Tessoúm und Bilma (vgl. S. 388f.). Salzlaibe aus Teggida und Salzhüte *(Kantu)* aus Bilma bilden ebenso eine Zahlungseinheit wie Hirsesäcke oder Tabakbündel. Sehr typisch für den Markt von Tahoua ist die Tätigkeit der Vermittler, der *Delali* oder *Dillali*. Sie kontrollieren nicht nur das Marktgeschehen, sondern bieten auch ihre Dolmetscherfähigkeiten an, in vielen Fällen eine unverzichtbare Notwendigkeit, da das babylonische Sprachengewirr im Sahel eine Verständigung bisweilen erheblich erschwert. Zwar hat sich das Haussa als Marktsprache fast überall im Niger durchgesetzt, aber es gibt immer noch Nomaden, die von sehr weit kommen und einer Übersetzungshilfe bedürfen. Dies gilt vor allem für die Tuareg aus Algerien und die Kunta-Araber aus Mauretanien und Mali. Die Dillali sorgen in manchen Fällen auch für die Verpflegung und Unterkunft ihrer Klienten. Für ihre Bemühungen kassieren sie beträchtliche Vermittlungsprovisionen, die sich nach der Größe der jeweiligen Transaktion richten.

In der Ader-Region entwickelte sich auch eine völlig eigenständige sudanische Lehmhausarchitektur. Es handelt sich dabei um die gewölbten Häuser, *Aiki* (›Haussa-Gewölbe‹) genannt, die vielen Dörfern und Marktflecken im Ader ein orientalisches Gepräge verleihen. Das typische Haussa-Gehöft dieser Landschaft besteht aus einem weitläufigen, mit einer Lehmmauer umfriedeten Terrain, in dem sich zwei bis drei viereckige Kuppelhäuser, mehrere große, siloartige Lehmspeicher sowie Krale für Ziegen und Schafe befinden (Farbabb. 48, Abb. 67, 68). Den Eingang bildet häufig ein turmartiges, zinnengeschmücktes Empfangshaus. Die etwas nach

Mit Lehmreliefs verzierte Fassade eines Haussa-Bürgerhauses in Tahoua

vorn versetzte Fassadenpartie über der Haustür ist mit schönen Lehmreliefs verziert, wobei als Muster vor allem Rosetten, Rautengeflechte, das Lebenskreuz der Ägypter und Schlangenstäbe auftreten. Jean Gabus berichtet, daß auf die Reliefgestaltung spezialisierte Maurer von Kano nach Tahoua kämen, um nach der Regenzeit die Motive nach den alten überlieferten Prinzipien zu erneuern. In bestimmten Dörfern wie z. B. Koloma beherrschen die Bewohner jedoch diese Maurertechniken selbst.

Tahoua stellt mit seinen Einkaufsmöglichkeiten für Lebensmittel und Benzin sowie seinem schönen Campement am Rande der Stadt einen guten Ausgangspunkt für interessante Ausflüge in die Umgebung dar. Erwähnt wurde bereits das Bauerndorf **Koloma** 10 km östlich der Stadt mit seinen schönen traditionellen Lehmgehöften und Silo-Speichern (Farbabb. 47). Sehenswerte Wochenmärkte finden in **Tekanamat** (40 km nordwestlich) und **Barmou** (30 km nördlich; donnerstags) statt. Überall sind es das Nebeneinander von Bauern und Nomaden, der kunsthandwerkliche Reichtum und die traditionelle Art des Austauschs, was die kleinen Märkte im Ader so interessant und typisch ›sahelisch‹ erscheinen läßt.

Eine neu erbaute Asphaltstraße führt in Richtung Nordosten am Stausee von Kehehe vorbei nach Agadez (400 km). Etwa 50 km nordöstlich von Tahoua beginnt der Sahel mit seinen gelben Grasprärien, der Lebensraum der Tuareg- und Fulbe Bororo-Nomaden.

Die Fulbe Bororo – Hirten im Sahel

Zu den faszinierendsten nomadischen Volksgruppen im Niger zählen die Fulbe Bororo, die in meist kleinen Familiengruppen zwischen dem Wüstenrand und den Dörfern der Seßhaften verstreut leben. Dieses Volk hat sich in geradezu idealer Weise an die sahelischen Umweltbedingungen angepaßt, indem es mit seiner extensiven Weidewirtschaft die Ressourcen des Landes optimal nutzt. Die Bororo, die meist dem Stamm der Wodaabe angehören, bilden einen Teil des großen Fulbe-Volkes, das in allen sahelo-sudanischen Ländern Westafrikas beheimatet ist. Im Niger verkörpern die Bororo physisch wie auch mit ihrer Wirtschaftsweise als Großviehhalter den Idealtyp des sahelischen Hirtennomaden. An vielen Wasserstellen und Brunnen zwischen Tahoua und Agadez, aber auch auf den Märkten im Damergou, im Manga und im Tschadsee-Gebiet wird man auf die hageren Hirtengestalten in ihrer traditionellen Ledertracht treffen (Abb. 81, 86). Die Frauen fallen durch besondere Schönheit, ihren stolzen Gang und ihren reichen Gesichts- und Kopfschmuck auf (Abb. 80, vgl. auch S. 254f.).

Für die heutigen Fulbe-Bororo ist das Prinzip der ›Rassenreinheit‹ von allergrößter Bedeutung. Die bei ihnen praktizierte Endogamie (Heirat nur innerhalb der eigenen Verwandtschaftsgruppe) führt dazu, daß die edlen Familien ihr Blut ›rein halten‹. Das Rassenbewußtsein verbindet sich mit einem ausgeprägten Schönheitskult, der bei bestimmten sozialen Anlässen wie z. B. bei den Brautwerbungsfeiern am Ende der Regenzeit zu regelrechten Wettbewerben führt. Das *Gereol*-Fest wird jedes Jahr etwa im Oktober/November begangen. Es handelt sich dabei um eine Art von ›Brautschau‹, bei der die jungen Männer um die Gunst der schönsten Frau werben. Die Brautwerber färben zu diesem Anlaß ihre Augen- und Mundpartie mit Antimon schwarz ein, um das Weiß der Augäpfel und der Zähne zu betonen. Mit einem ockerfarbenen oder weißen Strich wird die Nasenlinie hervorgehoben. Nur wer sich auffällig und vorteilhaft mit Gesten, Verrenkungen und Augenrollen in Szene zu setzen weiß, hat die Chance, von der Angebeteten beachtet zu werden. Zur Aufmachung gehören auch eine sorgfältig ausgewählte Festkleidung und bunter Schmuck. Jeder junge Mann trägt einen neuen Lederschurz, dessen Enden bis zu den Waden herunterbaumeln müssen, eine reich bestickte, ärmellose Tunika, über der lederne Brustbeutel, Amulette im Tuareg-Stil, Spiegel und Glasketten hängen. Nicht zuletzt hat jeder Werber eine *Takuba,* das große Tuareg(!)-Schwert in einer roten, reich verzierten Scheide, und auf dem Kopf einen mit Straußenfedern geschmückten Hirtenhut. Der Schönheitswettbewerb stellt ein musikalisches und tänzerisches Ereignis dar. Die Männer, die sich in einer langen Reihe aufstellen, singen und klatschen mit den Händen einen packenden Rhythmus, der die Frauen zu einem rasanten Tanzsolo vor dem Auserwählten bewegen soll (Abb. 90). Die Frauen tragen zu diesem Anlaß ihren dunkelblau gefärbten Wickelrock, eine kurze, ärmellose Bluse und überdimensional große Messing-Fußspangen, die sich wie riesige, glänzende Gewichte um die Beine legen. Bei diesen Festen werden auch verheiratete Frauen umworben, und nicht selten kommt es vor, daß eine mit ihrem Liebhaber für einige Zeit ›im Busch‹ verschwindet, ohne daß ihr Ehemann ihr deshalb Vorwürfe machen darf. Die Bororo-Frauen genießen das Privileg einer großen Freizügigkeit, was sie von Frauen im stärker islamisierten Milieu deutlich unterscheidet.

Die Fulbe Bororo leben ganz von der Rinderzucht. Der Besitz möglichst großer Herden bedeutet für sie mehr als bloß materieller Besitz. Rinder werden nur in äußersten Notfällen veräußert und nur ganz selten, zu besonderen Festen, geschlachtet. Die Rinder gelten nicht bloß als ›Haustiere‹, sondern tatsächlich als Teil der Familie. Die tiefe affektive, fast mystische Bindung der Bororo an ihre Rinder zeigt sich deutlich in bestimmten Riten. So bekommt ein neugeborenes Kind gleich nach seiner Geburt außer seinem eigenen Namen noch den eines ihm gewidmeten Jungtieres. Ein Leben lang bleibt der Mensch dadurch an sein Namenstier gebunden. Die Bororo, die eine große ästhetische Empfindung gegenüber dem Rind hegen, züchten eine besondere Art des Zebu-Rindes, das sogenannte ›Bororodji-Zebu‹, welches im Idealfall lange, leierförmig geschwungene, weiße Hörner trägt. Jedes Tier wird liebevoll mit seinem eigenen Namen benannt.

Die nomadische Lebensweise ist abhängig von dem Futterangebot, das wiederum von dem Wechsel zwischen Regen- und Trockenzeit bestimmt wird. Grundsätzlich gibt es zwei Wanderungsrichtungen: In der Regenzeit ziehen die Nomaden nach Norden in die Wüstenrandzonen zwischen dem Azaouak und dem Air-Massiv, und mit zunehmender Trockenzeit wandern sie allmählich nach Süden in die Umgebung der großen Tiefbrunnen und Bauerndörfer. Die entferntesten Punkte ihrer Nord-Süd-Migration liegen rund 200 km auseinander. Die Monate Oktober und November stellen für die Bororo eine ›Periode des Überflusses‹ dar. Überall gibt es im Norden noch fette Weiden und ausreichend Wasser, in den Lagern mangelt es weder an frischer, fetter Milch noch an Butter. In diesen wenigen Wochen finden die meisten Feste (Hochzeiten, Gereol-Zeremonien und Schönheitswettbewerbe) statt. Wenige Wochen später, im Dezember und Januar, macht sich der Wasser- und Weidemangel allmählich spürbar, die Sippen teilen sich in kleine Grüppchen auf. In diese Zeit fallen die geschäftlichen Transaktionen: Notwendiges Getreide wird eingekauft; eventuell veräußert man ein altersschwaches

Rind. Die härteste Jahreszeit fällt in die Monate März bis Juni. Jetzt wird die Milch äußerst knapp, das Vieh leidet unter dem Wassermangel und verliert rapide an Gewicht. Notverkäufe von Rindern oder Schafen an die Bauern kommen in dieser Periode häufig vor, um das Lebensnotwendigste an Hirse zu bekommen. Mit den ersten schweren Gewittern Ende Juni erfolgt die allmähliche Rückwanderung nach Norden.

Die Fulbe Bororo kommen als Nomaden mit einem Minimum an Hausrat aus. Ihre Betten bestehen aus langen Holzstangenrosten, auf die mehrere Lagen von Flechtmatten gelegt werden. Über dem Bett erhebt sich auf glatt polierten und mit Metall beschlagenen Gabelpfosten ein einfaches, rechteckiges Sonnenschutzdach, auf dem man den Hausrat der Frauen (Kalebassen, Melkgefäße, Becher und Schöpflöffel) abstellt. Diese Behausung kann in wenigen Stunden abgebaut und auf Esel oder Tragochsen verladen werden (Abb. 86). Damit erreichen die Nomaden eine beispiellose Flexibilität und Mobilität, die im Hinblick auf die ständige Suche nach geeignetem Weideland notwendig ist.

Agadez – das Tor zum ›schwarzen‹ Sudan

Seit Jahrhunderten gilt Agadez (Agades) als Tor, als nördlichster Vorposten des schwarzen Sudan. Schon von weitem kann der Reisende an dem hohen, sich nach oben verjüngenden Lehmminarett der mittelalterlichen Moschee erkennen, daß vor ihm eine alte, traditionsreiche afrikanische Stadt liegt. Wie Oualata oder Timbuktu verdankt auch Agadez seine Existenz in erster Linie dem Handel.

Die Stadt entwickelte sich seit dem 14. Jh. zu einer Niederlassung arabischer Kaufleute aus den Touat-Oasen und Tripolitanien, die mit den Songhay von Gao, den Haussa und den Kanembu im Süden handelten. Über Agadez liefen immer schon wichtige Handelsströme zwischen dem Sudan und Nordafrika. Im 15. Jh. avancierte die Stadt zum politischen Zentrum der Tuareg des Air-Gebietes, und seitdem existierte hier ein eigenes Sultanat, das hauptsächlich den Zweck erfüllen sollte, die ständigen Streitigkeiten zwischen den führenden Tuareg-Fraktionen zu schlichten. Um keinen der großen Stämme wie die Kel Gress, Kel Iferouane, Itesen und Kel Owi zu benachteiligen, kam man überein, immer einen ›Schwarzen‹ zum Sultan zu wählen. In ihrer historischen Überlieferung geben die Sultane von Agadez vor, von den Osmanenherrschern in Istanbul abzustammen, was jedoch wohl in den Bereich der zahlreichen Tuareg-Legenden gehört. Fest steht, daß der Ausbau des ›Reiches Agadez‹ in der ersten Hälfte des 15. Jhs. unter dem Sultan Ilissaouane voranschritt, der bis 1449 regierte. Die schwarzen Volksschichten von Agadez, In Gall und Teggida n'Tessoum hatten dem Sultan regelmäßige Abgaben zu entrichten, während die weißen Tuareg-Noblen selbstverständlich davon befreit waren. Das System bestand auch weiter fort, als um 1500 der Askia Mohammed, der letzte große Songhay-Herrscher von Gao, die Stadt unterwarf und tritbutpflichtig machte. Das reiche Agadez bildete bis zum Ende des 16. Jhs. den nördöstlichen Außenposten des Songhay-Reiches. In dieser Zeit siedelten sich hier Songhay- und Haussa-Händler an, die der Stadt ein ›sudanisches Gepräge‹ verliehen, während das Air-Umland kulturell ganz von den Tuareg bestimmt wurde. Mit dem Zerfall des Songhay-Imperiums als Folge der marokkanischen Invasion und der Ab-

Ansicht von Agadez, Lithographie nach einer Zeichnung von Heinrich Barth (1853)

nahme des Transsahara-Handels wurde Agadez wieder vollständig von den Tuareg kontrolliert und wirtschaftlich ausgesogen. Allen Rückschlägen zum Trotz blieb die Stadt jedoch ein großer Markt am Rande der Wüste und eine Relaisstation für den Fernhandel, bei dem vor allem das Salz eine große Rolle spielte. Die günstige Lage zwischen den sich herausbildenden Machtzentren wie dem Bornu-Reich im Südosten und den Stadtstaaten der Haussa im Süden begünstigte im 18. Jh. die weitere Entwicklung. In seiner Blütezeit sollen in Agadez mehr als 10 000 Einwohner gelebt haben, von denen jedoch viele während der ersten Hälfte des 19. Jhs. ins Haussa-Land von Nigeria zogen. Im 18. Jh. setzten sich die Kel Owi als führende Tuareg-Gruppe in Agadez fest, während sich ihre Kontrahenten, die Itesen und Kel Gress, nach Süden in die Nachbarschaft der Haussa-Städte Maradi und Zinder zurückziehen mußten.

Heute zählt Agadez immerhin noch rund 7000 Einwohner (diese Zahl ist seit 1850, als Heinrich Barth als erster Europäer die Stadt besuchte, konstant geblieben), ein buntes sudanisch-saharisches Völkergemisch aus Haussa, Djerma, Songhay, Tuareg, Fulbe und Arabern. Die dominierenden Verkehrssprachen sind Haussa und Tamaschek. Der Reiz der Stadt erschließt sich vor allem dem, der etwas länger als nur einen Tag hier verweilt. Das traditionelle soziale Gefüge, die Feste und Tänze sowie die musikalischen und kunsthandwerklichen Traditionen leben teilweise ›im Verborgenen‹ fort und verdienen es, ›entdeckt‹ zu werden.

Die Moschee und die Paläste

Den Mittelpunkt der alten Stadt bildet die **Lehmmoschee,** die im 15. Jh. als Symbol des sich südlich der Sahara festigenden Islam gegründet und später mehrmals gründlich restauriert und umgebaut wurde. Der 27 m hohe, viereckige, nach oben spitz zulaufende Turm mit seinen zahlreichen hölzernen Stützen folgt der Tradition des mittelalterlichen sudanischen Lehmbaustiles (Farbabb. 50). Auffällig wirkt die Verwandtschaft mit ähnlichen Lehmminaretten in den mozabitischen Städten Nordalgeriens (Ghardaia), was wieder deutlich die enge kulturelle Verbindung zwischen dem Sudan und Nordafrika belegt. Von der Minarettspitze, zu der eine schmale Treppe hinaufführt, präsentiert sich der beste Überblick auf die Gassen und das rötlich-braune Gewirr der Lehmhäuser. Im Norden heben sich an klaren Tagen die Berge des Air bläulich aus der endlosen Ebene heraus, im Osten sieht man die neueren Stadtteile und die Bäume am Rande des kleinen, episodisch wasserführenden Flußlaufs, an dem Agadez liegt.

Gegenüber der Moschee ist in dem **Kaocen-Palast** das Hôtel de l'Air untergebracht. Hier residierte im Jahr 1917 der Anführer der Tuareg-Revolutionäre, die einen Aufstand gegen die Kolonialmacht organisierten. In dem hohen, weißgetünchten Audienzsaal mit seiner schönen, von dicken Lehmsäulen getragenen Holzdecke befindet sich heute der Speisesaal. Vom Flachdach hat man einen guten Überblick auf die benachbarte Moschee und den Bezirk des **Sultanspalastes.** Der Palast, der sich durch seine Maße von allen anderen Häusern der Stadt abhebt, ist ein mächtiger, rechteckiger Lehmkastenbau mit vier Stockwerken, der mit seinem massiven Mauerwerk aus dem Boden herauszuwachsen scheint und für sudanische Verhältnisse fast schon wie ein Hochhaus wirkt. Zwei Reihen von dunklen Fensterlöchern markieren die beiden Hauptetagen, die die Privaträume des Sultans bergen. Die einstmals schmückenden Lehmzinnen sind zu runden Kuppen verwittert, und in den Mauerlöchern und auf den hölzernen Stützbalken sitzen schwarz-weiße Schildraben. An Festtagen ist der große Platz vor dem Sultanspalast von Tuareg-Männern in wallenden Boubous und mit hohen Turbanen bevölkert, die dem hohen Herrn ihre Aufwartung machen. Es lohnt sich, östlich der großen Hauptverkehrsachse, die Agadez in zwei Teile zerschneidet, durch die alten Viertel zu spazieren. An manchen Stellen wird man noch ältere Wohnhäuser von Kaufleuten finden (Abb. 70), die in ihrer Gestaltung den Palästen in Zinder und Tahoua ähneln. Großflächige, unverputzte Lehmreliefs über den Türeingängen, schlanke Eckzinnen an den Terrassenhäusern und vom Zahn der Zeit angenagte, blumenreiche Sgrafitto-Ornamente zieren die Fassaden.

Kleine Plätze schaffen Freiräume in dem Gassengewirr. Hier werden frisches Ziegenfutter, Fleisch, Seife, Taschenlampenbatterien, Zucker und alles andere gehandelt, was man im Agadezer Alltag braucht. Vor den Häusern sitzen die Alten, in wichtige Unterhaltungen vertieft und erfreut über jeden Gruß des Fremden. Es herrscht in manchen Straßen der Stadt eine ländliche Atmosphäre, nur gelegentlich gestört durch ein lärmendes Motorrad oder ein Auto.

Der Markt

Lebendiger geht es auf dem großen **Markt** zu, einem riesigen Areal unweit der Moschee. In unzähligen kleinen Wellblechhäuschen findet man fast alle Waren des Landes, bunte Stoffe, Schuhe, Kosmetika, Nahrungsmittel und vor allem kunsthandwerkliche Produkte der Tuareg-Schmiede und Haussa. Hier haben auch die Schmuckhändler ihre Läden. Berühmt ist der nach alten Vorbildern hergestellte Agadezer Silberschmuck, vor allem das bekannte ›Kreuz von Agadez‹, das sich inzwischen fast überall in Westafrika verbreitet hat und auch hier schon serienmäßig aus Nickel und billigen Legierungen hergestellt wird. Man findet aber auch noch

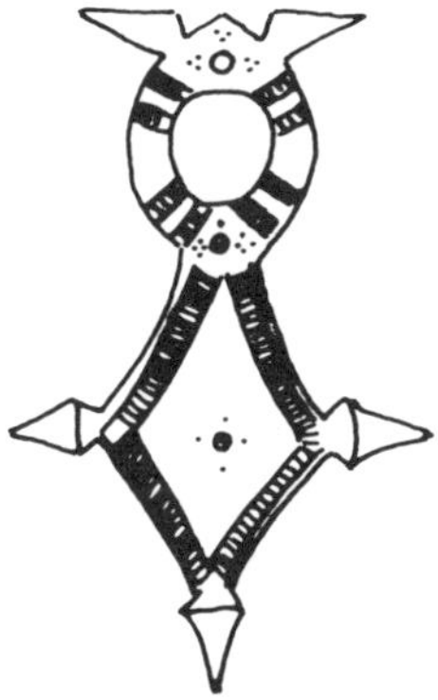

Von links nach rechts: Kreuze von Agadez, Tahoua und Iferouane

Tuareg-Silberschmiede, welche die Kreuze im ›klassischen‹ Verfahren der ›verlorenen Form‹ herstellen (vgl. S. 64). Die erstarrte Rohform erhält nach dem Polieren und Schleifen die typischen feinen Ziselierungen (Wellen-, Dreiecks-, Kreis- und Punktornamente). Alle größeren Oasen und Städte im Air-Gebiet wie In Gall, Iferouane oder Timia, aber auch Tahoua haben ihr bestimmtes, unverwechselbares Kreuzmotiv, über dessen Ursprung es verschiedene Hypothesen gibt. Manche Forscher meinen, es handele sich um ein christliches Symbol, das auf berberisch-koptische Einwanderer zurückgehe, die sich im 7. und 8. Jh. im Air niederließen. Andere vertreten die Ansicht, daß das Kreuz eine Abwandlung des alten Zeichens der Tanit, der Stadtgöttin von Karthago (phönizisch: Astarte), sei. (Die Sonnenscheibe, welche die Göttin zwischen einem Hörnerpaar auf dem Kopf trägt, hat die Form eines durch einen Strich geteilten Ovals, was als Symbol des weiblichen Geschlechts gilt.)

Eine andere in Agadez beheimatete Handwerkkunst ist die Herstellung von ledernen, reich verzierten, kleinen Schmuckdosen *(Bata)*. Im ganzen Air-Gebiet benutzen die Tuareg-Frauen diese Behälter für Kosmetikartikel (Schminke, Parfüm und Schmuck). Der Arbeitsvorgang ist höchst kompliziert und zeitaufwendig. Die Vorarbeiten wie die Formung des Döschens obliegen den Männern, die Verzierung den Frauen. In der Batiktechnik tragen diese mit schmalen Wachsstreifen feine, geometrische Linien auf, wobei Spiralen und ›Zahnradmuster‹ besonders beliebt sind. Dann legen sie die Dose in ein violettrotes Farbbad aus zerstampfter Sorghumhirse und Natronsalz. Nach der Entfernung der Wachsfäden werden helle Linienmuster im Negativ sichtbar.

Mit farbigen Mustern in Batik-Technik verzierte Bata-Schmuckdose der Tuareg aus Agadez

Lederne Brieftasche der Tuareg Ullimiden

Als Marktzentrum der Tuareg des Air-Gebietes und als End- bzw. Ausgangspunkt wichtiger Karawanenwege von und nach Fachi und Bilma im Osten, Tamanrasset im Norden sowie Zinder und Maradi im Süden bietet Agadez den Nomaden alle Haushaltsgegenstände, die wir heute zu den prächtigsten kunsthandwerklichen Zeugnissen des westafrikanischen Sahel rechnen. Die Formenvielfalt und die farbenfrohe Ornamentik der ledernen Satteltaschen, Reisesäcke, Sättel und Prunkwaffen scheint fast unerschöpflich. Im Stil der Agadezer Lederwaren treten immer wieder bestimmte markante Grundmuster und Verarbeitungstechniken auf, welche die geographische Bestimmung dieser Objekte erleichtern. Die Kamelsatteltaschen zieren aufgenähte, aufgemalte und geschabte Linien, Dreiecke, Vierecke, Rauten und – besonders typisch – auffällig viele, mit roten Baumwollfäden aufgestickte Kreise. Die von den Haussa übernommene Technik der aufgenähten roten *Tundu*-Ringmuster schmückt vor allem die Sattelkissen und Satteltaschen. Typisch für die Tuareg im Air ist neben der Exzisions- und Applikationstechnik die Kunst des Posamentierens, der Einarbeitung von hellen Lederstreifen in eine dunklere obere Lederschicht. Alle diese komplizierten Arbeitsgänge, die ein Höchstmaß an Fingerspitzengefühl erfordern, werden von Frauen durchgeführt.

Eine weitere Besonderheit von Agadez stellen die zahlreichen **Feste** mit Umzügen und Reiterspielen dar. In den Gassen wird zwar auch an gewöhnlichen Tagen musiziert und zum Rhythmus von Trommeln getanzt, die prächtigsten Feiern finden jedoch anläßlich der islamischen Feste statt. Das Hammelfest *(Tabaski)* und den Abschluß der islamischen Fastenzeit *(Ramadan)* begeht man mit wilden Reiterspielen vor dem Sultanspalast, wobei die prächtigen Monturen, das bunte Zaumzeug, die ledernen Satteltaschen und die wallenden Boubous der Tuareg-Reiter besonders zur Geltung kommen. Den Höhepunkt bildet der rituelle Ritt des Sultans und seines Gefolges um die Stadt. Ein nur auf Agadez beschränktes Ereignis ganz besonderer Art ist das *Bianou*-Fest, das man vierzig Tage nach dem Hammelfest feiert. Dabei treten Masken auf, die an süddeutsche Fastnachtsgestalten erinnern. Die Masken bestehen aus Kalebassenhälften mit Öffnungen für Nase, Augen und Mund, sind mit allerlei Kleinkram, Pflanzen, Tierhörnern und Konservendosen behängt und nehmen an einem Umzug teil, der sich abends vor den Toren der Stadt konstituiert und am folgenden Morgen in Richtung Agadez marschiert. Vor den Häusern der Honoratioren wird unter Trommelbegleitung getanzt. Die festlich gekleideten Menschen tragen Palmwedel in den Händen und folgen dem Zug der Bianou-Maske und der *Tambari*-Trommler. Über die Bedeutung des in rein islamischer Umgebung so ungewöhnlichen Maskenumzuges weiß man nichts Genaues. Es muß sich um ein sehr altes Ritual handeln, das angeblich einstmals als ›Versöhnungsakt‹ zwischen den verfeindeten schwarzen Stämmen des Südens und den Tuareg des Air eingeführt wurde.

Einen anderen festlichen Anlaß bildet die Ankunft der Salzkarawanen aus Bilma im November. Zu dieser Zeit ist der Markt besonders belebt.

Das Air und sein westliches Vorland

Von Agadez zur algerischen Grenze (Piste Agadez – Tamanrasset)

Die Verbindung zwischen Agadez und Tamanrasset (Algerien) hat sich in den letzten Jahren durch den Ausbau der Uranminen bei Arlit ständig verbessert. Von Agadez führt jetzt bis **Arlit** eine gut ausgebaute Asphaltstraße, auf der alle Versorgungsgüter aus dem Süden herangeschafft werden. Arlit, eine Retortenstadt der Spezialisten und Ausländer, bietet als einzige Attraktion die riesigen Gruben, in denen das Uranerz im Tagebau geschürft wird. Unterkunfts- und Verpflegungsmöglichkeiten bestehen im Gästehaus der Minengesellschaft Somair, an dessen Direktor man sich jedoch persönlich wenden muß; daneben gibt es eine Tankstelle, eine Bankfiliale und einige kleine Geschäfte. Von Arlit führt in nordwestlicher Richtung eine gut markierte Wüstenpiste bis zur rund 170 km entfernten Grenzstation **Assamakka.** Von dort aus sind es noch 420 km bis nach Tamanrasset, dem Hauptort des algerischen Hoggar-Gebiets. Eine interessantere Variante bildet die Strecke Agadez – Assamakka über die Oasen In Gall und Teggida n' Tessoum.

In Gall (120 km westlich von Agadez) ist seit der Fertigstellung der Asphaltstraße Tahoua – Agadez zu einem ziemlich stillen, abseits gelegenen Ort geworden. Nur die Lastwagen, die von Tahoua aus nach Tamanrasset fahren, halten hier an. Etwa 2 km vor dem Ort führt linkerhand ein Pfad zu einem enormen Felsenchaos, in dem man leicht mächtige, versteinerte Baumstämme erkennen kann. Manche Stämme messen über 10 m in der Länge und 4 m im Umfang. Es scheint kaum glaublich, daß einst in der Kreidezeit, vor 100 Millionen Jahren, riesige Wälder das heute halbwüstenartige Plateau von Tiguidit bedeckten.

In Gall (Abb. 69) ist ein wichtiger Nomadenmarkt im nigrischen Nordsahel. Die Tuareg des Air und die Fulbe Bororo tränken hier ihre großen Viehherden (Farbabb. 44). Nördlich der Oase, in den weiten Ebenen des Azaouak-Tales, findet das Vieh in der kurzen Regenzeit reiche Weidegründe. Zu dieser Zeit werden die Tiere zu den salzigen Quellen von Teggida n'Tessoum zur ›Salzkur‹ gebracht. Den langen trockenen Teil des Jahres wandern die Nomaden südlich von In Gall bis zur nigerianischen Grenze, wo sie ihr Vieh das ganze Jahr über mit Futter versorgen können. Die Bewohner der Oasen In Gall und Teggida n'Tessoum sprechen eine Mischung aus Tamaschek und Songhay, was an die alten politischen und kulturellen Beziehungen dieses Wüstenraumes zum Songhay-Reich der Askia erinnert.

Das Forscherehepaar Suzanne und Edmond Bernus berichtet von einem alten Mythos, aus dem hervorgeht, daß die Gründerahnen der Oasen In Gall und Teggida die letzten Überlebenden eines Massakers sind, das die Tuareg Kel Air unter den Einwohnern der längst versunkenen Kupferminenstadt Azelik (das alte Takkada des Ibn Battuta) anrichteten. Die einzigen Überlebenden, ein Mädchen aus dem Stamm der Inusufa und ein Junge der Imasdragen, sollen später zur Herrscherwürde über die beiden Oasen gelangt sein. Die Nachkommen dieses mythischen Paares legten mit Hilfe von zwei gelehrten religiösen Männern *(Ischerifen)* und ihren schwarzen Sklaven, die Palmsprößlinge besaßen, die ersten Oasengärten in In Gall an, nachdem sie zuvor vom Sultan von Agadez dort Besitz- und Wohnrechte erhalten hatten.

Die Bevölkerung von In Gall (1500 Menschen) und von Teggida (400 Menschen) setzt sich überwiegend aus Inusufa, Imasdragen und Ischerifen (Tuareg-Gruppen) zusammen; hinzu kommen noch die Isawagen, die ›Leute aus dem Azaouak‹, die später zuwanderten. Die Gärten in In Gall werden von dunkelhäutigen Abhängigen (Abb. 83) bestellt, die sich tierischer Zugkraft bedienen, um das Wasser aus den mit altertümlichen Schaduf-Hebelarmen versehenen Brunnen herauszuholen. Das Wasser, das in Gummieimern aus der Tiefe kommt, läuft zunächst in ein Becken und von dort über kunstvolle Kanäle zu den Beeten, in denen prächtige Fleischtomaten, Salat, Bohnen und Paprika gedeihen.

Das wesentlich kleinere **Teggida n'Tessoum** ist die Schwesterstadt von In Gall. Seine dicht aneinander gedrängten Lehmwürfelhäuser stehen am Rande der braunen Talak-Tonebene in unermeßlicher Einsamkeit. Neben dem Dorf befinden sich – hinter einigen Lehmhügeln versteckt – die Salinen, eine Ansammlung kreisrunder Löcher. Die Gewinnung des Salzes verlangt wie in Bilma einen äußerst großen Arbeitsaufwand (vgl. S. 389f.). Die salzhaltige Erde der Umgebung wird mit Salzquellwasser in den größeren Becken vermischt, die sich verdickende Salzsole ständig abgeschöpft und in benachbarte Becken gegossen, wo durch Verdunstung eine immer höhere Salzkonzentration entsteht. In den kleinen Becken lagert sich zuletzt ein rötliches Salz ab, das man zu runden und länglich abgeflachten Salzbroten *(Taghlelt)* formt. Jeder Salzproduzent ritzt sein ›Firmenzeichen‹ mit ein paar Strichen und Punkten in die Salzbarren ein. Der größte Teil des Salzes gelangt auf den Markt von In Gall und von dort noch weiter auf andere, weiter südlich gelegene Märkte. Das Salz von Teggida besteht aus einem großen Anteil Kochsalz, einer geringen Menge Glaubersalz und unlöslichen Bestandteilen. Es findet im Süden vor allem als Viehsalz Verwendung und ist ein Tauschäquivalent für Hirse, Zucker und andere Waren.

Die letzte große Wasserstelle mit gutem Trinkwasser vor der Grenzstation Assamakka ist der von Nomaden des gesamten Azaouak aufgesuchte Brunnen **In Abangarit.** Die leuchtend gelben Kurzgrasprärien des Azaouak bieten bis in den Januar hinein gute Weidemöglichkeiten für die großen Rinderherden der Fulbe Bororo, während man die Kamele und Ziegen der Tuareg noch weiter nördlich, in den buschbestandenen Koris der Landschaft Tekedel, antrifft. Mitten in der Wüste wird man fern jeder Wasserstelle auf Nomadenzelte stoßen. Häufig erhalten die Familien von den vorbeifahrenden Lastwagen im Austausch gegen Kamelmilch oder eine Ziege das nötige Trinkwasser.

Assamakka ist die Grenzstation, wo das nigrische Militär die Ausweiskontrollen durchführt. Fotografieren sollte man in dem militärischen Bezirk unbedingt unterlassen, andernfalls wird einem der Film aus der Kamera genommen! Nur etwa 25 km weiter nördlich, getrennt durch ein schwieriges, versandetes Pistenstück, liegt die algerische Grenzstation In Guezzam, wo man an der Tankstelle meistens Benzin vorfindet. Assamaka ist der einzige Grenzposten, über den die nigrischen Behörden eine Ausreise nach bzw. Einreise von Algerien gestatten.

Das Air-Bergland

Nördlich von Agadez erhebt sich aus den Ebenen des Talak im Westen und der Tenere-Wüste im Osten wie eine Insel das Air-Massiv, das größte Gebirge der Republik Niger, das sich von Agadez bis zur algerischen Grenze über etwa 400 km erstreckt. Seine nördlichen Grenzen sind fließend; die Berge gehen dort allmählich in das benachbarte Hoggar-Massiv über, mit dem sie eine geologische Einheit bilden. Im Süden markiert der weite Halbkreis der Schichtstufe von Tiguidit, an der die bedeutende Oase In Gall liegt, die Grenze.

Air ist ein altberberisches Wort, das Leo Africanus im 16. Jh. erstmals erwähnt. Die Haussa im Süden nennen die dunklen Wüstenberge des Nordens *Azbin.* Das Air-Bergland besteht aus alten Ergußgesteinen, Graniten, Porphyr, stark gefalteten kristallinen Schiefern und Marmor, alles durch tektonische Bewegungen gehobene Schichten. Riesige paläozoische, ringförmige Intrusionen aus Granit und Gabbro prägen in manchen Teilen das Gebiet. Die dazugehörigen Vulkane wurden abgetragen und das teilweise erzhaltige Erosionsmaterial in den Vorländern abgelagert. Bei Arlit finden sich beispielsweise Uranerzlagerstätten, die für den Niger neuerdings große ökonomische Bedeutung haben. In Granitintrusionen bei El Meki, im Tarouadji-Massiv und in der Umgebung der Oase Timia sind Zinnerzgänge an die Oberfläche getreten, die man mit vorindustriellen Methoden abbaut. Die alten kristallinen Massive werden an vielen Stellen von geologisch jungen Vulkanen (aus dem Tertiär), Tuffen und Basaltdecken überlagert. Die Vulkankegel überragen morphologisch das alte Grundgebirge nur wenig.

Das Air weist den Charakter eines Mittelgebirges, aus dem einzelne Hochgebirgsmassive herausragen, auf. Felsige Hügel, kleinere Bergketten von nur wenigen Hundert Metern Höhe, unterbrochen von flachen Kies- oder Felswüsten und sanderfüllten Flußläufen *(Koris),* prägen das Landschaftsbild (Abb. 77). Die größten Erhebungen von Süd nach Nord sind die Bagzan-Berge (1900 m), das vulkanische Trachyt-Massiv des Mont Todra nördöstlich von Agadez, die Takolokouzet-Berge im Osten, das Tamgak-Massiv östlich von Iferouane und schließlich im Norden als höchste Erhebung der Mont Greboun mit 2310 m. Die Koris entwickelten sich in den genannten Gebirgsstöcken als Schluchten und entwässern alle in westlicher Richtung in die weite Talak-Ebene hinein, wo sie sich zu dem Wadi Azaouak vereinen, das im Südwesten als Dallol Bosso südlich der Hauptstadt in den Niger-Fluß mündet. Das Azaouak-Tal ist identisch mit dem Ur-Niger.

In den Tälern des Air liegen fruchtbare Oasen (Timia, Iferouane), wo dunkelhäutige Bauern, meist Abhängige der Kel Air (Abb. 78), leben. Die Tuareg besiedelten seit dem 11. Jh. das Bergland von Nordosten her und vertrieben dabei die autochthone schwarze Bevölkerung. Das Air-Bergland hat außer großen landschaftlichen Schönheiten, einer guten, häufig klaren Luft, einer üppigen Vegetation in den Tälern und der noch reichhaltigen Tierwelt (Gazellen, Vogelstrauß, Mufflons) auch reiche prähistorische Zeugnisse zu bieten. Zahlreiche Felsbilder aus der libysch-berberischen Spätphase der Felsbildkunst mit Darstellungen von Streitwagen und federgeschmückten Figuren wurden im Nordwestteil des Gebirges entdeckt.

Von Agadez nach Iferouane

Die landschaftlich schönste Strecke durch die Air-Berge führt über El Meki und Timia nach Iferouane (Geländefahrzeug erforderlich). Im Süden des Air liegt der kleine Ort **El Meki** (113 km von Agadez), in dessen Umgebung kleine Zinnminen (Cassiterit) im Tagebau von kleinen Suchtrupps ausgebeutet werden. Der Abbau erfolgt in kleinem Maßstab; die Landschaft ist deshalb noch weitgehend unzerstört. Die geförderte Erzmenge von jährlich kaum mehr als 85 Tonnen bringt man nach Nigeria zur Verhüttung. In Dorfnähe befinden sich schöne Oasengärten und Dattelpalmenhaine.

In Richtung Norden bietet die Piste bis zum Dörfchen **Kreb-Kreb** keinerlei Schwierigkeiten. Danach erfolgt eine Gabelung: Ein Weg führt durch das sandige Flußbett eines Kori, der andere überquert gebirgiges Gelände, bis sich beide vor der berühmten ›Cascade von Timia‹, einem schönen Rastplatz etwas abseits (links) der Hauptpiste, wieder vereinigen. Die Tuareg nennen diese Wasserstellen im Gebirge *Agelman.* Manchmal handelt es sich dabei um regelrechte Quellen oder aber um offene Grundwasserströme, die eine Zeitlang an der Oberfläche fließen, manche bilden sogar kleine Oasen, wo Dumpalmen, Gräser und Blumen wachsen. Kurz vor Timia (1100 m hoch) muß man eine außergewöhnliche Steigungsstrecke bewältigen. Wenige Kilometer nach der Durchquerung eines Kori erreicht man dann **Timia,** die wohl schönste Oase im Air (220 km von Agadez). Am Rande eines weiten, sandigen Kori gelegen, überragt von einem stumpfen Bergkegel mit einem unter General Massu errichteten Fort aus den fünfziger Jahren und umgeben von grünen Oasengärten, bietet das Dörfchen einen idyllischen Anblick. Zwischen den steilen Schutthängen der Berge und dem breiten Flußbett breiten sich unter Schirmakazien die kubischen Lehmhäuser und schöne hemisphärische Strohhütten aus. Die Bewohner sind dunkelhäutige Iklan und Schmiede, Abhängige der Tuareg. Die Schmiede stellen hier das ›Kreuz von Timia‹ her, eine Variante des Agadezer Kreuzes. Zwar gibt es hier kein Campement, es besteht aber die Möglichkeit, ein Lehmhaus für einige Tage zu mieten.

Hinter Timia fährt man über einen Paß am Fuß der Agalak-Berge in Richtung Norden und gelangt nach etwa 50 km zur Ruinenstadt **Assodé,** im Mittelalter eine der großen Tuareg-Hauptstädte des Air. Das Gewirr von Grundmauern der steinernen Wohnhäuser liegt östlich der Piste. Von der Moschee stehen noch die Umfassungsmauern und einige Holzbalken der Deckenkonstruktion, und überall sind Reste der seit langem verlassenen Haushalte zu finden.

Die Stadt soll im 17. Jh. untergegangen sein – vermutlich wegen Streitigkeiten zwischen den verschiedenen Tuareg-Stämmen.

Hinter Assodé führt eine teilweise schlecht markierte Piste in nördlicher Richtung an den kohlesäurehaltigen Quellen von Igouloulef (in der Nähe des Kori Zilalet) vorbei bis **Iferouane,** dem nördlichsten größeren Ort im Air, den eine der schönsten Landschaften der gesamten Region umgibt. Das Dorf liegt am Rande eines Koris westlich des stark zerklüfteten Tamgak-Massivs. Akazien, Dumpalmengruppen und ein dichter Grasteppich beleben die Ebenen um Iferouane, wo noch häufig Gazellen und Straußenherden vorkommen. In den Oasengärten gedeihen alle Arten von Gemüse und sogar Rosen, die hier im kühlen Gebirgsklima, wo in der kalten Jahreszeit Nachtfröste auftreten können, ähnlich günstige Bedingungen vorfinden wie in Europa. Die Gehöfte von Iferouane bestehen aus runden Strohhütten mit Kegeldächern; jeder Haushalt ist von dichten, palisadenartigen Mattenzäunen umgeben. Nur wenige Familien wohnen in Lehmhäusern. Das Material der Hütten bilden hohe Gräser aus den Koris und Maisstengel aus den Oasengärten. Im Rahmen verschiedener ländlicher Entwicklungsprojekte legte man in den Koris im Umkreis von Iferouane kleine Staudämme an, um das kostbare Niederschlagswasser besser auffangen zu können. Dadurch erhöhte sich in manchen Gebieten der Grundwasserspiegel, was die Wasserversorgung für die Menschen sicherer machte.

Prähistorische Fundstätten im Air

Iferouane ist der Ausgangspunkt für Exkursionen in die Hochgebirgsregionen des Air, die sich wie Inseln aus dem niederen Bergland erheben. Durch eine abwechslungsreiche Berglandschaft führt die Karawanenpiste Iferouane – Tamanrasset. Etwa 60 km östlich der Wasserstelle Tadera beginnt das rund 1500 m hohe **Adrar Bous-Massiv,** in dessen Umkreis äußerst reiche prähistorische Funde gemacht wurden, darunter vor allem Pfeilspitzen, Schaber und Klingen aus grünem, hell durchscheinendem Jaspis sowie Keramikreste, die aus dem Ténérien (3000 v. u. Z.), einer neolithischen Blütezeit, stammen. Mit der notwendigen technischen Ausrüstung kann man ohne weiteres vom Adrar Bous aus den nördlichen Teil der hier sehr flachen Tenere-Wüste (meist Kies- und flache Sandwüste) in Richtung Osten durchqueren. Die Kaouar-Oase Seguedine (vgl. S. 390) liegt nur etwa 350 km entfernt.

Von Iferouane aus führt die landschaftlich reizvolle Temet-Piste zum Ostrand des **Greboun-Massivs,** wo sich die mächtigsten Wanderdünen des Tenere erheben. Mit einer Bergsteigerausrüstung ist es möglich, das basaltische Tafelbergmassiv des mit 2310 m höchsten Berges im Air, des Mont Greboun, zu bewältigen, den erstmals 1943 der deutsche Geologe Konrad Kilian bezwang. Im Greboun-Gebiet existiert eine reiche Pflanzenwelt, die von dem relativ hohen Wasserangebot in der Gebirgsregion profitiert. So wachsen in 1700 m Höhe 3000 Jahre alte wilde Olivenbäume, Zeugen aus einer humideren (mediterranen!) Klimaepoche im Air. Auch trifft man hier auf den seltenen Air-Mufflon und auf Gazellen, Hyänen und Schakale. Einen leichteren und kürzeren Aufstieg ermöglicht das Massiv von Tin Galen, das vom Mont Greboun durch ein tiefes, stark versandetes Tal getrennt ist. Von hier bietet sich der gleiche überwältigende Blick auf das Sanddünenmeer des Tenere wie vom Mont Greboun.

Die Umgebung von Iferouane wie überhaupt das gesamte nördliche Air-Gebiet ist – wie bereits angedeutet – eine prähistorisch besonders reiche Gegend. Der große Felsbildspezialist der Sahara, Henri Lhote, inventarisierte zu Beginn der siebziger Jahre die wichtigsten Fundstätten. René Gardi berichtet in seinem Buch ›Cram-Cram‹ von sehenswerten Felsgravuren im Tal des Kori Aouderer, südlich von Iferouane an der Piste nach Agadez. Zu sehen sind dort Menschendarstellungen, die aus zwei aufeinandergestellten Dreiecken bestehen und alle eine charakteristische, emphatische Gebärde mit erhobenen Händen zeigen. Daneben sieht man Bilder von Giraffen, Antilopen, Straußen, Pferden und Kamelen, was das damals noch feuchtere Savannenklima im Air belegt. Im Air treten mit Pflanzen- oder Erdfarben gemalte Felsbilder nur sehr selten auf; Tiere und Menschen sind mit tief eingefurchten Umrißlinien dargestellt. Die prähistorischen Künstler haben Punkte und geometrische Flächen im Innern der Figuren herausmodelliert, so daß in manchen Fällen Flachreliefs entstehen.

Die ältesten Felsgravuren im Air stammen aus der sogenannten Rinderhirtenperiode, die wohl identisch sein dürfte mit der ersten neolithischen Nomadenkultur. Die negriden Hirten wurden später von hellhäutigen, aus dem Norden eingewanderten Völkern (Libyer, Mediterrane) verdrängt. Nördlich von Iferouane, im Kori Zeline, findet man auf riesigen Granitblöcken Darstellungen aus dieser Epoche, wobei außer Rindern auch Antilopen abgebildet sind.

Der weitaus größte Teil der Gravuren im Air stammt aus der späteren, libysch-berberischen Periode. Im östlichen Teil des Massivs, wie etwa in den schwer zugänglichen Takolokouzet-Bergen, gibt es besonders viele dieser Bilder, vor allem die typischen Wagen- und Pferdegravuren. In dieser Epoche scheint es mit dem bukolischen Hirtenleben vorbei gewesen zu sein; Darstellungen von Kämpfern, Kriegsszenen und Kampfwagen römischen Typs überwiegen. Die berühmte ›Straße der Kampfwagen‹, von der Henri Lhote spricht, muß wohl am Ostrand des Air vorbeigeführt haben. Die Kämpfer tragen Lanzen und Schilde, die Köpfe sind mit einer oder mehreren Federn geschmückt, und das stilisierte Gesicht besteht aus zwei Hälften, was zu der Vermutung Anlaß gab, daß schon in dieser Zeit die Sitte aufkam, das Gesicht zu verschleiern. Aus der Endphase der Pferde-Streitwagen-Epoche, als man begann, Pferde als Reittiere zu benutzen und die Wagen von Ochsen ziehen zu lassen, stammen die berühmten Darstellungen des libyschen Kriegers. Sein Kopf ist nur selten klar ausgeführt, dagegen haben die Künstler großen Wert auf die Abbildung der Kleidung und Waffen gelegt. Er trägt eine taillierte Tunika mit langem Rock oder einer weiten Hose, dazu einen langen Speer und einen Schild. Die Kleider können ganz oder teilweise gemustert sein.

Felsgravur im Air aus der Umgebung von Iferouane

In der jüngsten Phase der Felsbildkunst tritt im Air wie auch anderswo in der Sahara das Kamel auf. Berberische Kamelhirten, die Vorfahren der heutigen Tuareg, besetzten seit dem 8./9. Jh. das Air und vertrieben die Reste der schwarzen, Haussa sprechenden Bevölkerung nach Süden. Die Kameldarstellungen sind häufig mit Inschriften in Tiffinagh versehen, der alten Berberschrift, die auf das altlibysche Alphabet zurückgeht. Inschriften dieser Art, die meist Gebete, Bitten oder blumige Liebeserklärungen enthalten, findet man im Air sehr häufig; sie können noch von der heutigen Tuareg-Bevölkerung gelesen, jedoch manchmal nicht mehr verstanden werden.

Die Tenere-Wüste – eine ›vergessene Region‹ der Sahara

Zwischen dem Air-Massiv und dem tschadischen Tibesti-Gebirge erstreckt sich eines der größten und unbekanntesten Sandwüstengebiete der Sahara – der Tenere, der durch die eindrucksvollen Reiseberichte von René Gardi (1978) erstmals einer breiteren Öffentlichkeit im deutschsprachigen Raum vorgestellt wurde. Im Norden präsentiert sich diese Wüste in Gestalt endloser, flacher Kies- und Sandebenen, deren Durchquerung mit dem Geländefahrzeug ohne größere Probleme möglich ist. Den zentralen Teil, auch als ›Erg von Bilma‹ bekannt, bildet dagegen ein nur schwer passierbares Sanddünenmeer (Abb. 76, Farbabb. 43).

Während des frühen Quartär, das unseren Eiszeiten entspricht, war der Tenere eine feuchttropische Savannenlandschaft, in manchen Teilen sogar ein flaches Binnenmeer. Noch vor 3000 Jahren existierte hier eine reiche Tierwelt, wie die Felszeichnungen der Menschen aus der Jungsteinzeit beweisen. Zwischen 7000 und 3000 v. u. Z. breitete sich ähnlich wie in Südostmauretanien eine blühende neolithische Jäger- und Hirtenkultur aus, was die zahlreichen Funde von Pfeilspitzen und von Steinmühlen zum Mahlen von Wildgetreide belegen. Die Prähistoriker kennen sogar eine nach dem Tenere benannte Stilepoche, das ›Ténérien‹. Besonders schön sind die Pfeilspitzen aus grünem Jaspis, roten Hämatiten und schwarzen Vulkaniten. Man fand sogar Keramikreste mit fadenförmigen Ornamenten, die auf eine fortgeschrittene Kultur mit beginnender Seßhaftigkeit und Ackerbau schließen lassen.

Auch für Naturhistoriker stellt die Tenere-Wüste ein wahres Eldorado dar: Von versteinerten Baumstämmen in der Nähe der Oase In Gall bis zu den einzigartigen Dinosaurierskeletten, Fischresten und Schildkröten im **Gadafaoua-Tal** rund 100 km südöstlich von Agadez reicht das Spektrum von Fossilienfunden aus der Kreidezeit, darunter vor allem ein 1964 von Geologen entdeckter ›Dinosaurierfriedhof‹ aus der unteren Kreidezeit (vor ca. 1 Million Jahren). Wie die detaillierten Untersuchungen des französischen Paläontologen Ph. Taquet ergaben, ist die hiesige fossilführende Schicht größer, als man zunächst annahm. Es handelt sich um einen Streifen von 175 km Länge, 1 km Breite und ca. 10 m Mächtigkeit, der Knochen von verschiedenen Dinosaurierarten, Schildkröten, Krokodilen und Fischen enthält. Man vermutet, daß das Gadafaoua-Tal während eines sich immer mehr verschlechternden Klimas als letzter großer wasserführender Fluß die Zufluchtsstätte von zahlreichen Tieren bildete, deren Lebensraum immer mehr eingeengt wurde, bis schließlich ein regelrechter Friedhof entstand. An manchen Stellen liegen die Saurierskelette dicht nebeneinander. Die Rückenwirbel treten ›gratförmig‹ an die Oberfläche, und von manchen Tieren sind noch die Schädel vollständig erhalten. Eines der großen Skelette wurde ausgegraben und geborgen. Es steht heute im Nationalmuseum von

Niamey. In den Flüssen und Meeren der Kreidezeit lebten heute nicht mehr existierende Fischarten wie Quastenflosser, Lungenfische (Dipnoi) und bereits Vorformen unserer Haie, in den Sümpfen hausten Riesenkrokodile mit 1,60 m langen Schädeln. Ein solches 11 m langes Ungetüm ist ebenfalls im Museum von Niamey zu sehen.

Wegen des großen naturhistorischen und wissenschaftlichen Wertes dieser Fundstelle dürfen gegenwärtig nur wissenschaftliche Expeditionen mit einer besonderen behördlichen Erlaubnis das Gadafaoua-Tal aufsuchen. Die Fälle von Fossiliendiebstahl haben die Behörden dazu veranlaßt, Touristen aus diesem Gebiet auszuschließen – eine zweifellos verständliche Maßnahme!

Von Agadez nach Bilma

Am Nordrand dieser naturgeschichtlich so einmaligen Region führt die regelmäßig von Lastwagen befahrene Tenere-Piste von Agadez nach Bilma. Bis südlich des Tarouadji-Massivs ist sie noch relativ gut passierbar, dann beginnen die ausgedehnten Sandfelder des Tenere. In der Umgebung der Oase **Tazolé** fand man neben präislamischen Gräbern zahlreiche neolithische Steinwerkzeuge.

Hinter dem nomadischen Lagerplatz **Ad Azzaouagger** beginnt die weitgehend vegetationslose Wüste. Bis 1973 stand hier, 300 km von Agadez, der berühmte ›Arbre du Ténéré‹, eine einzeln stehende Schirmakazie (Acacia raddiana), die über 150 Jahre einen Orientierungspunkt für Karawanen und Wüstendurchquerer darstellte. Dieser letzte (bzw. erste) Vorposten des Sahel und ›Wahrzeichen‹ der Tenere-Wüste – übrigens der einzige Baum in einem Gebiet von der Größe Frankreichs – wurde 1973 von einem LKW-Fahrer gerammt und umgestürzt. Das legendäre Baumskelett steht nun auf einem Postament im Nationalmuseum der Hauptstadt. Der hier gebohrte Tiefbrunnen liefert nur schlechtes, trübes Wasser. Vom Brunnen aus führen zwei Pisten zu den weiter östlich gelegenen Kaouar-Oasen: Die nördliche berührt die Wasserstelle von **Achegour,** einen nomadischen Lagerplatz, und endet in Dirkou; die Südpiste, die als besonders gefährlich und unsicher gilt, verläuft über Fachi nach Bilma. Um vom Arbe du Tenere zur alten Oase und Saline Fachi zu gelangen, muß man mehrere Dünenwälle des zentralen Tenere überwinden. Die Fahrt erfordert optimale technische Ausrüstung und gute Ortskenntnis.

Die Oase Fachi

Fachi, wie die Oasen im Kaouar eine alte Kanuri-Stadt, ist nicht nur wegen seines Salzes, sondern auch wegen seines guten Wassers berühmt, weswegen seit alters her die Salzkarawanen, die zwischen Agadez und Bilma verkehren (Farbabb. 43), hier Station machen. Die isolierte Lage am Westrand einer kleinen Landstufe, der Anhöhen des Agram, wie auch die hier austretenden Quellen erinnern an die Situation von Bilma. Die etwa 1000 Einwohner zählende Oasensiedlung, in der Kanuri sowie einige Tubu- und Araber-Familien leben, zeigt ein im Niger selten gewordenes geschlossenes Stadtbild mit einer Stadtmauer und fünf Toren. Die Wohngebäude bestehen wie in Bilma aus runden, mit der Hand geformten und ungebrannten Salztonziegeln.

Das Gewirr der ein- bis zweistöckigen Terrassenhäuser wird durch kleine Innenhöfe und Plätze unterbrochen. Die Gassen sind schmal und dunkel, häufig sogar überdacht, was einen guten Schutz vor der starken Sonneneinstrahlung gewährleistet. Die kleinen Plätze vor den Hauseingängen laden zu Begegnungen und Unterhaltungen ein. Fachi besitzt eine einzigartige Wehrburg *(Ksar)* mit mächtigen Ecktürmen. Massive Umfassungsmauern aus Stein und Salzton umschließen einen großen, viereckigen Innenhof, in dem die Bewohner früher ihre Getreidevorräte aufbewahrten (Abb. 73). Jede Familie besaß einen eigenen großen, zylindrischen Tonspeicher. Bei Überfällen verschanzten sich die Oasenbewohner in der Wehrburg. Mit ihren Lebensmittelvorräten und dem Brunnen im Innenhof konnten sie immer länger überleben als die Belagerer. Auch die traditionelle mittelalterliche Sozialstruktur blieb in Fachi noch weitgehend intakt. Träger der politischen Macht ist die Kaste der Freien *(Kambe)*, aus der seit Generationen der Vorsteher des Städtchens *(Agrama)* und das geistliche (islamische) Oberhaupt stammen. Die großen Familien des Ortes gehören ebenfalls zu dieser ›Aristokratengruppe‹. In politischer und sozialer Abhängigkeit stehen die *Tujana*, die einen Großteil der Handarbeit in den Salinen und Gärten verrichten müssen, aber durchaus auch durch eigene Arbeit zu Reichtum kommen können.

Die Salinen bilden eine wichtige Einnahmequelle der Bevölkerung (Abb. 74, 75). Im Gegensatz zu Bilma bestehen die Salinen von Fachi aus einem zusammenhängenden Areal von viereckigen Becken. Die Salzgewinnung entspricht der von Bilma (vgl. S. 389). Die Datteln und die Erträge aus den Gärten (Weizen) stellen wichtige Ergänzungen des Speisezettels dar, auf dem wie überall im Niger hauptsächlich Hirsebrei steht. Fachi lebt vom Handel mit den Tuareg-Nomaden aus dem Air, die Salz und Datteln aufkaufen und Hirse, Butter und Trockenfleisch dafür anbieten.

Die Durchquerung der zentralen Tenere-Wüste von Fachi nach Bilma (170 km) ist äußerst schwierig und gefährlich, da hohe Sanddünen überquert werden müssen. Sandbleche, Kompaß und ein einheimischer Führer sind unerläßlich.

Von Nguigmi nach Bilma

Die Bewältigung dieser weitgehend pistenlosen Strecke erfordert große Sahara-Erfahrung, eine dem schwierigen Terrain (u. a. steile Sanddünenpassagen) angemessene technische Ausrüstung und möglichst auch die Führung durch einen Einheimischen. Die Bildung eines Fahrzeugkonvois scheint wegen der großen Einsamkeit der Strecke unerläßlich. Im übrigen ist eine Erlaubnis der Behörden in Nguigmi bzw. Bilma einzuholen. Es empfiehlt sich, die Strecke wegen der besseren Orientierungsmöglichkeiten in Süd-Nord-Richtung zu fahren (die schon von weitem sichtbare Steilstufe der Falaise von Bilma kann dann als Wegweiser dienen); die folgende Beschreibung beginnt deshalb in Nguigmi.

Bis Ngourti, einer großen Wasserstelle rund 140 km nördlich von Nguigmi, existieren noch Fahrspuren. Der Weg folgt der jahrhundertealten Bornu-Piste, die vom Tschadsee über Bilma und Murzuk nach Tripolitanien führte. Die nordsahelische Landschaft mit einzelnen Akazien und schütterem Graswuchs ist Nomadenland. Hier im Grenzgebiet zum Tschad leben Fulbe,

Tubu und Araber vom Stamm der Ouled Sliman, die in verschiedenen Wellen aus dem Norden einwanderten. Die Fulbe halten wie überall Rinder, die Tubu und Araber dagegen Kamele. **Mitimi,** 35 km nördlich von Nguigmi, ist der erste größere Brunnen. Er liegt wie die meisten Wasserstellen im Manga in einem alten Dünental und wird vor allem von den Fulbe aufgesucht, die hier im Umkreis des Tschadsees noch gute Weiden für ihre Rinder finden. Nach weiteren 30 km gabelt sich die Piste: Richtung Osten führt ein Weg zur Stadt Mao im Tschad, Richtung Norden erreicht man nach wenigen Kilometern **Koufey** mit seinem artesischen Brunnen.

Die Wasserstelle **Ngourti** liegt am Nordrand des Sahel im Übergangsbereich zur Wüstensteppe. Hier leben im Umkreis des kleinen Verwaltungszentrums zahlreiche nomadische und halbseßhafte Tubu-Familien. Während die Nomaden noch in ihren rechteckigen Mattenzelten aus Dumpalmenblättern wohnen, bevorzugen die Seßhaften riesige, runde Strohhütten, wie sie sonst nur im südlichen Sahel verbreitet sind. Nördlich von Ngourti beginnt die Tintumma-Wüstensteppe, durch die 1855 bereits Heinrich Barth auf seinem Rückweg nach Tripolis zog. Seine wenig enthusiastische Beschreibung lautet: »Die Wüste von Tintumma ist in der Tat dadurch berüchtigt, daß Reisende leicht den Weg verlieren; der sich in unermeßlicher Ferne ausbreitende Sand umnebelt die Sinne so vollkommen, daß auch an diesen Wüstenweg lange gewöhnte Leute mitunter in ihrer Richtung völlig irre werden.«

Hinter Ngourti hören die Pistenspuren auf, und man muß sich in der Steppe seinen eigenen Weg nach Norden suchen. Nördlich der Wasserstelle von **Bedouaran** beginnen die Sandflächen der Tenere-Wüste. Die versandete Oase **Agadem** (315 km von Nguigmi) ist die letzte Wasserstelle vor Bilma, allerdings weist das Wasser schlechte Qualität auf. In der Nähe eines kleinen Berg-Massivs stehen die Reste eines Franzosenforts aus den zwanziger Jahren; einige Dum- und Dattelpalmen bilden die ganze kümmerliche Vegetation. Einzeln stehende kleine Tafelberge setzen sich von Agadem in nördlicher Richtung bis Dibella und weiter noch bis zur Kaouar-Landstufe bei Bilma fort. Sie bilden wichtige Orientierungspunkte in der Wüste. Die unbewohnte, landschaftlich schöne Oase **Dibella** liegt ca. 100 km nördlich von Agadem zwischen Hügelketten und hohen Sanddünen. Obwohl es hier keinen Brunnen gibt, ist Dibella ein beliebter Rastplatz für Nomadenkarawanen, denn ein paar Dattelpalmen spenden ein wenig Schatten. Die Entfernung zwischen Dibella und Bilma beträgt nur 130 km Luftlinie, jedoch legen sich etwa 80 Hauptdünenkämme des großen Erg von Bilma wie Sperriegel von Südwest nach Nordost; die Umwege, die man fahren muß, um die besten Dünenpassagen zu finden, ergeben die enorme Verlängerung der Strecke auf 220–320 km.

Der Nordosten der Republik Niger: Kaouar und Djado

Die Kaouar-Oasen und der Salzhandel von Bilma

Zu den abgelegensten Regionen des Niger gehören die Oasen am Westrand der markanten Landstufe von Kaouar. Wie an einer Schnur aufgereiht liegen dort die Dörfer Bilma, Dirkou,

Aney und Seguedine am Fuß der Falaise. Ringsherum ist das Oasengebiet von unermeßlich weiten Dünenmeeren und nackten Felslandschaften umgeben. Zwischen dem Kaouar und dem Air-Gebirge liegen Hunderte von Kilometern Sandwüste, nach Osten erstreckt sich der Erg von Bilma bis zum 500 km entfernten Tibesti-Gebirge im Tschad. In südlicher Richtung trennen hohe Dünenberge der Tenere-Wüste die Kaouar-Oasen von den sahelischen Landschaften Manga und Damagaran, und nach Norden schließlich dehnen sich bis zu den libyschen Oasen im Fezzan noch über 1000 km einsame, zerklüftete Felsplateaus, vegetationslose Bergmassive und Sandmeere aus.

Aufgrund einer komplizierten Bruchtektonik in diesem Teil des Tenere dringt in den schräg gestellten geologischen Schichten Grundwasser aus großen Tiefen in Form von artesischen Brunnen an die Oberfläche. Das hohe Grundwasserangebot bildet die Voraussetzung für Dattelpalmenhaine, die deshalb nicht zusätzlich bewässert werden müssen. In den Oasengärten gedeihen Gemüse, Luzerne und Weizen. Größere wirtschaftliche Bedeutung als der Gartenbau und die Dattelpalmen haben jedoch die Salinen. Beim Aufsteigen des Grundwassers durch die salzführenden, kreidezeitlichen Schichten gelangt gelöstes Kochsalz an die Oberfläche und bildet aufgrund der hohen Verdunstung in den Salinenbecken dicke Salzkrusten. Das Salinensalz des Kaouar stellt seit jeher einen wichtigen Handelsartikel dar, der von den Kamelkarawanen der Tuareg, den berühmten *Azelai,* nach Agadez und in den Sudan transportiert wird.

Der Kaouar war schon in frühen Zeiten eine wichtige Etappenstation für den Transsaharaverkehr zwischen dem Tschadsee und Tripolitanien. Im 7. Jh. eroberten arabische Nomaden die Oasen und verbreiteten den Islam, und zwischen dem 9. und 13. Jh. unterhielten die Kanem-Herrscher hier ihre Handelsdepots für Sklaven und Elfenbein, Waren, die in den Mittelmeerraum gebracht wurden. Festungen und Fliehburgen aus Stein und Lehmziegeln, die alten *Ksour* (Singular: *Ksar*), säumen von Bilma über Aney bis Djado den alten Verkehrsweg. Im 13. Jh. regierte der Bornu-König Dunama Dibellami vom Tschadsee aus das Gebiet. Idris Alaoma (1580–1617) ließ hier Kanuri-Bauern vom Tschadsee zur Sicherung der Salinen und des Karawanenwegs ansiedeln. Damit dokumentierte er seinen Machtanspruch auf die wichtige Sahararoute, und dies zu einer Zeit, als die Türken im Begriffe standen, ihren Einflußbereich von Libyen nach Süden auszudehnen. Mit diplomatischem Geschick verstand es der schwarze Herrscher, ein gutes Verhältnis zu den Türken zu schaffen, seine Reiter wurden sogar von türkischen Militärberatern in der Handhabung von Feuerwaffen unterrichtet, wodurch Bornu eine Führungsrolle im zentralen Sudan des 17. Jhs. erlangte. Sehr viel später folgten die Franzosen dem Beispiel ihrer afrikanischen Vorgänger. Von Nord nach Süd sicherten sie die Saharastrecke mit militärischen Forts, die heute wie in Dirkou und Chirfa noch bestehen und vom nigrischen Militär übernommen wurden.

Bilma und seine Salinen

Bilma ist mit rund 1000 Einwohnern der größte Ort im Kaouar. Hier befinden sich eine Unterpräfektur, ein Militärposten sowie auch Zoll- und Polizeidienststellen, bei denen man sich unbedingt bei der Ankunft und vor der Abfahrt melden muß. Inmitten der Tenere-Wüste bildet Bilma in der Tat eine Oase des Lebens. Die für ihre Qualität berühmten artesischen Brunnen liefern nicht nur Wasser für die grünenden Dattelpalmengärten und Gemüsebeete, sondern auch für ein kleines Schwimmbecken im Garten der Unterpräfektur. Eine touristische Infrastruktur existiert (noch) nicht. Es gibt weder ein Hotel noch Restaurants, der Reisende muß auf mitgebrachte Vorräte zurückgreifen.

Bilma liegt am Fuß der Falaise, deren Abhänge von blendend weißem Wüstensand bedeckt sind (Farbabb. 42, Abb. 72). Den Baustoff der graubraunen Lehmkastenhäuser bilden Salztonziegel, die am Rande des Ortes bei den Salinengruben abgebaut werden. Der Salzton eignet sich nur zum Hausbau unter den extremen Verhältnissen der Wüste, Regen würde die Ziegel sofort auflösen. Architektonisch bietet Bilma nichts Außergewöhnliches, dafür aber eine Sehenswürdigkeit besonderer Art: die Salinen von Kalala am nordwestlichen Rande der Stadt, die bereits im 15. Jh. ausgebeutet wurden. Das etwa 15 ha große Salzfeld ist kein sehr anheimelnder Ort.

Blick auf die Salinen von Bilma, die bedeutendsten im nigrischen Sahel

Zwischen den hellen Sahara-Dünen zeugen braune Schuttwälle und tiefe Erdkrater von der jahrhundertelangen, geradezu besessenen Wühlarbeit des Menschen. Kleine Lesesteinmäuerchen und die bescheidenen, kastenförmigen Steinhäuschen der Salinenarbeiter umgeben die Salzbecken, metertiefe, viereckige Löcher, die kleinen Gartenparzellen ähneln und durch Wälle aus Salzton voneinander getrennt sind. An ihren Rändern ist weißes Salz zu Säulchen und stalaktitenähnlichen Formen auskristallisiert, während in den Verdunstungsbecken selbst die Salzsole eigenartig bräunlich schimmert.

Die Gewinnung des Salzes ist ein sehr langwieriger Prozeß, bei dem die hohe Verdunstungskraft der Wüstensonne ausgenutzt wird. Durch die Verdunstung entsteht in den Becken eine salzübersättigte Lösung, die mit der Zeit eine dünne, feste Schicht – ähnlich einer zufrierenden Pfütze – bildet. Dieses Salz heißt *Minto.* Man zerbricht es mit Stöcken oder überschüttet es einfach mit Wasser, damit die Platten auf den Grund sinken. Diesen Arbeitsvorgang verrichtet der *Baktuma,* ein Spezialist, der als Selbständiger für verschiedene Salinenbesitzer tätig ist, über zwei Wochen zweimal täglich. Nach dieser Zeit hat sich das noch plastische Minto-Salz in das grobkörnige weiße Kristallsalz *(Beza)* verwandelt. Mit Hilfe von Kalebassenschaufeln holt man nun das Beza-Salz aus dem Becken und wirft es auf die kleinen Lehmplattformen, die Arbeitsflächen am Beckenrand. Das restliche Salzwasser fließt wieder zurück und bildet mit der Zeit an den Wänden der Saline schneeweiße Kristallablagerungen.

Das grobkörnige Beza-Salz dient nur dem Hausgebrauch; es wird entweder lose gehandelt oder zu kleinen Laiben geformt. Die für Bilma typischen Salzhüte, für deren Herstellung ein noch viel größerer Aufwand nötig ist, stellen das wichtigere Exportprodukt dar. Diese eigenartigen Hüte, die man an den Mäuerchen der Salinen in kleinen Grüppchen sorgfältig abgestellt sehen kann, tragen die Bezeichnung *Kantu* und dienen als Viehsalz (vgl. dazu die Abb. 74 und 75 aus Fachi). Sie werden erst im Spätsommer oder Herbst in großen Mengen hergestellt, kurz bevor die Kamelkarawanen in Bilma ankommen. ›Kantu‹ lautet der Ausdruck für die Form des Salzhutes, bezeichnet aber auch eine bestimmte Salzart, die sich grundlegend von dem weißen Haushaltssalz unterscheidet. Für die Herstellung der Kantu verwendet man sämtliche Salzschichten des Beckens, auch die kompakten, tiefer liegenden Schichten, die mit Ton vermischt sind. Unter dem Beza befindet sich das harte, graue *Kow* und darunter noch das helle *Kali.* Mehrere Männer brechen diese verschiedenen Salzschichten mit einer eisenbeschlagenen Stange aus dem Salinenbecken heraus und zerhauen es in Stücke. Nach dem Zerkleinern der Brocken bereiten sie das Material in Wasser zu einer dicken, plastischen Salz-Ton-Masse auf und füllen es in die Kantu-Form ein. Diese Form wird ebenfalls von Spezialisten gefertigt, und zwar aus einem etwa 80 cm langen Stück Dattelpalmenholz, das man von einer Seite aus sich konisch nach unten verjüngend aushöhlt. Nur so ist es möglich, den Salzblock später aus der Form herauszuschlagen.

Die Herstellung der Kantu-Salzstöcke erfolgt ebenfalls in Gemeinschaftsarbeit. Zwei Männer halten die Kantu-Form und pressen den feuchten Salzton durch Aufschlagen der Form auf den Boden fest zusammen. Das Gefäß hält diese Schläge nur aus, weil die Spitze der Form mit dem Rest eines alten Hirsemörsers verstärkt ist. Anschließend wird der Kantu gestürzt, und der Salzhut fällt auf den Boden. In noch feuchtem Zustand glättet und poliert man ihn sorgfältig mit den Händen, wobei er auch seine charakteristische breite ›Krempe‹ erhält. An der Sonne trocknen die Salzhüte ziemlich rasch, bis sie transportiert werden können. Die Salinenbesitzer sind in einer Art Genossenschaft organisiert, die auch den Verkauf des Salzes an die Nomaden festlegt und das Kantu-Salz gemeinsam ›en gros‹ an die Karawanenbesitzer abgibt. Traditionelle Abnehmer sind die Tuareg aus dem Air, die den Salztransport seit Jahrhunderten mit ihren Kamelen nach Agadez und nach Süden zu den großen Märkten vermitteln (Farbabb. 43). Heute besteht ein gutes Verhältnis zwischen den seßhaften Kanuri und den Tuareg. Die Karawanenführer haben in Bilma ›ihren Kanuri‹, bei dem sie regelmäßig Salz einkaufen. Eine solche Harmonie herrschte nicht immer. Früher waren die Tuareg die unbestrittenen Herren der Oasen; sie raubten den Bewohnern das Salz oder die Frauen und Kinder, ohne dafür regelmäßig mit Hirse zu bezahlen. Damals fürchteten sich die Oasenbewohner so sehr vor den Tuareg, daß sie sich beim Herannahen einer Karawane in den Bergen versteckten und nur die Greise im Dorf zurückblieben. Man legte den Tuareg das Salz offen auf den Markt und hoffte (oft vergeblich), daß sie ihrerseits Hirsesäcke daließen.

Kleinere Oasen im Kaouar

Auch die Oase **Dirkou,** 45 km nördlich von Bilma am Endpunkt der Wüstenpiste von Agadez, lebt von artesischem Brunnenwasser. Dirkou ist ein alter Militärposten aus der Kolonialzeit, der vom nigrischen Militär übernommen wurde. Jeder Ankömmling hat sich bei den Behörden zu melden. Der Ort besteht wie alle Dörfer im Kaouar-Gebiet aus kubischen Salztonhäusern, von denen jedoch viele verlassen und zerfallen sind. Der Wüstensand beginnt, die Gärten zu überwehen, und viele Dattelpalmen machen einen ungepflegten Eindruck. Dirkou ist der einzige Ort im Kaouar, wo es gelegentlich Benzin gibt.

Nördlich von Dirkou liegen in der Ebene die Seen von Arrigui und Achenouma, seichte, von Quellen gespeiste Gewässer, die völlig von Binsen und salzliebenden Wasserpflanzen überwuchert sind. Aus dem Seewasser gewinnen die Kanuri ein rötliches Natronsalz, zusammen mit Kautabak ein beliebtes Genußmittel. Die Dörfer bestehen in dieser Gegend nicht aus festen Lehmhäusern, sondern aus einzeln stehenden *Seribas.* Ein Seriba-Gehöft umfaßt ein rechteckiges, mit Palmblattbündeln umfriedetes Areal, in dem sich die Wohnhütten und ein Innenhof befinden. Auf den Höhen der Falaise ab Arrigui stehen Fliehburgen aus vergangenen Jahrhunderten, welche die Kanuri zum Schutz gegen die häufigen Überfälle der Nomaden errichteten. Auch **Aney,** auf einem isolierten Felsklotz aus buntem gebändertem Kalk gelegen, ist eine solche Fliehburg (Abb. 71). Die soliden, aus Steinen und Mörtel hochgezogenen Umfassungsmauern stehen noch, während von den eigentlichen Gebäuden nichts mehr erhalten ist. Den einzigen Zugang zur Festung bildeten die Palmstammleitern. Am Fuße des Felsklotzes liegen die Ruinen des alten Dorfes.

Die nördlichste Kaouar-Oase ist **Seguedine** (180 km von Bilma), überragt von dem kleinen Zeugenberg Pic Zumri, einem markanten Orientierungspunkt in der Ebene. Der heute weitgehend entvölkerte Ort mit den Ruinen einer mittelalterlichen Burg stand früher wegen seiner produktiven Salinen bei den Tuareg in hoher Achtung; noch im vorigen Jahrhundert wurden große Mengen Beza-Salz im gleichen Verfahren wie in Bilma gewonnen. Die Salzproduktion ging zurück, weil nur noch wenige Karawanen so weit nach Norden ziehen, um Salz gegen Hirse einzutauschen. So lebt die Bevölkerung heute fast ausschließlich von ihren Dattelpalmen.

Seguedine ist der Ausgangspunkt mehrerer Saharapisten. Nach Osten führt am Nordrand des Tenere ein alter Handelsweg nach Zouar im tschadischen Tibesti-Gebirge (aufgrund der aktuellen politischen Lage unpassierbar), nach Nordosten setzt sich die alte Sklavenstraße über die Wasserstellen von Madama und Toummo zu den libyschen Fezzan-Oasen fort.

Ruinenstädte und Felsbilder im Djado

Die Djado-Piste nach Djanet in Algerien (z. Z. kein Grenzübertritt möglich!) verläuft von Seguedine zunächst in westlicher, später in nordwestlicher Richtung über den felsigen Rücken des Sahara-Passes. Von der Anhöhe aus sieht man die Ebene von Chirfa und das Djado-Plateau als nördliche Begrenzung des Horizonts. **Chirfa** (310 km von Bilma) am Westrand des Djado ist bekannt wegen seines gut erhaltenen Forts aus der Kolonialzeit, heute ein Posten des nigrischen Militärs. 10 km nördlich liegt die wohl imposanteste Ruinenstadt in der nigrischen Sahara – **Djado,** der ›Mont Saint-Michel des Niger‹ (Farbabb. 51, Umschlagrückseite).

Die zerfallene Festungsstadt wird von sumpfigen, aus unterirdischen Quellen gespeisten Tümpeln umgeben, Brutstätten für Myriaden von Stechmücken. Dattelpalmenhaine und Sumpfgräser bilden eine eigenartige Kulisse für die geisterhaft anmutenden, hoch aufgetürmten Ruinen der alten Stadt, die vermutlich bereits im 12. Jh. gegründet wurde, ihre Blütezeit wohl im 18. Jh. erlebte und damals sicher einige Tausend Bewohner zählte. Die massive Bauweise und die weitläufige Anlage lassen erahnen, was für ein blühendes Gemeinwesen hier existiert haben muß. Die im Niger einzigartige Architektur weist übrigens in gewissen Details (etwa bei den im Mauerwerk der Häuser eingelassenen Dreiecksnischen) Ähnlichkeiten mit den alten mauretanischen Städten auf. Bei den Bewohnern von Djado handelte es sich wahrscheinlich um Tubu aus Libyen oder schwarze Kanuri. Sie sollen wegen der von Süden her durch Viehherden eingeschleppten Stechmückenplage abgewandert sein; vielleicht waren aber auch die häufigen Überfälle der Tuareg im 18. und 19. Jh. für die Aufgabe der Stadt verantwortlich. Bis auf einige wenige nomadische Tubu-Familien im Umkreis von Chirfa ist die Gegend um Djado heute menschenleer. Zur Zeit der Dattelernte lagern die Tubu in der Umgebung der Burg; sonst meiden sie die von Stechmücken verseuchte, geisterhafte Ruinenstadt.

Etwa 9 km nördlich von Djado liegt der alte Ksar von **Djaba,** der Rest einer kleineren Stadtburg in landschaftlich höchst reizvoller Lage am Rande des Djado-Plateaus. Der wuchtige Felsklotz von Orida überragt als weithin sichtbarer Orientierungspunkt die Gegend.

Zu den berühmten prähistorischen Plätzen im Niger gehört das Tal des **Enneri-Blaka,** welches heute als trockenes Wadi das Djado-Plateau in Nord-Süd-Richtung durchschneidet. Im Neolithikum vor 5000 Jahren muß es einmal ein grünes Flußtal gewesen sein, das im Süden irgendwo in den damals noch viel größeren Tschadsee mündete. Die Menschen der Jungsteinzeit hinterließen Gravuren aus einer tropischen Savannentierwelt, die erstmals in den fünfziger Jahren von zwei französischen Kolonialoffizieren entdeckt wurden. Die Berliet-Expedition untersuchte das Gebiet im Jahr 1960 genauer; dabei stieß man auf zahlreiche neue Felszeichnungen an vielen Stellen des Tales. Die ersten guten Aufnahmen aus dem Enneri-Blaka-Tal verdanken wir M. Bruggmann und H. J. Hugot, die anläßlich einer von ihnen geleiteten Expedition mehrere Fundstellen fotografisch dokumentierten und in ihrem Buch ›Zehntausend Jahre Sahara‹ beschrieben.

Die Felsbilder befinden sich am Rande des Wadis, in sogenannten *Abris,* höhlenartigen, überhängenden Felspartien, deren Wände über und über mit Gravuren und Malereien bedeckt sind. Die Zeichnungen stammen aus verschiedenen Epochen, denen man bestimmte Stile zuordnen kann. So unterscheidet man sehr frühe, naturalistische Tierbilder von stark vereinfachten, fast abstrakten Darstellungen aus einer späten Epoche, wie sie auch an anderen Stellen (z. B. im Gebiet der ehemaligen Spanischen Sahara) auftauchen. Völlig unklar bleibt, ob die Stile bestimmten Volksgruppen zugeordnet werden können; die prähistorische Felsbilderforschung steckt hier noch in ihren Anfängen.

Mitten im Enneri-Blaka-Tal steht ein düsterer Felsen, der die seltsame Form eines langgestreckten Unterseebootes mit Kommandoturm hat. In den hiesigen Abris wurden die schönsten Felsbilder entdeckt. Das ›Sousmarin‹, wie die französischen Forscher den Felsen nennen, liegt heute in einem extrem trockenen Teil des Djado-Gebietes, wo kein Strauch oder Grashalm wächst. Kaum vorstellbar erscheint es, daß hier einmal wasserliebende Nilpferde, gescheckte Hirsche, Giraffen und grazile Gazellen lebten, die alle in den Höhlungen des ›Unterseebootes‹ abgebildet sind.

Felsgravuren einer Giraffe und von Gazellen im Enneri-Blaka-Tal (Djado)

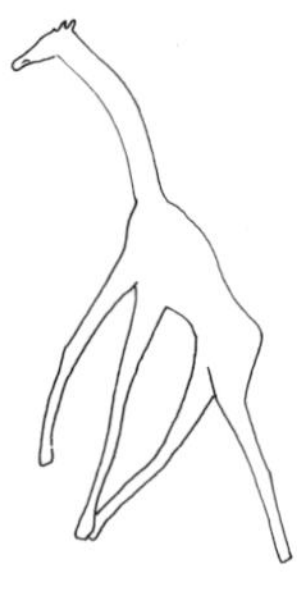

Glossar

Altersklassen Zusammenschlüsse von Individuen (meist Männern) gleichen Alters, die neben den auf Blutsverwandtschaft basierenden sozialen Gruppen bestehen und als gegenseitige Hilfsgemeinschaften (z. B. bei Hausbau, Feldarbeit, Wettkämpfen) fungieren. Der Übergang von einer Klasse in die nächsthöhere (etwa Knabe – Jungmann – verheirateter Mann – Alter) ist meist mit → Initiationsriten verbunden.

Altnigritier Kleine, isoliert lebende Stämme, die seit langem in der afrikanischen Sudanzone ansässig sind und ihre alte Stammeskultur weitgehend bewahrt haben. Sie leben vom → Hackbau und sind in patrilinearen → Großfamilien bzw. → Clans organisiert, wobei die Ältesten als Führer fungieren; eine soziale Schichtung oder größere politische Zusammenschlüsse kennen sie im Gegensatz zu den → Neusudaniern nicht. Typische Vertreter: Bassari, Dogon, Minianka, Senufo.

Animismus Allgemeiner Sammelbegriff für verschiedene Formen (meist stammesgebundener) religiöser Vorstellungen, nach denen eine Seele nicht nur dem Menschen, sondern auch Tieren, Pflanzen, Wind, Feuer, Wasser, Felsen, der Erde etc. zugeschrieben wird. Verschiedenste Opfer und Zauberpraktiken sollen die übernatürlichen Kräfte besänftigen bzw. kontrollieren. Steht in engem Zusammenhang mit dem *Ahnenkult* (Verehrung der verstorbenen Ahnen, deren Geister als weiterlebend gelten) und *Fruchtbarkeitsriten* (Opfer, Tänze und andere Zeremonien, die Wachstum und Fruchtbarkeit von Mensch, Tier und Pflanzen sichern sollen).

Clan Aus dem Keltischen entlehnter Begriff (wörtlich: ›Kinder‹) für eine größere Verwandtschaftsgruppe, die auf gemeinsamer → matri- oder → patrilinealer Abstammung von einem mythischen, genealogisch aber nicht nachweisbaren Urahn beruht, meist in einer bestimmten Region lebt und eine enge soziale und wirtschaftliche Gemeinschaft bildet. Viele Clans siedeln an einem Ort, haben ein gemeinsames Oberhaupt und sind exogam; andere dagegen stellen lockere Bünde dar, bei denen die Untergruppen (→ Lineages, → Großfamilien) die wichtigeren Sozial- und Wirtschaftseinheiten bilden. Die dem Clan übergeordnete Sozialeinheit ist der Stamm.

Endogamie ›Binnenheirat‹, d. h. Gebot, den Ehepartner nur innerhalb einer bestimmten Gruppe zu wählen, besonders ausgeprägt bei Gesellschaften mit → Kasten.

Ethnie Vom griechischen ›Ethnos‹ (= Volk) abgeleiteter Oberbegriff für die jeweils größte Einheit, die eine einheitliche Kultur und Sprache besitzt und an eine gemeinsame Herkunft bzw. Abstammung glaubt; im Einzelfall kann es sich dabei also um sehr kleine Clans oder Stämme handeln (z. B. bei den Altnigritiern) oder um Völker, die in zahlreiche Stämme zerfallen und mehrere Millionen Angehörige zählen (z. B. die Haussa).

Exogamie ›Außenheirat‹, d. h. das Gebot, den Ehepartner nur außerhalb einer bestimmten Verwandtschaftsgruppe zu wählen. Alle Gesellschaften kennen Exogamieregeln; die jeweilige Abgrenzung ist jedoch sehr verschieden (in Westafrika bezieht sie sich im allgemeinen entweder auf den Clan oder auf eine Untereinheit des Clans).

Großfamilie An einem Ort zusammenlebende Wirtschafts- und Sozialeinheit, die über den Rahmen der Kleinfamilie hinausgeht, also mehr als zwei Generationen umfaßt; im allgemeinen die Eltern, deren (je nach → Ethnie männliche oder weibliche) Kinder mit Ehegatten und wiederum deren Kinder, dazu oft auch noch andere Personen (Geschwister der Eltern, z. T. auch nicht Blutsverwandte). Die Großfamilie (in weiterem Sinne identisch mit ›Erweiterter Familie‹) ist bei den meisten westafrikanischen Völkern die kleinste, zugleich aber wichtigste Verwandtschaftsgruppe, die im Alltag von größerer Bedeutung ist als übergeordnete Sozialeinheiten wie → Clan oder → Lineage.

Hackbau Im Sahel und Sudan verbreitete traditionelle Form des Bodenbaus, dessen wichtigstes Gerät im Gegensatz zum Ackerbau (der auf dem Pflug basiert) die langstielige Handhacke mit Eisenblatt ist.

Halbnomadismus Sammelbegriff für die verschiedenen Übergangsformen zwischen Nomadismus und seßhafter, bäuerlicher Lebensweise. Halb- oder Teilnomaden betreiben sowohl Viehzucht als auch Bodenbau, wobei die beiden Wirtschaftsformen entweder von verschiedenen Gruppen betrieben werden (z. B. Frauen und Ältere bearbeiten die Felder, während die jungen Männer mit dem Vieh umherstreifen) oder aber saisonal (d. h. ein Teil des Jahres ist der Landwirtschaft gewidmet, der andere den Wanderungen mit den Herden). Die Wandergebiete sind im allgemeinen kleiner als bei → Vollnomaden.

Initiation Feste und Riten anläßlich des Übertritts von einem sozialen Status in einen anderen, vor allem vom Kindes- zum Erwachsenenalter (in etwa also vergleichbar unserer Konfirmation bzw. Kommunion). Dem eigentlichen Akt geht eine Vorbereitungszeit voraus; den Höhepunkt bildet bei vielen Völkern (besonders bei den islamischen) die Beschneidung der Knaben (Vorhautentfernung) bzw. Mädchen (Klitorisentfernung).

Islam Von *Mohammed* (um 570–632) im Gebiet des heutigen Saudi-Arabien (Mekka, Medina) begründete Weltreligion, die heute unter ca. 600 Millionen Anhängern vor allem im nördlichen Afrika, in Vorder-, Zentral- und Südostasien verbreitet ist. Der Islam basiert auf dem strikten Glauben an den ›einen Gott‹ *Allah,* der seinem Propheten Mohammed die 114 *Suren* (Verse) des heiligen Buches *Koran* verkündete. Der Koran bildet zusammen mit verschiedenen Überlieferungen *(Sunna)* und Auslegungen das religiöse Gesetz *(Scharia),* das von den Gläubigen *(Moslems)* vor allem die Einhaltung der ›Fünf Säulen‹ (Glaubensbekenntnis, fünfmaliges tägliches Gebet gen Mekka, Almosengeben an die Armen, Pilgerfahrt nach Mekka, Fasten im Monat Ramadan) verlangt, daneben aber auch zahlreiche andere Verbote (Meidung von Alkohol, Schweinefleisch, Glücksspiel, Geldverleih gegen Zins) und Gebote (Gastfreundschaft, ›Verteidigung des Glaubens‹ im *Djihad,* dem ›Heiligen Krieg‹) enthält. Als nüchterne und sachliche Religion lehnt der Islam Heiligenverehrung und Mystik eigentlich ab, in Westafrika hat er sich – wie überhaupt in weiten Teilen seines Verbreitungsgebiets – aber mit zahlreichen älteren Anschauungen (→ Animismus, Ahnenkult, Geisterglaube u. ä.) vermischt.

Kaste Strikt abgegrenzte, durch Abstammung bestimmte Gruppe innerhalb einer größeren Sozialeinheit, die nicht nach außen heiraten darf (also endogam ist) und meist einer bestimmten Beschäftigung nachgeht (in Westafrika vor allem dem Schmiedehandwerk).

Lineage Sozialeinheit, die an einem Ort zusammenlebt, eine Wirtschaftsgemeinschaft bildet und von einem gemeinsamen, genealogisch genau nachweisbaren Ahnen abstammt; bildet die Untereinheit des → Clans und zerfällt selbst wiederum in verschiedene → Großfamilien, ist häufig politisch und im Alltagsleben wichtiger als der Clan (in weiterem Sinne entspricht ›Lineage‹ etwa dem weniger klar definierten Begriff ›Sippe‹, der allerdings verschiedene Einheiten von Großfamilie bis Clan bezeichnen kann; in engerem Sinn umfaßt ›Lineage‹ nur die in einer Linie von einem Ahnen abstammenden Personen, schließt also angeheiratete und entferntere Verwandte aus).

Marabout Im islamischen Bereich Bezeichnung für eine (meist schon verstorbene, oft legendäre) Person, der besondere Fähigkeiten (Wundertaten) zugeschrieben werden oder deren Leben als vorbildlich gilt; die deshalb Verehrung erfährt, von der man sich Hilfe in Notfällen erhofft und die als Mittler zwischen Gott und den Menschen dienen soll; in etwa also vergleichbar mit den Heiligen im christlichen Bereich (obwohl der Islam eigentlich keine Heiligenverehrung kennt, ist diese volkstümliche Praxis sehr verbreitet und offiziell auch meist geduldet).

Matrilineal Abstammungs- und Erbrechnung nach der weiblichen (mütterlichen) Linie, d.h. ein Individuum in einer matrilinealen Ethnie gehört stets der Verwandtschaftsgruppe seiner Mutter an. Im allgemeinen verbunden mit besonderer Wertschätzung sowie wirtschaftlich und sozial bedeutender Stellung der Frau; in Westafrika bei vielen Ethnien vorherrschend. (Der oft als Synonym verwendete Begriff ›Matriarchat‹ ist irreführend, da er eine effektive Frauenherrschaft impliziert, die zumindest bei noch existierenden Kulturen nicht nachweisbar ist.)

Neolithikum Jungsteinzeit, die auf *Paläolithikum* (Altsteinzeit) und *Mesolithikum* (mittlere Steinzeit) folgende Stufe der Menschheitsgeschichte, die im nördlichen Afrika etwa auf die Zeit zwischen dem 4. und dem 1. Jahrtausend einzugrenzen ist. Im Verlauf des Neolithikums ereignete sich der als ›neolithische Revolution‹ bezeichnete Übergang vom Jäger- und Sammlertum zu Viehzucht und Ackerbau mit ersten Ansätzen fester Siedlungen, eine der entscheidendsten Etappen in der Entwicklung menschlicher Kultur. Das Neolithikum, das in die Bronzezeit mündet, hinterließ in weiten Teilen Nord- und Westafrikas (vor allem in der Sahara und ihren Randgebieten) zahlreiche Spuren in Form von Felszeichnungen und Geräteresten.

Neusudanier (Jungsudanier) Sammelbegriff für die verschiedenen Kulturen, die sich in der Kontaktzone zwischen Arabo-Berbern und Negriden des Sahel-Sudan (→ Altnigritier) herausgebildet haben und die seit dem frühen Mittelalter überwiegend Einflüsse des islamisch-arabischen Nordafrika (Maghreb, Ägypten) aufnahmen. Kennzeichen der Neusudanier sind (im Gegensatz zu den Altnigritiern) die feudale soziale Hierarchie (Gliederung in Adel, Freie, Berufskasten, Abhängige), der Zusammenschluß zu größeren politischen Einheiten (häufig mit einer Art von Königtum wie in den mittelalterlichen Großreichen von Ghana, Mali und Songhay), der vor allem in den führenden Schichten dominierende Islam sowie der hohe Stand von Kunsthandwerk und Lehmarchitektur. Typische Vertreter: Haussa, Songhay, Wolof, Malinke, Bambara; z. T. auch die Fulbe.

Patrilineal Abstammungs- und Erbrechnung nach der männlichen (väterlichen) Linie, d. h. ein Individuum in einer patrilinealen Ethnie gehört stets der Verwandtschaftsgruppe seines Vaters an; häufig (aber keineswegs immer) verbunden mit ausgeprägter Vorherrschaft des Mannes. Im Sahel-Sudan vor allem bei saharischen Völkern verbreitet, aber auch z. B. im altnigritischen Bereich. Der Islam mit seiner starken Geringschätzung der Frau hat in weiten Teilen des Sahel eine Betonung patrilinealer Tendenzen bewirkt, im allgemeinen aber nicht zu der weitgehenden Rechtlosigkeit der Frau geführt, wie sie den islamischen Kernbereich (arabische Länder, Iran, Türkei) kennzeichnet.

Stamm Allgemeine Bezeichnung für eine größere Sozialeinheit von Menschen gleicher Sprache und Kultur, die in einem bestimmten Gebiet leben und ein (oft auf angenommener gemeinsamer Abstammung basierendes) Zusammengehörigkeitsgefühl haben; kann, muß aber nicht eine politische Einheit bilden. Größe und Zusammenhalt schwanken beträchtlich; die Abgrenzung zwischen dem Stamm und seinen verschiedenen, im Alltag häufig weit wichtigeren Untergruppen (Stammesfraktionen, → Clans, → Lineages) ist häufig schwierig. Der allgemeinere Begriff → Ethnie wird häufig als Synonym verwendet.

Sudanischer Baustil (Sudanstil) Im mittleren Nigergebiet und in den südlich angrenzenden Regionen verbreiteter städtisch-bürgerlicher Lehmbaustil, dessen besondere Merkmale die Mehrgeschossigkeit der Gebäude und die dekorative Ausgestaltung der Außenfassade mit vertikalen Stützpfeilern, Lehmreliefs und Zinnenschmuck sind. Der sudanische Stil entstand im Kernraum der neusudanischen Kulturen durch die Verschmelzung traditioneller Baustile der Altnigritier mit den aus Nordafrika und aus dem Orient importierten Stilelementen.

Vollnomadismus Wirtschafts- und Lebensform von Viehzüchtern, die keinen oder nur geringen Bodenbau betreiben (Feldarbeit gilt als niedrig, wird im allgemeinen nur von Abhängigen betrieben) und mit ihren großen Herden (je nach Region Kamele oder Rinder, daneben Ziegen und/oder Schafe) nach Jahreszeiten bestimmte, großräumige Wanderungen durchführen. Die Nomaden des Sahel haben eine strikt hierarchische Gesellschaftsstruktur (Adel, Freie, Abhängige), leben in transportablen Behausungen (Leder-, Matten- oder Baumwollzelte) und können meist auf eine kriegerische Tradition verweisen (manche Stämme beherrschten früher weite Teile der Sahara und zahlreiche Oasen in den angrenzenden Gebieten); die meisten bekennen sich zum Islam. Typische Vertreter: Tuareg, Mauren, Fulbe Bororo.

Literaturhinweise

BARTH, Heinrich: Reisen und Entdeckungen in Nord- und Centralafrika in den Jahren 1849 bis 1855 (Bd. I–III 1857, Bd. IV, V 1858); J. Perthes, Gotha 1857/58

BARTH, Heinrich: Im Sattel durch Nord- und Zentralafrika, hrsg. v. Rolf Italiaander, Brockhaus, Wiesbaden 1967 (gekürzte Neuausgabe von Barths Berichten)

BAUMANN, H./THURNWALD, Richard/WESTERMANN, Diedrich: Völkerkunde von Afrika, Bd. I–III, Essen 1940

BAUMANN, H. (Hrsg.): Die Völker Afrikas und ihre traditionellen Kulturen, Teil I und II, Wiesbaden 1979

BEUCHELT, Eno: Mali, Kurt Schroeder, Bonn 1966

BEUCHELT, Eno/ZIEHR, W.: Schwarze Königreiche, Völker und Kulturen Westafrikas, Frankfurt 1979

CAILLIÉ, René: Le voyage de René Caillié à Tombouctou et à travers l'Afrique 1824–1828, Neuauflage Paris 1932

CISSOKO, Sékéne-Mody: Tombouctou et L'Empire Songhay, Les Nouvelles Éditions Africaines, Dakar 1975

CISSOKO, Sékéne-Mody: Histoire de l'Afrique Occidentale Moyen-âge et temps modernes VIIe siècle – 1850, Paris 1966

CORNEVIN, Robert und Marianne: Geschichte Afrikas von den Anfängen bis zur Gegenwart, Stuttgart 1966

CREYAUFMÜLLER, Wolfgang: Völker der Sahara – Mauren und Twareg, Linden-Museum Stuttgart 1979 (Ausstellungskatalog)

DENYER, Susan: African traditional Architecture. An historical and geographical Perspective, London 1978

DUPIRE, Marguerite: Peuls Nomades, Travaux et Mémoires de l'Institut d'Ethnologie 64, Paris 1962

ETHNOLOGIE RÉGIONALE (Afrique, Océanie): Bd. I., Encyclopédie de la Pléiade, Paris 1972

FROBENIUS, Leo: Schwarze Sonne Afrika. Mythen, Märchen und Magie, Düsseldorf/Köln 1980

FUCHS, Peter: Sozioökonomische Aspekte der Dürrekatastrophe für die Sahara-Bevölkerung von Niger; in: Afrika-Spektrum, 1974/3, 9. Jg., Hamburg

FUCHS, Peter: Sudan. Landschaften, Menschen, Kulturen zwischen Niger und Nil, Anton Schroll, Wien/München 1977

FUCHS, Peter: Sahara und Sahel; in: ›Die Völker Afrikas und ihre traditionellen Kulturen‹, hrsg. v. H. Baumann, Wiesbaden 1979, S. 543–573

GABUS, Jean: Völker der Wüste. Leben, Sitten und Handwerk der Saharastämme. Olten/Freiburg i. B. 1957

GABUS, Jean: Kunst der Wüste. Formen, Zeichen und Ornamente im Kunsthandwerk der Sahara-Völker, Olten/Freiburg i. B. 1959

GABUS, Jean: Oualata et Gueimaré des Nemadi. Rapport brut des missions ethnographiques en République Islamique de Mauritanie du 19 décembre 1975 au 29 mai 1976. Musée d'Ethnographie Neuchâtel 1977

GALLAIS, Jean: Signification du Groupe Ethnique au Mali; in: ›L'Homme‹ 2, 1962, S. 106–129, Paris

GALLAIS, Jean: Essai sur la Situation Actuelle des Relations entre Pasteurs et Paysans dans le Sahel Ouest-Africain; in: ›Études de Géographie tropicale offertes à Pierre Gourou‹, S. 301–313, Paris 1972

GALLAIS, Jean: Pasteurs et Paysans du Gourma. La Condition Sahelienne, Centre National de la Recherche Scientifique, Paris 1975

GARDI, René: Cram-Cram. Erlebnisse rund um die Air-Berge in der südlichen Sahara, Bern 1971, Stuttgart 1973

GARDI, René: Auch im Lehmhaus läßt sich's leben (Bildband), Bern 1973

GARDI, René: Unter afrikanischen Handwerkern, Graz 1974

GARDI, René: Sahara. Monographie einer großen Wüste, München/Bern/Wien 1975

GARDI, René: Tenere – die Wüste, in der man Fische fing, Bern 1978

GOUROU, Pierre: L'Afrique, Hachette, Paris 1970

GRIAULE, Marcel: Masques Dogons, Institut d'Ethnologie, Paris 1938, Neudruck 1963

GRIAULE, Marcel: Schwarze Genesis. Ein afrikanischer Schöpfungsbericht, Suhrkamp Taschenbuch 624, Frankfurt a. M. 1980

HASELBERGER, Herta: Bautraditionen der westafrikanischen Negerkulturen. Eine völkerkundliche Kunststudie, Wien 1964

HELFRITZ, Hans: Schwarze Ritter zwischen Niger und Tschad, Berlin 1958

HINKMANN, Ulrich: Niger, München/Wien 1968

HIRSCHBERG, Walter: Die Kulturen Afrikas. Handbuch zur Kulturgeschichte, Athenaion, Frankfurt 1974

HUGOT, Henri J./BRUGGMANN, Maximilien: Zehntausend Jahre Sahara. Bericht über ein verlorenes Paradies, Luzern 1976

KAUFMANN, Herbert: Reiten durch Iforas, München 1958

KI-ZERBO, Joseph: Die Geschichte Schwarz-Afrikas, Wuppertal 1979

KLEVER, Ulrich: Bruckmanns Handbuch der afrikanischen Kunst, München 1975

KRINGS, Thomas: Kulturgeographischer Wandel in der Kontaktzone von Nomaden und Bauern im Sahel von Obervolta. Am Beispiel des Oudalan (Nordost-Obervolta), Hamburger Geographische Studien, Heft 36, Hamburg 1980

LANDER, Helmut/Niermann, Manfred: Lehmarchitektur in Spanien und Afrika, Königstein im Taunus 1980

LEIRIS, Michel: Die eigene und die fremde Kultur, Frankfurt 1977

LEIRIS, Michel/DELANGE, Jacqueline: Afrika. Universum der Kunst, C. H. Beck, München 1968

LHOTE, Henri: Les gravures du Nord-Ouest de L'Air. Art et Métiers Graphiques, Paris 1972

MANSHARD, Walter: Afrika – südlich der Sahara, Fischer Länderkunde, Frankfurt 1970

MALI/NIGER, Guides Touristiques de l'Afrique, par Air Afrique, Paris 1979

MAQUET, Jacques: Les civilisations noires, Paris 1962

MAUNY, Raymond: Gravures, Peintures et Inscriptions rupestres de l'Ouest Africain, I.F.A.N., Dakar 1954

MAUNY, Raymond: Guide de Gorée, I.F.A.N., Dakar 1954

MENSCHING, Horst/GIESSNER, Kurt/STUCKMANN, Günther: Sudan – Sahel – Sahara. Geomorphologische Beobachtungen auf einer Forschungsexpedition nach West- und Nordafrika 1969, Jahrbuch der Geographischen Gesellschaft zu Hannover 1969, Hannover 1970

MINER, Horace: The Primitive City of Timbuctoo, Princeton 1953

MONTEIL, Charles: Une cité soudanaise: Djenné. Métropole du Delta Central du Niger, Paris 1932

MONTEIL, Vincent: L'Islam Noir, Éd. Seuil, Paris 1964

MORGAN, W. B./PUGH, J. C.: West Africa, London 1969

MORGENTHALER, Fritz/PARIN, Paul/PARIN-MATTHEY, Goldy: Die Weißen denken zuviel. Psychoanalytische Untersuchungen in Westafrika, München 1974

NICOLAISEN, J.: Ecology and Culture of the Pastoral Tuareg, The National Museum of Copenhagen 1963

NOMADES ET NOMADISME AU SAHARA, Recherche sur la zone aride, hrsg. v. UNESCO, Paris 1973

PARK, Mungo: Reisen ins innerste Afrika 1795–1806, Erdmann, Tübingen 1976

PÉLISSIER, Paul: Les paysans du Sénégal. Les civilisations agraires du Cayor à la Casamance, Saint Yrieix (Hte. Vienne) 1966

REGNIER, Jean: Les Salines de l'Amadror et le Trafic caravanier; in: ›Bulletin des Liaisons Sahariennes‹, 43, S. 234–261, 1961

RITTER, Hans: Salzkarawanen in der Sahara (Bildband), Zürich/Freiburg i. B. 1980

ROUCH, Jean: Contribution à l'Histoire des Songhay; in: ›Mémoires de l'I.F.A.N.‹ 29, S. 143–259, 1953

ROUCH, Jean: Les Songhay, Paris 1954

SAHARA – Ausstellungskatalog des Rautenstrauch-Joest-Museums, Köln 1978

SCHIFFERS, Heinrich: Die Sahara und ihre Randgebiete. Darstellung eines Naturgroßraumes (3 Bde.: a) Physiogeographie, 1971, b) Humangeographie, 1972, c) Regionalgeographie, 1973), München 1971–1973

SÉNÉGAL/MAURITANIE, Guides Touristiques de l'Afrique; par Air Afrique, Paris 1979

SCHRAMM, Josef: Westafrika. Reiseführer mit Landeskunde. Mai's Auslandstaschenbuch Nr. 24, Buchenhain vor München 1976

THOMAS, Louis Vincent: Les Diola. Essai d'analyse fonctionelle sur une population de Basse-Casamance. I.F.A.N., Dakar 1959

TRIMINGHAM, John Spencer: The influence of Islam on Africa, London 1968

TRIMINGHAM, John Spencer: Islam in West-Africa, Oxford University Press, Oxford 1959

URVOY, Yves: Histoire des Populations du Soudan Central (Colonie du Niger), Paris 1936 (Publ. du Comité d'Études Historiques et Scientifiques de l'Afrique Occidentale Française. Sér. A 5)

URVOY, Yves: L'Art dans le territoire du Niger, I.F.A.N., Gouvernement du Niger, 1955

VÖLGER, Gisela: Markt in der Sahel (Ausstellungskatalog), Deutsches Ledermuseum Offenbach am Main 1979

WEROBÈL-LA ROCHELLE, Jürgen/HOFMEIER, Rolf/SCHÖNBORN, Mathias (Hrsg.): Politisches Lexikon Schwarzafrika, München 1978

WESTERMANN, Diedrich: Die Geschichte Afrikas, Köln 1952

ZWERNEMANN, Jürgen: Die westatlantische Provinz – die Obernigerprovinz; in: ›Die Völker Afrikas und ihre traditionellen Kulturen‹, Teil II, hrsg. v. H. Baumann, Wiesbaden 1979

Ausführliche Informationen zur praktischen Reisevorbereitung für Reisende mit eigenem Fahrzeug finden sich in:

DÄRR, Klaus und Erika: Durch Afrika. Sahara, Schwarz- und Südafrika – Vorbereitungen und Streckenbeschreibungen. 5. Auflage, Eigenverlag, Heimstetten bei München 1980

ECKERT, Ursula und Wolfgang: Algerische Sahara. ›Richtig reisen/Reise-Handbuch‹, DuMont, Köln 1981

Bild- und Quellennachweis

Farbaufnahmen

Beatrice Frehn, Hamburg Umschlagvorderseite, Umschlaginnenklappe, 1–9, 13–22, 24, 27–41, 44–50

Peter Fuchs, Göttingen Umschlagrückseite, 42, 43, 51

Michel Renaudeau, Dakar 10–12, 23, 25, 26

Schwarzweißaufnahmen

Beatrice Frehn, Hamburg Frontispiz S. 2, 1–7, 9–60, 62–70, 83, 87, 88

Peter Fuchs, Göttingen 61, 71–82, 84–86, 89, 91–93

Michel Huet, Paris 8, 90

Textabbildungen

Barth, Heinrich: Reisen und Entdeckungen in Nord- und Centralafrika in den Jahren 1849 bis 1855. Band I–V, Gotha 1857/58 Abb. S. 11, 18, 105, 295, 318, 328, 330, 358

Barth, Heinrich: Im Sattel durch Nord- und Zentralafrika. Hrsg. v. Rolf Italiaander, Brockhaus, Wiesbaden 1970 Abb. S. 33 links

Cissoko, Sékéne-Mody: Tombouctou et l'Empire Songhay. Dakar 1975 Abb. S. 285, 300 (nach Félix Dubois 1896)

Cissoko, Sékéne-Mody: Histoire de l'Afrique Occidentale. Paris 1966 Abb. S. 35, 43, 78, 84, 89, 96, 97, 144, 148, 153, 155, 187, 252, 281, 282 (nach verschiedenen historischen Vorlagen)

Creyaufmüller, Wolfgang: Völker der Sahara – Mauren und Twareg. Ausstellungskatalog des Linden-Museums Stuttgart, 1979 Abb. S. 32, 60, 186, 327

Dapper, O.: Beschreibung von Afrika. Amsterdam 1686 Abb. S. 135

Frehn, Beatrice Fotos S. 27, 52, 57, 61 unten, 63, 65, 100, 180, 367

Fuchs, Peter Foto S. 388

Fuchs, Peter: Sudan. Wien/München 1977 Abb. S. 64, 292, 356

Gabus, Jean: Kunst der Wüste. Olten/Freiburg i. B. 1959 Abb. S. 53, 61 oben, 226, 227, 247, 248, 249, 250, 328, 369, 376

Gabus, Jean: Oualata et Gueimaré des Nemadi. Neuchâtel 1977 Abb. S. 232

Gourou, Pierre: L'Afrique. Hachette, Paris 1970 Abb. S. 136

Griaule, Marcel: Schwarze Genesis. Suhrkamp Taschenbuch, Frankfurt 1980 Abb. S. 304, 311

Hirschberg, Walter: Die Kulturen Afrikas. Athenaion, Frankfurt 1974 Abb. S. 87 (nach Ph. Paulitschke: Die Sudanländer, Freiburg 1885)

Klever, Ulrich: Bruckmanns Handbuch der afrikanischen Kunst. München 1975 Abb. S. 275

Krings, Thomas: Zeichnungen S. 51, 163, 241, 255, 274, 277, 287, 299, 307, 312, 314, 316, 328, 330, 358, 363, 375, 382, 392, 424

Leiris, Michel/Delange, Jaqueline: Afrika. Universum der Kunst, C. H. Beck, München 1968 Abb. S. 9, 297, 306, 317 (Lizenz Gallimard, Paris)

Massar, Charles-Jaques: Foto S. 255

Mori, Fabrizio Fotos S. 68, 69, 70

Park, Mungo: Reisen ins innerste Afrika 1795–1806. Neuausgabe, Erdmann, Tübingen 1976 Abb. S. 30, 56, 108, 141 (nach verschiedenen historischen Vorlagen)

Sahara – Ausstellungskatalog des Rautenstrauch-Joest Museums für Völkerkunde, Köln 1978 Abb. S. 98

Karten in den Umschlaginnenseiten: Arnulf Milch, Lüdenscheid

Innenkarten: DuMont Buchverlag, Köln

Praktische Reisehinweise von A–Z

Adressen der diplomatischen Vertretungen

Westafrikanische Botschaften

... in der Bundesrepublik Deutschland:
Botschaft der Republik Senegal
Argelanderstraße 3
5300 Bonn
Tel. (02 28) 21 80 08/09
Botschaft der Republik Mali
Basteistraße 86
5300 Bonn-Bad Godesberg
Tel. (02 28) 35 70 48/49
Generalkonsulat der Republik Mali
Rothenbaumchaussee 160
2000 Hamburg 13
Tel. (0 40) 45 50 34

Botschaft der Islamischen Republik Mauretanien
Bonner Straße 48
5300 Bonn-Bad Godesberg
Tel. (02 28) 36 40 24
Botschaft der Republik Niger
Dürenstraße 9
5300 Bonn-Bad Godesberg
Tel. (02 28) 35 60 57/58
... in Österreich:
Botschaft der Republik Mali
Josefstädter Straße 55, 1080 Wien
... in der Schweiz:
Botschaft der Republik Senegal
Montbichou-Straße 10, 3000 Bern

Botschaften der Bundesrepublik Deutschland in Westafrika

... *in der Republik Senegal:*
43, Avenue Albert Sarraut
B.P. 2100
Dakar
... *in der Republik Mali:*
B.P. 100
Badalabougou, Zone Est, Lotissement A 6
Bamako
... *in der Islamischen Republik Mauretanien:*
B.P. 372
Nouakchott
... *in der Republik Niger:*
B.P. 629
Avenue Général de Gaulle
Niamey

Anreise

Senegal

Die Anreise in den Senegal ist auf verschiedene Arten möglich.

Mit dem Flugzeug von Europa aus: Die französische Luftverkehrsgesellschaft UTA/Air Afrique fliegt dreimal wöchentlich den internationalen Flughafen von Dakar-Yoff an. Die Sabena (belgische Flugverkehrsgesellschaft) bedient ein- bis zweimal pro Woche Dakar von Brüssel-Zaventem aus. Auch die Swissair, Air France, Alitalia und andere große Gesellschaften unterhalten Verbindungen mit Dakar. Darüber hinaus gibt es Kompaktreiseangebote im Charterflugverkehr (NUR-Neckermann) mit Hapag-Lloyd direkt von Düsseldorf/Frankfurt nach Dakar. Dies stellt die preisgünstigste Möglichkeit dar, in den Senegal zu fliegen.

Mit dem Schiff (Frachtverkehr) von Hamburg, Le Havre oder Marseille nach Dakar (Dauer: 8–10 Tage).

Mit dem eigenen Fahrzeug über Algerien, Niger und Mali. Ab Bamako (Mali) besteht die Möglichkeit der Autoverladung nach Dakar.

Mauretanien

Die bequemste Art der Anreise erfolgt direkt *auf dem Luftweg* von Paris mit UTA/Air Afrique nach Nouakchott. Mauretanien ist auch relativ einfach auf einer gut ausgebauten Asphaltstraße *über den Senegal* zu erreichen (5 Stunden Fahrtzeit mit dem Auto von Dakar nach Nouakchott).

Infolge des Krieges in der Westsahara ist eine Anreise mit dem eigenen Fahrzeug über die algerische Oase Tindouf derzeit nicht möglich. Den Norden Mauretaniens kontrolliert die westsaharische Befreiungsarmee Frente Polisario. Die Piste Tindouf – Bir Moghrein – Fort Derick – Atar kann in Friedenszeiten mit einem geländegängigen Fahrzeug gut bewältigt werden.

Mali

Mali erreicht man am besten *auf dem Luftweg* von Paris aus mit der UTA/Air Afrique, die dreimal wöchentlich den internationalen Flughafen von Bamako anfliegt. Außerdem sei auf die billigeren Fluglinien Aeroflot (UdSSR) und Interflug (DDR) verwiesen, die ebenfalls direkt von Europa aus Bamako bedienen.

Die zweite Möglichkeit, nach Mali zu gelangen, ist mit dem eigenen Fahrzeug entweder *von Dakar* aus per Autozug (Autoverladung auch in Tambacounda) *oder durch die Sahara.* Die sogenannte Tanezrouft-Piste beginnt in der algerischen Touat-Oase Adrar (von Algier bis Adrar gibt es eine Asphaltstraße); sie führt über 1327 km teilweise schwierige Wüstenstrecke nach Gao in Mali. Diese Strecke ist nur für gut ausgerüstete Geländefahrzeuge zu empfehlen. Unter Kennern gilt die Tanezrouft-Piste als die abenteuerlichere Alternative zur Hoggar-Piste. (Zur technischen Ausrüstung des Geländefahrzeugs vgl. Klaus und Erika Därr: ›Durch Afrika‹, Sahara, Schwarz- und Südafrika, Vorbereitungen und Streckenbeschreibungen, 5. Auflage 1980, Eigenverlag Heimstetten bei München sowie Wolfgang und Ursula Eckert: ›Algerische Sahara‹, DuMont Richtig reisen – Reise-Handbuch, Köln 1981.)

Außerdem ist Mali *vom Niger* über Niamey-Gao oder *von Obervolta* aus (Ouagadougou – Ouahigouya – Mopti oder Bobo – Dioulasso – San) auch mit einem normalen PKW zu erreichen.

Niger

Der Niger bildet das ›klassische‹ Durchgangsland für Reisende, die mit dem eigenen Fahrzeug *von Algerien* kommend weiter nach Süden bis zur Guineaküste vorstoßen wollen. Der Umstand, daß die Transsahara-Piste bereits bis hinter Tamanrasset im algerischen Hoggar-Gebirge asphaltiert ist und in wenigen Jahren bis Agadez ausgebaut sein wird, ermutigt immer mehr Abenteuerlustige, mit dem eigenen Auto in den Niger zu reisen. Dabei sollte man gewisse Streckenabschnitte zwischen Tamanrasset und In Guezzam, aber auch zwischen In Guezzam und Arlit, in ihrer Schwierigkeit nicht unterschätzen. Tatsächlich wird die Piste schon seit Jahren nicht nur von LKWs und geländegängigen Fahrzeugen befahren, sondern auch von ›normalen‹ PKWs, die häufig wegen ihres geringen Gewichtes die sandigen Abschnitte besser durchqueren können. Es sollte der eigenen Risikobereitschaft überlassen bleiben, ob man eine solche Wüstendurchquerung mit dem PKW unternehmen will. Zur technischen Vorbereitung und zur Beschreibung der Routen durch Algerien sei wiederum auf die Bücher von K. und E. Därr (Durch Afrika) und W. und U. Eckert (Richtig reisen Algerische Sahara) verwiesen. **Achtung:** Die Einreise von Algerien nach Niger ist derzeit (Frühjahr 1982) nur über Assamakka möglich, auch wenn die algerischen Behörden die Genehmigung zur Benutzung anderer Strecken erteilt haben. Reisende, die auf anderen Routen einreisen, werden aus dem Niger ausgewiesen!

Auf dem Luftweg: Niamey wird fast täglich von Paris aus von UTA/Air Afrique angeflogen. Außerdem bestehen regelmäßige Flugverbindungen zwischen Dakar und Niamey sowie zwischen Bamako und Niamey (Air Afrique).

Einreiseformalitäten

Einreisevisa

Senegal: Für Bundesdeutsche, Österreicher und Schweizer ist kein Visum erforderlich, bei der Ein- bzw. Ausreise wird lediglich der Reisepaß gestempelt.

Mauretanien: Visumzwang für Bundesdeutsche, Österreicher und Schweizer. Anträge sind an die Botschaft der Islamischen Republik Mauretanien in Bonn zu richten. Das Visum ist u. U. auch beim mauretanischen Generalkonsulat in Dakar erhältlich (bei der dortigen bundesdeutschen Botschaft erkundigen).

Mali: Visumzwang für Bundesdeutsche, Österreicher und Schweizer. Anträge sind an die Botschaft in Bonn oder das Konsulat in Hamburg bzw. an die Botschaft in Wien zu richten (auch für die Schweiz zuständig). Das Visum ist auch bei den malischen Botschaften in Dakar und Algier erhältlich, dagegen nicht bei der Vertretung in Niamey.

Niger: Für Bundesdeutsche ist kein Visum erforderlich, sondern nur ein Reisepaß. Für Österreicher und Schweizer Visumzwang; Anträge sind an die Botschaft in Bonn zu richten.

Aufenthaltsvisa

In den Ländern **Mali** und **Niger** muß jeder Besucher nach der Einreise in den Hauptstädten (Bamako bzw. Niamey) ein Aufenthaltsvisum beantragen.

In Bamako erhält man die notwendigen Formulare im Büro der S.M.E.R.T. (Société Malienne de l'Exploitation des Ressources Touristiques) an der Place de la République gegenüber dem Centre National des Arts. Mit den ausgefüllten Anträgen, denen man vier Paßbilder beilegt, geht man zur Sûreté Nationale (Polizei), die außer dem Aufenthaltsvisum und einem Touristenausweis auch eine amtliche Erlaubnis zum Fotografieren erteilt. Reist man nicht über Bamako nach Mali ein, muß man versuchen, in der nächsten größeren Stadt (Gao, Mopti) bei der Polizei (Sûreté Nationale) eine Fotoerlaubnis für das jeweilige Gebiet (Provinz, Departement) zu bekommen. In jedem Fall ist der Polizei das Einreisevisum vorzulegen.

Ein Aufenthaltsvisum für den Niger bekommt man *in Niamey* bei der Sûreté Nationale an der Place de l'Indépendance gegenüber der Assemblé Nationale. Man reicht vier Paßbilder ein. Neuerdings wird im Land immer häufiger eine Fotoerlaubnis verlangt (vgl. dazu S. 405).

Meldepflicht bei der Polizei während der Reise

In den Ländern **Mauretanien, Mali** und **Niger,** d. h. in allen von Militärs regierten Staaten, werden die europäischen Reisenden dazu angehalten, nach der Ankunft und vor der Abfahrt an einem größeren Ort bei der Polizei (Commissariat de Police) vorzusprechen und den Paß vorzuzeigen. Es wird dann ein Stempel mit Datum und Unterschrift des Beamten in den Paß gedrückt. Man sollte deshalb bei einer längeren Westafrika-Reise darauf achten, einen Paß mitzunehmen, der noch ein paar ›freie‹ Seiten enthält. Es wird dringend empfohlen, diese Formalitäten in den genannten Ländern zu erledigen, da man andernfalls als Europäer mit Schwierigkeiten zu rechnen hat!

Foto und Film – einige Ratschläge

von Beatrice Frehn

Fotoapparate und Filmkameras in hermetisch verschlossenen Beuteln oder Behältern aufbewahren, andernfalls besteht die Gefahr der Verstaubung bzw. Einsandung. Man nehme zur Objektivreinigung unbedingt einen Staubpinsel mit. Eventuell empfiehlt sich auch eine Reservekamera.

Filme vor Hitze schützen. Dia-Filme so schattig und kühl wie möglich aufbewahren, da sonst die Farben leiden können (Grün- oder Blaustich).

Verschiedene Filter mitnehmen. Ein UV-Filter schützt die Objektive und durchdringt Dunst (ein Graufilter hält zu helles Licht ab). Ein Polarisationsfilter garantiert reinere Farben.

Regelmäßige Kontrolle der eingebauten automatischen Belichtungsmesser anhand eines separaten Belichtungsmessers!

Für Tierfotos braucht man mindestens ein 135-mm-Teleobjektiv. Stativ nicht vergessen.

Genügend Filmmaterial einpacken (vor allem Dia-Filme, die in Afrika dreimal soviel kosten wie in Europa). In tropischen Gebieten empfehlen sich für Tageslichtaufnahmen folgende Empfindlichkeiten: 25 ASA (15 DIN), 64 ASA (19 DIN), für extreme Lichtverhältnisse in der Dämmerung 200 ASA (24 DIN) und 400 ASA (27 DIN).

Ausreichend Batterien für die Fotoapparate und Blitzlichtgeräte mitnehmen.

Keine Filme in Afrika entwickeln lassen, da die Qualität der Entwicklung unbefriedigend ist. Belichtete Dia-Filme in der nächsten Hauptstadt per Luftpost zum Entwickeln nach Europa schicken oder heimreisenden Bekannten mitgeben!

Fotoerlaubnis

Mali verlangt eine offizielle Fotoerlaubnis, die man über die Vermittlung des S.M.E.R.T.-Büros (Société Malienne d'Exploitation des Ressources Touristiques) in Bamako, Place de l'Indépendence von der Sûreté Nationale (Polizei) ausgehändigt bekommt (Paßfotos des Fotografen einreichen, Bearbeitungszeit 2 Tage).

Neuerdings ist es auch im **Niger** schwieriger geworden, zu fotografieren. Manche Polizisten verlangen in der Provinz eine Fotoerlaubnis. Dieses Papier bekommt man im Innenministerium (Ministère de l'Intérieur, Bureau D.A.P.A.), Niamey, Avenue de la République (Bearbeitungszeit 3 Tage).

Vorsicht: In allen afrikanischen Ländern ist es verboten, Brücken, Grenzanlagen und militärische Einrichtungen zu fotografieren. Besondere Gefahr in Assamakka an der nigero-algerischen Grenze!

Geld und Geldwechsel

Senegal

Der Senegal ist Mitglied der West/Zentralafrikanischen Währungsunion (CFA-Land). Es existieren keinerlei Beschränkungen für die Einfuhr von Devisen. Ausgeführt werden dürfen 50 000 CFA, Kontrollen gibt es in der Praxis jedoch nicht.

Währung: 100 CFA (Franc de la Communauté Financière Africaine) entsprechen 2 französischen Francs (FF); also etwa 1 DM.

Es empfiehlt sich, Reiseschecks in DM, französischen Francs (FF) oder US-$ mitzunehmen, am besten von einer internationalen Großbank ausgestellt. Quittungsbelege mit den Reisechecknummern nicht vergessen! Eine Stückelung in 50 DM oder 100 DM-Schecks ist am besten. Wer Reisen ins Hinterland unternimmt, sollte vorher bei einer Bank genügend ›kleine Scheine‹ (500 und 1000 CFA-Banknoten) mitnehmen. Man achte ferner darauf, immer genügend Münzgeld bei sich zu tragen (für die Bezahlung kleiner Dienstleistungen und Einkäufe).

Zur Sicherheit nimmt man auf seine Reise in den Senegal wie auch in die anderen Sahelländer noch eine bestimmte Menge Devisen in

Bargeld mit für den Fall, daß irgendeine Bank geschlossen hat.

Wer mit dem Buschtaxi oder der Eisenbahn reist, sollte das Bargeld sicher vor Taschendieben verstauen (Brustbeutel oder Geldgürtel). Auf dem Land gibt es zwar kaum Diebe, in Dakar (vor allem auf dem Bahnhof und in den Zügen) ist jedoch größte Vorsicht geboten. Das Geld sollte nie in der Außenseite von irgendwelchen Handtaschen oder in Hosen-Gesäßtaschen (Jeans) getragen werden.

Wichtige Banken in Dakar: Banque Internationale pour l'Afrique Occidentale, Dakar Place de l'Indépendance B.P. 129; Telex 526, Tel. 23-10-00, Öffnungszeiten: 8–11 und 15–16 Uhr.

Société Générale de banques au Sénégal, Avenue Roume, B.P. 323; Tel. 23-10-60

Mauretanien

Mauretanien verlangt bei der Ein- und Ausreise eine Devisenerklärung, d. h. man muß bei der Einreise ins Land alle mitgeführten Devisen (Bargeld, Schecks etc.) auf einen Zettel eintragen. Beim Umtausch auf einer Bank ist der Geldumtausch unbedingt auf dem Zettel zu vermerken. Bei der Ausreise gibt man den Devisenzettel bei den Zollbehörden ab. Nicht gebrauchte Reiseschecks dürfen wieder ausgeführt werden.

Währung: 1 Ouguiya (UM) sind 5 Khoms (Kh); dies entspricht 0,10 französischen Francs (FF), also etwa 0,05 DM.

Es empfiehlt sich wie im Senegal, Reiseschecks in DM, FF oder US-$ mitzunehmen. Das Banknetz ist nicht dicht. Man muß deshalb in Nouakchott oder Nouadhibou die notwendige Geldmenge für Fahrten ins Landesinnere umtauschen!

Wichtige Banken: Banque Internationale pour la Mauritanie (BIMA), Société Mauritanienne de Banque (SMB)

Mali

In Mali gibt es augenblicklich weder bei der Ein- noch bei der Ausreise irgendwelche Devisenkontrollen.

Währung: 100 Mali-Francs (FM) entsprechen 1 FF bzw. etwa 0,50 DM. Der Mali-Franc kann bei den Banken in CFA umgetauscht werden.

Reiseschecks in DM, FF oder US-$ werden in der Hauptstadt angenommen. Es empfiehlt sich auch in Mali, wegen des ausgesprochen schlechten Banknetzes bereits in der Hauptstadt das für die Reise notwendige Bargeld zu wechseln. In der Provinz kann es vorkommen, daß man bei den kleinen Filialen keine Reiseschecks annimmt.

Wichtige Banken: Banque du Développement du Mali (BDM), Banque Internationale pour l'Afrique Occidentale

Niger

Der Niger ist Mitglied der West/Zentralafrikanischen Währungsunion (CFA-Land). Es existieren keinerlei Einfuhrbeschränkungen für Devisen. Die Ausfuhr von westafrikanischem Geld ist auf 25 000 CFA festgesetzt, jedoch wird die Ausfuhr nicht scharf kontrolliert.

Währung: 100 CFA entsprechen 2 FF oder rund 1 DM

Im Niger ist das Banknetz wie im Senegal gut entwickelt. Außer in der Hauptstadt kann man in den größeren Provinzstädten (Maradi, Zinder, Agadez) Reiseschecks umtauschen. Ansonsten gelten die bezüglich des Senegal gemachten Ausführungen.

Wichtige Banken: Banque Internationale pour l'Afrique Occidentale (Öffnungszeiten 8–12 und 16–17 Uhr), Banque du Développement de la République du Niger

Gesundheit

Vorbereitung der Reise

Reisen in tropische Länder bedürfen gewisser medizinischer Vorbereitungen, die man bereits einige Wochen vor dem eigentlichen Antritt der Reise in aller Ruhe angehen sollte. Dazu gehören eventuell mehrere **Impfungen,** von denen jedoch nur eine einzige obligatorisch ist, die Gelbfieberimpfung, die in verschiedenen Anstalten der Bundesrepublik (in fast allen Universitätsstädten) durchgeführt werden kann. Diese Impfung hat eine Schutzwirkung von 10 Jahren. Außerdem sind folgende Impfungen bzw. Immunprophylaxen ratsam, aber nicht vorgeschrieben:

Cholera-Impfung (zwei Injektionen), die eine Gültigkeit von 6 Monaten hat. Man beginnt die Cholera-Impfung etwa 15 Tage nach der Gelbfieberimpfung. Nach weiteren 7 Tagen läßt man sich die zweite Spritze geben.

Ratsam ist eine Polio-Wiederimpfung, falls eine Grundimmunisierung vorhanden ist durch Impfungen in der Kindheit oder Jugend. Erneute Schutzwirkung: 10 Jahre.

Das gleiche gilt für Tetanus (Wundstarrkrampf). Falls eine Grundimmunisierung besteht, läßt man sich eine Wiederauffrischungsimpfung geben (Schutz: 10 Jahre).

Von der Pockenwiederimpfung raten alle Ärzte ab. Man braucht sie auch nicht mehr.

Bei Reisen nach Westafrika, vor allem, wenn man in abgelegene Gebiete fährt oder zu erwarten ist, daß man unter primitiven hygienischen Verhältnissen leben wird, bietet sich eine sogenannte **Immunprophylaxe gegen die Virus-Hepatitis Typ A** an. Eine Gamma-Globulin-Injektion, die allerdings nicht billig ist (um die 50 DM), bietet begrenzten Schutz zwischen 3 und 6 Monaten.

Ganz wichtig ist – egal ob man in der Regen- oder Trockenzeit fährt – eine **Prophylaxe gegen die Malaria,** eine Krankheit, die in allen Sahelländern, aber auch in den Sahara-Oasen endemisch ist. Die Risiken, an Malaria zu erkranken, sind sehr groß, wenn man nicht regelmäßig Chloroquin, das in Deutschland unter dem Markennamen Resochin vertrieben wird, einnimmt. In Frankreich und den frankophonen Ländern kennt man die Marken Flavoquin und Nivaquin.

Mit der Malaria-Prophylaxe auf Resochinbasis beginnt man bereits eine Woche vor Einreise in das betreffende Land. Während des gesamten Aufenthaltes nimmt man 2 Tabletten pro Woche. Außerdem gibt es noch eine Dosierung, die man bis 6 Wochen nach der Rückkehr aus dem betreffenden Gebiet fortsetzen muß (die Dosierungen für Übergewichtige und Kinder sind anders; den Arzt fragen!).

Bevor Sie Ihre Reise antreten, kontrollieren Sie, ob alle Impfungen im gelben internationalen Impfpaß vermerkt sind. Dieser Ausweis gehört zu den wichtigen Reisedokumenten.

Gesundheitsvorsorge auf der Reise

In der Regenzeit sollte man zum Schutz vor Mücken, die Malaria übertragen, unter einem

Moskitonetz schlafen oder sich mit einem mückenabweisenden Mittel (z. B. Autan) einreiben. Ganz wichtig ist, daß man in den Tropen und besonders in der feuchten Jahreszeit nicht barfuß läuft oder in stehenden Gewässern badet, weil die Gefahr von Parasitenbefall (Würmer, Bilharziose) besteht. Beim Duschen, Baden oder beim Aufsuchen von unhygienischen Toiletten sollte man immer Schuhe tragen. Falls man trotzdem einmal in verunreinigtes Wasser tritt, anschließend die Füße sofort mit einem Tuch reinigen und abtrocknen! Wer Fußmärsche im Busch unternimmt, muß festes Schuhwerk aus Leder und mit dicker Sohle tragen.

Hüten Sie sich vor unreinem Wasser (Hepatitis- und Durchfallgefahr!). Man sollte niemals Wasser trinken, von dem man nicht weiß, woher es stammt. In Mali wird häufig Flußwasser angeboten, auch bei der Zubereitung von Nescafé. Da das Wasser nur erhitzt und nicht abgekocht wird, besteht große Gefahr! In den Hauptstädten und in den größeren Departementsstädten gibt es eine kommunale Wasserversorgung (mit gechlortem Wasser). Dieses Wasser kann ohne Bedenken getrunken werden. Überall auf dem Land ist dagegen Vorsicht geboten. Dort sollte man – sofern vorhanden – in Flaschen abgefüllte Getränke (Bier, Limonade) trinken. Andernfalls muß das Wasser abgekocht werden.

In tropischen Ländern, besonders in den einheimischen Restaurants, ja selbst in Lokalen mit ›europäischem Standard‹, sollte man den Genuß von rohem Salat vermeiden, da man nicht weiß, mit welchem Dünger der Salat in Berührung gekommen ist. Dagegen kann man alles Gekochte (Reis, Nudeln) essen. Fleisch muß immer ganz durchgebraten sein, da selbst Ziegen- und Hammelfleisch Parasitenverseuchung aufweisen kann. Dies gilt auch für die ›guten‹ Restaurants in einer Stadt. Der Genuß von Milch oder Milchprodukten im nomadischen Milieu muß der eigenen Risikobereitschaft überlassen bleiben. Es besteht in manchen Gebieten Tuberkulose-Gefahr.

Trotz aller Vorsichtsmaßnahmen gehören Verdauungsbeschwerden (Durchfall, Verstopfung) zu den typischen Erkrankungen in heißen Ländern. Da man bei Durchfall nie genau weiß, um welchen Erreger es sich jeweils handelt, sollte man nach Absprache mit einem Arzt verschiedene Durchfallmittel mitnehmen. Außer Kohletabletten empfehlen sich ein Sulfonamid und ein Antibiotikum gegen schwere Darminfektionen (Salmonellose, Typhus, Enteritis), die mit oder ohne Fieber auftreten können. Falls das Fieber länger anhält und die Durchfälle nicht nachlassen, muß ein Arzt konsultiert werden. Wenn Blut im Stuhl auftritt, besteht Verdacht auf Amöbenruhr, die man mit Antibiotika bekämpft. Wichtig ist bei allen Durchfallerkrankungen die verstärkte Flüssigkeitszufuhr (ungesüßter Tee), im akuten Stadium und bei Brechdurchfall Nahrungsentzug, danach langsam aufbauende Diät (Zwieback).

Entgegen der landläufigen Meinung ist die häufigste Plage auf einer Afrika-Reise die Erkältung, verursacht durch Zugluft und die gefährlichen Temperaturschwankungen zwischen Tag und Nacht. Die beste Vorsorge besteht darin, sich gegen Abend wärmer anziehen. Regelmäßig Vitamintabletten einnehmen! In der heißen Jahreszeit und bei Aufenthalten in der Wüste, d. h. dort, wo man stark schwitzt, ist die Einnahme von Salz und ausreichenden Flüssigkeitsmengen äußerst wichtig.

Senegal-Reisende, die einen Badeurlaub planen, sollten die Gefahren der tropischen Sonne (schwerer Sonnenbrand, Sonnenstich, Hitzschlag) nicht unterschätzen. Mit dem Sonnenbaden vorsichtig beginnen! Am ersten Tag nicht länger als 15 Minuten Sonnenbaden! Sonnenschutzmittel, Sonnenbrille und eine Kopfbedeckung gehören unbedingt ins Reisegepäck!

Klima und Reisezeit

Senegal

Der Senegal ist ein ideales Land, um dem europäischen Spätherbst und Winter zu ›entfliehen‹. Die günstigste Reisezeit liegt zwischen November und März. An den Küsten, vor allem an der Petite Côte, herrscht das ganze Jahr über ein angenehmes, nicht zu heißes Tropenklima. Die Trockenzeit dauert im Sahel-Sudan von November bis Juli, die Regenzeit mit gelegentlichen heftigen Gewitterregen von Juli bis September (Dakar); im Süden (Casamance) dauert sie etwas länger. Das Klima ist insgesamt in der Regenzeit heiß und feucht und schwerer zu ertragen als in der Trockenzeit.

Im Landesinnern (Ostsenegal) sind wegen der großen Hitze und aufgrund des Staubwindes (Harmattan) die Monate April bis Juni sehr unangenehm. Allerdings liegt dann gerade die günstigste Zeit für Tierbeobachtungen im Nationalpark von Niokolo-Koba.

Mauretanien

Das Klima in Südmauretanien ähnelt dem Sahelklima im Senegal. Es herrscht eine lange Trockenzeit (September bis Juli). Die günstigsten Reisemonate liegen zwischen November und März. Im Süden gibt es eine kurze, heftige Regenzeit (August bis Mitte September). Nördlich des 17. Breitengrades fallen nur selten ergiebigere Niederschläge. Wegen der großen Hitze im Land sind Reisen zwischen April und August auch im saharischen Norden nicht empfehlenswert.

Mali

Im Zentralteil und im Süden weist Mali ein Sahel-Sudanklima mit einer Regenzeit zwischen Juni und Oktober (im Süden) bzw. Juli bis September (im Sahel) auf. Die Trockenzeit, die angenehmste Reisezeit, liegt im Sahel-Sudan zwischen November und März. Die Tagestemperaturen betragen dann zwischen 26° und 32°. In den Monaten November bis Januar kann es nachts in dieser Zone recht kühl werden (um 17°).

In der Sahara schwanken die Temperaturen zwischen Tag und Nacht noch stärker. Die Nächte sind im Dezember/Januar im Adrar der Iforas sehr kühl (unter 10°). Im Sahel-Sudan ist das Reisen in der Regenzeit wegen der hohen Luftfeuchtigkeit und der Moskitoplage im Niger-Binnendelta anstrengend. Allerdings hat man dann die Chance, den Sahel üppig grün zu erleben, was im Dogon-Land eindrucksvoll wirkt!

Niger

Das Klima im Niger ähnelt dem in Mali und Mauretanien. Im Sahel-Sudan liegt die Regenzeit zwischen Juli und September, die Trokkenzeit dauert von Oktober bis Juni. Sehr heiß und unangenehm sind die Monate April bis Juni, in diesem Zeitraum sollte man Reisen in den Niger vermeiden. Die beste Reisezeit liegt auch hier zwischen November und Mitte März. In dieser Zeit betragen die Tagestempe-

Mittlere monatliche Temperaturen in °C (oben Maximum, unten Minimum)

Senegal	Ja	F	Mä	A	Ma	Jun	Jul	A	S	O	N	D
Dakar	24	24	24	25	26	29	30	30	30	30	29	26
	17	17	17	18	20	23	25	25	24	24	23	20
St. Louis	27	27	27	26	25	28	29	30	31	31	30	28
	16	16	17	17	19	23	25	25	25	24	21	17
Ziguinchor	32	34	37	37	35	33	31	30	31	32	33	31
	16	17	17	19	19	21	23	23	23	23	22	18
Mauretanien												
Nouadhibou	25	26	26	26	26	28	27	29	31	30	27	25
	13	13	14	15	16	17	19	20	20	19	17	15
Nouakchott	29	34	32	33	35	34	32	32	34	35	33	29
	13	14	16	18	20	22	24	24	24	22	18	14
Tidjikja	27	30	34	37	40	41	39	37	38	37	33	28
	11	13	16	19	23	25	25	23	24	22	17	12
Mali												
Bamako	33	36	39	39	39	35	31	30	32	34	35	33
	17	20	24	26	26	27	23	23	22	22	19	18
Kayes	38	43	45	46	46	43	38	35	37	39	40	39
	12	15	18	21	22	20	19	20	20	19	16	13
Timbuktu	31	34	38	41	43	42	38	34	38	40	38	32
	13	15	19	22	26	27	25	24	24	24	18	14
Niger												
Niamey	34	36	39	41	41	38	34	32	34	36	37	34
	16	18	22	26	27	25	24	22	23	23	19	15
Agadez	29	33	38	41	44	43	41	38	40	39	35	32
	10	13	17	21	25	24	24	23	23	20	15	12
Bilma	25	26	30	37	40	45	40	38	37	35	30	26
	9	10	12	18	23	25	26	25	24	16	14	8

raturen zwischen 25° und 33°; jedoch kann es nachts recht kühl werden (bis 15°).

In der Sahara sind die Temperaturunterschiede zwischen Tag und Nacht noch größer. Im Tenere und in den Hochlagen des Air werden zwischen Dezember und Februar Nachttemperaturen um den Gefrierpunkt erreicht!

Lebenshaltungskosten

Die westafrikanischen Sahelländer zählen nicht zu den billigen Reiseländern. Wer nicht auf europäischen Komfort verzichten will, muß tief in die Tasche greifen. Wer aber einfacher leben kann und sich selbst versorgt, wird feststellen, daß das Kostenniveau niedriger liegt als bei uns.

Die großen Städte sind im allgemeinen sehr teuer. In den Hauptstädten kostet eine Übernachtung (Doppelzimmer) durchschnittlich zwischen 35 DM und 100 DM (je nach Standard), eine warme Mahlzeit (Menu) zwischen 15 DM und 35 DM. Dagegen liegt das Preisniveau auf dem Lande viel niedriger. In den einheimischen Restaurants (die allerdings nicht jedermanns Sache sind) zahlt man zwischen 1,50 und 5 DM. Das gekochte Essen ist in diesen kleinen Lokalen überraschenderweise oft viel besser als in den Restaurants, die mühsam versuchen, dem europäischen (französischen) Geschmack zu gefallen. Auf dem Lande und in den kleineren Marktorten empfehlen sich die Campements als Unterkünfte. Dies gilt insbesondere für den Senegal. In den abgelegenen Gebieten Malis und des Niger sind die Campements nicht immer gut geführt, jedoch stets preislich günstig. Das teuerste Land – gemessen an der gebotenen Leistung – ist Mauretanien; das zweitteuerste der Niger. Dagegen erscheinen der Senegal und Mali etwas billiger.

Benzin ist in allen Sahelländern knapp und teuer (1 l Superbenzin zwischen 1,50 DM und 1,80 DM im Jahr 1980/81). Dies muß man berücksichtigen, wenn man mit dem eigenen Fahrzeug reist. Europäische Lebensmittel, die man nur in den Hauptstädten in Supermärkten findet, kommen auf dem Luftweg ins Land. Sie kosten das Doppelte bis Dreifache wie in Europa. Die einheimischen Lebensmittel (Obst, Gemüse, Fleisch, Reis) sind auf dem Lande billig.

Wer mit dem eigenen Fahrzeug unterwegs ist, sollte nur die Lebensmittelvorräte mitbringen, die man in Afrika nicht auffüllen kann (z. B. Dosenfleisch, Schmelzkäse, Haferflokken). Grundnahrungsmittel wie Brot, Reis, Nudeln, Zucker, Speiseöl und Milchpulver bekommt man überall und meist auch billiger als bei uns.

Buschtaxi- und Omnibus-Fahren ist im allgemeinen nicht teuer. Es gilt die Regel, je größer das Transportmittel, desto niedriger der Preis. In Mauretanien und in Mali liegen die Tarife für Fahrten mit dem Buschtaxi – es gibt nur diese Transportmittel – wegen des teuren Benzins etwas höher (z. B. im Jahre 1980 Bamako – Mopti pro Person rund 50 DM für 700 km). Bahnfahren im Senegal und in Mali ist sehr billig. (Eisenbahnfahrt 2. Klasse von Dakar nach Bamako im Jahre 1980 knapp unter 100 DM für 1350 km!)

Eine gute Aufstellung der ›typischen Reisekosten‹ für Afrika-Reisende mit eigenem Fahrzeug (am Beispiel des VW-Busses) findet sich in dem immer auf neuesten Stand gebrachten technischen Reiseratgeber ›Transsahara‹ von K. und E. Därr, Eigenverlag, 8016 Heimstetten bei München.

Reisekleidung

Leichte Baumwollkleidung (Baumwollhemden, T-Shirts, helle, weite Hosen, Röcke, nicht zu enge Jeans) ist an die tropischen Gegebenheiten am besten angepaßt. Synthetik-Kleidung eignet sich dagegen überhaupt nicht. Für die kühlen, manchmal kalten Nächte im Norden sollte man unbedingt warme Sachen mitnehmen (Pullover, warme Jacken, Wollsocken und einen warmen Schlafsack). Wer zu Fuß durch den Busch streifen oder Fußmärsche unternehmen will, muß feste, dichtschließende Schuhe mitnehmen. Sonst genügen leichte Halbschuhe, Stoffschuhe und Sandalen, die man am besten im Sahel kauft oder gegen mitgenommene Kleidung eintauscht.

In der Regenzeit sollte man Gummistiefel und einen leichten Regenschutz (Anorak, Regenschirm) mitnehmen. Für Behördengänge oder Einladungen in der Hauptstadt ist ›bessere‹ städtische Kleidung (helles, sauberes Hemd, helle Bügelfaltenhose, Sommerkleid) immer von Nutzen. Der Erfolg mancher Bemühungen hängt vom angenehmen, sauberen Äußeren entscheidend ab. Für viele Afrikaner ist es unverständlich, warum manche Weiße in ihren Ländern abgerissen und schmutzig herumlaufen. Dies gilt für beide Geschlechter.

In manchen Gegenden Mauretaniens (z. B. den heiligen Städten) und in streng islamischen Regionen von Mali und Niger sollten Frauen langen Röcken den Vorzug vor Hosen geben. Überhaupt gilt es für Frauen als unschicklich, ›die Beine zu zeigen‹. Auf keinen Fall sollten Frauen mit Shorts herumlaufen.

Wichtig ist – besonders im saharischen Bereich – eine Kopfbedeckung gegen die Sonnenstrahlung: Stoffmütze, Strohhut (Nachteil: wird vom Wind runtergeweht) oder Kopftuch. Für Wüstenfahrten, Kamelritte etc. empfiehlt sich das Tragen eines Turbantuches.

Sprache und Verständigung

In allen vier im vorliegenden Buch behandelten Sahelländern dient Französisch neben den großen einheimischen Sprachen als offizielle Amtssprache. Ohne gewisse französische Sprachkenntnisse sollte man eine Reise ins frankophone Westafrika unterlassen, da nur ganz wenige Menschen außer Französisch noch eine andere europäische Sprache beherrschen.

In Mauretanien wird neben Französisch Arabisch gesprochen, das sogenannte ›Hassania‹, das auch eine Reihe von berberischen Ausdrücken enthält. Im Senegal ist die wichtigste einheimische Sprache das Wolof, in Mali dominieren das Bambara im Westen und das Songhay im Osten. Songhay wird auch im Niger gesprochen, weiter östlich herrscht dort Haussa vor. Im gesamten Sahel spielen das Fulfulde der Fulbe und das Tamaschek der Tuareg eine wichtige Rolle als Handelssprachen.

Transport- und Verkehrsmittel

Wer die einzelnen Sahelländer wirklich von Grund auf kennenlernen will, muß mit einem eigenen Fahrzeug ausgestattet sein. Dies kann jedoch mit hohen Kosten und manchem Nervenaufwand verbunden sein, wenn Pannen und andere technische Schwierigkeiten auftreten. Eine billige, interessante und insgesamt auch recht zuverlässige Alternative für das Reisen in diesen Ländern ist die Fahrt mit dem Buschtaxi.

Buschtaxis

In allen Ländern Afrikas südlich der Sahara gibt es die sehr praktische und preiswerte Einrichtung der Busch- oder Gemeinschaftstaxis, mit denen man fast jeden erreichbaren Marktort im Sahel-Sudan besuchen kann. Die Betonung liegt auf Marktort, denn die Buschtaxis werden vielfach von Händlern benutzt. Dies bedeutet, daß man kleinere, abgelegene Orte mit dem Buschtaxi *nicht* erreichen kann.

Der Ausgangspunkt einer Buschtaxireise kann jeder größere Ort sein. Man läßt sich am besten mit einem normalen Taxi, die es in den größeren Städten überall gibt, zum ›Gare Routière‹ oder ›Autogare‹ bringen. Dort angekommen, wird man sogleich von verschiedenen Anbietern umringt, die ihr Taxi zu füllen versuchen. In der Regel ist alles bestens durchorganisiert, was einen Europäer bei dem Durcheinander von Menschen und Fahrzeugen erstaunen mag. Man kauft bei dem Fuhrunternehmer ein ›ticket‹, ein kleines, weißes Zettelchen mit Namen, Datum und bezahlter Summe, und erhält in einem Buschtaxi einen Platz reserviert, den man am besten gleich besetzt, damit man nicht auf die hinteren, engen Ränge verwiesen wird. Das Taxi fährt so lange nicht ab, bis der letzte Platz besetzt ist, und das kann in Afrika bedeuten, daß bis zu 12 Personen in einen Peugeot-Caravan gezwängt werden. Wenn mehrere Buschtaxis zum gleichen Ziel fahren, wähle man dasjenige, welches schon einige Mitfahrer hat. Dadurch erhöht sich die Chance, daß man bald wegkommt. Am längsten ist naturgemäß die Wartezeit bei den zu Bussen umgebauten LKWs, wie sie im Niger zwischen Maradi und Niamey verkehren.

Senegal: Im Senegal ist das Buschtaxisystem besonders gut entwickelt. Von Dakar aus sind alle größeren Provinzorte regelmäßig (mehrere Autos pro Tag) erreichbar. In *Dakar* heißt der Platz, von wo aus die Buschtaxen losfahren, ›Pompiers‹ (Feuerwehr). Dieser Platz liegt 5 km von der Innenstadt entfernt im Stadtteil Medina. Die Fahrtziele sind auf Tafeln aufgemalt (›Kayar‹, ›Mboro‹, ›St. Louis‹ usw.).

Will man in abgelegenere Regionen wie z.B. in die Basse Casamance westlich von Ziguinchor, ist dies im Senegal auch mit dem Buschtaxi möglich. Ein Beispiel: Wer nach Elinkine in die Basse Casamance will, fährt zunächst mit einem Buschtaxi bis nach Ziguinchor. Am dortigen Buschtaxi-Bahnhof steigt man um in einen wackeligen ›Buschbus‹, der alle Dörfer im Gebiet von Oussouye berührt. Auf diese Weise kann man im Senegal selbst weitabgelegene Regionen kennenlernen.

Übrigens sind die Preise grundsätzlich festgelegt, d. h. um Fahrpreise wird nicht gehandelt. Ein Schild im Innern des Wagens muß die Tarife auflisten. Allerdings kosten große Gepäckstücke (Rucksäcke etc.) extra.

Mauretanien: Das im Vergleich zum Senegal dünn besiedelte Mauretanien weist eine sehr geringe Verkehrsdichte auf, Buschtaxi-Fahren ist jedoch auch hier üblich. Die Wagen fahren in *Nouakchott* in der Nähe des Flughafens ab. Die bevorzugten Ziele sind Rosso – Dakar, Boutilimit, Kaedi und Atar in der mauretanischen Sahara. Wer in die südöstlichen Landesteile will, muß auf dem Ksar in der Innenstadt versuchen, eine Mitfahrgelegenheit in einem LKW zu bekommen. LKWs fahren regelmäßig nach Tidjikja, Kiffa, Aioun-el-Atrouss und Nema. Von *Atar* aus verkehren ›Busch-Landrover‹ mit bis zu 15 Passagieren nach Chinguetti und Ouadane.

Mali: In *Bamako* gibt es zwei Buschtaxi-Plätze: Von dem kleineren an der Place de l'Indépendance verkehren Taxis nach Koulikoro. Der größere ›Gare routière‹ liegt weit vor den Toren der Stadt, südlich des Niger, dort, wo sich die Straßen Richtung Bougouni und Mopti gabeln. Von hier aus kann man über Sikasso in die Elfenbeinküste oder nach Osten über Segu nach Mopti fahren.

In *Mopti* findet man beim Ortseingang Buschtaxis, die nach Bandiagara und Sanga (an Markttagen), Djenné und Korientzé verkehren. Mopti ist auch eine wichtige Zwischenstation für die LKW's, die zwischen Bamako und Gao pendeln. Ab *Douentza* gibt es Richtung Gao nur noch LKWs. Timbuktu ist nur am Ende der Trockenzeit auf dem Landweg per Buschtaxi zu erreichen.

Niger: In *Niamey* liegt der ›Gare Routière‹ in der Nähe des Grand Marché inmitten eines afrikanischen Lehmviertels. Von hier aus sind alle größeren Orte im Niger erreichbar. Ab *Agadez* gibt es nur noch LKW-Verkehr Richtung Algerien und nach Bilma. Ins Air-Massiv kommt man ohne eigenes Fahrzeug nicht; ebenso bleiben einem entferntere Regionen wie der Tenere und das Djado-Plateau verschlossen.

Taxifahrten in den Städten

In allen Hauptstädten der behandelten Länder gehört das Taxi zu den Hauptverkehrsmitteln. In *Dakar* sind die Wagen mit Zähleinrichtungen versehen, so daß es in der Regel keine Unklarheiten wegen des Fahrpreises gibt. Es ist in Afrika allgemein üblich, in Taxen mehrere Kunden gleichzeitig zu transportieren. Die Fahrgäste werden der Reihenfolge nach bedient.

Vom Flughafen Dakar-Yoff in die Innenstadt (20 km) werden manchmal überhöhte Preise verlangt. Vor Antritt der Fahrt unbedingt den Endpreis aushandeln! 1980 kostete die Fahrt zwischen 24 und 26 DM.

In *Bamako* haben die Taxis keine Zähler. Der Fahrpreis betrug Anfang der achtziger Jahre für Fahrten in der Innenstadt um 200 FM, für Fahrten zum Flughafen bis zu 30 DM. Ähnliches gilt für *Niamey,* wo die Taxipreise etwas höher liegen als in den anderen Hauptstädten.

Omnibusverkehr

Im *Senegal* gibt es regelmäßigen Omnibusverkehr zwischen bestimmten Städten. Die Reisen mit dem Buschtaxi sind jedoch angenehmer. Dakar besitzt ein ausgezeichnetes Stadtbusnetz, das eine Alternative zum Taxifahren darstellt.

Im *Niger* gibt es Überlandbusverbindungen von Niamey nach Nguigmi am Tschadsee (mit der Compagnie Transafricaine).

Eisenbahnverkehr

Zwischen *Dakar* und *Bamako* verkehren zweimal wöchentlich Eisenbahnzüge. Eine einfache Fahrt Dakar – Bamako kostete 1980 pro Person knapp 100 DM (2. Klasse). Bezüglich der Autoverladung (Dakar – Bamako bzw. Gegenrichtung) erkundige man sich bei den entsprechenden Bahnhöfen.

Hinweis: Die Fahrt mit der Eisenbahn von Dakar nach Bamako dauert zwischen 34 und 40 Stunden. Man versehe sich mit dem notwendigen Trinkwasservorrat und mit Lebensmitteln, denn an den kleinen Bahnhöfen unterwegs wird nur ungenießbares Wasser angeboten. Eine solche Bahnfahrt gehört zu den strapaziösesten Teilen einer Reise durch die Sahelländer! Zollkontrolle und Einreiseformalitäten in Kayes (Mali) bzw. Kidira (Senegal).

Auf der Strecke *Dakar – St. Louis* verkehren mehrmals pro Woche Züge in beiden Richtungen. Darüberhinaus besteht auch eine Bahnverbindung zwischen *Dakar* und *Linguere* (über Diourbel).

Schiffsverkehr

Flußschiffahrt auf dem Senegal: Auf dem Senegal verkehren zwischen St. Louis und Podor regelmäßig kleinere Flußschiffe, die auch Passagiere mitnehmen. Wegen der Abfahrtszeiten erkundige man sich direkt am Flußhafen in St. Louis (in der Nähe der großen Stahlgerüstbrücke auf der Insel).

Nigerschiffahrt in Mali: Sitz der Compagnie Malienne de Navigation ist Bamako, Square Lumumba. Filialbüros gibt es in Mopti, Kabara und Gao.

Der Nigerschiffsverkehr beginnt in Koulikoro. Auf der Strecke Koulikoro – Mopti – Gao verkehren zwischen Juli und Dezember zwei Passagierschiffe (›Général Soumaré‹ und ›Tombouctou‹). Von Dezember bis Januar ist Schiffsverkehr nur noch zwischen Mopti und Gao möglich (Dauer 3 Tage).

Anlegestationen: Koulikoro, Segu, Markal, Massina, Mopti, Niafounke, Diré, Kabara (für Timbuktu), Rharous, Bourem, Gao.

Flugverkehr

... zwischen den einzelnen Sahelländern: Die Hauptstädte der behandelten Länder sind untereinander durch ein gut entwickeltes Flugverkehrsnetz verbunden. Die Gesellschaften Air Afrique und Air Mauritanie unterhalten Linienflüge Dakar – Nouakchott – Dakar (zweimal wöchentlich).

Air Afrique fliegt außerdem: Dakar – Bamako und Gegenrichtung zweimal pro Woche, Bamako – Niamey und Gegenrichtung einmal pro Woche, Dakar – Niamey und Gegenrichtung zweimal pro Woche.

Binnenflugverkehr: In den einzelnen Ländern gibt es nationale Fluggesellschaften, die regelmäßig alle größeren Orte anfliegen.

Air Senegal bedient elf Städte, darunter St. Louis, Ziguinchor, Tambacounda, Kap Skirring und Simenti (Nationalpark).

Air Mauritanie fliegt sämtliche Departementsstädte an, jedoch ist ihre Aufnahmekapazität begrenzt.

Air Niger unterhält regelmäßige Flugverbindungen mit Tahoua, Maradi, Zinder, Agadez und Arlit.

Air Mali fliegt acht Städte im Land an, darunter Timbuktu, Mopti, Gao, Nioro du Sahel und Kayes.

Reisebüros in Dakar

Folgende Reisebüros in Dakar organisieren Ausflüge und Rundreisen im Senegal:
Vacances et loisirs, Dakar, 2, Place de l'Indépendance. B.P. 3261. Tel. 22-46-63; Transcap-Voyage, Dakar, 24, Avenue Georges-Pompidou, B.P. 58. Tel. 21-60-63; Sénégal-Tours, Dakar, 5, Place de l'Indépendance. B.P. 3126. Tel. 21-40-40; Afric-Turism, Dakar, 9, Bd. Pinet-Laprade. Tel. 21-17-65.

Unterkunft

In drei der im vorliegenden Band behandelten Länder befindet sich der Fremdenverkehr noch im bescheidenen Anfangsstadium (Mauretanien, Mali und Niger), lediglich der Senegal verzeichnet relativ hohe Besucherzahlen.

Die beste Infrastruktur auf dem touristischen Sektor weist der **Senegal** auf, der im Vergleich zu den Binnenländern ökonomisch prosperierende Staat am Atlantik. Hier wurden in den letzten Jahren große Anstrengungen unternommen, um ›Feriendörfer‹ (Club Aldiana), Hotelkomplexe am Kap Verde und den Bau einer Dependance des Club Méditerranée in der Casamance zu fördern. Daneben entwickelt man im Süden einen sogenannten ›integrierten Gruppentourismus‹. Dabei wird versucht, kleinere Gruppen von Individualreisenden in Campements in Dorfnähe unterzubringen. Im Baustil und in der Ausstattung unterscheiden sich die Campements kaum von den Wohnhäusern der dortigen Bevölkerung. Man beabsichtigt damit, den europäischen Besuchern durch ein ›Mitleben‹ in der Nähe der Einheimischen die fremde Kultur und Lebensart besser nahebringen zu können. Einige dieser Versuche scheinen vielversprechend zu sein.

In **Mauretanien** fehlt jede Form einer touristischen Infrastruktur. Nur in der Hauptstadt, in der Hafenstadt Nouadhibou und in Rosso existieren Hotelunterkünfte.

In **Mali,** das lange Zeit den Tourismus strikt aus dem Land verbannte, hat man in den letzten Jahren einiges in den Fremdenverkehr investiert. Außer mehreren großen Hotels in Bamako gibt es gut ausgestattete Hotel-Campements in den größeren Provinzorten.

Der **Niger** ist als Durchgangsland vieler Reisende von Algerien zur Guineaküste auf ›Wüstendurchquerer‹ eingestellt, ein Tourismus im eigentlichen Sinne hat jedoch noch nicht eingesetzt. In allen größeren Orten des Landes gibt es Hotels und in den kleineren Marktorten Campements einfachster Ausstattung.

Senegal

Dakar und Kap Verde

Hotel Teranga (Luxusklasse), zwischen der Innenstadt und der Corniche, Place de l'Indépendance

Hotel Méridien (Luxusklasse), am Kap Verde im Vorort Ngor, Route de Ngor, etwa 16 km vom Zentrum

Hotel Les Almadies (Luxusklasse), Pointe des Almadies, Vorort von Dakar (berühmt für seine Austern)

Hotel Indépendance, Place de l'Indépendance, modernes Luxushotel in der Innenstadt mit Schwimmbad und Konferenzsälen

Hotel La Croix du Sud, 20, Avenue Albert Sarraut, in der Innenstadt. Berühmt für die französische Küche

Hotel Lagon II, Petite Corniche, an der östlichen Corniche am Meer, mit Privatstrand

Hotel Su-Nu-Gal, Route de Ngor, außerhalb der Stadt Richtung Ngor

Hotel Nina, 43, Rue Dr. Thèze, Hotel der Mittelklasse in der Innenstadt

Hacienda, Route de Cambérène, außerhalb der Stadt mit Schwimmbad und Reitmöglichkeit

Hotel Massata Samb, Route plage de Ngor

Hotel Pacha, 40, Avenue Lamine Gueye, Hotel der Mittelklasse, etwas heruntergekommen. Unschöne Umgebung

Hotel La Paix, 38, Rue Thiers, Innenstadt

Hotel Le Plateau, 62, Rue Jules Ferry, Innenstadt. Empfehlenswert

Hotel Globe, 44, Rue Vincens, billiges Hotel in zentraler Lage

Hotel Farid, 51, Rue Vincens, billiges Hotel in zentraler Lage (etwas verwahrlost)

Hotel Pavillon, Rue Vincens, gutes, billiges Hotel im Kolonialstil, gute Küche

Insel Gorée

Hotel Relais de l'Espadon, schönes, einfaches, sauberes Hotel im historischen Gebäude des ehemaligen Gouverneurspalastes, gute Küche, Panoramaterrasse

St. Louis und Umgebung

St. Louis: Hotel de la Résidence, in der Altstadt

Hotel de la Poste, schönes, traditionsreiches Hotel in historischem Gebäude, gute Küche
Richard-Toll: Hotel Gite d'Étape du Fleuve, gutes Hotel mit schönem Garten, direkt am Senegalfluß
Außerdem Campements in *Maka-Diama* und im *Djoudji-Vogelpark*

Petite Côte
Somone: Bungalowdorf Somone, Strandhotel
Mbour: Centre touristique de la Petite Côte am Strand, Nachtclub
Nianing: Club Aldiana (Neckermann-Feriendorf), Luxusklasse, 600 Betten
Domaine de Nianing, Bungalowdorf mit Park und Privatstrand
Mboro: Hotel du Lac, am Ufer eines Sees in der ›Zone der Niaye‹

Sine-Saloum-Gebiet
Kaolack: Hotel de Paris
Hotel Dior, mit Schwimmbad, bestes Hotel am Ort
Toubakouta: Feriendorf Keur Saloum, Bungalowdorf, Hausboote und Schwimmbad, Vermietung durch Vacances et loisirs, Dakar (Tel. 22-46-80)
Jardin d'Allah, Bungalowdorf. Möglichkeiten zum Fischen und Jagen, Vermietung von Angelgeräten (Reservierung über die Reiseagenturen in Dakar)
Foundiougne: Les Piroguiers, Bungalowdorf, großes Feriendorf am Ufer des Saloum, Wassersport, Jagd, Fischerei, Pirogenfahrten. Reservierung: Transcap Dakar (Tel. 21-45-30)
Joal: Bungalowhotel Finio am Holzsteg nach Fadiouth
Bar-Restaurant ›Relais 114‹, gute einheimische und französische Küche, es werden auch ein paar Zimmer vermietet
Außerdem einfache Campements in *Niodor, Ndangane* und *Djiffer*

Casamance
Ziguinchor: Hotel Le Diola, gutes Hotel in schönem Park, etwas außerhalb vom Stadtzentrum
Hotel Aubert, gutes Hotel in zentraler Lage
Hotel du Tourisme, in der Innenstadt, gute orientalische Küche
Bar-Restaurant-Hotel Falafou, billig und laut
Atlantikküste bei Kap Skirring: Hoteldorf des Club Méditerranée (Luxuskomfort), 150 klimatisierte Bungalows am Strand
Hotel Les Paillottes, am Kap Skirring, Privatstrand
Hotel Kabrousse-Mossor, Bungalowdorf an schönem Strand, Schwimmbad, Tennis
Außerdem Campements im *Nationalpark der Basse Casamance,* in *Elinkine* und *Karabane* (am Fluß in der Nähe alter Diola-Dörfer) sowie nördlich von Ziguinchor in den Dörfern *Afinian, Enampore, Essyl, Baila, Thionek*

Ostsenegal
Tambacounda: Hotel Asta Kebe; bestes Hotel am Ort mit Schwimmbad
Nationalpark Niokolo-Koba: Relais de Simenti im Nationalpark, Buchung über Hotel Méridien in Dakar (Tel. 23-10-05)
Außerdem Campements von *Niokolo-Koba* und *de Badi*

Mauretanien

Nouakchott
Hotel Maharaba, größtes Hotel am Ort (teuer!)
Sabah Hotel, am Atlantik gelegen mit Schwimmbad
Hotel Ech Chinguetti, Hotel der Mittelklasse in der Stadt
Hotel Adrar, billiges Hotel in der Nähe vom Souk (Markt)
Hotel El Amane, einfaches Hotel in der Stadt
Parc Hotel
Hotel Oasis, im Ksar-Viertel
Restaurants: Diama (nördlich vom Hafen), l'Atlantide, Chantal

Nouadhibou
Sabah Hotel, in der Stadt

Rosso
Hotel Trarza, kleines Etappenhotel

Keur Massene
Jagd-Campement der Air Afrique im Nationalpark, Bungalow-Stil

Mali

Bamako
Hotel de l'Amitié, Hochhaus am Niger, Touristenzentrum, Versammlungsräume
Grand Hotel, altes, kolonialzeitliches Hotel mit Atmosphäre, im Neo-Sudanstil erbaut
Le Motel, etwa 3 km außerhalb der Stadt nigeraufwärts, in schöner, ländlicher Umgebung unter alten Mango-Bäumen
Les Hirondelles, Route de Koulikoro
Le Lido, Route de Kati, in schöner, grüner Umgebung, Gärten, Schwimmbad
Buffet-Hotel, direkt am Bahnhof, teures, schlechtes Hotel
Le Majestic, teuer und schlecht, Stadtmitte
Restaurants: Le Berry, Les trois Caimans, La Gondole, Bar-Mali L'Aquarium

Sevaré (bei Mopti)
Motel, neueres Hotel, klimatisierte Zimmer

Mopti
Hotel – Campement
Bar Mali

Sanga
Campement

Timbuktu
Campement

Gao
Hotel Atlantide, traditionsreiches, altes Hotel

Kayes
Hotel du Commerce

Sikasso
Hotel du Mamelon, einfaches Hotel

Kleinere, sehr einfache Campements in *Djenné, San, Douentza*

Niger

Niamey
Le Gaouage, größtes Hotel der Stadt, hinter dem Museum in Flußnähe
Grand Hotel, großes, gut geführtes Hotel hoch über dem Niger, großer Garten, Schwimmbad
Hotel Terminus, in der Innenstadt, grüne, ruhige Umgebung
Hotel Rivoli, in der Stadtmitte, Terrassen-Restaurant, viel Verkehrslärm
Hotel Sahel, am Fluß, mit Terrasse
Hotel Les Roniers, außerhalb der Stadt in grüner Umgebung, mit Schwimmbad
Hotel Moustache, einfaches, teures Hotel in der Nähe des Grand Marché
Hotel Maourey, Stadtmitte, in der Nähe vom Petit Marché, ruhiger Innenhof
Hotel Ténéré, modernes Hotel am Boulevard de la Liberté
Bar Domino, einfache Herberge für junge Leute, gutes Essen
Restaurants: Pagode, Saigon, Flotille, Baie d'Along

Ayorou
Hotel de l'Amenokal, schönes, gut geführtes Hotel am Niger

Île de Boubon (bei Niamey)
Campement

La Tapoa
Campement am Eingang zum Nationalpark ›W‹

Dosso
Hotel Djerma

Say
Campement im Stil eines afrikanischen Dorfes, in Flußnähe

Birni n'Konni
Hotel Wadata, afrikanisches Hotel, sehr billig

Tahoua
Campement administratif, gut geführt, außerhalb der Stadt

Maradi
Niger-Hôtel, teures, etwas verwahrlostes Hotel

Zinder
Hotel Central, in der neuen Stadt, schöner, grüner Garten
Hotel Damagaran

Agadez
Hotel de l'Air, ehemaliger Palast des Kaocen, traditionelles Agadezer Lehmhaus, zu schönem, komfortablen Hotel umgebaut
Family House, kleines, gemütliches Hotel
Atlantide Camping, außerhalb der Stadt Richtung Air

(Auflistung der Hotels und Campements jeweils nach Preisen gestaffelt)

Verhalten im Alltag – einige Ratschläge zum Umgang mit der fremden Kultur

Für die meisten Europäer gilt Afrika immer noch als der ›schwarze‹, unbekannte, fast bedrohliche Erdteil. Unkenntnis und Vorurteile bestimmen seit Jahrhunderten unser Bild von diesem Kontinent und seinen Bewohnern. Der Sklavenhandel, die wirtschaftliche Ausplünderung und die kulturelle Unterdrükkung der afrikanischen Völker während der Kolonialzeit haben lange die Beziehungen zwischen Afrikanern und Weißen geprägt und wirken sich auf das Verhältnis zwischen beiden bis heute psychologisch verheerend aus.

Den Afrikanern wurde von den Europäern jahrhundertelang Kultur- und Geschichtslosigkeit nachgesagt, was schließlich in dem Bild des ›unzivilisierten Wilden‹ gipfelte. Wer jedoch die Geschichte dieses Kontinents und insbesondere die des Westsudan nur ein wenig kennt, wird feststellen, daß sich in Afrika auch südlich der Sahara eigenständige, wohlorganisierte, blühende Staatswesen entwickelten, welche die mittelalterliche orientalisch-islamische Zivilisation um schwarzafrikanische Varianten bereicherten und einen Stand erreichten, der dem des zeitgenössischen Europa in nichts nachstand, ja diesen zeitweise sogar übertraf.

Jeder Afrika-Reisende muß wissen, daß er auf traditionsbewußte, kultivierte Völker trifft, die ein sehr genaues Gefühl für den Wert ihres geschichtlichen Erbes haben, auch wenn es äußerlich so scheint, als würde man die eigenen Wertvorstellungen um des europäischen Fortschrittswillen nur zu gerne opfern. Dieser Eindruck ist jedoch falsch. Die alten Strukturen und Denkweisen, die von Generation zu Generation vererbt werden, leben weiter fort und verbinden sich mit einem neuen, nachkolonialen Stolz auf die eigene Vergangenheit.

Wer in Afrika reist, sollte sich dessen bewußt sein. Vorbei sind die Zeiten, da der ›allmächtige Weiße‹ seine Werte als die alleinseligmachenden preisen konnte. Heute muß er sich an die andere Kultur anpassen, und dies um so mehr, als man in ihm schlechthin den Herren von einst sieht und sein Verhalten besonders genau registrieren wird.

Um sich in der fremden Kultur richtig zu verhalten, hier einige Ratschläge, die den Kontakt und Umgang mit den Menschen erleichtern.

Die meisten Afrikaner sind unkompliziert, freundlich und den Weißen gegenüber aufgeschlossen und neugierig. Auf dem Lande haben die Menschen noch viel Zeit. Die Aufhebung der Bedeutung von Zeit wird man schon in den ersten Tagen seines Afrikaaufenthaltes als besonders wohltuend empfinden. Dies wirkt sich allgemein auf die sozialen Beziehungen und Umgangsformen aus. Man hat Muße zum Reden und Lachen. Es ist in Afrika üblich, die Begrüßung zeremonienhaft lange hinzuziehen. Nach der Erkundigung, wie man die Nacht verbracht habe, folgen weitere Fragen nach dem Wohlbefinden und dem Gesundheitszustand der Eltern, Brüder, Verwandten usw. Wenn Sie von einem Afrikaner angesprochen werden, nehmen Sie sich die Zeit und erwidern die Fragen. Auch wenn Sie jemanden nach dem Bahnhof oder dergleichen fragen, vergessen Sie nicht, den Betreffenden vorher zu begrüßen. In den kleinen Dörfern begrüßt man am besten jeden – soweit das möglich ist –, und es empfiehlt sich, die gängigen Grußformeln in der jeweiligen Sprache zu lernen – vielleicht von einem Jugendlichen. Der Nachteil dabei ist allerdings, daß die Leute annehmen könnten, man verstünde ihre Sprache. Prinzipiell werden die Ältesten zuerst gegrüßt, denn der Respekt vor dem Alter ist in Afrika noch eine Selbstverständlichkeit. Bei manchen Völkern gilt es als unschicklich, daß ein Mann die Hand einer Frau zum Gruß schüttelt. Im allgemeinen begrüßen sich nur Geschlechtsgenossen untereinander mit Handschlag.

Auf dem Lande ist die traditionelle afrikanische Gastfreundschaft ungebrochen, und man erinnert sich vielleicht an die Feststellung des mittelalterlichen arabischen Schriftstellers Es Sadi, der über die Bürger von Djenné schrieb, daß diese »Fremde als Geschenk Gottes« betrachteten. Wenn man in ein Haus eingeladen oder von Nomaden zum Tee gebeten wird, sollte man dies nicht abschlagen, da man hierbei die beste Gelegenheit hat, das afrikanische Leben kennenzulernen. Im allgemeinen bereiten die Westafrikaner den Tee tatsächlich mit kochendem Wasser zu, so daß man ihn einigermaßen unbesorgt trinken kann, auch wenn er für unsere Begriffe übersüßt ist. Selbst das auf den ersten Blick ›unsauber‹ wirkende Hirsebier *(Dolo* oder *Diapalo),* das viele animistische Völker im Süden von Mali brauen und Besuchern gelegentlich anbieten, kann man trinken, da es tagelang gekocht wurde. Außerdem ist es schmackhaft und erfrischend.

Kleine Gastgeschenke bei wiederholten Besuchen vertiefen die freundschaftlichen Bande und Gefühle. Im nomadischen Milieu bringt man am besten Zucker und grünen chinesischen Tee für die Männer sowie ein Stück Seife für die Frauen mit. Anderswo treffen Zigaretten auf große Gegenliebe. Kleider für Kinder sind überall willkommen. Man kann ohne weiteres Hemden oder T-Shirts, die man nicht mehr trägt, verschenken. Eine besonders große Freude kann man mit festen Lederschuhen bereiten. Lassen Sie beim Schenken das richtige Maß an Fingerspitzengefühl walten, damit sich nicht der Eindruck verstärkt, daß die ›unermeßlich reichen Weißen‹ Almosen an die ›armen Afrikaner‹ verteilen. In manchen Gebieten des Senegal, dort, wo sich der Massentourismus konzentriert, ist die Bevölkerung bereits auf die Almosenverteilung durch weiße Touristen eingestellt und verhält sich dementsprechend. In Dakar und Umgebung sollte man sich von fliegenden Souvenirhändlern nicht ›beschenken‹ lassen, weil diese anschließend Geld oder Gegengeschenke fordern. Die Händler erkennen den afrikaunerfahrenen, eben erst eingetroffenen Weißen sofort.

Wenn man als Paar reist, sollte man sich in der Öffentlichkeit nach Möglichkeit nicht demonstrativ umarmen oder auffällig berühren. Die öffentliche körperliche Berührung zwischen Mann und Frau gilt in den Augen der Afrikaner als geschmacklos.

Das Fotografieren von Menschen erfordert besonders viel Fingerspitzengefühl. Man darf die Menschen nicht einfach überrumpeln, sondern sollte ihr Einverständnis einholen. Es versteht sich von selbst, daß man Leute in unwürdigen Positionen, etwa bei der Toilette an einem Fluß, nicht fotografiert. Besondere Sensibilität ist im Dogon-Land geboten. Frauen sollten keine Maskenträger fotografieren, weil Masken für Frauen tabu sind. Generell lehnen die Dogon das Fotografiertwerden aus religiösen Gründen ab. Man glaubt, die Seele würde dann nach dem Tode keine Ruhe finden.

Wenn Sie irgendwelche kunsthandwerklichen Objekte einkaufen, ist es üblich, mit dem Händler um den Preis zu handeln. Ohne diese ritualisierte verbale Auseinandersetzung, ein Spiel der Worte und Gesten, macht der Kauf keinen Spaß. Der zuerst geforderte Kaufpreis ist in der Regel um das Doppelte bis Dreifache zu hoch. Handeln Sie solange, bis das entscheidende ›donne l'argent‹ (›gib das Geld‹) fällt.

Wer mit dem eigenen Fahrzeug reist, sollte in Dörfern und Städten besonders vorsichtig fahren, weil ständig Kinder, Lastenträger oder Ziegen und Schafe die Straße kreuzen. In Afrika wird wegen fehlender Bürgersteige die Fahrstraße als Gehweg benutzt. Man sollte sich vergegenwärtigen, daß bei einem Unfall, bei dem ein Einheimischer zu Schaden kommt, in der Regel dem Fremden die Schuld zugeschoben wird.

Achten Sie vor allem in den islamischen Gebieten auf eine den strengen Moralvorstellungen angemessene Kleidung (keine Shorts, für Frauen keine ärmellosen und/oder ausgeschnittenen Blusen und möglichst auch ein Rock anstatt Hosen). Dies gilt besonders für den Besuch von Moscheen (Schuhe ausziehen und Kopf bedecken!) und für Fahrten zu den ›heiligen Städten‹ Mauretaniens (vgl. ›Reisekleidung‹ S. 412).

Zollbestimmungen

Die Einfuhrbestimmungen für persönliche Gegenstände (Fotoausrüstung, Filme etc.) sind in allen vier Ländern im allgemeinen großzügig geregelt. Die Kontrollen werfen im Senegal die geringsten Schwierigkeiten auf. In Mali und im Niger sind die Zollbeamten häufig neugierig, während einer Reise durch diese Länder wird man das Gepäck mehr als einmal öffnen müssen. Die Beamten suchen vor allem Feuer- und Stichwaffen, die man nicht einführen darf. Ebenso ist die Einfuhr größerer Mengen Alkohol (mehr als ein Liter), von Drogen und pornographischen Druckerzeugnissen verboten. Nach Mauretanien ist jegliche Einfuhr von Alkohol untersagt.

In den Ländern Senegal, Mali und Niger gibt es keine Devisenkontrollen. Alle Währungen (DM, US-$, französische Francs) können problemlos eingeführt werden (vgl. S. 405f.).

Die Sahelländer in Zahlen

Staat	*Fläche (km^2)*	*Einwohner (in Mio., 1980)*	*Besiedlungsdichte (Einw./km^2)*	*Bruttosozialprodukt pro Kopf pro Jahr (in US-$, 1981)*	*Größte Städte mit Einwohnern*
Senegal	196 200	5,66	28,9	460	Dakar 800 000, Rufisque 150 000, Thiès 120 000, Kaolack 110 000, St. Louis 90 000, Ziguinchor 75 000
Mauretanien	1 030 700	1,63	1,6	320	Nouakchott 150–200 000, Nouadhibou 130 000, Boutilimit 30 000, Atar und Rosso je 20 000
Mali	1 240 150	6,90	5,6	140	Bamako 150–200 000, Segu 65 000, Mopti 55 000, Kayes und Sikasso je 45 000, Gao 30 000
Niger	1 237 000	5,3	4,2	274	Niamey 200–250 000, Zinder, Maradi und Tahoua je 40 000
Summe	3 714 000	19,5			
Zum Vergleich:					
Bundesrepublik Deutschland (mit Berlin-West)	248 600	61,6	248	11 730	Berlin-West 2 Mio., Hamburg 1,8 Mio., München 1,3 Mio., Köln 1 Mio.
Österreich	83 600	7,5	89,5	8 620	Wien 1,65 Mio., Graz 250 000, Linz 210 000, Salzburg 140 000
Schweiz	41 300	6,33	153,5	14 240	Zürich 700 000, Basel 180 000, Genf 150 000, Bern 140 000

Kartenverzeichnis

Tyiwara-Antilopentanzaufsatz der Bambara (Mali)

Register

Personenregister

(auch Stämme, Völker, Dynastien, Kasten, Berufsgruppen und wirtschaftliche Gemeinschaften)

Orts- und Sachregister

(Vgl. auch Inhaltsverzeichnis des Gelben Teils auf S. 401)

»Richtig reisen«

»Richtig reisen«: Algerische Sahara
Reise-Handbuch
Von Ursula und Wolfgang Eckert. 330 Seiten mit 42 farbigen und 151 einfarbigen Abbildungen

»Richtig reisen«: Amsterdam
Von Eddy und Henriette Posthuma de Boer. 252 Seiten mit 50 farbigen und 142 einfarbigen Abbildungen

»Richtig reisen«: Bangkok
Von Stefan Loose und Renate Ramb. 326 Seiten mit 58 farbigen und 286 einfarbigen Abbildungen

»Richtig reisen«: Ferner Osten
Von Charlotte Peter und Margrit Sprecher. 302 Seiten mit 14 farbigen und 120 einfarbigen Abbildungen

»Richtig reisen«: Florida
Von Manfred Ph. Obst. Fotos von Werner Lengemann. 334 Seiten mit 45 farbigen und 170 einfarbigen Abbildungen

»Richtig reisen«: Griechenland
Delphi, Athen, Peloponnes und Inseln
Von Evi Melas. 344 Seiten mit 45 farbigen und 124 einfarbigen Abbildungen

»Richtig reisen«: Griechische Inseln
Reise-Handbuch
Von Dana Facaros. 344 Seiten mit 50 farbigen und 142 einfarbigen Abbildungen

»Richtig reisen«: Großbritannien
England, Wales, Schottland
Von Rolf Breitenstein. 284 Seiten mit 58 farbigen und 140 einfarbigen Abbildungen

»Richtig reisen«: Ibiza/Formentera
Von Ursula von Kardorff und Helga Sittl. 248 Seiten mit 52 farbigen und 153 einfarbigen Abbildungen

»Richtig reisen«: Istanbul
Von Klaus und Lissi Barisch. 257 Seiten mit 28 farbigen und 173 einfarbigen Abbildungen

»Richtig reisen«: Kalifornien
Von Horst Schmidt-Brümmer und Gudrun Wasmuth. 408 Seiten mit 59 farbigen und 295 einfarbigen Abbildungen

»Richtig reisen«: Kanada und Alaska
Von Ferdi Wenger. 325 Seiten mit 39 farbigen und 118 einfarbigen Abbildungen

»Richtig reisen«: Kopenhagen
Von Karl-Richard Könnecke. 200 Seiten mit 32 farbigen und 118 einfarbigen Abbildungen

»Richtig reisen«: London
Von Klaus Barisch und Peter Sahla. 251 Seiten mit 18 farbigen und 189 einfarbigen Abbildungen

»Richtig reisen«: Los Angeles
Hollywood, Venice, Santa Monica
Von Priscilla und Matthew Breindel. 344 Seiten mit 75 farbigen und 256 einfarbigen Abbildungen

»Richtig reisen«: Malediven
Reise-Handbuch
Von Norbert Schmidt. 207 Seiten mit 43 farbigen und 64 einfarbigen Abbildungen

»Richtig reisen«: Marokko
Reise-Handbuch
Von Michael Köhler. 387 Seiten mit 38 farbigen und 170 einfarbigen Abbildungen

»Richtig reisen«: Mexiko und Zentralamerika
Von Thomas Binder. 330 Seiten mit 32 farbigen und 119 einfarbigen Abbildungen

»Richtig reisen«: Moskau
Von Wolfgang Kuballa. 268 Seiten mit 36 farbigen und 150 einfarbigen Abbildungen

»Richtig reisen«: München
Von Hannelore Schütz-Doinet und Brigitte Zander. 365 Seiten mit 63 farbigen und 272 einfarbigen Abbildungen

»Richtig reisen«: Nepal
Kathmandu: Tor zum Nepal-Trekking
Von Dieter Bedenig. 288 Seiten mit 37 farbigen und 97 einfarbigen Abbildungen

»Richtig reisen«: New Mexico
Santa Fe – Rio Grande – Taos
Von Gudrun Wasmuth u. a. 320 Seiten mit 65 farbigen und 200 einfarbigen Abbildungen

»Richtig reisen«: New York
Von Gabriele von Arnim und Bruni Mayor. 312 Seiten mit 61 farbigen und 178 einfarbigen Abbildungen

»Richtig reisen«: Nord-Indien
Von Henriette Rouillard. 332 Seiten mit 36 farbigen und 121 einfarbigen Abbildungen

»Richtig reisen«: Paris
Von Ursula von Kardorff und Helga Sittl. 277 Seiten mit 34 farbigen und 178 einfarbigen Abbildungen

»Richtig reisen«: Peking und Shanghai
Von Uli Franz. 334 Seiten mit 46 farbigen und 138 einfarbigen Abbildungen

»Richtig reisen«: Rom
Von Birgit Kraatz. 360 Seiten mit 70 farbigen und 296 einfarbigen Abbildungen

»Richtig reisen«: San Francisco
Von Hartmut Gerdes. 248 Seiten mit 33 farbigen und 155 einfarbigen Abbildungen

»Richtig reisen«: Südamerika 1
Kolumbien, Ekuador, Peru, Bolivien
Von Thomas Binder. 252 Seiten mit 35 farbigen und 121 einfarbigen Abbildungen

»Richtig reisen«: Südamerika 2
Argentinien, Chile, Uruguay, Paraguay
Von Thomas Binder. 330 Seiten mit 37 farbigen und 110 einfarbigen Abbildungen

»Richtig reisen«: Südamerika 3
Brasilien, Venezuela, die Guayanas
Von Thomas Binder. 332 Seiten mit 38 farbigen und 117 einfarbigen Abbildungen

»Richtig reisen«: Tokio
Von Frank und Ceci Whitford. 270 Seiten mit 49 farbigen und 120 einfarbigen Abbildungen

»Richtig reisen«: Wien
Wachau, Wienerwald, Burgenland
Von Wolfgang Kuballa und Arno Mayer. 320 Seiten mit 66 farbigen und 172 einfarbigen Abbildungen